जया, आशुतोष और इला
के बचपन की
स्मृतियों को

विषय सूची

राजनीतिक भूगोल

समसामयिक परिदृष्टि

(Political Geography—A Contemporary Approach)

संशोधित संस्करण

रमेश दत्त दीक्षित

पूर्व आचार्य, भूगोल विभाग
महर्षि दयानन्द विश्वविद्यालय, रोहतक

PHI Learning Private Limited

Delhi-110092
2025

In fond memory of ***Shri Asoke K. Ghosh*** *(October 1942 – February 2024), Founder Chairman and Managing Director of PHI Learning, whose vision endlessly inspires.*

The Legacy Continues....

Published by Pushpita Ghosh, PHI Learning Private Limited, Rimjhim House, 111, Patparganj Industrial Estate, Delhi-110092 and Printed by Syndicate Binders, A-20, Hosiery Complex, Noida, Phase-II Extension, Noida-201305 (N.C.R. Delhi).

₹675.00

राजनीतिक भूगोल—समसामयिक परिदृष्टि, संशोधित संस्करण
(Political Geography—A Contemporary Approach)
रामेश दत्त दीक्षित

ISBN-978-81-203-1700-0 (Print Book)
ISBN-978-93-5443-827-1 (e-Book)

चित्रों की सूची

प्रस्तावना

इस पुस्तक की रचना का शुभारम्भ आज से बीस वर्ष पूर्व विश्वविद्यालय अनुदान आयोग के निमंत्रण पर हुआ था। आयोग का आग्रह था कि मैं भारतीय विश्वविद्यालयों में भूगोल की उच्च शिक्षा में लगे अध्येताओं के लिए भारतीय परिप्रेक्ष्य में राजनीतिक भूगोल पर एक मानक ग्रंथ प्रस्तुत करूं। परिणाम 1982 में "पोलिटिकल जिओग्राफी : ए कंटेम्पररी परस्पेक्टिव" शीर्षक से प्रकाश में आया। जिज्ञासु पाठकों में इसका आशातीत स्वागत हुआ और पुस्तक शीघ्र ही राजनीतिक भूगोल में भारतीय विद्यार्थियों के लिए सम्पूर्ण सन्दर्भ ग्रंथ के रूप में स्थापित हो गई। अस्सी के दशक में विश्वविद्यालयीय स्तर पर भूगोल की स्नातकोत्तर शिक्षा मुख्यतया अंग्रेजी के माध्यम से होती थी, तथा हिन्दी माध्यम से विषय का अध्ययन करने वाले विद्यार्थी भी अंग्रेजी में लिखे साहित्य पर निर्भर थे। परन्तु उस दशक के अंत तक स्थिति द्रुत गति से परिवर्तित हो रही थी और अब अधिकांश विद्यार्थियों के लिए अंग्रेजी भाषा में रचित साहित्य समझ के बाहर हो गया। उत्तर भारत के विभिन्न क्षेत्रों से *राजनीतिक भूगोल* पुस्तक के हिन्दी संस्करण के लिए सुझाव आ रहे थे। इस बीच पुस्तक का दूसरा संवर्द्धित संस्करण प्रकाशित हो चुका था। साथ ही 1990 के दशक में राजनीतिक भूगोल के पठन-पाठन में इतने दूरगामी परिवर्तन आ चुके थे कि 1994 में प्रकाशित संस्करण भी अब पुराना पड़ गया। अतः आवश्यक हो गया कि हिन्दी माध्यम के विद्यार्थियों और शोधार्थियों के लिए एक सर्वथा नई पुस्तक की रचना की जाए जो उन्हें राजनीतिक भूगोल के अधुनातन स्वरूप का सम्पूर्ण और सम्यक् ज्ञान दे सके। वर्तमान पुस्तक इसी उद्‌देश्य की पूर्ति करती है और सर्वथा नई कृति है।

पुस्तक कुल नौ अध्यायों में विभक्त है। प्रथम अध्याय विषय प्रवेश पर केन्द्रित है तथा इसमें राजनीति, भूगोल और राजनीतिक भूगोल के स्वरूप की सविस्तार चर्चा की गई है। द्वितीय अध्याय में राजनीतिक भूगोल के अध्ययन, अनुशीलन और इसकी अवधारणात्मक प्रगति तथा अध्ययन पद्धतियों के विकास की विगत सौ वर्षों की यात्रा का विशद विवेचन प्रस्तुत है। तीसरा अध्याय राज्य के क्षेत्रात्मक स्वरूप की व्याख्या प्रस्तुत करता है तथा इसके अन्तर्गत राज्य के आकार, आकृति, स्थिति, अवस्थिति, संसाधन वितरण, सीमाओं, राजधानियों और क्रोड़ क्षेत्रों आदि का राजनीतिक भूगोल के अध्ययन में समय के साथ बदलते हुए महत्व की सविस्तार चर्चा की गई है। चौथा अध्याय आधुनिक राज्य की अवधारणा के स्वरूप और उसके ऐतिहासिक विकास पर केन्द्रित है। साथ ही इसमें राष्ट्र और राष्ट्रीय राज्य की संकल्पनाओं और सामाजिक बहुविधता

मूलक राज्यों के विशेष संदर्भ में राष्ट्र-निर्माण की समस्या की सम्यक् व्याख्या प्रस्तुत है। पांचवां अध्याय प्रशासनिक पद्धतियों और भूदृश्य निर्माण के भूगोल पर केन्द्रित है। इसके अन्तर्गत भारत में क्षेत्रीय प्रशासन के स्वरूप और 73वें तथा 74वें संवैधानिक संशोधन के परिप्रेक्ष्य में स्थानीय निकायों के राजनीतिक भूगोल की सविस्तर चर्चा की गई है। छठे अध्याय में निर्वाचन भूगोल की सविस्तार व्याख्या प्रस्तुत है।

अध्याय 3 से 6 तक हमारी चर्चा राज्य की आन्तरिक व्यवस्था सम्बन्धी पक्षों पर केन्द्रित थी। इसके विपरीत अध्याय 7 और 8 राज्य के अन्तरराष्ट्रीय स्वरूप और तत्सम्बन्धी समस्याओं की व्याख्या पर केन्द्रित हैं। अध्याय 7 में अन्तरराष्ट्रीय सम्बन्धों के राजनीतिक भूगोल की चर्चा की गई है। चर्चा दो खण्डों में विभक्त है। पहले खण्ड में चर्चा का मुख्य विषय विश्व सामरिक परिदृष्टियों की समालोचनात्मक व्याख्या है जबकि द्वितीय खण्ड 1990 के दशक में उभरे बहुपक्षीय अन्तरराष्ट्रीय सम्बन्धों के राजनीतिक भूगोल पर केन्द्रित है। अध्याय 8 असमान विकास और व्यापार तथा आर्थिक जीवन के वैश्वीकरण के राजनीतिक भूगोल पर केन्द्रित है। चर्चा में 1998 के एशियाई वित्तीय संकट सहित अधुनातन घटनाओं की व्याख्या सम्मिलित है।

आठवें अध्याय के साथ ही राजनीतिक भूगोल के सैद्धान्तिक पक्षों का विवेचन सम्पन्न हो गया है। इस पूरी चर्चा में यथासम्भव विचारों, स्थितियों तथा सिद्धांतों को भारतीय उदाहरणों से समझाने का प्रयास किया गया है। परन्तु इन अध्यायों में भारत के राजनीतिक भूगोल के दो महत्वपूर्ण पक्षों की चर्चा वांछित विस्तार से सम्भव नहीं हो पाई है। नौवां अध्याय इस कमी को पूरा करता है। यह अध्याय दो भागों में विभक्त है। प्रथम भाग में भारत की संघीय प्रशासनिक व्यवस्था की गई है। द्वितीय भाग भारत की विदेश नीति और मई 1998 के आणविक विस्फोट के पश्चात् के सुरक्षा वातावरण के राजनीतिक भूगोल पर केन्द्रित है। यह चर्चा जिज्ञासु पाठकों और विद्यार्थियों के लिए उपयोगी होगी।

मेरा जन्म हिन्दी प्रदेश में हुआ था और मैं यहीं पढ़ लिख कर बड़ा हुआ। एक अध्यापक और शोधार्थी के रूप में यह वृहद् हिन्दी प्रदेश ही विगत चार दशकों से मेरी मुख्य क्रिया स्थली रहा है। मेरी शैक्षणिक प्रगति में मेरे विद्यार्थियों से मिले स्नेह की महत्वपूर्ण भूमिका रही है। हिन्दी प्रदेश के विद्यार्थियों के मार्गदर्शन हेतु अपनी मातृ भाषा में यह सर्वथा नई कृति अर्पित करते हुए मुझे अतीव संतोष की अनुभूति हो रही है। इस स्नेहांजलि के माध्यम से मैं भारत के विभिन्न क्षेत्रों में फैले अपने विद्यार्थियों के प्रति कृतज्ञता ज्ञापन और नई पीढ़ी के लिए शुभ कामना प्रस्तुत करता हूं।

पुस्तक के संशोधन और संवर्द्धन के लिए सुझाव आमंत्रित हैं।

रमेश दत्त दीक्षित

"कृष्णायन"
5/244, विराम खण्ड-5
गोमती नगर, लखनऊ-226010

1 राजनीति, भूगोल, और राजनीतिक भूगोलः विषय प्रवेश

राजनीतिक भूगोल का अध्ययन राजनीति और भूगोल दोनों से एक साथ सम्बद्ध है। राजनीति इसका विशेषण है तथा भूगोल इसकी संज्ञा और मूल पहचान। यही कारण है कि राजनीतिक भूगोल की मान्यता भौगोलिक अध्ययन की शाखा के रूप में है। परन्तु राजनीतिक भूगोल के स्वरूप को समझने के लिए राजनीति और भूगोल दोनों का ज्ञान आवश्यक है।

राजनीति मूलतया राजसत्ता की प्राप्ति और राज्य व्यवस्था के संचालन के लिए नीति निर्धारण और नीतियों के क्रियान्वयन पर केन्द्रित प्रक्रिया है। इसीलिए इसे "राज+नीति" कहते हैं। राजनीति सामाजिक संगठन की एक मूलभूत आवश्यकता है। सामाजिक संगठन के प्रारम्भ के साथ ही विभिन्न पारिवारिक और सामाजिक इकाइयों के पारस्परिक सम्बन्धों के शान्तिपूर्ण संचालन हेतु नियामक संस्था का निर्माण आवश्यक हो गया होगा। यही राजनीति का प्रारंभ और राज्य की स्थापना की दिशा में लिया गया पहला कदम था। सभ्यता के विकास के साथ-साथ सामाजिक संगठन का आकार उत्तरोत्तर वृहत्तर होता गया। उनके प्रभावी संचालन के लिए केन्द्रीय सत्ता का स्वरूप उत्तरोत्तर जटिल और व्यापक होता गया। अर्थात् राजसत्ता की अधिकारिता, उसका नीति निर्धारण का अधिकार, व्यापक होता गया। वर्तमान युग में राजसत्ता हमारे जीवन के सभी पक्षों से, जन्म से मृत्यु पर्यन्त, अनिवार्यतः जुड़ गई है। आज राजनीति बहुपक्षीय प्रक्रिया है और मानव जीवन का अपरिहार्य सत्य है।

राजनीतिक सत्ता की व्यापकता पिछले पचास वर्षों में विशेष रूप से बढ़ी है। द्वितीय विश्व युद्ध के पश्चात् यूरोपीय उपनिवेशवाद की समाप्ति के साथ ही अफ्रीका, एशिया, और विश्व के अन्य भागों में सदियों से परतन्त्र देश विदेशी शासन के चंगुल से मुक्त हो गए। इतिहास का यह उत्तर उपनिवेशवादी दौर व्यापक लोकतांत्रिक जागरण का दौर था, परिणामस्वरूप दुनिया के सभी भागों में व्यक्ति स्वातंत्र्य और स्वतंत्र मताधिकार नागरिकों के मौलिक अधिकार बन गए। बीसवीं सदी के उत्तरार्द्ध में सरकारों का बनना और गिरना, उनकी सफलता और असफलता देश के नागरिकों के मत पर आश्रित हो गई। फलस्वरूप राज्य सरकारें देश के नागरिकों के दुख दर्द, उनकी आशाओं और आकांक्षाओं से सीधे तौर पर जुड़ गईं। यह सुनिश्चित करने के लिए अगले चुनाव में जनता शासक दल का पुनः सत्ता का अधिकार प्रदान करे, यह आवश्यक हो गया कि प्रशासन नागरिकों की दिन प्रतिदिन की समस्याओं के समाधान के प्रति जागरूक हो और सभी

के लिए कुछ सुविधाएं उपलब्ध कराए। इसीलिए लोकतांत्रिक सरकारें लोक कल्याण के कार्यों को प्रशासन में उच्च वरीयता देती हैं। वे कल्याणकारी (वेल्फेयर) सरकारें हैं। यही कारण है कि आज के युग में राजसत्ता का कार्य क्षेत्र इतना व्यापक हो गया है कि नागरिकों के जीवन के सभी पक्ष उससे प्रत्यक्ष अथवा परोक्ष रूप से प्रभावित हैं। परिणामस्वरूप बीसवीं सदी के उत्तरार्द्ध में राजनीतिशास्त्र सामाजिक अध्ययन का सर्वाधिक महत्वपूर्ण विषय बन गया है।

भूगोल मूलतः पृथ्वी के क्षेत्रीय स्वरूप, उसके वातावरण और संसाधनों, उस पर निवास करने वाली जनसंख्या के क्षेत्रीय वितरण और पारिस्थितिकीय समायोजन, तथा उनकी क्षेत्रीय विभिन्नताओं और अन्तरक्षेत्रीय सम्बन्धों, अर्थात् परस्पर आदान-प्रदान से उत्पन्न प्रवाहों, इत्यादि के अध्ययन पर केन्द्रित है। संक्षेप में भूगोल पृथ्वी का मानव पर्यावास के रूप में अध्ययन करता है। भौगोलिक अध्ययन मूलतः क्षेत्रीय और स्थानिक अध्ययन है। भूगोल के अध्ययन के दो पक्ष हैंः (1) पृथ्वी (और उसके क्षेत्रीय प्रभागों) का एक समन्वित भौतिक इकाई के रूप में निरूपण और विश्लेषण, तथा (2) पृथ्वी के विभिन्न क्षेत्रों में निवास करने वाली सामाजिक इकाइयों का पारिस्थितिकीय अध्ययन। इस आधार पर भौगोलिक अध्ययन दो प्रमुख शाखाओं में विभक्त है। एक को भौतिक भूगोल की संज्ञा दी गई है तथा दूसरी को मानव अथवा सामाजिक भूगोल की। पृथ्वी के भौतिक स्वरूप पर केन्द्रित होने के कारण भौतिक भूगोल प्राकृतिक वातावरण (जिसमें सजीव और निर्जीव दोनों प्रकार के तत्व निहित हैं) के क्षेत्रीय अध्ययन पर केन्द्रित है। भौतिक और प्राणि विज्ञानों की विभिन्न शाखाएं इसके ज्ञानार्जन के मुख्य स्रोत हैं परन्तु इसके अध्ययन का प्रमुख उद्देश्य भिन्न-भिन्न प्रकार के प्राकृतिक और जैविक तत्वों का गहन अध्ययन न होकर पृथ्वी तल पर विभिन्न क्षेत्रों में मानव जीवन के विकास की सम्भावनाओं और सीमाओं से सम्बन्धित ज्ञान अर्जित करना है। दूसरी ओर मानव भूगोल पृथ्वी के विभिन्न भागों में सामाजिक संगठन के विभिन्न पक्षों का क्षेत्रीय वातावरण के परिप्रेक्ष्य में विश्लेषण करता है। अतः विषय के मानव केन्द्रित अध्ययन होते हुए भी मानव भूगोल के अध्येता की दृष्टि अनिवार्यतया परिस्थिति और स्थान (क्षेत्र) पर केन्द्रित रहती है। मानव भूगोल अन्य सामाजिक विज्ञानों की भांति सामाजिक संगठन के अध्ययन पर केन्द्रित है परन्तु इसकी अध्ययन की पद्धति उनसे सर्वथा भिन्न है। मानव अथवा सामाजिक संगठन के चार प्रमुख आयाम हैंः आर्थिक, राजनीतिक, सामाजिक, तथा क्षेत्रीय (स्पेशियल)। आर्थिक आयाम अर्थशास्त्रीय अध्ययन का विशिष्ट क्षेत्र है, राजनीतिक आयाम राजनीतिशास्त्र और तत्सम्बन्धी विज्ञानों का तथा सामाजिक आयाम समाजशास्त्र, नृविज्ञान, सामाजिक मनोविज्ञान और सम्बद्ध व्यवहारवादी विज्ञानों का विशिष्ट क्षेत्र है। क्षेत्रीय और स्थानिक आयाम भौगोलिक अध्ययन का विशेष क्षेत्र है।

वैचारिक स्तर पर प्रथम तीन आयाम एक दूसरे से समानान्तर स्थिति वाले प्रतीत होते हैं और विद्वत् समाज में वे इसी रूप में मान्य हैं यद्यपि एक ही सामाजिक इकाई के विभिन्न आयामों के अध्ययन पर केन्द्रित होने के फलस्वरूप इन समाज विज्ञानों के अध्ययन क्षेत्र एक दूसरे का अधिछादन करते हैं और वे परस्पर अपरिहार्य सम्बन्ध में जुड़े हैं। इसके विपरीत क्षेत्रीय और स्थानिक आयाम अन्य तीनों आयामों में गुंथा हुआ है क्योंकि आर्थिक, सामाजिक, या राजनीतिक प्रक्रियाएं और क्रियाकलाप अनिवार्यतया पृथ्वी की सतह पर (अर्थात् क्षेत्रीय आयाम में) घटित होते हैं जो कि भूगोल के अध्ययन का मूल विषय है। परिणामस्वरूप मानव भूगोल प्रकृति से ही अन्तरशास्त्रीय अध्ययन है।

सामाजिक संगठन के तीन भिन्न-भिन्न आयामों के आधार पर मानव भूगोल का अध्ययन तीन प्रमुख शाखाओं में विभक्त है। ये हैं आर्थिक, सामाजिक, और राजनीतिक भूगोल। इनमें से प्रत्येक का सम्बद्ध सामाजिक विज्ञान से समीप का सम्बन्ध है क्योंकि वे एक ही प्रकार के क्रियाकलापों और घटनाओं के अध्ययन पर केन्द्रित हैं। उदाहरणार्थ राजनीतिशास्त्र की भांति राजनीतिक भूगोल भी समाज के राजनीतिक संगठन से सम्बद्ध समस्याओं और घटनाक्रमों के अध्ययन पर केन्द्रित है। परन्तु जहां राजनीतिशास्त्र सत्ता की लड़ाई, नीतिगत मुद्‌दों और राजव्यवस्था के संचालन हेतु नीति निर्धारण के सैद्धान्तिक पक्षों के अध्ययन पर केन्द्रित है वहीं राजनीतिक भूगोल राजनीति की क्षेत्रीयता, अर्थात् राजनीतिक प्रक्रिया और राजनीतिक संगठन की स्थानिकता और उनकी क्षेत्र मूलकता पर केन्द्रित अध्ययन है। राजनीति की यही स्थानिक और क्षेत्रीय पहचान भिन्न-भिन्न देशों की राजनीतिक चेतना और उनकी राजनीति को विशिष्टता प्रदान करती है। यह दोनों विषय मूलतया एक ही प्रकार की समस्याओं के विश्लेषण और उनसे सम्बद्ध मुद्‌दों का समाधान खोजने का प्रयत्न करते हैं अतः दोनों परस्पर पूरक अध्ययन हैं। इस दृष्टि से राजनीतिक भूगोल के विद्यार्थी के लिए आवश्यक है कि वह अपने अध्ययन के विषय पर राजनीतिशास्त्र में की गई वैचारिक प्रगति और तत्सम्बन्धी विमर्श से पूरी तरह परिचित हो। इसके अभाव में उसका अध्ययन यथार्थपरक नहीं होगा और वह सम्बद्ध ज्ञान के विकास में अगली ईंट नहीं बन सकेगा।

राजनीति का स्वरूप

शास्त्रीय स्तर पर राजनीति का तात्पर्य मुख्यतया औपचारिक और नियमबद्ध राजनीति से है जिसमें संवैधानिक संरचना, राजनीतिक दलों का संगठन, चुनावी, राजनीति, सरकारों का चयन, प्रशासनिक ढांचा, सक्षम प्रशासन हेतु निदेशक सिद्धान्तों का निर्धारण, राज्य के मूल सिद्धान्तों और उसकी मूल अवधारणा के प्रति नागरिकों का विश्वास दृढ़ करके देश के एकता का सूत्र बनाए रखना तथा पड़ोसियों और विश्व के अन्य राज्यों के साथ आर्थिक, सांस्कृतिक और अन्य प्रकार के सम्बन्धों का अध्ययन शामिल है। ध्यान से देखने पर प्रतीत होगा कि इन सभी राजनीतिक क्रियाकलापों का मूल उद्‌देश्य सत्ता प्राप्त करना है। इसीलिए राजनीति को सत्ता केन्द्रित प्रक्रिया कहा जाता है।

सत्ता क्या है? यह अपने आप में एक जटिल प्रश्न है क्योंकि सत्ता का स्वरूप समय और स्थान सापेक्ष है। सांस्कृतिक और तकनीकी विकास जनित सामाजिक परिवर्तनों के साथ सत्ता का अर्थ भी परिवर्तित होता रहता है क्योंकि राजनीतिक सत्ता और सामाजिक संचेतना परस्पर गहराई से जुड़े हैं। इस सन्दर्भ में फ्रांसीसी दार्शनिक फोकॉल्ट के विचार उल्लेखनीय हैं। सत्ता के स्वरूप की परिवर्तनशीलता की चर्चा करते हुए फोकॉल्ट ने लिखा है कि सत्ता का स्वरूप कैसा होगा यह सत्ता के अधिकार के क्रियान्वयन की पद्धति पर निर्भर है। उदाहरणार्थ पूर्व-आधुनिक और सामन्ती युग में समाज में सत्ताधिकार के क्रियान्वयन में जन प्रदर्शन पर जोर दिया जाता था जिससे कि नागरिक सत्ता को चुनौती देने तथा राजसत्ता का आदर करने के अन्तर को अच्छी तरह समझ सकें। इसलिए आवश्यक था कि राजदण्ड और राजसत्कार दोनों ही समारोहपूर्वक सम्पन्न किए जाएं। यही कारण था कि फांसी के तख्ते चौराहों पर लगाये जाते थे। उत्तर-सामन्ती दौर में सामाजिक व्यवस्था उत्तरोत्तर अनुशासनबद्ध होती गई। यूरोपीय देशों में यह परिवर्तन अठारहवीं

और उन्नीसवीं सदी में सम्पन्न हुआ तथा उन्नीसवीं शताब्दी के अन्त तक अनुशासित समाज सामाजिक और राजनीतिक जीवन का प्रतिमान बन गया। अनुशासनबद्ध समाज में सामाजिक प्रबन्धन राज्य द्वारा निर्मित और राजसम्मत नियमों, उपनियमों, आचार और दण्ड संहिताओं के आधार पर होता है। कालान्तर में राजसत्ता द्वारा प्रकाशित व्यवहार संहिताएं नागरिकों के सामाजिक व्यवहार का आधार बन जाती है। इन्हें आत्मसात कर नागरिक अवचेतन रूप में अपने को अनुशासित रखने का अभ्यास कर लेता है। परिणामस्वरूप देश की जनता को राजसत्ता के महत्व का भान कराने के लिए नियमों के उल्लंघन की स्थिति में दंडादेश का क्रियान्वयन सार्वजनिक स्थानों पर करने की आवश्यकता नहीं रह जाती। उत्तरसामन्ती युग में प्रशासन व्यक्ति केन्द्रित न रहकर उत्तरोत्तर संस्था अर्थात् व्यवस्था केन्द्रित हो गया। फलस्वरूप विधिक संहिताओं का निर्माण सरल हो गया। ये संहिताएं नागरिक संचेतना का अभिन्न अंग बन गई तथा सामान्य जन मान्य और अमान्य आचरण में अन्तर करते हुए स्वयं अनुशासित हो गया। अनुशासित सामाजिक व्यवस्था में लोग देश की विधि व्यवस्था के प्रति आस्थावान बन जाते हैं और व्यक्तिगत हितों के लिए त्याग नागरिक संहिता का अभिन्न अंग बन जाता है।

अनुशासनबद्ध समाज की इस परिकल्पना की मूलभूत मान्यता है कि राजसत्ता के प्रति आदर का भाव जन-जन की चेतना से उद्भूत होकर कोशिका क्रिया (कैपिलरी ऐक्शन) द्वारा धीरे-धीरे सम्पूर्ण व्यवस्था को अनुशासित कर देता है। इस संकल्पना को कोशिका क्रिया संकल्पना के नाम से जाना जाता है। इस संकल्पना के अनुसार आधुनिक राज्य व्यवस्था सत्ता भय पर आधारित है क्योंकि नागरिक व्यवहार की अनुशासनबद्धता के पीछे सत्ता की सर्वव्यापकता और उसके द्वारा उत्पन्न भय है। अतः राजनीति एक सोद्देश्य प्रक्रिया है जिसके कुछ निश्चित आधार और सीमाएं हैं। इसका स्वरूप भिन्न-भिन्न स्थानों या देशों तथा ऐतिहासिक विकास के भिन्न-भिन्न चरणों में एक दूसरे से भिन्न होता है। राजनीति समाज सापेक्ष प्रक्रिया है तथा समाज का स्वरूप, स्थान और समय के साथ परिवर्तनशील है। भिन्न-भिन्न देशों तथा एक ही देश में भिन्न-भिन्न युगों में सामाजिक संचेतना का स्तर, उसका मूल्यबोध, और उसकी समस्याएं सर्वथा भिन्न होती हैं। इसलिए राजनीति का स्वरूप भी तदनुरूप बदलता रहता है। दूसरी ध्यान देने योग्य बात यह है कि राजनीतिक प्रक्रिया साधन और विमर्श सापेक्ष है। समय के साथ साधन सम्पन्नता में ह्रास अथवा वृद्धि एक सामान्य घटना है। साधन सम्पन्नता में आए इन परिवर्तनों के परिणामस्वरूप राष्ट्रीय समस्याओं के स्वरूप और सामाजिक मूल्य बोध में परिवर्तन एक शाश्वत प्रक्रिया है। इन परिवर्तनों के फलस्वरूप देश के सामाजिक चिन्तन और राजनीतिक विमर्श का स्वरूप भी परिवर्तित होता रहता है। उदाहरणार्थ इतिहास के किसी अन्य चरण की अपेक्षा आज समाज में महिलाओं और शिशुओं की समस्याओं को अधिक महत्व मिल रहा है। इसी प्रकार इतिहास के किसी भी दौर में पर्यावरण सुरक्षा के प्रश्न पर इतनी चर्चा नहीं हुई थी। तीसरी महत्वपूर्ण बात है कि आधुनिक राजव्यवस्था एक लोकतांत्रिक तथा जनकेन्द्रित व्यवस्था है। अतः प्रत्येक नागरिक को सम्मानपूर्ण जीवन बिताने के लिए न्यूनतम सुविधाओं का उपबंध करना और समाज के विभिन्न वर्गों तथा देश के विभिन्न भौगोलिक क्षेत्रों के बीच सामाजिक और आर्थिक विषमताओं का निवारण राज्य प्रशासन का एक प्रमुख उद्देश्य है।

उपर्युक्त विवेचन के आधार पर हम कह सकते हैं कि:

(1) आधुनिक राजनीति जनता की आवश्यकताओं और आकांक्षाओं पर केन्द्रित प्रक्रिया है तथा यही आकांक्षाएं और आवश्यकताएं राजनीतिक विमर्श को स्वरूप देती हैं। इसके चिंतन का

एक प्रमुख मुद्दा समाज के विभिन्न वर्गों और व्यक्तियों की परस्पर प्रतिस्पर्धी आकांक्षाओं के बीच सर्वमान्य समाधान ढूंढना है।

(2) यह समाधान अनिवार्यतया अधूरा होता है क्योंकि समझौते के आधार पर किया गया निर्णय सभी पक्षों को संतुष्ट नहीं कर सकता। साथ ही कालान्तर में सामाजिक स्थितियां बदलती हैं और परिणामस्वरूप नई समस्याएं उभरती हैं जिनके समाधान के लिए नए सिरे से प्रयास होता है, नई नीतियां निर्मित होती हैं जिनका क्रियान्वयन पुनः कुछ लोगों को संतुष्ट तो कुछ लोगों को असंतुष्ट करता है। अतः वर्गहित पर आधारित सामाजिक संघर्ष और समाधान की प्रक्रिया निरन्तर चलती रहती है।

(3) यह वर्ग संघर्ष अनिवार्यतः सत्ता का संघर्ष है। ऐसे संघर्ष में अन्तरवर्गीय साधन सम्पन्नता (जिसमें सत्ता की भागीदारी शामिल है) निर्णायक भूमिका निभाती है। साधन सम्पन्नता सम्बन्धी यही विषमता राष्ट्रीय राजनीति की धुरी है। लोकतांत्रिक व्यवस्था में वर्ग संघर्ष सम्बन्धी साधन सम्पन्नता के दो रूप हैं, जनमत संसाधन और आर्थिक-सांस्कृतिक संसाधन। स्वतंत्र मतदान व्यवस्था के वर्तमानप युग में जनसंख्या बाहुल्य अपने आप में एक संसाधन बन गया है। समाज में विपन्न लोगों की संख्या सम्पन्न समुदाय की अपेक्षा बहुत अधिक है अतः अन्य दृष्टियों से सर्वथा असमान वर्ग संघर्ष भी राजनीतिक स्तर पर मताधिकार के कारण जीवन्त हो उठता है और चमत्कार की सम्भावना सतत् विद्यमान रहती है। फलस्वरूप राजनीति एक शाश्वत प्रक्रिया बन गई है।

(4) समस्याओं के समाधान की खोज की इस प्रक्रिया में राजनीति उत्तरोत्तर संस्था प्रधान प्रक्रिया बन गई है। भिन्न-भिन्न प्रकार की समस्याओं के समाधान के लिए अलग-अलग संस्थाओं का निर्माण हुआ है। सामान्यतया ये संस्थाएं तात्कालिक समस्याओं के निराकरण हेतु बनाई जाती हैं परन्तु एक बार अस्तित्व में आ जाने के पश्चात् अनेक लोगों के हित उनसे अनिवार्यतः जुड़ जाते हैं। इसलिए उनका औचित्य समाप्त होने के बाद भी उन्हें समाप्त करना सम्भव नहीं होता क्योंकि वे स्वयं राजनीति का केन्द्र और उसका कारक बन जाती हैं। अतएव एक बार अस्तित्व में आने के बाद से संस्थाएं शाश्वतता प्राप्त कर लेती हैं।

(5) राष्ट्रीय स्तर की राजनीति मूलतया परस्पर प्रतिस्पर्धी समूहों के बीच अस्तित्व, सुरक्षा और सत्ता में भागीदारी का संघर्ष है। फलस्वरूप सत्ता के संघर्ष में लगे पृथक्-पृथक् गुटों की परस्पर पृथक् राजनीतिक पहचान बन जाती है। उनकी यह पहचान अंशतया आर्थिक, राजनीतिक और अन्य प्रकार के स्वार्थों पर आधारित होती है तथा अंशतया इस बात पर कि कौन कहां निवास करता है, अर्थात् नागरिकों की स्थानीय चेतना पर। नागरिकों की स्थानिकता मूलतया इन प्रश्नों के उत्तर से सम्बद्ध है कि राष्ट्रीय व्यवस्था में उनका क्या स्थान है? वे कौन हैं तथा देश की समृद्धि में उनकी भागीदारी क्या है? राजसत्ता प्रदत्त जनकल्याण सुविधाओं का कितना भाग उन्हें प्राप्त होता है? इन परस्पर सम्बद्ध प्रश्नों के संतोषजनक उत्तर की खोज ही सारी राजनीति का मूलाधार है। अतः राजनीतिक पहचान एक साथ ही सामाजिक भी है और क्षेत्रीय भी क्योंकि समाज में किसे क्या प्राप्त होता है यह बहुत सीमा तक इस तथ्य पर निर्भर है कि कौन कहां निवास करता है, गांव अथवा नगर में, मलिन बस्तियों या सिविल लाइन्स में। इसी प्रकार किसी का जीवन स्तर कैसा है यह अंशतया इस बात पर भी निर्भर है कि वह व्यक्ति किस प्रदेश का निवासी है, बिहार का या महाराष्ट्र का।

(6) लोकतांत्रिक राजनीति की सर्वव्यापकता और उसके संस्थाप्रधान स्वरूप के परिणामस्वरूप राज्य व्यवस्था के संचालन के लिए कर्मचारियों और अधिकारियों की बहुत बड़ी संख्या एक अपरिहार्य आवश्यकता बन गई है। अतएव आधुनिक राजनीतिक व्यवस्था नौकरशाही (ब्युरोक्रैटिक) व्यवस्था है। यही कारण है कि राजनीतिशास्त्र में नौकरशाही का अध्ययन एक महत्वपूर्ण विषय बन गया है।

उपर्युक्त विचार विमर्श में निहित सामाजिक संरचना सम्बन्धी मूलभूत विचारों की विस्तृत चर्चा के लिए देखिए एंथनी गिड्डेन्स की पुस्तक, *दि कांस्टीस्ट्यूशन ऑफ सोसाइटी* (1984)। राजनीतिक भूगोल में इसकी संक्षिप्त चर्चा के लिए देखिए पेण्टर (1995)।

मानव भूगोल

अठारहवीं सदी के अंत तक भूगोल मूलरूप से पृथ्वी के वातावरण का अध्ययन था। इसके अध्ययन का मूल उद्देश्य मानव पर्यावास के रूप में पृथ्वी के विभिन्न क्षेत्रों में विकास की सम्भावनाओं और सीमाओं का निरूपण करना था। इस प्रकार ज्ञान की पृथक् शाखा के रूप में भूगोल पृथ्वी की सतह का बहुपक्षीय अध्ययन बन गया। वर्तमान युग में यह निश्चय ही आश्चर्यजनक प्रतीत होता है कि किसी एक वैज्ञानिक के लिए पृथ्वी का समग्र अध्ययन कैसे सम्भव था। परन्तु तब स्थितियां आज जैसी नहीं थीं। पृथ्वी के भौतिक स्वरूप तथा उसमें निहित विविधता और अन्तरक्षेत्रीय विभिन्नता के बारे में ज्ञान अत्यधिक सीमित था। पृथ्वी के भौतिक स्वरूप के बारे में ज्ञान विस्फोट उत्तर-कोलम्बस युग की महान अन्वेषणात्मक यात्राओं से प्राप्त ज्ञान के विश्लेषण तथा उनके वर्गीकरण और सत्यापन की लंबी और जटिल प्रक्रिया के परिणामस्वरूप ही संभव हो सका था। यह तथ्य कैप्टन जेम्स कुक (1728-1779) और अलेक्जंडर वॉन हम्बोल्ट (1769-1859) की विश्व यात्राओं के वृतांतों से भली प्रकार स्पष्ट है (देखिए: दीक्षित, *जिओग्राफिकल थॉट,* 1997, पृ. 17-67)। ज्ञान प्रसार की यह प्रक्रिया उन्नीसवीं सदी के प्रारम्भिक चरण तक चलती रही थी। पृथ्वी के वातावरण के बारे में ज्ञान के इस आशातीत विस्फोट के पश्चात् अब किसी भी विद्वान के लिए पृथ्वी का समग्र अध्ययन सम्भव नहीं रहा। उत्तरोत्तर यह कार्य और भी दुष्कर होता गया। इन्हीं कारणों से पृथ्वी के वातावरण के अध्ययन में विशेषीकरण की आवश्यकता हुई तथा पृथ्वी के विभिन्न पक्षों के अध्ययन के लिए पृथक्-पृथक् क्रमबद्ध विज्ञानों का जन्म हुआ। फलस्वरूप वातावरण के वे सभी पक्ष जो अभी तक भूगोल के अध्ययन क्षेत्र में सम्मिलित थे एक-एक कर विभिन्न क्रमबद्ध विज्ञानों के अध्ययन के विशिष्ट क्षेत्र बन गए। परिणामस्वरूप भूगोल के सामने पहचान का संकट उत्पन्न हो गया। अध्ययन की स्वतंत्र शाखा के रूप में इसका अस्तित्व खतरे में पड़ गया।

उन्नीसवीं सदी के पूर्वार्द्ध में रिट्टर तथा हम्बोल्ट ने भूगोल को नई पहचान देकर इसका पुनर्जन्म किया। इन दोनों विद्वानों ने अपनी-अपनी तरह से रेखांकित किया कि पृथ्वी के अध्ययन क्षेत्र के भौतिक पक्षों के अलग-अलग क्रमबद्ध विज्ञानों के विषय क्षेत्रों में बंट जाने के पश्चात् भी एक महत्वपूर्ण पक्ष अछूता रह गया है और वह है मानव की कार्य स्थली के रूप में पृथ्वी की सतह का निरूपण और विश्लेषण। अतः भूगोल अब मूलरूप से मानव की क्रिया स्थली और उसके पर्यावास के रूप में पृथ्वी की सतह का क्षेत्रीय और स्थानिक अध्ययन बन गया। इस

अध्ययन के दो पक्ष हैं। प्रथम, पृथ्वी को छोटे-छोटे क्षेत्रों में बांट कर प्रत्येक का सर्वपक्षीय, समग्र अध्ययन जिससे कि क्षेत्र विशेष में विकास की सम्भावनाओं तथा कठिनाइयों का आकलन हो सके। द्वितीय, पृथ्वी के वातावरण के विभिन्न तत्वों, उदाहरणार्थ जलवायु, प्राणी जीवन, उच्चावच स्वरूप, मानव संसाधन और आर्थिक संसाधनों के अलग-अलग क्षेत्रीय निरूपण (वितरण प्रारूप) के माध्यम से समग्र पृथ्वी का प्रकरणात्मक अर्थात् क्रमबद्ध अध्ययन जिससे कि मानव पर्यावास के रूप में पृथ्वी का सम्यक् ज्ञान प्राप्त हो सके। पहले प्रकार के अध्ययन को प्रादेशिक भूगोल तथा दूसरे को क्रमबद्ध भूगोल की संज्ञा दी गई। दोनों ही भौगोलिक अध्ययन के अनिवार्य अंग है और उनका सम्मिलित योगदान भूगोल को समग्रता प्रदान करता है।

उपर्युक्त विवेचन से स्पष्ट है कि भूगोल ज्ञान की वह शाखा है जो पृथ्वी की सतह का मनुष्य की क्रिया स्थली के रूप में अध्ययन करती है। यद्यपि इसके अध्ययन का "विषय" पृथ्वी की सतह, अर्थात् एक भौतिक और क्षेत्रीय इकाई है, परन्तु अध्ययन का उद्देश्य मानव केन्द्रित है। इसीलिए अन्य विषयों के विपरीत भूगोल एक साथ ही प्राकृतिक विज्ञान भी है तथा सामाजिक विज्ञान भी। ज्ञान की स्वतंत्र शाखा के रूप में सम्पूर्ण भौगोलिक विमर्श मानव और प्रकृति (परिवेश) के अन्योन्याश्रयी सम्बन्ध के अवबोध पर केन्द्रित है। अध्ययन की विशिष्ट शाखा के रूप में भूगोल की इमारत सांस्कृतिक विकास की दीर्घकालीन ऐतिहासिक प्रक्रिया के दौर में मनुष्य जाति द्वारा पृथ्वी और उसके परिवेश को समझने की दिशा में प्राप्त किए गए अनुभवों की आधारशिला पर खड़ी है। भूगोल का इतिहास प्रकृति में निहित मानव विकास की सम्भावनाओं और सीमाओं के प्रति संचेतना के विकास का इतिहास है तथा इसकी मूल परिदृष्टि क्षेत्रीय और स्थानिक है। सामाजिक संगठन के अध्ययन में भूगोल प्रमुखतया मानव जीवन की स्थानिकता और क्षेत्रीयता पर आधारित सम्बन्धों के संगठनात्मक प्रभाव पर ध्यान केन्द्रित करता है।

राजनीतिक भूगोल

राजनीति और भूगोल के उपर्युक्त विवेचन के आधार पर हम कह सकते हैं कि मोटे तौर पर राजनीति विभिन्न क्षेत्रों और विभिन्न युगों में सामाजिक संगठन की दिशा में किए गए प्रयासों का कारण और परिणाम है। कारण इसलिए कि प्रत्येक संगठनात्मक निर्णय राजनीतिक निर्णय होता है, और परिणाम इसलिए कि संगठनात्मक निर्णय के क्रियान्वयन से उत्पन्न परिणाम भविष्य की राजनीति को दिशा प्रदान करते हैं। राजनीति और राजनीतिक, इकाइयां अपने राष्ट्रीय भौगोलिक क्षेत्र से अन्योन्याश्रयी सम्बन्ध में जुड़े हैं। वास्तव में राजनीतिक सत्ता के विकास का मूलभूत उद्देश्य देश के अन्दर निवास करने वाले विभिन्न समुदायों तथा उनके पृथक्-पृथक् निवास क्षेत्रों के आपसी सम्बन्धों को अनुशासनबद्ध कर देश की सम्पूर्ण मानव भौगोलिक इकाई को समग्रता प्रदान करना था। सामाजिक विकास के प्रारम्भ में भी विभिन्न समुदायों के बीच क्षेत्रीय संसाधनों से सम्बन्धित विवाद तथा क्षेत्रीय अधिकार सम्बन्धी परस्पर प्रतिस्पर्धी दावे, सामाजिक कलह के मुख्य कारण थे। इन सामाजिक द्वन्द्वों का न्यायपूर्ण समाधान राजसत्ता का प्रमुख कर्तव्य है। समाज में किसको क्या, कहां तथा कैसे प्राप्त होना चाहिए इसका निर्णय और विनियमन, अर्थात् सामाजिक मूल्यों के अनुरूप और राज्यक्षेत्र राज्य के संसाधनों, राजकीय सेवाओं आदि का विभिन्न समुदाय क्षेत्रों के बीच न्यायसंगत वितरण राज्य व्यवस्था का प्राथमिक उत्तरदायित्व है।

उपर्युक्त विवेचन से स्पष्ट है कि संस्थागत लोकतांत्रिक राजनीतिक प्रक्रिया के तीन आधार हैं राष्ट्र की जनसंख्या, देश का क्षेत्रीय प्रसार अर्थात् उसका भौगोलिक क्षेत्र, और राज्य (अर्थात् राजसत्ता)। वास्तव में संस्थागत राजनीति की सम्पूर्ण प्रक्रिया इन तीन तत्वों के सतत् क्रियाशील अन्तरसम्बन्धों पर निर्भर है। राजनीतिक भूगोल इन्हीं, अन्तरसम्बन्धों का निरूपण करता है। प्रत्येक राष्ट्रीय समुदाय किसी क्षेत्र विशेष में रहने वाले नागरिकों की समष्टि है जो अनेक सांस्कृतिक, ऐतिहासिक और भौतिक कारणों से परस्पर एकात्मकता का अनुभव करते हैं। इस सामूहिक राष्ट्रीय पहचान का एक प्रमुख आधार जन्मभूमि अर्थात् राष्ट्र की भूमि के प्रति नागरिकों की आस्था और प्रेम है। वास्तव में राष्ट्रीय चेतना मूलरूप से एक स्थानिक अवधारणा है। मातृभूमि के प्रति असीम प्रेम उसकी विशेषता है। इस प्रेम का आधार अमूर्त और भौतिक दोनों ही प्रकार का है। अमूर्त इसलिए कि राष्ट्र का इतिहास मूलतया उसके भौगोलिक क्षेत्र की मानवीय पहचान का इतिहास है। दीर्घकालीन अथक प्रयास के परिणामस्वरूप ही एक भौगोलिक क्षेत्र जीवन्त मानवीय इकाई का रूप धारण करता है, तथा राष्ट्र के सभी महत्वपूर्ण प्रतीक राष्ट्र की इसी स्थानिक पहचान पर आधारित है। साथ ही मातृभूमि प्रेम का आधार भौतिक भी है क्योंकि भूमि ही राष्ट्रीय विकास के नाना प्रकार के संसाधनों का प्राथमिक स्रोत है। मां के दूध की तरह इसके पोषक तत्व राष्ट्र के रग-रग में व्याप्त हैं।

राष्ट्रीय समुदाय के विभिन्न वर्गों और गुटों के बीच क्षेत्रीय संसाधनों के वितरण के लिए सदा ही प्रतिस्पर्धापूर्ण स्थिति बनी रहती है। लोगों की आवश्यकताओं, आकांक्षाओं और उनके परस्पर विरोधी दावों का समाधान तथा देश के क्षेत्रीय संसाधनों का उनके बीच न्यायसंगत आबंटन एक शाश्वत समस्या है। परन्तु इन सबके होते हुए भी राज्य सम्पर्णू राष्ट्र की सम्मिलित शक्ति का प्रतीक है। इसी शक्ति के आधार पर कोई राज्य पड़ोसी और अन्य बाहरी राज्यों से अन्तरराष्ट्रीय सम्बन्ध स्थापित करता है। विश्व में पिछले दो सौ वर्षों का राजनीतिक इतिहास मुख्यतया अन्तरराष्ट्रीय सम्बन्धों का इतिहास रहा है। अतः प्रत्येक देश की राजनीति आंशिक रूप से आन्तरिक स्थितियों और अंशतया अन्तरराष्ट्रीय सम्बन्धों के सम्मिलित प्रभाव का परिणाम है। इसी कारण “राष्ट्र—राज्य और भूमि” का पारस्परिक राजनीतिक सम्बन्ध जहां ऐतिहासिक विकास प्रक्रिया की दृष्टि से राष्ट्र की मिट्टी से सीधे जुड़ा आत्मिक सम्बन्ध था, उत्तर-कोलम्बस युग के क्षेत्रीय उपनिवेशीय दौर में राज्यों के विकास का क्षेत्रीय आयाम भौतिक स्तर पर विश्वव्यापी हो गया। इसीलिए उपनिवेशवादी दौर में यूरोपीय राज्य मूलतया प्रसारशील क्षेत्रीय राजनीतिक इकाइयों के रूप में स्थापित हो गए।

जर्मन विद्वान रैट्ज़ैल (1844-1904) द्वारा 1896-1897 में प्रतिपादित आधुनिक राजनीतिक भूगोल मूलरूप से “राष्ट्र, राज्य और क्षेत्र” के अन्तरसम्बन्धों के अध्ययन पर केन्द्रित विज्ञान था। पिछले एक सौ वर्षों में भूगोल और राजनीतिशास्त्र दोनो की ही वैज्ञानिक मान्यताओं में बहुत परिवर्तन हुए हैं। साथ ही राजनीतिक भूगोल के इन तीन मूलभूत आधारों के अवधारणात्मक पक्षों के बारे में भी मान्यताएं बदली हैं परन्तु यह त्रिपक्षीय सम्बन्ध प्रत्यक्ष अथवा परोक्ष रूप में निरन्तर राजनीतिक भूगोल के अध्ययन का विशिष्ट विषय बना रहा है। यही त्रिपक्षीय सम्बन्ध हमारे राजनीतिक मानचित्र का मूल आधार है। राजनीतिक भूगोल के अनेक विद्वानों ने स्पष्ट किया है कि किसी भी समय हमारी राजनीति का वास्तविक रूप ऐतिहासिक विकास प्रक्रिया का परिणाम होता है। कालान्तर में इन तीन मूल तत्वों के पारस्परिक सम्बन्धों के संतुलन में आए

बदलावों के परिणामस्वरूप परिवर्तन आते रहते हैं। यह एक शाश्वत प्रक्रिया है। अतः राजनीतिक भूगोल परिवर्तनशील राजनीतिक सम्बन्धों का क्षेत्रीय निरूपण और विश्लेषण है। मोटे तौर पर सम्पूर्ण राजनीतिक हलचल राष्ट्र, राज्य और भूमि के त्रिपक्षीय अन्तरसम्बन्ध से प्रत्यक्ष अथवा परोक्ष रूप से सम्बद्ध है। सामाजिक मूल्य बोध में होने वाले परिवर्तनों के परिणामस्वरूप राष्ट्र बोध और राष्ट्रीय चेतना, नागरिक अधिकार बोध, और राजसत्ता की राष्ट्र की जनता के अपेक्षा बोध के प्रति उत्तरदायित्व वहन में सतत् परिवर्तन आते रहते हैं। इनके चलते समय-समय पर राष्ट्र राज्य के सामने नई मांगें रखता है जिनके समाधान हेतु नई नीतियों का निर्धारण होता है। इनके क्रियान्वयन के परिणामस्वरूप क्षेत्रीय भूदृश्यों में परिवर्तन आते हैं। संतोष और असंतोष की नई लहरें उत्पन्न होती हैं। यह घटना चक्र सतत् चलता रहता है। अतः राजनीतिक भूगोल का अध्ययन क्षेत्र अत्यधिक विस्तृत है। राजनीतिक प्रक्रिया स्वभाव से ही क्षेत्रपरक प्रक्रिया है जिसमें सम्बद्ध सामाजिक समूहों की स्थानिकता और क्षेत्रीयता (अर्थात् अन्तरक्षेत्रीय सम्बन्धों के प्रभाव) की भूमिका महत्वपूर्ण है।

इस सन्दर्भ में उल्लेखनीय है कि उन्नीसवीं शताब्दी में ज्ञानार्जन की प्रक्रिया के विभिन्न क्रमबद्ध विज्ञानों में विभाजन के साथ ही इस भ्रांतिमूलक धारणा को बढ़ावा मिला था कि क्रमबद्ध अध्ययन की प्रत्येक शाखा ज्ञान की "स्वतंत्र" शाखा है। अतः विभिन्न क्रमबद्ध विज्ञान समानान्तर अस्तित्व वाले बन गए। फलस्वरूप ज्ञानार्जन की प्रक्रिया खंडित हो गई और अंतःशास्त्रीय (इण्टर डिसिप्लिनरी) अध्ययन के अवसर सीमित हो गए। यह सही है कि इतिहास और भूगोल क्रमशः समय और क्षेत्र सम्बन्धी आयाम पर केन्द्रित हैं तथा सभी प्रकार की प्रक्रियाएं समय और क्षेत्र सापेक्ष हैं अतः इन दोनों विषयों के द्वार अंतरशास्त्रीय अध्ययन के लिए खुले रह सकते थे। परन्तु वह विज्ञानमय युग था अतः क्रमबद्ध विज्ञानों की मान्यताएं सामाजिक विज्ञानों को भी प्रभावित करने लगी थीं। प्रत्येक सामाजिक विज्ञान अपने को प्राकृतिक विज्ञानों के अनुरूप ढालने के प्रयास में रत था। फलस्वरूप भूगोल में भी अवधारणात्मक स्तर पर क्षेत्रीय आयाम को उस पर होने वाली विभिन्न प्रकार की प्रक्रियाओं से मुक्त सर्वथा स्वायत्त अस्तित्व देने का प्रयास हुआ। परिणाम यह हुआ कि "क्षेत्र" एक अवधारणात्मक पहचान न रह कर एक स्थूल "विषय" के रूप मे देखा जाने लगा। अतः रसायन, द्रव्य, प्राणि जीवन और शैली की भांति क्षेत्र भी एक स्वतंत्र विषय और अध्ययन की एक सर्वथा स्वतंत्र शाखा का आधार बन गया। फलस्वरूप भूगोल का अध्ययन विभिन्न प्रकार के क्षेत्रों का विवरण मात्र बन कर रह गया।

भौगोलिक क्षेत्र मानव समूहों के निवास क्षेत्र भी थे अतः मानव भूगोल इन क्षेत्रों में रहने वाले लोगों की जीवन शैली और उनके क्रियाकलाप पर स्थानजन्य प्रभावों का अध्ययन बन गया। इस विश्लेषण में प्राकृतिक वातावरण के प्रभाव का निरूपण विशेष महत्वपूर्ण था। राजनीति सामाजिक क्रियाकलाप का एक प्रमुख पक्ष है अतः राज्यों का अध्ययन भी पारिस्थितिकीय पद्धति के अनुरूप होने लगा। राजनीतिक भूगोल की पारिस्थितिकीय अवधारणा के अन्तर्गत राजनीतिशास्त्र और राजनीतिक भूगोल के बीच किसी संवाद की सम्भावना नहीं थी। परिणामस्वरूप रैट्ज़ेल की राजनीतिक भूगोल सम्बन्धी अवधारणा की सामाजिक विज्ञानों के विद्यार्थियों के बीच लोकप्रियता के बावजूद, राजनीतिक भूगोल सर्वथा उनसे भिन्न तथा राजनीतिशास्त्र के संवाद से प्रायः अछूता अध्ययन क्षेत्र बना रहा। यही कारण था कि तत्कालीन राजनीतिशास्त्र की "नीतिमूलक" (एथिकल) स्वरूप का रैट्ज़ेल के राजनीतिक भूगोल में कोई स्थान नहीं था (देखिएः कोस्ट, 1989; दीक्षित, 1994, पृ. 10-11)।

1880-1920 का युग मानव मूल्यों और परिदृष्टियों में सर्वांगीण परिवर्तन का दौर था। अंग्रेजी में इसे "फिन डी सिएकल" कहते हैं। इस दौर में विभिन्न प्रकार की नई तकनीकों (टेलीफोन, बेतार का तार, एक्सरे, चलचित्र, साइकिल, मोटर गाड़ी और वायुयान) के प्रयोग में आने से मनुष्य और विभिन्न वस्तुओं के बीच के सम्बन्ध को देखने के तौर तरीके में आमूल परिवर्तन आ गया। अंतःकरण धारा उपन्यास (स्ट्रीम ऑफ कांशसनेस नावेल) मनोविश्लेषण (साइको एनैलिसिस) सापेक्षिकता नियम (थियोरी ऑफ रिलेटिविटी) इसके सांस्कृतिक लक्षण थे। इनके परिणामस्वरूप पुरानी समस्याओं को नए ढंग से देखा जाने लगा। ऐसे में समय और स्थान दोनों का अर्थ बदल गया क्योंकि प्रत्येक वस्तु अब एक सापेक्ष इकाई बन गई। उसकी पहचान उसके आस पास इकाइयों से जुड़ गई। अतः वस्तुओं और प्रक्रियाओं के परस्पर स्वतंत्र अस्तित्व सम्बन्धी अवधारणा निराधार प्रतीत होने लगी। फलस्वरूप समय और स्थान अब विभिन्न प्रकार की प्रक्रियाओं और घटनाक्रमों के माध्यम के रूप में देखे जाने लगे। अतः समय को अवधि (पीरियड) और स्थान को प्रदेश रूपी वस्तुनिष्ठ इकाइयों के रूप में देखने की आवश्यकता नहीं रही। इस परिवर्तित वैचारिक वातावरण में विभिन्न विज्ञान ज्ञानार्जन को परस्पर सम्बद्ध शाखाओं के रूप में देखे जाने लगे। समाज विज्ञानों के अध्ययन में भी वैचारिक एकता के सूत्र ढूंढने और अध्ययन की विभिन्न शाखाओं में परस्पर तालमेल स्थापित कर अन्तरशास्त्रीय अध्ययन की प्रवृत्ति को प्रोत्साहन मिला।

इसके परिणामस्वरूप सामाजिक सम्बन्धों और प्रक्रियाओं के विश्लेषण में समय अर्थात् ऐतिहासिक परिदृष्टि को व्यापक मान्यता मिली। परिणामस्वरूप ऐतिहासिक भौतिकवाद (हिस्टारिकल मैटीरियलिज़्म) सामाजिक अध्ययन के क्षेत्र में सिद्धान्तपरक अध्ययन का मुख्य आधार बन गया। परन्तु दूसरी ओर स्थानिक आयाम सामाजिक अध्ययन में लम्बे अरसे तक प्रायः अछूता और अस्वीकृत बना रहा (ग्रेगरी, 1989)। यही कारण था कि बीसवीं सदी के छठे दशक के अन्त तक समाजशास्त्रीय अध्ययन मार्क्सवादी भौतिकवादी ऐतिहासिक चिन्तन के प्रभाव में इस मूलभूत यथार्थ की अनदेखी करता रहा कि सामाजिक सम्बन्ध एक साथ ही दो परस्पर सम्बद्ध आयामों में घटित होते हैं, एक समय और दूसरा स्थान। इनमें से किसी एक की अनदेखी करने से सामाजिक अध्ययन में समग्रता नहीं आ सकती क्योंकि "स्थानिक इकाइयां ऐतिहासिक और प्राकृतिक तत्वों के सम्मिलित प्रभाव की परिणति हैं यद्यपि क्षेत्र निर्माण की प्रक्रिया मूलतः राजनीतिक प्रक्रिया है। सही अर्थों में स्थानिक इकाइयां राजनीति प्रेरित और आदर्श मूलक इकाइयां हैं" (फ़ेबवर, 1976, पृ. 31)। अतः सामाजिक अध्ययन की समग्रता के लिए ऐतिहासिक और क्षेत्रीय परिदृष्टियों का समामेलन आवश्यक है (देखिएः दीक्षित, *जिओग्राफिकल थॉट,* 1997, पृ. 176-180)।

द्वितीय विश्व युद्ध के पहले भूगोल में प्रचलित मान्यता के अनुसार क्षेत्र और समाज अलग-अलग इकाइयां थीं जो समय-समय पर एक दूसरे को प्रभावित करती थीं, परन्तु उनको एक दूसरे से अलग करके स्वतंत्र रूप से समझा और निरूपित किया जा सकता था। बीसवीं सदी के उत्तरार्द्ध में धीरे-धीरे क्षेत्र तथा समाज की परस्पर "स्वतंत्रता", अर्थात् उनके एक दूसरे से सर्वथा पृथक् अस्तित्व की परिकल्पना भ्रांतिमूलक प्रतीत होने लगी। क्षेत्र उत्तरोत्तर ऐतिहासिक और सांस्कृतिक दृष्टि से सापेक्ष इकाई माना जाने लगा क्योंकि समाजशास्त्री अब इस सत्य को पहचानने लगे थे कि सभी सामाजिक सम्बन्ध स्थान सापेक्ष सम्बन्ध हैं अतः क्षेत्रीयता उन्हें आधार और पहचान प्रदान करती है। इस वैचारिक जागृति के फलस्वरूप बीसवीं सदी के उत्तरार्द्ध

में मानव भूगोल और अन्य सामाजिक विज्ञानों के अध्ययन को एक ही केन्द्रीय सत्य को समझने की दिशा में प्रयत्नशील ज्ञान की परस्पर संबद्ध शाखाओं के रूप में देखा जाने लगा। इसलिए भूगोल अब सामाजिक प्रक्रियाओं पर क्षेत्रीय प्रभाव के अध्ययन के स्थान पर भिन्न-भिन्न स्थानीय इकाइयों में रहने वाले समाज के जीवन संघर्ष का अध्ययन बन गया। भूगोल अब सही अर्थों में एक सामाजिक विज्ञान बन गया; एक ऐसा सामाजिक विज्ञान जो सामाजिक संरचना के अध्ययन में क्षेत्रीयता और क्षेत्रीय संगठन (स्पेसियलटी एण्ड स्पेसियल आर्गनाइज़ेशन), स्थान मूलकता, भूदृश्य निर्माण और समाज तथा उसके परिवेश के अन्योन्याश्रयी अस्तित्व पर ध्यान केन्द्रित करता है।

यद्यपि उपर्युक्त अवधारणात्मक परिवर्तन पचास के दशक में ही प्रारंभ हो गए थे एवं मात्रात्मक क्रांति और दूरत्वपरक क्षेत्रीय विश्लेषणात्मक परिदृष्टि इसके स्पष्ट परिणाम थे, तथापि सामाजिक चिन्तन की मुख्य धारा से भूगोल के जुड़ने की प्रक्रिया और सामाजिक अध्ययन की शाखा के रूप में मानव भूगोल की पहचान बनने में देर लगी। परिवर्तन की प्रक्रिया साठ के दशक के उत्तरार्द्ध में परिलक्षित होने लगी थी और सत्तर के दशक में पूरी तरह मुखर हो गई। आज का आधुनिक समाज स्पष्टतया राजनीति प्रेरित समाज है और जीवन के सभी पक्ष राजनीति से प्रत्यक्ष तथा परोक्ष रूप से जुड़े हुए हैं, अतः स्वाभाविक रूप से इस चेतना के उदय के साथ ही राजनीतिक भूगोल के अध्ययन को पुनर्जीवन मिला। राज्यों का अब क्रियाशील इकाइयों के रूप में देखा जाने लगा (ऐकरमन, 1963), और इतिहास और भूगोल के बीच की दीवार धीरे-धीरे ढहने लगी। राजनीतिक भूगोल के अध्ययन की एक नई विधि जननिक क्रियात्मक पद्धति ("जेनेटिक फंक्शनल एप्रोच", दीक्षित, 1970) के नाम से प्रस्तुत हुई। साथ ही राजनीतिक व्यवस्थाओं के अध्ययन के लिए एक नया विधितंत्र भी प्रस्तावित हुआ (कोहेन और रोज़ेंथाल, 1971)। यद्यपि बदलाव की गति धीमी रही परन्तु धीरे-धीरे समग्र मानव भूगोल के साथ-साथ राजनीतिक भूगोल में भी यह बात सर्वमान्य हो गई कि भूगोल समाज केन्द्रित मनन चिन्तन में मात्र एक "अतिरिक्त प्रभाव" नहीं है, और न ही यह एक परिदृष्टि मात्र है जिसे सुविधानुसार नकारा अथवा स्वीकारा जा सकता है। सम्पूर्ण राजनीतिक प्रक्रिया मूलतः क्षेत्रीयता-निहित, अर्थात् स्थानिक और परिवेशजन्य प्रक्रिया है, अतः उसे उसी रूप में देखना आवश्यक है। प्रारंभ में इस विषय पर कुछ अनिश्चयपूर्ण वातावरण बना रहा, जैसाकि सत्तर के दशक में जनकल्याण उन्मुख मानव भूगोल पर कुछ वरिष्ठ विद्वानों की अस्वीकारात्मक प्रतिक्रियाओं से स्पष्ट है (देखिएः स्मिथ, *ह्यूमन जियोग्राफीः ए वेल्फेयर एप्रोच*, 1977), परन्तु अस्सी के दशक की शुरुआत होते-होते सभी शंकाएं समाप्त हो गईं। आज का राजनीतिक भूगोल राजनीति की क्षेत्र मूलकता का समग्र अध्ययन है। राजनीति और भूगोल के बीच की दीवार पूरी तरह ध्वस्त हो गई है।

पुस्तक की अध्याय योजना

यह पुस्तक राजनीतिक भूगोल की इसी परिमार्जित संकल्पना पर केन्द्रित है। परन्तु इस अवधारणात्मक परिदृष्टि का यह मतलब कदापि नहीं है कि राजनीतिक भूगोल में जिस विषय का अध्ययन किया जा रहा है उसमें कोई विशिष्ट अन्तर आया है। राजनीतिक भूगोल आज भी उन सारे पक्षों का अध्ययन करता है जो उसके ऐतिहासिक विकास के पिछले सौ वर्षों में समय-समय पर किए जाते रहे हैं। साथ ही सामाजिक और तकनीकी विकास के वर्तमान दौर में उत्पन्न

नई समस्याएं और राजनीतिक जीवन का भूमण्डलीय आयाम भी इसमें सम्मिलित है। वर्तमान अवधारणात्मक परिवर्तन के प्रभाव में अब राजनीतिक भूगोल *राज्य की क्षेत्रीयता* के स्थान पर *राजनीति की क्षेत्रमूलकता* पर केन्द्रित हो गया है। राज्य और राजनीति अन्योन्याश्रयी सम्बन्ध में जुड़े हैं अतः इस अवधारणात्मक परिवर्तन का प्रभाव सतह पर दिखाई देना आवश्यक नहीं है, अब इन तत्वों को देखने के तौर तरीके में बहुत बड़ा परिवर्तन आया है। राज्य का स्थूल क्षेत्रीय इकाई है जिसका आकार (साइज़) और आकृति (शेप) और संगठन स्पष्टतया दिखाई पड़ते हैं, जबकि राजनीति एक अदृश्य प्रक्रिया है जो सामाजिक जीवन को प्रतिक्षण प्रभावित करती है साथ ही राजनीति समय और स्थान सापेक्ष है। राज्य एक ओर राजनीति का परिणाम है और दूसरी ओर इसका कारक भी है। अतः विषय के अध्ययन में निरन्तरता विद्यमान है।

परन्तु अध्ययन क्षेत्र की इस निरन्तरता के होते हुए भी अवधारणात्मक स्तर पर राजनीतिक भूगोल के केन्द्रीय तत्व के सम्बन्ध में आए उपर्युक्त परिवर्तन के परिणामस्वरूप अध्ययन किए जाने वाले विषयों और पक्षों के वरीयता क्रम में स्पष्ट परिवर्तन आया है। राजनीतिक भूगोल अब राजनीतिक क्षेत्र पर केन्द्रित अध्ययन के बदले राजनीति पर केन्द्रित अध्ययन बन गया है। अतः अब इसके अध्ययन प्रक्रिया का प्रारम्भिक बिन्दु राजनीति और राज्य के सामाजिक संगठन के स्वरूप पर केन्द्रित हो गया है। परिणामस्वरूप अब इनसे सीधे रूप से सम्बद्ध मुद्दे अध्ययन में वरीयता क्रम में पहले आते हैं। उदाहरणार्थ अभी तक पाठ्यपुस्तकों में अन्तरराज्यीय और अन्तरराष्ट्रीय सम्बन्ध वरीयता क्रम में पहले चर्चित होते रहे हैं जबकि राज्य की प्रकृति और स्वरूप, तथा सत्ताधिकार की लड़ाई से सम्बद्ध मुद्दे (जैसे कि मतदान का भूगोल) तथा राष्ट्रीयता, राष्ट्र और राज्य निर्माण से जुड़े मुद्दे, असमान विकास तथा प्रशासनिक प्रणालियों और भूदृश्य निर्माण की चर्चा अपेक्षाकृत बाद के अध्यायों में की जाती रही है। परन्तु नवीन संकल्पना के पश्चात् यह वरीयता क्रम उलट गया है। इस पुस्तक का अध्याय नियोजन इस नवीन क्रम में ही है।

विषय प्रवेश (अध्याय 1) सहित यह पुस्तक कुल 8 अध्यायों में विभक्त है। अध्याय 2 राजनीतिक भूगोल की सौ वर्षों की विकास यात्रा की सर्वांगीण समीक्षा पर केन्द्रित है। इसके अन्तर्गत समकालिक सामाजिक स्थितियों के परिप्रेक्ष्य में राजनीतिक भूगोल की रैट्ज़ेल द्वारा प्रतिपादित प्रारम्भिक अवधारणा तथा उसमें सामाजिक परिवर्तनों के साथ-साथ आए बदलावों और उनसे प्रेरित संकल्पनात्मक विकास की व्याख्या तथा समीक्षा प्रस्तुत है। इसमें रैट्ज़ेल की सामाजिक डार्विनी मान्यताओं के आधार पर राज्य की जैविक परिकल्पना की सविस्तार व्याख्या और राजनीतिक भूगोल की वैचारिक विकास की सौ वर्षों की यात्रा की सविस्तार समीक्षा प्रस्तुत है। अध्याय के अंत में राजनीतिक भूगोल के अध्ययन में समय-समय पर प्रचलित अध्ययन पद्धतियों की संक्षिप्त समीक्षा प्रस्तुत है।

तीस के दशक के मध्य से आगे लगभग तीन दशकों तक राजनीतिक भूगोल में राज्य की मूलभूत मान्यता एक क्षेत्रात्मक इकाई के रूप में बनी रही। इस पूरे दौर में राजनीतिक भूगोल का अध्ययन राज्य के क्षेत्रात्मक पक्षों पर केन्द्रित रहा। पुस्तक का तीसरा अध्याय राजनीतिक क्षेत्रों के इन्हीं पक्षों पर प्रकाश डालता है। इसके अन्तर्गत स्थिति, आकार, और आकृति के राजनीतिक महत्व की संक्षिप्त चर्चा की गई है। राजनीतिक सीमाओं, राजधानियों और क्रोड़ प्रदेशों की संक्षिप्त परन्तु सर्वांगीण समीक्षा प्रस्तुत है। यद्यपि राजनीति की क्षेत्रमूलकता से इन तत्वों का

अब सीधा सम्बन्ध नहीं है परन्तु ऐतिहासिक दृष्टि से इनकी चर्चा आवश्यक है। विश्व के अनेक क्षेत्रों में सीमा विवाद आज भी ज्वलंत राष्ट्रीय समस्या के रूप में उपस्थित है, तथा भाषा और धर्म वाले (प्लूरलिस्टिक) देशों में राष्ट्रीय समग्रता की समस्या के अनुशीलन में क्रोड़ क्षेत्रों का महत्वपूर्ण स्थान है।

अध्याय 4, 5 तथा 6 राज्य के स्वरूप, उसकी समस्याओं तथा उसकी क्षेत्र मूलकता से सम्बद्ध मुद्दों का अध्ययन करते हैं। अध्याय 4 ("राज्य, राष्ट्र, तथा राष्ट्रीय राज्य") में आधुनिक राज्य की मूलभूत अवधारणा के विभिन्न पक्षों और उनसे सम्बद्ध मुद्दों की सविस्तार चर्चा की गई है। यह अध्याय तीन खण्डों में विभक्त है। पहले खण्ड में राज्य के स्वरूप तथा उसके अवधारणात्मक विकास की विशद् परिचर्चा प्रस्तुत है। दूसरा खण्ड राष्ट्र, राष्ट्रीयता, और राष्ट्रवाद की अवधारणात्मक समीक्षा पर केन्द्रित है, और तीसरे खण्ड में राज्य तथा राष्ट्र के निर्माण की समस्या का विशद् विवेचना प्रस्तुत है। इसके "प्लूरलिस्टिक" राज्यों की राष्ट्र और राज्य निर्माण की समस्या की व्यापक व्याख्या की गई है।

पांचवां अध्याय प्रशासनिक इकाइयों तथा भूदृश्य निर्माण के भूगोल पर केन्द्रित है। इसके अन्तर्गत संघात्मक व्यवस्था के विशेष सन्दर्भ में प्रशासनिक प्रणालियों पर सविस्तार चर्चा की गई है। इसमें संघात्मक राज्यों का स्वरूप, इस प्रशासनिक पद्धति की मूलभूत अवधारणा तथा इसकी सारभूत क्षेत्रात्मकता, और इसकी लोकतंत्रीय संरचना की सविस्तार व्याख्या प्रस्तुत है। प्रशासनिक प्रणाली का स्थानीय स्तर के प्रशासन तथा विकास कार्य से गहरा सम्बन्ध है। अतः इस अध्याय के दूसरे खण्ड में स्थानीय निकायों की प्रशासनिक व्यवस्था और उनके विकास कार्यों और भूदृश्य निर्माण की विस्तृत चर्चा है। यह चर्चा भारतीय स्थानीय प्रशासन और स्थानीय निकायों के क्रियाकलाप के विशेष सन्दर्भ में प्रस्तुत की गई है, अतः यहां पंचायती राज्य व्यवस्था तथा नगरीय प्रशासन सम्बन्धी 73वें और 74वें संशोधन और उनके दूरगामी प्रभावों की संक्षिप्त चर्चा समाविष्ट है।

छठा अध्याय राजनीति वरण और निर्वाचन के भूगोल पर केन्द्रित है। निर्वाचन भूगोल के विकास और उसकी उत्तरोत्तर विकासमान अध्ययन पद्धतियों के सविस्तार विश्लेषण के साथ-साथ इसके अन्तर्गत राजनीतिक दलों के स्वरूप, उनके विकास के सम्बन्ध में लिप्सेट और रोकन की सामाजिक पार्थक्यमूलक संकल्पना, तथा निर्वाचन की विभिन्न पद्धतियों की समीक्षा के साथ-साथ निर्वाचन भूगोल के सभी पक्षों का सविस्तार विश्लेषण किया गया है। अध्याय के अंत में निर्वाचन भूगोल की विश्व व्यवस्थापरक अवधारणा तथा भारतवर्ष के विशेष संदर्भ में उसकी सविस्तार समीक्षा प्रस्तुत है। पूरे अध्याय में परिचर्चा को यथासम्भव भारतीय उदाहरणों की सहायता से समझाने का प्रयास किया गया है।

अध्याय 3 से 6 तक हमारी चर्चा राष्ट्रीय और स्थानीय स्तर की राजनीतिक व्यवस्था और प्रक्रियाओं पर केन्द्रित थी। अध्याय 7 और 8 में प्रस्तुत विमर्श राज्यों के आपसी सम्बन्धों अर्थात् अन्तरराष्ट्रीय स्तर की राजनीति पर केन्द्रित है। इस स्तर की राजनीति के दो प्रमुख पक्ष है। एक, अन्तरराष्ट्रीय सम्बन्धों का भूगोल (अध्याय 7) तथा दूसरा, असमान विकास का भूगोल (अध्याय 8)। बीसवीं सदी के पूर्वार्द्ध में राजनीतिक भूगोल मुख्यतया राज्य के प्रसारशील स्वरूप पर केन्द्रित था अतः अन्तराज्यीय (द्विपक्षीय) तथा अन्तरराष्ट्रीय (बहुपक्षीय) सम्बन्ध इसके अध्ययन के विशेष केन्द्र थे, क्योंकि तत्कालीन उपनिवेशवादी यूरोपीय राज्य मुख्यतया

अन्तरराष्ट्रीय पहचान वाली इकाई था। साथ ही यूरोपीय राज्य परस्पर प्रतिस्पर्धाशील इकाई थे। अतः उनके बीव शक्ति परीक्षण की सम्भावनाएं सदा उपस्थित थीं। परिणामस्वरूप राजनीतिक भूगोल का अध्ययन मुख्यतया सामरिक सम्बन्धों पर केन्द्रित था। इसलिए विश्वव्यापी सामरिक परिदृष्टियां चर्चा का मुख्य विषय थीं। सातवें अध्याय के प्रथम खण्ड में मैकिंडर (1904) से लेकर कोहेन (1991) द्वारा प्रतिपादित विभिन्न विश्व सामरिक परिदृष्टियों की सविस्तार समीक्षा प्रस्तुत है।

बीसवीं सदी के उत्तरार्द्ध में उपनिवेशवाद के अवसान के साथ ही अन्तरराष्ट्रीय सम्बन्धों के स्वरूप में आमूल परिवर्तन आ गया। यद्यपि सोवियत संघ और संयुक्त राज्य अमरीका के विश्व राजनीति में दो पृथक्-पृथक् ध्रुवों के रूप में स्थापित हो जाने से द्विध्रुवीय स्तर के अन्तरराष्ट्रीय सम्बन्ध सामरिक दृष्टि से जीवन्त बने रहे, परन्तु इस पूरे दौर में प्रत्येक गुट के सदस्यों के आपसी सम्बन्ध शान्तिपूर्ण और बहुआयामी आदान-प्रदान कर आधारित थे। अतः प्रत्येक गुट के सदस्य राज्यों के बीच स्थित अन्तरराष्ट्रीय सीमाएं दैनिक व्यवहार के स्तर पर स्थायी विभाजक रेखाएं बन गई थीं। सातवें अध्याय के द्वितीय भाग में अन्तरराष्ट्रीय सम्बन्धों के इसी पक्ष की सविस्तार चर्चा प्रस्तुत है। राजनीतिक भूगोल में राजनीति के इस पक्ष का अध्ययन अस्सी के दशक के बीच के वर्षों में ही शुरू हुआ। अतः इस अध्ययन में अर्थनीतिक और वामपंथी समालोचनात्मक विवेचन पद्धति की प्रधानता रही है। साथ ही अन्तरराष्ट्रीय सम्बन्धों के संचालन में उत्तरोत्तर शक्तिशाली होती हुई विश्व अर्थव्यवस्था और संयुक्त राष्ट्र संघ और उसके द्वारा स्थापित विभिन्न अन्तरराज्यीय संस्थाओं की भूमिका केन्द्रीय महत्व की हो गई। इस अध्याय में इन सभी पक्षों की सम्यक् समीक्षा प्रस्तुत है।

पुस्तक का आठवां अध्याय असमान विकास के विश्वस्तरीय भूगोल पर केन्द्रित है। इसके अन्तर्गत विश्व अर्थव्यवस्था में क्रोड़-उपान्त सम्बन्धों के विकास में उपनिवेशवादी दौर से लेकर समकालीन आर्थिक भूमण्डलीकरण से प्रभाव की व्यापक चर्चा सम्मिलित है। विश्व व्यवस्था में क्रोड़-उपान्त सम्बन्ध का प्रारम्भ यूरोपीय उपनिवेशवाद के साथ ही हो गया था। संसार के निर्धन और धनी देशों के बीच तथाकथित उत्तर बनाम दक्षिण सम्बन्धी विभाजन की यही नींव थी। अध्याय के प्रारम्भ में इस विश्वस्तरीय विभाजन की ऐतिहासिक समीक्षा और उपनिवेशवाद के उद्भव और पराभव तथा नवउपनिवेशवाद तथा नवसाम्राज्यवाद पर संक्षिप्त चर्चा प्रस्तुत है। अध्याय के अन्त में आर्थिक भूमण्डलीकरण के उद्भव और विकास की सविस्तार चर्चा के साथ-साथ विश्व राजनीति पर इसके उत्तरोत्तर दृढ़ होती हुई जकड़ पर प्रकाश डाला गया है।

आठवें अध्याय के साथ ही पुस्तक के विषय क्षेत्र के सैद्धान्तिक पक्ष की चर्चा पूरी हो गई है। इस सम्पूर्ण चर्चा में लेखक का प्रयास रहा है कि पुस्तक में समाविष्ट सभी पक्षों की चर्चा करते समय यथासम्भव भारतीय सन्दर्भ से दृष्टान्त उपस्थित किए जाएं। संघीय प्रशासनिक व्यवस्था तथा अन्तरराष्ट्रीय सम्बन्धों से सम्बद्ध अध्यायों में भारतीय सन्दर्भ की सविस्तार चर्चा के लिए स्थान नहीं था। अतः भारत की संघीय व्यवस्था और उसकी तटस्थ विदेश नीति पर संक्षिप्त व्याख्यात्मक लेख नौवें अध्याय में पुस्तक के परिपूरक अंग के रूप में सम्मिलित किए गए हैं।

राजनीतिक भूगोल की विकास यात्रा

2

वैज्ञानिक अध्ययन की एक स्वतंत्र शाखा के रूप में राजनीतिक भूगोल का जन्म 1896-1897 में जर्मन विद्वान फ्रेडरिक रैट्ज़ेल (1844-1904) के शोध प्रपत्र "राज्यों के क्षेत्रीय विकास के नियमः राजनीतिक भूगोल के वैज्ञानिक अध्ययन में एक योगदान" (1896) तथा एक वर्ष बाद उनकी पुस्तक *राजनीतिक भूगोल* (1897) के प्रकाशन के साथ हुआ था यद्यपि "राजनीतिक भूगोल" का नामकरण रैट्ज़ेल के काफी पहले ही हो चुका था। यह बात इसी से स्पष्ट है कि जर्मन दार्शनिक इमैनुअट कांट (1724-1804) ने कोनिसबर्ग विश्वविद्यालय में 1765 से प्रारम्भ कर प्रति वर्ष "भौतिक भूगोल" शीर्षक से दी जाने वाली व्याख्यानमाला में भूगोल की प्रमुख शाखाओं के नाम गिनाते हुए राजनीतिक भूगोल की भी चर्चा की थी। परन्तु कांट की व्याख्यानमाला में राजनीतिक भूगोल की परिभाषा, उसके स्वरूप उसकी विशिष्ट परिदृष्टि आदि पर कोई चर्चा नहीं थी। अतः राजनीतिक भूगोल के इतिहासकार इस बात पर निर्विवाद सहमत हैं कि आधुनिक राजनीतिक भूगोल के जनक जर्मन भूगोलविद फ्रेडरिक रैट्ज़ेल ही थे।

सामाजिक विकासवाद तथा रैट्ज़ेल का राजनीतिक भूगोल

हर प्रमुख विचारक और उसकी मान्यताएं तथा अवधारणाएं, उसके युग की सामाजिक और वैज्ञानिक चिंतन धारा से अनिवार्य रूप से प्रभावित होती हैं। वे बहुत हद तक अपने युग की देन होती हैं। यह बात रैट्ज़ेल के संदर्भ में पूर्णतया सत्य है। भूगोल के अध्ययन की ओर प्रवृत्त होने के पूर्व रैट्ज़ेल ने प्राणि विज्ञान का गहन अध्ययन किया था तथा इस क्षेत्र में उन्होंने विश्वविद्यालय में उच्च उपाधि अर्जित की थी। 1844 में जन्में रैट्ज़ेल ने जब होश संभाला तो उस समय चार्ल्स डार्विन (1809-1882) की पुस्तक *जातियों का उद्भव* (1859) प्रकाशित हो चुकी थी, अर्थात् उस युग के वैचारिक इतिहास की सर्वाधिक महत्वपूर्ण क्रांतिकारी घटना घटित हो चुकी थी रैट्ज़ेल की प्राथमिक स्तर के बाद की शिक्षा इसी वैचारिक हलचल के दौरान हुई थी। प्राणिशास्त्री होने के कारण वे डार्विन की विचारधारा के रहस्यों से पूर्णतया परिचित थे।

डार्विन का जातियों के उद्भव का सिद्धान्त मूलरूप से इस मान्यता पर आधारित था कि जातियां समय और स्थान के परिप्रेक्ष्य में उत्तरोत्तर घटित संचयी विकास के परिणाम हैं। विकास

की इस प्रक्रिया में जातियों का उनके क्षेत्रीय वातावरण अथवा परिवेश से समायोजन एक स्वाभाविक और शाश्वत प्रक्रिया है, तथा कालांतर में वे ही जातियां अपने अस्तित्व की सुरक्षा करके विकास प्रक्रिया में आगे भाग ले पाती हैं जो परिवेशजन्य कठिनाइयों का सफलतापूर्वक सामना करने में सक्षम हैं। इस दृष्टि से जातियों के विकास का इतिहास अस्तित्व रक्षा हेतु निरन्तर संघर्ष की कहानी है। इस संघर्ष में वे ही प्राणी विजयी होते हैं जिन्होंने अपने आप को वातावरण से पूरी तरह समायोजित कर लिया है। विद्वत् समाज में इस विकासवादी अवधारणा की व्यापक स्वीकृति से भूगोल के अध्ययन को बहुत प्रोत्साहन मिला था क्योंकि भूगोल प्रारम्भ से ही मानव पर्यावास के प्राकृतिक परिवेश और उस परिवेश के साथ से स्थानीय जीवन के सामाजिक और भौतिक समायोजन, तथा इन दोनों के अन्तरसम्बन्धों के अध्ययन पर केन्द्रित था। उन्नीसवीं सदी के अन्तिम चरण में अनेक समाजशास्त्री और मानवशास्त्री चिन्तक डार्विन के विकासवादी सिद्धान्त तथा उसकी पारिस्थितिकीय समायोजन की अध्ययन पद्धति की ओर आकृष्ट हुए थे। सामाजिक जीवन के विश्लेषण में इस पद्धति के समावेश की सम्भावनाओं के प्रति वे बहुत आशावान थे। डार्विन की अध्ययन पद्धति के अनुसार किए जाने वाले सामाजिक अध्ययन को सामाजिक डार्विन की (सोशल डार्विनिज़्म) की संज्ञा दी गई है। अंग्रेज दार्शनिक हरबर्ट स्पेंसर (1820-1902) इस विचारधारा के सबसे प्रबल समर्थक थे। स्पेंसर के इन विचारों तथा सामाजिक अध्ययन के क्षेत्र में उनके प्रयोग की सम्भावनाओं से रैट्ज़ेल अत्यधिक प्रभावित थे।

डार्विन के सिद्धांत के अनुसार प्रकृति में विभिन्न जैविक इकाइयों के बीच अस्तित्व की रक्षा का संघर्ष एक शाश्वत प्रक्रिया है। इस संघर्ष में हर प्राणी अपने लिए निरन्तर जीवनयापन के साधनों के संचय में लिप्त रहता है। संसाधन क्षेत्रपरक हैं अतः अस्तित्व सुरक्षा का यह संघर्ष आंशिक रूप से क्षेत्र प्रसार का संघर्ष भी है। डार्विन की यही मूलभूत अवधारणा रैट्ज़ेल के राजनीतिक भूगोल के अध्ययन की ओर प्रवृत्त होने की प्रमुख प्रेरणा और आधार बनी। विभिन्न प्रभुतासम्पन्न स्वतंत्र राजनीतिक इकाइयां (अर्थात् "राज्य") रैट्ज़ेल को अलग-अलग भूखण्डों में निवास करने वाले सामाजिक समूहों और उनके निवास क्षेत्रों के बीच उद्भूत आत्मिक सम्बन्धों से प्रादुर्भूत जीवन्त इकाइयां प्रतीत हुईं। राज्यों के सन्दर्भ में डार्विन की अध्ययन पद्धति की उपयोगिता की सम्भावनाओं का परीक्षण करने के उद्देश्य से रैट्ज़ेल ने यूरोपीय महाद्वीप के विभिन्न राज्यों के उद्भव और क्षेत्रीय विकास के इतिहास का तुलनात्मक अध्ययन किया। इस अध्ययन के आधार पर लेखक को प्रकृति में व्याप्त विभिन्न जैविक इकाइयों के बीच अस्तित्व रक्षा के संघर्ष, और राज्यों के बीच होने वाले क्षेत्र प्रसार तथा शक्ति-संचयन के संघर्ष में बड़ी समानता दिखाई दी। रैट्ज़ेल द्वारा प्रतिपादित राज्य की जैविक संकल्पना यूरोपीय इतिहास के इसी साक्ष्य पर आधारित थी।

1896 में प्रकाशित अपने लेख में रैट्ज़ेल ने राज्यों के क्षेत्रीय विकास के छः आधारभूत नियम प्रतिपादित किए थेः

1. राजनीतिक भूगोल पृथ्वी पर होने वाले जनसंख्या स्थानान्तरण (माइग्रेशन) के स्थाई कारकों का अध्ययन है। राजकीय इकाइयां क्षेत्रीय आकार (साइज़) और आकृति (शेप) के मामले में अपनी जनसंख्या पर निर्भर हैं अतः देश की जनसंख्या की गतिशीलता, राज्य की सीमाओं के अन्दर और उनके परे उसके प्रसार और स्थानांतरण, उसकी संख्या में ह्रास और वृद्धि राज्य की गतिशीलता की प्रगति अथवा अवनति के परिचायक हैं। ऐतिहासिक विकास की प्रक्रिया में राज्य

की जनसंख्या और उसके भौगोलिक क्षेत्र के बीच गहन आत्मिक सम्बन्ध स्थापित हो जाते हैं जिसके परिणामस्वरूप एक के अभाव में दूसरे की पहचान करना असम्भव हो जाता है। जनसंख्या और उसके भौगोलिक क्षेत्र के बीच इसी अटूट सम्बन्ध से राष्ट्रीय एकता की भावना का जन्म होता है जो राष्ट्र की जीवन्तता और गतिशीलता का मूल आधार है।

2. राज्य की यही जीवन्तता और उसका जैविक स्वरूप राजनीतिक भूगोल के अध्ययन में राज्य की मूलभूत मान्यता है। इसके अनुसार ऐसी ही जीवन्त इकाई इस प्रकार की अन्य जीवन्त क्षेत्रीय राजनीतिक इकाइयों से पृथक् पहचान वाली तथा परस्पर प्रतिस्पर्धापूर्ण राष्ट्रीय चेतना वाली इकाई होती है। ये इकाइयां एक दूसरे से राजनीतिक सीमाओं अथवा जनशून्य प्रदेशों द्वारा पृथक् होती हैं।

3. राज्य के अन्दर निवास करने वाला जन समूह अपने जीवनयापन की प्रक्रिया में सतत् गतिशील रहता है, जीविकोपार्जन के प्रयास में लगे देश के एक भाग से दूसरे भाग में स्थानांतरण करते रहते हैं यही स्थानांतरण और अन्तरक्षेत्रीय संचार देश के क्षेत्रीय समायोजन और उसके एकात्मक स्वरूप का केन्द्रीय आधार है। कालान्तर में यह जनसंख्या संचार सीमा पार के क्षेत्रों और जनशून्य प्रदेशों में भी होने लगता है तथा देश इन नए क्षेत्रों को अपने में आत्मसात कर लेता है।

4. ऐतिहासिक साक्ष्य के अनुसार इस प्रकार का क्षेत्रीय विस्तार प्रायः कभी भी उपान्तीय और अनुपजाऊ इलाकों में नहीं होता। राज्यों के विकास की इस परस्पर प्रतिस्पर्धा पूर्ण प्रक्रिया के कारण उनके क्षेत्रीय स्वरूप में निरन्तर परिवर्तन आता रहता है। लोग एक स्थान से दूसरे स्थान पर जाने के लिए बाध्य होते हैं क्योंकि उनका निवास क्षेत्र किसी पड़ोसी राज्य द्वारा हड़प लिया गया है। वहीं दूसरी ओर शक्तिशाली पड़ोसी राज्य कालान्तर में राष्ट्रीय एकता के सूत्र के शिथिल होने पर विच्छिन्न होकर छोटी-छोटी स्वतंत्र इकाइयों में विभक्त हो सकते हैं। जुड़ने और अलग होने की यह क्षेत्रीय प्रक्रिया राज्यों की उत्क्रांति (इवोल्युशन) का अनिवार्य अंग है।

5. इस प्रकार का प्रत्येक क्षेत्रीय परिवर्तन सम्बद्ध राज्यों के जीवन में हलचल उत्पन्न करता है उनके जीवन के स्थायित्व को भंग करता है। जहां एक ओर यह परिवर्तन विजयी राज्य के नागरिकों के जीवन में सम्पन्नता लाता है वहीं दूसरी ओर विजित देश के नागरिकों के लिए संकट का कारण बन जाता है। क्षेत्रीय प्रसार और ह्रास की यह कहानी राज्यों की विकास यात्रा का अपरिहार्य अंग है।

6. क्षेत्रीय प्रसार और ह्रास की यह प्रक्रिया राज्यों के विकास में तीन विशिष्ट प्रकार की प्रवृत्तियों को जन्म देती है। प्रथम, विवर्द्धन (एन्लार्जमेण्ट) तथा द्वितीय, जनन (रिप्रोडक्शन) — यह दोनों प्रवृतियां साथ-साथ सक्रिय रहती हैं। एक तीसरी प्रवृत्ति स्थापन (एस्टैब्लिशमेण्ट) की है। इसके अनुसार राज्य की विकास प्रक्रिया में देश की जनसंख्या और उसके भौगोलिक क्षेत्र के बीच का आत्मिक अन्तरसम्बन्ध उत्तरोत्तर और गहन होता जाता है। फलस्वरूप देश की मिट्टी उसके निवासियों के जीवन मूल्यों, आदर्शों तथा मान्यताओं का अभिन्न अंग बन जाती है। रैट्ज़ेल के अनुसारः

> पृथ्वी की सतह पर राज्य के क्षेत्रीय विकास की तुलना पादपों के अन्तर्मुखी विकास की प्रक्रिया से की जा सकती है। विकास की इस प्रक्रिया में पादपों और उनको पौष्टिकता प्रदान करने वाली मिट्‌टी के बीच अभिन्नता स्थापित हो जाती है। इस दृष्टि से यह मुहावरा कि प्रत्येक राष्ट्र की जड़ें देश की मिट्टी से गहराई से जुड़ी हैं मात्र अलंकारिक

अभिव्यक्ति नहीं अपितु सर्वथा सत्य कथन है। प्रत्येक राष्ट्र एक जीवन्त इकाई है जो विकास की ऐतिहासिक प्रक्रिया में अपने देश की मिट्टी से उत्तरोत्तर गहनतर सम्बन्ध में जुड़ता जाता है। जिस प्रकार कोई व्यक्ति किसी बंजर भूखण्ड को अथक परिश्रम और खून पसीना एक करके अपने अस्तित्व का अभिन्न अंग बना लेता है और उस व्यक्ति को उसकी भूमि से अलग करना कठिन हो जाता है, उसी प्रकार राष्ट्र और देश की मिट्टी के बीच के आत्मिक सम्बन्ध को तोड़ना सम्भव नहीं है।

रैट्ज़ेल के 1896 लेख का बोलिन द्वारा किया अनुवाद कैस्परसन एवं मिंधी (1969) में उपलब्ध है।

राज्य की जैविक परिकल्पना

रैट्ज़ेल के अनुसार राज्यों की प्रकृति और उनका विकास तीन आधारभूत तत्वों पर निर्भर है। (1) राज्य स्वभाव से ही क्षेत्रीय इकाइयां हैं। वे स्थानिक हैं अतः क्षेत्रीयता उनका अनिवार्य गुण है। इस क्षेत्रीयता के दो पक्ष हैं। पहला इसकी भौतिक स्थिति, तथा दूसरा अन्य राज्यों के सन्दर्भ में इसकी सापेक्षिक स्थिति अथवा परिस्थिति। (2) राज्य के निर्माण के दो आधारभूत तत्व हैं उसकी जनसंख्या और उसका भौगोलिक क्षेत्र। इन दोनों के अनिवार्य संयोग तथा उनके उत्तरोत्तर गहनतर होते हुए आत्मिक सम्बन्ध से ही राज्य की राष्ट्रीय पहचान बनती है। (3) राज्य सदैव प्रकृति निर्दिष्ट भूखण्ड में प्रादुर्भूत होते हैं। इस भूखण्ड में स्थित किसी प्रारम्भिक क्रोड़ से विकास यात्रा प्रारम्भ कर अपने प्रभाव क्षेत्र का प्रसार करते हुए प्रत्येक राज्य अपने भूखण्ड विशेष की प्राकृतिक सीमाओं को प्राप्त करने की दिशा में निरन्तर प्रयत्नशील रहता है। अनेक शक्ति सम्पन्न राज्य शक्ति संचयन की होड़ में अपनी प्राकृतिक सीमाओं को पार कर लेते हैं। यही मूलभूत अवधारणा कालान्तर में "प्राकृतिक सीमाओं" की परिकल्पना का आधार बनी। रैट्ज़ेल के अनुसार क्षेत्र प्रसार राज्य की स्वाभाविक प्रवृत्ति है क्योंकि विकास की प्रक्रिया में जनसंख्या वृद्धि अवश्यंभावी है, और इस बढ़ती जनसंख्या के जीवनयापन हेतु देश को अतिरिक्त क्षेत्र (अर्थात् साधन स्रोत) की आवश्यकता पड़ती है। राज्यों की प्रसारशील प्रवृति के परिणामस्वरूप राजनीतिक सीमाएं सतत् परिवर्तनशील विभाजक रेखाएं बन जाती हैं। रैट्ज़ेल के विचार में विकास की यह प्रवृत्ति सम्मत प्रक्रिया है अतः शक्तिशाली राज्य द्वारा पड़ोसी राज्यों की सीमाओं का उल्लंघन न्यायसंगत राजनीतिक व्यवहार है। संक्षेप में रैट्ज़ेल की मान्यता के अनुसार राज्य अस्तित्व रक्षा के संघर्ष में लिप्त स्पर्धाशील इकाइयां हैं। क्षेत्र प्रसार उनकी स्वाभाविक प्रवृत्ति है। अतः राजनीतिक सीमाएं परिवर्तनशील रेखाएं हैं, तथा अस्तित्व रक्षा के इस संघर्ष में शक्तिमान ही विजयी होता है।

कालान्तर में क्षेत्र प्रसार सम्बन्धी यही अवधारणा जर्मन भूराजनीति की "शरणस्थली" (लेबेन्सराम) संकल्पना का आधार बनी। रैट्ज़ेल के अनुसार "शरणस्थल" वह क्षेत्र है जिसमें कोई प्राणी अपनी विकास प्रक्रिया पूरी करता है। इस परिकल्पना का निरूपण रैट्ज़ेल ने राष्ट्रीय इकाइयों के जैविक पर्यावास (बायोलाजिकल हैबिटाट) के रूप में किया था जो राज्य की जैविक परिकल्पना के सर्वथा अनुरूप था। द्वितीय विश्वयुद्ध के दौरान जर्मनी के शासकों ने इस अवधारणा का व्यापक दुरुपयोग किया था अतः विश्वयुद्ध की समाप्ति के पश्चात् भूराजनीति के साथ-साथ "शरणस्थान" की परिकल्पना को भी भौगोलिक विमर्श के दायरे से निष्कासित कर दिया गया। यह दुर्भाग्यपूर्ण कदम था क्योंकि जैसा अनेक विद्वानों ने रेखांकित किया है वैचारिक दृष्टि

से शरण स्थान की संकल्पना एक महत्वपूर्ण अवधारणा थी जो कि बाद में पर्यावरण पारिस्थितिकी (इन्वार्नमेण्टल इकालजी) के प्रभाव में पुनर्जाग्रत हुई (डिकिन्सन, 1969; स्टार्डट, 1966)।

अपनी *राजनीतिक भूगोल* शीर्षक पुस्तक में रैट्ज़ेल ने राजनीतिक भूगोल को राज्यों का भूगोल, अर्थात् राज्यों के भौगोलिक विश्लेषण के रूप में प्रतिपादित किया। उनके विचार में राज्य मूलतया जीवन्त क्षेत्रीय इकाइयां थीं। परन्तु प्राणिशास्त्र में उच्च शिक्षा प्राप्त रैट्ज़ेल को भली-भांति ज्ञात था कि जैविक उपमा की अपनी सीमा है क्योंकि राजनीतिक इकाइयां विवेकशील मानव समूह का प्रतिनिधित्व करती हैं, परिणामस्वरूप उनके व्यवहार पर अन्तर्भूत सामाजिक आकांक्षाओं और संस्कारों का प्रभाव पड़ता है। इसके विपरीत अन्य प्रकार की प्राणिक इकाइयां विवेक शक्ति के अभाव में मशीनी व्यवहार करती हैं। अतः राज्यों और अन्य प्राणियों के बीच व्यवहार पद्धति में दिखाई देने वाली समानता को शब्दसः स्वीकार नहीं किया जा सकता। परन्तु एक नई अवधारणा के प्रवर्तक होने के नाते अपनी बात पर ज़ोर देने की प्रक्रिया में रैट्ज़ेल ने अपनी कृतियों में अनेक स्थानों पर ऐसे वक्तव्य दिए थे जिनसे इस भ्रांतिमूलक धारणा को बल मिला कि अपने व्यवहार पद्धति में राज्य अन्य प्राणिक इकाइयों के ही समान हैं। इसी कारण अनेक समालोचकों ने रैट्ज़ेल की जैविक राज्य सम्बन्धी संकल्पना को भोंडी नियतिवादी अवधारणा बताया है।

अपनी पुस्तक में रैट्ज़ेल ने यह प्रतिपादित करने का प्रयास किया कि किसी भी राज्य की वास्तविक शक्ति उसके क्षेत्रीय विस्तार पर निर्भर है क्योंकि सामरिक शक्ति के विकास के लिए साधन सम्पन्नता आवश्यक है, और जिस राज्य का क्षेत्र जितना ही वृहद् होगा वहां संसाधन के स्रोत उतने ही अधिक होंगे। रैट्ज़ेल के अनुसार किसी राज्य के शक्तिशाली बनने की पहली शर्त है कि उसके नागरिक मानसिकता के स्तर पर विशाल स्थानिक संकल्पना (लार्ज स्पेस कंसेप्शन) के पक्षधर हों तथा उनमें राज्य के क्षेत्र प्रसार की आवश्यकताओं और सम्भावना के प्रति जागृति हो। राज्य की प्रसारशील अवधारणा के अनुरूप रैट्ज़ेल ने सीमान्तों को आत्मसात्करण (असीमिलेशन) की गतिशील पट्टियों के रूप में चित्रित किया क्योंकि पड़ोसी राज्यों के बीच होने वाले हर शक्ति परीक्षण के परिणामस्वरूप सीमान्त प्रदेश का कोई न कोई हिस्सा एक अथवा दूसरे राज्य द्वारा आत्मसात कर किया जाता है।

रैट्ज़ेल के वैचारिक संस्कार

राजनीतिक भूगोल में रैट्ज़ेल की विचार पद्धति डार्विन के अतिरिक्त दो अन्य विचारकों की मान्यताओं से निकट से प्रभावित थी। ये थे जर्मन भूगोलविद् कार्ल रिट्टर (1779-1859) तथा जर्मन दार्शनिक और इतिहासकार गाट्फ्रीड वॉन हर्डर (1744-1803)। रिट्टर के प्रभाव में उन्नीसवीं सदी के अनेक जर्मन भूगोलवेत्ताओं ने समकालीन राजनीतिक समस्याओं का उनकी ऐतिहासिक और भौगोलिक पृष्ठभूमि के सन्दर्भ में विश्लेषण करने के प्रयास किए थे। रिट्टर द्वारा प्रतिपादित यह विकासपरक (अर्थात् इतिहासपरक) भौगोलिक अध्ययन पद्धति इतिहास के अध्ययन में हर्डर द्वारा प्रतिपादित पद्धति से प्रेरित थी। हर्डर की मान्यता के अनुसार किसी भी देश के इतिहास का सही विश्लेषण उस इतिहास के निर्माताओं की भौगोलिक स्थिति के सन्दर्भ में ही सम्भव है। अतः रैट्ज़ेल की विकासवादी अध्ययन पद्धति रिट्टर और हर्डर द्वारा चलायी गई विचार श्रृंखला की अगली कड़ी थी (क्लावॅल, 1983)।

रैट्ज़ेल के वैचारिक संस्कार में एक अन्य महत्वपूर्ण योगदान तत्कालीन जर्मनी में सामाजिक इकाइयों के अध्ययन में व्यक्तियों के स्थान पर समष्टियों के विश्लेषण पर ज़ोर देने की प्रवृत्ति का था। यही कारण था कि ऐसे समय में जबकि यूरोपीय देशों में भूगोल का अध्ययन मुख्यतया छोटी-छोटी क्षेत्रीय इकाइयों और उनके मानव भूगोल सम्बन्धी पक्षों के विश्लेषण पर केन्द्रित था, आधुनिक वैज्ञानिक मानव भूगोल के मूर्धन्य प्रवर्तक रैट्ज़ेल ने राजनीतिक भूगोल को राज्यों (अर्थात् मानव समष्टियों और उनके भौगोलिक क्षेत्र की परस्पर समग्रता से प्रादुर्भूत वृहद् क्षेत्रीय राजनीतिक इकाइयों) के अध्ययन पर केन्द्रित किया। अध्ययन की इस क्षेत्रीय व्यापकता के कारण ही राजनीतिक भूगोल का अध्ययन लम्बे समय तक मानव भूगोल की मुख्य धारा से कटा रहा। परन्तु इसके होते हुए भी विषय प्रवर्तन की सामाजिक उपादेयता के कारण राजनीतिक भूगोल भूगोल की सर्वाधिक लोकप्रिय शाखा के रूप में प्रतिष्ठित हो गया। यही कारण था कि उस युग का प्रत्येक अग्रणी भूगोलविद् कम-से-कम आंशिक रूप में अपने को राजनीतिक भूगोल के अध्येता के रूप में प्रतिष्ठित करने के लिए प्रयत्नशील रहा था।

राजनीतिक भूगोल की इस त्वरित परन्तु दूरगामी लोकप्रियता का मुख्य कारण यह था कि रैट्ज़ेल द्वारा प्रतिपादित राज्य की जैविक परिकल्पना में तत्कालीन यूरोप में प्रचलित उपनिवेशवादी राज्य के आदर्शरूप का यथार्थवादी निरूपण प्रस्तुत हुआ था। यही कारण था कि तत्कालीन राजनीतिक चिन्तन में राजनीतिक भूगोल और राज्य की जैविक (आर्गनिस्मिक) अवधारणा सामान्य विमर्श के अंग बन गए थे। बोमैन, ह्विट्लसी और मैकिंडर ने भी अपने लेखों में अनेक स्थानों पर "आर्गनिज़्म्" शब्द का बहुधा प्रयोग किया था। सूक्ष्म दृष्टि से देखने पर मैकिंडर की हृदय स्थल परिकल्पना रैट्ज़ेल द्वारा प्रतिपादित जैविक राज्य की परिकल्पना का ही अन्तरराष्ट्रीय सम्बन्धों के विश्लेषण के सन्दर्भ में किया गया एक सफल प्रयोग था।

राजनीति सम्बन्धी रैट्ज़ेल की त्रुटिपूर्ण अवधारणा

एक प्राणि वैज्ञानिक होने के नाते रैट्ज़ेल मानवशास्त्रीय और समाजशास्त्रीय अध्ययन पद्धति से प्रायः अनविज्ञ थे। यही कारण था कि लेखक को राज्यों और प्राकृतिक जैविक इकाइयों में व्यवहार में सादृश्यता स्थापित करने के प्रयास में किसी प्रकार की विसंगति का आभास नहीं हुआ तथा उन्होंने अन्य जैविक इकाइयों की भांति राज्यों को भौतिक वातावरण, अर्थात् उनकी मिट्टी की शाश्वत शक्ति (इटर्नल पॉवर ऑफ द स्वायल) के परिणाम के रूप में निरूपित किया। ऐसी नियतिवादी जैविक परिदृष्टि के अन्तर्गत नैतिकता और मानवीय मूल्यों के लिए कोई स्थान नहीं था। यह बात लेखक के निम्नलिखित कथन से स्पष्ट है: "सही और यथार्थमूलक राजनीति सदा ही भौगोलिक अवस्थाओं पर आधारित होती है। राज्य के भौगोलिक क्षेत्र और उनमें निहित संसाधन देश के आत्मगौरव की भावना के मुख्य आधार हैं"। परन्तु रैट्ज़ेल द्वारा प्रतिपादित राज्य की जैविक परिकल्पना तत्कालीन यूरोप के सन्दर्भ में सर्वथा यथार्थमूलक परिकल्पना थी, इसीलिए समाजशास्त्रीय मान्यताओं की दृष्टि से त्रुटिपूर्ण होने के उपरान्त भी रैट्ज़ेल की इस अवधारणा और उस पर आधारित राजनीतिक भूगोल को इतनी व्यापक लोकप्रियता प्राप्त हुई (कोस्ट, 1989)।

राजनीतिक भूगोल में रैट्ज़ेल का योगदानः एक समालोचनात्मक समीक्षा

राजनीतिक भूगोल के वैज्ञानिक अध्ययन के जन्मदाता होने के बावजूद रैट्ज़ेल का योगदान सदा ही विवाद का विषय बना रहा। इस विवाद का एक प्रमुख कारण यह था कि रैट्ज़ेल एक उर्वर लेखक थे और साथ ही वे राजनीतिक भूगोल के अध्ययन में एक सर्वथा नवीन अवधारणा के प्रवर्तक थे। ऐसे में उनके लेखों में स्थान-स्थान पर अतिरेकपूर्ण भाषा का प्रयोग होना स्वाभाविक था। राज्यों और प्राकृतिक जीवों के बीच व्यवहार सादृश्य सम्बन्धी विवाद ऐसी ही अतिरेकपूर्ण भाषा का परिणाम था। दूसरा प्रमुख कारण यह था कि रैट्ज़ेल द्वारा प्रतिपादित पारिस्थितिकीय अध्ययन की मूलभूत मान्यताएं डार्विन की विकासवादी अवधारणा से प्रभावित थीं, तथा उनकी मान्यता के अनुसार मानव भूगोल मानव समष्टियों और पृथ्वी पर व्याप्त भौतिक परिस्थितियों के अन्तरसम्बन्धों के विश्लेषण पर केन्द्रित विषय था। अतः विद्वानों को रैट्ज़ेल के अनेक वक्तव्य नियतिवादी धारणा से ओत-प्रोत प्रतीत हुए। परन्तु डिकिन्सन (1969) के अनुसार जहां एक ओर अमरीकी विद्वान विलियम मॉरिस डैविस (1903) का "भूगोल का स्वरूप" (स्कीम ऑफ जिओग्राफी) शीर्षक लेख प्रमुखतया मनुष्य और वातावरण के अन्तरसम्बन्धों का नियतिवादी विश्लेषण था वहीं दूसरी ओर रैट्ज़ेल द्वारा प्रतिपादित मानव भूगोल मानव समूहों और उनके क्रिया-कलापों के क्षेत्रीय वितरण में भौतिक और अभौतिक तत्वों के सहपरिवर्तन (कोवेरियन्स) के विश्लेषण पर केन्द्रित था। रैट्ज़ेल की यह केन्द्रीय मान्यता थी कि पृथ्वी पर सांस्कृतिक तत्वों का वितरण बहुधा पूर्वगामी जनसंख्या स्थानांतरण और उनसे उत्पन्न ऐतिहासिक और सांस्कृतिक प्रभावों के परिणाम हैं। अतः रैट्ज़ेल को घोर नियतिवादी की संज्ञा देना उचित नहीं है।

रैट्ज़ेल के अनुसार पृथ्वी पर मनुष्य का जीवन और उसके विकास की प्रक्रिया तीन प्रमुख तत्वों पर निर्भर है। प्रथम परिस्थिति अर्थात् उसके पर्यावास की अन्य समूहों के पर्यावासों के सम्बन्ध में सापेक्षिक स्थिति। द्वितीय, स्थान अर्थात् वह विशिष्ट भूखण्ड जिस पर मानव पर्यावास स्थित है तथा जिससे वह समूह जीविकोपार्जन के संसाधन प्राप्त करता है। तृतीय, राजनीतिक सीमाएं जो पड़ोसी मानव समष्टियों द्वारा क्षेत्र प्रसार की निरन्तर प्रक्रिया से उत्पन्न क्षेत्रीय संतुलन के परिणाम हैं। इस संतुलन के बिगड़ते ही सम्बद्ध सीमाएं स्थानच्युत हो जाती हैं तथा पड़ोसी राज्यों के प्रभाव क्षेत्र का पुनर्सीमांकन आवश्यक हो जाता है।

अनेक विद्वानों को आपत्ति है कि प्राणिविज्ञान में प्रचलित सामान्य सिद्धान्तों के प्रतिपादन की पद्धति के प्रभाव में रैट्ज़ेल ने राजनीतिक क्षेत्र में भी सार्वभौम नियमों के प्रतिपादन का प्रयास किया जो एक त्रुटिपूर्ण कदम था। मानव व्यवहार प्राकृतिक इकाइयों की भांति सभी समय और सभी स्थान पर एक समान नहीं होता। मानव व्यवहार स्थान और समय सापेक्ष है। अतः मानवीय व्यवहार के क्षेत्र में प्रतिपादित नियमों में सार्वभौमिकता की खोज निरर्थक है। इस सन्दर्भ में ध्यातव्य है कि अपने *एंथ्रोपोजिओग्राफ़ी* (मानव भूगोल) नामक ग्रंथ (1882) में रैट्ज़ेल ने स्पष्ट किया था किः

> यदि वैज्ञानिक अध्ययन का मुख्य उद्देश्य सार्वभौम नियमों की खोज है तो उस अर्थ में मानव भूगोल एक विज्ञान नहीं है। पर विज्ञान सम्बन्धी यह अवधारणा दोषपूर्ण है क्या सांख्यिकीय विज्ञान उसी प्रकार की अनिश्चयता का अध्ययन नहीं करता जैसा

कि हम भूगोल में करते हैं? तो क्या सांख्यिकी द्वारा प्रतिपादित सम्भावनात्मक नियम वैज्ञानिक नियम नहीं है? सांख्यिकी की भांति भूगोल भी सम्भावनात्मक नियमों का प्रतिपादन कर सकता है। परन्तु यह बात सही है कि अध्ययन हेतु एक ही प्रकार के उदाहरणों की सीमित संख्या में उपलब्धता के परिणामस्वरूप भूगोल में प्रतिपादित नियमों की विश्वसनीयता अपेक्षाकृत कम होती है।

रैट्ज़ेल के उपर्युक्त कथन से स्पष्ट है कि मानव भूगोल और राजनीतिक भूगोल के क्षेत्र में नियम प्रदिपादन की चर्चा करते समय लेखक का तात्पर्य सार्वभौम सत्यता वाले वैज्ञानिक नियमों से न होकर सम्भावनात्मक नियमों के प्रतिपादन से था। इस पर किसी को कोई आपत्ति नहीं हो सकती।

राजनीतिक भूगोल के क्षेत्र में रैट्ज़ेल का सबसे महत्वपूर्ण योगदान इस बात में निहित है कि राज्य की जैविकीय परिकल्पना के माध्यम से उन्होंने राजनीतिक भूगोल के अध्ययन को एक नई वैज्ञानिक परिदृष्टि प्रदान की। उनकी पारिस्थितिकीय अध्ययन पद्धति ने राजनीतिक भूगोल को तर्क संगतता और अनुशासनबद्धता प्रदान की। रैट्ज़ेल के पहले राज्यों का भौगोलिक अध्ययन उनके क्षेत्रीय वर्णन तक ही सीमित था। परिणामस्वरूप उन्नीसवीं सदी के अन्त तक राजनीतिक भूगोल प्रादेशिक भूगोल का एक गौण पक्ष मात्र था। रैट्ज़ेल की रचनाओं के प्रभाव में कुछ ही वर्षों में राजनीतिक भूगोल मानव भूगोल का सबसे महत्वपूर्ण क्षेत्र बन गया था।

रैट्ज़ेल का अनुवर्ती राजनीतिक भूगोल

जर्मन भूराजनीतिक भूगोल का उदय और पराभव

जेलेन का योगदान

रैट्ज़ेल द्वारा प्रतिपादित राजनीतिक भूगोल जर्मन संस्कृति वाले देशों में अत्यधिक लोकप्रिय हुआ। रैट्ज़ेल के अनुवर्ती विद्वानों में स्वीडिश मूल के राजनीतिशास्त्री रुडाल्फ जेलेन (1864-1922) अग्रणी थे। वे गोटेबर्ग विश्वविद्यालय में शासन विज्ञान के आचार्य थे। जेलेन ने रैट्ज़ेल की राज्य सम्बन्धी जैविक संकल्पना को और आगे बढ़ाने का प्रयास किया। जेलेन के अनुसार राज्य मात्र जीवन्त इकाइयां ही नहीं हैं, वे विवेकशील इकाइयां भी हैं। अतः राज्य अच्छे-बुरे, और अपने हित-अहित के बीच चयन करने में सक्षम हैं। जेलेन रैट्ज़ेल की इस धारणा से पूरी तरह सहमत थे कि राज्य मूलतया परस्पर प्रतिस्पर्धी शक्तिपुंज हैं तथा अन्तरराष्ट्रीय वर्चस्व के निरन्तर संघर्ष में क्षेत्र प्रसार उनकी स्वाभाविक प्रवृत्ति है। रैट्ज़ेल की ही तरह जेलेन की भी मान्यता थी कि प्रत्येक राज्य का अन्तिम उद्देश्य अपने देश के भौगोलिक क्षेत्र को एक पूर्णतया समायोजित इकाई के रूप में स्थापित करना तथा उसके चारों ओर स्थायी प्राकृतिक सीमाओं की प्राप्ति करना है। जेलेन के मतानुसार राज्य के विकास और शक्ति संचयन की इस प्रक्रिया में नैतिकता के लिए कोई स्थान नहीं था क्योंकि यह विकास प्रक्रिया मूलतया स्थूल शक्ति संघर्ष की प्रक्रिया है जिसमें शक्तिशाली की शक्तिहीन पर विजय नैसर्गिक न्याय है। अर्थात् बड़े राज्यों द्वारा अपेक्षाकृत शक्तिहीन राज्यों पर आक्रमण करके उन्हें हड़प कर जाना सर्वथा न्यायसंगत कार्य माना गया।

भौगोलिक क्षेत्रों का जीवन्त राष्ट्रीय इकाइयों के रूप में कायान्तरण की प्रक्रिया के अध्ययन में जेलेन की विशेष रुचि थी। उनके अनुसार किसी भी क्षेत्र में मानव निवास की प्रक्रिया ही उसे

एक समायोजित स्थानीय इकाई का रूप देती है। इस समायोजन के परिणामस्वरूप देश के अन्दर अन्तरक्षेत्रीय संचार और समागम को बढ़ावा मिलता है। इस संचार और आदान-प्रदान की प्रक्रिया से नागरिकों में देश की समग्र क्षेत्रीय इकाई के प्रति आस्था भाव जाग्रत होता है तथा देश की जनसंख्या उत्तरोत्तर एक समग्र राष्ट्रीय इकाई में परिवर्तित हो जाती है। राष्ट्रीय चेतना मूलतया नागरिकों में भौगोलिक अन्तरबोध (जिओग्राफ़िकल इंस्टिंक्ट) की जागृति का परिचायक है।

राजनीतिक इकाइयों के अध्ययन में जेलेन कुछ अनुक्रमिक चरणों के अनुसरण के पक्षधर थे। ये हैं: (1) भूराजनीति (जिओपालिटीक) अर्थात् राज्य का भौगोलिक वर्णन; (2) देश की जनसंख्या का विश्लेषण (डेमोपालिटीक); (3) देश की अर्थव्यवस्था का विश्लेषण (ओकोपालिटीक); (4) देश की सामाजिक संरचना का निरूपण (सोशिओपालिटीक); तथा (5) देश की शासन व्यवस्था का विश्लेषण (क्रैटोपालिटीक)। जेलेन का विश्वास था कि सामुद्रिक शक्तियों का अन्तरराष्ट्रीय वर्चस्व शीघ्र ही समाप्त हो जाएगा तथा विशाल क्षेत्र वाले स्थानिक राज्य उनका स्थान ले लेंगे और कालान्तर में वे समुद्री मार्गों का नियंत्रण भी प्राप्त कर लेंगे। इस आधार पर जेलेन का दृढ़ विश्वास था कि जर्मन साम्राज्य शीघ्र ही यूरोप, अफ्रीका और पश्चिमी एशिया में सबसे शक्तिशाली बन जाएगा।

जर्मन भूराजनीतिक के विकास में हाउशोफर का योगदान

1871 में प्रशा के नेतृत्व में जर्मनी की अनेक जर्मन भाषी इकाइयों के परस्पर विलय से जर्मन साम्राज्य की स्थापना के साथ ही जर्मनी द्रुत गति से यूरोपीय महाद्वीप का सबसे बड़ा और प्रभावशाली राज्य बन गया। शीघ्र ही वह यूरोपीय महाद्वीप के स्तर पर सबसे बड़ी सामरिक और आर्थिक शक्ति बन गया। देश में अपेक्षाकृत बेहतर श्रम उपलब्धता और उन्नत तकनीकी विकास के कारण उसके औद्योगिक उत्पाद यूरोप के अन्य देशों (विशेषकर ब्रिटेन) के उत्पादों से गुणवत्ता में बराबर तथा मूल्य में सस्ते बनने लगे। अतः तत्कालीन मुक्त अन्तरराष्ट्रीय व्यापार व्यवस्था के अंतर्गत अन्तरराष्ट्रीय बाज़ार में उसकी भागीदारी द्रुत गति से बढ़ने लगी। इस स्पर्धा से ब्रिटेन की अर्थव्यवस्था के लिए संकटपूर्ण स्थिति उत्पन्न हो गई। उन्नीसवीं सदी के अन्तिम वर्षों में इस बात के स्पष्ट संकेत मिलने लगे थे कि जर्मनी अन्तरराष्ट्रीय स्तर पर ब्रिटेन के सामरिक और आर्थिक वर्चस्व की चुनौती देने की सक्रिय तैयारी में था तथा उसके नागरिक नई राष्ट्रीय चेतना से ओत-प्रोत जर्मनी के नेतृत्व में एक विश्वव्यापी साम्राज्य का स्वप्न देखने लगे थे। प्रथम विश्वयुद्ध इन्हीं बदली हुई परिस्थितियों का परिणाम था।

युद्ध में जर्मनी की पराजय के पश्चात् किए गए शान्ति समझौते की शर्तों के अनुसार जर्मन साम्राज्य का अधिकार क्षेत्र संकुचित कर दिया गया। भाषाई आधार पर विभाजित कर उसे अनेक छोटी-छोटी स्वतंत्र राजनीतिक इकाइयों में बांट दिया गया। इससे जर्मन अस्मिता और उसके राष्ट्रवादी आत्म गौरव को बहुत ठेस लगी। अतः युद्ध के पश्चात् देश के राजनेता और राष्ट्रवादी बौद्धिक वर्ग राष्ट्र के विलुप्त गौरव की वापसी के तौर तरीके खोजने में लग गए।

इस संदर्भ में उनका ध्यान रैट्ज़ेल की राज्य सम्बन्धी जैविक परिकल्पना तथा जेलेन की भूराजनीतिक अवधारणा की ओर आकृष्ट हुआ। उन्हें ऐसा प्रतीत हुआ कि इस मूलभूत सैद्धान्तिक मान्यता में कि राज्य स्वभाव से ही जीवन्त राष्ट्रीय इकाइयां हैं और विकास की प्रक्रिया में शक्ति संचयन और क्षेत्रीय विस्तार उनकी अन्तर्निहित प्रवृत्ति है; तथा विशाल जनसंख्या तथा

जनसंख्या की तुलना में सीमित भौगोलिक क्षेत्र वाले राज्यों द्वारा अपने पड़ोसी राज्यों की सीमाओं का अतिक्रमण सर्वथा न्यायसंगत प्रक्रिया है; राष्ट्र के खोए हुए गौरव की पुनर्प्राप्ति सम्बन्धी उनकी समस्या के समाधान का मार्ग निहित था। तत्कालीन यूरोप में जर्मनी सबसे सघन आबादी वाला देश था, साथ ही उसकी जनसंख्या दूसरे बड़े देश फ्रांस की तुलना में बहुत तेज़ी से बढ़ रही थी। ऐसी स्थिति में राज्य की जैविक परिकल्पना के अनुसार जर्मन राज्य का विभाजन तथा उस पर क्षेत्र प्रसार सम्बन्धी प्रतिबन्ध सैद्धान्तिक तौर पर अन्यायपूर्ण थे। इसी संदर्भ में उन्हें मैकिंडर की हृदय स्थल सम्बन्धी संकल्पना (1904, पृष्ठ 181-189) भी बहुत आकर्षक लगी क्योंकि उसकी इस संकल्पना में उनको जर्मनी के क्षेत्र विस्तार का मार्ग दिखाई पड़ा। मैकिंडर के अनुसारः

जो पूर्वी यूरोप पर नियंत्रण करेगा
वही हृदय स्थल पर राज्य करेगा;
जो हृदय स्थल पर नियंत्रण प्राप्त करेगा
उसे विश्वद्वीप पर नियंत्रण प्राप्त होगा;
जो विश्वद्वीप पर शासन करेगा वही
विश्व के राजनीतिक भाग्य का निर्णायक होगा।

मैकिंडर ने यह भी लिखा था कि तत्कालीन विश्व राजनीति की स्थिति को देखते हुए विश्व साम्राज्य स्थापना की इस सम्भावना को वास्तविकता में परिवर्तित करने में जर्मनी ही सर्वाधिक सक्षम था। मैकिंडर की इसी अवधारणा के प्रभाव में विश्वयुद्ध के उपरान्त हुए शान्ति समझौते में इस बात का भरपूर प्रयास किया गया था कि मध्य और पूर्वी यूरोप के राजनीतिक मानचित्र को ऐसा बना दिया जाए कि जर्मनी के लिए पूर्वी यूरोपीय क्षेत्र के माध्यम से हृदय स्थल में प्रवेश पाने की संभावना सामाप्त हो जाए। परन्तु, स्वयं जर्मन देशभक्तों और उसके राष्ट्रवादी बौद्धिक समुदाय तथा देश के राजनेताओं को मैकिंडर के विचार अमृत वचन से प्रतीत हुए। देश की मुक्ति का मार्ग स्पष्ट हो गया था उस पर अग्रसर होने की तैयारी करना शेष था।

रैट्ज़ेल, जेलेन और मैकिंडर की संकल्पनाओं के सम्मिलित आधार पर देश के गौरव की पुनर्स्थापना करने तथा नागरिकों में राष्ट्र की क्षेत्रीय विकास की आवश्यकताओं के प्रति सचेत भौगोलिक अन्तर्बोध जाग्रत करने के उद्देश्य से 1924 में म्युनिख नगर में भूराजनीति के अध्ययन के लिए एक उच्च स्तरीय संस्थान की स्थापना की गई। जर्मन सेना से सेवा निवृत्ति के पश्चात् सैनिक भूगोल के विश्वविद्यालय स्तर के आचार्य जनरल हाउशोफर संस्थान के निर्देशक नियुक्त हुए। हाउशोफ़र के नेतृत्व में संस्थान ने एक शोध पत्रिका का प्रकाशन प्रारम्भ किया। हाउशोफर स्वयं इसके मुख्य सम्पादक थे। पत्रिका की लोकप्रियता द्रुत गति से बढ़ती गई। जर्मनी के प्रायः सभी मूर्धन्य भूगोलविदों ने इसके लिए लेख लिखे। इन लेखों और वक्तव्यों के माध्यम से युद्ध में हुई पराजय के परिणामस्वरूप उत्पन्न राष्ट्रीय हताशा की समाप्ति और देश के नागरिकों में जर्मनी की क्षेत्र विस्तार सम्बन्धी आवश्यकताओं की न्यायसंगतता के प्रति जागरूकता विकसित करने में बहुत सहायता मिली।

हाउशोफ़र, मैकिंडर की विश्व सामरिक परिदृष्टि से अत्यधिक प्रभावित थे। उनके अनुसार अब तक प्रकाशित सभी सामरिक परिदृष्टियों गें मैकिंडर की परिदृष्टि सर्वश्रेष्ठ थी। मैकिंडर की इस अवधारणा में हाउशोफ़र को पराजित जर्मनी के राष्ट्रोद्धार का मार्ग और देश की समस्याओं के समाधान की कुंजी दिखाई पड़ी। मैकिंडर के हृदय स्थल सम्बन्धी मानचित्र के एक संशोधित

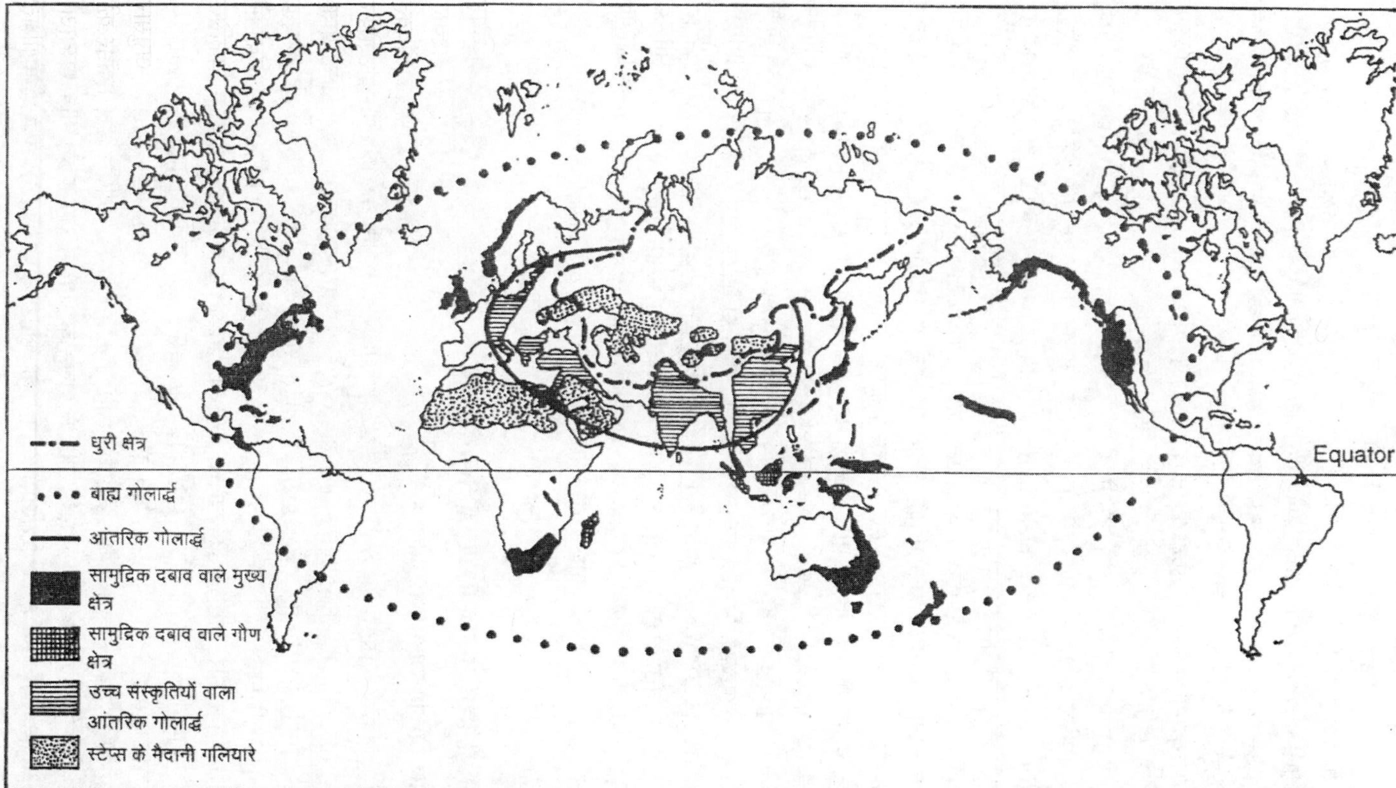

चित्र 2.1 हाउशोफर द्वारा प्रतिपादित हृदय स्थल संकल्पना का संशोधित रूप (*हाउशोफ़र, जेंसीट्सडर ग्रासमाचे*, बी.जी. टिउब्नर, लीपजिग, 1932 से साभार उद्धृत)।

निरूपण के माध्यम से हाउशोफ़र ने यह दर्शाने का प्रयास किया कि यूरेशिया भूखण्ड के मध्य में उन्नत और प्राचीन संस्कृतियों वाला (जर्मनी समेत) एक विशाल क्षेत्र ब्रिटेन और उसकी सहयोगी सामुद्रिक शक्तियों द्वारा खड़ी की गई घेराबन्दी का शिकार हो रहा था। उसके द्वारा निरूपित इस क्षेत्र में दक्षिणी-पश्चिमी यूरोप, दक्षिणी-पश्चिमी, दक्षिणी, दक्षि णी-पूर्वी और पूर्वी एशिया के देश शामिल थे। उसकी योजना के अनुसार इस क्षेत्र के सभी देशों को एक होकर ब्रिटिश साम्राज्यवाद को समाप्त करने के प्रयास में लग जाना चाहिए।

जर्मन भूराजनीति के मुख्य उद्देश्य इस प्रकार थे (1) मध्य एशियाई हृदय स्थलीय शक्तियों को जर्मनी के साथ मैत्री सूत्र में बांध कर उन्हें ब्रिटेन के प्रभाव क्षेत्र के बाहर रखना। (2) मध्य और पश्चिमी यूरोप तथा अफ्रीका में जर्मनी का राजनीतिक प्रभाव बढ़ाना। (3) और सर्वप्रमुख, ब्रिटेन की सामुद्रिक शक्ति को क्षीण करना। इस उद्देश्य की प्राप्ति हेतु भूराजनीतिक विचारकों ने रूस, चीन, जापान और भारत को मिलाकर ब्रिटेन विरोधी महासंघ बनाने का सुझाव दिया। इन उद्देश्यों की प्राप्ति की शुरूआत रूस के साथ आर्थिक और सामरिक सहयोग की सन्धि से हुई। हाउशोफ़र और उसके समर्थक रूप पर मैत्री द्वारा प्रभाव बढ़ाने के पक्षधर थे, क्योंकि इतने विशाल क्षेत्र वाला देश सीधे आक्रमण की स्थिति में सरलता से योजनाबद्ध तरीके से पीछे हटते हुए शत्रु को देश के अन्दर बुलाकर उसकी घेराबन्दी करके पराजित करने में सक्षम था। नेपोलियन के आक्रमण के समय रूस पहले ऐसा कर चुका था। यही कारण था कि भूराजनीतिज्ञ 1941 में जर्मनी द्वारा रूस पर किए गए आक्रमण के खिलाफ थे।

द्वितीय विश्व युद्ध के दौर में हाउशोफ़र और उसके संस्थान का नाज़ी शासकों की नीति निर्धारण प्रक्रिया से बहुत निकट का सम्बन्ध था। युद्ध में जर्मनी की पराजय और विध्वंस के साथ ही भूराजनीतिक विचारधारा का अवसान हो गया। भूराजनीति शब्द के साथ जुड़े इस इतिहास के कारण युद्धोपरान्त काल में राजनीतिक भूगोल की शब्दावली से इस शब्द को बाहर कर दिया गया। अस्सी के दशक में भूराजनीति शब्द पुनः चर्चा में आ गया परन्तु अब इसका प्रयोग क्षेत्रीय परिदृष्टि से विभिन्न क्षेत्रों की आर्थिक राजनीतिक सम्भावनाओं के आंकलन के सन्दर्भ में किया जाता है।

अंग्रेजी भाषी देशों में राजनीतिक भूगोल का विकास

मैकिंडर और ब्रिटिश राजनीतिक भूगोल

सर हल्फोर्ड मैकिंडर (1861-1947) जिन्हें ब्रिटेन में आधुनिक भूगोल का शीर्ष पुरुष (ग्राण्ड ओल्ड मैन) कहा गया है, राजनीतिक भूगोल के क्षेत्र में एक मूर्धन्य विचारक थे। मैकिंडर का राजनीतिक भौगोलिक चिन्तन रैट्ज़ेल द्वारा प्रतिपादित राज्य की जैविक संकल्पना के अनुरूप था परन्तु दोनों की चिंतन प्रक्रिया में मूलभूत अन्तर यह था कि दोनों के ही विचार अपने-अपने देश के राजनीतिक और आर्थिक उद्देश्यों से प्रेरित थे। तत्कालीन जर्मनी की मूल समस्या और उसके राजनीतिक विचारकों की परिदृष्टि औद्योगिक विकास में द्रुत गति से आगे बढ़ने और देश की अन्तरराष्ट्रीय स्तर पर एक महान शक्ति के रूप में स्थापित करने के प्रयास में लगे राज्य की आवश्यकताओं से प्रेरित थी इसके विपरीत मैकिंडर विश्व की सबसे बड़ी आर्थिक और राजनीतिक शक्ति ग्रेट ब्रिटेन के नागरिक थे। बीसवीं सदी के प्रारम्भिक वर्षों में जर्मनी द्रुत गति से बढ़ती औद्योगिक प्रगति से ब्रिटेन के अन्तरराष्ट्रीय व्यापार को खतरा उत्पन्न हो गया था। अपेक्षाकृत

सस्ते उत्पादों के माध्यम से जर्मनी ने ब्रिटेन के विश्व बाज़ार की सहभागिता को कम करना प्रारंभ कर दिया था। परिणामस्वरूप जहां जर्मनी मुक्त बाज़ार व्यवस्था का पक्षधर था वहीं अब ब्रिटेन को वर्तमान स्थितियों में अपने उपनिवेशों के बाज़ारो को सुरक्षित रखने की आवश्यकता प्रतीत होने लगी थी। ब्रिटिश साम्राज्य की ये समस्याएं और आवश्यकताएं मैकिंडर के राजनीतिक चिंतन का प्रमुख मुद्दा बन गई। यह बात उसके "हृदय स्थल" सम्बन्धी विश्व सामरिक परिदृष्टि से स्पष्ट है। यूरोपीय इतिहास के अध्ययन के आधार पर मैकिंडर ने यह अवधारणा प्रस्तुत की कि यूरोप में संस्कृतियों के विकास और पराभव की कहानी मूलरूप से सामुद्रिक शक्तियों और स्थल शक्तियों के बीच वर्चस्व के होड़ की लड़ाई थी तथा नई दुनिया की खोज के पश्चात् वर्चस्व का यह संघर्ष सामुद्रिक शक्तियों के पक्ष में हो गया था। परिणामस्वरूप ब्रिटेन अपनी सामुद्रिक शक्ति के बलबूते विश्व के कोने-कोने में साम्राज्य स्थापित करने में सफल हुआ था। मैकिंडर के अनुसार बीसवीं सदी के प्रारम्भिक वर्षों में ब्रिटेन और अन्य सामुद्रिक शक्तियों का अन्तरराष्ट्रीय वर्चस्व खतरे में पड़ गया था, क्योंकि स्थल यातायात की तकनीकों के विकास के साथ ही स्थल शक्तियों को तीव्र गतिशीलता प्राप्त हो गई थी। अतः रेलों का सम्यक् विकास करके एशिया के विशाल आन्तरिक क्षेत्र को प्रभावी सत्ता सूत्र में आबद्ध कर उपमहाद्वीपीय आकार के एक विशाल राज्य का विकास अब एक निश्चित सम्भावना बन गई थी। मैकिंडर की हृदय स्थल परिकल्पना इसी सम्भावना की वास्तविकता में परिणति के सम्भावित परिणामों की चिन्ता से प्रेरित थी। लेखक का 1904 में प्रकाशित मूल लेख "दि जिओग्राफ़िक पाइवट ऑफ हिस्टरी" (इतिहास की भौगोलिक धुरी) तथा इसके पन्द्रह वर्ष बाद प्रकाशित पुस्तक "डेमोक्रेटिक आइडियल्स एण्ड रियलिटी" (लोकतांत्रिक आदर्श तथा यथार्थ) (1919) इस सम्भावना को वास्तविकता में परिवर्तित होने से रोकने की दिशा में किया गया एक वैचारिक प्रयास था। मध्य एशियाई हृदय स्थल क्षेत्र में एक सत्ता सम्पन्न उपमहाद्वीपीय आकार वाले राज्य का विकास ब्रिटेन के अन्तरराष्ट्रीय अस्तित्व के लिए खतरे की घंटी था। मैकिंडर की इस परिकल्पना की सविस्तार चर्चा अध्याय सात में अन्य सामरिक परिदृष्टियों के साथ की गई है।

1887 में प्रकाशित "भूगोल की अध्ययन पद्धति और उसका विषय क्षेत्र" शीर्षक एक लेख में मैकिंडर ने राजनीतिक भूगोल में विवेकपूर्ण चिंतन के अभाव पर चिन्ता व्यक्त की थी। लेखक के अनुसार तत्कालीन राजनीतिक, भूगोल में तर्कसंगत और अनुशासनबद्ध अध्ययन का नितान्त अभाव था। इस प्रकार के अध्ययन के अभाव में राजनीतिक भूगोल उच्च ज्ञान की एक शास्त्रीय शाखा (डिसिप्लिन) नहीं बन सकता था। मैकिंडर की हृदय स्थल परिकल्पना अन्तरराष्ट्रीय सम्बन्धों के भौगोलिक अध्ययन में अनुशासनबद्धता लाने की दिशा में एक विशिष्ट प्रयास था।

संयुक्त राज्य अमरीका में राजनीतिक भूगोल का विकास

संयुक्त राज्य अमरीका में राजनीतिक भूगोल का अध्ययन-अध्यापन प्रथम विश्व युद्ध के बाद ही प्रारम्भ हुआ। इसके पहले अमरीका यूरोपीय तथा विश्वस्तरीय राजनीति के प्रति सर्वथा उदासीन था। उसका सारा राजनीतिक प्रयास पश्चिमी गोलार्द्ध से यूरोपीय शक्तियों को दूर रखने पर केन्द्रित था। युद्धोपरान्त हुई शान्तिवार्ता में अमरीका की मुखर भागीदारी और उसमें अमरीकी भूगोलविदों के सक्रिय सहयोग से स्थिति में गुणात्मक परिवर्तन आया तथा अमरीकी भूगोलविद् राजनीतिक भूगोल के अध्ययन की ओर आकृष्ट हुए। विश्व राजनीति में अमरीका का बदलता

दृष्टिकोण और उसमें उसकी बढ़ती हुई भागीदारी इसका प्रमुख कारण था। इन बदलती हुई स्थितियों में राजनीतिक अध्ययन में भौगोलिक दृष्टिकोण की उपादेयता की ओर ध्यान आकृष्ट हुआ। यही कारण था कि युद्धोपरान्त शान्तिवार्ता और शान्ति समझौते में भूगोलविदों का सहयोग लिया गया। पैरिस शान्ति समझौते के लिए सीमाओं के निर्धारण हेतु मध्य और पूर्वी यूरोप के सही और विस्तृत सूचना देने वाले मानचित्रों की आवश्यकता थी। अतः शान्तिवार्ता के दौरान अमरीकी प्रतिनिधियों को परामर्श देने के लिए उस समय के मूर्धन्य भूगोलविद् इज़ाया बोमेन (1878-1950) के नेतृत्व में भूगोलविदों की एक नामिका (पैनल) पूर्वी और मध्य यूरोप में नई राजनीतिक सीमाओं के निर्धारण में सहायता प्रदान करने के लिए तैयार की गई थी जिससे कि विभिन्न "राष्ट्रीय" इकाइयों (वास्तव में भिन्न-भिन्न भाषाई इकाइयों) के लिए अलग-अलग और पूर्णतया स्वतंत्र राजनीतिक इकाइयों के सीमा निर्धारण में सुविधा हो। शान्तिवार्ता के दौरान प्राप्त अनुभवों के परिणामस्वरूप अमरीकी विद्यार्थियों में राजनीतिक भूगोल के अध्ययन में रुचि जाग्रत हुई। शान्तिवार्ता में भूगोल को मिली इस मान्यता के फलस्वरूप राजनीतिक भूगोल में क्षेत्रीय परिदृष्टि को बढ़ावा मिला। पेरिस शान्तिवार्ता में भूगोलविदों का मुख्य योगदान अन्य विद्वानों को विभिन्न क्षेत्रों में जनसंख्या और भाषाई गुटों के क्षेत्रीय वितरण तथा विभिन्न क्षेत्रीय इकाइयों के आर्थिक, सामरिक और राजनीतिक महत्व के आकलन आदि के बारे में सूचित करना था जिससे कि इन क्षेत्रों में नई सीमाओं के निर्धारण के पश्चात् स्थायी और पूर्णतया क्रियाशील राजनीति इकाइयों का निर्माण हो सके।

बस्टीड (1983, पृ. 28) के अनुसार शान्ति समझौते के दौरान चर्चित हुए ये मुद्‌दे बाद में पाठ्‌यपुस्तकों में चर्चित होने लगे। परिणामस्वरूप बिना किसी स्पष्ट उद्‌देश्य एवं नियोजित प्रयास के ही राजनीतिक भूगोल का अध्ययन धीरे-धीरे अधिकाधिक क्षेत्रपरक ("कोरोलॉजिकल") अध्ययन बन गया। इस दिशा में बोमैन की पुस्तकः *न्यू वर्ल्ड प्राब्लम्स इन पोलिटिकल ज्यॉग्राफी* (1921) विशेष प्रभावकारी सिद्ध हुई। इस पुस्तक में बोमैन ने पेरिस शांति समझौते के आधार पर किए गए क्षेत्रीय-राजनीतिक परिवर्तनों की भौगोलिक पृष्ठभूमि का विश्लेषण प्रस्तुत किया था जो प्रबुद्ध पाठकों द्वारा काफी प्रशंसित हुआ। इसी प्रकार अन्य कई विद्वानों ने शान्तिवार्ता के दौरान चर्चित विषयों पर विस्तृत जानकारी देते हुए अनेक लेख प्रस्तुत किए। इन पुस्तकों और लेखों में राजनीतिक भूगोल की प्रकृति, राज्यों के स्वरूप तथा इस विषय की अध्ययन पद्धति आदि की कोई चर्चा नहीं थी। अतः अमरीकी विद्वत् समाज राजनीतिक भूगोल विषय की रैट्ज़ेल की विरासत से प्रायः पूर्णतया अछूता रह गया। यही कारण है कि अमरीकी राजनीतिक भूगोल में प्रारम्भ से ही क्षेत्रीय और आनुभविक (कोरोलॉजिकल एण्ड एम्पिरिकल) परिदृष्टि का बोलबाला था। परन्तु विषय के मूर्धन्य विचारकों के स्तर पर अमरीकी राजनीतिक भूगोल पर यूरोपीय विचारों का प्रभाव स्पष्ट था। रैट्ज़ेल द्वारा प्रतिपादित राज्य की जैविक संकल्पना और उस पर आधारित राजनीतिक भूगोल की अध्ययन पद्धति से ये विद्वान भली-भांति परिचित थे। राजनीतिक भूगोल की चर्चा करते हुए बोमैन ने 1934 में लिखा था कि "राजनीतिक भूगोल का अध्ययन राजनीतिक दृष्टि से महत्वपूर्ण है क्योंकि इसकी सहायता से किसी भी राजनीतिक इकाई के सामाजिक जीवन और उसके भौगोलिक वातावरण के समायोजन को सरलता से समझा जा सकता है" तथा साथ ही इसके अध्ययन से राजनीतिक इकाइयों के "राष्ट्रीय विकास की सीमाओं और सम्भावनाओं" का आकलन भी प्राप्त होता है। इस कथन में जर्मन भूराजनीति का प्रभाव स्पष्टतया परिलक्षित है।

1933 के बाद के विकास का इतिहासः राजनीतिक भूगोल में क्षेत्रीय परिदृष्टि

1933 का वर्ष राजनीतिक भूगोल के विकास के इतिहास में एक महत्वपूर्ण विभाजक है। जर्मनी में हिटलर की नाज़ी पार्टी इसी वर्ष सत्ता में आई थी। नाज़ी शासकों और हाउशोफर के भूराजनीतिक संस्थान के सदस्यों के बीच जर्मनी के विकास और प्रसार की दिशा के बारे में वैचारिक मतैक्य था। दोनों ही रैट्ज़ेल द्वारा प्रतिपादित राज्य की जैविक संकल्पना और उसकी राजनीतिक परिणति के पक्षधर थे। इस अवधारणा के अनुसार यूरोप का सबसे अधिक और सघन जनसंख्या वाला देश होने के कारण जर्मनी के लिए अपनी सीमाओं का विस्तार करना न्यायसंगत कार्य था। क्षेत्र विस्तार की इस प्रक्रिया की अन्तिम परिणति देश के राजनायकों का विश्वव्यापी साम्राज्य की स्थापना का सपना पूरा करना था। मैकिंडर की हृदय स्थल संकल्पना के रूप में देश के शासकों को अपने इस सपने को साकार करने का रास्ता स्पष्ट रूप से दिखाई दे रहा था और वे हाउशोफ़र और उसके अनुयायियों की सहायता से इस ओर अग्रसर थे। नाज़ी पार्टी और हाउशोफ़र के संस्थान के बीच यह वैचारिक मतैक्य ब्रिटेन, फ्रांस और अन्य सामुद्रिक शक्तियों को अपने लिए हानिकारक प्रतीत हुआ। परिणामस्वरूप इन देशों के बुद्धिजीवियों को जर्मन भूराजनीति और राजनीतिक भूगोल की रैट्ज़ेलियन अवधारणा से वितृष्णा उत्पन्न हो गई। अतः इन देशों के भूगोलविद राजनीतिक भूगोल की नई परिभाषा ढूंढने में लग गए।

इस समय तक आधुनिक भूगोल की दो प्रमुख दार्शनिक संकल्पनाएं थीं। एक रैट्ज़ेल द्वारा प्रतिपादित पारिस्थितिकीय (इकोलॉजिकल) परिदृष्टि तथा दूसरी रिचथोफन तथा हेट्नर द्वारा प्रतिपादित क्षेत्रीय अथवा स्थानिक (कोरोलॉजिकल या रीजनल) परिदृष्टि। पश्चिमी यूरोपीय और अमरीकी भूगोलवेत्ताओं का अब रैट्ज़ेल की पारिस्थितिकीय परिदृष्टि पर आधारित राजनीतिक भूगोल से मोहभंग हो चुका था अतः हार्टशोर्न (1935), ह्विट्लसी (1935, 1939) तथा ईस्ट (1937) जैसे विद्वानों ने राजनीतिक भूगोल को रैट्ज़ेल की पारिस्थितिकीय संकल्पना से काट कर रिचथोफन और हेट्नर की क्षेत्रीय परिदृष्टि के अनुरूप ढालने का प्रयास किया। इस दिशा में ह्विट्लसी की पुस्तक *"द अर्थ एण्ड द स्टेट"* (1939) सर्वाधिक प्रभावशाली सिद्ध हुई। भूराजनीतिज्ञों के अनुसार भूराजनीति एक सोद्देश्य अध्ययन था जिसकी दृष्टि राज्य विशेष के क्षेत्रीय हितों को प्राप्त करने पर केन्द्रित थीं ("जिओपालिटिक्स स्टडीज़ द स्पेस फ्राम द वियु पाइण्ट ऑफ द स्टेट") अतः ह्विट्लसी ने रेखांकित किया कि भूगोल की शाखा के रूप में राजनीतिक भूगोल राज्य केन्द्रित अध्ययन न होकर भू-केन्द्रित अध्ययन है (पोलिटिकल जिओग्राफी स्टडीज़ द स्टेट फ्राम द वियु प्वाइंट ऑफ स्पेस)। यह बात पुस्तक के शीर्ष से स्पष्ट थी। अर्थात् राजनीतिक भूगोल के अध्ययन में भू (क्षेत्र अथवा "अर्थ") पहले आता है और राज्य बाद में। अर्थात् राजनीतिक भूगोल क्षेत्रीय अध्ययन है। अंग्रेजी भाषा में प्रकाशित होने वाली राजनीतिक भूगोल पर लिखी गई यह प्रथम पुस्तक थी जो अपने कई संस्करणों में बीसवीं सदी के मध्य तक इस विषय की मानक पाठ्यपुस्तक के रूप में प्रतिष्ठित रही।

राजनीतिक भूगोल की क्षेत्रमूलक कायापलट में एक अन्य अमरीकी विद्वान रिचर्ड हार्टशोर्न (1935) का योगदान अत्यधिक महत्वपूर्ण था। राजनीतिक भूगोल को पुनर्परिभाषित करते हुए हार्टशोर्न ने लिखा कि "यदि क्षेत्रीय परिदृष्टि के अनुसार भूगोल क्षेत्रों का विज्ञान (साइंस ऑफ एरियाज़) है तो तदनुरूप *राजनीतिक भूगोल* राजनीतिक क्षेत्रों का विज्ञान है। दूसरे शब्दों में

राजनीतिक भूगोल में हम राज्यों को क्षेत्र के एक लक्षण के रूप में देखते हैं तथा इसका अध्ययन और विश्लेषण अन्य प्रकार के क्षेत्रीय लक्षणों के परिप्रेक्ष्य में सम्पन्न होता है"। शीघ्र ही यह परिभाषा राजनीतिक भूगोल की सर्वमान्य परिभाषा बन गई।

इस नई परिभाषा के अन्तर्गत राजनीतिक भूगोल में राज्यों को मूलरूप से एक विशिष्ट प्रकार के क्षेत्र के रूप में देखा जाने लगा। एक ऐसा क्षेत्र जिसकी विशिष्टता इस बात में निहित थी कि उसकी सीमाएं राजनीतिक प्रभाव पर आधारित हैं। परिणामस्वरूप भूगोल की अन्य शाखाओं की भांति राज्यों के अध्ययन में भी क्षेत्रीय विश्लेषण और क्षेत्रीय अध्ययन पद्धति का प्रचार हुआ। अतः राजनीतिक भूगोल का ध्यान मूलरूप से राजनैतिक इकाइयों (राज्यों) के क्षेत्रीय निरूपण (एरियल मॉर्फालाजी) पर केन्द्रित हो गया। हार्टशोर्न (1935) के अनुसार इस अध्ययन पद्धति के मुख्य चरण इस प्रकार हैं: (1) राज्य के क्षेत्र का विवरणात्मक विश्लेषण (अर्थात् इसकी स्थिति, आकार, और इसके प्राकृतिक और सांस्कृतिक भूदृश्यों का निरूपण); (2) राज्य के क्षेत्र का व्याख्यात्मक निर्वचन। इसके अन्तर्गत क्रोड़ क्षेत्रों और राजधानी की स्थिति तथा उसके राजनीतिक परिणाम, सीमाओं की स्थिति और उनकी परिवर्तनशीलता आदि सम्मिलित थे; (3) राज्य की वर्तमान क्षेत्रीय सम्पदा का आकलन तथा तत्सम्बन्धी समस्याओं का विश्लेषण।

इस नई विचारधारा के अनुसार प्रत्येक राजनीतिक क्षेत्र अपने आप में एक सम्पूर्ण क्षेत्रीय इकाई है जो अपनी तरह की अन्य राजनीतिक इकाइयों से सर्वथा भिन्न तथा अनूठी है। अतः राज्यों के भौगोलिक अध्ययन में सार्वभौम नियमों के प्रतिपादन के प्रयास निरर्थक हैं। प्रत्येक राजनीतिक इकाई एक पृथक् मानव समष्टि और विशिष्ट भौगोलिक क्षेत्र के (अर्थात् पृथ्वी के एक विशिष्ट भाग के) पारस्परिक समायोजन का परिणाम है। इसी कारण भिन्न-भिन्न राजनीतिक इकाइयां अधिकांश महत्वपूर्ण मुद्दों में एक दूसरे रो सर्वथा भिन्न हैं। राजनीतिक भूगोल की मूल अवधारणा में यह बहुत बड़ा परिवर्तन था। रैट्ज़ेल की पारिस्थितिकीय अध्ययन विधि के अन्तर्गत राज्य एक क्रियाशील और जीवंत इकाई थे। अन्य क्रियाशील संघटकों की भांति इसके आचरण के भी कुछ सामान्य "नियम" अथवा प्रवृत्तियां थीं और अन्य मानवीय संघटकों की तरह इसके कुछ उद्देश्य थे जिनकी प्राप्ति हेतु इसके विभिन्न अवयव सतत् क्रियाशील थे। अतः रैट्ज़ेल की अवधारणा के अनुसार प्रत्येक राज्य एक विशिष्ट प्रकार के सोद्देश्य मानवीय संगठन का प्रतिनिधित्व करता था। दूसरे शब्दों में वह एक वर्ग का सदस्य था और मोटे तौर पर उसकी आचरण पद्धति उस वर्ग के अन्य सदस्यों की आचरण पद्धति को समझने में सहायक थी। रैट्ज़ेलिक राजनीतिक भूगोल राज्यों के अध्ययन में साधारणीकरण अर्थात् सामान्य तथ्यों और नियमों की खोज का पक्षधर था। यह सिद्धान्तपरक ("नोमोथेटिक") अध्ययन था। तत्कालीन राजनीतिक भूगोल और राजनीतिशास्त्र के अध्ययन में मूल अन्तर यह था कि राजनीतिशास्त्र एक "नीतिपरक" अध्ययन था, जबकि राजनीतिक भूगोल की पारिस्थितिकीय अवधारणा नैतिक मूल्यों के प्रति सर्वथा उदासीन थी।

क्षेत्रपरक राजनीतिक भूगोल के प्रवर्तकों के अनुसार राजनीतिशास्त्र और राजनीतिक भूगोल की संकल्पना में मुख्य अन्तर यह था कि राजनीतिक भूगोल भिन्न-भिन्न राजनीतिक क्षेत्र को एक दूसरे से सर्वथा पृथक् और अनूठी क्षेत्रीय इकाइयों के रूप में देखता था, जबकि राजनीतिशास्त्र के विद्यार्थी प्रत्येक राज्य को एक विशिष्ट प्रकार के संगठन का प्रतिनिधि मानते हैं। अतः राजनीतिक आचरण विचार और पद्धति का सिद्धान्तपरक अध्ययन राजनीतिक भूगोल के अध्ययन क्षेत्र के बाहर (और राजनीतिशास्त्र का भाग) माने जाने लगे।

क्षेत्रपरक राजनीतिक भूगोलः एक मूल्यांकन

1930 के दशक में राजनीतिक भूगोल की केन्द्रीय अवधारणा में आया यह परिवर्तन अनेक अर्थों में एक क्रान्तिकारी परिवर्तन था क्योंकि मोटे तौर पर 1935 के पूर्व और पश्चात् के राजनीतिक भूगोल की पहचान एक दूसरे से सर्वथा भिन्न थी। पूर्वगामी राजनीतिक भूगोल पारिस्थितिकीय वैज्ञानिक अध्ययन का प्रतिनिधित्व करता था इसलिए अन्य वैज्ञानिक अध्ययनों की तरह वह विश्लेषणात्मक अध्ययन था। साथ ही सामान्य तथ्यों और आचरण सम्बन्धी नियमों की पहचान सम्बन्धी साधारण सिद्धान्तों का प्रतिपादन इसके अनुशीलन की स्वाभाविक परिणति थी। इसके विपरीत हार्टशोर्न और ह्विट्लसी आदि द्वारा पुनर्परिभाषित राजनीतिक भूगोल वर्णनात्मक क्षेत्रीय अध्ययन था जिसमें सिद्धान्तपरक परिदृष्टि के लिए कोई स्थान नहीं था। परिणामस्वरूप जहां जैविक राजनीतिक भूगोल राजनीतिक अध्ययन की अन्य शाखाओं की तरह राज्य के वास्तविक संगठनात्मक स्वरूप को समझने की दिशा में एक सम्बद्ध कड़ी था, वहीं क्षेत्रपरक राजनीतिक भूगोल अन्य प्रकार के क्षेत्रीय अध्ययनों की भांति मूलतया निःसंगतावादी (आइसोलेशनिस्ट) थाः क्योंकि वह प्रत्येक राज्य को क्रियाशील संगठित इकाई के स्थान पर अनूठी क्षेत्रीय इकाई के रूप में देखने का पक्षधर था। परिणामस्वरूप विद्यार्थी की दृष्टि राज्यों को एक दूसरे से अलग पहचान देने वाली विशिष्टताओं पर केन्द्रित थी न कि उनके बीच की संगठनात्मक समानताओं पर। यही कारण था कि रैट्ज़ेल का राजनीतिक भूगोल राजनीति के विद्यार्थियों में अत्यधिक लोकप्रिय हुआ था और राजनीतिक भूगोल सामाजिक विज्ञान की एक महत्वपूर्ण शाखा के रूप में प्रतिष्ठित हो गया था। इसके विपरीत 1935 के बाद के पुनर्परिभाषित राजनीतिक भूगोल की कोई भी समाज वैज्ञानिक पहचान नहीं बन सकी। परिणामस्वरूप राजनीतिक भूगोल अन्य सामाजिक विज्ञानों से पूरी तरह अलग थलग पड़ गया।

राजनीतिक भूगोल का यह संकल्पनात्मक पुनर्जन्म मूलरूप से इस विषय को जर्मन भूराजनीति और राज्य की जैविक परिकल्पना से सर्वथा अलग और तत्कालीन भूगोल की क्षेत्रीय अवधारणा के अनुरूप स्थापित करना था। अतः चालीस और पचास के दशक में इसे संयुक्त राज्य अमरीका में बहुत लोकप्रियता मिली। विश्वविद्यालयों और महाविद्यालयों में इसकी कक्षाओं में विद्यार्थियों की संख्या काफी बढ़ गई। परन्तु यूरोपीय देशों, विशेषकर ब्रिटेन में, इस नई परिभाषा का विपरीत प्रभाव पड़ा। पिछले करीब सौ वर्षों से ब्रिटेन विश्व के सबसे शक्तिशाली राष्ट्र के रूप में प्रतिष्ठित था। उसके विशाल साम्राज्य में सूरज कभी भी अस्त नहीं होता था। यही कारण था कि ब्रिटेन में राज्य की जैविक संकल्पना और तत्सम्बन्धी अध्ययन पद्धति अत्यधिक लोकप्रिय हुई। अतः अपने क्षेत्रपरक नए अवतार में राजनीतिक भूगोल ब्रिटिश अध्येताओं को नीरस और वास्तविकता से दूर, तथा राजनीतिक और सामाजिक दृष्टि से सर्वथा अनुपयोगी प्रतीत हुआ। परिणामस्वरूप इसकी लोकप्रियता द्रुत गति से समाप्त हो गई और अर्द्धशती के आते-आते इसके अध्ययन-अध्यापन का अवसान होने लगा। ब्रिटेन में राजनीतिक भूगोल के विद्यार्थी प्रारम्भ से ही राजनीतिक अध्ययन में वैश्विक परिदृष्टि के पक्षधर थे। तत्कालीन विश्व के सबसे बड़े साम्राज्य के नागरिकों को इसके अध्ययन में आत्म गौरव और राष्ट्रीय स्वाभिमान की अनुभूति होती थी। क्षेत्रीय परिदृष्टि वाले नए राजनीतिक भूगोल में राज्यों के परस्पर सम्बन्धों और विश्वव्यापी अन्तरराष्ट्रीय राजनीतिक मुद्दों के अध्ययन के लिए स्थान नहीं था। परिणामस्वरूप ब्रिटेन में इसके अध्ययन-अध्यापन में द्रुत गति से ह्रास आया। द्वितीय विश्व युद्ध के

बाद ह्रास की गति और तीव्र हो गई। राजनीतिक भूगोल के पुराने अध्येता युद्ध के पश्चात् विश्व के राजनीतिक मानचित्र में आए परिवर्तनों आदि से सम्बद्ध मुद्दों के अध्ययन की ओर प्रवृत्त हो गए। इस प्रकार के क्षेत्रीय राजनीतिक परिवर्तनों से सम्बद्ध प्रकाशनों में ब्रिटिश भूगोलवेत्ता ईस्ट और स्पेट द्वारा सम्पादित *चेंजिंग मैप ऑफ एशिया* (1950) तथा ईस्ट और मूडी द्वारा सम्पादित कृति *चेंजिंग वर्ल्ड* (1956) विशेष उल्लेखनीय हैं। इस दौर में ब्रिटिश राजनीतिक भूगोल विषय के सैद्धांतिक और वैचारिक पक्षों पर विचार-विमर्श की गतिविधियों से प्रायः कटा रहा। वैचारिक विचार-विमर्श अब प्रमुखतया अमरीकी विद्वानों के योगदान का क्षेत्र बन गया (देखिएः जैक्सन, 1958)। यद्यपि तीस और चालीस के दशकों में संयुक्त राज्य अमरीका में राजनीतिक भूगोल के स्नातक स्तरीय अध्ययन में आशातीत विकास हुआ परन्तु उच्च स्तरीय शोध की प्रक्रिया सर्वथा मन्द बनी रही। इस बात की ओर ध्यान आकर्षित करते हुए हार्टशोर्न ने 1950 में प्रकाशित अपने अध्यक्षीय भाषण में दुःख प्रकट करते हुए कहा कि भूगोल की अन्य किसी शाखा में शिक्षकों द्वारा दूसरों को सिखाने का प्रयास स्वयं को शिक्षित करने के प्रयास से इतना दूर नहीं हुआ है जितना कि राजनीतिक भूगोल में।

राजनीतिक भूगोल का पुनरुत्थानः छठे और सातवें दशक की विकास यात्रा

द्वितीय विश्वयुद्ध के बाद के वर्षों में राजनीतिक भूगोल के अध्ययन की गुणवत्ता में आई गिरावट के अनेक कारण थे। एक प्रमुख कारण यह था कि नया राजनीतिक भूगोल पूर्णतया विवरणात्मक और इसलिए नीरस और अरुचिकर अध्ययन बन गया था। नई अवधारणा के प्रवर्तकों द्वारा सैद्धांतिक अध्ययन को राजनीतिक भूगोल के दायरे से सर्वथा बाहर रखने पर जोर देते रहने के कारण मेधावी छात्र शोध के लिए भूगोल की सैद्धान्तिक दृष्टि से अधिक विकसित, अर्थात् वैचारिक दृष्टि से अधिक चुनौतीपूर्ण, शाखाओं की ओर प्रवृत्त हो गए। उनमें सिद्धान्तपरक अध्ययन के अवसर अधिक होने के कारण बुद्धि विलास के अवसर अपेक्षाकृत अधिक थे। ऐसे समय में जब कि भूगोल की अन्य शाखाओं के अध्येता निरंतर इस बात पर बल दे रहे थे कि “क्षेत्रीय अध्ययन एक महत्वपूर्ण विधा है परन्तु इसका महत्व क्रमबद्ध अध्ययन की अपेक्षाकृत कम है” तथा रिग्ले (1965) तथा बंगे जैसे विद्वान भूगोल के अध्ययन में साधारणीकरण की परिदृष्टि और अध्ययन विधि सांख्यिकीकरण पर ज़ोर दे रहे थे, वहीं दूसरी ओर राजनीतिक भूगोल के क्षेत्र में हार्टशोर्न जैसे विद्वान साठ के दशक में भी सैद्धांतिक अध्ययन और साधारणीकरण की वर्जना का उपदेश दे रहे थे। बंगे (1966, पृ. 2) के अनुसार इसका कारण यह था कि हार्टशोर्न विशिष्ट और अनूठे उदाहरण के बीच अन्तर नहीं कर पा रहे थे। यही कारण था 1970 के पहले राजनीतिक भूगोल में सिद्धान्तपरक अध्ययन पद्धति के विकास की दिशा में कोई प्रयास नहीं हुआ।

इन्हीं कारणों से पांचवें और छठे दशक में राजनीतिक भूगोल मानव भूगोल की मुख्य धारा से सर्वथा कट गया था तथा युद्धोपरान्त सामाजिक विज्ञानों और मानव भूगोल की अन्य शाखाओं में व्याप्त मात्रात्मक क्रांति राजनीतिक भूगोल को अछूता छोड़ गई थी। अतः साठ के दशक के पूर्वार्द्ध में जबकि एक ओर मानव भूगोल में मात्रात्मक क्रांति पूरी तरह समाप्त हो चुकी थी, क्योंकि जिन उद्देश्यों की प्राप्ति के लिए क्रान्ति का आह्वान हुआ था वे प्राप्त हो चुके थे (देखिएः बर्टन, 1963), वहीं दूसरी ओर राजनीतिक भूगोल के अध्येता छठे दशक के अन्तिम चरण में भी विषय के पुनरुत्थान हेतु मात्रात्मक क्रान्ति की उपलब्धियों का इसके अध्ययन में समावेश

करने के पक्ष में तर्क पेश कर रहे थे (देखिएः काक्स, 1968)। मात्रात्मक क्रान्ति के दौर में राजनीतिक भूगोल का भूगोल की मुख्य धारा से कटा रहना इस विषय के पिछड़ेपन का विशेष कारण बना क्योंकि समाजशास्त्रों के अध्ययन में यह वह दौर था जब लार्ड केल्विन के मतानुयायी समाजवैज्ञानिक विमर्श का नेतृत्व करते हुए बार-बार दोहरा रहे थे कि "यदि कोई अपनी बात स्पष्ट मात्रात्मक भाषा में प्रस्तुत नहीं कर सकता तो उसका ज्ञान अधूरा और अपरिपक्व है उसके अध्ययन का विषय चाहे जो भी हो" (स्पेट, 1960)। अध्ययन में मात्रात्मक परिदृष्टि के अभाव के कारण ही अमरीकी भूगोलवेत्ता ब्रायन बेरी ने अपनी एक आलोचनात्मक टिप्पणी में राजनीतिक भूगोल को मानव भूगोल का मृतप्राय पश्चजल की संज्ञा दी (बेरी, 1969)।

पांचवें दशक के अन्त से ही राजनीतिक भूगोल के अनेक अध्येता विषय की अधोमुखी अवस्था से चिन्तित थे। अमरीकी विद्वान जैक्सन की "राजनीतिक भूगोल किधर जा रहा है?" शीर्षक से प्रकाशित टिप्पणी (1958) इस दिशा में विद्वानों में व्याप्त चिन्ता की एक मुखर अभिव्यक्ति थी। क्षेत्रीय परिदृष्टि के अन्तर्गत राजनीतिक भूगोल के विषय क्षेत्र में आरोपित वर्जनाओं से विषय को मुक्त करते हुए जैक्सन (1964) ने ज़ोर दिया कि ये वर्जनाएं विषय के विकास में अवरोधक है। राजनीतिक भूगोल के विषय क्षेत्र को व्यापकता प्रदान करते हुए लेखक ने स्पष्ट किया कि राजनीतिक भूगोल "राजनीतिक घटनाओं का क्षेत्रीय परिदृष्टि से अनुशीलन करता है", अर्थात् सभी प्रकार की राजनीतिक घटनाएं और क्रिया-कलाप इसके विषय क्षेत्र के अंग हैं, चाहे ये विषय किसी राजनीतिक इकाई के सन्दर्भ में विशिष्ट महत्व के हों अथवा उनका सम्बन्ध अनेक राज्यों में पाई जाने वाली साधारण पहचान से हो। अतः अध्ययन हेतु विषय के चयन में विशिष्ट और साधारण का विभेद युक्तिसंगत नहीं है। जैक्सन की इस परिभाषा को उत्तरमात्रात्मक क्रान्ति युगीन मानव भूगोल की अवधारणा के अनुरूप संशोधित करते हुए कैस्परसन और मिंघी (1969) ने राजनीतिक भूगोल का "स्पेशियल एनैलिसिस ऑफ पोलिटिकल फेनोमेना" (अर्थात् राजनीतिक घटनाओं और क्रियाकलापों का दूरत्वपरक क्षेत्रीय विश्लेषण) बताया। इन दोनों संशोधित परिभाषाओं के प्रचार प्रसार के साथ ही राजनीतिक भूगोल के अध्ययन में आरोपित वर्जनाओं की समाप्ति हो गई। परिणामस्वरूप अब यहां विभिन्न मान्यताओं वाले भूगोलविद्, चाहे वे वर्णनात्मक और गुणात्मक अध्ययन के पक्षधर हों अथवा विश्लेषणात्मक और मात्रात्मक विधि के, चाहे वे हर घटना को विशिष्ट घटना मानते हुए अध्ययन करने के पक्ष में हों अथवा हर घटना को उसी तरह की अन्य घटनाओं का एक सीमित उदाहरण मानते हुए साधारणीकरण की परिदृष्टि के पक्षधर हों, सभी के लिए राजनीतिक भूगोल के अध्ययन के द्वार समान रूप से खुल गए। विषय के सर्वांगीण विकास की दिशा में यह एक बड़ा कदम था। परिणामस्वरूप सत्तर का दशक राजनीतिक भूगोल के पुनर्जागरण का युग था।

राजनीतिक भूगोल के इस पुनर्जागरण में उस समय समाज वैज्ञानिक अध्ययन में प्रयोग की जाने वाली व्यवस्था-परिदृष्टि (सिस्टम्स परस्पेक्टिव) की भूमिका बहुत महत्वपूर्ण थी। 1963 में प्रकाशित एक महत्वपूर्ण लेख में ऐकरमैन ने मानव भूगोल के अध्ययन में व्यवस्थात्मक परिदृष्टि के समावेश का प्रस्ताव करते हुए इस बात पर बल दिया था कि राजनीतिक भूगोल के अध्ययन में इस अवधारणा को अपनाने के लिए विशेष अवसर हैं क्योंकि राजनीतिक इकाइयां अपने आप में अन्योन्याश्रयी अनुभागों में निर्मित क्रियाशील इकाइयां, अर्थात् व्यवस्था सम्पन्न विशिष्ट इकाइयां हैं। पचास के दशक के प्रारम्भ में राजनीतिक संगठनों के अध्ययन में व्यवस्था-परिदृष्टि

की दिशा में दो महत्वपूर्ण ग्रंथ प्रकाशित हुए थे। ईस्टन (1953) और ड्वायश्च (1953) ने अपनी अलग-अलग कृतियों में राजनीतिक संगठनों (अर्थात् राज्यों) को आगत निर्गत (इनपुट-आउटपुट) प्रकार की व्यवस्थात्मक इकाइयों के रूप में निरूपित किया। राजनीतिक अध्ययन में यह नवीन प्रारंभ था। आगत-निर्गत व्यवस्था परिदृष्टि के अन्तर्गत राज्यों को स्पष्टयता परिभाषित व्यवस्थात्मक इकाइयों के रूप में विश्लेषित करना अपेक्षाकृत सरल प्रक्रिया हो गई। अब राज्य के सम्पूर्ण क्रिया-कलाप को नागरिकों द्वारा प्रस्तुत मांगों के आगत प्रवाहों और उनके समाधान हेतु किए गए नीति परिवर्तनों तथा उनके क्रियान्वयन की दिशा में किए जाने वाले प्रयासों, अर्थात् निर्गत प्रवाहों (आउटपुट्स) की निरन्तर क्रियाशील प्रक्रिया के परिणाम के रूप में निरूपित किया जाने लगा। राजनीतिक भूगोल में इस परिदृष्टि की ओर सर्वप्रथम जैक्सन (1964) ने ध्यान आकर्षित करने का प्रयास किया तथा कैस्परसन और मिंघी (1969) की पुस्तक ने इस सूत्र को और आगे बढ़ाया।

राज्यों को आगत-निर्गत व्यवस्था के रूप में देखने की प्रथा अमरीका से प्रारम्भ हुई थी। वहां इसका प्रयोग मुख्यतः निर्वाचन परिणामों की व्याख्या के सन्दर्भ में किया गया। अमरीकी राजनीतिशास्त्र में इस अध्ययन को राजनीतिक समाजशास्त्र की संज्ञा दी गई। यही राजनीतिक भूगोल के क्षेत्र में निर्वाचन परिणामों के अध्ययन (अर्थात् निर्वाचन भूगोल) का प्रमुख प्रेरणा स्रोत था। सत्तर के दशक में निर्वाचन भूगोल के माध्यम से ही राजनीतिक भूगोल में मात्रात्मक अध्ययन पद्धति का प्रवेश हुआ। इसके परिणामस्वरूप राजनीतिक भूगोल को मानव भूगोल की मुख्य धारा से जोड़ने में सहायता मिली। परन्तु राजनीतिक अध्ययन के क्षेत्र में मात्रात्मक अध्ययन पद्धति की उपादेयता अत्यधिक सीमित है। आगत-निर्गत व्यवस्था सम्बन्धी अध्ययन पद्धति का प्रयोग केवल उन्हीं समस्याओं के अध्ययन में सम्भव है जिनमें अन्तर्गामी और बहिर्गामी प्रवाह स्पष्टतया परिलक्षित हों। उदाहरणार्थ, निर्वाचन परिणामों के विश्लेषण में यह विधि निश्चय ही प्रभावी सिद्ध हुई क्योंकि यहां राजनीतिक आगत और निर्गत की पहचान अपेक्षाकृत सरल थी। यही कारण था कि सत्तर के दशक में निर्वाचन भूगोल मूलतया मात्रात्मक विश्लेषण बन गया। परन्तु हमारे राजनीतिक जीवन के अधिकांश पक्ष सामाजिक विश्वासों, रुचियों और अरुचियों, तथा व्यक्तिगत सम्बन्धों से गहरे जुड़े हैं। इनके विश्लेषण में मात्रात्मक पद्धति कारगर नहीं हैं। यही कारण है कि सत्तर के दशक में राजनीतिक भूगोल मुख्यतया निर्वाचन परिणामों का सांख्यिकी विश्लेषण मात्र होकर रह गया। अतः राजनीतिक भूगोल का यह पुनर्जागरण एक सीमित पुनर्जागरण था।

साठ के दशक में राजनीतिक भूगोल को नई दिशा देने में दो सम्पादित पुस्तकों का विशेष योगदान था। ये थी जैक्सन (1964) की पुस्तक *पालिटिक्स एण्ड जिओग्राफिक रिलेशनशिप्स* तथा कैस्परसन और मिंघी की पुस्तक *सिस्टमेटिक पोलिटिकल जिओग्राफी* (1969)। जैक्सन ने अपनी पुस्तक में राजनीतिक अध्ययन की विभिन्न शाखाओं में प्रकाशित कुछ महत्वपूर्ण लेखों के अंश संकलित कर राजनीतिक भूगोल के विषय क्षेत्र को अधिक व्यापक बनाने का प्रयास किया। साथ ही विषय के अध्ययन में वैचारिक प्रगति से विद्यार्थियों को अवगत कराने के लिए राजनीतिक भूगोल के क्षेत्र में प्रकाशित महत्वपूर्ण लेखों के मुख्य अंश भी दिए गए थे। कुल मिलाकर इस पुस्तक ने राजनीतिक भूगोल को 'राजनीतिक अध्ययन में लगे अन्य विषयों की पंक्ति में खड़ा कर उसे राजनीति के समाज वैज्ञानिक अध्ययन की मुख्य धारा से जोड़ने का प्रयास किया। कैस्परसन और मिंघी ने अपनी पुस्तक में इस कार्य को और आगे बढ़ाते हुए राजनीतिक भूगोल

को दूरत्वपरक क्षेत्रीय परिदृष्टि से किए जाने वाला राजनीति के समग्र अध्ययन के रूप में स्थापित करने का सफल प्रयास किया। दोनों पुस्तकों के योगदान में मूलभूत अन्तर यह था कि जैक्सन भूगोल के स्थल क्षेत्रीय (एरियल) स्वरूप के पक्षधर थे, तो कैस्परसन और मिंघी उसके दूरत्वपरक क्षेत्रीय विश्लेषण (स्पेशियल एनैलिसिस) वाले स्वरूप के पक्षधर थे।

इन दोनों पुस्तकों के सम्मिलित प्रयास से राजनीतिक भूगोल तथा राजनीति के अध्ययन में लगे अन्य विज्ञानों के बीच खड़ी संकल्पनात्मक दीवार को ध्वस्त करने में सहायता मिली। परिणामस्वरूप 1970 के दशक के प्रारम्भ होते ही राजनीतिक भूगोल में राजनीति के व्यापक और समग्र रूप के अध्ययन और निर्वचन के लिए नई अध्ययन विधियों की खोज प्रारम्भ हो गई। इस दिशा में किए गए प्रयासों में "नीदरलैण्ड जर्नल ऑफ इकनामिक एण्ड सोशल जिओग्राफी" में प्रकाशित "टुवर्ड ए जेनेरिक एप्रोच इन पोलिटिकल जिओग्राफी" (दीक्षित, 1970) तथा अमरीकी पत्रिका "जिओग्राफ़िकल रिव्यू" में कोहेन और रोजेंथाल (1971) का लेख "ए जिओग्राफ़िकल मॉडल फ़ॉर पोलिटिकल सिस्टम्स एनैलिसिस" उल्लेखनीय हैं।

मोटे तौर पर छठे दशक के मध्य से सत्तर के दशक के अन्त तक के पन्द्रह वर्षों को राजनीतिक भूगोल की विकास यात्रा में दूरत्वपरक क्षेत्रीय और व्यवहारवादी दृष्टिकोण (स्पेशियल-बिहेवोरल एप्रोच) का युग कहा जाता है। इस दौर की प्रमुख विशेषता थी कि अन्य सामाजिक विज्ञानों की भांति राजनीतिक भूगोल के समग्र अध्ययन में "सिस्टम्स परस्पेक्टिव" (व्यवस्थावादी परिदृष्टि) एक मूलभूत मान्यता बन गई। राज्यों को अब व्यवस्था सम्पन्न क्रियाशील इकाइयों के रूप में देखा जाने लगा और राजनीतिक चुनाव (अर्थात् निर्वाचन) को आगत-निर्गत व्यवस्था प्रक्रिया के रूप में विश्लेषित किया जाने लगा।

राजनीतिक भूगोल में अर्थनीतिक परिदृष्टि

साठ और सत्तर के दशक में राजनीतिक भूगोल में पुरानी (एरियल) वर्णनात्मक अध्ययन पद्धति के स्थान पर अन्तरक्षेत्रीय प्रवाहों और सम्बन्धों पर केन्द्रित मात्रात्मक अध्ययन विधि और व्यवहारवादी तथा व्यवस्थात्मक परिदृष्टियों के प्रवेश से विषय को नई स्फूर्ति मिली। अनेक विद्वानों ने इसे नए प्रभात के रूप में देखा। परन्त शीघ्र ही इस नए दौर की उपलब्धियों और त्रुटियों का आकलन करने पर विद्वानों का प्रारम्भिक उत्साह धीमा पड़ गया। निकट से देखने पर आभास हुआ कि मात्रात्मक और दूरत्वपरक क्षेत्रीय अध्ययन मुख्य रूप से सतही अध्ययन था क्योंकि वह वस्तुस्थिति के सतही लक्षणों के विश्लेषण तक ही सीमित था। सतह के नीचे स्थित मूलभूत सामाजिक ऐतिहासिक कारणों के मूल्यांकन और समाज के दुःख दर्द को समझने और उन्हें सुलझाने में वह पूर्णतया असफल था। व्यवस्थावादी और व्यवहारवादी परिदृष्टियों के अन्तर्गत शोधकर्ता बहुधा संतुलित घटनाक्रमों के अध्ययन में प्रवृत्त थे। अतः सामाजिक और राजनीतिक जीवन के प्रतिदिन के संघर्ष से सम्बन्धित मुद्दे उनकी दृष्टि से सर्वथा ओझल थे। हमारे दैनिक जीवन में पग-पग पर संघर्ष और रोज़ी रोटी की लड़ाई है। अतः यहां किसी प्रकार के संतुलन के दर्शन का प्रयास वास्तविकता से पलायन का मार्ग था। जीवन का यह संघर्ष व्यवस्थावादी संतुलनकारी परिदृष्टि और सांख्यिकीय विश्लेषण की पहुंच से परे था।

इन बातों के प्रकट होने के साथ ही सामाजिक विज्ञानों में व्यवस्थावादी और व्यवहारवादी अध्ययन तथा मात्रात्मक विश्लेषण पद्धति से मोह भंग होना प्रारम्भ हो गया। कालांतर में मोह

भंग की यह लहर मानव भूगोल और उसके रास्ते राजनीतिक भूगोल तक पहुंच गई। राजनीतिक भूगोल में इसका प्रवेश अस्सी के दशक के प्रारम्भ में हुआ। व्यवस्थात्मक परिदृष्टि से प्रेरित व्यवहारवादी और मात्रात्मक तथा विश्लेषणात्मक अध्ययन अब यथास्थितिवादी और सामाजिक आवश्यकताओं और आदर्शों के प्रति सर्वथा उदासीन अध्ययन प्रतीत होने लगा। यही कारण था कि अस्सी के दशक में राजनीतिक भूगोल में अध्ययन किए जाने वाले विषय की सामाजिक प्रासंगिकता पर ज़ोर दिया जाने लगा तथा समाज के निर्धन और सुविधाहीन वर्गों की समस्याओं पर ध्यान केन्द्रित करने की मांग बढ़ी। मानव भूगोल की अन्य शाखाओं में यह परिवर्तन सत्तर के दशक के प्रारम्भ में ही आ गया था। इस नई परिदृष्टि के अधीन लोकतांत्रिक और पूंजीवादी व्यवस्था वाले देशों में सरकारी नीतियों के निर्धारण और कार्यान्वयन में समाज के पिछड़े और मूल सुविधाओं से अपेक्षाकृत वंचित जनसमूह पर उनके प्रभाव का आकलन अध्ययन-अनुशीलन का प्रमुख मुद्दा बन गया। इसीलिए सामाजिक अध्ययन की इस नई परिदृष्टि को राजनैतिक अर्थशास्त्रीय परिदृष्टि (पोलिटिकल इकॉनामी परस्पेक्टिव) की संज्ञा दी गई। (इस विषय पर अधिक जानकारी के लिए देखें: दीक्षित, "जिओग्राफ़िकल थॉट", 1997, अध्याय 7)।

इस नई चिन्तन धारा को राजनीतिक अर्थशास्त्रीय परिदृष्टि कहा गया (इस पुस्तक में हम इसे अर्थनीतिक परिदृष्टि कहेंगे) क्योंकि जहां एक ओर यह अर्थशास्त्र की भांति धन के उत्पादन, वितरण और उपभोग में दक्षता का पक्षधर है तो वहीं दूसरी ओर राजनीतिशास्त्र जीवन के विभिन्न पक्षों (विशेषकर आर्थिक पक्षों) के प्रशासन, नीति निर्धारण, और कार्यान्वयन में नैतिक प्रश्नों, अर्थात् न्याय-अन्याय, सही-गलत, और उचित-अनुचित के विभेद पर ध्यान केन्द्रित करता है तथा इस बात पर ध्यान केन्द्रित करता है कि राज्य प्रशासन द्वारा प्रदत्त सार्वजनिक सेवाएं सभी वर्गों और सभी प्रकार की बस्तियों में रहने वालों के बीच न्यायोचित रूप में आबंटित है अथवा नहीं।

सत्तर के दशक के अन्तिम चरण में राजनीतिक भूगोल में अर्थनीतिक परिदृष्टि के समावेश की दिशा में प्रयत्न शुरू हो गए थे। अमरीकी राजनीतिशास्त्री हरोल्ड लासवेल (1936) ने काफी पहले राजनीतिशास्त्र को समाज में "कौन, क्या और क्यों पाता है" पर केन्द्रित अध्ययन बताया था। राजनीतिशास्त्र की इस परिभाषा से प्रेरणा लेकर अनेक विद्वानों ने राजनीतिक भूगोल को "कौन, क्या, कहां और क्यों पाता है" पर केन्द्रित अध्ययन के रूप में परिभाषित करने का प्रयास किया। इस सन्दर्भ में "कौन" से तात्पर्य उस वर्ग अथवा समूह से है जिसका राजनीतिक-सामाजिक जीवन अध्ययन का विषय है। (ध्यातव्य है कि आधुनिक राजनीतिक-आर्थिक [अर्थनीतिक] अध्ययन पद्धति कार्ल मार्क्स की साम्यवादी विचारधारा से प्रेरित है जिसके अनुसार समाज का हर व्यक्ति समाज के परस्पर प्रतिस्पर्धी [आर्थिक आधार पर विभाजित] वर्गों में से एक वर्ग का प्रतिनिधित्व करता है।) "क्या" से तात्पर्य उन सार्वजनिक गुणों (अथवा दोषों) से है जिनसे कोई वर्ग समूह प्रभावित है। "कहां" से तात्पर्य है कि किसी भी वर्ग समूह को प्राप्त होने वाले सार्वजनिक गुण और दोष (पब्लिक गुड्स एण्ड बैड्स) उसके निवास स्थान की स्थिति पर निर्भर है। (सिविल लाइन्स के निवासियों को नगर निगम द्वारा दी जाने वाली सार्वजनिक सुविधाएं अपेक्षाकृत प्रचुर मात्रा में तथा उत्तम दर्जे की होती हैं परन्तु निर्धन लोगों की बस्तियों में अपर्याप्त मात्रा में तथा निम्न कोटि की।) "कैसे" का सम्बन्ध उन आर्थिक और सामाजिक प्रक्रियाओं से है जिनके कारण समाज में व्याप्त असमानताएं उत्पन्न हुई हैं।"

इस नई परिदृष्टि के प्रवेश के साथ ही राजनीतिक भूगोल का विद्यार्थी समाज निर्माण में सक्रिय भागीदार बन गया। पुराने दौर की क्षेत्रीय परिदृष्टि के युग से यह बहुत बड़ा गुणात्मक परिवर्तन था। अभी तक राजनीतिक भूगोल का विद्यार्थी मूल्य निरपेक्ष शोध धर्मी था जो कि शुद्ध विज्ञानों के शोधकर्ताओं की भांति अपना उत्तरदायित्व वस्तुस्थिति के विश्लेषण तक ही सीमित मानता था। सामाजिक वस्तुस्थिति में निहित न्याय-अन्याय उसके विचार-विमर्श के दायरे के बाहर थे। इसलिए पूर्वगामी मानव भौगोलिक अध्ययन को यथास्थितिवादी कहा गया। 1980 के दशक के नए राजनीतिक भूगोल के विद्यार्थी के अध्ययन का प्रमुख उद्देश्य समाज की विसंगतियों को समझना, और उनके कारणों को रेखांकित कर उनके समाधान का मार्ग प्रशस्त करना हो गया। क्षैतिज वितरण का निरूपण और व्याख्या अभी भी भौगोलिक अध्ययन पद्धति का मूलाधार था परन्तु सामाजिक न्याय अब इसका आधारभूत निदेशक सिद्धान्त बन गया। सार्वजनिक सुविधाओं के क्षैतिज वितरण में सामाजिक न्याय की दृष्टि से विसंगतियों का निरूपण और अपेक्षाकृत अधिक न्यायसंगत क्षेत्रीय वितरण के लिए मार्गदर्शन अब राजनीतिक भूगोल के अध्ययन के मूल विषय के रूप में स्थापित हो गया।

आठवें दशक में राजनीतिक भूगोल की *अर्थनीतिक* परिदृष्टि में सामाजिक वितरण अध्ययन का केन्द्रीय विषय बन गया था। चूंकि सामाजिक वितरण का प्रकार, उसका स्वरूप, उसका औचित्य अथवा अनौचित्य, उसमें निहित न्याय-अन्याय सम्बन्धी मुद्दे मूल रूप से केन्द्रीय प्रभुसत्ता की नीतियों पर निर्भर हैं इसलिए अर्थनीतिक परिदृष्टि के सम्यक् प्रयोग के लिए सत्ता के स्वरूप तथा राज्य की प्रकृति का ज्ञान आवश्यक हो गया। इसी कारण इस दशक में राज्य की प्रकृति और उसके उद्देश्य बौद्धिक विमर्श के प्रमुख विषय के रूप में प्रस्तुत हुए। इसके सम्यक् ज्ञान के बिना शासन का स्वरूप तथा प्रशासकीय क्रियाकलाप के तौर तरीकों को समझना सम्भव नहीं था।

मोटे तौर पर राज्य की संरचना और स्वरूप के बारे में दो भिन्न-भिन्न विचारधाराएं हैं। एक नव-क्लासिकी (अर्थात् सार्वजनिक चुनाव अथवा पब्लिक च्वायस) विचारधारा जो एडम स्मिथ की निर्बन्ध अर्थव्यवस्था (लेसेफेयर इकॉनोमी) को मानते हुए आर्थिक क्षेत्र में पूर्ण व्यक्तिगत स्वतंत्रता की पक्षधर थी। इस विचारधारा के अनुसार व्यक्तिगत उपयोगिता के आधार पर निर्बन्ध आर्थिक व्यवहार के माध्यम से दी जाने वाली सरकारी सहायता से सामाजिक व्यवस्था में स्थायित्व लाया जा सकता है। आर्थिक प्रगति की दौड़ में पीछे रह गए वर्गों को राजकीय सहायता के माध्यम से न्यूनतम जीवन स्तर प्राप्त कराना इस अवधारणा की आधारभूत नीतिगत मान्यता है। दूसरी विचारधारा वामपंथी विचारधारा है जिसका मूल स्रोत कार्ल मार्क्स का साहित्य है। इसके अनुसार एडम स्मिथ के विचारों के अनुरूप पूंजीवादी राजव्यवस्था के क्रियान्वयन से सामाजिक स्थायित्व के बदले सामाजिक विसंगतियां उत्पन्न होती हैं। अर्थात् विभिन्न वर्गों के बीच आर्थिक दूरी उत्तरोत्तर बढ़ती जाती है जिससे सामाजिक अन्याय को बढ़ावा मिलता है। इसलिए इस विचारधारा के अनुयायी राजतंत्र में समाज के आर्थिक-सामाजिक रूप से पिछड़े मजदूरों और किसानों के विशाल समूह की भागीदारी और उनके हितों के अनुरूप नीति निर्धारण के पक्षधर हैं।

जहां नव-क्लासिकी विचारधारा व्यक्तिगत अधिकारों की स्वतंत्रता पर बल देती है, वहीं वामपंथी अर्थनीतिक परिदृष्टि, सामूहिक, अधिकारों और वर्गहित की पक्षधर है। इसके अनुसार वर्गहित समाजहित से पहले आता है और व्यक्तिगत हित और व्यक्तिगत अधिकारों की सुरक्षा राजनीतिक प्रशासनिक प्रक्रिया के अपेक्षाकृत गौण मुद्दे हैं। अतः इस विचारधारा के अनुसार

केन्द्रीय प्रभुसत्ता का सर्वप्रमुख दायित्व राजतंत्र के अन्तर्गत सम्पूर्ण समाज के हितों की सुरक्षा है। ऐसी नीतियां बनाना और उनको कार्यान्वित करना है। जो बहुजन हिताय और बहुजन सुखाय हों, तथा ऐसी व्यवस्था देना है जिससे समाज के हर तबके को सामान्य सुख सुविधा प्राप्त हो सके। इस परिदृष्टि के अनुसार नीति निर्धारण का निदेशक सिद्धान्त ऐसी सुविधाओं को जन-जन तक पहुंचाना है जिनका प्रबन्ध निजी प्रयासों द्वारा सम्भव नहीं है क्योंकि उनके संचालन में लाभ प्राप्ति के अवसर प्रायः अनुपस्थित हैं अतः इस क्षेत्र में निजी पूंजी आकृष्ट नहीं हो सकती।

सत्तर के दशक के उत्तरार्द्ध और अस्सी के दशक के पूर्वार्द्ध में इन दोनों विचारधाराओं में परस्पर प्रतिस्पर्धा सी चल रही थी। परिणामस्वरूप विचार विमर्श का स्वर द्वन्द्वात्मक था। वामपंथी विचारक नव-क्लासिकी मान्यता वाले अध्ययन को यथास्थितिवादी अर्थात् समाज में व्याप्त असमानताओं को बनाए रखने की नीति के पक्षधर कह कर उसकी आलोचना करते थे, तो दूसरी ओर नव-क्लासिकी परिदृष्टि वाले शोधकर्ता वामपंथी और सामाजिक पुनर्निर्माण के पक्षधर चिन्तकों को अव्यावहारिक और ख्याली पुलाव बनाने वालों की संज्ञा देते रहे। अस्सी के दशक का उत्तरार्द्ध आते-आते इस वैचारिक रस्साकसी में काफी उतार आया। दोनों पक्ष एक दूसरे की परिदृष्टि के परिपूरक पक्षों को मान्यता देने लगे। यद्यपि अधिकांश शोध कार्य अभी भी नव-क्लासिकी परिदृष्टि से सम्पन्न किया जाता रहा और अध्ययन मुख्यतया मानव कल्याण (ह्युमन वेल्फेयर) के विभिन्न पक्षों पर केन्द्रित हो गया परन्तु शोधकर्मी अब सामाजिक असमानताओं और विसंगतियों के कारकों पर अधिक ध्यान देने लगे थे। परिणामस्वरूप सामाजिक असमानताओं के विश्लेषण और उनके कारणों के निरूपण में मार्क्स के विचार पद्धति को उत्तरोत्तर अधिक सम्मान दिया जाने लगा। इस संदर्भ में यह बताना आवश्यक है कि मानव भूगोल को समाज में मानव की दशा (कंडीशन ऑफ़ मैन इन सोसाइटी) पर केन्द्रित अध्ययन के रूप में स्थापित करने की दिशा में ब्रिटिश भूगोलवेत्ता डैविड स्मिथ (1977) की पुस्तकः *ह्युमन जिआग्राफीः ए वेल्फेयर एप्रोच* ने प्रमुख भूमिका निभाई। (स्मिथ के अधुनातन विचारों के लिए देखिएः "वेल्फेयर जिओग्राफी", (*डिक्शनरी ऑफ ह्युमन जिओग्राफ़ी,* 1994 संस्करण, पृ. 674-676) तथा उसका ग्रंथः *जिओग्राफ़ी एण्ड सोशल जस्टिस,* (1994)।

विश्व-व्यवस्थापरक राजनीतिक भूगोलः 1980 के बाद का विकास

वामपंथी अर्थनीतिक चिन्तन धारा के प्रमुख विद्वान अर्थशास्त्रीय विचारक वालरस्टाइन के अनुसार वर्तमान समय में सभी राष्ट्रीय इकाइयां एक ही विश्व-व्यवस्था (वर्ल्ड सिस्टम) के अन्तर्गत परस्पर सम्बद्ध इकाइयां हैं, परिणामस्वरूप विश्व में किसी भी राष्ट्रीय इकाई को सही परिप्रेक्ष्य में समझने के लिए उसे विश्वव्यापी अर्थव्यवस्था की पृष्ठभूमि में देखना आवश्यक है। इस विचारधारा को "विश्व-व्यवस्था" परिदृष्टि (या "वर्ल्ड सिस्टम्स" सिद्धान्त) की संज्ञा दी गई है। वालरस्टाइन के अनुसार वर्तमान विश्व-व्यवस्था एक तीन स्तरीय अर्थनीतिक संरचना (स्ट्रक्चर) के माध्यम से कार्यान्वित होती है। ये तीन स्तर हैंः क्रोड़ ("कोर"), उपान्त ("पेरिफरी") और अर्द्धउपान्त ("सेमीपेरिफरी")। क्रोड़ के अन्तर्गत विश्व के आर्थिक दृष्टि से सबसे उन्नत औद्योगिक देश पश्चिमी यूरोपीय तथा उत्तरी अमरीकी देश और जापान सम्मिलित हैं। इन्हें क्रोड की संज्ञा इसलिए दी गई है कि इन देशों की सम्पूर्ण अर्थव्यवस्था की विश्व-स्तरीय अर्थव्यवस्था में निदेशक भूमिका है। परिणागस्वरूप अन्तरराष्ट्रीय आर्थिक व्यवहार के नियम इनके द्वारा अपने ही हितों

के अनुरूप निर्धारित होते हैं। पूरी व्यवस्था में इनकी सहभागिता आर्थिक-सामाजिक शोषण की है। उपान्त के अन्तर्गत विश्व के अपेक्षाकृत अविकसित और निम्न आर्थिक स्तर वाले एशियाई अफ्रीकी और लैटिन अमरीकी देश की गणना है। अर्द्धउपान्त स्तर का प्रतिनिधित्व पश्चिमी यूरोप के अधिकांश छोटे-छोटे देश करते हैं जो औद्योगिक और आर्थिक दृष्टि से विकसित तो हैं परन्तु इस स्थिति में नहीं हैं कि वे स्वयं दिग्गजों की श्रेणी में खड़े हो सकें। इन्हें अर्द्धउपान्त की संज्ञा इसलिए दी गई है कि इनके आर्थिक स्तर में क्रोड़ और उपान्त दोनों की विशेषताएं विद्यमान हैं। वालरस्टाइन की विचारधारा में इन तीनों शब्दों का तात्पर्य मूल रूप से उनसे जुड़े विशिष्ट प्रकार के आर्थिक क्रियाकलापों से है न कि निर्दिष्ट क्षेत्र विशेष से। अतः जो देश आज निदेशक की भूमिका में है और क्रोड़-क्लब का सदस्य है, वह स्थिति में परिवर्तन होने पर पदच्युत होकर अर्द्धउपान्तीय बन सकता है।

यह सम्पूर्ण व्यवस्था मूलरूप से आर्थिक शोषण की व्यवस्था है जिसमें धनी राष्ट्रों द्वारा निर्धन और विकासशील देशों का निरन्तर शोषण होता है। परिणामस्वरूप विकसित और सम्पन्न देश उत्तरोत्तर और विकसित होते जा रहे हैं तथा उपान्तीय विकासशील देश उत्तरोत्तर विकास यात्रा में पीछे छूटते जा रहे हैं और वे आर्थिक व्यवस्था के भूमण्डलीकरण के प्रभाव में विकसित देशों के स्थायी बाजार बनते जा रहे हैं। अर्द्धउपान्तीय देशों की स्थिति बीच की है। एक ओर ये विकासशील देशों में शोषण के भागीदार हैं तो दूसरी ओर स्वयं "क्रोड़" प्रदेशों के शोषण के शिकार।

ब्रिटिश भूगोलवेत्ता पीटर टेलर ने 1982 में प्रकाशित वालरस्टाइन की विश्व-व्यवस्था की अवधारणा के अनुरूप राजनीतिक भूगोल के अध्ययन की संस्तुति की और 1985 में राजनीतिक भूगोल पर एक पाठ्यपुस्तक प्रस्तुत करते हुए विषय को इस अवधारणा के अनुरूप ढालने का प्रयास किया। टेलर साठोत्तर युग में उभरे, मात्रात्मक और व्यवस्थापरक परिदृष्टि वाले वामपंथी विचारक थे तथा राजनीतिक भूगोल के अध्ययन की ओर अभी नए-नए प्रवृत्त हुए थे। अपनी इस वैचारिक पृष्ठभूमि के कारण मात्रात्मक क्रांति के पक्षधर अन्य चिन्तकों की भांति ही टेलर पुराने संस्कारों वाले वर्णनात्मक और क्षेत्रपरक राजनीतिक भूगोल से पूरी तरह असंतुष्ट थे। परिणामस्वरूप वे राजनीतिक भूगोल की ऐतिहासिक अवधारणाओं को नकारते हुए इसके आमूल पुनर्विलोकन के पक्षधर थे। मात्रात्मक अध्ययन पद्धति और दूरीपरक क्षेत्रीय (स्पेशियल) भूगोल के समर्थक टेलर को पिछले सात दशकों से अध्ययन किया जाने वाला राजनीतिक भूगोल अत्यन्त असंतोषप्रद तथा नए वैचारिक विमर्श से पूरी तरह विमुख प्रतीत हुआ। टेलर (1985) ने अपनी पाठ्यपुस्तक के प्रथम संस्करण में लिखा है कि वे एक ऐसे राजनीतिक भूगोल की तलाश में थे जो सत्तर के दशक के पहले वाले राजनीतिक भूगोल को पूर्णरूपेण स्थानच्युत कर दे क्योंकि उनकी दृष्टि से सत्तर के पहले के राजनीतिक भूगोल का साहित्य अस्सी के दशक के प्रारंभ के समय तक सर्वथा प्रवाह शून्य, ऊर्जाहीन, और मुख्य धारा से कटे जलाशय जैसा हो गया था अतः अब उसका कोई औचित्य नहीं रह गया था (जांसटन, 1981; बर्नेट और टेलर, 1981, पृ. 7) । अतः आवश्यकता इस बात की थी कि राजनीति के अध्ययन पर केन्द्रित अन्य विषयों से नए विचारों और विश्लेषण पद्धतियों को आत्मसात् कर एक नए राजनीतिक भूगोल का निर्माण किया जाए जो वैचारिक स्तर पर आधुनिक होने के साथ-साथ समाज की समकालीन समस्याओं को समझने तथा उनका समाधान करने में सहायक हो।

टेलर की पाठ्यपुस्तकः *पोलिटिकल जिओग्राफ़ीः वर्ल्ड-इकॉनोमी, नेशन-स्टेट एण्ड लोकैलिटी* (1985) इन्हीं उद्‌देश्यों से लिखी गई थी। विश्व-व्यवस्था विचारधारा के अनुसार दुनिया में सर्वत्र और सभी स्तरों पर राजनीतिक-आर्थिक क्रियाकलाप विश्वव्यापी अन्योन्याश्रयी अर्थव्यवस्था से सीधे प्रभावित हैं। अतः अन्तरराष्ट्रीय व्यापार पर आधारित विश्व अर्थव्यवस्था (ग्लोबल इकॉनोमी) ही आज हमारे जीवन का अन्तिम सत्य बन गई है तथा राष्ट्रीय प्रभुता (नेशनल सॉवरेन्टी) इसके प्रभाव में एक अर्थहीन छलनी मात्र बन कर रह गई है। तकनीकी विकास के वर्तमान दौर में राजनीतिक सीमाओं के बावजूद अन्तरराष्ट्रीय सामाजिक और आर्थिक प्रभाव अब देश के जन-जन तक पहुंच रहे हैं। वर्तमान विश्वव्यापी मुक्त व्यापार व्यवस्था और संचार प्रणाली में आई इलेक्ट्रानिक क्रान्ति के पूर्व विश्व के सभी भागों में क्षेत्रीय और स्थानीय स्तर नागरिकों का आर्थिक और सामाजिक जीवन प्रायः पूर्णतया राष्ट्रीय राजतंत्र के नियंत्रण और निर्देश व्यवस्था द्वारा संचालित था। अन्तरराष्ट्रीय स्तर के आर्थिक और सांस्कृतिक आन्दोलन उसकी पहुंच के बाहर थे, इस यथार्थ के होते हुए भी कि अन्तरराष्ट्रीय व्यापार दीर्घ काल से राज्यों को परस्पर अन्योन्याश्रयी बना रहा था। संक्षेप में राजनीतिक सीमाएं व्यावहारिक स्तर पर सांस्कृतिक और आर्थिक सीमाएं भी थी क्योंकि राज्य सर्वविधि प्रभुता सम्पन्न इकाई था। अब स्थिति एक दम भिन्न हैं। मुक्त व्यापार और संचार व्यवस्था की भूमण्डलीय पहुंच के परिणामस्वरूप राजनीतिक सीमाएं बहुत हद तक प्रभावहीन हो गई हैं। अब अन्तरराष्ट्रीय आर्थिक और सांस्कृतिक आन्दोलन राज्यों के अस्तित्व के बावजूद जन-जन को सीधे तौर पर प्रभावित करने लगे हैं तथा आर्थिक व्यवस्था के संचालन और नियोजन में केन्द्रीय सरकार की भूमिका प्रभावहीन हो गई है, विशेषकर विकासशील देशों में जहां केन्द्रीय सरकारों की अन्तरराष्ट्रीय मुद्राकोष के अनुदान पर निर्भरता ने उन्हें बहुराष्ट्रीय कम्पनियों के लिए अपने द्वार खोलने के लिए विवश कर दिया है। क्रोड़, उपांत और अर्द्धउपांत व्यवस्था इस स्थिति का लाभ उठाने के उद्‌देश्य से विकसित की गई द्वन्द्व-नियंत्रण योजना थी।

टेलर ने अपने नए राजनीतिक भूगोल में इस तीन स्तरीय क्षैतिज व्यवस्था को तीन स्तरीय ऊर्ध्वाधर मापक के रूप में प्रस्तुत किया। ये मापक हैंः अनुभव, पूर्वग्रह और वास्तविकता मापक। टेलर ने इसके माध्यम से क्रमशः स्थानीय, राष्ट्रीय और अन्तरराष्ट्रीय स्तर की राजनीति के विश्लेषण में अन्तरराष्ट्रीय अर्थव्यवस्था की निदेशक भूमिका और राज्यों के जीवन में उसके सर्वपक्षीय प्रभाव का विश्लेषण करने का प्रयास किया। लेखक के अनुसार अन्तरराष्ट्रीय अर्थव्यवस्था ही आज जीवन का सार्वभौम सत्य है तथा प्रभावहीन राज्य स्तरीय सत्ता इसके समक्ष मात्र छलावा तथा धोखे की टट्टी बन कर रह गई है जिसकी अब एक मात्र भूमिका अनुभव और वास्तविकता के स्तरों के बीच अवरोध का भ्रम उत्पन्न करना है। इस अवरोध के अस्तित्व बोध के कारण देश के नागरिक अपनी आर्थिक कठिनाइयों के लिए अपने देश की राजसत्ता को दोषी ठहराते हैं जबकि विश्व आर्थिक व्यवस्था द्वारा आरोपित नीतियों के अनुरूप आचरण करना आज विकासशील राज्यों की मजबूरी है क्योंकि विश्व-व्यवस्था के विशाल जगन्नाथ रथ के सामने ये राज्य पूरी तरह असमर्थ हैं। इससे राजनीति विद्रूप हो जाती है क्योंकि समस्याओं का असली जनक, अर्थात् अन्तरराष्ट्रीय व्यवस्था और उसकी कर्णधार पूंजीवादी अन्तरराष्ट्रीय शक्तियां जनता की निगाह में दोष मुक्त हो जाती हैं। इस प्रकार यह शोषण व्यवस्था निर्बाध चलती रहती है। आज के परिप्रेक्ष्य में प्रभुता सम्पन्न राज्यों को बनाए रखने का मूल उद्‌देश्य "वास्तविकता"

(विश्वव्यापी शीर्ष अर्थव्यवस्था) और "अनुभव" (प्रत्येक देश की स्थानीय जनता) के स्तरों के बीच धुएं के पर्दे का काम करना है जिससे कि सामान्य जन के स्तर पर विश्व के विकासशील देशों की जनता का विशाल समूह सही शत्रु की पहचान न कर सके, उसे आमने-सामने देख न सके और व्यवस्था के विरुद्ध जनाक्रोश विभिन्न राजनीतिक इकाइयों के स्तर पर अनेक परस्पर असम्बद्ध टुकड़ों में बंट जाए तथा यह शोषण बिना रोक टोक चलती रहे।

अपनी वैचारिक नवीनता और राजनीतिक भूगोल की ओर 1970 के बाद प्रवृत्त हुए अध्येताओं में वैचारिक क्रांति के प्रति स्वाभाविक सहानुभूति के कारण टेलर द्वारा प्रतिपादित विश्व-व्यवस्थापरक राजनीतिक भूगोल का ब्रिटेन और संयुक्त राज्य अमरीका में काफ़ी स्वागत हुआ। यह इसी बात से स्पष्ट है कि 1985 से 1993 के बीच इस पुस्तक के तीन संस्करण प्रकाशित हुए। परन्तु विश्व-व्यवस्था परिदृष्टि के प्रवेश के साथ ही राजनीतिक भूगोल के क्षेत्र में वैचारिक स्तर पर एक प्रकार की दुविधापूर्ण स्थिति उत्पन्न हो गई है। विद्यार्थियों के लिए विषय का स्वरूप और उसकी विशिष्ट पहचान को स्पष्ट रूप से रेखांकित करना कठिन हो गया। अतः राजनीतिक भूगोल में अस्मिता के इस संकट (क्राइसिस ऑफ आइडेंटिटी) की चर्चा विषय की प्रमुख शोध पत्रिकाओं में 1990-1993 के बीच छिट पुट रूप में होती रही (देखिएः लाखलिन, 1990, 1991; स्लो, 1992; दीक्षित, 1992, 1993)।

पहचान के बारे में दुविधा की स्थिति का मूल कारण यह था कि रैट्ज़ेल के समय से ही राजनीतिक भूगोल का प्रायः सौ वर्षों का इतिहास एक ऐसे विचार-विमर्श का इतिहास था जिसमें राज्य की सम्पूर्ण राजनीतिक-आर्थिक गतिविधि के अध्ययन-अनुशीलन में यह पूर्णरूपेण निर्विवाद मान्यता थी कि राज्य के सम्पूर्ण आर्थिक-राजनीतिक क्रियाकलाप का मूलाधार और उसका अन्तिम सत्य प्रभुता सम्पन्न राज्य व्यवस्था में निहित है। यद्यपि 1930 के पश्चात् के स्थल क्षेत्रीय (बाद में क्षेत्रात्मक और मात्रात्मक) परिदृष्टि वाले राजनीतिक भूगोल और राजनीतिक भूगोल के मूल रैट्ज़ेलिक अवधारणा के बीच समानताओं का दर्शन करना कठिन अवश्य है परन्तु साधारणतया इस सम्पूर्ण विकास यात्रा में राजनीतिक भूगोल के अध्ययन-अनुशीलन का केन्द्र बिन्दु अर्थात् विषय का अंतिम सत्य हमेशा प्रभुता सम्पन्न राज्य में ही निहित माना जाता रहा। 1985 के बाद यह स्थिति एकदम बदल गई। विद्यार्थियों के निरन्तर बढ़ते हुए समूह के लिए राजनीतिक भूगोल का अंतिम सत्य अब राज्य के बजाय विश्व-व्यवस्था में निहित हो गया। परिणामस्वरूप नया राजनीतिक भूगोल अब अलग-अलग क्षेत्रों में स्थानीय मिट्टी और उससे आत्मिक रूप से जुड़ी जनसंख्या के अन्योन्याश्रयी सम्बन्ध से निर्मित जीवन्त राजनीतिक इकाइयों अर्थात् राज्यों के अध्ययन के स्थान पर प्रत्येक राज्य के राजनीतिक-आर्थिक जीवन में वहां के सांस्कृतिक भूदृश्य पर विश्व-व्यवस्था के प्रभाव के निरूपण और विश्लेषण पर केन्द्रित हो गया। परिणामस्वरूप नए-पुराने के इस द्वन्द्व में राजनीतिक भूगोल को पहचानना उत्तरोत्तर कठिन होता गया। इसी स्थिति की ओर इशारा करते हुए लाखलिन (1990) ने लिखा था कि राजनीतिक भूगोल के साहित्य के अवलोकन से स्पष्ट आभास होता है कि राजनीतिक भूगोल के अध्ययन के उद्देश्यों तथा इस विषय के अध्ययन की पद्धति में सादृश्य और स्थायित्व का पूर्ण अभाव है। लाखलिन (1991) के शब्दों में, इस कारणवश राजनीति भूगोल को परिभाषित करना उत्तरोत्तर दुष्कर हो गया है।

टेलर के विश्व-व्यवस्थापरक राजनीतिक भूगोल ने नए और पुराने राजनीतिक भूगोल के बीच एक अभेद्य दीवार खड़ी कर दी थी। 1985 में उनकी पाठ्यपुस्तक के प्रकाशन के पूर्व सारे

विभेदों के बावजूद पुराने और नए के बीच एक प्रकार की निरंतरता विद्यमान थी क्योंकि दोनों ही अवधारणाओं में राजनीतिक भूगोल मूलतया राज्य और उसके राजनीतिक स्वरूप अथवा राजनीतिक व्यवहार का अध्ययन था। इस पूरे दौर में राज्य ही देश के राजनीतिक क्रियाकलाप का अन्तिम सत्य था। विषय की अवधारणा में आए अनेक परिवर्तनों के बीच मनन-चिन्तन का हर दौर पूर्वगामी चिन्तन को न्यूनाधिक रूप में आगे बढ़ाने का प्रयास था। विश्व-व्यवस्था परिदृष्टि के प्रवेश के साथ राजनीतिक भूगोल की यह निरन्तरता समाप्त हो गई क्योंकि टेलर की पुस्तक के प्रकाशन के साथ ही राजनीति के अन्तिम सत्य मान्यता में आमूल परिवर्तन आ गया। विश्व-व्यवस्था की अवधारणा ने राज्य को राजनीतिक क्रियाकलाप में गौण प्रभाव के रूप में प्रतिस्थापित कर राजनीतिक भूगोल को सिर के बल खड़ा कर दिया है।

परन्तु ध्यान से देखने पर प्रतीत होता है कि इस सारे शोर-शराबे के होते हुए भी राजनीतिक भूगोल के अध्ययन में व्यावहारिक स्तर पर निरन्तरता विद्यमान है तथा एक शताब्दी पुरानी अध्ययन परम्परा के अनुरूप ही टेलर तथा उनके अन्य सहयोगी राजनीतिक क्रिया-कलाप के तीन स्तरीय अध्ययन में रत हैं। नए और पुराने राजनीतिक भूगोल का मूल अन्तर इस तथ्य में निहित है कि विषय की पुरानी अवधारणा राज्य केन्द्रित थी। उसमें राज्य को एक सुनिश्चित भूखण्ड और उस पर निवास करने वाले जन समुदाय के बीच दीर्घकालिक विकास प्रक्रिया में स्थापित अन्योन्याश्रयी अन्तर्सम्बन्धों से उद्भूत जीवन्त आत्मिक इकाई के रूप में देखा जाता था। अतएव राजनीतिक जीवन के सभी स्तरों पर राज्य ही अन्तिम सत्य था। इस मान्यता के अनुसार राज्य एक उद्देश्यपूर्ण कृति है जो देश के नागरिकों और प्रकृति प्रदत्त पर्यावास (अर्थ स्पेस) के अन्तरसम्बन्धों को नियमित करने और उन्हें न्यायोचित दिशा देने के निमित्त बनाई गई है। इसके विपरीत टेलर और उनके सहयोगियों द्वारा प्रतिपादित विश्व-व्यवस्थापरक राजनीतिक भूगोल सभी स्तरों पर हमारे राजनीतिक जीवन में विश्व-व्यवस्थाजन्य आर्थिक, राजनीतिक और सांस्कृतिक प्रभावों का निरूपण मात्र है। परिणामस्वरूप राज्य के भौगोलिक क्षेत्र का मातृभूमि अथवा पितृभूमि वाला स्वरूप इसके अध्ययन क्षेत्र के बाहर हो गया।

लेकिन दोनों के बीच ऐसी द्वन्द्वात्मक स्थिति का होना जरूरी नहीं है, क्योंकि वास्तव में पिछले पचास वर्षों में विभिन्न देशों के बीच परस्पर सम्बन्ध उत्तरोत्तर सघन और परस्परावलंबी होते गए हैं। परिणामस्वरूप सही अर्थों में सम्पूर्ण विश्व एक विशाल परिवार अथवा समुदाय बन गया है। ऐसे में स्वाभाविक है कि परिवार के किसी भी सदस्य का जीवन उसके अपने स्वयं के विवेकजनित निर्णयों (राष्ट्रीय स्तर पर लिए गए निर्णयों) और सम्पूर्ण परिवार-व्यवस्थाजनित निर्णयों के सम्मिलित प्रभाव का परिणाम है। किन्हीं स्थितियों में राष्ट्रीय स्तर की राजनीति तो कुछ अन्य में विश्व-व्यवस्था स्तर की राजनीति अधिक प्रभावी होती है। दुनिया के औद्योगिक दृष्टि से सबसे उन्नत और आर्थिक रूप से अधिक सम्पन्न देशों के जीवन का अपेक्षाकृत बहुत बड़ा भाग अन्तरराष्ट्रीय और विश्व-व्यवस्थाजन्य प्रभावों द्वारा संचालित है जबकि कम विकसित अर्थव्यवस्था वाले देशों में स्थानीय उत्पादन और देश की मिट्टी से जुड़े जीविकोपार्जन के तरीके उनके जीवन में अधिक प्रभावी भूमिका निभाते हैं। परिणामस्वरूप विकासशील देशों में नागरिक जीवन राष्ट्रीय स्तर की राजनीति पर अधिक निर्भर है। अर्थात् "राज्य" और "विश्व-व्यवस्था" दोनों ही जीवन के अपरिहार्य सत्य हैं। इन दोनों में कौन गौण है तथा कौन प्रधान यह अध्ययन किए जाने वाले विषय तथा स्थान की स्थिति पर निर्भर है। आज राजनीतिक भूगोल में इन दोनों प्रकार के प्रभावों

तथा परिदृष्टियों को उनकी समग्रता में देखने और स्वीकारने की आवश्यकता है। दोनों में किसी प्रकार के द्वन्द्व का दर्शन भ्रममात्र है (विशेष चर्चा के लिए देखिए: दीक्षित, 1997, पृ. 61-68)।

वालरस्टाइन की विश्व-व्यवस्था वाली अवधारणा समाज विज्ञान के अध्येताओं में पर्याप्त आलोचना का विषय रही है। टेलर की राजनीतिक भूगोल सम्बन्धी अवधारणा भी उन्हीं आलोचनाओं का शिकार है। जैसा कि एंथनी गिड्डेन्स ने रेखांकित किया है, वालरस्टाइन के विचार तन्त्र में दो प्रमुख त्रुटियां हैं। प्रथम, यह विचारक्रम लघुकरण के दोष से ग्रस्त है। इसका अर्थ यह नहीं है कि यह आर्थिक प्रक्रियाओं पर केन्द्रित है बल्कि यह है कि इसके अन्तर्गत राजनीति और संस्कृति दोनों का विश्लेषण मात्र आर्थिक प्रक्रियाओं के संदर्भ में ही किया जाता है। यद्यपि यह सर्वविदित है कि राज्यों का वर्तमान स्वरूप लम्बी ऐतिहासिक प्रक्रियाओं का परिणाम है तथा इसमें राष्ट्रीय समुदायों के आपसी युद्धों की प्रमुख भूमिका थी, परन्त इसके बावजूद वालरस्टाइन और उनके अनुयायी इसे विश्व आर्थिक व्यवस्था का परिणाम सिद्ध करने का प्रयास करते हैं। गिड्डेन्स और अन्य विचारक इस तथ्य को अस्वीकार नहीं करते कि आधुनिक युग में मानव जीवन के सभी पक्षों में आए परिवर्तनों में विश्वव्यापी अर्थव्यवस्था की महत्वपूर्ण भूमिका रही है परन्तु साथ ही उनकी दृढ़ मान्यता है कि विश्व की वर्तमान अर्थव्यवस्था स्वयं बहुत हद तक विश्वव्यापी राज्य व्यवस्था (सिस्टम ऑफ स्टेट्स) का परिणाम है। उपर्युक्त कारणों से वालरस्टाइन की परिकल्पना में सम्पूर्ण विश्व को विश्वव्यापार के आर्थिक तंत्र में बंधे परिवार के रूप में देखने की मान्यता त्रुटिपूर्ण है। यद्यपि इस सत्य को नकारा नहीं जा सकता कि आज सम्पूर्ण विश्व एक ही विश्वव्यापी पूंजीवादी व्यवस्था का अभिन्न अंग है परन्तु हम जानते है कि इस अकाट्य अन्योन्याश्रयी आर्थिक सम्बन्ध के होते हुए भी दैनिक व्यवहार के स्तर पर हमारा विश्व अनेक पृथक्-पृथक् राष्ट्रीय समाजों की समष्टि है। अनेक महत्वपूर्ण मामलों में प्रत्येक राज्य का सामाजिक स्वरूप विश्व के अन्य राज्यों से सर्वथा भिन्न हैं। जहां तक समाज शब्द का प्रयोग आर्थिक संकुल के सीमित अर्थ में किया जाता है वहां "एक समाज" की परिकल्पना पर किसी को आपत्ति नहीं हो सकती परन्तु राजनीतिक और सांस्कृतिक पक्षों से सम्बद्ध विचार विमर्श में यह परिकल्पना प्रभावी और स्वीकार्य नहीं है (पेण्टर, 1995, पृ. 113)।

गिड्डेन्स के अनुसार वालरस्टाइन की अवधारणा की दूसरी प्रमुख कठिनाई यह है कि यह प्रकार्यवाद (फंक्शनलिज़्म) के दोष से पीड़ित है। यहां प्रकार्यवाद से तात्पर्य किसी वस्तु या तथ्य को उसके परिणामों के आधार पर विश्लेषित करने से है।

जब शोधकर्ता सामाजिक संगठन के किसी एक पक्ष अथवा उपांग का विश्लेषण पूरे संगठन में संतुलन बनाए रखने की दिशा में उसके योगदान के आधार पर करने का प्रयास करता है तो शोध में प्रकार्यवाद का दोष उत्पन्न हो जाता है। इस प्रकार के शोध कार्य में निहित चिन्तन धारा मूलतया दोषपूर्ण है क्योंकि समाज में संतुलन सम्बन्धी आवश्यकताएं व्यक्तियों और समुदायों की होती हैं न कि सम्बद्ध संगठन की। गिड्डेन्स के अनुसार वालरस्टाइन की "अर्द्धउपांत" सम्बन्धी अवधारणा प्रकार्यवाद के दोष से पीड़ित हैं क्योंकि वालरस्टाइन के अनुसार विश्व अर्थव्यवस्था के इस स्तर का उद्भव व्यवस्था में संतुलन लाने और क्रोड़ तथा उपान्त के बीच सम्पर्क के माध्यम के रूप में हुआ है। यह बात तो समझी जा सकती है कि अर्द्धउपान्तीय स्तर के देश विश्व-व्यवस्था के संचालन में संतुलन बनाए रखने में सहायक है परन्तु संतुलन में उनका वर्तमान योगदान उनके ऐतिहासिक अस्तित्व का कारक नहीं हो सकता। अस्तित्व पूर्वगामी तथ्य है और संतुलन में योगदान परवर्ती क्रिया।

राजनीतिक भूगोल बनाम स्थानपरक भूगोलः पुनर्निर्माण की ओर

उपर्युक्त विवेचन से यह स्पष्ट है कि राजनीतिक भूगोल समाज की राजनीतिक गतिविधियों और उसके क्रिया-कलाप की बेहतर समझ प्राप्त करने की दिशा में भौगोलिक परिदृष्टि से किया जाने वाला प्रयास है। राजनीति मूलतया जीवन की गति को दिशा देने का सामूहिक प्रयास है तथा बहुत हद तक राज्य का आधुनिक संगठनात्मक स्वरूप इसी उद्देश्य की प्राप्ति हेतु किए गए प्रयासों की परिणति है। अतः समाज की बदलती आवश्यकताओं के साथ-साथ राजनीतिक भूगोल के अध्ययन की मान्यताओं, तथा समस्याओं और घटनाओं को देखने के इसके ढंग में समय-समय पर अनेक परिवर्तन आए हैं। पिछले एक सौ वर्षों के दौरान विभिन्न अवधारणात्मक परिवर्तन इसी प्रक्रिया के परिणाम थे। यदि इसके अतिरेकी पक्ष को छोड़ दें तो विश्व-व्यवस्था परिदृष्टि के प्रवेश ने भी राजनीतिक भूगोल में यही भूमिका निभाई थी। परन्तु क्रांति अथवा नव-निर्माण के दावे अतिरेकी, आत्मश्लाघा से प्रेरित और काल्पनिक थे। यद्यपि विश्व स्तरीय पूंजीवादी आर्थिक व्यवस्था का प्रादुर्भाव दो सौ वर्ष पहले उपनिवेशवाद की स्थापना के साथ ही हो गया था परन्तु द्वितीय विश्व युद्ध के पश्चात् इसके स्वरूप में बहुत बड़ा गुणात्मक अन्तर आया था। युद्ध के पूर्व का युग साम्राज्यवादी युग था। करीब आधा विश्व ब्रिटिश साम्राज्य के शासन में था। ऐसे में विश्व की प्रमुख आर्थिक और राजनीतिक शक्तियां अन्तरराष्ट्रीय व्यापार के बढ़ते महत्व के होते हुए भी मूलतया आत्मनिर्भर इकाइयां थीं। उनकी इस आत्मनिर्भरता में उनके उपनिवेशों का महत्वपूर्ण योगदान था। इस प्रकार की अर्थव्यवस्था के परिणामस्वरूप राष्टीय जीवन मुख्यतया देश की सीमाओं तक ही सीमित और बाहरी प्रभावों से सुरक्षित था। साथ ही उस समय तक विश्व-व्यवस्था में स्वतन्त्र देशों की संख्या उंगलियों पर गिनी जा सकती थी क्योंकि सम्पर्ण एशिया और अफ्रीका परतंत्र थे और इस कारण व्यवस्था में सीधी सहभागिता से वंचित थे। साम्राज्यों के विश्वव्यापी स्वरूप के कारण अफ्रीकी और एशियाई क्षेत्रों का यूरोपीय देशों के साथ होने वाला व्यापार साम्राज्य के स्तर पर होने वाला आन्तरिक व्यापार था।

सेक्षेप में 1945 के पहले विश्व समाज मूलतया राज्य-सत्ता-प्रधान समाज था जिसमें विश्व-व्यवस्था की महत्वपूर्ण भूमिका थी परन्तु दैनंदिन जीवन के स्तर पर भिन्न-भिन्न देशों की आंतरिक राजनीति में इसकी निर्णायक भूमिका नहीं थी। विश्व युद्ध के पश्चात् स्थिति एक दम बदल गई। धीरे-धीरे सम्पूर्ण अफ्रीका, एशिया प्रशान्त सागर के और दक्षिण अमरीकी देश जो अभी तक राजनीतिक रूप से परतंत्र थे अब प्रभुतासम्पन्न राजनीतिक इकाइयों के रूप में स्थापित हो गए। ऐसे में औद्योगिक दृष्टि से विकसित और सम्पन्न यूरोपीय और अमरीकी देशों के हित में था कि विश्व आर्थिक व्यवस्था का पुनर्गठन कर देशों के बीच आर्थिक सम्बन्धों को नियमबद्ध बनाया जाए। वर्तमान विश्व अर्थव्यवस्था इन्हीं प्रयासों का परिणाम है। विकसित यूरोपीय और अमरीकी देशों ने एक जुट होकर नई व्यवस्था में अपने हितों की सुरक्षा का पूरा प्रबन्ध कर लिया। उनका ऐसा करना स्वाभाविक ही था। दुनिया के विकासशील देश विकसित देशों से प्राप्त ऋणों ("सहायता") की बैसाखी के सहारे खड़े थे अतः मूल दर्शक की भांति जो कुछ हो रहा था उसे देखते रहना उनकी विवशता थी। इसका परिणाम यह हुआ कि दूसरे विश्व युद्ध के पश्चात् संसार के सभी देश विश्वव्यापी अर्थव्यवस्था के अकाट्य बन्धन में बंध गए। संचार माध्यमों में क्रांतिकारी परिवर्तनों ने विश्व-व्यवस्था का बाहुपाश और कड़ा कर दिया है क्योंकि अब बड़े से बड़ा व्यापारिक लेन-देन घर बैठे-बैठे ही करना सम्भव हो गया। इन तकनीकी परिवर्तनों के

परिणामस्वरूप हमारा विश्व उत्तरोत्तर अधिकाधिक प्रबन्धनीय इकाई बन गया है क्योंकि अब क्रोड़ देशों की राजधानियों से सम्पूर्ण विश्व व्यापार का नियंत्रण सम्भव हो गया है। यही कारण है कि विकसित देशों में विश्व व्यवस्था अब स्थानीय जीवन का अन्तिम सत्य बन गई है। विकासशील देशों में भी इसका प्रभाव द्रुत गति से फेल रहा है।

परन्तु इसका मतलब यह कदापि नहीं है कि भूमण्डलीकरण के बढ़ते प्रभाव के कारण प्रभुतासम्पन्न राष्ट्रीय राजनीतिक इकाइयों के शासन तंत्र की उनके नागरिकों के जीवन में अब महत्वपूर्ण भूमिका नहीं रही। राष्ट्रीय इकाइयों की सारी राजनीतिक गतिविधियां आज भी उनकी राष्ट्रीय व्यवस्था के आन्तरिक मुद्दों पर केन्द्रित हैं यद्यपि उनके राज्यतंत्रों की प्रभावशीलता में पर्याप्त ह्रास आया है। मूल सत्य यह है कि पिछले कुछ दशकों में विश्व स्तरीय पूंजीवादी व्यवस्था के उत्तरोत्तर बढ़ते प्रभाव के परिणामस्वरूप आज सर्वत्र नागरिकों का आर्थिक, सामाजिक और सांस्कृतिक जीवन दो परस्पर सम्बद्ध निर्णायक प्रभाव वाले तत्वों (सत्य) द्वारा नियंत्रित होने लगा है। एक यह कि राज्य सत्ता राष्ट्रीय है और दूसरा यह कि विश्व व्यवस्था देशों के आर्थिक और सांस्कृतिक जीवन को प्रभावित करती है। इन परिवर्तनों के फलस्वरूप आज विश्व एक ऐसी वृहत् सामाजिक इकाई बन गया है जिसमें विभिन्न राष्ट्रीय राजनीतिक इकाइयां अलग-अलग पहचान वाले परिवारों के रूप में विद्यमान हैं। अतः आज के परिप्रेक्ष्य में यह आवश्यक है कि हम वर्तमान जीवन के इन दोनों पक्षों को उनकी समग्रता में देखें तथा राजनीतिक क्षेत्रों और समस्याओं के अध्ययन में दोनों प्रकार के प्रभावों को आवश्यकतानुरूप उचित महत्व दें। राजनीतिक भूगोल के वैचारिक इतिहास में समय-समय पर घटित होने वाले अन्य अवधारणात्मक परिवर्तनों की भांति विश्व व्यवस्था परिदृष्टि भी राजनीतिक जीवन के बदले आयाम के नवीन पक्षों को समझने तथा अपने अध्ययन में उनको समाविष्ट करने की दिशा में एक नया कदम है। धीरे-धीरे विषय के अधिकांश अध्येता "नई" और "पुरानी" अवधारणाओं के बीच निरन्तरता का तत्व पहचानने लगे हैं। परिणामस्वरूप राजनीतिक भूगोल पुनः राज्यों की राजनीतिक व्यवस्था का समग्र अध्ययन बन गया है।

प्रत्येक प्रभुतासम्पन्न राजनीतिक इकाई किसी विशिष्ट भूखण्ड तथा उसके निवासियों के बीच उद्भूत आत्मिक ऐतिहासिक सम्बन्धों पर आधारित व्यवस्थाबद्ध अधिष्ठान है। राजसत्ता का विकास देश के निवासियों और उनके निवास क्षेत्र के बीच अनिवार्य सम्बन्धों के नियमन और इन नियमों के अनुपालन हेतु आवश्यक यंत्रावली के रूप में हुआ था। अतः प्रत्येक राज्य एक प्रकार का मानव व्यवस्था जनित स्थान है तथा राजनीतिक भूगोल इस विशिष्ट प्रकार के स्थान का भौगोलिक अध्ययन। राज्य का क्षेत्रात्मक स्वरूप त्रिस्तरीय हैः अवस्थानीय (अर्थात् बस्तियों के स्तर पर), राष्ट्रीय, और अन्तरराष्ट्रीय। तीनों स्तर परस्पर अन्योन्याश्रयी अन्तरसम्बन्धों से जुड़े हैं। अतः किसी एक स्तर का अध्ययन अन्य दोनों स्तरों से काट कर करना सम्भव नहीं है। वर्तमान राजनीतिक भूगोल राजनीतिक जीवन का त्रिस्तरीय और समग्र भौगोलिक अध्ययन है।

1970 के दशक के पूर्व तक राजनीतिक भूगोल न्यूनाधिक रूप में राज्यों का स्थानिक और त्रिस्तरीय अध्ययन के रूप में स्थापित था। परन्तु उस दशक के दौरान स्थिति में अनेक दूरगामी परिवर्तन आए। सत्तर के दशक में अमरीका में प्रचलित राजनीतिक समाजशास्त्र के प्रभाव में राजनीतिक भूगोल में निर्वाचन परिणामों के विश्लेषण का बोलबाला हो गया। परिणामस्वरूप राजनीतिक समाजशास्त्र के विद्यार्थियों की भांति राजनीतिक भूगोल के विद्यार्थी

भी राजनीतिक इकाइयों को आगत-निर्गत व्यवस्था की मशीनी प्रक्रिया द्वारा संचालित इकाइयों के रूप में देखने लगे थे। अस्सी के दशक के प्रारम्भ में इस अवधारणा पर आधारित निर्वाचन भूगोल से मोह-भंग के पश्चात् विश्व आर्थिक व्यवस्था पर आधारित नए राजनीतिक भूगोल का प्रारंभ हुआ जिसके अन्तर्गत राजनीतिक भूगोल विश्व-व्यवस्था की प्रक्रिया और उसके भूमण्डलीय प्रभावों का त्रिस्तरीय अध्ययन बन गया। इन दोनों ही अवधारणाओं में राज्य का स्थानिक रूप दृष्टि से ओझल हो गया, अर्थात् राजनीतिक भूगोल भूगोलविहिन अध्ययन बन गया। परिणामस्वरूप (1) स्थान बोध (सेन्स ऑफ प्लेस), (2) स्थानपरक राजनीतिक गति-विधियां, (3) देश की प्रशासनिक व्यवस्था, (4) राष्ट्रीय एकता की समस्या, और (5) देश की नीतिनिर्धारण प्रक्रिया, उसके क्रियान्वयन का स्वरूप और उसके सामाजिक परिणाम तथा (6) सामाजिक न्याय के प्रश्न राजनीतिक भूगोल के प्रमुख मुद्दे नहीं रहे। यही कारण था कि 1966 से 1975 के बीच इनमें से कुछ पक्षों के अध्ययन को दिशा देने के प्रयास मुख्य धारा के अंग नहीं बन सके (देखिएः कोहेन 1966, दीक्षित 1971ए, बी, 1975)।

किसी राज्य का स्थानिक पक्ष (प्लेसेडजेस) वहां के निवासियों के सांस्कृतिक तथा राजनीतिक चिन्तन और उनके आत्मबोध का अभिन्न अंग है। उनकी पहचान देश की स्थानीय विशेषताओं से अनिवार्यतः जुड़ी है (एग्नू 1987; रेयनाल्ड और नाइट 1989)। राजनीतिक भूगोल के अध्ययन में पिछले बीस वर्षों में स्थानिक परिदृष्टि के प्रति व्याप्त उदासीनता के कारण ही राजनीतिक भूगोल राज्यों और राजनीतिक जीवन के समाज वैज्ञानिक अध्ययन में अपनी विशिष्ट पहचान बनाने में असफल रहा है (एग्न्यू, 1990)। किसी भी क्षेत्र के राजनीतिक क्रिया कलाप वहां के स्थानीय मुद्दों से सम्बद्ध सामाजिक संघर्ष के परिणाम हैं। अतः उनके सही मूल्यांकन के लिए इस संघर्ष में लगे समूहों की चेतना में अन्तर्निहित स्थानीय बोध को ध्यान में रखना आवश्यक है। सामाजिक व्यवहार में स्थानबोधजन्य प्रभावों के सन्दर्भ में स्थितियों और समस्याओं का विश्लेषण ही भौगोलिक अध्ययन को विशिष्ट पहचान देता है। सामाजिक विज्ञानों के अध्ययन में भूगोल की यही विशिष्ट भूमिका है। बीसवीं सदी के अन्तिम दशक में अब सामाजिक भूगोल के अध्येता इस तथ्य के प्रति उत्तरोत्तर अधिक जागरूक हो गए हैं।

मानव अथवा सामाजिक भूगोल के अध्ययन में स्थानिक परिदृष्टि का पुनर्जागरण तथा राजनीतिक भूगोल में राजनीति को स्थानजन्य अवचेतना पर आधारित प्रक्रिया के रूप में देखना एक बार फिर मानव भूगोल को सौ वर्ष पुराने रैट्ज़ेल और ब्लाश युगीन चिन्तन धारा से सीधे जोड़ देता है। ब्लाश ने भूगोल को स्थानों के अध्ययन के रूप में परिभाषित किया था तथा रैट्ज़ेल के मतानुसार राज्य भूखण्ड विशेष और उसके निवासियों के बीच दीर्घकालिक समागम से निर्मित जीवन्त आत्मिक इकाई था। ये दोनों ही विद्वान मानव भूगोल के पारिस्थितिकीय अध्ययन के पक्षधर थे।

समाज वैज्ञानिक अध्ययन में समकालीन स्थानिक परिदृष्टि आधुनिकता से उत्तर आधुनिकता की ओर उन्मुख विकास प्रक्रिया के परिणामस्वरूप आए मूल्यबोध परिवर्तन का प्रत्यक्ष परिणाम है। व्यावहारिक स्तर पर समाजविज्ञानिक अध्ययन में उत्तर आधुनिक परिदृष्टि का समावेश सत्तर के दशक में ही प्रारम्भ हुआ। उसके पूर्व प्रचलित आधुनिकतावादी वैज्ञानिक परिदृष्टि मूलतया विश्वव्यापी दूरत्वपरक परिदृष्टि थी जिसके अन्तर्गत विद्यार्थी पूरे विश्व को एक इकाई के रूप में रूपायित कर सामाजिक समस्याओं को विश्व भर में सर्वत्र समान रूप में घटित होने वाली

घटनाओं के रूप में देखने और उनके बारे में सामान्य नियमों को प्रतिपादित करने का प्रयास करता था। आधुनिकतावादी परिदृष्टि अध्ययन में वृहत् आकार पर बल देती थी तथा साथ ही ऐतिहासिक विकासवाद की मार्क्सवादी मान्यता पर आधारित थी। इसके विपरीत उत्तर आधुनिकतावादी विचारधारा लघुता और सूक्ष्मता का पक्षधर है। अतः यह मूलतया स्थानिक परिदृष्टि है जो छोटे-छोटे क्षेत्रों और संकुलों के अध्ययन, और अलग-अलग समूहों के सविस्तार विश्लेषण और अनुशीलन पर केन्द्रित है (देखिएः डीयर, 1988; दीक्षित 1997, *जिओग्राफिकल थॉट*, अध्याय 14)। जैसा कि हमने पिछले अनुच्छेदों में देखा, 1980 के बाद से राजनीति भूगोल में विश्व-व्यवस्था परिदृष्टि के प्रवेश के पश्चात् आधुनिकतावादी साधारणीकरण की प्रवृत्ति की ओर प्रोत्साहन मिला क्योंकि इस परिदृष्टि की मूलभूत मान्यता थी कि विश्व अर्थव्यवस्था ही आज जीवन को संचालित करने वाली अंतिम शक्ति है। इसके अनुसार व्यक्ति की मूल पहचान उसकी विश्व नागरिकता में ही निहित है। इस विचारधारा के अनुसार वर्तमान सन्दर्भ में राष्ट्रवादी राजनीतिक चिन्तन जीवन की समकालीन वास्तविकता को विद्रूपित करता है। इसके विपरीत यद्यपि उत्तर आधुनिकतावादी चिन्तन मनुष्य की तीन स्तरीय पहचान का पक्षधर है और इस चिन्तन धारा के अनुसार स्थान हमारी सामाजिक पहचान का मूलाधार है (देखिएः शार्ट, 1993, पृ. 169)।

राजनीतिक भूगोल में विचक्षण का संकट

राजनीतिक भूगोल में विचक्षण के संकट (क्राइसिस ऑफ अण्डरस्टैंडिंग) की शुरूआत टेलर (1992ए) के एक सम्पादकीय लेख से हुई जिसमें लेखक ने अपनी पत्रिका पोलिटिकल जिओग्राफी की प्रकाशन नीति को स्पष्ट करते हुए यह वक्तव्य दिया था कि पत्रिका में प्रकाशनार्थ शोध पत्रों का चयन मात्र उनकी गुणवत्ता के आधार पर किया जाता है। परन्तु यह भी आवश्यक है कि वे लेख राजनीतिक भूगोल के क्षेत्र में हमारी सूक्ष्म दृष्टि या अवबोध के विकास में सहायक हों। उसी पत्रिका में इस सम्पादकीय लेख की चर्चा करते हुए जॉन्स्टन (1993क) ने प्रश्न उठाया कि यहां सूक्ष्म दृष्टि या अवबोध का क्या अर्थ है? उन्हें शंका थी कि पत्रिका में प्रकाशित अधिकांश लेख वास्तव में सूक्ष्म दृष्टि के विकास में कोई सीधा योगदान करते हैं: "वे महत्वपूर्ण सूचनाएं प्रदान कर सकते हैं जिनका दूसरे अध्येता प्रयोग कर राजनीतिक अध्ययन में सूक्ष्मदृष्टि के विकास का मार्ग प्रशस्त कर सकते हैं... परन्तु शायद ही कोई राजनीतिक भूगोल का विद्यार्थी ऐसा करता दिखाई दे रहा है क्योंकि सूक्ष्मदृष्टि का विकास शोध प्रबन्धों के बजाय पाठ्यपुस्तकों की रचना और प्रकाशन द्वारा अधिक सफलतापूर्वक सम्पन्न किया जा सकता है"। टेलर की पुस्तक के 1993 के संस्करण की चर्चा करते हुए जांस्टन ने यह विचार व्यक्त किया कि पुस्तक का लेखक राजनीतिक भूगोल का स्वरूप स्पष्ट करने में विफल रहा है क्योंकि पुस्तक के लेखक के वक्तव्य के अनुसार राजनीतिक भूगोल का उद्देश्य "समकालीन राजनीतिक मुददों के विश्लेषण में योगदान करना है"। परन्तु (जांस्टन के विचार में) टेलर की पुस्तक ऐसा कोई योगदान करने में असमर्थ रही है। पुस्तक का योगदान कुल मिलाकर इस बात में निहित है कि उसके माध्यम से लेखक ने वालरस्टाइन की विश्व-व्यवस्था अवधारणा के आधार पर राजनीतिक भूगोल की समस्याओं के विश्लेषण की एक विधि का निरूपण किया है। इस विधि का उद्देश्य विश्व आर्थिक व्यवस्था की संरचनात्मक प्रक्रिया और उससे उत्पन्न प्रभावों के आधार पर राजनीति के विभिन्न स्तरों और विभिन्न पक्षों

को समझने की विधा प्रस्तुत करना है। इस प्रकार यह विधि सही अर्थों में प्रत्यपनन (रिट्रोडक्शन) पद्धति है जिसके अन्तर्गत घटनाओं की व्याख्या उनको वर्तमान स्वरूप में संचालित करने में सक्षम यंत्रावली की परिकल्पना के आधार पर करने का प्रयास होता है (सेयर, 1992, पृ. 107)। ध्यातव्य है कि वालरस्टाइन की मूल अवधारणा की समीक्षा करते हुए समाजशास्त्री गिड्डेन्स ने इस संकल्पना की इसी कमी की ओर ध्यान आकर्षित करते हुए इसे प्रकार्यवादी करार दिया था।

विचक्षण के इस संकट का मूल कारण इस बात में निहित था कि साठ के दशक में राजनीतिक भूगोल के पुनर्जागरण के पश्चात् इसका अध्ययन समाश्रित (कण्टिजेण्ट) सम्बन्धों और उनके प्रभावों के विश्लेषण पर केन्द्रित हो गया था। अतः जीवन के प्राथमिक प्रश्नों से इसका नाता टूट गया था। राजनीतिक भूगोल मूलतया एक प्राविधिक (टेक्नोक्रेटिक) अध्ययन बन गया था। परिणामस्वरूप इसका चिन्तन मनन सतह पर दिखने वाले तत्वों के परीक्षण तक ही सीमित हो गया था। भावना (फीलिंग) और अंतःप्रज्ञा (इन्ट्यूशन) अर्थात् दार्शनिक चिन्तन इसकी परिधि से बाहर हो गए थे। परिणामस्वरूप राजनीतिक भूगोल सामाजिक चिन्तन की धारा से पूरी तरह कट गया था। स्थानिक परिदृष्टि इस संकट के समाधान में सहायक सिद्ध हुई है।

राजनीतिक भूगोल का विषय क्षेत्र

बीसवीं शताब्दी के पांचवें दशक के अन्त तक राजनीतिक भूगोल का विषय क्षेत्र चर्चा का एक प्रमुख विषय था क्योंकि 1933 के पश्चात् प्रतिस्थापित स्थानिक (कोरोलाजिकल) परिदृष्टि वाले राजनीतिक भूगोल की परिभाषा नकारात्मक परिभाषा थी – इसमें समय-समय पर आचरण सम्बन्धी निर्देश दिए जाते थे कि विषय के अध्ययन में किन बातों का अध्ययन सम्मिलित है और कौन से मुद्दे इसके दायरे के बाहर हैं। 1958 में डग्लस जैक्सन द्वारा राजनीतिक भूगोल को राजनीति का स्थानिक परिदृष्टि से किए जाने वाले अध्ययन के रूप में प्रस्तुत करने के पश्चात् विषय क्षेत्र सम्बन्धी विचार विमर्श अर्थहीन हो गया क्योंकि सभी स्तरों की राजनीति और उनके ऐसे पक्ष जिनको भौगोलिक परिदृष्टि से विश्लेषित किया जा सकता हो तथा जो क्षेत्रीय आयाम से सम्बद्ध हों अब राजनीतिक भूगोल के अध्ययन क्षेत्र में समाहित हो गए। साठ के दशक के अन्त में कैस्परसन और मिंघी (1969) ने जैक्सन की परिभाषा को दूरत्वपरक नए मानव भूगोल की मान्यता के अनुरूप ढालते हुए राजनीतिक भूगोल को राजनीति का दुरत्वपरक विश्लेषण बताया। जैक्सन की परिभाषा की तरह यह भी सब कुछ समाहित करने वाली सर्वसमावेशी परिभाषा थी। विषय के पुनर्परिभाषण के इन प्रयासों के फलस्वरूप अब राजनीतिक भूगोल के विषय क्षेत्र का प्रश्न अन्तिम रूप से चर्चा के दायरे के बाहर हो गया।

सीमित परिप्रेक्ष्य में राजनीतिक भूगोल प्रधान रूप से राज्य-केन्द्रित अध्ययन है तथा क्रियाशील राजनीतिक-क्षेत्रीय संगठनात्मक इकाई के रूप में राज्य का विश्लेषणात्मक विवेचन इसके अध्ययन अनुशीलन का मुख्य विषय है। 1950 में प्रकाशित एक महत्वपूर्ण लेख में इसी तथ्य पर जोर देते हुए हार्टशोर्न ने राज्यों के स्वरूप के बारे में रैट्ज़ेल की परिकल्पना के प्रति ध्यान खींचते हुए राज्यों को विशिष्ट मानव समूहों और उनकी निवास भूमि के परस्पर गहन सम्बन्धों के आधार पर विकसित सोद्देश्य संघटनात्मक इकाइयां बताया। हार्टशोर्न के अनुसार हर राज्य का सर्वप्रमुख उद्देश्य राष्ट्रीय भूखण्ड के अंगों और उपांगों को एक समन्वित व्यवस्थात्मक इकाई में पिरोना है। इसके लिए हर राज्य देश के आन्तरिक राजनीतिक जीवन को नियंत्रित

करने और नागरिकों को बाहरी राजनीतिक इकाइयों के प्रभाव से सुरक्षित रखने का प्रयास करता है। देश की अर्थव्यवस्था को संतुलित कर सम्पूर्ण देश को आत्मनिर्भरता के सूत्र में बांधना इस प्रयास का अनिवार्य अंग है। आधुनिक राज्य विश्व राजनीतिक समुदाय का सदस्य है अतः अन्तरराष्ट्रीय स्तर पर प्रत्येक राज्य प्रतिस्पर्धापूर्ण वातावरण में रहता है। इसलिए नागरिकों में राष्ट्र के प्रति पूर्ण समर्पण भाव का विकास है जिससे कि आवश्यकता पड़ने पर वे देश की अस्मिता की सुरक्षा हेतु प्राण भी न्यौछावर करने के लिए तैयार हों। साथ ही यह भी आवश्यक है कि नागरिक राष्ट्रीय हित को स्थानीय हितों पर वरीयता दें जिससे कि पृथकतावादी प्रवृत्तियों को प्रोत्साहन न मिल सके।

हॉर्टशोन के विचारों के अनुरूप राज्य के राजनीतिक भौगोलिक अध्ययन का विषय क्षेत्र निरूपित करते हुए अमरीकी विद्वान पाउण्ड्स ने इसके अध्ययन के छह प्रमुख पक्षों की ओर ध्यान खींचाः (1) राज्य और राष्ट्र के बीच भौगोलिक समरूपता। अर्थात् यह देखना कि राज्य की मूल भावना (स्टेट आइडिया) में आस्था रखने वाले सभी लोग देश की सीमाओं के अन्दर निवास करते हैं अथवा राष्ट्रीय समुदाय के कुछ लोग देश की सीमा के बाहर छूट गए हैं। साथ ही यह भी देखना आवश्यक है कि देश की मूल राष्ट्रीय भावना का विरोध करने वाले किन क्षेत्रों में निवास करते हैं। (2) देश के संसाधनों का आकलन। प्राप्त संसाधनों को विकसित करके ही राज्य के शासक लोगों की अपेक्षाओं तथा उनकी जीवन स्तर सम्बन्धी समस्याओं का समाधान कर सकते हैं। इसके अन्तर्गत भौतिक संसाधनों (स्थिति, आमाप और आकृति) के अतिरिक्त मानव संसाधनों (जनसंख्या की संरचना और उसकी गुणवत्ता), आर्थिक संसाधन और उनके विकास का स्तर और सम्भावनाएं तथा औद्योगिक और तकनीकी विकास सम्मिलित हैं। (3) राष्ट्र की जनसंख्या के भिन्न-भिन्न गुटों की परस्पर संसक्ति (कोहीज़न) अर्थात् राष्ट्रीय आदर्शों के प्रति नागरिकों के आस्था भाव देश की एकता की दृष्टि से विश्लेषण। (4) अन्य देशों के साथ देश विशेष का आर्थिक और व्यापारिक सम्बन्ध, तथा (5) देश के नागरिकों का राजनीतिक दर्शन। पचास के दशक के अन्त तक विश्व के अनेक क्षेत्रों में परतंत्र औपनिवेशिक इकाइयों का अस्तित्व था अतः पाउण्ड्स ने एक छठा (6) मुद्दा देश के उपनिवेशीय सम्बन्धों के रूप में प्रस्तुत किया था। उपनिवेशवाद की समाप्ति के बाद अब इस विषय की प्रासंगिकता समाप्त हो गई है। पाउण्ड्स की योजना के अनुसार राजनीतिक भूगोल का निरूपण चित्र 2.2 में प्रस्तुत है।

सत्तर के दशक के मध्य तक विश्व राजनीति मूलतया राज्यों द्वारा नियंत्रित (स्टेट डामिनेण्ट) प्रक्रिया थी तथा हर देश का राष्ट्रीय जीवन मुख्यतया देश के अन्दर घटित होने वाली सामाजिक और आर्थिक घटनाओं का परिणाम था। अन्तरराष्ट्रीय व्यापार भी मुख्यतया देशों के राष्ट्रीय निर्णयों पर निर्भर था। परन्तु भूमण्डलीकरण के वर्तमान दौर में इस स्थिति से दूरगामी परिवर्तन आ गए हैं। राज्यों की आत्मनिर्भरता और उनके स्वतंत्र निर्णय की क्षमता में आशातीत ह्रास हुआ है। विश्व अर्थव्यवस्था के बढ़ते प्रभाव के परिप्रेक्ष्य में किसी भी राष्ट्रीय इकाई के राजनीतिक भूगोल के अध्ययन में विश्व-व्यवस्थाजन्य प्रभावों का सम्यक् विश्लेषण आवश्यक है। दूसरे शब्दों में किसी भी देश के राजनीतिक भूगोल का अध्ययन करते समय हार्टशोर्न की क्रियात्मक परिदृष्टि और वालरस्टाइन की विश्व व्यवस्था परिदृष्टि का मूल आवश्यक है क्योंकि आज हमारा जीवन राष्ट्रीय राजनीति और विश्व व्यवस्था के प्रभावों के जटिल संगम का परिणाम है।

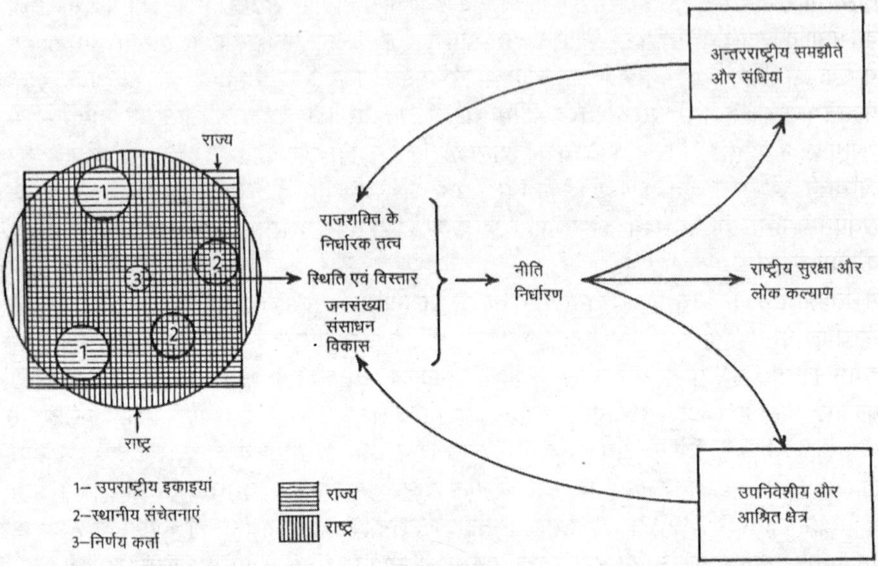

चित्र 2.2 राजनीतिक भूगोल का विषय क्षेत्रः राज्य, राष्ट्र, नीति निर्धारण और शक्ति संचयन के पारस्परिक सम्बन्धों का अध्ययन।

राजनीतिक भूगोल में अध्ययन पद्धतियों का विकास

राजनीतिक भूगोल के विकास के गत एक सौ वर्षों की ऐतिहासिक समीक्षा से स्पष्ट है कि राजनीतिक भूगोल की केन्द्रीय अवधारणा में आए संकल्पनात्मक परिवर्तनों के कारण विषय की अध्ययन पद्धति में परिवर्तन होना स्वाभाविक प्रक्रिया थी। इस परिवर्तन के इतिहास की संक्षिप्त व्याख्या नीचे प्रस्तुत है।

1930 के दशक के पूर्व राजनीतिक भूगोल के अध्ययन में रैट्ज़ेल द्वारा प्रतिपादित अवधारणा और उसके अध्ययन की पारिस्थितिकीय पद्धति इस विषय के अध्ययन में सर्वमान्य थी। रैट्ज़ेल की विचार और कार्य पद्धति से मोह भंग 1933 के बाद जर्मनी में नाज़ी सत्ता की स्थापना और देश के नए शासकों और हाउशोफर के भूराजनीति संस्थान के बीच बढ़ती निकटता से पश्चिमी राज्यों के लिए सम्भावित खतरों की आशंका के बाद ही हुआ। अब राजनीतिक भूगोल के लिए रैट्ज़ेल की अवधारणा से हट कर एक सर्वथा नई अवधारणा और अध्ययन पद्धति के विकास की आवश्यकता प्रतीत हुई। परिणामस्वरूप अब राज्य को जीवन्त क्रियाशील और विस्तारवादी राजनीतिक-क्षेत्रीय इकाई के स्थान पर मात्र एक विशिष्ट प्रकार के क्षेत्र के रूप में देखा जाने लगा, एक ऐसा क्षेत्र जिसकी पहचान उसके राजनीतिक संगठन में निहित है अतः उसकी सीमाएं राजनीतिक प्रभाव के क्षेत्रीय विस्तार के परिसीमन द्वारा निर्धारित हैं। चूंकि रिचथोफ़न और हेट्नर की मान्यता के अनुसार भूगोल क्षेत्रों का अध्ययन था अतः राजनीतिक भूगोल के विद्यार्थी अब राज्य को राजनीतिक सीमाओं द्वारा परिसीमित क्षेत्र के रूप में देखने लगे। अतः राज्यों के क्षेत्रपरक

अध्ययन के लिए उसी प्रकार की अध्ययन पद्धति का प्रचलन हुआ जो कि अन्य प्रकार के क्षेत्रों के भौगोलिक विश्लेषण में प्रयोग की जा रही थी। अपने एक बहुचर्चित लेख में हार्टशोर्न (1935) ने एक ऐसी ही अध्ययन पद्धति का प्रतिपादन किया जिसे उन्होंने आकारिकीय (मार्फोलाजिकल) पद्धति का नाम दिया। इस पद्धति के प्रतिपादन के पीछे यह आधारभूत मान्यता थी कि राज्य एक "भौगोलिक वस्तु" (जिओग्राफ़िक आब्जेक्ट) है (देखिएः दीक्षित, 1997, पृ. 71-72)। आकारिकीय अध्ययन पद्धति के पक्ष में तर्क प्रस्तुत करते हुए हार्टशोर्न ने बताया कि इस अध्ययन पद्धति का सर्वप्रमुख औचित्य इस बात में निहित है कि यह प्रारम्भ से ही राजनीतिक भूगोल के अध्ययन के केन्द्रीय विषय, अर्थात् राज्य के भौगोलिक क्षेत्र का एक भौगोलिक परिघटना (फेनामेनन) के रूप में विश्लेषण करता है। इसके अन्तर्गत राज्य मात्र एक क्षेत्रीय इकाई मानते हुए उसकी क्षेत्रीय संरचना, उसकी सीमाओं, राजधानी, प्रशासनिक क्षेत्रों और संसाधन वितरण का निरूपण और वर्णन किया जाता था। अतः इस अध्ययन पद्धति की उपयोगिता सीमित थी। पन्द्रह वर्ष बाद प्रकाशित अपने एक लेख में हार्टशोर्न (1950) ने स्वीकार किया किः

> एक भूखण्ड और उसके निवासियों की संगठनात्मक इकाई के रूप में राज्य एक वास्तविक परिघटना है परन्तु वह किसी पर्वत की तरह मात्र एक वस्तु नहीं है। ... अतः आकारिक अध्ययन वहीं तक उपयोगी है जहां तक देश की आकारिक संरचना राज्य की क्रियाशीलता को प्रभावित करती है।

इस संदर्भ में रैट्ज़ेल की जैविक संकल्पना और 1933 के बाद प्रतिपादित राज्य की संकल्पना के बीच आधारभूत अन्तर का स्पष्टीकरण आवश्यक है। रैट्ज़ेल की परिकल्पना में राज्य के भौगोलिक क्षेत्र सम्बन्धी अवधारणा के दो पक्ष थे। एक देश की अपनी भूमि जिस पर वहां के निवासी रहते हैं तथा दूसरा भूमण्डलीय क्षेत्र जो तत्कालीन मान्यता के अनुसार प्रत्येक राज्य को उसकी सामरिक शक्ति के अनुसार प्रभुत्व-विस्तार के लिए उपलब्ध था। अतः राजनीतिक भूगोल के इन दो भिन्न-भिन्न स्तरों के अध्ययन हेतु अलग-अलग, परन्तु परस्पर सम्बद्ध, अध्ययन पद्धतियों की आवश्यकता थी। प्रथम, राष्ट्रीय भूक्षेत्र में समग्रता स्थापित करने से सम्बद्ध अध्ययन हेतु तथा द्वितीय, अन्तरराष्ट्रीय स्तर पर प्रभाव प्रसार और उपनिवेशों की स्थापना की समस्या के सन्दर्भ में। रैट्ज़ेल की राष्ट्र सम्बन्धी अवधारणा देश के अन्दर क्षेत्रीय और राष्ट्रीय समग्रता सम्बन्धी अध्ययन का आधार बनी तथा उसकी राज्य की विस्तारवादी प्रवृत्ति सम्बन्धी परिकल्पना (तथा बाद में उससे सम्बद्ध मैकिंडर की हृदय स्थल परिकल्पना) अन्तरराष्ट्रीय स्तर की राजनीति के अध्ययन का निदेशक सिद्धान्त बनी। दोनों ही अध्ययन विधियां मुक्तांत (ओपन एण्डेड) विधियां थीं जिनके माध्यम से विद्यार्थी राज्यों के अलग-अलग उदाहरणों के अध्ययन में सामान्य नियमों का दर्शन कर सकता था। इसके विपरीत राज्यों की क्षेत्रीय परिकल्पना में प्रत्येक राज्य को अनूठी क्षेत्रीय इकाई के रूप में देखा जाने लगा। परिणामस्वरूप राजनीतिक भूगोल के अध्ययन में सामान्य नियमों की खोज समाप्त हो गई और राजनीतिक भूगोल क्षेत्रीय वितरण पर केन्द्रित वर्णन मात्र रह गया अतः राजनीतिक भूगोल में सैद्धान्तिक विकास का मार्ग अवरुद्ध हो गया।

राजनीतिक भूगोल में हार्टशोर्न द्वारा प्रतिपादित क्रियापरक अध्ययन पद्धति

1950 में प्रकाशित एक महत्वपूर्ण शोध पत्र में हार्टशोर्न ने राजनीतिक भूगोल के स्वरूप और उसकी प्रगति की समीक्षा करते हुए रेखांकित किया कि उनके द्वारा प्रतिपादित, आकारिक अध्ययन विधि व्यावहारिक स्तर पर कारगर सिद्ध नहीं हुई थी। उनके विचार में इसका प्रमुख कारण यह था कि राज्य सोद्देश्य निर्मित सामाजिक कृति है तथा वह मूलतया एक क्रियाशील एवं समग्रतापूर्ण (इंटीग्रेटड) इकाई है। अतः आवश्यक है कि राज्य का कोई भी अध्ययन राज्य के उद्देश्यों और उसकी क्रियाशील समग्रता पर केन्द्रित हो। राज्य की अपनी त्रुटिपूर्ण अवधारणा के परिणामस्वरूप आकारिक अध्ययन पद्धति राज्य के इस आधारभूत स्वरूप पर ध्यान नहीं दे सकी थी। यही कारण था कि राजनीतिक भूगोल उत्तरोत्तर महत्वहीन होता गया तथा कुशाग्र बुद्धि विद्यार्थी उच्च अध्ययन के लिए भूगोल की अन्य शाखाओं का वरण करने लगा। राजनीतिक भूगोल को इस अधोगति से उबरने के प्रयास में हार्टशोर्न ने अपना यह प्रपत्र पेश किया था जो कि एक वर्ष पूर्व एसोसिएशन ऑफ अमरीकन जिओग्राफर्स के वार्षिक अधिवेशन के अध्यक्षीय भाषण के रूप में "राजनीतिक भूगोल में क्रियापरक अध्ययन पद्धति" शीर्षक से प्रस्तुत किया गया था।

इस प्रपत्र (और अध्ययन पद्धति) की मूलभूत मान्यता थी कि एक विशिष्ट भूखण्ड और उसके निवासियों के परस्पर संयोग द्वारा निर्मित संगठनात्मक इकाई के रूप में किसी भी राज्य का प्रमुख उद्देश्य देश के भौगोलिक क्षेत्र के विभिन्न प्रदेशों को परस्पर एक पूर्णतया क्रियाशील इकाई के रूप में संगठित करना है। इस उद्देश्य को प्राप्त करने के प्रयास में सभी राज्य देश के अन्दर राजनीतिक सम्बन्धों पर एकछत्र नियंत्रण, अर्थात् देश में, शांति कायम रखने का पूर्ण अधिकार, स्थापित करने का प्रयत्न करते हैं। इसके लिए आवश्यक है कि देश के अन्दर सभी स्तरों पर स्थानीय और क्षेत्रीय राजनीतिक संस्थाएं केन्द्रीय अनुदेशों के अनुरूप हों। आर्थिक क्षेत्र में प्रत्येक आधुनिक राज्य देश को संतुलित विकास की ओर बढ़ाने का प्रयास करता है। आर्थिक नियोजन, मुद्रा नियंत्रण और अन्तरराष्ट्रीय आर्थिक सम्बन्धों का राजकीय नियंत्रण इस प्रयास के अनिवार्य अंग हैं। साथ ही आज प्रत्येक राज्य विश्वव्यापी अन्तरराष्ट्रीय समुदाय का भाग है, अतएव हर राज्य को अन्य प्रतिस्पर्धी राज्यों की ओर संभावित खतरों के लिए हमेशा तैयार रहना आवश्यक है। इन खतरों से बचाव के लिए आवश्यक है कि राज्य देश की जनता की निष्ठा के प्रति आश्वस्त रहे। अर्थात् देश के सभी हिस्सों के निवासियों की अन्तिम आस्था अपने देश और उसकी सरकार के प्रति होनी चाहिए। अतः प्रत्येक राज्य अपने नागरिकों में राष्ट्रीय एकता के प्रति आस्थाभाव बनाए रखने के लिए सतत् प्रयत्नशील रहता है। इसके लिए आवश्यक है कि स्थानीय और क्षेत्रीय असंतोष पर नियंत्रण रहे तथा देश के किसी भाग के निवासी देश की सीमा पार के राज्य के प्रति किसी भी प्रकार से आकृष्ट न हों।

शायद ही कोई राज्य प्राकृतिक रूप में एक समग्र इकाई है (अथवा रहा है) जिसमें प्रशासनिक व्यवस्था स्थापित कर पूर्णतया क्रियाशील राज्य स्थापित किया जा सकता है। छोटे से छोटे राज्यों में भी पर्याप्त क्षेत्रीय विविधता विद्यमान है। परिणामस्वरूप प्रत्येक राज्य के सम्मुख प्राथमिक व्यवस्थात्मक समस्या यह है कि देश के अन्दर स्थित विभिन्न क्षेत्रीय प्रखण्डों को किस प्रकार एक अन्योन्याश्रयी सम्बन्ध में जोड़कर सम्पूर्ण भौगोलिक क्षेत्र को एक प्रभावी और पूर्णरूपेण क्रियाशील राजनीतिक इकाई के रूप में स्थापित किया जाए। ये अन्तरक्षेत्रीय विविधताएं तीन

प्रकार की हैं: (1) प्राकृतिक अथवा मानवजन्य अवरोधों के कारण एक दूसरे से कटे प्रवेश, (2) बाहरी देशों के प्रति सहानुभूति के आधार पर एक दूसरे से गुणात्मक रूप से पृथक क्षेत्र, तथा (3) ऐसे क्षेत्र जो आपस में आर्थिक हितों, जनसंख्या संरचना तथा राजनीतिक रुझान की दृष्टि से अलग-अलग पहचान वाले हैं।

क्रियापरक अध्ययन पद्धति इन्हीं अन्तरक्षेत्रीय विविधताओं को समग्रता प्रदान करके एक पूर्णतया क्रियाशील राजनीतिक क्षेत्रीय इकाई के निर्माण की समस्या के समाधान की प्रक्रिया के अध्ययन पर केन्द्रित है। इस समस्या के निरूपण हेतु दो प्रकार के तत्वों का विश्लेषण करना आवश्यक है, एक पृथकतामूलक तत्व तथा दूसरा एकतामूलक तत्व।

पृथकतामूलक तत्व

अनेक प्राकृतिक स्थालाकृतिक तत्व अन्तरक्षेत्रीय संचार में बाधक सिद्ध होते हैं परन्तु आधुनिक युग में अधिकांश देशों में आवागमन की आधुनिक तकनीक के विकास के साथ इसका हल निकाला जा चुका है। राजनीतिक व्यवस्था के लिए अन्तरक्षेत्रीय संचार विकास के साथ-साथ यह भी आवश्यक है कि देश की राजधानी तथा राज्य के सभी क्षेत्रीय उपांगों के बीच प्रभावी संचार सम्बन्ध स्थापित हो। अतः भौतिक दूरी अपने आप में एक पृथकतामूलक तत्व है। इसी कारण से देश का भौगोलिक आमाप और उसकी आकृति पहले राजनीतिक भूगोल के अध्ययन में इतने महत्वपूर्ण माने जाते थे।

मानवीय अवरोधों में जनशून्यता एक प्रमुख अवरोधक तत्व है क्योंकि जनशून्य प्रदेशों से होकर संचार की स्थापना कठिन और महंगा कार्य है। परिणामस्वरूप ऐसे क्षेत्रों के दोनों ओर स्थित भागों के बीच दूरी और अलगाव का भाव बढ़ता है।

इसी प्रकार यदि किन्हीं कारणों से देश के कुछ हिस्सों की जनता सीमा पार के क्षेत्रों के प्रति सहानुभूति रखने वाली हो तो क्षेत्रीय समग्रता और अन्तरक्षेत्रीय एकसूत्रता की स्थापना में कठिनाई उत्पन्न होती है। भारत में कश्मीर घाटी के सन्दर्भ में यह समस्या देश के लिए निरन्तर संकट पैदा करती रही है।

परन्तु व्यावहारिक स्तर पर बहुधा इससे भी कठिन समस्या जनसंख्या संरचना के सामाजिक तत्वों के क्षेत्रीय केन्द्रीकरण से उत्पन्न परस्पर अलगाव की भावना से उद्भूत होती है। भारत में बोल चाल की भाषाओं तथा धार्मिक विश्वासों के क्षेत्रीय केन्द्रीय करण से उत्पन्न कठिनाई से हम भलीभांति परिचित हैं। 1956 में राज्यों का पुनर्गठन भाषा के आधार पर ही करना पड़ा था तथा पंजाब और कश्मीर की समस्या काफी हद तक धार्मिक विश्वास के क्षेत्रीय केन्द्रीकरण का परिणाम है। इसी प्रकार शिक्षा और जीवन स्तर के मामले में अन्तरक्षेत्रीय विषमताएं, तथा क्षेत्रों के बीच आर्थिक दर्शन और वर्ग संघर्ष सम्बन्धी परस्पर प्रतिस्पर्धापूर्ण रुझान राष्ट्रीय एकता के रास्ते में कठिनाई के कारण बनते हैं।

एकता मूलक तत्व

कोई देश एक केन्द्रीय सत्ता द्वारा नियंत्रित है और अन्तरराष्ट्रीय समुदाय में उसे मान्यता प्राप्त है यह इस बात का स्पष्ट प्रमाण है कि उसमें कुछ ऐसे एकतामूलक तत्व निहित हैं जो सारी

विविधताओं के उपरान्त भी पूरे भौगोलिक क्षेत्र और उसके निवासियों को एक ही लोकतांत्रिक सूत्र में पिरोने में समर्थ हुए हैं। इन एकतामूलक तत्वों में आधुनिक युग में सर्वप्रधान तत्व राज्य की विशिष्ट राजनीतिक अवधारणा (स्टेट-आइडिया) है। प्रत्येक राज्य किन्हीं विशिष्ट आदर्शों की प्राप्ति, किन्हीं सर्वमान्य मूल्यों की रक्षा, सांस्कृतिक धरोहरों, ऐतिहासिक स्मृतियों अथवा सामाजिक पहचान को बनाए रखने आदि के आधार पर संगठित होता है। देश की स्वतंत्र इकाई के रूप में अस्तित्व का यही मूल आधार (रैजांदेत्र), उसको औचित्य प्रदान करने वाले यही तत्व अथवा उनका कोई विशिष्ट मिश्रित रूप राज्य की राजनीतिक अवधारणा का निर्माण करता है, जिसकी निरन्तरता हेतु राष्ट्र के नागरिक केन्द्रीय सत्ता के प्रति आस्थावान बने रहते हैं। भिन्न-भिन्न राज्यों की राजनीतिक अवधारणाएं भिन्न-भिन्न होती हैं। क्योंकि इसमें निहित तत्व स्थान और समय सापेक्ष हैं।

इस अवधारणा के महत्व को रेखांकित करते हुए रैट्ज़ेल ने लिखा था कि "ऐसे राज्य जिनमें राज्य की राजनीतिक अवधारणा देश के सम्पूर्ण भौगोलिक क्षेत्र में समान रूप से व्याप्त है" सर्वाधिक स्थायी होते हैं। हार्टशोर्न के अनुसार राज्य की राजनीतिक अवधारणा, उसके अस्तित्व में निहित आधारभूत तत्व, किसी भी राज्य के राजनीतिक भूगोल के अध्ययन का सबसे महत्वपूर्ण तत्व है अतः किसी भी राज्य के राजनीतिक भौगोलिक अध्ययन का प्रारम्भ उसकी राजनीतिक अवधारणा की पहचान से ही किया जाना चाहिए। इसकी पहचान के बाद ही स्पष्ट होगा कि देश के भिन्न-भिन्न क्षेत्र किस आधार पर एकीकृत हुए हैं। "जब तक हम इस मूलभूत अवधारणा का पता नहीं करते तब तक देश के राजनीतिक भूगोल के विश्लेषण का आधार नदारद होगा और हमारा अध्ययन भूगोल की विशिष्ट परिदृष्टि के योगदान से वंचित रहेगा" (हार्टशोर्न, 1950)।

राजनीतिक एकता की सुदृढ़ता को प्रभावित करने वाले दो अन्य प्रमुख तत्व हैं राष्ट्रीयता की भावना और क्रोड़ क्षेत्रों की स्थिति और स्वरूप। राष्ट्र और राष्ट्रीयता का सविस्तार विश्लेषण अध्याय 4 में उपलब्ध है। यहां मात्र इतना याद रखने की जरूरत है कि राष्ट्र सामाजिक अनुभूति जन्य भावना है जो समय और स्थान के अनुरूप परिवर्तनशील है। साथ ही सांस्कृतिक विकास के प्रारम्भिक दौर में इसका आधार पारिवारिक एकता की भावना और रक्त संबंध पर आधृत होती है। परन्तु उत्तरोत्तर यह भावना खून के रिश्तों से हटकर सामाजिक पहचान और सामूहिक उद्देश्यों की सुरक्षा पर निर्भर हो जाती है। जहां राष्ट्रीयता की भावना जितनी ही व्यापक होगी वहां राजनीतिक एकता उतनी ही पुष्ट होगी। हार्टशोर्न के अनुसार क्रोड़ क्षेत्रों की संख्या तथा उनका स्वरूप गौण महत्व के हैं। उदाहरणार्थ संयुक्त राज्य अमरीका प्रारम्भ से ही तेरह क्रोड़ क्षेत्रों के सम्मिलन से बना था परन्तु उसको राजनीतिक अवधारणा की सुदृढ़ता के कारण देश की एकता प्रारम्भ से ही संदेह से परे रही है। परन्तु यह बात निर्विवाद है कि पुरानी संस्कृति वाले देशों में क्रोड़ों की बहुलता से क्षेत्रीय सांस्कृतिक विविधता में वृद्धि होती है। परिणामस्वरूप राष्ट्रीय एकता बनाए रखना उसी अनुपात में और कठिन हो जाता है।

आन्तरिक संगठन और अन्तरराष्ट्रीय सम्बन्ध

बीसवीं सदी के अन्त तक दुनिया के अधिकांश देश मूलतया आत्मनिर्भर राजनीतिक आर्थिक इकाइयां थे अतः उनका राजनीतिक जीवन और उसका भौगोलिक विश्लेषण देश की आन्तरिक

संगठनात्मक व्यवस्था के निरूपण तक ही सीमित था। बीसवीं सदी में यह स्थिति द्रुत गति से बदल गई। उत्तरोत्तर अन्तरराष्ट्रीय व्यापार और अन्तरराष्ट्रीय सम्बन्ध राष्ट्रीय जीवन में महत्वपूर्ण भूमिका निभाने लगे। अतः हार्टशोर्न ने अपने प्रपत्र में किसी भी देश के राजनीतिक भूगोल के अध्ययन में देश के अन्तरराष्ट्रीय सम्बन्धों पर ध्यान देना आवश्यक बताया। मूलतया ये सम्बन्ध चार प्रकार के हैंः क्षेत्रीय अधिकार सम्बन्धी (जिसमें सीमा सम्बन्धी विवाद प्रमुख हैं), आर्थिक सम्बन्ध, राजनीतिक सम्बन्ध, और सामरिक नियोजन से सम्बद्ध प्रश्न। परन्तु तत्कालीन स्थिति के अनुरूप ही उन्होंने बाह्य सम्बन्धों को गौण महत्व दिया तथा उन्हें मात्र "प्रभाव" रूप में विश्लेषित किया क्योंकि तब तक ये प्रभाव जीवन के "अन्तिम" अथवा प्रधान सत्य नहीं बने थे। आज की परिवर्तित स्थिति में विश्वस्तरीय प्रभाव राज्य की क्रियाशीलता में अहम भूमिका निभाते हैं अतः उनका सविस्तार विश्लेषण आवश्यक है।

राष्ट्रीय अनुप्रतीक और अन्तरक्षेत्रीय संचारः ज्यां गाटमैन या योगदान

राज्य की क्रियाशीलता के अध्ययन की ओर ध्यान आकर्षण करने का दूसरा समकालीन प्रयास फ्रांसीसी विद्वान ज्यां गाटमैन (1951, 1952ए, 1952बी) द्वारा किया गया। उनके शब्दों में, हर राष्ट्र की आत्मा अन्य राष्ट्रों से भिन्न है यही कारण है कि प्रत्येक राज्य की अपनी अलग पहचान है। अपने को अन्य राज्यों से अलग और विशिष्ट इकाई के रूप में स्थापित करने के लिए प्रत्येक देश को "विशिष्ट धार्मिक आस्थाओं, सामाजिक मूल्यों, अथवा ऐतिहासिक स्मृतियों पर आधारित राजनीतिक समग्रता की भावना, अथवा इनके सम्मिलित प्रभाव से उद्भूत" प्रतीक समूहों की आवश्यकता पड़ती है। यही प्रतीक (आइकोनोग्राफ़ी) देश को राष्ट्रीयता आत्मा प्रदान करते हुए उसमें जीवन्तता का संचार करते हैं। "यही किसी मानव पर्यावास को मानवीय इकाई का रूप प्रदान करती है।" गाटमैन के प्रतीक और हार्टशोर्न की राजनीतिक अवधारणा में पर्याप्त वैचारिक समानता है।

परन्तु राष्ट्रीय प्रतीकों से उद्भूत आस्था अपने आप में किसी देश के नागरिकों और क्षेत्रीय उपांगों को एकीकृत नहीं रख सकती। राजनीतिक एकता के स्थायित्व के लिए आवश्यक है कि देश के अन्दर अन्तरक्षेत्रीय संचार सतत् (सर्कुलेशन) बना रहे जिससे कि नागरिकों में सम्पूर्ण देश को अपनी ज़मीन अर्थात् मातृभूमि मानने का प्रबल आधार प्रस्तुत हो सके। संचार शब्द में यहां हर प्रकार के संचार का बोध निहित है और इसमें श्रम, पूंजी, समाचार, तथा अन्य सभी प्रकार की वस्तुओं का संचार सम्मिलित है।

राजनीतिक भूगोल का सम्मिलित क्षेत्र सिद्धान्तः स्टीफेन जोन्स का योगदान

क्रियापरक अध्ययन पद्धति को प्रस्तुत करते हुए हार्टशोर्न ने जोर देकर कहा था कि वे राजनीतिक भूगोल के अध्ययन में क्षेत्रपरक परिदृष्टि के पक्षधर हैं तथा वे इसके अन्तर्गत अलग-अलग राज्यों के विशिष्ट राजनीतिक-क्षेत्रीय इकाइयों के रूप में अध्ययन के पक्षधर हैं। उनकी मान्यता थी कि राजनीतिक भूगोल में वैज्ञानिक नियमों और सामान्य तथ्यों के प्रतिपादन के प्रयास निरर्थक हैं क्योंकि प्रत्येक राज्य अनेक अर्थों में अन्यतम इकाई है। स्टीफेन जोन्स इस विचार से सहमत नहीं थे। उनके अनुसार "अध्ययन की विषयवस्तु का अनूठापन, अध्ययन की जाने वाली क्षेत्रीय

समष्टि अथवा उसके सन्दर्भ की क्लिष्टता, सिद्धान्त प्रतिपादन के रास्ते में अवरोध नहीं है क्योंकि सिद्धान्त मात्र संख्यिकीय साधारणीकरण नहीं है" (जोन्स, 1954)।

अपनी इसी मान्यता के आधार पर अमरीका में ये विश्वविद्यालय के आचार्य स्टीफेन जोन्स ने 1954 में राजनीतिक भूगोल के अध्ययन की एक नई विधि "राजनीतिक भूगोल का सम्मिलित क्षेत्र सिद्धान्त" शीर्षक से प्रस्तुत किया। इसकी प्रस्तावना में लेखक ने कहा कि इस अध्ययन विधि को प्रस्तुत करने में उसका उद्देश्य राजनीतिक भूगोल में व्याप्त अध्ययन के उद्देश्य और विधि सम्बन्धी विरोधात्मक विविधता को समाप्त करके एक ऐसी विधि की स्थापना करना है जो विभिन्न प्रकार के मतों और मान्यताओं को परस्पर जोड़ कर एक ऐसी अध्ययन पद्धति को जन्म दे जिसके माध्यम से न केवल राजनीतिक भूगोल की विभिन्न मान्यताओं बल्कि राजनीति सम्बन्धी समान्तर मान्यताओं के बीच सामंजस्य स्थापित किया जा सके। एक ऐसी पद्धति जो "आकारिकी और क्रियाशीलता, तथा क्षेत्रीयता और ऐतिहासिक प्रक्रिया को आपस में बांध सके, तथा साथ ही [राजनीतिशास्त्र के] आधारभूत अवधारणाओं [ग्राण्ड आइडियाज़] तथा [भूगोल के अध्ययन के केन्द्रीय विषय] पृथ्वी की सतह के बीच सम्बन्ध स्थापित कर सकें"। जोन्स राजनीतिशास्त्र और राजनीतिक भूगोल के बीच अभेद्य दीवार सम्बन्धी मान्यता के विरोधी और दोनों विषयों में निरन्तर वैचारिक आदान-प्रदान के पक्षधर थे।

सम्मिलित क्षेत्र सिद्धान्त का प्रारम्भिक बिन्दु हार्टशोर्न द्वारा चर्चित राज्य की राजनीतिक अवधारणा; अर्थात् "स्टेट-आइडिया" ही था। जोन्स के विचार से "राज्य" और उसकी "अवधारणा" के बीच स्थित अर्द्ध विराम दोनों के बीच सम्बन्ध स्थापित करने वाले तीन माध्यमिक तत्वों (अर्थात् कड़ियों) का प्रतिनिधित्व करता है। हार्टशोर्न की "स्टेट-आइडिया" का पूरा रूप इस प्रकार है: "राजनीतिक अवधारणा-निर्णय-संचार रांचार क्षेत्र-राजनीतिक क्षेत्र"। पांच शब्दों के इस विन्यास को जोन्स ने "अवधारणा राज्य शृंखला" (आइडिया-एरिया चेन) की संज्ञा दी। यहां संचार से लेखक का तात्पर्य गाटमैन की संचार सम्बन्धी अवधारणा के अनुरूप था और यह शब्द वहीं से लिया गया था। जोन्स ने रेखांकित किया कि इस शृंखला को लोहे की शृंखला न मानकर एक ही स्तर पर स्थित पांच जलाशयों की शृंखला के रूप में देखना चाहिए। इनके समान स्तर पर स्थित होने के कारण जो द्रव एक जलाशय में प्रविष्ट होगा वह धीरे-धीरे शेष चारों में संचरित हो जाएगा।

इस संदर्भ में *राजनीतिक अवधारणा* का तात्पर्य मात्र राज्य की राजनीतिक अवधारणा से नहीं अपितु सभी प्रकार की राजनीतिक अवधारणाओं से है, ऐसी अवधारणाएं जो राजनीतिक परिवर्तन से प्रेरित हों। मनुष्य के सभी निर्णय, हमारी सम्पूर्ण राजनीति हमारे मस्तिष्क की उपज है अतः राजनीति का अध्ययन विचार प्रधान अध्ययन है। परन्तु असंख्य राजनीतिक अवधारणाओं में कोई एक ही स्पष्ट निर्णय का आधार बनती है और वही भविष्य की राजनीति को आधार प्रदान करती है। प्रत्येक राजनीतिक निर्णय (अर्थात् निर्धारित नीति) नई क्रियाओं को जन्म देती है जो हमें संचार प्रक्रिया के माध्यम से परिलक्षित होते हैं। हर निर्णय या तो नए प्रकार की संचार प्रक्रिया को जन्म देता है, वर्तमान संचार प्रक्रिया को अवरुद्ध करता है, अथवा उसे संशोधित करता है। इसमें सभी प्रकार के संचार (सामान, व्यक्ति और समाचार आदि) सम्मिलित हैं। राजनीतिक निर्णय के परिणामस्वरूप उत्पन्न संचार प्रक्रिया एक *संचार क्षेत्र* (फील्ड) बनाती है। भौतिकी में संचार क्षेत्र में तात्पर्य अनिवार्य रूप में संचार (मूवमेण्ट) से नहीं होता, उसका

तात्पर्य प्रयोग की गई शक्ति की गहनता में क्षेत्रीय अन्तर से है। उदाहरण के लिए वृक्ष से सेब न गिरने की अवस्था में भी गुरुत्वाकर्षण क्षेत्र उपस्थित रहता है। जोन्स की संचार क्षेत्र सम्बन्धी अवधारणा भौतिकीय अवधारणा के अनुरूप है।

संचार क्षेत्र के दो परस्परा सम्बन्धित आयाम हैं, समय तथा भौगोलिक क्षेत्र। उदाहरण के लिए आवागमन संचार मूलतया समय और क्षेत्र सापेक्ष प्रक्रिया है जो कालान्तर में एक विशिष्ट प्रकार के संचार क्षेत्र को जन्म देती है। जब किसी राजनीतिक निर्णय के क्रियान्वयन से उद्भूत संचार राजनीतिक निर्णय में निर्दिष्ट क्षेत्र में पूर्ण व्यापकता प्राप्त कर लेता है तो संचार क्षेत्र और राजनैतिक क्षेत्र समरूप हो जाते हैं। अतः सम्बद्ध राजनीतिक निर्णय का उद्देश्य पूरा हो जाता है। इस प्रकार मूल अवधारणा पूर्व रूप से सफल हो जाती है। राजनीतिक विचार और राजनीतिक क्षेत्र परस्पर समरूप हो जाते हैं तथा राजनीतिशास्त्र और भूगोल की शास्त्रीय परिदृष्टियां परस्पर परिपूरक बन जाती हैं।

अपने द्वारा प्रस्तावित अध्ययन पद्धति की उपादेयता दर्शाने के लिए जोन्स ने इज़राइल का उदाहरण देते हुए समझाया कि किस प्रकार इस अध्ययन पद्धति का उपयोग किसी नई राजनीतिक इकाई के उद्भव के अध्ययन में किया जा सकता है। इज़राइल के जन्म के पीछे मूल अवधारणा यहूदीवाद की थी। बाल्फ़र घोषणा के माध्यम से यहूदियों के लिए पश्चिमी एशिया के स्वतंत्र राज्य के निर्माण का निर्णय उसकी राजनीतिक परिणति थी जिसने विभिन्न प्रकार की संचार प्रक्रियाओं को जन्म दिया। यहूदी राज्य के लिए निर्धारित क्षेत्र इस संचार प्रक्रिया का संचार क्षेत्र बना जिसने इज़राइल को प्रभुतासम्पन्न और पूर्णतया क्रियाशील राजनीतिक इकाई का रूप दिया। पाकिस्तान, बांग्लादेश अथवा अन्य किसी नए राज्य के उद्भव के अध्ययन में भी इस विधि को सफलतापूर्वक अपनाया जा सकता है। इसके अतिरिक्त सीमाओं, राजधानियों और नए औद्योगिक नगरों अथवा उपनगरों के विकास को भी इसकी सहायता से निरूपित किया जा सकता है।

अपनी चर्चा के निष्कर्ष में लेखक ने स्पष्ट किया कि उसके विचार में एक न्याय संगत सैद्धान्तिक अवधारणा (वैलिडथियरी) को तीन उद्देश्यों की पूर्ति करना चाहिए: (1) सुसम्बद्ध विवरण प्रस्तुत करना, (2) व्याख्या के लिए दिशा निदेश करना, और (3) अपेक्षाकृत अधिक संतोषप्रद अध्ययन हेतु उपकरण प्रस्तुत करना। लेखक के अनुसार उसके द्वारा प्रस्तुत अध्ययन पद्धति इन तीनों शर्तों को पूरा करती है। इसकी पांच शब्दों वाली शृंखला एक प्रकार की जांच सूची (चेक लिस्ट) है जिसके आधार पर शोधकर्ता स्वयं जांच सकता है कि किन आवश्यक तत्वों का परीक्षण किया जा चुका है और किस दिशा में आगे और खोज आवश्यक है। जोन्स के शब्दों में इस सिद्धान्त की भौगोलिकता इस बात में निहित है कि इसमें प्रस्तुत संचार-क्षेत्र की परिकल्पना के सहारे विद्यार्थी राजनीतिक विचारों और निर्णयों को मानचित्रित कर सकता है जो कि अन्यथा मानचित्रण योग्य नहीं हैं। साथ ही इस सिद्धान्त के माध्यम से भूगोल का विद्यार्थी सम्भावनावादी और क्षेत्रपरक संरचनात्मक अध्ययन के बीच सेतु बन्धन कर सकता है। सम्भावनावाद परिवेशमूलक तत्वों में मानवीय चुनाव पर ज़ोर देता है। परिवेश सम्बन्धी चुनाव का वरण एक प्रकार का निर्णय है जो अन्य प्रकार के निर्णयों की भांति ही नए प्रकार के संचार उत्पन्न करता है। साथ ही इस अध्ययन के माध्यम से राजनीतिक भूगोल और राजनीतिशास्त्र एक दूसरे के परिपूरक बन सकते हैं।

सिंहावलोकनः हार्टशोर्न द्वारा प्रतिपादित क्रियात्मक परिदृष्टि ने राजनीतिक भूगोल के अध्ययन को एक नया मोड़ दिया। इसके माध्यम से राजनीतिक भूगोल पुनः राज्य के सामाजिक स्वरूप के अध्ययन की ओर प्रवृत्त हुआ तथा राष्ट्र और राज्य की राजनीतिक अवधारणा सम्बन्धी विचारों के माध्यम से एक बार फिर रैट्ज़ेल द्वारा प्रतिपादित राजनीतिक भूगोल की सांस्कारिक विरासत से न्यूनाधिक रूप से जुड़ गया। परन्तु क्रियाशील अध्ययन पद्धति की दो आधारभूत कठिनाइयां थीं। पहली, हार्टशोर्न द्वारा प्रतिपादित अध्ययन पद्धति राज्य के भौगोलिक क्षेत्र को समग्रता प्रदान करने की समस्या पर केन्द्रित थी जिसका यूरोप और उत्तरी अमरीका के देशों में बहुत पहले ही समाधान हो चुका था। अतः इस अध्ययन विधि की सामयिक उपयोगिता सीमित थी। दूसरी, अपने लेख में हार्टशोर्न ने बार-बार दोहराया कि वे राज्य की प्रादेशिक अवधारणा के पक्षधर हैं और उनका अभिमत है कि राजनीतिक भूगोल राज्यों का विशिष्ट और अनूठी स्थानिक इकाइयों के रूप में अध्ययन है। अतः राजनीतिक भूगोल के अन्तर्गत सिद्धान्तपरक अध्ययन के लिए स्थान नहीं है। लेखक की इस वर्जना के परिणामस्वरूप विषय का बौद्धिक चुनौती सम्बन्धी आकर्षण सीमित हो गया। परन्तु यह निर्विवाद है कि हार्टशोर्न तथा गाटमैन के लेखों ने राजनीतिक भूगोल को नई सोच दी जो आज भी उपयोगी है।

जोन्स न हार्टशोर्न के लेख में सिद्धान्तपरक अध्ययन के प्रति वर्जनात्मक दृष्टिकोण के विपरीत वक्तव्य देकर तथा राजनीतिक भूगोल और राजनीतिशास्त्र के बीच सेतुबन्ध का निर्माण कर के विषय के अन्तरविषयी (इण्टरडिसिप्लिनरी) आयाम को मुखर करने का प्रयास किया। परन्तु जोन्स स्वयं राजनीतिक भूगोल में प्रादेशिक परिदृष्टि के पक्षधर थे (जैसा कि लेखक ने अपने निबन्ध में स्वीकार किया था)। इसके परिणामस्वरूप जोन्स की अध्ययन पद्धति सिद्धान्तपरक अध्ययन के समर्थन में दिए, गए, वक्तव्य के बावजूद केवल अलग-अलग क्षेत्रीय इकाइयों (नए राज्यों, नगरों राजनीतिक सीमाओं आदि) के अध्ययन के लिए ही उपयोगी थी। सामान्य (जनरल) समस्याओं और व्यापक तथ्यों के तुलानात्मक अध्ययन के लिए इससे कोई सहायता नहीं मिल सकती थी। राज्यों के अध्ययन में भी यह अध्ययन पद्धति केवल उन्हीं इकाइयों के विश्लेषण के लिए उपयुक्त थी जिनके विकास का इतिहास पूरी तरह ज्ञात है। प्राचीन संस्कृति वाले राज्यों के अध्ययन में इसकी उपयोगिता अत्यधिक सीमित थी।

साठ के दशक के बाद का विकास

साठ के दशक के पूर्वार्द्ध तक हार्टशोर्न और जोन्स की अध्ययन विधियां राजनीतिक भूगोल के अध्ययन में प्रमुख दिशा निदेशक बनी रहीं। इस बीच शेष मानव भूगोल अनेक वैचारिक परिवर्तनों के दौर से गुजर चुका था। मात्रात्मक क्रान्ति के प्रभाव में भूगोल के अध्ययन का केन्द्र क्षेत्रों के वर्णन और निरूपण से हट कर दूरत्वपरक सामाजिक सम्बन्धों के अध्ययन की ओर प्रवृत्त हो चुका था। साथ ही मानव भूगोल वर्णनात्मक के स्थान पर अधिकाधिक रूप में विश्लेषणात्मक वैज्ञानिक अध्ययन बन गया था। सिद्धान्त प्रतिपादन उत्तर मात्रात्मक क्रान्ति के दौर में मानव भूगोल का प्रमुख उद्देश्य हो गया था। ऐसे में स्वाभाविक था कि ये वैचारिक हलचलें राजनीतिक भूगोल के विद्यार्थियों को भी उद्वेलित करें। अतः नई पीढ़ी एक ऐसी अध्ययन पद्धति की खोज में थी जिसके माध्यम से सिद्धान्तपरक अध्ययन के लिए मार्ग प्रशस्त हो सके। इन पंक्तियों का लेखक उन दिनों संघीय शासन व्यवस्था के सिद्धान्तपरक तुलनात्मक अध्ययन में लगा था।

अध्ययन का उद्देश्य संघीय प्रशासनिक व्यवस्था के उद्भव और उसके स्थायित्व के सिद्धान्तों की खोज करना था। अध्ययन पद्धति की खोज का परिणाम *नीदरलैण्ड जर्नल ऑफ इकोनोमिक एण्ड सोशल जिओग्राफ़ी* में एक लघु लेख के रूप में प्रकाशित हुआ (दीक्षित, 1970)। लेखक ने इसे व्युत्पत्ति प्रकार्य अध्ययन पद्धति (जेनेटिक-फंक्शनल एप्रोच) की संज्ञा दी। इस पद्धति की मूल अवधारणा इस प्रकार है।

व्युत्पत्ति प्रकार्य अध्ययन पद्धति

राजनीतिक भूगोल के अध्ययन में सिद्धान्तपरक अध्ययन का विरोध करने वाले विचारकों की मान्यता थी कि भौगोलिक क्षेत्र (विशेषकर राजनीतिक प्रकार के भौगोलिक क्षेत्र) अनूठी क्षेत्रीय इकाइयां हैं, वे वर्ग प्रतिनिधि नहीं हैं, अतः उनके सम्बन्ध में साधारणीकरण सम्भव नहीं है। मात्रात्मक क्रांति के बाद के मानव भूगोल के विचारकों, विशेषकर बंगे (1966) ने क्षेत्रों के अनूठेपन की धारणा को पूरी तरह नकार दिया। इसके साथ ही राजनीतिक भौगोलिक क्षेत्रों के अनूठेपन को लेकर चली आ रही भ्रान्ति समाप्त हो जानी चाहिए थी, परन्तु राजनीतिक भूगोल के मानव भूगोल की मुख्य धारा से कटा होने के कारण ऐसा नहीं हो सका। मानव भूगोल की उस समय प्रचलित मान्यता के अनुसार प्रत्येक व्यक्ति दूसरों से भिन्न है परन्तु समकालीन विद्वत् समाज की सर्वप्रमुख पहचान इस बात में निहित है कि आज विद्यार्थी अपने अनुभव के दायरे में वस्तुओं को उनके सामान्य लक्षणों के आधार पर देखता है न कि उनके आपसी विभेदों के आधार पर (चोर्ल और हैगेट, 1967, पृ. 21)। इसीलिए राजनीति के विद्यार्थी अब राज्यों को विशेष प्रकार की व्यवस्थाओं के उदाहरण के रूप में देखने लगे थे (मिचेल, 1968)। संक्षेप में सिद्धान्तपरक अध्ययन के लिए आवश्यक था कि अध्ययन किए जाने वाले विषय (अर्थात् राज्य) को एक वर्ग के प्रतिनिधि के रूप में प्रस्तुत कर उसके सामान्य लक्षणों के बारे में आधारभूत सिद्धान्तों के प्रतिपादन का प्रयास किया जाए। व्युत्पत्ति प्रकार्य पद्धति (दीक्षित, 1975) में इसी उद्देश्य की प्राप्ति की दिशा में किया गया प्रयास था।

राज्यों को उनकी प्रशासनिक व्यवस्था के आधार पर दो प्रकार के वर्गों में विभक्त किया गया, परिसंघीय व्यवस्था वाले तथा ऐकिक व्यवस्था वाले राज्य। लेखक का उद्देश्य परिसंघीय व्यवस्था की व्युत्पत्ति और उसके स्थायित्व के भूगोल का सिद्धान्तपरक अध्ययन करना था अतः परिसंघीय व्यवस्था के उदाहरण के माध्यम से ही अध्ययन पद्धति का स्वरूप दर्शाया गया। सिद्धान्तपरक अध्ययन के लिए तुलनात्मक पद्धति आवश्यक है, तथा तुलना केवल समानधर्मी इकाइयों के बीच ही की जा सकती है। अतः अध्ययन प्रारम्भ करने के पहले अध्ययन की जाने वाली इकाइयों की सामान्य पहचान वाले तत्वों को रेखांकित करना आवश्यक था। अध्ययन की जाने वाली समस्या के सन्दर्भ में ये पक्ष इस प्रकार थे। (1) परिसंघीय व्यवस्था की व्युत्पत्ति के लिए आवश्यक और पर्याप्त कारक क्या हैं, तथा (2) परिसंघीय व्यवस्था का स्थापना के पश्चात् उसकी सफलता, निरन्तरता और स्थायित्व किन बातों पर निर्भर है। यह जानने के लिए आवश्यक था कि भिन्न-भिन्न परिसंघीय व्यवस्था वाले राज्यों में इस व्यवस्था के उद्भव और उद्भव के उपरान्त उसके स्थायित्व अथवा उसकी विफलता का सिद्धान्तपरक दृष्टि से तुलनात्मक अध्ययन और विश्लेषण किया जाए।

परिसंघ व्यवस्था न्यूनाधिक रूप से स्वतंत्र, या स्वायत्त, अथवा परस्पर अलग-अलग क्षेत्रीय पहचान वाली इकाइयों के एक जुट होने की प्रक्रिया का परिणाम है, अतः इसकी व्युत्पत्ति का आधार इसमें सम्मिलित होने वाली इकाइयों की विशिष्ट प्रकार की मनोवैज्ञानिक रुझान में निहित होता है। इस मनःस्थिति की आधारभूत विशेषता यह है कि सम्बद्ध इकाइयां अपने पृथक्-पृथक् स्थानीय हितों की रक्षा के लिए सम्बद्ध प्रशासनिक मामलों में स्वतंत्र निर्णय का अधिकार अपने पास बनाए रखना चाहती हैं। परन्तु साथ ही सभी इकाइयां इस बात पर भी सहमत हैं कि कुछ ज्वलन्त समस्याओं के समाधान के लिए उनका एक जुट होना आवश्यक है। इन दो परस्पर विरोधी उद्देश्यों की पूर्ति के लिए इकाइयों में परस्पर मोल-तोल (बारगेन) के द्वारा समझौता होता है। समझौते की शर्तों के अनुसार सम्बद्ध इकाइयों को एक ओर संवैधानिक स्वायत्तता मिलती है तो दूसरी ओर सम्पूर्ण देश (अर्थात् सम्बद्ध क्षेत्रीय समष्टि) एक केन्द्रीकृत और पूरी तरह से क्रियाशील इकाई के रूप में स्थापित हो जाता है। संघात्मक व्यवस्था वाले अलग-अलग देशों के सविस्तार तुलनात्मक विश्लेषण के आधार पर शोधकर्ता उन तत्वों को पहचानने का प्रयास करता है जिनके कारण क्षेत्रीय इकाइयों स्वनिर्णय के अधिकार को प्राप्त किए बिना संघ में प्रवेश करने के लिए तैयार नहीं हो सकती तथा साथ ही यह भी ज्ञात करने का प्रयास करता है कि वे कौन से तत्व हैं जिनके कारण ये अलग-अलग इकाइयां पूर्ण स्वतंत्रता के दावे को त्याग कर एक नई केन्द्रीय सत्ता का अभिन्न अंग बनने के लिए प्रस्तुत हो जाती हैं। समस्या के सर्वांगीण तुलनात्मक विश्लेषण के आधार पर हम स्थानीय पहचान और अन्तरक्षेत्रीय एकता के तत्वों के सम्भावित सम्मिश्रणों के स्वरूप को निर्धारित करते हुए परिसंघीय व्यवस्था की व्युत्पत्ति के बारे में सामान्य सिद्धान्त प्रतिपादित कर सकते हैं। इस तुलनात्मक अध्ययन पद्धति द्वारा परिसंघीय राज्यों की क्रियात्मकता के विश्लेषण के आधार पर हम यह ज्ञात कर सकते हैं कि किन कारणों से कुछ परिसंघीय व्यवस्थाएं सफल होती हैं तो कुछ विफल, कुछ स्थायी तो अन्य अस्थायी।

संक्षेप में व्युत्पत्ति-प्रकार्य अध्ययन पद्धति नीचे दिए गए तीन प्रश्नों (अथवा उनके अन्य किसी सम्मिश्रण) के उत्तर खोजने के प्रयास पर केन्द्रित हैः

1. अध्ययन की जाने वाली संघटनात्मक इकाई के सामान्य संरचनात्मक तत्व क्या हैं?
2. इस प्रकार की अन्य संगठनात्मक इकाइयों के अध्ययन से प्राप्त किन विशेषताओं का इसमें दर्शन हो रहा है? यदि इसमें उनसे भिन्न विशेषताएं दिखाई दे रही हैं तो इसके कारण क्या हैं?
3. उपर्युक्त दो प्रश्नों के उत्तर के आधार पर तीसरा प्रश्न उठता है कि निर्दिष्ट संरचनात्मक प्रारूप के आधार पर कौन सी प्रक्रियाएं उद्भूत होती हैं? अर्थात् यदि संरचनात्मक व्यवस्था के प्रारूप में कोई अन्तर उत्पन्न होता है तो उसके परिणाम सामान्य परिणाम (अथवा व्यवहार प्रारूप) के किस प्रकार भिन्न होंगे?

आधारभूत मान्यताओं की दृष्टि से यह पद्धति बहुत सीमा तक समाजशास्त्रीय अध्ययन के "संरचनात्मक-क्रियात्मक विश्लेषण" (वुड्जर, 1924; मर्टन 1949, और लेवी (जूनियर) 1968) के समरूप थी।

संघात्मक व्यवस्था की व्युत्पत्ति और उसके स्थायित्व में निहित सामान्य सिद्धांतों की खोज पर केन्द्रित अपने अध्ययन में लेखक (दीक्षित, 1975) ने इसी पद्धति का प्रयोग किया था।

विद्वत् समाज में इस अध्ययन के परिणामों के व्यापक स्वागत से सिद्ध होता है कि यह अध्ययन पद्धति व्यावहारिक स्तर पर फलदायक रही है।

राजनीतिक व्यवस्था के अध्ययन के लिए भौगोलिक प्रारूपः कोहेन और रोज़ेन्थाल के विचार

दीक्षित (1970) की व्युत्पत्ति प्रकार्य पद्धति के प्रकाशन के एक वर्ष बाद कोहेन तथा रोज़ेन्थाल (1971) ने "ए जिओग्राफ़िकल माडल फ़ार पोलिटिकल सिस्टम्स एनैलिसिस" शीर्षक से एक अन्य पद्धति का प्रकाशन किया। शीर्षक में प्रयुक्त व्यवस्था (सिस्टम) शब्द इसे समकालीन समाज वैज्ञानिक अवधारणा से सीधे तौर पर जोड़ता हुआ लगा अतः राजनीतिक भूगोल में इसका समुचित स्वागत हुआ।

अपने शोध पत्र की प्रस्तावना में दोनों लेखकों ने रेखांकित किया कि उनके द्वारा प्रस्तुत पद्धति राजनीतिक प्रक्रियाओं (अर्थात् प्रशासनिक नीतियों के कार्यान्वियन) और उनके क्षेत्रीय परिणामों के अध्ययन पर केन्द्रित है। शीर्षक में प्रस्तुत व्यवस्था शब्द का तात्पर्य था कि अध्ययन की जाने वाली ये प्रक्रियाएं राज्यों के व्यवस्थात्मक स्वरूप का परिणाम थीं। अतः ध्यातव्य है कि हार्टशोर्न, जोन्स, तथा दीक्षित द्वारा प्रस्तुत अध्ययन विधियों के विपरीत कोहने तथा राज़ेन्थाल द्वारा प्रस्तावित पद्धति राज्य अथवा राजनीतिक संगठनों के अध्ययन पर केन्द्रित न होकर राजनीतिक प्रक्रियाओं के क्रियान्वयन से उत्पन्न भूदृश्यों के विश्लेषण पर केन्द्रित थी। डर्वेण्ट ह्विट्लसी (1935) द्वारा प्रतिपादित "विधि-और-भूदृश्य" (ला-लैण्डस्केप) के अन्तर सम्बन्ध पर केन्द्रित अध्ययन इसकी प्रेरणा का मूल स्रोत था (म्योर, 1975, पृ. 76)। संक्षेप में कोहेन और रोज़ेन्थाल के लेख की आधारभूत मान्यताएं इस प्रकार थीं।

राजनीतिक प्रक्रियाः राजनीतिक प्रक्रिया राजनीतिक व्यवस्था का अभिन्न अंग है राजनीतिक व्यवस्था दो प्रकार की होती है। एक खुली तथा दूसरी बन्द व्यवस्था (ओपेन एण्ड क्लोज्ड सिस्टम)। दोनों व्यवस्थाएं संरचनात्मक रूप में एक दूसरे से भिन्न हैं। अतः उनके संचालन की राजनीतिक प्रक्रियाएं और उनके क्षेत्रीय प्रभाव एक दूसरे से भिन्न प्रकार के होते हैं। दूसरी महत्वपूर्ण बात यह है कि राजनीतिक प्रक्रियाओं का स्वरूप इस बात पर निर्भर है कि विद्यार्थी उनको किस स्तर की व्यवस्था के परिप्रेक्ष्य में देख रहा है, स्थानीय, क्षेत्रीय, राष्ट्रीय, अथवा भूमण्डलीय। तीसरी मुख्य बात है कि राजनीतिक प्रक्रिया समय सापेक्ष प्रक्रिया है। इसको पूरा होने और अपने अन्तिम उद्देश्य को प्राप्त करने में समय लगता है। इनको स्थानीय स्तर पर प्रभावी होने में बहुत कम समय लगता है; क्षेत्रीय रूप से प्रभावी होने में उससे अधिक तथा राष्ट्रीय स्तर की व्यापकता प्राप्त करने में सबसे अधिक। चौथी बात यह है कि सम्पूर्ण राजनीतिक प्रक्रिया सामाजिक शक्तियों और सामाजिक आवश्यकताओं की उपज है। अतः राजनीतिक प्रक्रिया तथा सामाजिक संरचना में अन्योन्याश्रयी सम्बन्ध है। सामाजिक संरचना के परिप्रेक्ष्य में देखने से भिन्न-भिन्न राजनीतिक प्रक्रियाएं परस्पर सम्बद्ध घटनाएं (एपीसोड) प्रतीत होती हैं तथा सम्बद्ध राजनीतिक प्रक्रिया और भूदृश्य निर्माण में सम्बन्ध स्थापित करना सरल और अपेक्षाकृत अधिक बोधगम्य हो जाता है।

क्षेत्रीय प्रभाव अथवा भूदृश्य परिवर्तनः यहां क्षेत्रीय शब्द से तात्पर्य राजनीतिक प्रक्रियाजनित प्रभाव के क्षेत्रीय वितरण प्रारूप से है। प्रक्रियाओं के कार्यान्वयन के परिणामस्वरूप एक साथ ही "प्रभाव क्षेत्रों" (एक्शन एरिया) और प्रभाव "प्रभाव विरोधी क्षेत्रों" (काउण्टर एक्शन एरिया) का जन्म होता है। प्रथम प्रकार के क्षेत्र वे हैं जहां सम्बद्ध राजनीतिक प्रक्रिया का स्वागत होता है तथा दूसरे प्रकार के क्षेत्र वे हैं जिन पर प्रक्रिया विशेष का विपरीत प्रभाव पड़ता है अतः स्थानीय जनता उसका विरोध करती है। परन्तु कालान्तर में प्रशासन और स्थानीय जनता के परस्पर ताल मेल के परिणामस्वरूप सम्बद्ध प्रक्रिया को पूर्ण व्यापकता प्राप्त हो जाती है। यहां खुली और बन्द व्यवस्था में भूदृश्य निर्माण प्रक्रिया में निहित मूलभूत अन्तर को रेखांकित करना आवश्यक है। खुली व्यवस्था मुक्त अन्तरराष्ट्रीय सम्बन्धों को बढ़ावा देती है, इसके अन्तर्गत देश की अर्थव्यवस्था में अन्तरराष्ट्रीय व्यापार की महत्वपूर्ण भूमिका होती है। अतः बड़े-बड़े बन्दरगाहों का निर्माण होता है। तटीय नगरों का आकार बृहत हो जाता है। आर्थिक उत्पादन विशेषीकरण की ओर उन्मुख होता है, तथा अन्तरराष्ट्रीय जीवन पद्धति और वास्तुकला आदि भूदृश्य निर्माण में स्पष्टतया परिलक्षित होते हैं। इसके विपरीत बन्द व्यवस्था आत्मनिर्भर व्यवस्था है। इसमें बाहरी व्यापार न्यूनतम होता है। आर्थिक उत्पादन में विशेषीकरण की प्रवृत्ति सीमित होती है अतः देश की राजधानी आन्तरिक स्थिति वाली और बहुधा देश का सबसे बड़ा नगर होती है। इस व्यवस्था में भूदृश्य निर्माण में क्षेत्रीय समरूपता दिखाई देती है तथा उसमें अन्तरराष्ट्रीय प्रभाव सीमित होते हैं।

इस पद्धति में निहित अध्ययन के विभिन्न चरण चित्र 2.3 में प्रस्तुत हैं।

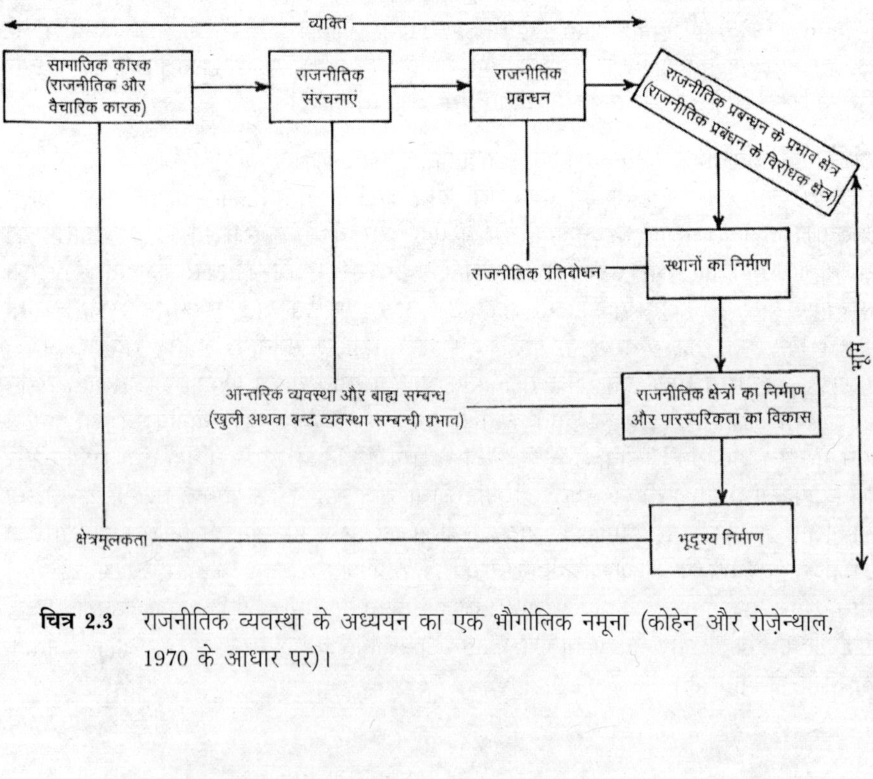

चित्र 2.3 राजनीतिक व्यवस्था के अध्ययन का एक भौगोलिक नमूना (कोहेन और रोज़ेन्थाल, 1970 के आधार पर)।

उपसंहार

सत्तर के दशक में कुछ समय के लिए राजनीति भूगोल मात्र निर्वाचन परिणामों पर केन्द्रित अध्ययन बन गया था। फलस्वरूप अध्ययन के विषय के रूप में "राज्य" दृष्टि से ओझल हो गया। अस्सी के दशक में विश्व व्यवस्थापरक राजनीतिक भूगोल के प्रभाव में राजनीतिक भूगोल के कुछ नए अध्येताओं को राज्य मुख्यतया विश्व आर्थिक व्यवस्था में निहित राजनीति के अन्तिम सत्य की अभिव्यक्ति मात्र दिखने लगा। परिणामस्वरूप राज्य के अध्ययन के लिए अध्ययन विधि की खोज का सिलसिला समाप्त हो गया। विश्वव्यवस्था परिदृष्टि के प्रभाव में राजनीतिक भूगोल के अध्ययन का केन्द्रीय गुर विश्व आर्थिक व्यवस्था की संचालन प्रक्रिया के रहस्योद्‌घाटन में ही निहित माना जाने लगा (दीक्षित, 1997, पृ. 96-100)। परन्तु बीसवीं सदी के अन्तिम वर्षों में राजनीतिक भूगोल की अवधारणा में दूरगामी परिवर्तन हुए हैं। राजनीतिक भूगोल के विद्यार्थी राज्य को पुनः एक क्षेत्रीय और सोद्‌देश्य राजनीतिक संगठन के रूप में देखने लगे हैं। साथ ही इसका अध्ययन राजनीति की स्थानिकता (क्षेत्रीयता) पर केन्द्रित हो गया है। परिणामस्वरूप इसका विषय क्षेत्र और व्यापक हो गया है।

3 राज्य के संगठन के क्षेत्रीय पक्ष

1933 के बाद दीर्घ काल तक अंग्रेजी भाषी देशों में राजनीतिक भूगोल में राज्य को मुख्यतया एक विशिष्ट प्रकार की क्षेत्रीय इकाई के रूप में देखा जाने लगा था। अतः इस अवधि में राजनीति भूगोल के विद्यार्थियों का ध्यान पूरी तरह राज्य के स्थानिक पक्षों पर केन्द्रित रहा। यही कारण था कि राजनीतिक भूगोल के स्वरूप की चर्चा करते हुए ह्विट्लसी (1939) ने लिखा था कि इसकी आत्मा (कर्नल) राज्य के राजनीतिक क्षेत्र में निहित है क्योंकिः

> "प्रत्येक राजनीतिक इकाई की संरचना उसके नाभीय क्रोड़, प्रशासनिक खण्डों, समस्यामूलक क्षेत्रों, असुरक्षित भागों; राजधानियों, सामरिक महत्व के स्थानों, और उसकी सीमाओं के संयोग पर निर्भर है। इन तत्वों की राज्य के राजनीतिक स्थायित्व में निर्णायक भूमिका भले ही न हो, किन्तु वे राज्य के सफल संचालन में निश्चय ही महत्वपूर्ण भूमिका निभाते हैं।"

इसीलिए हार्टशोर्न (1935) ने राजनीतिक भूगोल के अध्ययन हेतु संरचनात्मक विधि की संस्तुति की। किन्त 1950 तक लेखक के विचार बदल चुके थे और उन्होंने राजनीतिक भूगोल के विद्यार्थियों को अपने अध्ययन में राज्य के क्रियाशील स्वरूप के विश्लेषण पर ध्यान केन्द्रित करने का सुझाव दिया (हार्टशोर्न, 1950), परन्तु साठ के दशक के उत्तरार्द्ध आते-आते हार्टशोर्न को पुनः लगने लगा था कि राज्य की स्थानिक संरचना सम्बन्धी अध्ययन की उपादेयता को पूरी तरह नकारा नहीं जा सकता। लेकिन यह आवश्यक है कि सम्बद्ध संरचनात्मक अध्ययन राज्य विशेष की क्रियाशीलता को समझने और उसके संगठनात्मक उद्देश्यों को प्राप्त करने के प्रयास में सहायक हों (हार्टशोर्न, 1968)।

एक क्षेत्रीय-राजनीतिक संगठनात्मक इकाई होने के नाते किसी राज्य की संरचना निम्नलिखित तत्वों पर निर्भर हैः (1) राज्य का भौगोलिक विस्तार और उसकी सीमाएं; (2) राज्य की प्रशासनिक व्यवस्था जिसके माध्यम से उसके क्षेत्रीय उपांग एक सूत्र में बंधे हैं; (3) देश में निवास करने वाली जनसंख्या; (4) देश की अर्थव्यवस्था; और (5) उसकी संचार व्यवस्था। ये तत्व सभी देशों की संरचना के अनिवार्य अंग हैं। परन्तु विभिन्न तत्वों का सापेक्षिक महत्व भिन्न-भिन्न देशों में एक जैसा नहीं होता।

राज्य की क्षेत्रीय संरचना और उसकी सीमाएं

इस शीर्षक के अन्तर्गत राजनीतिक महत्व की दृष्टि से राज्य के भौगोलिक क्षेत्र के प्राकृतिक पक्षों का मूल्यांकन शामिल है। इन प्राकृतिक भौगोलिक तत्वों में स्थिति अवस्थान (लोकेशन), आकार (साइज़), और आकृति (शेप) का विश्लेषण विशेष महत्वपूर्ण हैं। आवागमन और संचार की उन्नत तकनीक विकसित हो जाने के बाद इन तत्वों का राजनीतिक और सामरिक महत्व प्रायः नगण्य हो गया है परन्तु राजनीतिक भूगोल के क्रमिक विकास के ऐतिहासिक परिप्रेक्ष्य में इनकी संक्षिप्त चर्चा अपेक्षित है।

स्थिति

स्थिति का वर्णन कई प्रकार से किया जा सकता है। प्रथम, *खगोलीय स्थिति* जो किसी स्थान की भूमण्डलीय (ग्लोबल) स्थिति का आभास देती है। इसे अक्षांश और देशान्तर विस्तार के रूप में अंकित किया जाता है। बहुत हद तक किसी स्थान के अक्षांश और देशांतर विस्तार से उसकी जलवायु का पता चल जाात है। जलवायु किसी देश के निवासियों की जीवन पद्धति और उनके आर्थिक विकास को प्रभावित करने वाले तत्वों में प्रमुख है। तकनीकी विकास के साथ-साथ मानव प्रगति में जलवायु के प्रभाव का स्वरूप बदलता रहा है। आधुनिक तकनीक के दौर में दुनिया के सभी विकसित और ज्ञान-विज्ञान तथा आर्थिक सम्पन्नता की दृष्टि से उन्नत देश मध्य अक्षांशीय समशीतोष्ण जलवायु प्रदेशों में स्थित हैं। परन्तु प्राचीन और मध्य काल में स्थिति इससे सर्वथा भिन्न थी। सभी पुरानी संस्कृतियों का उदय उपोष्ण (सबट्रापिकल) और गर्म अर्द्धमरुस्थलीय प्रदेशों में हुआ था, क्योंकि तत्कालीन संस्कृतियां प्राकृतिक शक्तियों से परस्पर सामंजस्य पर निर्भर थीं। अतः अपेक्षाकृत अधिक उष्ण और शीत प्रदेशों में विकास की सम्भावनाएं सीमित थीं। प्राकृतिक शक्तियां दुर्धर्ष थीं और तेज गर्मी और तेज सर्दी से बचाव के लिए प्रभावी तरीके विकसित नहीं हुए थे। इन दुर्धर्ष प्राकृतिक शक्तियों पर तकनीकी विजय के बाद ही समशीतोष्ण प्रदेश विकास के दौर में आगे बढ़ने लगे तथा अपनी उन्नत तकनीक के आधार पर विश्वव्यापी साम्राज्य स्थापित करने में सफल हुए।

किसी देश की स्थिति *महाद्वीपीय* (अर्थात् समुद्र तट से दूर) है या *समुद्रतटीय* यह तथ्य राजनीतिक दृष्टि से बहुत महत्वपूर्ण है। उत्तर-कोलम्बस युग में समुद्रतटीय स्थिति अत्यधिक लाभदायक सिद्ध हुई क्योंकि नए युग में किसी भी राष्ट्र का आर्थिक विकास विश्व के अन्य देशों के साथ उसके आर्थिक सम्बन्धों पर निर्भर हो गया। देशों की आर्थिक व्यवस्था उत्तरोत्तर विश्व व्यापार पर निर्भर होती गई। अन्तरराष्ट्रीय व्यापार में वे ही देश महत्वपूर्ण भूमिका निभा सकते थे जो समुद्री यातायात के माध्यम से उस व्यापार में भागीदार हो सकते थे। परिणामस्वरूप महीद्वीपीय स्थित देशों के विकास में बाधक सिद्ध हुई। इसीलिए विश्व के सभी महत्वपूर्ण महाद्वीपीय देशों के समुद्रतट से जुड़ने के लिए प्रयासरत हो गए। दूसरी ओर समुद्रतटीय देश और विकसित सामुद्रिक शक्तियां महाद्वीपीय शक्तियों के इरादे को असफल करने पर तुल गईं। यह बात रूस के उदाहरण से स्पष्ट है।

रूस का आधुनिक राजनीतिक इतिहास बहुत हद तक उसके समुद्र तट तक पहुंचने के प्रयास का इतिहास है। देश के उत्तर में आर्कटिक सागर प्रायः वर्ष पर्यन्त हिमाच्छादित होने के कारण

अत्यधिक सीमित उपयोगिता का है। अतः समुद्र से सम्पर्क स्थापित करने के उद्देश्य से रूस ने 1557 में दक्षिण पूर्व में कैस्पियन सागर के तट पर स्थित एस्ट्रखान बन्दरगाह पर अधिकार कर लिया। तट की ओर विस्तार की इस प्रक्रिया में वह 1635 में ओवरवोटस्क सागर तक पहुंच गया। वर्ष 1700 के आसपास पश्चिम में बाल्टिक सागर के तट पर स्थित सेंट पीटर्सबर्ग भी उसके अधिकार में आ गया। 1713 में दक्षिण में एजोव सागर तथा उसी के रास्ते 1783 में काला सागर तट तक देश की सीमाओं का विस्तार हो गया। परन्तु विश्व के बाहरी देशों से सम्पर्क स्थापित करने की दिशा में यह प्रगति बहुत संतोषप्रद नहीं थी क्योंकि ये सभी जलखण्ड या तो स्थल खण्डों से घिरे आन्तरिक सागर थे (उदाहरणार्थ बाल्टिक और काला सागर) अथवा वे प्रशान्त महासागर के सुदूर उत्तर में आर्थिक और राजनीतिक दृष्टि से सीमित महत्व वाले क्षेत्र में स्थित थे। अपने चरम राजनीतिक और सामरिक विकास के "सोवियत" कालीन दौर में रूस बाल्टिक सागर, काला सागर और कैस्पियन सागर के क्षेत्र में सर्वप्रधान राजनीतिक और सामरिक शक्ति के रूप में स्थापित हो गया था परन्तु एक ओर कैस्पियन सागर एक बन्द जलखण्ड था तो दूसरी ओर बाल्टिक और काला सागर से खुले समुद्र में निकलने के मार्ग दूसरे देशों के नियंत्रण में थे। अतः तुर्की जलडमरूमध्य के रास्ते काला सागर में आने जाने की सुविधा हेतु तुर्की तथा अंध महासागर में प्रवेश का रास्ता खोलने के लिए स्वीडन, नार्वे और डेनमार्क पर रूस के निरन्तर बढ़ते राजनीतिक दबाव का कारण उसका साम्यवादी विस्तारवाद द्वारा प्रेरित आदर्श अथवा उसकी तात्कालिक राजनीतिक आवश्यकता मात्र न होकर देश की चारों ओर से अवरुद्ध महाद्वीपीय स्थिति से उबरने की उसकी छटपटाहट का परिणाम थी (वीगर्ट और साथी, 1957)।

आधुनिक विश्व में राज्यों के बीच परस्पर प्रतिस्पर्धा एक सार्वभौम सत्य है। अतः यह जानना आवश्यक है कि किसी देश के पड़ोसी राज्य बड़े आकार वाले शक्तिसम्पन्न देश हैं अथवा छोटे आकार वाले अपेक्षाकृत कमजोर देश। पहले प्रकार की स्थिति में देश की राजनीतिक स्वतंत्रता निरन्तर खतरे में रहती है। पोलैण्ड इसका अच्छा उदाहरण है। एक ओर रूसी साम्राज्य और दूसरी ओर आस्ट्रो-हंगेरियाई साम्राज्य के बीच स्थित होने के कारण पोलैण्ड हमेशा ही उनकी गिद्ध दृष्टि का शिकार बना रहा। यही कारण है कि अपने इतिहास के लम्बे दौर में पोलैण्ड अधिकतर परतंत्र रहा है।

विश्वस्तरीय परिप्रेक्ष्य में स्थिति सापेक्षता केन्द्रीय बनाम उपान्तीय स्थिति के रूप में परिभाषित की जाती है। केन्द्रीय स्थिति से तात्पर्य विश्व व्यापार की दृष्टि से महत्वपूर्ण मार्गों और उनके चौराहों के समीप की स्थिति से है। आधुनिक युग में विश्व के अधिकांश उन्नत देश उत्तरी अंध महासागर के किनारे पर स्थित हैं। विश्व के कुल व्यापार का अधिकांश भाग यूरोप और अमरीका के बीच इसी रास्ते होता है। परिणामस्वरूप सैकड़ों वर्षों तक अंध महासागर के तट पर स्थित देश सर्वाधिक केन्द्रीय स्थिति वाले बने रहे। ब्रिटेन इस दृष्टि से विशेष भाग्यशाली था। परन्तु कौन सी स्थिति केन्द्रीय है और कौन सी उपान्तीय यह तत्कालीन अन्तरराष्ट्रीय स्थिति पर निर्भर है। उपनिवेशवादी युग के पहले भूमध्य सागर पुरानी दुनिया में सबसे केन्द्रीय स्थिति वाला था। स्वेज नहर के बनने के बाद यूरोपीय उपनिवेशवाद के लिए भूमध्य सागर से होकर एशिया को जोड़ने वाला समुद्री मार्ग उपनिवेशवादी प्रशासन के लिए जीवन रेखा सा बन गया था। परन्तु द्वितीय विश्व युद्ध के पश्चात् स्थिति एक दम बदल गई।

इस प्रकार स्वेज तथा पनामा नहरों के निर्माण के पूर्व यूरोप से एशियाई देशों को जाने वाला समुद्री मार्ग अफ्रीका महाद्वीप के दक्षिणी तट से होकर गुजरता था। परिणामस्वरूप उत्तमाशा

अन्तरीप (केप ऑफ गुड होप) की स्थिति केन्द्रीय महत्व की थी। इसी प्रकार पनामा नहर के निर्माण के पूर्व उत्तरी अमरीका के पूर्वी और पश्चिमी तटों के बीच समुद्री यातायात दक्षिणी अमरीका के दक्षिणी तट से होकर गुजरता था। अतः फॉकलैण्ड द्वीप तक केन्द्रीय महत्व वाला था। ग्रेट ब्रिटेन के अमरीकी व्यापार और साम्राज्य के लिए उसकी स्थिति बहुत महत्वपूर्ण थी।

इसी प्रकार प्रथम विश्व युद्ध के बाद अन्तरराष्ट्रीय सम्बन्धों में वायु मार्गों का महत्व द्रुत गति से बढ़ता गया। साथ ही फॉकलैण्ड तथा केप ऑफ गुड होप जैसे स्थानों का सामरिक-आथिक महत्व प्रायः समाप्त हो गया। अब पश्चिमी यूरोप और उत्तरी अमरीका के आपसी सम्बन्धों की निर्णायक कड़ी समुद्री आवागमन के स्थान पर वायुमार्गीय आवागमन हो गया। परिणामस्वरूप आइसलैण्ड द्वीप (जो कि पहले बाहरी देशों के लिए किसी महत्व का नहीं था) वायु यातायात के युग में अत्यधिक महत्वपूर्ण बन गया क्योंकि पश्चिमी यूरोपीय नगरों से उत्तरी अमरीका के नगरों को जोड़ने वाला महावृत्तीय (ग्रेट सर्किल) वायुमार्ग इस द्वीप के पास से गुजरता था। अतः आइसलैण्ड वायुयानों के लिए एक सुविधाजनक पड़ाव बन गया जिससे इस द्वीप का महत्व बहुत बढ़ गया। इसी प्रकार वायु यातायात के युग में आर्कटिक सागर उत्तरी अमरीका और यूरोप और एशिया के बीच आने जाने वाले वायुमार्गों के लिए सामरिक रूप से अत्यधिक महत्वपूर्ण हो गया क्योंकि ये सारे महावृत्तीय वायुमार्ग इस सागर के ऊपर से गुजरते थे। इसी कारण आर्कटिक सागर को वायुमार्गीय आवागमन की दृष्टि से आधुनिक भूमध्य सागर (माडर्न मेडिटरेनियन) कहा जाने लगा। इससे स्पष्ट है कि यद्यपि अक्षांश तथा देशान्तर की दृष्टि से पृथ्वी की सतह पर स्थानों की स्थिति स्थायी है (क्योंकि अक्षांश और देशान्तर अपरिवर्तनीय हैं), परन्तु किसी भी स्थान की स्थिति का सापेक्षिक महत्व आवागमन की तकनीक के विकास तथा अन्तरराष्ट्रीय सम्बन्धों की परिवर्तनशीलता पर निर्भर है। यही कारण है कि जेट वायुयानों के आज के युग में आइसलैण्ड का महत्व प्रायः समाप्त हो गया है क्योंकि इन वायुयानों को ईंधन के लिए पड़ाव करने की आवश्यकता नहीं होती।

आमाप

संसाधन सम्पन्नता और भौगोलिक आकार (साइज़) के बीच सीधा सम्बन्ध है। सामान्य स्थिति में क्षेत्रीय आकार जितना बड़ा होगा संसाधन-सम्पन्नता उतनी ही अधिक होगी, इसलिए राज्यों की आर्थिक-सामरिक शक्ति के निर्धारण में भौगोलिक आकार का अत्यधिक महत्व है। आधुनिक युग में यूरोप के उपनिवेशवादी देशों के अतिरिक्त सभी महत्वपूर्ण राजनीतिक शक्तियां संयुक्त राज्य अमरीका, रूस, चीन, भारत, मिस्र और आस्ट्रेलिया बड़े आकार वाली हैं। रूस तथा अमरीका इसके सबसे महत्वपूर्ण उदाहरण हैं। द्वितीय विश्व युद्ध के पश्चात् इन देशों का विश्व राजनीति में दो अलग-अलग ध्रुवों के रूप में अग्रणी होना इनकी अर्द्धमहाद्वीपीय संसाधन सम्पन्नता पर ही निर्भर था। पूर्व-आधुनिक युग में यह स्थिति सर्वथा भिन्न थी क्योंकि तत्कालीन आवागमन और संचार के माध्यम बड़े आकार वाले क्षेत्र को एक ही केन्द्रीय प्रशासन के अन्दर नियंत्रित रखने में कारगर नहीं थे। दूरस्थ भागों में असंतोष किसी क्षण विप्लव का रूस धारण कर सकता था। रोमन साम्राज्य की विच्छिन्नता का मुख्य कारण केन्द्रीय सत्ता द्वारा दूरस्थ स्थानों पर प्रभाव नियंत्रण रखने में निहित कठिनाइयां ही थीं। आधुनिक युग में स्थल, जल और वायु तीनों ही प्रकार के यातायात की तकनीक में आशातीत विकास के परिणामस्वरूप एक ही केन्द्र से बड़े-बड़े

क्षेत्रों का प्रशासनिक नियंत्रण सरल हो गया। विश्वव्यापी उपनिवेशों, विशेषकर ब्रिटेन के विशाल अन्तर्महाद्वीपीय उपनिवेश का यही मूल आधार था। इन्हीं तकनीकी क्रांतियों ने महत्वाकांक्षी देशों और उनके नेताओं को सम्पूर्ण विश्व का एक राजनीतिक सूत्र में बांधकर विश्व साम्राज्य को स्थापना का सपना दिखाया था।

वृहत् क्षेत्रीय आकार सुरक्षा की दृष्टि से अत्यधिक लाभप्रद सिद्ध हुआ है। रूसी साम्राज्य जैसे वृहदाकार देशों के लिए बाह्य आक्रमण के समय आत्म सुरक्षा हेतु युद्ध की तैयारी के लिए समय प्राप्त करने के उद्देश्य से धीरे-धीरे अन्दर की ओर सिमटते हुए आक्रमणकारी को देश के अन्दर दूर तक बुलाकर, उसे चारों ओर से घेर कर परास्त करना सम्भव था। युद्ध की इस तकनीक को समय प्राप्ति के लिए क्षेत्र प्रदान करने की तकनीक (ट्रेडिंग स्पेस फार टाइम) कहते हैं। इसे गहराई में सुरक्षा (डिफेंस इन डेप्थ) भी कहा जाता है। रूस ने नेपोलियन के आक्रमण के समय और द्वितीय विश्व युद्ध के दौरान इस नीति का सफल कार्यान्वयन किया था। परन्तु शांति के समय क्षेत्रीय वृहदता आन्तरिक सुरक्षा की दृष्टि से बहुधा समस्यामूलक सिद्ध होती है क्योंकि देश की केन्द्रीय सरकार के लिए दूरस्थ क्षेत्रों में प्रभावी तौर पर सुरक्षा प्रबंध करना कठिन होता है। परिणामस्वरूप विद्रोह और असंतोष की सम्भावनाएं बढ़ जाती हैं और राष्ट्रीय एकता के लिए खतरा उत्पन्न हो जाता है। वर्तमान समय में जब कि संचार और यातायात तकनीक में इतना क्रांतिकारी विकास हो चुका है कि पृथ्वी की सतह पर कहीं भी एक स्थान से विश्व के किसी दूसरे स्थान पर घण्टों में पुहंचा जा सकता है गहराई में सुरक्षा की अवधारणा निर्मूल हो गई है। साथ ही संसाधनों में आत्मनिर्भरता भी अब उतने निर्णायक महत्व की नहीं रही।

आकृति

देशों की भौगोलिक आकृति उनके विकास में समय-समय पर महत्वपूर्ण भूमिका अदा करती है। इस दृष्टि से मोटे तौर पर आकृतियां दो प्रकार से वर्णित की जा सकती हैं। ठोस (वृत्ताकार अथवा वर्गाकार) और लम्बाकार। वत्ताकार तथा वर्गाकार आकृतियों में देश का भौगोलिक क्षेत्र अपेक्षाकृत ठोस या संहत (काम्पैक्ट) प्रतीत होता है। केन्द्रीय भाग से सीमान्तीय प्रदेशों की दूरी अपेक्षाकृत कम रहती है जिससे उनसे सम्पर्क बनाए रखना आसान होता है। आवागमन की सुविधाएं, सड़क, रेल और वायु मार्ग आदि केन्द्र से चारों ओर विकीर्ण (रेडिएट) होती हैं जिससे प्रशासन अधिक प्रभावी बना रहता है। फ्रांस इसका आदर्श उदाहरण है। इसके विपरीत लम्बाकार आकृति असुविधाजनक सिद्ध होती है क्योंकि देश की लम्बाई के दोनों छोरो पर स्थित हिस्सों से राजधानी के सम्पर्क अपेक्षाकृत कठिन हो जाते हैं जिससे प्रशासन महंगा और अपेक्षाकृत कम प्रभावी हो जाता है। ऐसी आकृति के लिए दक्षिण अमरीकी देश चिली एक अच्छा उदाहरण है (चित्र 3.1)।

अर्थ तंत्र और संचार व्यवस्था

राजनीतिक-सामरिक महत्व की दृष्टि से देश का सबसे महत्वपूर्ण पक्ष वहां की आर्थिक व्यवस्था की दृढ़ता है। विश्व राजनीति में वे ही देश अग्रणी भूमिका निभा सकते हैं जो कि आर्थिक दृष्टि से सशक्त हों। द्वितीय विश्वयुद्ध के पहले ग्रेट ब्रिटेन का अन्तरराष्ट्रीय वर्चस्व तथा युद्धोपरांत

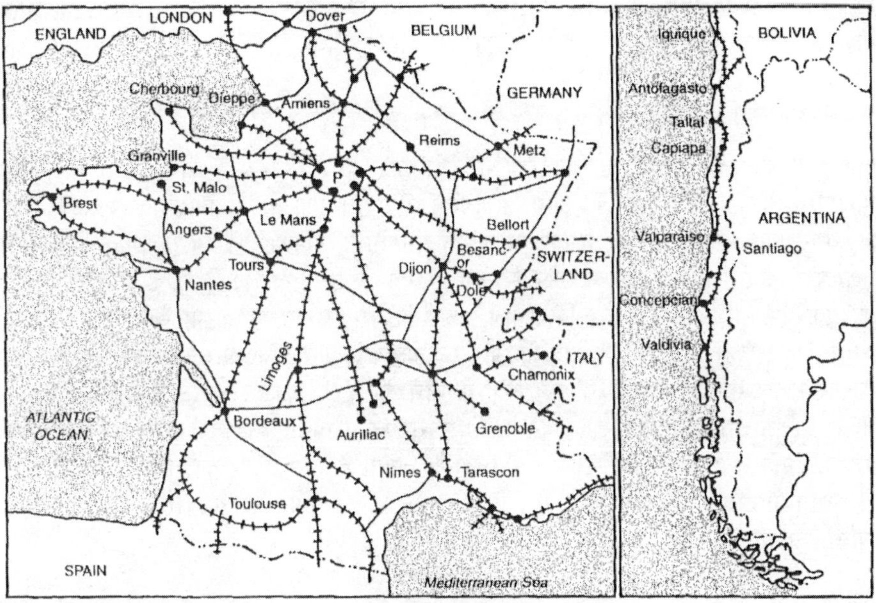

++++++++ पेरिस से सीधा सम्पर्क स्थापित करने वाला मुख्य रेल मार्ग   P – पेरिस

———— देश के भिन्न-भिन्न प्रांतीय नगरों को मिलाने वाला मुख्य रेल मार्ग

चित्र 3.1 राज्य की क्षेत्रीय आकृति का उसकी संचार व्यवस्था पर प्रभावः फ्रांस और चिली का उदाहरण।

संयुक्त राज्य अमरीका तथा सोवियत रूस का विश्व राजनीति के दो पृथक्-पृथक् ध्रुवों के रूप में उभरना उनकी आर्थिक सम्पन्नता (तथा उस पर आधारित उनकी सामरिक शक्ति) पर निर्भर था। सोवियत रूस के बिखराव और शीत युद्ध की समाप्ति के बाद नब्बे के दशक संयुक्त राज्य अमरीका, जर्मनी और जापान का बढ़ता महत्व उनकी आर्थिक सम्पन्नता और उनके अच्छे आर्थिक स्वास्थ्य का परिचायक है। अतः राजनीतिक भूगोल के अध्ययन में देश की अर्थव्यवस्था, उसके अन्तरराष्ट्रीय आर्थिक सम्बन्धों और उसका विदेशी विनिमय सम्बन्धी संतुलन महत्वपूर्ण हैं। राजनीतिक स्थायित्व की दृष्टि से औद्योगिक खनिजों विशेषकर शक्ति के साधन और खनिज तेल में आत्मनिर्भरता फायदेमंद होती है। आधुनिक यातायात के लिए खनिज तेल अतिआवश्यक शक्ति स्रोत बन गया है। इसके भण्डार विश्व के कुछ थोड़े से क्षेत्रों में ही सीमित हैं साथ ही इनकी अनुमानित संचित राशि भी अत्यधिक सीमित है, इसलिए अन्तरराष्ट्रीय राजनीति और विश्व अर्थव्यवस्था में खनिज तेल की महत्वपूर्ण भूमिका रही है। पश्चिमी एशियाई देशों का अन्तरराष्ट्रीय महत्व बहुत हद तक वहां की तेल सम्पत्ति पर निर्भर है और राजनीतिक दृष्टि से उनकी निरन्तर हलचल पूर्ण राजनीति का यही मूल कारण है। संयुक्त राज्य अमरीका, रूस और चीन के अतिरिक्त प्रायः सभी महत्वपूर्ण देशों में तेल के स्थानीय भण्डार या तो नदारद हैं या अत्यधिक सीमित। परिणामस्वरूप उन्हें पश्चिमी एशियाई देशों पर खनिज तेल के लिए निर्भर रहना पड़ता है। पृथ्वी के अन्दर तेल का भण्डार सीमित और जल्दी ही समाप्त हो जाने वाला है अतः विकसित देश अपने भण्डार को भविष्य के लिए सुरक्षित रखने के उद्देश्य से अपनी तेल

सम्बन्धी आवश्यकताएं आयात को पूरी करने का प्रयास करते रहे हैं। तेल उत्पादक पश्चिमी एशियाई क्षेत्र का सामरिक महत्व इस कारण और भी बढ़ गया है।

संचार व्यवस्था

किसी भी देश की सम्पूर्ण राजनीतिक और आर्थिक व्यवस्था उसके क्षेत्रीय उपांगों के बीच पारस्परिक सम्बन्ध पर निर्भर है। अतः आवागमन और सूचनाओं के आदान-प्रदान के साधन देश के व्यवस्थात्मक स्थायित्व और उसकी आन्तरिक समग्रता की पहली शर्त है। राजनीतिक व्यवस्था मूलरूप से क्षेत्रीय प्रशासनिक व्यवस्था है क्योंकि इसका एक प्रमुख लक्ष्य देश के भौगोलिक क्षेत्र को एक पूर्णतया समन्वित और क्रियाशील इकाई के रूप में स्थापित करना है। इसलिए संचार व्यवस्था हर प्रकार के विकास की कुंजी और राजनीतिक स्थायित्व की प्राथमिक आवश्यकता है। कारगर संचार माध्यम देश के विभिन्न क्षेत्रों के बीच की दूरियों को कम करने वहां के निवासियों में परस्पर आदान-प्रदान को सरल बनाते हैं। इससे एकता की भावना को बल मिलता है और देश की मिट्टी तथा उसकी अस्मिता के प्रति आस्था बढ़ती है। इस प्रकार की साझेदारी के माध्यम से क्षेत्रीय राष्ट्रीयता उत्तरोत्तर राष्ट्र प्रेम में परिवर्तित होने लगती है। इस तरह सम्पूर्ण देश एक अविभाज्य राष्ट्रीय इकाई बन जाता है।

मानव संसाधन और राजनीतिक भूगोल

राजनीति का प्रारम्भ मनुष्य की आवश्यकता पूर्ति के लिए किए जाने वाले प्रयासों को दिशा देने के उद्देश्य से ही हुआ था। अतः अन्य सोद्देश्य मानवीय क्रियाओं की भांति राजनीति भी जनसंख्या के विभिन्न पक्षों से गहराई से सम्बन्धित है। इस दृष्टि से जनसंख्या के सबसे महत्वपूर्ण पक्ष उसका आकार और वितरण प्रारूप, उसकी गुणवत्ता, तथा उसकी संरचना हैं।

अनेक अर्थों में जनसंख्या का आकार अर्थात् कुल जनसंख्या का परिमाण राजनीतिक-आर्थिक दृष्टि से सर्वाधिक महत्वपूर्ण है। पूर्व-आधुनिक युग में, जब तकनीकी विकास की प्रगति निम्नस्तरीय थी, जनसंख्या देश की सबसे बड़ी शक्ति तथा सबसे महत्वपूर्ण संसाधन थी। क्योंकि सभी क्षेत्रों में विकास के लिए मानव श्रम केन्द्रीय महत्व का था। परिणामस्वरूप पुराने ज़माने में विशाल जनसंख्या वाले देश सबसे शक्तिशाली देश थे। यही कारण था कि पूर्व आधुनिक युग में फ्रांस यूरोपीय महाद्वीप का सबसे शक्ति सम्पन्न राज्य था। उसके पास यूरोप की सबसे बड़ी सेना थी। उन्नीसवीं सदी के प्रारम्भ में फ्रांस की कुल जनसंख्या 24,000,000 थी, जबकि रूस की कुल जनसंख्या 19,000,000 तथा ब्रिटेन की मात्र 10,900,000 थी। फ्रांसीसी सेनाओं की विजय का श्रेय देश की वृहद् जनसंख्या को था।

पचास वर्ष बाद स्थिति बहुत बदल चुकी थी। जीवन स्तर के विकास के साथ-साथ फ्रांस में जनसंख्या वृद्धि की दर काफी नीचे आ गई थी। तथा वर्ष 1870 तक जर्मनी यूरोप का सर्वाधिक जनसंख्या वाला देश बन गया था। उन्नीसवीं सदी के अन्त तक ब्रिटेन की जनसंख्या भी फ्रांस से ज्यादा हो गई थी। 1870-71 तक जर्मनी यूरोप महाद्वीप का सबसे शक्ति सम्पन्न राज्य बन गया था, यद्यपि कि विश्व स्तर पर वह ब्रिटेन से अभी भी बहुत पीछे था। जर्मनी की बढ़ती हुई राजनीतिक और आर्थिक शक्ति में अनेक तत्वों का सम्मिलित योगदान था परन्तु इसमें

उसकी जनसंख्या अर्थात् मानव संसाधन का आकार और उसकी गुणवत्ता का योगदान निश्चय ही महत्वपूर्ण था।

प्रथम विश्वयुद्ध के पश्चात् सर्वांगीण तकनीकी विकास के परिणामस्वरूप शक्ति निर्धारण में संख्या के स्थान पर जनसंख्या की गुणवत्ता अर्थात् उसकी बुद्धि प्रवणता और उसके तकनीकी ज्ञान के स्तर का महत्व सर्वोपरि हो गया। द्वितीय विश्व युद्ध के पश्चात् की यातायात गति और मारक यंत्रों की विध्वंसक क्षमता सामरिक शक्ति के मूल निर्णायक तत्व बन गए। उद्योगों में भी सब कुछ प्रायः यांत्रिक हो गया, यहां तक कि कृषि कार्य में भी यांत्रिकता का बोल-बाला हो गया। ऐसे में जनसंख्या की विशालता बहुधा सुविधा के स्थान पर असुविधा का कारण बन गई। अधिक जनसंख्या को अब उपयोगी श्रम संसाधन के स्थान पर देश के संसाधनों पर अनावश्यक दबाव के रूप में देखा जाने लगा। तकनीकी गुणवत्ता रहित जनसंख्या देश की गरीबी का कारण बन गई जैसा कि दक्षिण और दक्षिण-पूर्वी एशियाई देशों के उदाहरण से स्पष्ट है। वियतनाम युद्ध जैसी गोरिल्ला युद्ध शैली वाली स्थितियों के अतिरिक्त (वह भी तभी तक जब तक कि यह आश्वासन हो कि बड़े पैमाने पर विध्वंस करने वाले मारक यंत्रों का प्रयोग नहीं किया जाएगा) जनसंख्या का विशाल आकार आज की स्थिति में प्रायः सर्वथा समस्यामूलक होती है।

जनसंख्या के क्षेत्रीय वितरण का स्वरूप अनेक अर्थों में बहुत महत्व का है। जनसंख्या के घनत्व का क्षेत्रीय वितरण किसी देश में अमीरी और गरीबी तथा उसकी साधन सम्पन्नता और विपन्नता के क्षेत्रीय प्रारूप का महत्वपूर्ण सूचक है। इस दृष्टि से जनसंख्या के घनत्व का क्षेत्रीय वितरण परोक्ष रूप से राजनीतिक दृष्टिकोण के क्षेत्रीय वितरण का भी परिचायक होता है क्योंकि बन्धनमुक्त मतदान वाली बहुदलीय जनतांत्रिक व्यवस्था में जीवन स्तर का क्षेत्रीय वितरण दक्षिण पंथी बनाम वामपंथी राजनीतिक रुझान के विकास में निर्णायक भूमिका निभाता है।

वर्तमान तकनीकी विकास के युग में जबकि जनसंख्या का विशाल आकार आर्थिक दृष्टि से महत्वहीन हो गया है और बहुत हद तक मानव श्रम का स्थान मशीनों ने ले लिया है, जनसंख्या का महत्व मुख्यतया उसकी गुणवत्ता पर निर्भर है। आज गुणवत्ता का मुख्य प्रतिमान शिक्षा और वैज्ञानिक तथा तकनीकी ज्ञान का स्तर है। इन्हीं तत्वों पर मानव श्रम की उत्पादक क्षमता निर्भर है और वे ही विकास की कुंजी प्रदान करते हैं। यह सामान्य तथ्य है कि संसार के गरीब और अविकसित तथा विकासशील देशों में शिक्षा और तकनीकी ज्ञान का स्तर निम्न है, जनसंख्या का बहुत बड़ा भाग अशिक्षित और आधुनिक ज्ञान से अछूता है।

अनेक अर्थों में जनसंख्या का संरचनात्मक पक्ष उसके मूल स्वरूप का परिचायक है। जनसंख्या संरचना के मुख्य पक्ष इस प्रकार हैं: आयु, लिंग, जन्मदर, मृत्युदर, शिक्षा का स्तर, तथा जातीय और सामाजिक अनेकता। आयु संरचना जनसंख्या में बच्चों, युवक-युवतियों और अधेड़ तथा वृद्ध लोगों का प्रतिशत दर्शाती है। जहां शिशुओं और बच्चों का प्रतिशत अधिक है, भविष्य में जनसंख्या वृद्धि की दर ऊंची होगी। इसी प्रकार जनसंख्या की समकालीन वृद्धि युवक-युवतियों की संख्या पर निर्भर है। कुल जनसंख्या में इनका प्रतिशत जितना अधिक होगा वृद्धि दर उतनी ऊंची होगी। दूसरी ओर यदि कुल जनसंख्या में 45 वर्षों में अधिक आयु वाले लोगों का प्रतिशत अधिक है तो वहां जनसंख्या वृद्धि की दर धीमी होगी अथवा जनसंख्या स्थायी होगी। ऐसे में जनसंख्या विकास की दर ऋणात्मक भी हो सकती है। इसी प्रकार जनसंख्या में आयु वर्ग के अनुसार महिलाओं का प्रतिशत किसी देश की जनसंख्या विकास की सम्भावनाओं का अनुमान

देता है, तथा श्रमशक्ति की दृष्टि से उसका महत्व निर्धारित करता है। अविकसित देशों में जहां शिक्षा और तकनीकी विकास निम्न स्तरीय है महिला अपेक्षाकृत कम मूल्यवान संसाधन होती है परन्तु विकसित देशों में विशेषकर मानसिक कार्य के क्षेत्र में स्थिति भिन्न है क्योंकि वहां लिंग भेद कार्य दक्षता के स्तर पर महत्वपूर्ण नहीं रह जाता।

जनसंख्या की आयु और लिंग सम्बन्धी संरचना का निरूपण बहुधा जनसंख्या पिरामिड (पापुलेशन पिरामिड) द्वारा किया जाता है। इसके अन्तर्गत प्रायः पांच वर्ष के अन्तराल के आधार पर कुल जनसंख्या को पृथक्-पृथक् आयु वर्ग में विभक्त कर लिया जाता है, और इनको क्षैतिज स्थिति वाले दण्डों (बार) के रूप में कम आयु वाले वर्ग से प्रारम्भ करते हुए एक के ऊपर दूसरे वर्ग की स्थिति दर्शाते हैं। इस प्रकार एक "पिरामिड" का आकार बन जाता है जो सामान्य स्थिति में नीचे चौड़ा और ऊपर क्रमशः संकरा होता जाता है बहुधा इन क्षैजित दण्डों में प्रत्येक को पुरुष और महिला के प्रतिशत के आधार पर बांट कर दर्शाया जाता है जिससे कि कुल जनसंख्या में विभिन्न आयु वर्गों में लिंग के आधार पर जन संसाधन के विभाजन का ज्ञान प्राप्त हो सके। इस पिरामिड की आकृति सम्बद्ध देश की जनसंख्या की संरचना के बारे में महत्वपूर्ण सूचना देता है। सामान्यतया स्थायी विकास दर वाले देशों की जनसंख्या संरचना दिखाने वाले पिरामिड का आधार चौड़ा और नीचे से ऊपर की ओर क्रमवार रूप से संकरा होता जाता है। इसके विपरीत यदि कोई देश क्रमशः घटती जनसंख्या विकास दर वाला है तो वहां वृद्धों की संख्या अधिक और कम आयु वर्गों की संख्या अपेक्षाकृत कम होगी। ऐसी में पिरामिड की आकृति उल्टी होगी, अर्थात् पिरामिड ऊपर चौड़ा और नीचे संकरा होगा।

जनसंख्या में धार्मिक, भाषाई और अन्य सांस्कृतिक और सामाजिक विभिन्नताओं पर आधारित विभाजन भी राजनीति में महत्वपूर्ण भूमिका निभाते हैं। जिन देशों में इन मामलों में एकरूपता विद्यमान है वहां राष्ट्रीय एकता अधिक पुष्ट होगी। धार्मिक भाषाई और अन्य प्रकार की विविधता राष्ट्रीय जीवन में पार्थक्य को जन्म देते हैं। अतः भिन्न-भिन्न सांस्कृतिक पहचान वाले समूहों को एक सूत्र में पिराने के लिए राजनेताओं को निरन्तर प्रयासरत होना पड़ता है। यहां भी विभिन्न धार्मिक-सांस्कृतिक आस्था वाले समूह यदि क्षेत्रीय रूप में एक दूसरे से मिले-जुले रूप में वितरित हो तो सारे पार्थक्य के बावजूद उनको आपसी समझौते के माध्यम से एक मंच पर लाना बहुत दुष्कर नहीं होता क्योंकि प्रत्येक वर्ग की यह परिस्थितिजन्य मजबूरी है कि वे आपस में सौहार्दपूर्वक रहें क्योंकि यही उनकी नियति है। इसके विपरीत यदि विभिन्न सांस्कृतिक गुटों का क्षेत्रीय वितरण इस प्रकार का है कि अनेक क्षेत्र अलग-अलग विशिष्ट आस्था वाले समूहों के बहुमत वाले क्षेत्र हों तो इन समूहों को परस्पर एक सूत्र में बांधना बहुत कठिन हो जाता है।

प्रशासनिक व्यवस्था

राज्य मूलरूप से एक व्यवस्थात्मक इकाई है जो क्षेत्र विशेष की जनसंख्या और वहां की भूमि के बीच के सम्बन्धों, और उन सम्बन्धों से जनित मानवीय रिश्तों में उत्पन्न समस्याओं के निराकरण के उद्देश्य से बनाई गई है। अतः राजनीति की आत्मा प्रशासन केन्द्रित है। किसी भी राज्य की सफलता अथवा असफलता इस बात पर निर्भर है कि राज्य देश के सम्पूर्ण भौगोलिक क्षेत्र और उसके निवासियों को किस हद तक एक सशक्त प्रशासनिक सूत्र में बांध सका है। जनतांत्रिक व्यवस्था में यह बन्धन सर्वस्वीकृत व्यवस्था का अंग होता है। देश के विस्तृत भौगोलिक क्षेत्र के

सभी भागों के नागरिक स्वेच्छया एक केन्द्रीय प्रशासन के प्रति आस्थावान बने रहें इसके लिए आवश्यक है कि उनको इस बात का पूर्ण आश्वासन हो कि उनके हित इस प्रशासनिक व्यवस्था के अन्दर ही सर्वाधिक सुरक्षित हैं। ऐसा, आश्वासन, सफल और प्रभावी प्रशासन ही दे सकता है।

प्रशासन व्यवस्था का राज्य विशेष की भौगोलिक और सामाजिक-सांस्कृतिक संरचना के अनुरूप होना आवश्यक है। इस दृष्टि से केन्द्रीय राजनीतिक प्रशासनिक व्यवस्था मोटे तौर पर दो प्रकार की होती हैः ऐकिक और परिसंघीय। ऐकिक व्यवस्था के अन्तर्गत पूरे देश का प्रशासन सीधे तौर पर केन्द्रीय शासन व्यवस्था के अधीन होता है। केन्द्रीय लोक सभा के सारे राजनीतिक प्रशासनिक अधिकार निहित होते हैं। अतः जीवन के सभी पक्षों के बारे में नीति निर्धारण केन्द्र के स्तर पर ही होता है। केन्द्र द्वारा पारित नीतियों का क्रियान्वयन सर्वत्र केन्द्र द्वारा नियुक्त अधिकारियों के माध्यम से होता है। परिणामस्वरूप देश भर में प्रशासन और विकास की प्रगति में एकरूपता व्याप्त होती है अतिरिक्त इसके कि स्थानीय आवश्यकता के अनुरूप नीतियों के कार्यान्वयन में मामूली फेर बदल की जा सकती है। परन्तु ऐसी व्यवस्था वहीं कारगर हो सकती है जहां सामाजिक और सांस्कृतिक स्तर पर देश की जनसंख्सा के जीवन मूल्यों में एकरूपता हो। यदि देश के अन्दर ऐसे क्षेत्र हैं जहां के निवासी केन्द्रीय व्यवस्था द्वारा प्रतिपादित मूल्यों तथा आदर्शों के प्रति आस्थावान नहीं हैं, और जो धार्मिक भाषाई और अन्य किन्हीं महत्वपूर्ण मुद्दों के आधार पर देश के शेष नागरिकों रो पृथक आस्था वाले हैं जो उनकी पूर्णतया केन्द्रीकृत एकात्मक प्रशासनिक व्यवस्था स्वेंच्छा से स्वीकार्य नहीं हो सकती। ऐसे में सम्भावना हमेशा बनी रहती है कि सम्बद्ध क्षेत्रों के निवासी अपनी विशिष्ट क्षेत्रीय पहचान से सम्बद्ध मामलों में स्वायत्तता की मांग करेंगे। कहीं यह मांग कालान्तर में संप्रभुता की मांग का रूप न ले ले और देश की एकता खतरे में न पड़ जाए इसलिए क्षेत्रीय रूप से विकेन्द्रित मानवीय विविधता वाले देशों के लिए एक ऐसी प्रशासनिक व्यवस्था की आवश्यकता होती है जिसमें राष्ट्रीय एकता के साथ-साथ क्षेत्रीय विविधता की सुरक्षा के उपाय भी विद्यमान हों। ऐसी स्थिति में परिसंघीय शासन व्यवस्था अधिक उपयुक्त होती है क्योंकि इसके अन्तर्गत केन्द्रीय शासन के साथ-साथ सीमित अर्थों में क्षेत्रीय स्वायत्तता का भी प्रावधान होता है परिसंघीय व्यवस्था में प्रशासनिक अधिकार केन्द्र और क्षेत्रों की अधिकारिता में बांट दिए जाते हैं। ऐसे मुद्दे जिनमें विभिन्न क्षेत्रों की पहचान और उनका स्थानीय हित एक दूसरे से मूलतया भिन्न है, क्षेत्रीय इकाइयों की अधिकारिता में दे दिए जाते हैं तथा शेष केन्द्रीय सरकार के पास रहते हैं इस प्रकार जहां ऐकिक व्यवस्था में प्रशासन द्विस्तरीय होता है, केन्द्रीय और स्थानीय परिसंघ व्यवस्था तीन स्तरीय व्यवस्था है। यहां स्थानीय इकाइयां सीधे तौर पर केन्द्र की नीति निर्धारण अधिकारिता में न होकर स्वायत्त क्षेत्रीय सरकारों के अधिकार क्षेत्र में होती हैं क्योंकि स्थानीय स्तर पर विभिन्न भागों के हित एक दूसरे से सर्वाधिक भिन्न होते हैं।

सीमाएं और सीमांत प्रदेश

राज्य एक क्रियाशील क्षेत्रीय इकाई है अतः सुस्पष्ट सीमांकन इसकी प्राथमिक आवश्यकता है। सीमाएं उसके प्रभुत्व का क्षेत्रीय विस्तार निर्धारित करती हैं, उराके अन्दर रहने वाले लोग ही नागरिकता के अधिकारी होते हैं और उसकी प्रभुसत्ता के साथ कर्तव्यों और प्रतिदानों के निरन्तर प्रवाह के माध्यम से अनिवार्य सूत्र में बंधे होते हैं। यहां हमारा तात्पर्य पूर्ण प्रभुता सम्पन्न राज्यों

की अन्तरराष्ट्रीय सीमाओं से है जो पड़ोसी राज्यों की राजनीतिक प्रभुसत्ता के परस्पर क्षेत्रीय विस्तार की विभाजक रेखाओं के रूप में मान्य हैं। यद्यपि आज विश्व के सभी भागों में राजनीतिक इकाइयों के अधिकार क्षेत्र रेखीय सीमाओं द्वारा निर्धारित हैं, कुछ दशक पूर्व स्थिति सर्वथा भिन्न थी। विश्व के अनेक हिस्सों में विशेषकर आर्थिक दृष्टि से अपेक्षाकृत उपान्तीय महत्व के क्षेत्रों में, राजनीतिक अधिकार क्षेत्रों का विभाजन बहुत स्पष्ट नहीं था। विस्तृत उपान्तीय क्षेत्रों के निम्न आर्थिक महत्व के कारण पड़ोसी देश अपने राज्य के अधिकार क्षेत्र के प्रति प्रायः उदासीन थे। अतः दो पड़ोसी राज्यों के बीच विस्तृत क्षेत्रीय पट्टियां सीमान्तों (फ्रान्टीयर्स) के रूप में विद्यमान थी। कालान्तर में जैसे-जैसे आर्थिक और राजनीतिक कारणों से सम्बन्धित राज्यों को इस सीमान्त प्रदेश के संसाधनों के दोहन की आवश्यकता महसूस हुई, दोनों ओर से होने वाले क्षेत्रीय प्रसार के फलस्वरूप सीमान्त प्रदेश उत्तरोत्तर संकरे होते गए और अन्ततः वे रेखीय सीमाओं के रूप में बदल गए।

सीमान्त प्रदेशों की सीमा रेखाओं में परिवर्तन की इस प्रक्रिया के अनेक कारक थे प्रारम्भ में विश्व की जनसंख्या सीमित थी। छोटे-छोटे राज्य एक दूसरे से दूर सर्वथा स्वतंत्र रूप से स्थित थे। प्रत्येक राज्य के विकास के लिए देश के अन्दर पर्याप्त क्षेत्र उपलब्ध था इसलिए नपी तुली सीमा निर्धारित करने की आवश्यकता नहीं थी। सीमान्त ही पड़ोसी राज्यों को एक दूसरे से अलग करने का काम करते थे। धीरे-धीरे जनसंख्या की वृद्धि के साथ राज्यों को क्षेत्र विस्तार की आवश्यकता पड़ी। स्वाभाविक था कि यह विस्तार आर्थिक दृष्टि से सर्वाधिक उपयोगी अर्थात् उपजाऊ क्षेत्रों में हुआ। धीरे-धीरे आर्थिक दृष्टि से उपजाऊ सभी क्षेत्र किसी न किसी राज्य द्वारा अधिकृत कर लिए गए। परिणामस्वरूप सीमान्त प्रदेश सिमट कर सीमा रेखाओं में बदल गए। आर्थिक दृष्टि से कम उपजाऊ क्षेत्रों पर इस प्रकार का विस्तार औद्योगिक क्रान्ति के पश्चात् ही प्रारम्भ हुआ क्योंकि ऐसे क्षेत्र जो कृषि प्रधान अर्थव्यवस्था के अन्तर्गत बहुत सीमित महत्व के थे वे अब खनिज, अथवा शक्ति स्रोत की सम्भावना की दृष्टि से उपयोगी सिद्ध हो सकते थे। साथ ही सुरक्षा की दृष्टि से भी यह आवश्यक हो गया कि राज्य की सीमाएं स्पष्टतः अंकित हों। संसाधन उपयोग में तकनीकी क्रांति आधुनिक औद्योगिक युग में सीमांतों के संकुचन और उनकी सीमा रेखाओं के रूप में परिवर्तन का मुख्य कारण थी।

आधुनिक राज्य व्यवस्था के लिए रेखीय सीमा एक अनिवार्य आवश्यकता बन गई है क्योंकि आधुनिक राज्य की प्रभावी क्रियाशीलता के लिए आवश्यक है कि राज्य के अधिकारी भली प्रकार आश्वस्त हों कि किन क्षेत्रों के रहने वाले राजसत्ता द्वारा प्रदान की जाने वाली सेवाओं और सुविधाओं के हकदार हैं तथा किन क्षेत्रों के निवासी इस हक से वंचित हैं। इसी प्रकार प्रशासनिक खर्च के लिए करों की वसूली हेतु भी सीमाओं का स्पष्ट निर्धारण आवश्यक हो गया। पड़ोसी राज्यों के बीच उत्तरोत्तर बढ़ती प्रतिस्पर्धा के कारण देश की सुरक्षा हेतु देश के अन्दर विदेशियों के प्रवेश पर निगरानी रखना आवश्यक हो गया। परिणामस्वरूप सीमाओं पर चौकसी की व्यवस्था अनिवार्य आवश्यकता बन गई। अतः अपने समस्यामूलक स्वरूप के बावजूद भी सीमाएं आधुनिक राज्य के अस्तित्व के लिए अनिवार्य आवश्यकता बन गई हैं।

पूर्व आधुनिक युग में आर्थिक और प्रशासनिक व्यवस्था के लिए स्पष्ट सीमाएं आवश्यक नहीं थीं। सामाजिक व्यवस्था सामन्तवादी थी। उसमें सामान्य जन की सीधी भागीदारी नहीं थी। राजसत्ता क्षेत्रीय क्षत्रपों और केन्द्रीय सम्राट के बीच हुए आपसी समझौतों पर निर्भर थी। क्षेत्र की

जनता अपनी सुरक्षा के लिए क्षेत्रीय सामन्त (नवाब, क्षत्रप, अथवा राजा) को अपने सामर्थ्य के अनुसार कर अथवा सेवा प्रदान करती थी। क्षेत्रीय सामन्त केन्द्रीय सम्राट के बीच भी ऐसा ही सम्बन्ध था। ऐसी स्थिति में सामान्य जन के जीवन से राजनीति का रिश्ता अत्यधिक सीमित था अतः सीमाओं का निर्धारण अनावश्यक था। ऐसी व्यवस्था में एक क्षेत्रीय शासक अपनी सुरक्षा के लिए एक से अधिक सम्राटों अर्थात् पड़ोसी राज्यों के सम्राटों को नज़राना दे सकता था। परिणामस्वरूप सीमा निर्धारण प्रायः असम्भव सा कार्य था। उस युग में कर वसूली धनी सम्पन्न वर्गों तक ही सीमित थी। मूलरूप से कृषि भूमि पर कर वसूली नहीं होती थी। ऐसे में स्पष्ट सीमांकन की आवश्यकता नहीं थी। यद्यपि चीन की विशाल दीवार और कौटिल्य के *अर्थशास्त्र* में दिया गया अनुदेश कि राज्य की सीमाओं पर सुरक्षा व्यवस्था सुदृढ़ होनी चाहिए इस बात का आभास देते हैं कि प्राचीन युग में भी स्पष्ट सीमाओं की आवश्यकता अनुभव की गई थी, परन्तु इनका उद्देश्य बाहरी आक्रमणों से सुरक्षा प्रदान करना था न कि प्रशासनिक सुविधा।

1930 के दशक के मध्य से पचास के दशक के अन्त तक करीब बीस वर्षों में राजनीतिक भूगोल में राज्य मुख्यतः एक विस्तारशील क्षेत्रीय इकाई के रूप में देखा जाता था। अतः इस दौर में सीमाएं और सीमान्त प्रदेश के अध्ययन पर बहुत जोर दिया गया। सामान्यतया राजनीतिक विमर्श में सीमा और सीमान्त पर्यावाची शब्दों के रूप में प्रयुक्त होते हैं परन्तु राजनीतिक भूगोल में दोनों का अलग-अलग अर्थों में प्रयोग करना आवश्यक है। पूर्वगामी अनुच्छेदों में रेखांकित किया जा चुका है कि सीमा तथा सीमांत में अर्थ की भिन्नता के होते हुए भी दोनों एक ही विकास प्रक्रिया के दो क्रमबद्ध चरणों के परिचायक हैं। अतः जो पहले कभी सीमान्त था वही आज संकुचित होकर सीमा बन गया है। दोनों शब्दों का अन्तर स्पष्ट करते हुए कुछ विद्वानों ने (क्रिस्टाफ, 1958) रेखांकित किया है कि: (1) सीमान्त राज्य का ध्यान बाहर की ओर आकर्षित करते हैं जबकि सीमाएं राज्य की आन्तरिक व्यवस्था से सम्बद्ध हैं, क्योंकि सीमान्त राजनीतिक अधिकार क्षेत्र के विस्तार की दिशा के परिचायक हैं। (2) इस आधार पर कहा जा सकता है कि जहां सीमान्त उपकेन्द्रीय बल (सेन्ट्रफुगल फोर्सेज़) का प्रतिनिधित्व करते हैं वही सीमाएं अभिकेन्द्रीय शक्ति को (सेन्ट्रीपिटल फोर्सेस) प्रतिनिधि हैं। (3) इस प्रकार क्षेत्रीय दृष्टि से सीमान्त पड़ोसी देशों को एक दूसरे को पास लाने का काम करते हैं क्योंकि इसके दोनों ओर स्थित राज्य इसकी संभावित संसाधनों का लाभ उठाना चाहते हैं। इसके विपरीत सीमाएं पड़ोसियों के बीच सम्पर्क सम्बन्ध रोकने के उद्देश्य से बनाई गई हैं। (4) ए.ई. मूडी (1963) के शब्दों में सीमान्त प्रदेश प्राकृतिक क्षेत्रीय इकाइयों के बीच संक्रमण (ट्रांजीशन) के परिचायक हैं तथा सीमाएं राजनीतिक इकाइयों के बीच अवस्थांतरण का प्रतिनिधित्व करती हैं। (5) सीमान्त क्षेत्रात्मक इकाइयां हैं, इनमें लम्बाई तथा चौड़ाई होती है, परन्तु सीमाएं रेखीय हैं, इनमें लम्बाई होती हैं परन्तु चौड़ाई नहीं। (6) सीमान्त अतीत की याद दिलाते हैं, जबकि सीमाएं वर्तमान व्यवस्था के अभिन्न अंग हैं। (7) सीमान्त क्षेत्रीय पट्टी हुआ करते थे अतः वे अपरिवर्तनीय स्थिति के परिचायक थे। इसके विपरीत सीमा पड़ोसी देशों के प्रभाव क्षेत्र की बाहरी सीमा निर्धारण करती है। अतः सीमाएं स्वभाव से ही परिवर्तनशील हैं। उपनिवेशवादी दौर में किसी भी समय विशेष में अन्तरराष्ट्रीय सीमा सम्बद्ध राज्यों के बीच तत्कालीन शक्ति संतुलन का परिचायक थी। इस संतुलन में परिवर्तन के साथ ही सीमा की स्थिति में परिवर्तन आना स्वाभाविक था। द्वितीय विश्व युद्ध के पश्चात् अब सीमाएं बहुधा स्थायी विभाजक रेखाएं बन गई हैं।

सीमा निर्धारण के आधार

आधुनिक राज्य के उद्भव के साथ ही स्पष्ट रूप से परिभाषित सीमाओं की आवश्यकता पड़ी। सीमा का वास्तविक निरूपण एक जटिल समस्या थी। उस समय तक क्षेत्रीय सर्वेक्षण की तकनीक अत्यधिक अविकसित थी। अतः सीमांकन का कार्य कठिन था। परिणामस्वरूप प्रकृति प्रदत्त उच्चावचीय स्थालाकृतियों की ओर ध्यान आकर्षित हुआ विशेषकर ऐसी स्थलाकृतियां जो कि आवागमन में अवरोधात्मक भूमिका निभा रही थीं उनके सहारे राजनीतिक विभाजक रेखाओं का निर्धारण सरल हो गया। ऐसे में पर्वत श्रेणियां और उनके पाद प्रदेश, नदिया, अभेद्य घने, जंगल और विस्तृत जनशून्य मरुभूमि प्रदेश सीमा निर्धारण के आधार बन गए। सीमा निर्धारण में इनके चुनाव के दो लाभ थे। ये आकृतियां पृथ्वी की सतह पर प्राकृतिक रूप में विद्यमान थीं अतः उनके आधार पर निर्धारित विभाजक रेखा के लिए सविस्तार सर्वेक्षण करने की आवश्यकता नहीं थी, साथ ही सीमाएं पड़ोसी देशों के बीच अप्रतिबन्धित आवागमन पर रोक लगाने के उद्देश्य से बनाई जा रही थी, अतः इन अवरोधक तत्वों पर आधारित विभाजक रेखाओं के अधिक प्रभावी सिद्ध होने की सम्भावना थी।

प्राकृतिक स्थल कृतियों के आधार पर सीमा निर्धारण का एक महत्वपूर्ण उद्देश्य सम्बद्ध राष्ट्रीय इकाइयों को सुस्पष्ट प्राकृतिक पहचान प्रदान करना स्थल कृतियां था। मध्यकालीन यूरोप (विशेषकर फ्रांस में) प्रचलित मान्यता के अनुसार विधाता ने पृथ्वी को सुस्पष्ट प्राकृतिक इकाइयों में विभक्त कर दिया है। जिससे कि पृथक्-पृथक् राष्ट्रीय इकाइयों को विकास हेतु अलग-अलग गृह क्षेत्र प्राप्त हो सकें। अर्थात् प्रकृति ने स्वयं ही विभिन्न देशों की सीमाएं बना रखी हैं। अतः प्रत्येक राष्ट्रीय इकाई के शासकों का यह कर्तव्य है कि वे प्रकृति की इस योजना को मूर्त रूप दें। यही कारण है कि सत्रहवीं और अठारहवीं सदी में यूरोप में प्राकृतिक भूदृश्यों के आधार पर सीमा निर्धारण का व्यापक प्रचार हुआ। (फ्रांस के विशेष सन्दर्भ में देखिएः पाउण्ड्स 1951 तथा 1954)।

पूर्व आधुनिक युग में नैसर्गिक सीमान्त (नैचुरल फ्रंटियर्स) की संकल्पना अत्यधिक लोकप्रिय हुई और यह सामान्य मान्यता बन गई कि राज्यों की सीमाएं प्राकृतिक सीमान्तों पर आधारित होनी चाहिए। अर्थात् प्रत्येक राज्य का राष्ट्रीय भौगोलिक क्षेत्र पर्वत श्रेणियों, नदियों अथवा अन्य प्राकृतिक स्थलाकृतियों द्वारा निर्मित सीमाओं से घिरा होना चाहिए। प्राकृतिक सीमान्त सम्बन्धी यह अवधारणा बाद में शक्तिशाली राज्यों द्वारा अपने अपेक्षाकृत निर्बल पड़ोसियों के क्षेत्र को हड़पने का बहाना बन गई। यूरोपीय ज्ञानोदीप्ति के युग (एज ऑफ एनालाइटेनमेण्ट) में यह संकल्पना राजनीतिक प्रभुत्व के क्षेत्र विस्तार का प्रमुख आधार बन गई (देखिएः पाउण्ड्स, 1951, 1954)। फ्रांसीसी क्रान्ति (1789-1799) के पश्चात् वहां सामन्तवाद का अन्त हो गया। परिणामस्वरूप ऐतिहासिक उत्तराधिकार के आधार पर राज करने का अधिकार समाप्त हो गया। इसके साथ ही ऐतिहासिक सीमाएं भी समाप्त हो गईं और उनके स्थान पर नई सीमाओं का निर्धारण प्राकृतिक आधार पर किया जाने लगा।

जहां ज्ञानोदीप्ति काल के फ्रांसीसी विचारक प्राकृतिक सीमान्त की अवधारणा का पक्ष ले रहे थे, वहीं जर्मनी के समाज वैज्ञानिक चिन्तक "ईश्वरीय योजना" अथवा हेतुवाद के बदले सीमा निर्धारण में ऐतिहासिक राष्ट्रीय पहचान पर ज़ोर दे रहे थे। जर्मन चिंतकों के अनुसार सीमा निर्धारण में सम्बद्ध जन समूहों की राष्ट्रीय भावना का समादर करना अनिवार्य है। अर्थात् सीमाएं इस प्रकार से निर्धारित की जानी चाहिए कि राष्ट्र का कोई भी हिस्सा राज्य की सीमा के बाहर न

छूट जाए। जर्मन और फ्रांसीसी विचारकों के बीच यह संकल्पनात्मक मूल्य भेद उनकी भौगोलिक परिस्थितियों की आधारभूत भिन्नता से सीधे तौर पर जुड़ा था। फ्रांस की ऐतिहासिक सीमाएं मूलतया प्राकृतिक सीमाएं हैं: तीन ओर समुद्र तथा बाकी भाग में पर्वतीय विभाजक स्थित है। अतः उसके सीमा निर्धारण में ईश्वरीय विधान की ओर ध्यान जाना स्वाभाविक था। इसके विपरीत जर्मन राष्ट्रीयता प्राकृतिक सीमान्तों द्वारा प्रदत्त एकता के बदले मानवीय मूल्यों की आस्था पर निर्भर थी। उनकी राष्ट्रीय पहचान पूर्णतया सांस्कृतिक पहचान थी। अतः उनके राष्ट्रीय अस्तित्व की सुरक्षा के लिए आवश्यक था उनकी राजनीतिक सीमाएं सांस्कृतिक आधार पर निर्धारित हों।

प्रथम विश्व युद्ध के पश्चात् मध्य और पूर्वी यूरोप में सीमा निर्धारण में राष्ट्रीयता पर जोर दिया गया। राष्ट्रीयता की मूल पहचान भाषा मानी गई। इसी आधार पर जर्मन साम्राज्य के विभिन्न भाषाई गुटों को स्वतंत्र राज्य का दर्जा प्रदान किया गया। उसी समय से "राष्ट्रीयता" सीमा निर्धारण का प्रमुख आधार बन गई। परन्तु द्वितीय युद्ध की समाप्ति पर एशिया और अफ्रीका के सन्दर्भ में राष्ट्रीयता की पहचान भाषा के धर्म को माना गया। इसी आधार पर बदले में यूरोपीय उपनिवेशों को परस्पर प्रतिस्पर्धी राष्ट्रीय गुटों में बांट कर नई राष्ट्रीय इकाइयों का निर्माण किया गया।

द्वितीय विश्व युद्ध के पूर्व *"राष्ट्रीय अधिकारों"* का सिद्धान्त केवल "सुसंस्कृत" यूरोपीय समुदायों तक ही सीमित था क्योंकि परतंत्र अश्वेत समाज को यूरोपीय शासकों द्वारा मानवीय पहचान नहीं दी जाती थी, अतः उपनिवेशों की जनता लम्बे अरसे तक मतदान के अधिकार से वंचित थी, यहां तक कि 1953 में मध्य अफ्रीका में ब्रिटेन से स्वतंत्रता प्राप्ति के बाद उत्तरी रोडेशिया, दक्षिणी रोडेशिया, तथा न्यासालैण्ड को मिलाकर मध्य अफ्रीका संघ (सेण्ट्रल अफ्रीकी फेडरेशन) नाम से एक स्वतंत्र राज्य घोषित होने की तिथि तक उत्तरी रोडेशिया की तेईस सदस्यीय कार्यकारी समिति में केवल तीन अश्वेत सदस्य थे क्योंकि विशाल अश्वेत जनसंख्या तत्कालीन नियमों के अन्तर्गत मतदान के अधिकार से वंचित थी। ऐसे में राष्ट्रभावना अर्थात् सांस्कृतिक तथा जातीय एकता की भावना सीमा निर्धारण का आधार नहीं हो सकती थी। सामान्यतया अफ्रीकी समाज छोटे-छोटे कबीलों में बंटा था। पुरानी संस्कृति वाले दक्षिणी तथा पूर्वी एशिया के विपरीत यहां बड़े-बड़े देशी राज्यों का अभाव था।

अफ्रीका महाद्वीप में सीमा निर्धारण का प्रमुख उद्देश्य प्रतिस्पर्धी उपनिवेशी शक्तियों के अधिकार क्षेत्रों के बीच परस्पर मान्य विभाजक रेखाओं का निर्धारण करना था। इन उपनिवेशवादी देशों के लिए स्थानीय जनता की सांस्कृतिक भावनाओं का कोई महत्व नहीं था। यही कारण था कि 1884-1885 की बर्लिन कोलोनियल कांफरेंस में एकत्र पन्द्रह उपनिवेशवादी देशों ने अपनी उपनिवेशीय इकाइयों का सीमा निर्धारण आपसी समझौते के आधार पर छोटे आकार के मानचित्र पर सीधी रेखाएं खींच कर करने का निर्णय लिया था। बहुधा ये रेखाएं अक्षांश और देशान्तर अथवा अन्य ज्यामितीय रेखाओं पर आधारित थी। इसीलिए इन्हें ज्यामितीय सीमाओं के नाम से जाना गया। उत्तरी और दक्षिणी अमरीका तथा आस्ट्रेलिया के विशाल जन्य शून्य क्षेत्रों में भी इस प्रकार की सीमाओं का बहुत प्रचार हुआ।

पूरानी दुनिया के देशों में अन्तरराष्ट्रीय सीमाएं मुख्यतया सांस्कृतिक और प्राकृतिक आधार पर विकसित ऐतिहासिक विभाजक रेखाएं थीं। इन सीमाओं को लेकर अन्तरराष्ट्रीय कलह निरन्तर चलता रहता था। परन्तु नई दुनिया के देशों में पड़ोसी राज्यों के परस्पर सम्बन्ध शान्तिपूर्ण रहे हैं। अतः अनेक विचारकों और राजनेताओं द्वारा इस धारणा को बल मिला कि ज्यामितीय सीमाएं

स्वभाव से ही शान्तिपूर्ण होती हैं उनसे मैत्रीपूर्ण अन्तरराष्ट्रीय सम्बन्धों को बढ़ावा मिलता है। इस आधार पर ज्यामितीय सीमाओं को अन्य प्रकार की सीमाओं से अधिक श्रेष्ठ माना जाने लगा, यहां तक कि यदा कदा सुझाव दिए जाने लगे कि पुरानी दुनिया के सीमा विवादों से छुटकारा पाने के लिए सीमाओं को ज्यामितीय आधार पर पुनर्परिभाषित कर देना चाहिए। यह धारणा सर्वथा भ्रांतिमूलक है। नई दुनिया में ज्यामितीय सीमाओं का निर्धारण सरल कार्य था क्योंकि लगभग पूरा महाद्वीप जन शून्य था अतः स्थानीय स्तर पर भूमि के साथ सांस्कृतिक पहचान उभरने के अवसर सीमित थे। सीमा रेखा बिना किसी विवाद के किसी भी क्षेत्र से गुजर सकती थी। बाद में इन क्षेत्रों की सारी विकास प्रक्रिया इन सीमाओं के अस्तित्व के अनुरूप ही संचालित हुई। इन सीमाओं की पूर्वगामी उपस्थिति के कारण उनकी अनुपयुक्त भौगोलिक स्थिति को लेकर किसी प्रकार का विवाद नहीं उठा। पुरानी दुनिया में स्थिति एक दम भिन्न है। यह पुरानी संस्कृतियों का क्षेत्र है जहां प्रत्येक सांस्कृतिक इकाई का राष्ट्रीय इतिहास, उसकी विशिष्ट पहचान, वहां की मिट्टी से अन्योन्याश्रयी रूप से जुड़ी है। ऐसी स्थिति में ज्यामितीय सीमाओं की कल्पना नहीं की जा सकती। इस दिशा में कोई भी प्रयास विवादों को कम करने के स्थान पर उन्हें और बढ़ावा देगा। अफ्रीका की ज्यामितीय सीमाएं विशेषकर पश्चिमी अफ्रीका में विवाद से भरी हैं क्योंकि ये सीमाएं विभिन्न स्थानीय सांस्कृतिक समूहों को एक से अधिक राज्यों के अधिकार क्षेत्र में विभक्त करती हैं। अतः स्पष्ट है कि कोई भी सीमा, भले ही वह प्राकृतिक, सांस्कृतिक अथवा ज्यामितीय हो, अपने आप में अच्छी या बुरी नहीं है। उसकी अच्छाई या बुराई मूलतः उसकी स्थानीय स्थिति पर निर्भर है।

सीमा निर्धारण के सैद्धान्तिक आधार

सीमाओं की प्रकृति सम्बन्धी संकल्पनाएं समय के साथ-साथ परिवर्तित होती रही हैं। इस सम्बन्ध में सबसे पुरानी और लोकप्रिय अवधारणा यह है कि अन्तरराष्ट्रीय सीमाएं एक लम्बी विकास प्रक्रिया की अन्तिम परिणति है। विकास की प्रक्रिया में विभिन्न राजनीतिक इकाइयों का क्षेत्र प्रसार होता गया जिसके परिणामस्वरूप उनके बीच स्थित सीमान्त प्रदेश उत्तरोत्तर संकुचित होते गए और अन्त में पड़ोसी देश एक दूसरे के आमने सामने रेखीय सीमाओं पर आ खड़े हुए। इस संकल्पना को *क्रोड़-उपान्त* (कोर-पेरिफरी) संकल्पना कहते हैं क्योंकि इसका उद्भव क्रोड़ (राज्य के मूल क्षेत्र) तथा उसके चारों ओर स्थित उपान्त (सीमान्त प्रदेश) के परस्पर सम्बन्ध पर आधारित है।

यूरोप में पवित्र रोम साम्राज्य ईसाई धर्मावलम्बी आस्था की पहचान पर निर्भर था। इसके अस्तित्व से पृथक्-पृथक् राष्ट्रीय पहचान के विकास के मार्ग में इस प्रकार का प्रतीकात्मक अवरोध उपस्थित था। पवित्र रोम साम्राज्य के अवसान के पश्चात् इस प्रतीक का महत्व जाता रहा और क्षेत्रीय सांस्कृतिक पहचान के आधार पर नई राष्ट्रीय इकाइयों की स्थापना प्रारम्भ हुई। तत्कालीन यूरोप में यह सामान्य मान्यता थी कि प्रत्येक राष्ट्रीय राजनीतिक इकाई एक जीवन्त क्षेत्रीय इकाई है। सीमाएं इसके बाह्य अंग (एक्सटर्नल आर्गन्स) हैं जो राज्य के क्षेत्रीय विस्तार तथा ह्रास से सीधे तौर पर जुड़ी हैं। यह मान्यता भी थी कि राष्ट्रीय राज्य रूपी क्षेत्रीय संगठन स्वभाव से ही विस्तारशील इकाई है अर्थात् जनसंख्या में वृद्धि के साथ क्षेत्र विस्तार राज्य की स्वभावगत प्रवृत्ति है। इस प्रवृत्ति के फलस्वरूप सीमाएं परिवर्तनशील इकाइयां हैं क्योंकि क्षेत्रीय विस्तार अथवा ह्रास की हर घटना के साथ इनकी स्थिति बदलती रहती है। किसी भी समय विशेष में सीमाएं तत्कालीन

अन्तरराष्ट्रीय शक्ति संतुलन का परिचायक हैं। अतः हाउशोफर ने सीमाओं को समुदायों के जीवन में जैविक संघर्ष क्षेत्र (बॉयलाजिकल बैटिलफील्ड) की संज्ञा दी। सीमाओं की प्रकृति सम्बन्धी इस संकल्पना को जैविक संकल्पना के नाम से जाना जाता है।

उन्नीसवीं सदी के अन्त में जब ब्रिटिश साम्राज्य अपने चरमोत्कर्ष पर था ब्रिटेन का मुख्य राजनीतिक लक्ष्य साम्राज्य की सीमाओं को स्थायित्व प्रदान करना और जहां कहीं भी सम्भव हो इन सीमाओं को अभेद्य प्राकृतिक अवरोधों पर आधारित करना था। इसके पीछे निहित मूल मान्यता यह थी कि प्राकृतिक सीमाएं सुरक्षित सीमाएं हैं। कर्जन तथा होल्डिच इस धारणा के प्रमुख प्रवर्तक थे। अतः इस संकल्पना को *ब्रिटिश साम्राज्यवादी* संकल्पना के नाम से जाना जाता है। जर्मन राजनीतिक विचारक सीमा निर्धारण के इस विचार के कट्टर विरोधी थे। अपनी "जैविक" मान्यता के अनुसार जर्मन विचारक राष्ट्रीय राज्य को एक विस्तारशील जीवन्त इकाई के रूप में देखते थे। सीमाओं के स्थायित्व की धारणा राज्य की जैविक संकल्पना के विपरीत थी। अतः वे इस धारणा को राज्य की मूल प्रकृति के विरुद्ध मानते थे।

द्वितीय विश्वयुद्ध के बाद अन्तरराष्ट्रीय राजनीति में दूरगामी परिवर्तन आए। यूरोपीय देशों की उपनिवेशीय इकाइयां अनेक छोटी बड़ी स्वतंत्र राष्ट्रीय इकाइयों में बदल गई। विश्व-राजनीति अब प्रमुखतया बहुनाभीय (मल्टीनोडल) व्यवस्था बन गई और कथित महान शक्तियां (ब्रिटेन, फ्रांस और अन्य प्रमुख उपनिवेशवादी देश अब छोटे-छोटे राज्यों में परिवर्तित हो गए और उनका राजनीतिक प्रभुत्व उनकी आंतरिक सीमाओं तक ही सिमट गया।) साथ ही विश्व युद्ध के बाद संयुक्त राज्य अमरीका और तत्कालीन सोवियत रूस विश्व के दो शक्ति ध्रुवों के रूप में स्थापित हो गए। उनकी पारस्परिक प्रतिस्पर्धा तथा तज्जनित प्रभुत्व प्रसार के निरन्तर होड़ के कारण यह निश्चित हो गया कि विश्व के किसी भी भाग में अन्तरराष्ट्रीय द्वन्द्व उत्पन्न होने की दशा में दोनों ही महाशक्तियां अवसर का लाभ उठाने का प्रयास करेंगी। फलस्वरूप स्थानीय लड़ाई महाशक्तियों के टकराव में बदल सकती थी। इस परिवर्तित राजनीतिक वातावरण में विस्तारशील राज्य की संकल्पना स्वीकार्य नहीं हो सकती थी। नई राजनीतिक स्थिति की मजबूरी थी कि सभी देश अपनी राजनीति अपनी सीमाओं के अन्दर ही खेलें। परिणामस्वरूप हर देश की सीमा व्यावहारिक दृष्टि से स्थाई सीमा बन गई। साथ ही क्षेत्रीय उपनिवेशवाद की समाप्ति और संसार के अधिकांश भागों में स्वतंत्र राष्ट्रीय इकाइयों के उद्भव के पश्चात् व्यक्तिगत स्वतंत्रता हर व्यक्ति और हर देश का मूल अधिकार बन गई। अतः सीमा परिवर्तन का कोई भी प्रयास पड़ोसी देश की राष्ट्रीय अस्मिता का अतिक्रमण माना जाने लगा और अन्तरराष्ट्रीय सीमाओं को दो देशों की जनता और उनके शासकों के बीच आपसी समझौते अथवा "कान्ट्रैक्ट" का परिणाम माना जाने लगा। कोई भी इकरारनामा बिना दोनों पक्षों की सहमति के बदला नहीं जा सकता, अतः सैद्धान्तिक स्तर पर अन्तरराष्ट्रीय सीमाएं स्थाई विभाजक रेखाएं बन गईं। अन्तरराष्ट्रीय सीमाओं की इस संकल्पना को संविदा सिद्धान्त (कन्ट्रैक्चुअल थियरी) के नाम से जाना जाता है (जोन्स, 1959, दीक्षित, 1987)।

सीमाओं का वर्गीकरण

द्वितीय विश्व युद्ध के पहले सीमाएं राजनीति भूगोल के अध्ययन का मुख्य विषय थी। रैट्ज़ेल की जैविकीय राज्य की संकल्पना के अनुसार सीमाएं राज्य के जीवन-मरण के प्रश्न से अनिवार्यतः जुड़ी थीं। 1933 के बाद के क्षेत्रीय परिदृष्टि प्रधान राजनीतिक भूगोल में भी इनके अध्ययन का

महत्व बना रहा क्योंकि सीमाएं राज्य की स्थानिकता की परिचायक थी और राज्य की स्थानिकता से अभिन्न रूप से जुड़ी थीं। अतः बीसवीं सदी के पूर्वार्द्ध में यह प्रश्न कि किस प्रकार की सीमाएं वांछनीय हैं और कौन अवांछनीय अध्ययन का महत्वपूर्ण विषय बन गया। फलस्वरूप सीमाओं के वर्गीकरण पर पर्याप्त चर्चा हुई। मोटे तौर पर यह वर्गीकरण दो प्रकार का था। एक आकृतिक (मार्फोलाजिकल) वर्गीकरण तथा दूसरा आनुवंशिक (जेनेटिक) वर्गीकरण। आकृतिक वर्गीकरण में प्राकृतिक भूदृश्यों के आधार पर खींची गई सीमाओं को प्राकृतिक सीमाएं, जातीएं (एथनिक) तत्वों के आधार पर खीची गई सीमाओं को मानवीय पहचान वाली (एंथ्रोपोलाजिकल) सीमाएं, तथा ज्यामितीय आधार पर खींची गई सीमाओं को ज्यामितीय (ज्योमेट्रिकल) सीमाएं कहा गया।

सीमाओं का आनुवंशिक वर्गीकरण सर्वप्रथम अमरीकी विद्वान हार्टशोर्न ने 1936 में *एनल्स ऑफ दि एसोसिएशन ऑफ अमेरिकन जियोग्राफर्स* पत्रिका में प्रकाशित एक प्रपत्र-सार (एब्स्ट्रैक्ट) में प्रस्तुत किया था। इस वर्गीकरण में निर्दिष्ट वर्गों के नाम नदियों के प्राकृतिक भूगोल के अध्ययन में प्रयुक्त होने वाली नामावली से लिया गया था। एक प्राकृतिक तत्व होने के नाते नदियों तथा अन्तरराष्ट्रीय सीमाओं के बीच कोई समानता नहीं है। अतः इस वर्गीकरण का आधार सीमा विशेष और उसके आसपास के सांस्कृतिक भूदृश्य के बीच पाया जाने वाला कालक्रम सम्बन्ध है। अर्थात् यदि सीमा रेखा सांस्कृतिक भूदृश्य की विकास प्रक्रिया के प्रारम्भ के पहले ही अस्तित्व में आ गई थी तो ऐसी सीमा पूर्ववर्ती (ऐण्टीसिडेण्ट) सीमा हुई। परन्तु यदि सीमा रेखा सांस्कृतिक भूदृश्य के विकास के बाद अस्तित्व में आई तो वह अनुवर्ती (सब्सीक्वेण्ट) सीमा हुई। परन्तु अनुवर्ती संज्ञा केवल उन्हीं सीमाओं के लिए सुरक्षित है जिनका निर्धारण सम्बद्ध पक्षों की पारस्परिक सहमति के आधार पर शांतिपूर्ण तरीके से हुआ है। ऐसी अनुगामी सीमाएं जिनका निर्धारण स्थानीय लोगों की इच्छा के विरुद्ध बाहरी शक्तियों के दबाव के अन्तर्गत हुआ है उन्हें *आरोपित* (सुपरइम्पोज़्ड) सीमा की संज्ञा दी गई है। इस वर्गीकरण के अनुसार पाकिस्तान-भारत सीमा अनुगामी सीमा हुई जबकि उत्तरी और दक्षिणी कोरिया को पृथक् करने वाली सीमा आरोपित सीमा है।

प्रायः सभी देशों के भूदृश्य में कुछ स्पष्ट सांस्कृतिक सीमाओं का अस्तित्व होता है क्योंकि इतिहास के पूर्वगामी दौर में देश का वर्तमान भौगोलिक क्षेत्र पृथक्-पृथक् स्वतंत्र (अथवा महत्वपूर्ण मामलों में स्वायत्त) क्षेत्रों के पारस्परिक विलय का परिणाम है। वर्तमान सांस्कृतिक भूदृश्य से परिलक्षित होने वाली (परन्तु आज के दिन राजनीतिक दृष्टि से प्रभावहीन) सांस्कृतिक सीमाएं वास्तव में *अवशिष्ट* (रैलिक्ट अथवा रेलिक) राजनीतिक विभाजक रेखाएं हैं। मध्य और पूर्व यूरोप में इस प्रकार की अवशिष्ट सीमाएं बड़ी संख्या में विद्यमान हैं।

आनुवंशिक वर्गीकरण नदियों के प्राकृतिक भूगोल में प्रयुक्त नामावली की सीमाओं के क्षेत्र में पर्याय के दर्शन का प्रयास मात्र था। इस दिशा में आगे कोई महत्वपूर्ण अध्ययन नहीं हुआ। परन्तु सूक्ष्म दृष्टि से देखने पर यह वर्गीकरण सीमाओं के स्वरूप तथा स्थानीय अन्तरराज्यीय सम्बन्धों में उनके प्रभाव के विश्लेषण में पर्याप्त उपयोगी प्रतीत होता है। सामान्यतया पूर्वगामी सीमाएं अन्तरराष्ट्रीय सम्बन्धों की दृष्टि से शान्तिप्रिय सीमाएं सिद्ध हुई हैं जबकि अनुगामी सीमाएं (चाहे उनका निर्धारण प्राकृतिक भौगोलिक आधार पर हुआ हो अथवा सांस्कृतिक तत्वों के आधार पर, या वे सीधी रेखाओं वाली ज्यामितीय सीमाएं हों प्रायः अन्तरराष्ट्रीय सम्बन्धों में तनाव उत्पन्न करने का कारण रही हैं। इसका कारण यह है कि पूर्वगामी सीमाएं प्रारम्भ से ही सम्बद्ध क्षेत्र में राजनीतिक जीवन की विकास प्रक्रिया का अनिवार्य अंग रही हैं, परिणामस्वरूप क्षेत्रीय स्तर के अन्तरराज्यीय सम्बन्ध उनके अस्तित्व से पूर्ण रूपेण समायोजित हो गए हैं।

सीमाओं को प्राकृतिक और कृत्रिम श्रेणियों में बांटने के प्रयास भी यदा-कदा किए गए थे। प्राकृतिक तत्वों पर आधारित सीमा प्राकृतिक, तथा मानवीय तत्वों पर आधारित अथवा मानवीय प्रयास से निर्धारित (उदाहरणार्थ ज्यामितीय) सीमाएं कृत्रिम विशेषण से सम्बोधित की गई है। ध्यातव्य है कि प्रकृति में कहीं भी सीमाएं नहीं होतीं। एक भूदृश्य उत्तरोत्तर ढाल के क्रमिक परिवर्तन के माध्यम से दूसरे भूदृश्य से मिल जाता है, इसी प्रकार एक प्रकार का जलवायु क्षेत्र तापमान, वर्षा आदि जलवायुवीय तत्वों के परिणाम में क्रमिक परिवर्तन के माध्यम से दूसरे प्रकार के जलवायु प्रदेश में मिल जाता है। अर्थात् कोई सीमा चाहे प्राकृतिक तत्वों के सहारे निर्धारित हो अथवा मानवीय तत्वों के आधार पर, प्रत्येक दशा में मानवीय चयन का परिणाम है अतः सभी सीमाएं कृत्रिम सीमाएं हैं।

वर्गीकरण सम्बन्धी इस चर्चा को समाप्त करने के पूर्व ध्यातव्य है कि प्राकृतिक बनाम कृत्रिम सीमा सम्बन्धी विवाद के पीछे मूलभूत मान्यता यह थी कि "प्राकृतिक सीमाएं" प्राकृतिक तत्वों पर आधारित हैं, अतः वे अधिक श्रेयस्कर होगी। उनके चयन से मानवीय सम्बन्धों को स्थायित्व मिलेगा। क्योंकि सम्बद्ध प्राकृतिक तत्व स्थानीय भूदृश्य में प्रारम्भ से ही अवरोधक भूमिका निभाते रहे हैं अतः ऐसी सीमा के दोनों ओर स्थित मानव समूह स्वभावतया एक दूसरे से पृथक् पहचान वाले होंगे। मोटे तौर पर यह तर्क विवेकपूर्ण प्रतीत होती है और इसमें निहित मान्यता उचित लगती है। परन्तु समस्या का निकट से विश्लेषण करने पर यह मान्यता भ्रामक प्रतीत होती है। कोई भी पर्वतीय प्रदेश एक विस्तृत क्षेत्र की समष्टि का परिचायक है, उसमें लम्बाई के साथ पर्याप्त चौड़ाई वाला विस्तृत क्षेत्र भी शामिल है। साथ ही यद्यपि मैदानी और पठारी भागों की तुलना में पर्वतीय प्रदेश उपान्तीय आर्थिक महत्व के होते हैं परन्तु वे जनशून्य नहीं होते। अपनी उपान्तीय उपयोगिता के बावजूद वे पर्वत के दोनों ओर स्थित आबाद क्षेत्रों की अर्थव्यवस्था के महत्वपूर्ण आधार होते हैं। पर्वतीय पाद प्रदेशों की कृषि व्यवस्था में उनके चरागाहों तथा जंगलों का केन्द्रीय महत्व है। लम्बे समय से अधिकार मुक्त रहे इन क्षेत्रों की परस्पर विरोधी शक्तियों के अधिकार क्षेत्रों में विभक्त हो जाने से वहां की दीर्घकालीन स्थानीय अर्थव्यवस्था विस्थापित हो जाती है और सामाजिक असंतोष उत्पन्न होता है। नदी घाटियों में सीमा निर्धारण से स्थिति और चिन्ताजनक हो जाती है।

पर्वतीय सीमाओं के पक्ष में एक महत्वपूर्ण तर्क यह था कि पर्वत भूदृश्य के स्थायी तत्व हैं अतः उनके आधार पर खींची गई सीमा रेखा भी स्थायी होगी। जहां तक नदियों पर आधारित सीमाओं की तुलना में पर्वतीय सीमाओं के मूल्यांकन का प्रश्न है यह तर्क ठीक है। परन्त द्वितीय विश्वयुद्ध की समाप्ति के पहले जब सम्पूर्ण विश्व उपनिवेशवादी दौर से गुजर रहा था तब सभी राजनीतिक सीमाएं किसी भी समय विशेष में विद्यमान राजनीतिक शक्ति संतुलन की परिचायिका मात्र थी। भारत-चीन सीमा इसका सबसे उपयुक्त उदाहरण है। जब तक भारत ब्रिटिश साम्राज्य का भाग था, और ब्रिटेन विश्व की सबसे बड़ी राजनीतिक शक्ति था, भारत-तिब्बत सीमा (मैकमहॉन रेखा) एक स्थायी सीमा बनी रही थी। किन्तु 1947 के पश्चात् स्थिति एकदम बदल गई। अब तिब्बत चीन का हिस्सा बन गया और विश्व के सबसे बड़े पर्वत के सहारे खींची गई भारत-तिब्बत सीमा अस्थिर हो गई। अतः किसी भी राजनीतिक सीमा का स्थायित्व अथवा अस्थायित्व उसके दोनों ओर स्थित राष्ट्रीय इकाइयों के आपसी सम्बन्धों पर निर्भर है न कि सीमा की प्रकृति अथवा उसके प्रकार पर।

नदियों के सम्बन्ध में सीमाओं की स्थिरता का प्रश्न पूर्णतया निर्मूल है। नदियां भूदृश्य का स्थायी अंग अवश्य हैं परन्तु वे प्रकृति से ही प्रवाहमान हैं। हर आने वाली बाढ़ के बाद उनके प्रवाहमार्ग में परिवर्तन की सम्भावना बनी रहती है। परिणामस्वरूप उनके आधार पर खींची गई सीमाएं अत्यधिक परिवर्तनशील (अस्थिर) होती है। संयुक्त राज्य अमरीका और मेक्सिको के बीच विभाजक सीमा रेखा (जो टेक्सास राज्य की पश्चिमी सीमा भी है) रायोग्रोण्डे नदी पर आधारित है। एल पासो नगर के बाद रायोग्राण्डे एक चौड़े अपवाह मैदान से होकर प्रवाहित होती है। इस भाग में लगभग प्रत्येक वर्ष बाढ़ के बाद इसका मार्ग बदल जाता है। यह वार्षिक मार्ग परिवर्तन स्थानीय निवासियों और सम्बद्ध सरकारों के लिए लंबे समय तक सिर दर्द बना रहा था। 1933 में दोनों देशों के संयुक्त प्रयास के बाढ़ नियंत्रण के विस्तृत प्रयास करके नदी की मुख्य धारा को सीधा किया गया। तब से इस मुख्य धारा के मध्य से होकर गुजरने वाली रेखा दोनों देशों के बीच राजनीतिक विभाजक रेखा के रूप में मान्य है।

भारत में नदी पर आधारित समस्यापूर्ण सीमा का एक प्रमुख उदाहरण मध्य गंगा घाटी की बिहार-उत्तर प्रदेश अन्तरराज्यीय सीमा है। इस क्षेत्र में 1840 से दोनों राज्यों की सीमा घाघरा तथा गंगा की सबसे गहरी धाराओं के आधार पर परिभाषित थी। परन्तु इस क्षेत्र में ये दोनों ही नदियां वर्ष प्रतिवर्ष धारा परिवर्तित करती रही हैं। परिणामस्वरूप सीमा विवाद स्थानीय जीवन के लिए एक कभी भी न समाप्त होने वाला, अभिशाप बन गया था। भारत सरकार ने इस सीमा विवाद के समाधान के लिए त्रिवेदी, आयोग का गठन किया। आयोग ने 1964 में अपनी रिपोर्ट सरकार को प्रस्तुत कर दी थी। 1968 में लोक सभा द्वारा इसे स्वीकार किए जाने के बाद इस विवाद का समाधान हुआ (चित्र 3.2)।

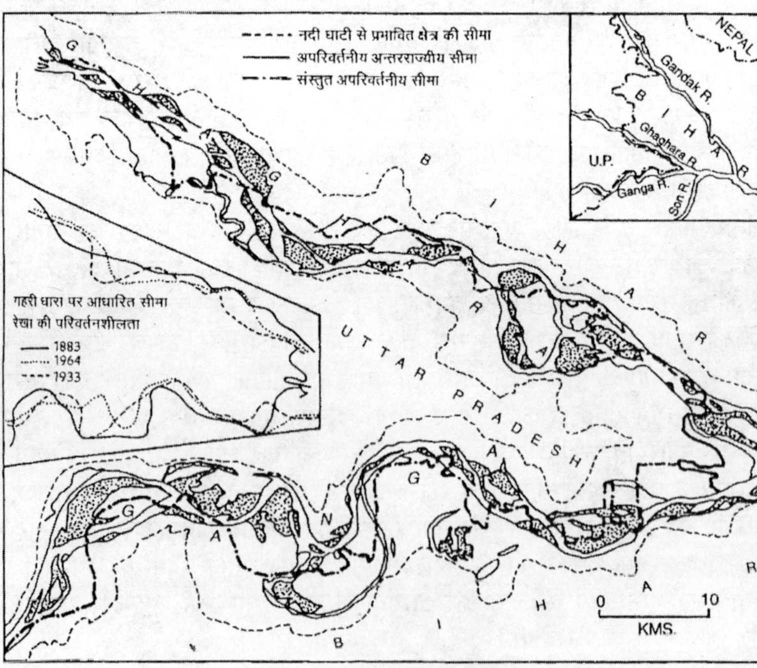

चित्र 3.2 नदियों पर आधारित सीमा रेखाओं के सम्बन्ध में उठने वाली समस्याएं: गंगा नदी पर आधारित उत्तर प्रदेश-बिहार सीमा का उदाहरण (दीक्षित, 1994 से साभार)।

अन्तरराष्ट्रीय सम्बन्धों में सीमाओं का परिवर्तित महत्व

द्वितीय विश्व युद्ध की समाप्ति के पहले अन्तरराष्ट्रीय सम्बन्धों का करीब डेढ़ शताब्दी का इतिहास मूलरूप से यूरोपीय देशों के उपनिवेश विस्तार का इतिहास था। इस दौर में सम्पूर्ण यूरोप में राष्ट्रीय भावना पर आधारित स्वतंत्र राजनीतिक इकाइयों (राज्यों) का बोल-बाला था राष्ट्रीय पहचान पर आधारित राष्ट्रीय इकाइयां जैविक क्षेत्रीय इकाइयों के रूप में देखी जाती थी। इसीलिए अन्य जीवित प्राणियों की भांति राष्ट्रीय राज्य भी विकासशील इकाइयां माने जाने लगे। उन्हें राष्ट्र की विकासशील जनसंख्या के भरण पोषण के लिए निरन्तर अतिरिक्त क्षेत्र की आवश्यकता थी। अतः राज्य परस्पर प्रतिस्पर्धी क्षेत्रीय संगठकों के रूप में देखे जाने लगे और अपने अधिकार क्षेत्र का विस्तार उनकी मूलभूत प्रवृत्ति मानी जाने लगी। इस मान्यता के परिणामस्वरूप राज्यों की राजनीतिक सीमाएं उनके परस्पर शक्ति संतुलन पर आधारित अस्थायी विभाजक रेखाएं बन गईं। उनकी स्थिति राजनीतिक शक्ति संतुलन में आने वाले हर बदलाव के साथ परिवर्तनीय हो गई। अतः स्वाभाविक था कि राजनीतिक सीमाओं को छुरी की धार की संज्ञा मिले, एक ऐसी धार जिस पर राष्ट्रों के जीवन-मृत्यु और युद्ध अथवा शान्ति के प्रश्न समीप से जुड़े हैं। कर्जन (1908, पृ. 8) और होल्डिच (1916, पृ. 1) के अनुसार "विश्व के आधुनिक इतिहास में प्रायः सभी महत्वपूर्ण युद्ध और अन्तरराष्ट्रीय झगड़े जो कि युद्ध में बदल सकते थे, सीमा विवादों के परिणाम रहे हैं"। द्वितीय विश्व युद्ध के पश्चात् यह स्थिति एक दम परिवर्तित हो गई। युद्धोत्तर काल में विश्व उपनिवेशवाद की राख पर खड़ा था। अब राष्ट्रीय राजनीतिक इकाइयां जीवन्त तो थीं परन्तु उनकी प्रवृत्ति क्षेत्रीय दृष्टि से विस्तारवादी नहीं थीं। अब महान शक्तियों का युग समाप्त हो गया था एक नई बहुनाभिक विश्वव्यवस्था का प्रारम्भ हुआ था जिसमें अनेक छोटे-बड़े स्वतंत्र राज्यों के साथ-साथ दो महाशक्तियां अस्तित्व में आ गई थीं। इस बदली स्थिति में विश्व के किसी भी कोने में सम्भावित सीमा विवाद में महाशक्तियों के आपसी टकराव की सम्भावना सतत् वर्तमान थी। परिणामस्वरूप स्थानीय सीमा विवादों पर एक प्रकार का वातावरणजन्य प्रतिबन्ध लग गया। छोटी-छोटी राजनीतिक इकाइयों के लिए पड़ोसी राज्यों की सीमाओं का अतिक्रमण अपेक्षाकृत कठिन हो गया। अर्थात् व्यावहारिक रूप में सीमाएं यथास्थान स्थिर हो गईं। अन्तरराष्ट्रीय सम्बन्धों में उनका "छुरी की धार" वाला स्वरूप समाप्त हो गया।

सीमाओं का आर्थिक महत्व

राजनीतिक भूगोल में प्रारम्भ से ही अन्तरराष्ट्रीय सीमाएं अध्ययन का महत्वपूर्ण विषय थीं। परन्तु लम्बे समय से यह अध्ययन राष्ट्रों के बीच कभी न समाप्त होने वाले शक्ति परीक्षण और क्षेत्र विस्तार तथा तत्सम्बन्धी समस्याओं पर ही केन्द्रित रहा। सीमा क्षेत्रों के आर्थिक भूदृश्य पर इस अन्तरराष्ट्रीय विभाजक रेखा का प्रभाव प्रायः अध्ययन क्षेत्र के बाहर समझा जाता रहा। अमरीकी विद्वान एस.डब्ल्यू. बॉग्स ने 1932 में इस ओर ध्यान आकर्षित करते हुए रेखांकित किया कि यह धारणा कि सीमाओं का क्रियात्मक रूप अपरिवर्तनीय है पूर्णतया भ्रांतिमूलक है। यह सही है कि सीमा रेखाओं के निर्माण का उद्देश्य पड़ोसी राज्यों के बीच आवागमन संचार को प्रतिबन्धित कर उन्हें स्पष्टतया पृथक्-पृथक् इकाइयों के रूप में स्थापित करना था। परन्तु सामाजिक निर्मितियों का उद्देश्य और उनकी उपयोगिता सामाजिक विकास की बदलती

आवश्यकताओं के अनुरूप परिवर्तनशील होता है। यही बात अन्तरराष्ट्रीय सीमाओं के बारे में भी लागू है। यह सही है कि प्रारम्भ में इनका उद्देश्य और इनका मुख्य कार्य पड़ोसी राज्यों को एक दूसरे से राजनीतिक-सामाजिक रूप में अलग करना था। परन्तु राष्ट्रों के बीच मैत्री भाव बढ़ने और आर्थिक आदान-प्रदान शुरू होने के साथ ही स्थिति में आमूल परिवर्तन आ गया। अनेक उदाहरणों की सहायता से बॉग्स ने सिद्ध किया कि बीसवीं सदीं के चौथे दशक के प्रारम्भ में अन्तरराष्ट्रीय सीमाएं एक महत्वपूर्ण आर्थिक तत्व बन गई हैं। अतः यह आवश्यक है कि राजनीतिक भूगोल के विद्यार्थी सीमाओं के आर्थिक अवरोधक पक्ष (बैरियर फंक्शन) पर ध्यान केन्द्रित करें। इस दिशा में बॉग्स 1941 में प्रकाशित एक लेख में अन्तरराष्ट्रीय सीमाओं के अस्तित्व के कारण पड़ोसी राज्यों के परस्पर आर्थिक और सामाजिक सम्बन्ध संचार पर पड़ने वाले अवरोधात्मक प्रभाव का विश्लेषण प्रस्तुत किया। अन्तरराष्ट्रीय सीमाओं के भौगोलिक अध्ययन में यह एक सर्वथा नूतन प्रयास था तथा इसके माध्यम से सीमाओं पर होने वाले शोध कार्य को नई दिशा मिली और उसका आयाम प्रशस्त हुआ।

द्वितीय युद्ध के पश्चात् सीमाओं के अध्ययन की दिशा में दूरगामी परिवर्तन आ गए। उपनिवेशवादी व्यवस्था की समाप्ति और द्विध्रुवीय विश्व राजनीति के उद्भव के साथ ही अन्तरराष्ट्रीय सीमाएं स्थाई विभाजक रेखाएं बन गई थीं। दोनों “महाशक्तियों” के बीच शक्ति संतुलन बनाए रखने के लिए स्थानीय सीमा विवादों को आपसी समझौतों से निबटाना आवश्यक हो गया अन्यथा विश्व शान्ति के भंग होने की पूरी आशंका थी। ऐसे में क्षेत्रीय स्तर पर अन्तरराज्यीय राजनीति मुख्यतया आर्थिक सम्बन्धों की राजनीति बन गई। अतः सीमाओं का अध्ययन उत्तरोत्तर पड़ोसी देशों के आर्थिक सम्बन्धों में सीमाओं के अस्तित्व से उत्पन्न अवरोधक प्रभाव के अध्ययन पर केन्द्रित हो गया। और सीमाओं को मुख्यतया मानव जीवन की अनिवार्य क्षेत्रीयता (टेरिटोरियलटी), अर्थात अपने निर्वाध सामूहिक विकास और सांस्कृतिक तथा जातीय पहचान की सुरक्षा हेतु एक सर्वविधा स्वायत्त क्षेत्र की स्थापना के उद्देश्य की प्राप्ति के प्रतीक के रूप में देखा जाने लगा।

सीमा रेखाओं के आर्थिक प्रभाव के अध्ययन की दिशा में एक महत्वपूर्ण योगदान ऑगस्त लॉश्च की जर्मन भाषा में लिखित पुस्तकः *इकनामिक्स ऑफ लोकेशन* (1931) में प्रस्तुत हुआ था। परन्तु मूल पुस्तक जर्मन भाषा में थी और इसके प्रकाशन के पश्चात् शीघ्र ही जर्मनी में राजनीतिक स्थितियां अत्यधिक अस्थिर हो गई थीं अतः जर्मनी के बाहर इस पुस्तक का प्रचार प्रसार नहीं हो पाया। 1954 में पुस्तक के अंग्रेजी अनुवाद के प्रकाशन के बाद ही लॉश्च के विचार राजनीतिक भूगोल के विद्यार्थियों को उपलब्ध हो सके। अपनी पुस्तक में लॉश्च ने कनाडा के दो प्रायः समान जनसंख्या वाले नगरों, विण्डसर तथा लंदन, में प्रति व्यक्ति बिक्री के आंकड़ों का तुलनात्मक विश्लेषण प्रस्तुत किया। लेखक का निष्कर्ष था कि ऐसे पदार्थ जो कनाडा में संयुक्त राज्य अमरीका की अपेक्षाकृत सस्ते हैं उनकी प्रति व्यक्ति बिक्री विण्डसर में (जोकि कनाडा-संयुक्त राज्य सीमा के एक दम पास स्थित है) लंदन (जो सीमा से पर्याप्त दूरी पर स्थित है) में होने वाली बिक्री की अपेक्षाकृत काफी अधिक है। परन्तु जिन पदार्थों का उत्पादन मूल्य कनाडा में अधिक और संयुक्त राज्य अमरीका में कम है, स्थिति सर्वथा विपरीत है। अर्थात् ऐसे पदार्थों की प्रति व्यक्ति, बिक्री विण्डसर में कम और लंदन में अधिक है। इस आधार पर लॉश्च ने रेखांकित किया कि अन्तरराष्ट्रीय सीमा के अस्तित्व से पड़ोसी देशों के बीच उत्पादों के बिक्री मूल्य पर

स्पष्ट प्रभाव पड़ता है क्योंकि सीमा पर चुंगी तथा अन्य करों की अदायगी के कारण सीमा पार करते ही उत्पादों के बिक्री मूल्य में वृद्धि हो जाती है। इस वृद्धि के दो कारण हैं। एक, कर के रूप में दी गई राशि, तथा दूसरा इसलिए कि सीमा पार से व्यापारिक आदान-प्रदान में सामानों को सुनिश्चित चौकियों (कस्टम पोस्ट) पर ही पार किया जाता है। अतः सीमा पार क्षेत्रों में बिक्री मूल्य वस्तु विशेष के उत्पादन मूल्य + सीमा शुल्क + ढुलाई का सम्मिलित योग होता है। एक कल्पित रेखाचित्र के माध्यम से लॉश्च ने सीमा पार करते ही वस्तुओं के बिक्री मूल्य में वृद्धि की प्रक्रिया को दर्शाने का प्रयास किया। लॉश्च ने सुझाव दिया कि इस आधार पर हम सीमा पार से होने वाले व्यापार पर सीमा के अवरोधात्मक प्रभाव को "दूरी मूल्य" (डिस्टैंस वैल्यू) के रूप में माप सकते हैं। यह दूरी मूल्य देय सीमा शुल्क और ढुलाई खर्च का संयुक्त योग है (चित्र 3.3)।

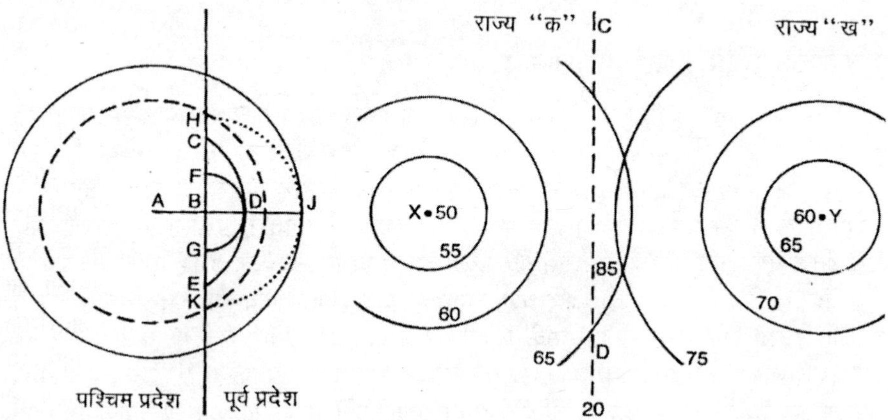

चित्र 3.3 सीमा रेखाओं का उनके आर-पार होने वाले व्यापार पर प्रभाव (लॉश्च, 1931 के आधार पर)।

1958 में कैनेडियन विद्वान जे.आर. मकाय ने लॉश्च के उदाहरण के आधार पर मॉन्ट्रियल और कनाडा के अन्य कई नगरों, तथा मॉन्ट्रियल और संयुक्त राज्य अमरीका के कुछ चुने हुए नगरों के बीच टेलीफोन वार्ता के परिमाण के विश्लेषण के आधार पर टेलीफोन वार्ता प्रवाह पर कनाडा की प्रादेशिक स्तर की सीमाओं और कनाडा और संयुक्त राज्य अमरीका के बीच स्थित अन्तरराष्ट्रीय सीमा का अवरोधात्मक प्रभाव निरूपित करने का प्रयास किया। इसके लिए लेखक ने जिन दो नगरों के बीच का टेलीफोन प्रवाह विश्लेषित किया जा रहा था उनकी जनसंख्या के गुणांक को उनके बीच की भौगोलिक दूरी से विभक्त कर दिया। इस प्रकार प्राप्त अंकों के आधार पर सीमाओं का अवरोधक प्रभाव निरूपित किया गया। लेखक ने पाया कि क्युबेक प्रान्त (जिसका मॉन्ट्रियल एक हिस्सा है) के नगरों के बीच होने वाला टेलीफोन वार्ता प्रवाह क्युबेकी नगरों और ओन्टेरियो प्रान्त में स्थित नगरों के बीच होने वाले वार्ता प्रवाह की अपेक्षाकृत 1/5 से 1/10 तक, अधिक है। विश्लेषण से पाया गया कि क्युबेकी नगरों और अन्तरराष्ट्रीय सीमा पर स्थित अमरीकी नगरों के बीच वार्ता प्रवाह और भी कम था। अर्थात् क्यूबेक और ओण्टेरियो के बीच की सीमा के अवरोधक प्रवाह की तुलना में क्यूबेक और संयुक्त राज्य अमरीका की अन्तरराष्ट्रीय सीमा का अवरोधक प्रभाव पचास गुणा अधिक था। इस अध्ययन का आधारभूत निष्कर्ष यह

था कि सामान्यतया दो नगरों के बीच होने वाले संचार (अथवा अन्य) प्रवाह की मात्रा उन दोनों की कुल जनसंख्या के गुणांक को उनके बीच की दूरी से भाग देने से प्राप्त अंक के बराबर है।

एक अन्य महत्वपूर्ण प्रयास सीमा प्रतिबोधन सम्बन्धी (परसेप्चुअल) अध्ययन था। 1968 में प्रकाशित एक लेख में रेनाल्ड्स और मैकनल्टी ने स्पष्ट किया कि सीमा क्षेत्रीय प्रदेशों में सीमाओं की अस्तित्व सम्बन्धी मानसिकता भिन्न-भिन्न स्थानों पर भिन्न प्रकार की होती है। उदाहरणार्थ जो लोग किसी सीमा चौकी के पास रहते हैं उनके लिए सीमा पार के स्थानों से व्यापारिक सम्बन्ध स्थापित करना आसान होता है परन्तु सीमा चौकी से हम ज्यों ज्यों दूर जाते हैं स्थानीय जनता सीमा को उसी अनुपात में और अधिक अभेद्य मानती है तथा सीमा पार स्थित स्थान पास से दिखाई देते हुए भी वास्तविकता में (व्यवहार के स्तर पर) बहुत दूर स्थित हैं क्योंकि सीमा पार से सम्बन्ध स्थापित करने के लिए सम्बद्ध चौकी तक जाना आवश्यक है।

सांस्कृतिक संचार प्रवाह और सीमाएं

सन् 1974 में गोल्ड और ह्वाइट ने जे.आर. मॅकाय द्वारा प्रतिपादित अध्ययन विधि से प्रेरणा लेते हुए विभिन्न प्रकार के प्राकृतिक, सांस्कृतिक और राजनीतिक अवरोधों का दूरी मूल्य (डिस्टैन्स वैल्यू) उनके दोनों ओर स्थित स्थानों के बीच होने वाले परस्पर संचार प्रवाह के आधार पर निर्धारित करने का प्रयास किया। इस आधार पर लेखकों ने निष्कर्ष निकाला कि भाषाई और सांस्कृतिक एकरूपता वाले क्षेत्र में समाचार प्रवाह दर्शाने वाली रेखा चित्र 3.4ए में प्रदर्शित प्रारूपी क्षय वक्र (टिपिकल डिके कर्व), और यदि लागरिथ्म ग्राफ प्रयोग किया जाए तो चित्र 3.4बी में प्रदर्शित सरल रेखा जैसी होगी। इसके विपरीत यदि समाचार प्रवाह क्षेत्र में किसी प्रकार का अवरोध स्थित है तो इस अवरोध के ठीक दूसरी ओर समाचार प्रवाह में एकाएक ह्रास होगा, अर्थात् अवरोध के कारण दूरी में वृद्धि के साथ प्रवाह गति में क्रमिक ह्रास की प्रक्रिया विकृत हो जाएगी। ऐसी स्थिति में अवरोध (अथवा सीमा) के दोनों ओर के क्षेत्रों में प्रवाह क्रम दो पृथक्-पृथक् रेखाओं द्वारा प्रदर्शित होंगे (देखिए चित्र 3.4सी)। इस चित्र से स्पष्ट है कि यदि हम सीमा पार के प्रवाह को दिखाने वाली रेखा को दाहिनी ओर बढ़ाते हुए इसे बाईं ओर वाली प्रवाह रेखा की सीध में ले आएं तो संयुक्त प्रवाह रेखा आदर्श ह्रास रेखा के अनुरूप, अर्थात दूरी में वृद्धि के साथ प्रवाह गति में क्रमिक ह्रास प्रदर्शित करेगी। दाहिनी ओर वाली रेखा को हमने जितना दूर और दाहिनी तरफ बढ़ाया है वही उस अवरोध विशेष का दूरी-मूल्य हुआ। यदि इस स्थिति का पक्षी दर्शन करें (अर्थात् इसे ऊपर आकाश से देखें) तो यह अवरोध (अथवा सीमा) सूचना प्रवाह मार्ग में एक दरार रेखा (फाल्ट लाइन) जैसा प्रतीत होगा (देखिए चित्र 3.4डी)।

मॅकाय (1958) के प्रपत्र के सन्दर्भ में गोल्ड और ह्वाइट ने स्पष्ट किया कि इस प्रकार हम फ्रेंच और अंग्रेजी भाषी क्षेत्रों के बीच सूचना प्रवाह पर भाषाई तथा सांस्कृतिक भिन्नता का दूरी-मूल्य निर्धारित कर सकते हैं। मॅकाय, तथा गोल्ड और ह्वाइट द्वारा प्रस्तुत शोध की दिशा के आधार पर हम भारत तथा परिसंघ राज्य व्यवस्था वाले अन्य देशों में अन्तरक्षेत्रीय राजनीतिक सीमाओं का अन्तरराज्यीय समाचार प्रवाह पर अवरोधक प्रभाव और उनके दूरी-मूल्य का आकलन कर सकते हैं। इस तरह के अध्ययन के आधार पर हम बहुभाषी और बहुसांस्कृतिक परिसंघ प्रणाली वाले देशों में राष्ट्रीय एकता और अन्तरक्षेत्रीय संचार की समस्या का विश्लेषण प्रस्तुत कर सकते हैं।

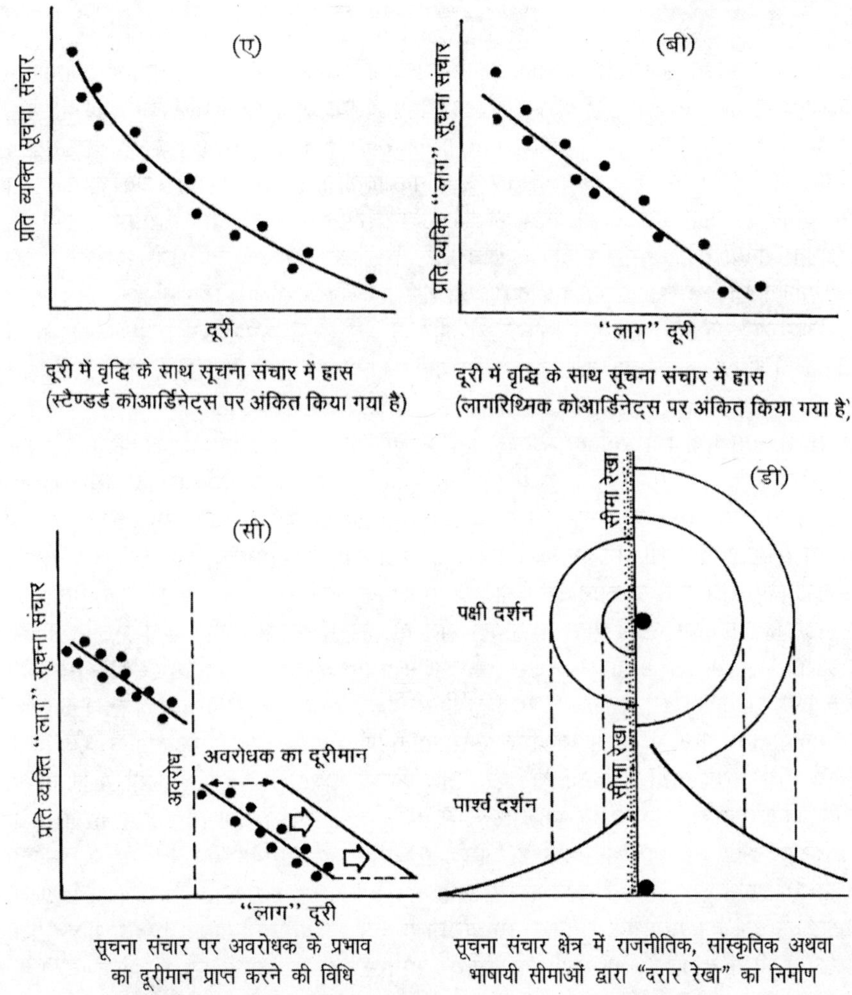

चित्र 3.4 सूचना संचार में सीमा रेखाओं की अवरोधक भूमिका (गोल्ड और ह्वाइट, 1974 पर आधारित)।

पिछले पच्चीस वर्षों में राजनीतिक सीमाओं का भौगोलिक अध्ययन उत्तरोत्तर अन्तरराष्ट्रीय सीमा रेखाओं का उनके दोनों ओर के क्षेत्रों के आर्थिक-सांस्कृतिक जीवन पर पड़ने वाले प्रभाव के विश्लेषण पर केन्द्रित हो गया है। 1991 में वारसा संधि के भंग हो जाने के बाद से अन्तरराष्ट्रीय सीमाओं की संख्या में काफी वृद्धि हुई है। 1991 के पहले इस संगठन के राज्यों के बीच अन्तरराष्ट्रीय सीमाएं व्यावहारिक दृष्टि से आन्तरिक सीमाएं थीं और उनसे सम्बन्धित विवाद आन्तरिक विवाद के रूप में सुलझा लिए जाते थे। 1991 के बाद संगठन की सदस्य राज्यों के स्वतंत्र राष्ट्रीय इकाइयों के रूप में उभरने के साथ सीमा सम्बन्धित समस्याओं में वृद्धि हुई है और पूर्वी यूरोप में अन्तरराष्ट्रीय सीमाएं अध्ययन का एक महत्वपूर्ण विषय बन गई हैं। (संक्षिप्त विवरण के लिए जी. पार्कर का लेख; दीक्षित, 1997, पृ. 185-198)।

क्रोड़ क्षेत्र

आज विश्व में जार्डन, इज़राइल, बांग्लादेश, पाकिस्तान आदि जैसी अनेक प्रभुतासम्पन्न राजनीतिक इकाइयां हैं जिनका स्वतंत्र राष्ट्र के रूप में उद्‌भव मुख्यतया तात्कालिक घटनाक्रमों का परिणाम था। इसके विपरीत विश्व के अधिकांश ऐतिहासिक राज्य (जिनका राजनीतिक अस्तित्व सैकड़ों अथवा हजारों वर्ष पुराना है) क्षेत्रीय विस्तार के क्रमिक विकास के परिणाम हैं। प्रत्येक का इतिहास किसी सुनिश्चित अंकुरण बिन्दु से बाहर की ओर उत्तरोत्तर प्रसार और क्षेत्रीय विस्तार का इतिहास है। अनेक राज्यों का वर्तमान भौगोलिक क्षेत्र एक से अधिक ऐसे अंकुरण क्षेत्रों (अथवा क्रोड़ों) के सम्मिलित विकास और उनके एकीकरण का परिणाम है। फ्रांसीसी विद्वान फेबवर (1932) ने इन्हें "आर्मेचर" की संज्ञा दी थी जिसके चारों ओर के क्षेत्र उससे क्रमशः जुड़ते हुए कालान्तर में एकीकृत हो गए। यह प्रक्रिया बहुत कुछ शरीर की हड्डियों के चारों ओर मांसपेशियों के विकास की प्रक्रिया के समान थी।

राजनीतिक भूगोल के साहित्य में क्रोड़ क्षेत्र का प्रवेश रैट्ज़ेल (1897) की पुस्तक के प्रकाशन के साथ ही हुआ था। अंग्रेजी भाषा के राजनीतिक भूगोल के साहित्य में सर्वप्रथम ह्विट्लसी (1939) ने इसकी सविस्तार चर्चा की। उसके बाद से अनेक विद्यार्थियों ने राज्य और राष्ट्र के निर्माण के अध्ययन में क्रोड़ सम्बन्धी संकल्पना का सफल प्रयोग किया है (ड्वायश्च, 1952; दीक्षित 1976, 1997)। क्रोड़ क्षेत्र की संकल्पना राजनीतिक भूगोल की मूलभूत संकल्पनाओं में से एक है। परन्तु इसकी परिभाषा और इसके वास्तविक अर्थ के बारे में मतैक्य नहीं है। कुछ अध्येता इसे ऐतिहासिक अर्थ में देश के प्रारम्भिक बिन्दु के रूप में प्रयोग करते हैं तो अनेक इसको समकालीन परिप्रेक्ष्य में देखते हैं। इस दूसरे अर्थ में क्रोड़ किसी देश के वर्तमान भौगोलिक क्षेत्र का आर्थिक और राजनीतिक दृष्टि से सबसे विकसित और महत्वपूर्ण भाग है। स्वयं ह्विट्लसी ने क्रोड़ शब्द का प्रयोग इन सभी अर्थों में किया था। क्रोड़ क्षेत्र की परिभाषा करते हुए ह्विट्लसी ने लिखा था कि क्रोड़ देश का वह भाग है जिसके चारों ओर देश क्षेत्रीय रूप में घनीभूत (क्रिस्टलाइज़) हुआ था। अर्थात् क्रोड़ वह प्रारम्भिक क्षेत्र है जिसके माध्यम से देश ऐतिहासिक विकास की क्रमिक प्रक्रिया द्वारा एक वृहत् क्षेत्रीय संगठनात्मक इकाई का रूप धारण कर सका है। साथ ही ह्विट्लसी ने क्रोड़ को देश का सर्वाधिक सघन जनसंख्या वाला क्षेत्र भी बताया। अंग्रेज विद्वान गोर्डन ईस्ट (1937) ने भी क्रोड़ को देश के सर्वाधिक संसाधन सम्पन्न नैष्ठिक क्षेत्र के रूप में वर्णित किया है। ईस्ट के अनुसार प्रत्येक ऐतिहासिक देश की राजधानी बहुधा उसके नैष्ठिक क्रोड़ में स्थित होती है।

संक्षेप में, क्रोड़ क्षेत्र की संकल्पना के दो पक्ष हैं। एक समकालीन परिप्रेक्ष्य जिसके अनुसार क्रोड़ का तात्पर्य देश के उस क्षेत्र से है जो वर्तमान समय में देश की सबसे घनी आबादी वाला तथा सबसे विकसित और संसाधन सम्पन्न भाग है तथा जो देश की संचार व्यवस्था और सांस्कृतिक हलचलों का केन्द्र होने के नाते उसके सभी क्षेत्रों से सर्वाधिक प्रभावी ढंग से जुड़ा है। इस दृष्टि से क्रोड़ क्षेत्र को देश के हृदय क्षेत्र की संज्ञा दी जा सकती है। इस संकल्पना का दूसरा पक्ष ऐतिहासिक है जिसके अनुसार क्रोड़ क्षेत्र किसी देश का नैष्ठिक प्रारम्भ बिन्दु है जहां से क्रमिक क्षेत्रीय विस्तार के माध्यम से देश अपने वर्तमान भौगोलिक आकार को प्राप्त कर सका है। इस दृष्टि से क्रोड़ क्षेत्र किसी देश की सांस्कृतिक धरोहर का अभिन्न अंग है। राष्ट्र की सारी स्मृतियां, उसके सारे प्रतीक क्रोड़ क्षेत्र से अनिवार्यतः जुड़े हैं। यही कारण है कि क्रोड़ क्षेत्र देश की राष्ट्रीय भावना से निकट से जुड़ा होता है। इससे सम्बद्ध ऐतिहासिक स्मृतियों के माध्यम से ही देश की

मिट्टी देश के नागरिकों के लिए माता और पिता का दर्जा प्राप्त कर लेती है तथा राष्ट्र भक्त नागरिक मातृभूमि को प्रतिष्ठा के लिए अपना सब कुछ न्यौछावर करने के लिए प्रस्तुत हो जाता है। राजनीतिक भूगोल के अध्येता क्रोड़ सम्बन्धी संकल्पना को एक साथ ही इन दोनों अर्थों में प्रयोग करते रहे हैं इसलिए क्रोड़ परिभाषा के बारे में स्थिति भ्रमपूर्ण बनी रही है।

इस समस्या के समाधान के लिए कनाडा के विद्वान बर्घार्ट (1969) के अनुसार कालक्रम की दृष्टि से हम क्रोड़ क्षेत्रों को दो तरह से देख सकते हैं: (1) ऐतिहासिक क्रोड़ और (2) समकालीन क्रोड़। ऐतिहासिक सन्दर्भ में क्रोड़ के दो रूप हैं (क) नैष्ठिक क्रोड़। यह उन स्थितियों का परिचायक है जहां देश का वर्तमान भौगोलिक क्षेत्र देश के किसी एक नैष्ठिक क्षेत्र द्वारा आस-पास स्थित क्षेत्रों और उनके निवासियों के क्रमिक रूप से आत्मसात कर लिए जाने से बना है। अर्थात् यह क्षेत्र ऐतिहासिक कारणों से देश की राजनीतिक शक्ति का सर्वाधिक महत्वपूर्ण केन्द्र रहा है। परिणामस्वरूप इसका वर्चस्व सदैव महत्वपूर्ण रहा है। (ख) प्रारम्भिक क्रोड़। ये ऐसे क्रोड़ क्षेत्र हैं जो ऐतिहासिक दृष्टि से उतने ही प्राचीन हो सकते हैं जितना कि नैष्ठिक क्रोड़ परन्तु अनेक ऐतिहासिक कारणों से देश के क्षेत्रीय विकास की दौड़ में ये पीछे छूट गए। ऐसे प्रारम्भिक अंकुरण क्षेत्र आज भी देश में प्रादेशिक अस्मिता (रीजनल आइडेण्टिटीज़) के आधार के रूप में परिलक्षित हैं। भारत के सन्दर्भ में गंगा-यमुना का दोआब देश का नैष्ठिक क्षेत्र रहा है जबकि विभिन्न क्षेत्रीय भाषाओं के क्रोड़ क्षेत्र ऐतिहासिक प्रारम्भिक क्रोड़ क्षेत्रों के प्रतिनिधि हैं। इसके विपरीत समकालीन अर्थ में क्रोड़ क्षेत्र किसी देश की वर्तमान व्यवस्था में आर्थिक, राजनीतिक और सांस्कृतिक दृष्टि से सर्वाधिक महत्वपूर्ण क्षेत्र हैं, यहीं से देश के विकास हेतु प्रमुख निर्देश प्राप्त होते हैं तथा देश की जनतांत्रिक व्यवस्था में अपनी सघन जनसंख्या के कारण इसकी महत्वपूर्ण भूमिका है।

क्रोड़ क्षेत्रों के विकास का पाउण्ड्स और उनके सहयोगी बॉल (1964) ने गहन अध्ययन किया है। विभिन्न यूरोपीय देशों के क्रोड़ क्षेत्रों का संक्षिप्त विवरण पाउण्ड्स की पुस्तक *राजनीतिक भूगोल* (1972) में उपलब्ध है।

राजनीतिक भूगोल के अध्ययन में क्रोड़ क्षेत्र का महत्व

राज्यों के राजनीतिक विकास और उनकी राष्ट्रीय एकता में क्रोड़ क्षेत्रों की महत्वपूर्ण भूमिका रही है क्योंकि देश की राष्ट्रीय पहचान से उनका निकटवर्ती संबंध है। राजनीतिक और सामाजिक एकता विषय पर अपने एक महत्वपूर्ण लेख में अमरीकी विद्वान कार्ल ड्वायश्च (1952) ने स्पष्ट किया है कि क्रोड़ क्षेत्र का किसी भी देश की राष्ट्रीय एकता के विकास में महत्वपूर्ण स्थान है। यहां क्रोड़ का तात्पर्य ऐसे क्षेत्र से है जिसकी मिट्टी शस्य श्यामला और संसाधन सम्पन्न है, जहां सघन जनसंख्या का विकास हुआ है और जो अधिशेष (सरप्लस) अर्थात् स्थानीय आवश्यकताओं से अधिक कृषि उत्पादों के आधार पर देश में कृषि से इतर उद्योगों में लगे नागरिकों और सैनिकों और प्रशासनिक कार्यों में लगे लोगों के लिए पर्याप्त खाद्य सामग्री उपलब्ध करा सके। यह भी आवश्यक है कि सम्बद्ध क्षेत्र की स्थिति सामरिक दृष्टि से महत्वपूर्ण हो तथा वह आवागमन के प्रमुख मार्गों का केन्द्र हो। किसी भी क्रोड़ क्षेत्र के विकास में सबसे महत्वपूर्ण बात स्थानीय अर्थव्यवस्था में जीवनयापन कृषि के स्थान पर विनियम प्रधान अर्थव्यवस्था का विकास है। विनिमय प्रधान अर्थव्यवस्था से ही नगरों का विकास सम्भव है। इन नगरों (सेवा केन्द्रों) को एक दूसरे से प्रभावी ढंग से जोड़ने के लिए आवागमन के मार्गों का जाल विकसित होता है, नगरों के

बीच परस्पर सम्बन्ध बढ़ते हैं, उनमें आपसी व्यापार को बढ़ावा मिलता है तथा साथ ही प्रत्येक नगर और उसके सहायक क्षेत्र आपस में अन्योन्याश्रयी रूप में जुड़ जाते हैं। अपने पृथक्-पृथक् पृष्ठ प्रदेशों का प्रतिनिधित्व करने वाले ये नगर प्रभावी संचार व्यवस्था के माध्यम से देश की राजधानी से प्रभावी रूप से जुड़ जाते हैं। आदर्श स्थिति में देश की राजधानी क्रोड़ क्षेत्र के केन्द्रीय नगर में स्थित होती है। इस प्रकार क्रोड़ क्षेत्र के माध्यम से सम्पूर्ण देश एक अविभाज्य आर्थिक, राजनीतिक, सांस्कृतिक और भावनात्मक सूत्र में बंध जाता है।

नगरों के विकास के साथ ही राष्ट्रीय एकता के सूत्र सघन होने लगते हैं। दूरस्थ गांवों को छोड़कर बेहतर जीवन स्तर की खोज में नगरों में आए व्यक्तियों का नए वातावरण में नए प्रकार से समाजीकरण प्रारम्भ होता है। पृथक्-पृथक् पहचानों के समागम से एक नवीन प्रकार की समन्वित सामाजिक अस्मिता का उदय होता है। गांव से शहर में आए व्यक्तियों में नया मूल्य बोध जागृत होता है। जो उनके मूल परिवेश से अधिक विकसित और सम्पूर्ण होता है। परिणामस्वरूप नागरिकों का वैचारिक आयाम प्रशस्त होता है। इस समाजीकरण के फलस्वरूप प्रत्येक नागरिक उत्तरोत्तर अनुभव करने लगता है कि उसके उद्योग और उसके व्यापारिक मार्ग, तथा वे सभी महत्वपूर्ण मुद्दे जिन पर उसका अस्तित्व और उसकी सुख-सुविधा निर्भर है, उसके व्यक्तिगत अथवा पारिवारिक सामर्थ्य से परे हैं। परिणामस्वरूप नागरिकों की दृष्टि, उनकी भावनात्मक आस्था उत्तरोत्तर अपने गांव से प्रदेश और प्रदेश से देश की ओर प्रवृत्त होती है। नागरिकों का यही भावनात्मक परिवर्तन राष्ट्रीयता का मूल मंत्र है। इसी भावनात्मक लगाव के कारण देश का भौगोलिक क्षेत्र नागरिकों की मातृभूमि अथवा पितृभूमि बन जाता है, तथा देश की मिट्टी और नागरिकों के बीच गहन आत्मिक सम्बन्ध स्थापित हो जाते हैं। इस सन्दर्भ में ध्यातव्य है कि यदि देश के अन्दर सम्पूर्ण क्षेत्रीय राजनीतिक विकास एक ही प्रारम्भिक (अर्थात् नैष्ठिक) क्रोड़ पर आधारित रहा है तो वह क्रोड़ देश के क्षेत्रीय विकास में अंकुरण क्षेत्र की भूमिका निभाता है। फ्रांस का पेरिस क्षेत्र इसका अच्छा उदाहरण है। ऐसे देशों में राष्ट्रीय एकता की भावना अपेक्षाकृत अधिक पुष्ट होती है। राष्ट्र भावना में क्रमिक ह्रास के खतरे उन देशों की अपेक्षाकृत कम होते हैं जहां वर्तमान राजनीतिक-भौगोलिक इकाई एक से अधिक और परस्पर प्रतिस्पर्धी प्रारम्भिक क्रोड़ों के उत्तरोत्तर विलय के परिणामस्वरूप एक समन्वित राष्ट्रीय पहचान के विकास पर आधारित है। ऐसे बहुक्रोड़ीय देशा में विभिन्न प्रारम्भिक क्रोड़ क्षेत्रों की ऐतिहासिक स्मृति में पृथकतामूलक क्षेत्रीयता का भाव अन्तर्निहित होता है। ऐसे बहुक्रोड़ीय देशों में परिसंघीय शासन व्यवस्था अधिक उपयुक्त होती है। संयुक्त राज्य अमरीका, कनाडा, आस्ट्रेलिया और भारत, सभी बहुक्रोड़ीय और परिसंघ व्यवस्था वाले देश हैं। परिसंध व्यवस्था में राष्ट्रीय नेतृत्व का एक प्रमुख उद्देश्य क्षेत्रीय इकाइयों को संतुष्ट रखना तथा राष्ट्रीय पहचान और राष्ट्रीय मूल्यों के प्रति नागरिकों की आस्था को निरन्तर दृढ़ता प्रदान करने का प्रयास करना है।

राष्ट्रीय राजधानियां

राज्यों की क्षेत्रीय संरचना का तीसरा पक्ष उनकी राष्ट्रीय राजधानियां हैं। बीसवीं सदी के पूर्वार्द्ध में क्षेत्रपरक राजनीतिक भूगोल के दौर में राजधानियां भी भौगोलिक अध्ययन का एक महत्वपूर्ण विषय थीं। राजधानियों के अध्ययन पर जोर देने का मुख्य कारण यह था कि राजधानियां बहुधा सम्बद्ध देशों के सबसे महत्वपूर्ण नगर और देश की प्रशासनिक व्यवस्था की केन्द्र होती

हैं। वे देश की सांस्कृतिक पहचान से बहुत समीप से जुड़ी होती हैं। राजधानी सम्बद्ध देश की राष्ट्रीयता का प्रतीक होती हैं।

राजधानियों के प्रकार

राजधानियों का वर्गीकरण कई आधार पर किया गया है। एक वर्गीकरण के अनुसार राजधानियां दो प्रकार की हैं; एक नैसर्गिक तथा दूसरी कृत्रिम। नैसर्गिक राजधानी वह राजधानी है जो देश के ऐतिहासिक विकास की प्रक्रिया से दीर्घकाल से जुड़ी रही है। ऐसी राजधानी देश के क्षेत्रीय विस्तार के हर दौर में सक्रिय रूप में भागीदार रही है। अतः राजधानी देश के हर हिस्से से प्रभावी संचार व्यवस्था द्वारा जुड़ी होती है। इस प्रकार की राजधानी की राष्ट्रीय संस्कृति, देश के इतिहास तथा उसके राजनीतिक जीवन से गहन सम्बन्ध होता है। सही अर्थों में देश का सम्पूर्ण क्षेत्र उसका पृष्ठ प्रदेश बन जाता है। इसके विपरीत *कृत्रिम* राजधानी वह राजधानी है जो देश के ऐतिहासिक विकास की क्रमिक प्रक्रिया का परिणाम न होकर किसी विशिष्ट राजनीतिक निर्णय की परिणति है। अर्थात् ये राजधानियां स्वाभाविक रूप में विकसित न होकर नए सिरे से बनाई हुई राजधानियां हैं। संक्षेप में तथाकथित “नैसर्गिक” राजधानियां वास्तव में दीर्घकालिक विकास प्रक्रिया के परिणामस्वरूप स्वयं “बनी हुई” राजधानियां होती हैं, जबकि “कृत्रिम” राजधानियां राजनीतिक निर्णय के अनुरूप “बनाई हुई” राजधानियां होती हैं।

ब्रिटिश विद्वान वॉघन कोर्निश ने 1923 में प्रकाशित अपनी पुस्तक *“ग्रेट कैपिटल्सः ए हिस्टारिकल सर्वे”* में राजधानियों के अध्ययन में “अग्रवर्ती” (फारवर्ड) राजधानी की नई संकल्पना प्रस्तुत की। इसके माध्यम से लेखक ने इस विमर्श में समयपरक गत्यात्मकता का प्रवेश किया। कोर्निश ने उद्घाटित किया कि राजधानियों के ऐतिहासिक विकास में अग्रतः स्थिति अर्थात् जाग्रत सीमान्त के समीप की स्थिति एक महत्वपूर्ण निर्धारक तत्व रही है। परन्तु स्थिति की सीमान्तीय अग्रता मूलतया समय सापेक्ष घटना है। अर्थात् यह आवश्यक नहीं कि जो राजधानी विकास की प्रारम्भिक प्रक्रिया के समय अग्रवर्ती स्थिति वाली थी उसकी स्थिति आज सैकड़ों हजारों वर्ष बाद भी अग्रवर्ती ही है। देश के क्षेत्रीय विस्तार के साथ-साथ सीमान्त प्रदेश उत्तरोत्तर देश के अभिन्न अंग बन जाते हैं। परिणामस्वरूप जो कि राजधानी कभी अग्रवर्ती स्थिति वाली थी, वही आज सीमा से सैकड़ों मील दूर आन्तरिक स्थिति वाली बन गई है। उदाहरणार्थ रूसी साम्राज्य की पुरानी राजधानी सेंट पीटर्सबर्ग साम्राज्य के तत्कालीन दौर में एक अग्रतः स्थिति वाली राजधानी थी और वह रूसी साम्राज्य के सबसे जाग्रत पश्चिमी “सीमान्त” पर स्थित थी। वर्तमान समय में इस्लामाबाद इस प्रकार की राजधानी का प्रमुख उदाहरण है। पाकिस्तान की यह राजधानी भारत-पाकिस्तान की सीमा के समीप स्थित है।

ओ.एच.के. स्पेट ने 1942 में “हेड-लिंक कैपिटल” (शीर्ष सम्पर्क राजधानी) के नाम से एक अन्य महत्वपूर्ण संकल्पना प्रस्तुत की। इस संकल्पना को प्रस्तुत करते हुए लेखक ने रेखांकित किया कि ऐतिहासिक विकास, अर्थात् क्षेत्रीय विस्तार की प्रक्रिया में राजधानियों की महत्वपूर्ण भूमिका है। राजधानियां सम्पर्क माध्यम का काम करती हैं: एक ऐसा माध्यम जिसके द्वारा देश विश्व के अन्य देशों से प्राप्त होने वाली महत्वपूर्ण सूचनाओं तथा ज्ञान विज्ञान सम्बन्धी प्रगति को आत्मसात कर अपनी प्रगति का मार्ग प्रशस्त करता है। वाइडल डी लॉ ब्लाश ने ठीक ही कहा था कि सांस्कृतिक दृष्टि से उन्नत विश्व का कोई भी राष्ट्र अपनी संस्कृति का

एक मात्र निर्माता नहीं रहा है। मानव संस्कृतियां परस्पर आदान-प्रदान का परिणाम हैं। शीर्ष सम्पर्क राजधानी की परिभाषा करते हुए स्पेट ने लिखा कि इस प्रकार की राजधानी देश को संगठनात्मक दिशा निर्देश देती है। साथ ही वह देश के बाहर से प्राप्त होने वाले महत्वपूर्ण प्रभावों, विचारों और संदेशों को आत्मसात करते हुए राष्ट्रीय संस्कृति को नया मोड़ देने में सहायक होती हैं। स्पेट के अनुसार ग्रेट ब्रिटेन की राजधानी लंदन शीर्ष सम्पर्क राजधानी का सर्वश्रेष्ठ उदाहरण है।

उत्तर-कोलम्बस काल के उपनिवेशवादी युग में यूरोपीय उपनिवेशों से प्रशासनिक मुख्यालय (जोकि बाद में राष्ट्रीय राजधानियां बन गए) इसी प्रकार के नगर थे। 1905 के पहले "ब्रिटिश इण्डिया" की राजधानी कलकत्ता में स्थित थी। स्वेज नहर के निर्माण के पूर्व भारत के बन्दरगाहों में कलकत्ता बन्दरगाह ही लंदन के सर्वाधिक समीप था अतः भारत में प्रवेश के लिए वह ब्रिटिश प्रशासन का मुख्य द्वार था। स्वेज नहर के बनने के बाद स्थिति में गुणात्मक परिवर्तन आया क्योंकि अब मुम्बई कलकत्ता की अपेक्षा लंदन के अधिक समीप हो गया।

परिसंघीय राजधानियां

परिसंघीय राज्य व्यवस्था मूलतया आधुनिक युग की उपज है। सही अर्थों में इसका श्री गणेश संयुक्त राज्य अमरीका के उदय, अर्थात् पूर्वी अटलांटिक तट पर स्थित ब्रिटेन के तेरह उत्तरी अमरीकी उपनिवेशों की स्वतंत्रता प्राप्ति के पश्चात् एक एकल, प्रभुतासम्पन्न और अन्योन्याश्रयी राजनीतिक इकाई के रूप में उदित होने के साथ ही हुआ। इस नई व्यवस्था में तेरह अलग-अलग क्षेत्र एक सर्वमान्य संविधान के अनुसार स्थानीय महत्व के मामलों में स्वायत्त घोषित हुए। स्थानीय मामलों में उन्हें राजनीतिक निर्णय की पूर्ण स्वायत्तता थी। परन्तु ऐसे मामले जिनमें कि तेरहों क्षेत्रीय इकाइयों की समस्याएं तथा अभिरुचियां समान रूप से प्रभावित थीं उनको केन्द्रीय सरकार के निर्णय क्षेत्र में रखा गया। इस प्रकार प्रशासन के तीन स्तर बन गए – स्थानीय (तृणमूल), प्रादेशिक और राष्ट्रीय (केन्द्रीय)। राजनीतिक निर्णय का अधिकार द्विस्तरीय हो गया: परिसंघीय अथवा केन्द्रीय (लोकसभा के स्तर पर) तथा स्थानीय अर्थात् प्रादेशिक (विधान सभाओं के स्तर पर)। विभिन्न क्षेत्रों का स्थानीय प्रशासन, और उनके स्थानीय निकाय, क्षेत्रीय सरकारों के अधिकार क्षेत्र में हो गए। परिणामस्वरूप परिसंघीय राजधानी सर्वथा एक नई कृति थी। ऐसे में राजधानी का चयन अत्यधिक जटिल कार्य है। स्पष्ट है कि परिसंघीय राजधानियां बहुधा "कृत्रिम" (मानव चयन का परिणाम) होती हैं, वे क्रमिक ऐतिहासिक विकास प्रक्रिया की अन्तिम परिणति नहीं हैं। इस कारण परिसंघीय राजधानियां प्रायः अपने देश की "प्रधान नगरीय इकाई" (प्राइमेट सिटी) नहीं होती। अमरीकी विद्वान मार्क जेफरसन ने 1939 में नगरों की प्रधानता का सिद्धान्त प्रस्तुत किया जिसके अनुसार किसी भी देश का सबसे बड़ा नगर अर्थात् प्रधान नगर, देश के दूसरे और तीसरे नम्बर के नगरों से 100 : 30 : 20 के सम्बन्ध से जुड़ा होता है। अर्थात् प्रधान नगर देश के तीसरे नम्बर के नगर से पांच गुणा बड़ा होता है।

परिसंघ राजधानियों के चुनाव का श्री गणेश भी संयुक्त राज्य अमरीका से ही हुआ। नए अमरीकी राष्ट्र की तेरह् पृथक्-पृथक् प्रादेशिक इकाइयों में परिसंघ के निर्माण के पूर्व किसी भी प्रकार का प्रशासनिक सम्बन्ध नहीं था। प्रत्येक उपनिवेश लंदन से सीधे तौर से शासित था। अतः लंदन के अतिरिक्त उनकी कोई भी उभयनिष्ठ साझा राजधानी नहीं थी जिसे कि उनकी स्वतंत्र

संघ की राजधानी के रूप में घोषित किया जा सके। तेरहों की अपनी क्षेत्रीय राजधानियां अवश्य थीं। परन्तु संघ के निर्माण के पूर्व और उसके पश्चात् भी प्रत्येक क्षेत्रीय इकाई एक दूसरे से संवैधानिक स्तर पर बराबरी के स्तर वाली और परस्पर स्पर्धाशील थी। अतः किसी एक प्रदेश की राजधानी को राष्ट्रीय राजधानी का दर्जा देना अन्य प्रदेशों को मान्य नहीं हो सकता था। एक अन्य कठिनाई यह थी कि नवोदित राष्ट्रीय इकाई के तरेह प्रदेश "दास प्रथा" के प्रश्न पर दो स्तर परस्पर विरोधी गुटों में विभक्त थे। उत्तरी प्रादेशिक इकाइयां दास प्रथा की विरोधी थीं परन्तु दक्षिणी प्रदेशों की सम्पूर्ण राजनीतिक तथा आर्थिक व्यवस्था दास प्रथा और अफ्रीकी दासों के श्रम पर आधारित थी इस कारण राजधानी का चुनाव जटिल हो गया था।

उपर्युक्त कारणों से यह आवश्यक हो गया कि राष्ट्रीय राजधानी की स्थिति ऐसी होनी चाहिए कि वह दास प्रथा के पक्षधरों और उसके विरोधियों दोनों को समान रूप से स्वीकार्य हो सके। वाशिंगटन डी.सी. (डिस्ट्रिक्ट ऑफ कोलम्बिया) का राजधानी के लिए चुनाव इन्हीं कारणों से किया गया। राजधानी के लिए एक नया राजधानी क्षेत्र बनाया गया जो पूर्णतया संघ सरकार के अधिकार क्षेत्र में था। अतः देश की राजधानी का नए सिरे से निर्माण हुआ। यह राजधानी क्षेत्र दास प्रथा के पक्षधर और उसके विरोधी राज्यों के भौगोलिक सन्दर्भ में प्रायः समान दूरी पर स्थित था। वास्तव में दोनों को विभाजित करने वाली मेंसन और डिक्सन रेखा से नई राजधानी मात्र पचास किलोमीटर दूरी पर स्थित थी। इस दृष्टि से वाशिंगटन (डी.सी.) परिसंघ की सरकार का मुख्यालय बनाने के लिए सर्वोपयुक्त था।

एक राजधानी के रूप में वाशिंगटन (डी.सी.) की सफलता के फलस्वरूप परिसंघ व्यवस्था वाले देशों की राजधानियों के चुनाव में स्थिति निरपेक्षता के सिद्धान्त को अत्यधिक लोकप्रियता प्राप्त हुई। कनाडा की राजधानी ऑटवा के चयन में भी यही सिद्धान्त अपनाया गया। संघ की राजधानी के लिए कनाडा को एक ऐसे क्षेत्र की खोज थी जो कि अंग्रेजी भाषी प्रान्तों और फ्रेंच भाषी क्युबेक प्रान्त को समान रूप से मान्य हो सके। ऑटवा अंग्रेजी भाषी ओण्टेरियो प्रदेश में स्थित है, परन्तु क्युबेक की सीमा के पास होने के कारण उसकी स्थिति निरपेक्षता के सिद्धान्त के अनुरूप मानी गई। यह सिद्धान्त आस्ट्रेलियाई संघ की नई राजधानी के चुनाव में भी लागू किया गया। प्रभुतासम्पन्न संघ के रूप में आस्ट्रेलिया की स्थापना के समय देश की राजधानी को अपने-अपने राज्य में स्थापित कराने के न्यू साउथ वेल्स और विक्टोरिया दो प्रमुख दावेदार थे। परन्तु उनकी प्रान्तीय राजधानियों (सिडनी तथा मेलबोर्न) को संघीय राजधानी के रूप में स्थापित करने में स्वाभाविक कठिनाइयां थीं। वे स्वयं एक दूसरे की प्रादेशिक राजधानी को केन्द्रीय राजधानी के रूप में मानने के लिए तैयार नहीं थे। परिणामस्वरूप स्थिति निरपेक्षता के सिद्धान्त के अनुरूप सिडनी और मेलबोर्न से प्रायः समान दूरी पर स्थित एक निर्जन क्षेत्र को राष्ट्रीय राजधानी क्षेत्र के रूप में चुनकर वहां देश की नई राजधानी कैनबरा का निर्माण हुआ। इन तीनों ही परिसंघीय राज्यों की राजधानियां सम्बद्ध राष्ट्रीय इकाइयों के राजनीतिक विकास में पूर्णतया संतोषजनक और प्रभावी सिद्ध हुई हैं। इस आधार पर यह सामान्य मान्यता बन गई कि संघीय राज्यों की राष्ट्रीय राजधानियों के लिए स्थिति निरपेक्षता अनिवार्य शर्त है।

वास्तव में स्थिति निरपेक्षता के सिद्धान्त का प्रारम्भ 1848 में स्विट्जरलैण्ड की राजधानी वर्न के चुनाव के साथ ही हो गया था। परन्तु उपर्युक्त तीन एंग्लोसैकसन परिसंघीय राज्यों की राजधानियों की भांति बर्न सर्वथा नया नगर नहीं था। 1848 में जबकि स्विस महासंघ (कान्फिडरेशन)

का निर्माण हुआ, देश धर्म और भाषा के आधार पर भिन्न-भिन्न परस्पर विद्वेषपूर्ण इकाइयों में बंटा हुआ था। इनमें प्रमुख विभाजन कैथोलिक बनाम प्रोटेस्टैण्ट राज्यों के बीच था तीनों नए ऐंग्लो-सैक्सन परिसंघीय राज्यों के विपरीत स्विट्ज़रलैण्ड जनशून्य क्षेत्रों की बहुलता वाला देश नहीं था। अतः यहां राजधानी के लिए सर्वथा नया क्षेत्र पाना सम्भव नहीं था। अतः स्थिति निपेक्षता आपसी समझौते (लेन-देन) का ही परिणाम हो सकती थी। एक ओर कैथोलिक और प्रोटेस्टैण्ट मतावलम्बी तथा दूसरी ओर जर्मन और फ्रेंच भाषी क्षेत्रों (कैण्टनों) के बीच राजधानी के चुनाव का समझौता केवल दो नगरों पर ही सम्भव था: बर्न और फ्राइबर्ग। दोनों ही भौगोलिक दृष्टि से एक-दूसरे के पास स्थित थे। बर्न प्रोटेस्टैण्ट-और-जर्मनभाषी समूह का प्रतिनिधि था तथा फ्राइबर्ग कैथोलिक-और-फ्रेंच भाषी समूह का। संघ के निर्माण के समय राष्ट्रीय पहचान का मुख्य प्रतीक धर्म था, और हाल ही में समाप्त हुए सोन्डरलैण्ड युद्ध में कैथोलिक धर्मावलम्बी गुट पराजित हो चुका था। अतः तात्कालिक स्थिति में जर्मन-प्रोटेसटैण्ट गुट द्वारा अपने क्षेत्र की पश्चिमी अर्थात् कैथोलिक-फ्रेंच क्षेत्र से मिलने वाली सीमा पर स्थित बर्न नगर को राजधानी के रूप में स्वीकृति प्रदान करना विरोधी पक्ष की भावनाओं के प्रति आदरसूचक अभिव्यक्ति और समझौते की दशा में स्वागत योग्य कदम था।

ध्यातव्य है कि उपर्युक्त राजधानियों के आधार पर यह मानना कि सभी स्थितियों में परिसंघ राज्यों के लिए राष्ट्रीय राजधानी के चुनाव में स्थैतिक निरपेक्षता के सिद्धान्त का प्रतिपालन आवश्यक है सही नहीं है। न्यूनाधिक रूप में एक दूसरे से भिन्न पहचान वाली सांस्कृतिक-राजनीतिक इकाइयों का परिसंघ राज्य के रूप में परस्पर विलय का मूल उद्देश्य उनके सम्मिलित राजनीतिक संगठन को एक पूर्णतया क्रियाशील और क्षेत्रीय दृष्टि से एकीकृत इकाई के रूप में व्यवस्थित करना है। इस उद्देश्य की प्राप्ति के लिए देश के सम्पूर्ण भौगोलिक क्षेत्र को एक सूत्र में बांधना आवश्यक है। एक सफल राष्ट्रीय राजधानी देश की एकता बनाए रखने में महत्वपूर्ण भूमिका निभा सकती है। तीन ऐतिहासिक ऐंग्लो-सैक्सन संघ राज्यों का निर्माण एक दूसरे से सर्वथा पृथक और स्थानीय स्तर पर प्रायः असम्बद्ध इकाइयों के परस्पर विलय से हुआ था, अतः वहां स्थिति निरपेक्ष राजधानी का चुनाव नितांत आवश्यक था। इसके विपरीत अफ्रीका और एशिया में एक दूसरे से भिन्न-भिन्न क्षेत्रीय पहचान वाली इकाइयां उपनिवेशीय शक्तियों के दबाव में लम्बे अरसे तक एक ही सम्मिलित परतंत्र राजनीतिक इकाई के रूप में शासित रही थीं। उपनिवेशवाद की समाप्ति के बाद ये इकाइयां स्वतंत्र परिसंघ राज्यों के रूप में अन्तरराष्ट्रीय समुदाय की सदस्य बन गईं। अतः यहां स्थिति तीनों एंग्लो-सैक्सन परिसंघों की अपेक्षाकृत गुणात्मक रूप से बहुत भिन्न थी। इन राज्यों में स्वतंत्रता प्राप्ति के पश्चात् राज्य के क्षेत्रीय उपांगों की पृथक्-पृथक् सांस्कृतिक पहचान को बनाए रखने और क्षेत्रीय स्तर पर उन्हें स्वायत्तता देने के लिए परिसंघ शासन प्रणाली का चुनाव आवश्यक था। परन्तु इनसे राष्ट्रीय राजधानी की स्थापना के लिए नए सिरे से चुनाव का प्रश्न नहीं उठा क्योंकि परिसंघ की सदस्य इकाइयां उपनिवेशीय प्रशासन के लम्बे दौर में देश के अन्दर स्थित एक ही मुख्यालय से प्रशासित रही थीं। अतः देश के सभी राष्ट्रीय मुख्यालयों से यातायात और संचार माध्यमों के जाल के माध्यम से प्रभावी ढंग से जुड़ गए थे। ऐसी स्थिति में नई राजधानी का निर्माण दिल्ली के स्थान पर दौलताबाद बसाने जैसा काम होता। अतः 1945 के बाद बने उत्तर-उपनिवेशीय संघीय राज्यों में स्वतंत्रता पूर्व का राष्ट्रीय मुख्यालय स्वतंत्रता प्राप्ति के बाद भी देश की राजधानी बना रहा। यही कारण है कि

द्वितीय विश्वयुद्ध के बाद स्वतंत्र हुए परिसंघ राज्यों (भारत, मलेशिया तथा नाइजीरिया आदि) में नई राजधानी के चयन की समस्या नहीं उठी। नई राजधानी के चुनाव की समस्या केवल उन्हीं देशों में उठी थी जहां परिसंघीय इकाई सम्प्रभु राजनीतिक संगठन के रूप में एक सर्वथा नई कृति थी। उदाहरणार्थ पाकिस्तान तथा वेस्ट इण्डियन फेडरेशन। इन दिनों ही परिसंघों के सदस्यों का संघ के निर्माण के पहले कभी भी एक समग्र राजनीतिक अस्तित्व नहीं था। अतः पाकिस्तान (जिसमें बांग्लादेश भी शामिल था) तथा वेस्ट इण्डीज़ दोनों में ही पहले से किसी केन्द्रीय राजधानी का अस्तित्व नहीं था। परिणामस्वरूप दोनों संघीय राज्यों में नई राजधानी का चुनाव आवश्यक था।

विदेशी शासन से स्वतंत्रता मिलने और उनके परिसंघ के निर्माण के पश्चात् भी पुरानी उपनिवेशवादी प्रशासन काल की राजधानी का स्वतंत्र संघ की राजधानी के रूप में बने रहने की प्रथा का प्रारम्भ काफी पहले (दक्षिणी अमरीका) में स्पेन और पुर्तगाल से स्वतंत्र हुए देशों के उदाहरणों के साथ ही हो गया था। मेक्सिको की राजधानी मेक्सिको सिटी, और ब्राज़ील की पुरानी राजधानी रायो डी जनेरियो इसके स्पष्ट उदाहरण हैं।

परिसंघीय राजधानियों के उपर्युक्त उदाहरणों के तुलनात्मक आकलन से स्पष्ट है कि परिसंघीय राजधानियों की सफलता इस बात पर निर्भर नहीं है कि उसकी भौतिक स्थिति कितनी नई और निरपेक्ष है। वास्तव में उनकी सफलता संघ के विभिन्न घटकों के बीच भावनात्मक संतुलन बनाए रखने की क्षमता पर निर्भर है। उदाहरणार्थ वेस्ट इण्डियन फेडरेशन असफलता के अनेक कारणों में से एक प्रमुख कारण राजधानी का गलत चुनाव भी था। ब्रिटिश उपनिवेश वाले विभिन्न द्वीपों के संयोग से बना यह स्वतंत्र परिसंघ राज्य प्रारम्भ से ही दो स्थितिजन्य कठिनाइयों से ग्रस्त था। एक विभिन्न द्वीपों से बनी परस्पर असम्बद्ध क्षेत्रीय इकाइयां और दूसरी विभिन्न घटकों में क्षेत्रीय आकार की अत्यधिक विषमता। नए राष्ट्र के संविधान निर्माताओं को इस विषमता से उत्पन्न होने वाली कठिनाइयों को ध्यान में रखते हुए ऐसी व्यवस्था बनाने की आवश्यकता थी कि भावनात्मक स्तर पर संघ का प्रत्येक सदस्य परिसंघ व्यवस्था से प्राप्त होने वाले लाभों के प्रति आश्वस्त रहे। परन्तु वे ऐसा करने से चूक गए। जमाइका जो इस संध की सबसे वृहद् इकाई थी और जिसमें संघ की कुल जनसंख्या के 52 प्रतिशत नागरिक निवास करते थे, उसे संघीय लोक सभा में संतुलन बनाए रखने की दृष्टि से मात्र 38 प्रतिनिधित्व दिया गया था जमाइका के राजनायिक इस व्यवस्था के लिए सहमत हो गए थे क्योंकि उन्हें पूरी आशा थी कि उनके द्वीप के क्षेत्रीय आकार, उसको उन्नत शिक्षा प्रणाली (सम्पूर्ण क्षेत्र का एक मात्र विश्वविद्यालय यहीं स्थित था) और ब्रिटिश शासन काल के स्वतंत्र संघर्ष में इसके महत्वपूर्ण राजनीतिक नेतृत्व को ध्यान में रखते हुए देश की राजधानी जमाइका में ही स्थित होगी और संघ का नेतृत्व उसके नेताओं के पास होगा। परन्तु राजधानी जमाइका के स्थान पर ट्रिनिडाड में बनाने का निर्णय लिए जाने के साथ ही जमाइका की जनता और उसके राजनीतिक नेतृत्व को स्पष्ट हो गया कि संघीय व्यवस्था के लिए आवश्यक लेन-देन की प्रक्रिया में उन्हें सब कुछ देना ही पड़ रहा है, कुछ मिल नहीं रहा है। अतः परिसंघ से कोई लाभ न मिलता देख कर जमाइका ने परिसंघ की सदस्यता छोड़ दी और परिसंघ पुनः पृथक्-पृथक् इकाइयों में बंट गया। (परिसंघीय राजधानियों पर सविस्तार चर्चा के लिए देखिए: दीक्षित, 1975, पृ. 242-252)।

राज्य, राष्ट्र और राष्ट्रीय राज्य 4

राज्य राजनीतिक भूगोल के अध्ययन का केन्द्रीय विषय है। राजनीतिक भूगोल का विद्यार्थी राज्य को मूलतः देश की जनता और राष्ट्र के भौगोलिक क्षेत्र के बीच सामंजस्य स्थापित करने वाली सत्ता के रूप में देखता है। इस दृष्टि से राजनीतिक भूगोल प्रधानतया "राष्ट्र-राज्य-और-क्षेत्र" के अन्तर्निहित सम्बन्धों के निरूपण और विश्लेषण पर केन्द्रित है। राज्य की क्षेत्रीयता (टेरीटोरियलिटी) और उसकी स्थानिकता राजनीतिक भूगोल के अध्ययन का मुख्य संदर्भ बिन्दु है। अतः देश की राजनीतिक सीमाएं, उसका वैविध्यपूर्ण क्षेत्रीय स्वरूप, और इस विविधता को एकता के सूत्र में बांधने के उद्देश्य से प्रशासनिक व्यवस्था के संचालन के लिए देश का प्रादेशिक आधार पर पृथक्-पृथक् प्रशासनिक संस्थाओं में विभाजन, तथा एक ही केन्द्र से सम्पूर्ण भौगोलिक क्षेत्र के प्रशासन को संचालित करने और राष्ट्र की सूत्रबद्धता को दृढ़तर बनाने के उद्देश्य से किए गए कार्य राजनीतिक भूगोल के अध्ययन के महत्वपूर्ण विषय हैं।

तकनीकी विकास के आधुनिक दौर में सांस्कृतिक तत्वों का महत्व अपेक्षाकृत गौण हो गया है। परन्तु बीसवीं सदी के मध्य तक ये अध्ययन के प्रमुख विषय थे। राज्यों की एक प्रमुख विशेषता उनकी संस्थाओं अर्थात् उनके प्रशासनिक अंगों और उपांगों की भौतिकता (मटीरियलिटी) है। राज्य के संचालन के लिए बनाई गई सभी संस्थाएं क्षेत्रमूलक भौतिक इकाइयां हैं। साथ ही वे स्थानिक इकाइयां हैं अर्थात् ये संस्थाएं कहां स्थित हैं और देश के अन्य क्षेत्रों के संदर्भ में उनकी क्या स्थिति है उनके यह तथ्य उनके प्रशासनिक प्रभाव में निर्णायक भूमिका निभाते हैं। राज्य की स्थानिकता मात्र भौतिक न होकर सामाजिक तौर पर प्रतीकात्मक भी है क्योंकि राष्ट्रीय चेतना सम्बद्ध राष्ट्र की मिट्टी से समीप से जुड़ी होती है इन्हीं कारणों से राज्य की स्थानिकता राजनीतिक विमर्श का अनिवार्य अंग बन गई है (देखिएः निकलस पोलांट्ज़ाज़, 1978)।

राज्य

राज्य आधुनिक जीवन का सार्वभौम सत्य है परन्तु इसकी सर्वमान्य परिभाषा देना सरल नहीं है। विद्वानों ने इसे अलग-अलग दृष्टि से परिभाषित करने का प्रयास किया है परिणामस्वरूप उनके द्वारा प्रतिपादित परिभाषाएं परस्पर भिन्न हैं। राज्य दीर्घकालिक ऐतिहासिक प्रक्रिया के परिणाम

हैं। अतः इनका स्वरूप और इनके कार्य, समय और स्थान के संदर्भ से सतत् परिवर्तनशील हैं, अतः राज्य की परिभाषा काल और स्थान सापेक्ष है।

विगत दो सौ वर्षों में यूरोपीय देशों के उपनिवेशीय विस्तार के परिणामस्वरूप सम्पूर्ण विश्व न्यूनाधिक रूप में यूरोपीय तकनीक और यूरोपीय सांस्कृतिक और राजनीतिक मूल्यों के प्रभाव में आ गया। फलस्वरूप "यथा राजा तथा प्रजा" के नियमानुसार यूरोपीय प्रशासनिक व्यवस्था और यूरोपीय राजनीतिक आदर्श परतंत्र उपनिवेशीय इकाइयों के लिए वास्तविक सत्य बन गए। द्वितीय विश्व युद्ध के पश्चात् क्षेत्रीय उपनिवेशवाद के अवसान और स्वतंत्रता प्राप्ति के बाद भी कुछ कारणों से स्थिति में गुणात्मक परिवर्तन नहीं आया क्योंकि उपनिवेशवाद की पराजय की लड़ाई यूरोपीय उदारवादी राजनीतिक मूल्यों द्वारा प्रेरित थी, तथा यह लड़ाई सम्बद्ध उपनिवेशों के यूरोपीय उपनिवेशक देश के गृह प्रदेश में प्रचलित लोकतांत्रिक व्यवस्था के अनुरूप बनाने के लिए लड़ी गई थी।

उत्तर-उपनिवेशवादी दौर में विश्व की राजनीतिक और आर्थिक व्यवस्था का द्रुत गति से वैश्वीकरण हुआ। इसके प्रभाव में देशों की राजनीतिक व्यवस्था और उनके मूल्यबोध में एकरूपता उत्तरोत्तर बढ़ती गई। इन तत्वों के सम्मिलित प्रभाव में राज्य की यूरोपीय संकल्पना विश्वव्यापी आदर्श बन गई। अनेक विचारकों ने राज्य की यूरोपीय संकल्पना को राज्य का प्रतिमान मानते हुए उसकी आदर्शमूलक (नॉर्मेटिव) परिभाषाएं प्रस्तुत की हैं। इन परिभाषाओं का मुख्य उद्देश्य यह स्पष्ट करना है कि राज्य को कैसा होना चाहिए न कि राज्य क्या है। आदर्शमूलक विमर्श की यह मूलभूत मान्यता है कि मानव सभ्यता का क्रमिक विकास एक आदर्श स्थिति की प्राप्ति की ओर उन्मुख विकास प्रक्रिया का इतिहास है और राज्य की यूरोपीय संकल्पना इस आदर्श स्थिति का प्रतिनिधित्व करती है। इस मान्यता के अनुसार राज्य के विकास की प्रक्रिया सार्वभौम प्रक्रिया है। जहां यूरोप में यह विकास प्रक्रिया अपना लक्ष्य प्राप्त कर चुकी है अन्यत्र प्राप्ति की यह प्रक्रिया अभी चालू है। यूरोपीय संकल्पना आज अनेक कारणों से राज्य के स्वरूप की प्रायः सर्वमान्य संकल्पना बन चुकी है।

जीवन के सभी पक्षों में सामाजिक विकास की प्रक्रिया समय और स्थान सापेक्ष है इसलिए सभ्यता के विकास के बारे में किसी प्रकार की विश्वव्यापी एकरूपता की खोज का प्रयास भ्रांतिमूलक है। एक महत्वपूर्ण सामाजिक संगठन की इकाई के रूप में राज्य समाज की काल और स्थान सापेक्ष आवश्यकताओं के समाधान की दिशा में किए गए दीर्घकालिक प्रयासों और प्रक्रियाओं का परिणाम है। अतः इसके विकास का इतिहास अलग-अलग क्षेत्रों में पृथक्-पृथक् रहा है, यद्यपि विश्व इतिहास के आधुनिक दौर में भूमण्डलीकरण की व्यापक प्रक्रिया के प्रभाव में राज्य के स्वरूप में अधिकाधिक एकरूपता आई है। परन्तु इसका तात्पर्य यह कदापि नहीं है कि आज सभी देशों में राज्य का स्वरूप एक जैसा है। मानव मस्तिष्क एक जटिल इकाई है, जो सदा स्थानीय इतिहासजन्य मूल्यों की अंतर्निहित स्मृति और उनके प्रति लगाव से प्रभावित होता है। इसीलिए बढ़ती हुई एकरूपता के बाद भी भिन्न-भिन्न देशों में राजनीतिक मूल्य और व्यवहार पद्धति एक दूसरे से इतने भिन्न हैं। यही कारण है कि अपनी अन्यतम सामाजिक विविधताओं के बावजूद भारत विश्व का सबसे बड़ा और जनतांत्रिक मूल्यों की दृष्टि से अत्यधिक स्थायी गणतंत्र है। इस स्थायित्व का रहस्य हमारे सांस्कृतिक इतिहास तथा हमारे जनमानस में युग-युगान्तर से चली आ रही *वसुधैव कुटुम्बकम्* की दार्शनिक आस्था में निहित है। इसके विपरीत पश्चिमी एशिया

तथा दक्षिण-पूर्वी और पूर्वी एशिया के इस्लामी और चीनी संस्कृति वाले देशों में जनतंत्र सही अर्थ में पनप नहीं सका है। इस दृष्टि से भारत और पाकिस्तान की तुलना महत्वपूर्ण है। यूरोपीय देशों का राजनीतिक इतिहास विश्व के अन्य देशों से इतना भिन्न है कि यूरोपीय राज्य की विकास प्रक्रिया को सार्वभौमता का जामा पहनाना त्रुटिपूर्ण होगा।

राज्य की संकल्पना का ऐतिहासिक विकास

राज्य आधुनिक जीवन का सर्वव्यापी सत्य बन गया है अतः बहुधा भ्रांति होती है कि राज्य युग युगान्तर से चली आ रही व्यवस्था है। वास्तव में राज्य अपेक्षाकृत एक नई सामाजिक कृति है जिसके वर्तमान स्वरूप का प्रारम्भ मात्र दो शताब्दी पुराना है। यह पूरी तरह से आधुनिक युग के इतिहास की उपज है। इस इतिहास का प्रारम्भ पन्द्रहवीं और सोलहवीं सदी के यूरोपीय पुनर्जागरण तथा धार्मिक-सांस्कृतिक सुधारों के साथ हुआ था। इसकी परिणति अट्ठारहवीं सदी की ज्ञानोदीप्ति (इनलाइटमेण्ट) में हुई थी तथा 1780 के दशक की औद्योगिक क्रांति, और 1789 की फ्रांसीसी क्रांति इसके प्रत्यक्ष परिणाम थे। इन्हीं सामाजिक-वैचारिक हलचलों ने "यूरोपीय शताब्दी" (1815-1914) की नींव डाली थी। सौ वर्षों की यह अवधि विश्व भर में यूरोपीय वर्चस्व, यूरोपीय आर्थिक, राजनीतिक और सांस्कृतिक प्रसार तथा अधिकार का युग था। इन सौ वर्षों में यूरोपीय देशों ने विश्व के प्रायः सभी भागों को अपने उपनिवेशीय नियंत्रण में कर लिया तथा यूरोपीय ज्ञान, संस्कृति, जीवन पद्धति, उत्पादन तकनीक, राजनीतिक व्यवस्था और मूल्य बोध धीरे-धीरे पूरे विश्व में व्याप्त हो गए। औद्योगिक क्रांति के फलस्वरूप यूरोपीय देश विश्व के सबसे सम्पन्न और शक्तिशाली देश बन गए। समुद्री परिवहन में वे पहले ही अग्रणी थे। इन दोनों बातों के सम्मिलित प्रभाव से वे विश्व के स्वामी बन बैठे। यूरोपीय आदर्श और आचरण पद्धति को स्वीकारना परतंत्र विश्व की विवशता, तथा कालान्तर में यह उनका अभ्यास बन गया। यही कारण था कि यूरोपीय राजव्यवस्था और राज्य की यूरोपीय परिकल्पना सर्वव्यापी बन गई।

राजनीतिक भूगोल की विकास यात्रा की चर्चा के दौरान हमने देखा था कि राजनीति सामाजिक संगठन के विकास की एक महत्वपूर्ण आवश्यकता थी तथा राजनीति की नींव समाज के आत्म नियंत्रण और आत्मानुशासन पर टिकी थी। सर्वप्रथम यह आत्मानुशासन परिवारस्तरीय अनुशासन में प्रकट हुआ। बाद में अनेक पड़ोसी परिवारों के समूहों (ग्रामों) का विकास हुआ। इन्हें बाहरी संकट से उबारने और उनके आपसी झगड़ों के समाधान के लिए सामूहिक अनुशासन की आवश्यकता हुई। इस प्रकार पंचायती व्यवस्था का विकास हुआ। अनेक ग्रामों में क्षेत्रीय एकता और परस्पर निर्भरता की भावना के विकास के साथ ही राज्य का प्रारम्भिक स्वरूप उभरा होगा। राजनीति एक पुरातन सामाजिक आवश्यकता है, परन्तु आदि काल में समाज का स्वरूप आज से बहुत भिन्न था। इसलिए तत्कालीन राजनीति आज से बहुत भिन्न थी। उसका सम्बन्ध सत्ता अर्थात् अनुशासन व्यवस्था से तो था परन्तु शासन (गवर्नमेण्ट) से नहीं। सोलहवीं सदी के अन्त तक देश का राजा अथवा सम्राट मुख्यतया देश की सुरक्षा का संरक्षक था परन्तु सही अर्थ में (अर्थात् आज के अर्थ में) देश का शासक नहीं। जनता से निर्धारित अंशदान प्राप्त करने के उपरान्त सम्राट का उनके दैनिक जीवन में हस्तक्षेप नहीं के बराबर था (फोकाल्ट, 1979)।

क्वेंटिन स्किनर (1978) के अनुसार अंग्रेजी के "स्टेट" शब्द का मूल लैटिन भाषा का शब्द "स्टेटस" (प्रास्थिति अथवा दशा) है। सत्रहवीं सदी के पहले इस शब्द का इसी अर्थ में प्रयोग

होता था, तथा व्यवस्था और सत्ता दोनों ही स्वयं राजा या सम्राट में निहित थी। स्टेट (राज्य) की आधुनिक अवधारणा इस पुराने शाब्दिक अर्थ से सर्वप्रथम फ्रांस और उसके बाद इंग्लैण्ड में सोलहवीं सदी में विकसित हुई। इसका कारण यह था कि वे विशेषताएं जिनके कारण राज्य स्पष्टतया परिभाषित क्षेत्रीय सीमाओं से घिरे केन्द्रीय प्रशासनिक इकाई का रूप धारण करता था, सर्वप्रथम इन्हीं दोनों देशों में विकसित हुई थीं। स्किनर (1978, पृ. 352-358) के अनुसार सोलहवीं सदी के अंत तक इन दोनों देशों में राज्य की आधुनिक अवधारणा स्थापित हो चुकी थी और उनके राजनीतिक और सांस्कृतिक प्रभाव के उत्तरोत्तर प्रसार के साथ यह अवधारणा सर्वमान्य आदर्श बन गई।

राज्य की अंकुरण सम्बन्धी इस अवधारणा से स्पष्ट है कि प्रशासन (गवर्नमेण्ट) के प्रारम्भ की प्रथम शर्त यह है कि देश के शासक राज्य व्यवस्था को उसी दृष्टि से देखें तथा वैसा ही व्यवहार करें जैसा कि परिवार का मुखिया (पिता) परिवार के प्रबन्धन में करता है। अर्थात् प्रशासक के लिए राज्य के प्रबन्धन में देश की जनता के हितों को सर्वोपरि रखना प्रशासनिक प्रक्रिया की अनिवार्य शर्त है। ऐसे प्रशासनिक कर्तव्य में राज्य का अन्य राज्यों से सम्बन्ध और उनके परिप्रेक्ष्य में देश के अस्तित्व की सुरक्षा का दायित्व सम्मिलित है। परन्तु प्रशासनिक धर्म में जनता के प्रति वात्सल्य का भाव सर्वोपरि महत्व का है। अतः सही अर्थों में प्रशासन देश के जनजीवन के सर्वांगीण प्रबन्धन के दायित्व का निर्वाह है। पूर्व-आधुनिक काल में सामान्य जन के दैनिक जीवन की कठिनाइयों से सम्राट का कुछ भी लेना-देना नहीं था। सम्राट की चिंता यहीं तक सीमित थी कि सामाजिक असंतोष राजनीतिक सत्ता के विरुद्ध क्रांति का रूप धारण न कर ले। जब तक देश छोटे-छोटे तथा एक दूसरे से प्रायः असम्बद्ध आत्मनिर्भर समुदायों में विभक्त थे, राजनीतिक सत्ता प्रत्येक समुदाय से अलग-अलग निबट सकती थी क्योंकि प्रत्येक की समस्या और असंतोष थोड़े से लोगों का स्थानीय असंतोष था। धीरे-धीरे समुदायों में आपसी सम्बन्ध गहरे होने लगे, उनमें परस्पर एकता और भागीदारी का भाव दृढ़ होने लगा, उन्हें अपनी कठिनाइयों और उनके समाधान का स्रोत एक ही केन्द्रीय सत्ता में निहित दिखने लगा। परिणामस्वरूप अपनी समस्याओं के निराकरण के लिए उन्हें सम्मिलित प्रयास का मार्ग अधिक प्रभावी प्रतीत होने लगा। इस प्रकार नागरिकों में राष्ट्रीय भावना का सूत्रपात हुआ। देश अलग-अलग पहचान वाले समुदायों का समूह न रहकर एक बृहत्तर जनसमुदाय बन गया। इस नई स्थिति के परिणामस्वरूप राज्यधिकारी को शासक, अर्थात् "रूलर" के स्थान पर "गवर्नर" (प्रशासक), बनना पड़ा। यही आधुनिक प्रकार के राज्य की स्थापना का प्रारम्भिक चरण था।

इस सन्दर्भ में शीर्ष और पाद ("हाई एण्ड लो") राजनीति का अन्तर जानना आवश्यक है। शीर्ष राजनीति का सम्बन्ध राज्य के अस्तित्व की सुरक्षा से सम्बन्धित कार्यों अर्थात् युद्ध और शान्ति, अन्य देशों से सम्बन्ध तथा देश को एक सूत्र में बांधे रखने की दिशा में किए जाने वाले प्रयासों से है। ऐसे प्रयास मूलरूप से राज्य के प्रबुद्ध वर्गों, उदाहरण के लिए प्रशासकों, सेनाध्यक्षों और अन्य शीर्ष स्तरीय अधिकारियों आदि के निर्णय के क्षेत्र हैं। सामान्य नागरिक अर्थात् तृणमूल स्तरीय जनसंख्या से उनका सीधा सम्बन्ध नहीं है। इसके विपरीत पाद राजनीति का सम्बन्ध उन आर्थिक और सामाजिक नीतियों से है जो आम नागरिक के दिन प्रतिदिन के जीवन से सीधे रूप में जुड़ी हैं। इनमें स्वास्थ्य, शिक्षा, सामान्य प्रशासन, आन्तरिक शांति आदि सम्मिलित हैं। इनके क्रियान्वयन में स्थानीय प्रशासन केन्द्रीय भूमिका निभाता है और जनतांत्रिक व्यवस्था में सामान्य

जनता का संतोष अथवा क्षोभ, राज्य के प्रति नागरिकों की आस्था अथवा अनास्था इन्हीं बातों पर निर्भर है। इस परिप्रेक्ष्य में हम कह सकते हैं कि पूर्व-आधुनिक युग शीर्ष राजनीति प्रधान युग था, और वर्तमान काल की राजनीति प्रधानतया पादस्तरीय है। शीर्ष से पाद राजनीति, और शासन से प्रशासन की ओर प्रगति का प्रधान कारण औद्योगीकरण और उसके परिणामस्वरूप नगरों का विकास था। यह दोनों ही प्रक्रियाएं उन्नीसवीं सदी के अन्तिम चरण में विशेष रूप से मुखर हुई थीं। इनके सम्मिलित परिणाम से भूमिहीन और विपन्न श्रमजीवी बड़ी संख्या में नगरों की ओर आकृष्ट हुए, उनमें अपने हितों की समानता की पहचान उभरी तथा उनके लिए संघर्ष हेतु एक जुट होने की चेतना उत्पन्न हुई। इससे श्रमिकों और मालिकों में वर्ग विभाजन की चेतना जागृत हुई और देश के जन (पीपुल) का जनसमुदाय (पापुलेशन) में रूपान्तरण प्रारम्भ हुआ। विचारकों के अनुसार राज्य की आधुनिक परिकल्पना का सूत्रपात सोलहवीं सदी के अन्तिम चरण में जन के जनसमुदाय में रूपान्तरित होने के साथ ही हुआ था। देशवासियों में सामूहिक पहचान की चेतना के साथ ही नागरिक चेतना उद्‌भूत हुई और भिन्न-भिन्न क्षेत्रीय राजनीतिक इकाइयों में निवास करने वाली जनता राजनीतिक सत्ता को बनाए रखने के लिए किए जाने वाले प्रयासों का केन्द्रबिन्दु बन गई। समाज और राज्य के सम्बन्ध उत्तरोत्तर गहनतर होते गए, नागरिकों की सुख-सुविधा का प्रबन्ध करना शासकों का धर्म बन गया तथा शासक प्रशासक बन गए। राज्य के लिए यह नया उत्तरदायित्व था क्योंकि अभी तक देश की सुरक्षा की व्यवस्था करना ही शासकों का प्रमुख उत्तरदायित्व रहा था। इस बढ़े उत्तरदायित्व के निर्वाह के लिए राज्य को अतिरिक्त आय और अधिक संसाधन की आवश्यकता हुई। इसके लिए संस्थाओं तथा नौकरशाही व्यवस्था की स्थापना, आय के नए स्रोत खोजने (विभिन्न प्रकार के कर लगाने) और सम्पूर्ण देश को एक सूत्र में बांधने के लिए यातायात और संचार सम्बन्धी सुविधाओं का विकास आवश्यक हो गया। अब राज्य मूलतया प्रशासनिक व्यवस्था का पर्याय बन गया। राजनीति मुख्यतया शीर्ष स्तरीय विषयों के स्थान पर पाद स्तरीय विषयों पर केन्द्रित हो गई।

औद्योगीकरण और नगरीकरण की प्रक्रिया उन्नीसवीं सदी में विशेष रूप से मुखर हुई थी। अतः पादस्तरीय राजनीति का अधिकतम विकास भी इसी काल मे हुआ। नगरीकरण की प्रक्रिया की मुखरता का अनुमान इसी से लगाया जा सकता है कि सोलहवीं सदी के अंत में विश्व की कुल जनसंख्या का मात्र 7.6 प्रतिशत दस हजार अथवा उससे अधिक जनसंख्या वाले नगरों में निवास करता था। दो सौ साल बाद – 1790 में – यह प्रतिशत मात्र 10 था, परन्तु सत्रहवीं सदी के अन्त तक इसमें तीन गुणा वृद्धि हुई। 1890 में कुल जनसंख्या का 29 प्रतिशत दस हजार से अधिक जनसंख्या वाले नगरों में निवास कर रहा था। इस जनसंख्या का अधिकांश भाग सुविधाओं से वंचित विपन्न श्रमजीवियों का था जो इन नगरों में केन्द्रित उद्योगों में जीविकोपार्जन के लिए आकर्षित हुए थे। सम्पन्न पूंजीपति वर्ग विपन्न और साधनविहीन वर्ग को नैतिक दृष्टि से पतित, छूत के रोगों का स्रोत, और सामाजिक अशांति के कारक के रूप में देखता था। उनसे उन्हें अपने अस्तित्व को खतरा प्रतीत होने लगा था, यद्यपि यही श्रम उनकी मिलों, अन्य औद्योगिक संस्थानों, और उनकी आर्थिक समृद्धि का आधार था। विपन्न श्रमिकों की ओर से अधिक सुविधा तथा बेहतर जीवन स्तर के उपादानों की मांग और श्रमिकों में बढ़ती जागृति से पूंजीपति वर्ग में व्याप्त भय को देखते हुए राजसत्ता को इस वर्ग की ओर उत्तरोत्तर अधिक ध्यान देने की आवश्यकता महसूस हुई। शासकों के लिए यह एक अभूतपूर्व स्थिति थी। इस नई चुनौती

का सामना करने के लिए राज्य के प्रशासनिक दायित्व में अभूतपूर्व वृद्धि हुई। राज्य उत्तरोत्तर एक सशक्त सामाजिक प्रशासनिक तंत्र बन गया। समाज में वर्ग विभाजन उत्तरोत्तर गहरा होता गया, राजनीतिक प्रक्रिया क्लिष्टतर होती गई तथा राजनीति जीवन के सभी पक्षों से सीधे तौर पर जुड़ गई। इस प्रकार देश की आर्थिक प्रगति और कल्याणकारी प्रशासन बीसवीं सदी के राज्य के प्रमुख उत्तरदायित्व बन गए।

आधुनिक राज्य की विशिष्ट पहचान इसकी प्रशासनिक क्रियाशीलता है। परन्तु शासन (गवर्नमेण्ट) और राज्य (स्टेट) परस्पर सम्बद्ध होते हुए भी एक दूसरे से भिन्न प्रकार की व्यवस्थात्मक इकाइयां हैं। प्रशासन राज्य का प्रतिनिधि तथा उसके द्वारा निर्मित व्यवस्था का परिणाम और अंग है। राज्य से पृथक् उसकी पहचान करना सम्भव नहीं है। राज्य का उद्देश्य राज्य के दैनिक क्रियाकलाप को नियमपूर्वक संचालित करना है। इस उद्देश्य की प्राप्ति के लिए दो प्रकार की रणनीतियां (स्ट्रैटेजीज) आवश्यक हैं। एक दीर्घकालिक उद्देश्यों की प्राप्ति सम्बन्धी नीति निर्धारण, तथा दूसरा निर्धारित नीतियों के क्रियान्वयन हेतु अल्पकालिक व्यवस्था के लिए प्रशासन। अतः प्रशासन राज्य के उद्देश्यों की प्राप्ति हेतु दिन प्रतिदिन के कार्यों के प्रबन्धन के लिए निर्मित यंत्रावली है। वास्तव में राज्य प्रभुसत्तासम्पन्न और सर्वथा स्वायत्त इकाई है और शासन राज्य के मूल उत्तरदायित्व के निर्वाह के लिए उसी द्वारा निर्मित संस्था मात्र है। अतः उदारवादी जनतांत्रिक व्यवस्था में शासन का विरोध न्याय सम्मत क्रिया है जबकि राज्य का विरोध देशद्रोह और राष्ट्र की अस्मिता पर प्रहार माना जाता है। राज्य और उसके शासन तंत्र एक दूसरे से इतने समीप से जुड़े हैं कि दोनों के बीच का यह अन्तर व्यवहार के स्तर पर मात्र सैद्धान्तिक प्रतीत होता है। परन्तु यह अन्तर जनतंत्र के अस्तित्व के लिए आधारिक महत्व का है। इस प्रश्न का निर्णय कि राज्य व्यवस्था का परम उद्देश्य जन कल्याण है अथवा शासक वर्ग का हित साधन, राज्य और प्रशासन के इसी अन्तर पर निर्भर है (इस विषय पर देखिएः लास्की, 1935, पृ. 23-25)।

आधुनिक राज्य के उद्भव में तकनीकी विकास का योगदान भी निर्णायक प्रभाव वाला था। नई तकनीकों के प्रयोग से सभ्यता का आधार ही बदल गया है क्योंकि मानव और प्रकृति के बीच अनादिकाल से चले आ रहे निरन्तर सम्बन्ध में प्राकृतिक परिवेश की भूमिका निर्णायक रही थी। आधुनिक वैज्ञानिक तकनीक के विकास के बाद यह निर्णायक भूमिका प्रकृति के स्थान पर मानव प्रयास के पक्ष में आ गई। अब संसाधनों के अधिक गहन दोहन और उत्पादकता में सर्वत्र आशातीत वृद्धि के परिणामस्वरूप औद्योगिक रूप में विकसित देशों में पूंजीवाद का प्रादुर्भाव हुआ तथा समाज में वर्गविभेद को बढ़ावा मिला। यही मध्यमवर्गी (बुर्जुआ) क्रांति और जनतांत्रिक और समाज केन्द्रित प्रशासनिक व्यवस्था का मूल कारण बना। नई व्यवस्था में सत्ता सम्राट और सामंतों से हस्तांतरित कर "जन" प्रतिनिधियों के हाथ आ गई, तथा बीसवीं सदी में "जन" की पहचान सामान्य जनता से जुड़ गई। राज्य सत्ता अब स्थायी संस्थाओं के माध्यम से जनतांत्रिक मूल्यों के अनुरूप संचालित होने लगी। परिणामस्वरूप देश का सम्पूर्ण क्षेत्र एक संयुक्त बाजार में परिवर्तित हो गया। इससे श्रम तथा पूंजी दोनों की अन्तरक्षेत्रीय गतिशीलता को प्रोत्साहन मिला। परिणामस्वरूप पूरा देश शासक और शासित की क्रियाशील भागीदारी पर केन्द्रित नागरिक समाज (सिविल सोसाइटी) के रूप में स्थापित हो गया। इस नई राज व्यवस्था में प्रत्येक नागरिक अपने व्यक्तिगत जीवन में पूर्णतया स्वतंत्र और समान अधिकारों वाला बन गया।

राज्य की आधुनिक संकल्पना की दो मूलभूत विशेषताएं हैं। प्रथम यह एक केन्द्रीय नियंत्रण वाली राज सत्ता है जिसका अधिकार देश के सम्पूर्ण भौगोलिक क्षेत्र पर समान रूप में फैला है। सत्ता का अधिकार राज्य द्वारा स्थापित संस्थाओं के माध्यम से राज्य द्वारा नियुक्त अधिकारियों द्वारा निरपेक्ष रूप में संचालित होता है और राज्य की विधि व्यवस्था देश के प्रत्येक नागरिक पर समान रूप से लागू होती है। द्वितीय, सत्ता का अधिकार और देश का प्रबन्धन शासक और शासित की आपसी स्वीकृति से बनाए गए नियमों और उपनियमों के अनुसार कार्यान्वित होता है। इस दूसरी विशेषता का तात्पर्य यह है कि:

> "राज्य नैतिक मूल्यों पर आधारित समुदाय है, इसलिए देश के प्रत्येक नागरिक के लिए इसके द्वारा पारित विधियों का पालन करना आवश्यक है। साथ ही यह भी स्पष्ट है कि यदि राज्य के नियम-विनियम तथा उसके प्रशासनिक निर्णय विधि संगत नहीं हैं तो नागरिक उन्हें मानने के लिए बाध्य नहीं हैं, क्योंकि उन्हें मानना उसका संवैधानिक उत्तरदायित्व नहीं है। ... राज्य एक संप्रभु इकाई है, परन्तु इसकी सत्ता की वैधता देश के नागरिकों की संस्तुति पर निर्भर है" (गैम्बल, 1981, पृ. 49)।

जैसा कि गैम्बल ने रेखांकित किया है, "एक नागरिक संगठन के रूप में आधुनिक राज्य संयत नागरिक समाज (सिविल सोसायटी) का मात्र निष्क्रिय संरक्षक न होकर उसका सक्रिय निर्माता और सुधारक भी है। देश को नई दिशा देने, तथा उसे रूढ़िगत संस्कारों से मुक्त कर आधुनिक विवेक सम्मत मूल्यों की ओर उन्मुख करने की दिशा में राज्य द्वारा निरन्तर और उत्तरोत्तर अधिक सक्रिय प्रयास किए जाते रहे हैं।"

राज्य की प्रकृति और उसका स्वरूप

आधुनिक राज्य के स्वरूप के बारे में दो मुख्य दृष्टिकोण हैं। एक को लोकतांत्रिक-बहुवादी (डिमॉक्रेटिक प्लूरलिस्ट) दृष्टिकोण के नाम से जाना जाता है तथा दूसरे को आमूल परिवर्तनवादी (रैडिकल) अथवा मार्क्सवादी दृष्टिकोण की संज्ञा दी गई है। जनतांत्रिक-बहुवादी विचारधारा के अनुसार प्रत्येक राज्य देश में निवास करने वाले परस्पर प्रतिस्पर्धी गुटों के आपसी मतभेदों को समाप्त कर उनमें सामंजस्य स्थापित करने के उद्देश्य से निर्मित एक निष्पक्ष न्यायाधिकरण है जो विभिन्न गुटों के बीच अनेक संस्थाओं के क्रियाशील योगदान के माध्यम से सर्वमान्य निर्णय करने के लिए बनाया गया है। परन्तु जैसा अनेक विद्वानों ने रेखांकित किया है, प्रतिस्पर्धी गुटों के बीच होने वाला संघर्ष प्रायः बराबरी का संघर्ष नहीं होता क्योंकि राज्य की नीति निर्धारण प्रक्रिया में बहुधा साधन सम्पन्न वर्ग के प्रतिनिधियों का वर्चस्व होता है, जिसके कारण शासन द्वारा पारित नीतियां उस वर्ग के हितों पर प्रत्यक्ष अथवा परोक्ष रूप में सुरक्षात्मक दृष्टिकोण अपनाती हैं। दूसरी ध्यान देने की बात यह है कि पिछली अर्द्धसदी में सभी स्तरों पर विभिन्न वर्गों के सदस्य अपने विशिष्ट वर्ग हितों की सुरक्षा हेतु संघर्ष करने के उद्देश्य से परस्पर प्रतिस्पर्धी गुटों में संगठित हो गए हैं। वर्तमान समय में वर्गहित का संघर्ष इन्हीं संगठनों अथवा संघों के स्तर पर लड़ा जाता है। फलस्वरूप व्यक्तिगत हितों और प्रत्येक वर्ग के अपेक्षाकृत कम प्रभावशाली गुटों, जैसे छोटे-छोटे व्यापारियों अथवा अपेक्षाकृत छोटे उद्योगों में कार्यरत श्रमिकों तथा खेतिहर मजदूरों, के हितों को समुचित सुरक्षा नहीं मिल पाती। इस प्रवृत्ति के परिणामस्वरूप पिछले दशकों में जनतांत्रिक-बहुवादी

राज्य द्रुत गति से निगम राज्य (कोरपोरेट स्टेट) का रूप ले रहा है। इस परिवर्तित स्थिति को अपूर्ण बहुवाद (इम्परफेक्ट प्लूरलिज़्म) की संज्ञा दी गई है।

इसके विपरीत मार्क्सवादी विचारधारा राज्य की निष्पक्षता के दावे को मात्र धोखा मानती है। इसके अनुसार राजसत्ता वर्ग संघर्ष से परे न होकर वर्ग संघर्ष में सक्रिय भागीदार है। मार्क्सवादी चिन्तन धारा के अनुसार सभी सामाजिक इकाइयां वर्ग संघर्षमय इकाइयां हैं जिनमें एक शक्ति सम्पन्न वर्ग अन्य वर्गों पर शासन करता है। इस दृष्टि से राज्य और उसकी सम्पूर्ण प्रशासनिक व्यवस्था सम्पन्न वर्ग की स्वार्थ सिद्धि के लिए, उन्हीं के द्वारा निर्मित उपकरण (इंस्ट्रूमेण्टैलिटी) मात्र है। राज्य के स्वरूप के सम्बन्ध में इस व्याख्या को *उपकरण व्याख्या* अर्थात् इन्स्ट्रूमेण्टलिस्ट एप्रोच के नाम से जाना जाता है। ब्रिटिश विद्वान मिलिबंड (1969) इस विचारधारा के प्रमुख समर्थक हैं। एक अन्य व्याख्या के अनुसार राज्य परस्पर प्रतिस्पर्धी हितों वाले वर्ग समूहों का अखाड़ा है, शक्ति सम्पन्नों द्वारा शक्तिहीनों के ऊपर नियंत्रण करने का साधन मात्र नहीं। यह ठीक है कि राज्य सम्पन्न वर्ग की शक्ति का प्रतिनिधित्व करता है परन्तु राज्य में इस वर्ग के भिन्न-भिन्न गुटों के हित एक दूसरे से बहुधा विपरीत होते हैं। शक्ति सम्पन्न तथा उपेक्षित और विपन्न वर्गों के परस्पर संघर्ष में संतुलन बनाए रखने और राष्ट्र की उपेक्षित जनसंख्या के वर्ग असंतोष को सामाजिक क्रांति का रूप धारण करने से रोकने के उद्देश्य से राज्य अपनी नीति निर्धारण प्रक्रिया के माध्यम से समाज के निर्धन और उपेक्षित वर्गों के हित में कार्य करता है। इस प्रक्रिया में पूंजीपति वर्ग के अपेक्षाकृत पिछड़े गुटों, उदाहरणार्थ छोटे व्यापारियों और छोटे-छोटे उद्योगों के मालिकों के हितों का त्याग करना शासकों की विवशता हो जाती है। यद्यपि राज्य पूंजीवादी वर्ग का प्रतिनिधि है परन्तु, इसमें छोटे पूंजीपतियों की भागीदारी नगण्य है। राज्य की इस व्याख्या को *वर्ग शक्ति संतुलन* विचारधारा की संज्ञा दी गई है।

पूंजीवादी राज्य व्यवस्था में संकट की प्रवृत्तियां

मार्क्स के अनुसार पूंजीवादी व्यवस्था स्वभावतः संकट ग्रस्त व्यवस्था है। मार्क्सवादी चिंतक हैबरमास (1976) ने पूंजीवादी राज्य की चार संकटपूर्ण स्थितियों की पहचान की है। ये हैं: आर्थिक संकट, विवेक का संकट, वैधता का संकट, और अभिप्रेरणा (मोटिवेशन) का संकट। जब किसी राज्य की अर्थव्यवस्था देश के समुचित विकास के लिए आवश्यक उपादान प्रस्तुत करने में अक्षम प्रतीत होती है तो आर्थिक संकट उत्पन्न होता है। ऐसी स्थिति में बाजार प्रणाली में प्रशासनिक हस्तक्षेप आवश्यक हो जाता है जिससे कि राजनीतिक संकट की सम्भावना को रोका जा सके। सभी देशों में आर्थिक क्षेत्र में शासन की बढ़ती हुई भागीदारी इस प्रकार के संकट का लक्षण है। आर्थिक क्षेत्र में राज्य हस्तक्षेप के साथ ही राजसत्ता का वर्गों के बीच निष्पक्ष मध्यस्थता सम्बन्धी दावा झूठा पड़ जाता है क्योंकि राज्य अर्थव्यवस्था में स्वयं सीधा भागीदार हो गया है। इससे वैचारिक संकट उत्पन्न होता है। प्रश्न उठता है कि राज्य का वास्तविक स्वरूप क्या है? वह वर्ग संघर्ष में एक मध्यस्थ न्यायाधिकरण है अथवा किसी वर्ग विशेष का पक्षधर? यदि राजसत्ता अर्थात् प्रशासन के हस्तक्षेप के पश्चात् भी देश के आर्थिक संकट का संतोषपूर्ण समाधान नहीं हो पाता तो नागरिकों के मानस में सत्ता के प्रभावशाली होने पर संदेह उत्पन्न होता है, उसकी वैधता पर प्रश्न चिन्ह लग जाता है और मतदाता दूसरी सरकार की प्रतीक्षा करने लगते हैं। इससे अभिप्रेरणा का संकट उत्पन्न हो जाता है क्योंकि नागरिकों में शासन की अपेक्षित जिम्मेदारी,

अर्थात् उसके द्वारा अर्पित की जाने वाली जन कल्याण सुविधाओं के प्रति उनमें जागृत अपेक्षाओं तथा राज्य द्वारा प्रदान की जाने वाली सेवाओं के स्तर के बीच के निरन्तर बढ़ते अन्तर के कारण नागरिकों में राज्य के प्रति आस्था भाव में ह्रास होता है। अभिप्रेरणा के संकट का मूल कारण यह है कि हमारी पुस्तकों और शिक्षण संस्थाओं में आदर्श राज्य के उत्तरदायित्व के बारे में खींची गई छवि और व्यवहार के स्तर पर उसकी वास्तविक छवि एक दूसरे से बेमेल हो जाती हैं। परिणामस्वरूप नागरिकों में व्यवस्था को समर्थन देते रहने की प्रेरणा उत्तरोत्तर समाप्त होने लगती है।

ध्यान से देखा जाए तो प्रतीत होगा कि पूंजीवादी व्यवस्था में राज्य को दो न्यूनाधिक रूप में परस्पर विरोधी लक्ष्यों क़ी प्राप्ति के लिए प्रयास करना पड़ता है। एक ओर आवश्यक है कि देश में पूंजी संचयन के लिए प्रभावी कदम उठाए जाएं जिससे आर्थिक विकास की गति बढ़े तथा अर्थव्यवस्था में पूंजी की वृद्धि हो और रोजगार के अवसर बढ़ें, तो दूसरी ओर यह भी आवश्यक है कि देश के आम नागरिक और सामान्य मतदाता को निरन्तर समुचित सुख-सुविधा प्रदान की जाती रहे जिससे वे शासन के प्रति यथावत आस्थावान बने रहें। राज्य को इन दोनों प्रकार के उत्तरदायित्वों के वहन के लिए दो अलग-अलग प्रकार के वित्तीय खर्च की आवश्यकता पड़ती है। पूंजी संचयन के लिए सामाजिक पूंजी का उत्पादन आवश्यक है। इसके अन्तर्गत आर्थिक विकास की निरन्तर प्रगति को प्रोत्साहित करने के लिए विभिन्न प्रकार की अवसंरचनाओं (इन्फ्रास्ट्रक्चर) का निर्माण सम्मिलित है। नागरिकों में देश की राजसत्ता के प्रति आस्था बनाए रखने के लिए समाज कल्याण पर धन लगाने की आवश्यकता होती है। ऐसे ही कार्य जनता को संतुष्ट रखते हुए राज्य व्यवस्था को वैधता प्रदान करते हैं (जांस्टन, 1993)।

राज्य का विकासशील स्वरूपः समकालीन प्रवृत्तियां

ऐतिहासिक विकास प्रक्रिया के प्रारम्भ में राज्य प्रधानतया एक स्थानिक संगठन था। स्थानीय संस्कार और परिवेश इसके प्रधान कारक थे। परिणामस्वरूप प्रत्येक राजनीतिक इकाई इस प्रकार की अन्य इकाइयों से अनेक बातों में विशिष्ट थी। उनमें आपसी सादृश्यता अपेक्षाकृत कम थी। प्रत्येक राज्य मूलतया एक राष्ट्रीय प्रभुतासम्पन्न इकाई था जो अपने कार्य क्षेत्र में पूर्णतया स्वतंत्र था, राज्य आदेश देता था, आदेश लेता नहीं था। अपनी भौगोलिक सीमाओं के अन्दर उसकी सम्प्रभुता निर्विवाद थी। प्रत्येक राज्य एक पृथक् क्षेत्रीय सामाजिक संगठन था तथा अन्य राज्यों से उसके सम्बन्ध सीमित थे। भौगोलिक सीमाएं राजनीतिक और सांस्कृतिक विभाजक रेखाएं थीं। परन्तु उन्नीसवीं सदी के उत्तरार्द्ध में राज्यों के परिवेश में दूरगामी परिवर्तन आए। उनके बीच दिन प्रतिदिन बढ़ते आर्थिक और सांस्कृतिक सम्बन्धों के परिणामस्वरूप उनका परस्पर पार्थक्य कम होता गया, शांतिकाल में राजनीतिक सीमाओं पर चौकसी में कमी आई तथा श्रम और पूंजी की अंतरराष्ट्रीय गतिशीलता में अत्यधिक वृद्धि हुई। इन सबके सम्मिलित प्रभाव से पृथक्-पृथक् सम्प्रभुता सम्पन्न और एक दूसरे से असम्बद्ध राज्य अब मात्र राष्ट्रीय इकाइयां न रह कर एक सम्पूर्ण अन्तरराष्ट्रीय राजनीतिक-आर्थिक प्रणाली की अन्योन्याश्रयी उपप्रणालियां बन गए। उनका परिवेश राष्ट्रीय से अन्तरराष्ट्रीय हो गया। राज्यों के बीच संरचनात्मक समानता उत्तरोत्तर बढ़ती गई। द्वितीय विश्वयुद्ध के पश्चात् उपनिवेशवाद के अवसान और परतंत्र उपनिवेशों के संप्रभु

राज्यों के रूप में उदय होने के साथ ही राज्यों की परस्पर एकरूपता बढ़ती गई क्योंकि सभी उत्तरउपनिवेशवादी स्वतंत्र राजनीतिक इकाइयां अपने पुराने स्वामियों की राज्य व्यवस्था के अनुरूप ही अपने देश की राजनीतिक व्यवस्था को ढालने लगी। राज्य की यूरोपीय संकल्पना अब सही अर्थों में वैश्विक संकल्पना बन गई।

द्वितीय विश्व युद्ध के पश्चात् अन्तरराष्ट्रीय सम्बन्धों में, विशेषकर व्यापारिक और आर्थिक क्षेत्र में अनेक परिवर्तन आए। उपनिवेशवाद की समाप्ति के परिणामस्वरूप उभरी नई राष्ट्रीय इकाइयों को पहले से चली आ रही अन्तरराष्ट्रीय आर्थिक व्यवस्था में समायोजित करने और राज्यों के पारस्परिक सम्बन्धों का दृढ़तर बनाने के उद्देश्य से पश्चिमी देशों, विशेषकर संयुक्त राज्य अमरीका के नेतृत्व में विश्व के सभी स्वतंत्र देशों का एक संघ, संयुक्त राष्ट्र संघ बनाया गया जिससे कि यूरोपीय उपनिवेशों के उत्तराधिकारी राज्यों को पुनः अन्तरराष्ट्रीय आर्थिक और सांस्कृतिक व्यवस्था में आबद्ध किया जा सके। इन नव जाग्रत देशों का कच्चा माल और उनके विशाल बाजार पिछले सौ वर्षों से उन्नत आर्थिक विकास वाले पश्चिमी औद्योगिक देशों की समृद्धि के आधार रहे थे। यूरोपीय-अमरीकी वर्चस्व में पुनःस्थापित विश्व अर्थव्यवस्था का एक छत्र प्रभुत्व बनाए रखने के लिए संयुक्त राष्ट्र संघ ने अन्तरराष्ट्रीय मुद्राकोष और विश्व बैंक जैसी वित्तीय अनुदान संस्थाओं, संयुक्त राष्ट्र शैक्षणिक-सामाजिक और सांस्कृतिक संगठन (यूनेस्को) आदि के माध्यम से अनेक उपाय किए। इन वित्तीय और शैक्षणिक सांस्कृतिक संगठनों के माध्यम से विश्व के सभी राज्य संयुक्त राष्ट्र संघ की सदस्यता प्राप्त कर एक विश्वव्यापी राजनीतिक व्यवस्था के अंग बन गए। अर्थात् प्रत्येक राज्य विश्वव्यापी राज्य व्यवस्था की उप-इकाई बन गया। यह नई उदीयमान व्यवस्था आर्थिक विनिमय व्यवस्था मात्र न रह कर उत्तरोत्तर अधिकाधिक आच्छादक राजनीतिक-सांस्कृतिक व्यवस्था में परिवर्तित हो गई। परिणामस्वरूप राज्यों के बीच संरचनात्मक और व्यावहारिक एकरसता बढ़ती गई क्योंकि विश्व के सभी भागों में राज्य स्तरीय इकाइयां एक ही प्रकार की अन्तरराष्ट्रीय शक्तियों और प्रभावों से प्रभावित होने लगी थीं।

जैसा कि कॉनी मैक्नीली (1995) ने स्पष्ट किया है इस एकरूपता का एक प्रमुख कारण यह है कि 1950 के बाद से विश्व के सभी राज्यों के लिए संयुक्त राष्ट्र संघ की सदस्यता उनके अस्तित्व की अनिवार्य शर्त बन गई है, विशेषकर विकासशील देशों के लिए जिन्हें संयुक्त राष्ट्र संघ की वित्तीय और शैक्षणिक संस्थाओं से अनुदान की सतत् आवश्यकता बनी रहती है, और अनुदान पाने के लिए आवश्यक है कि पहले वे संघ की सदस्यता प्राप्त करें। संघ की सदस्यता प्राप्ति के लिए कुछ अनिवार्य शर्तें पूरी करना आवश्यक है। ये शर्तें सभी नए सदस्यों के लिए अनिवार्य हैं अतः सदस्यता के माध्यम से राज्यों में व्यावहारिक और संरचनात्मक एकरूपता को बढ़ावा मिला है, उनके राजनीतिक आदर्शों और उनकी क्रियापद्धति में अधिकाधिक समरूपता आई है तथा विश्व के सभी राज्यों के लिए विश्व परिवार के अन्य राज्यों के सन्दर्भ में अपनी पहचान बनाना आवश्यक हो गया है। परिणामस्वरूप आज प्रत्येक राज्य की संप्रभुता न्यूनाधिक रूप में अन्य राज्यों की सम्प्रभुता से अन्योन्याश्रयी रूप में जुड़ गई है (बर्न्स, 1980; पृ. 494)। अर्थात् आज विश्व राजनीतिक व्यवस्था प्रत्येक राज्य के लिए एक प्रकार का नैतिक भूगोल अर्थात् उनका अनिवार्य व्यावहारिक परिवेश बन गया है जिसके अनुरूप अपने को ढालना उनकी विवशता हो गई है (देखिए: शैपिरो, 1994)।

परिवर्तन की यह प्रक्रिया राष्ट्र संघ द्वारा प्रतिपादित राष्ट्रीय लेखा प्रणाली की मानक व्यवस्था के माध्यम से विशेष रूप से प्रभावी हुई है। राष्ट्र संघ के सांख्यिकी विभाग द्वारा राष्ट्रीय लेखा प्रणाली की विस्तृत रूपरेखा जारी की गई है। तीसरे विश्व की राष्ट्रीय इकाइयों के लिए इस रूपरेखा का पूर्ण क्रियान्वयन अनिवार्य हो गया है क्योंकि अन्तरराष्ट्रीय मुद्रा कोष और विश्व बैंक से किसी प्रकार की वित्तीय सहायता प्राप्त करने के लिए आवश्यक है कि प्रतिवेदक देश का राष्ट्र संघ के राष्ट्रीय लेखा निदेशों के अनुरूप नियोजित हो। विकासशील देशों को इन संस्थाओं से वित्तीय सहायता की अपेक्षा निरंतर बनी रहती है अतः इन निदेशों का अक्षरशः पालन उनके लिए अनिवार्य हो गया है। इस प्रकार संयुक्त राष्ट्र संघ द्वारा निर्धारित लेखा सम्बन्धी निदेशक सिद्धांत संघ के सदस्य राज्यों के लिए राज्य प्रबन्धन के मानक निदेश बन गए हैं। उनके माध्यम से राष्ट्र संघ के सदस्य राज्यों को उनके सामाजिक, सांस्कृतिक और आर्थिक विकास में समान दिशा निदेश देने में सफल हुआ है। इस विषय पर मैक्नीली (1995) द्वारा प्रस्तुत सविस्तार व्याख्या से स्पष्ट है कि राष्ट्र संघ के लेखा सम्बन्धी निदेश विकासशील देशों को विश्व आर्थिक व्यवस्था में गहन रूप से जोड़ने के उद्देश्य से ही बनाए गए हैं। लेखा सम्बन्धी आंकड़े एकत्रित करने के लिए जारी किए गए निर्देशों में समय-समय पर आए संशोधनों से यह बात और भी स्पष्ट हो जाती है। प्रारम्भ में एस.एन.ए. के अनुसार तैयार किए गए आंकड़ों में राज्यों की राष्ट्रीय व्यवस्था के आर्थिक स्वास्थ्य के प्राथमिक सूचक के रूप में सकल राष्ट्रीय उत्पाद (जी.एन.पी.) का प्रयोग किया जाता था। कालांतर में विकासशील देशों की आर्थिक व्यवस्था में विश्व बाजार के प्रमुख भागीदारों (क्रोड़ देशों) की उत्तरोत्तर बढ़ती हुई रुचि को ध्यान में रखते हुए इस काम के लिए जी.एन.पी. के स्थान पर जी.डी.पी. (सकल घरेलू उत्पाद) का प्रयोग होने लगा। इस परिवर्तन का मूल कारण यह था कि जी.एन.पी. (ग्रास नेशनल प्रॉडक्ट) के आंकड़े उस प्रकार के उत्पादनों का आकलन प्रदान करते हैं जो देश के निवासियों की आय वृद्धि से सम्बन्धित विकास प्रक्रिया के सूचक हैं। इसके विपरीत सकल घरेलू उत्पाद (ग्रॉस डोमेस्टिक प्रोडक्ट—जी.डी.पी.) के आंकड़े उस उत्पादन का आकलन प्रस्तुत करते हैं जो देश की अर्थव्यवस्था के स्वास्थ्य का अनुमान कराते हैं। विश्व बाजार के नेताओं की रुचि भिन्न-भिन्न देशों की अर्थव्यवस्था के स्वास्थ्य में निहित है न कि वहां के नागरिकों के आर्थिक स्वास्थ्य में। अतः देश के बाजार में पश्चिमी औद्योगिक देशों की भागीदारी बढ़ाने के लिए जी.डी.पी. आंकड़ों की आवश्यकता पड़ी। साथ ही यह भी आवश्यक प्रतीत हुआ कि प्रत्येक विकासशील देश विश्व बाजार की शक्तियों की अपेक्षा के अनुरूप अपने राष्ट्रीय आंकड़ों का लेखांकन करे। एस.एन.ए. प्रश्नावलियां इन्हीं उद्देश्यों की प्राप्ति के लिए तैयार की गई हैं। उनका अक्षरशः पालन कराने के लिए संयुक्त राष्ट्र संघ का सांख्यिकीय विभाग प्रत्येक विकासशील देश में विशेषज्ञ सांख्यिकी सलाहकारों की नियुक्ति करता है। इन सलाहकारों की उपस्थिति विश्व स्तर पर एक प्रकार के अन्तरराज्यीय ज्ञान-निदेशक समुदाय का निर्माण करने में सफल हुई है। ये तीसरे विश्व की "किसी राष्ट्रीय इकाई के पास क्या होना चाहिए, उसको प्राप्त करने के लिए उसे क्या करना चाहिए, तथा उसे अपने आपको कैसा बनाने का प्रयास करना चाहिए" आदि सम्बन्धी दिशा निदेश देते हैं। इसीलिए विद्वानों ने एस.एन.ए. निदेशों को विचार की मातृका की (मैट्रिक्स ऑफ़ थॉट) संज्ञा दी है (मिलर और रोज़ 1990)।

राष्ट्र, राष्ट्रीयता, और राष्ट्रवाद

सामान्य व्यवहार में राष्ट्र और राज्य (देश) शब्दों का प्रयोग समानार्थक रूप में किया जाता है। परन्तु राजनीति के शास्त्रीय अध्ययन में दोनों दो अलग अर्थों में प्रयुक्त होते हैं। राष्ट्र मूलरूप से एक सामाजिक इकाई है जो एक ही भूखण्ड में दीर्घकालिक सांस्कृतिक ऐतिहासिक विकास प्रक्रिया का परिणाम है। इसकी जड़ें स्थान केन्द्रित हैं क्योंकि ऐतिहासिक विकास की प्रक्रिया में सम्बद्ध भूखण्ड के निवासी अपने निवास स्थान से अनिवार्य रूप से जुड़ जाते हैं। वह स्थान उनका "अपना" घर हो जाता है, वहां की मिट्टी उन्हें मां की तरह जीवन-दायिनी शक्ति प्रतीत होने लगती है। साथ ही विकास की दीर्घकालिक प्रक्रिया में सम्बद्ध भूखण्ड के विभिन्न भागों के निवासियों में परस्पर आदान प्रदान की सतत् प्रक्रिया से सांस्कृतिक एकता तथा भाषाई और वैचारिक मूल्य बोध में समरूपता का उदय होता है। इस प्रकार वह भूखण्ड और उसकी समस्त जनता एक सामाजिक इकाई अथवा समुदाय का रूप धारण कर लेते हैं जिसके सदस्य अन्य समुदायों को "हम बनाम वे" अर्थात् अपने समुदाय को अन्य समुदायों से पृथक् और विशिष्ट समुदाय के रूप में देखने लगते हैं।

इस प्रकार राष्ट्र एक काल्पनिक समुदाय (एमैजिन्ड कम्यूनिटी) है (देखिएः ऐण्डरसन, 1990)। इसके चार कारण हैं: (i) व्यक्तिगत स्तर पर समुदाय के प्रत्येक सदस्य का जीवन भौगोलिक दृष्टि से परिसीमित है, किन्तु राष्ट्र के सभी सदस्यों के क्रियाकलाप, उनके जीवन मूल्य और विचार पद्धति राष्ट्र की सम्पूर्णता की वृहत्तर क्षेत्रीय-सांस्कृतिक परिकल्पना से सतत् स्फूर्तिमान रहते हैं। (ii) अपने सदस्यों की कल्पना में हर राष्ट्र क्षेत्रीय विस्तार की दृष्टि से एक सीमाबद्ध इकाई है जिसकी सीमाओं के पार "दूसरे" लोगों, अर्थात् अन्य समुदायों का निवास है। सुनिश्चित सीमा बोध राष्ट्र भावना की अनिवार्य शर्त है यद्यपि सीमाओं की स्थिति और विस्तार स्वयं परिवर्तनशील हैं। (iii) कल्पना के स्तर पर राष्ट्र एक सम्प्रभुता सम्पन्न इकाई है अतः वह सर्वथा स्वायत्त और स्वतंत्र है। (iv) राष्ट्र एक कल्पनामूलक समुदाय है जिसका समुदाय बोध क्षेत्रपरक सम्बन्धों पर आधारित है इसके परिणामस्वरूप राष्ट्र प्रकृति से ही विविधतामूलक समुदाय है—इसमें एक से अधिक क्षेत्रीय पहचान वाली इकाइयां सम्मिलित होती हैं जो राष्ट्रीय स्तर पर समान पहचान वाली होते हुए भी स्थानीय स्तर पर न्यूनाधिक रूप में एक दूसरे से भिन्न होती हैं।

राष्ट्र की अवधारणा की परिभाषा करते हुए प्रसिद्ध दार्शनिक जॉन स्टुअर्ट मिल (1861) ने लिखा है किः

> "राष्ट्र व्यक्तियों की समष्टि है जो आपस में परस्पर सहानुभूति से जुड़े हैं, तथा उनके और अन्य किसी समुदाय के सदस्यों के बीच ऐसी किसी सहानुभूति का नितान्त अभाव है। परिणामस्वरूप राष्ट्र के सदस्यों में सहकारिता भाव होता है अतः वे समुदाय के बाहर के लोगों की अपेक्षा आपसी सहयोग से कार्य करना पसन्द करते हैं और उनमें एक ही राज्य व्यवस्था का अंग बने रहने की प्रबल इच्छा जाग्रत होती है। इसके साथ ही वे चाहते हैं कि अपने देश की शासन व्यवस्था के वे स्वयं कर्णधार हों, उसमें किसी अन्य का हस्तक्षेप न हो"।

संक्षेप में राष्ट्र के सदस्यों में अपने राष्ट्र के प्रति आस्था अन्य किसी बाहरी राष्ट्र के प्रति उनकी आस्था से अधिक बलवती होती है। राष्ट्र के प्रति पूर्ण समर्पण का भाव ही राष्ट्रीय एकता का आधार, तथा "राष्ट्रीयता" का सार है। इस समर्पण भाव का ही नाम राष्ट्रीयता है।

मोटे तौर पर देखने से स्पष्ट है कि राष्ट्र एक ऐतिहासिक इकाई है तथा राष्ट्र की भावना मूलतः राष्ट्र के सदस्यों की सांस्कृतिक भागीदारी और उनके समान उद्‌गम अथवा वंशानुक्रम के विश्वास पर टिकी है। अंग्रेजी का "नेशन" शब्द लैटिन भाषा के "नासी" मूल से बना है। इस मूल शब्द का अर्थ है जन्म लेना। अतः व्युत्पत्ति के आधार पर राष्ट्र का विकास एक प्रकार की निरंतर कालिक प्रक्रिया है और आदिकालिक प्रवृत्ति का परिणाम है। इसीलिए राष्ट्र के विकास की इस संकल्पना को आदिकालिक (प्रिमार्डियल) संकल्पना कहते हैं क्योंकि इसके अनुसार राष्ट्र का उदय आदिकालिक सांस्कृतिक भागीदारी और जातीय (एथनिक) तथा भाषाई समरसता की आधारभूत मान्यता पर निर्भर है। इस संकल्पना के अनुसार राष्ट्र मूलतया एक सांस्कृतिक इकाई है। इसके विपरीत आधुनिक संकल्पना के अनुसार राष्ट्र सर्वथा वर्तमान युग की देन है। ए.डी. स्मिथ के अनुसार सामान्य व्यवहार की भाषा में "नेशन" शब्द का प्रयोग उन्नीसवीं सदी के अंत में ही प्रचलन में आया था। इसी प्रकार हॉब्सवाम (1987, पृ. 142-143) के मतानुसार राष्ट्र की संकल्पना का सूत्रपात अठारहवीं सदी के "राष्ट्रीयता के सिद्धांत" का परिणाम था। इस सिद्धांत के अनुसार प्रत्येक राष्ट्र को अपना स्वतंत्र राज्य प्राप्त करने का जन्म सिद्ध अधिकार है। परन्तु इस संकल्पना का राजनीतिक व्यवहार उन्नीसवीं सदी में ही प्रारम्भ हुआ, और बीसवीं सदी में राजनीति का आधारभूत सिद्धान्त बन गया (देखिएः हॉब्सवाम, 1990)।

राष्ट्र की आदिकालिक प्रवृत्ति सम्बन्धी संकल्पना और इसकी आधुनिक अवधारणा में आधारभूत अन्तर यह है कि आदिकालिक प्रवृत्ति सम्बन्धी संकल्पना के अनुसार "राष्ट्र भावना पूर्णतया सांस्कृतिक भागीदारी पर निर्भर है, जबकि आधुनिक संकल्पना के अनुसार राष्ट्र भावना राष्ट्र के सदस्यों की राजनीतिक चेतना और अपनों का, अपनों के द्वारा और अपनों के लिए राज्य प्राप्त करने की महत्वाकांक्षा से अभिप्रेरित है। अठारहवीं सदी का यूरोपीय तर्कबुद्धिवाद (रैशनलिज़्म) इस संकल्पना का मूल प्रेरणा स्रोत था। तर्कबुद्धिवाद का प्रादुर्भाव सम्राट को राज्य की संप्रभुता का आधारभूत स्रोत मानने वाली पुरानी धारणा को नकारने से हुआ था। तर्कबुद्धिवादियों के अनुसार राज्य की संप्रभुता राज्य के नागरिकों की सम्मिलित इच्छा शक्ति और उसकी मुखर अभिव्यक्ति पर निर्भर है। इसी आधार पर फ्रांसीसी क्रांति के कर्णधारों ने 1790 में फ्रांस को महान राष्ट्र (ला ग्राण्ड नेशन) की संज्ञा दी और उसे अखंड और अविभाज्य बताया। क्रान्तिकारियों ने राज्य के इस नए जनतांत्रिक स्वरूप को अभिव्यक्ति देने के लिए उत्तर-अभिजात्य फ्रेंच भाषा का प्रचलन बढ़ाया और उसे राज्य की सर्वमान्य भाषा घोषित किया। बिलिंगटन के शब्दों में क्रांतिकारियों ने देश के सम्राट की काया के स्थान पर देश की भाषा को फ्रांसीसी एकता के मूलाधार के रूप में प्रतिस्थापित कर दिया (बिलिंगटन, 1980; पृ. 36)। राज्य की फ्रांसीसी क्रांतिकारी संकल्पना स्पष्टतया स्थानिक संकल्पना थी। राज्य के भूखण्ड को राज्य का शरीर माना गया। इस प्रकार मातृभूमि का हर भाग देश के अस्तित्व का अनिवार्य अंग बन गया, अर्थात् राष्ट्रीय भूमि अविभाज्य पितृभूमि बन गई।

राष्ट्रवाद दो प्रकार से परिभाषित किया जा सकता है। प्रथम, राष्ट्र के प्रति समर्पण भाव के द्योतक के रूप में। दूसरा, राजनीतिक आदर्श के रूप में। राजनीतिक आदर्श के रूप

में राष्ट्रवाद वह संकल्पना है जिसके अनुसार राष्ट्र की विशिष्ट सांस्कृतिक पहचान वाला सम्पूर्ण क्षेत्र राज्य की अपनी राजनीतिक सीमाओं के अन्दर स्थित होना चाहिए, तथा राष्ट्र पूर्णरूप से स्वतंत्र और प्रभुतासम्पन्न इकाई होना चाहिए। नागरिकों द्वारा अपनी सरकार चुनने का अधिकार इस संकल्पना का मूल मंत्र है। राष्ट्र को अन्यायपूर्ण स्थितियों से मुक्ति दिलाना और सामाजिक न्याय स्थापित करना इसके प्रमुख उद्देश्य हैं। इस परिप्रेक्ष्य में देखने से प्रतीत होगा कि राष्ट्रवाद का अन्तरराष्ट्रीय प्रसार औद्योगीकरण अथवा आधुनिकीकरण का प्रत्यक्ष परिणाम न होकर इनके असमान विसरण (अनईवन डिफ्यूज़न) का परिणाम है (देखिएः गेलनर, 1964 और 1983)। अर्थात् राष्ट्रवाद का विसरण सामाजिक विकास में पिछड़ेपन से मुक्ति पाने के प्रयासों का परिणाम था। उन्नीसवीं सदी में पश्चिमी यूरोप मध्य और पूर्वी यूरोप की तुलना में आर्थिक दृष्टि से अधिक विकसित था। मुक्त व्यापार पद्धति की तत्कालीन व्यवस्था के कारण इन क्षेत्रों के देशों के लिए पश्चिमी यूरोप के विकसित देशों के औद्योगिक उत्पादों का सामना करना अत्यधिक कठिन था। मध्य और पूर्वी यूरोप में राष्ट्रवाद का उदय राष्ट्र को इस स्थिति के समाधान हेतु तैयार करने के उद्देश्य से हुआ था। 1843 में सीमा-शुल्क (कस्टम्स यूनियन) की स्थापना इस दिशा में पहला चरण था। परन्तु इसके परिणामस्वरूप खाद्य पदार्थों की मूल्य वृद्धि अवश्यम्भावी हो गई थी जिससे श्रमजीवियों में असंतोष की लहर की पूरी आशंका थी। राष्ट्रवाद की दुहाई देकर राष्ट्रीय नेतृत्व ने देश के नागरिकों की सांस्कृतिक एकता, उनकी ऐतिहासिक धरोहर तथा अपने "राष्ट्र" और अन्तरराष्ट्रीय समुदाय के अन्य राष्ट्रों के जातीय और सांस्कृतिक मूल्यों में द्वन्द्वात्मक भिन्नताओं को उजागर कर उन्हें राष्ट्रहित की रक्षा के लिए एक करने का सफल प्रयास किया। जर्मनी और इटली में विभिन्न प्रादेशिक इकाइयों के परस्पर एक जुट होने की प्रक्रिया इसका स्पष्ट परिणाम थीं। बीसवीं सदी के पूर्वार्द्ध में यूरोपीय राष्ट्रवाद की परिकल्पना विश्व के अन्य संघर्षशील देशों के लिए मुक्ति मंत्र बन गया (देखिएः नैर्न, 1977)।

जैसा कि अनेक विचारकों ने रेखांकित किया है (गेलनर 1964, नैर्न 1977) राष्ट्रवाद के विश्वव्यापी प्रसार के पीछे एक मनोवैज्ञानिक मनःस्थिति क्रियाशील थी। औद्योगीकरण और नगरीकरण की सर्वव्यापी लहर के परिणामस्वरूप उत्पन्न आधुनिकीकरण ने राष्ट्रीय पहचान और अस्मिता को संकट में डाल दिया था। लोगों की जीवन पद्धति और उनके संस्कार नगरों की धनी बस्तियों के जीवन में खोते जा रहे थे। राष्ट्रवाद की भावना उनकी पहचान को पुनर्जीवित करने में सहायक हुई। यही कारण था कि सम्पूर्ण समाज राष्ट्रीय चेतना से स्पन्दित हो गया। इस तथ्य को रेखांकित करते हुए समाजशास्त्री ऐंथनी गिड्डेन्स (1981) ने बताया है कि इसी कारण से विभिन्न देशों में राष्ट्रवाद का विकास राष्ट्रीय त्रासदी और चमत्कारी नेतृत्व के विकास से निकट से जुड़ा पाया जाता है।

राष्ट्रवाद इतिहास और क्षेत्रजन्य अस्मिता है, अतः इसका स्वरूप समय और क्षेत्र के साथ परिवर्तनशील है। मोटे तौर पर इसके दो प्रकार हैंः एक राज्यवादी राष्ट्रवाद तथा दूसरा उपराज्यवादी राष्ट्रवाद। राज्यवादी राष्ट्रवाद राज्य की प्रभुता को शक्ति प्रदान करने के उद्देश्य से प्रेरित है। इस उद्देश्य की पूर्ति के लिए देश के सभी निवासियों को समान सांस्कृतिक और राजनीतिक मूल्यों के प्रति पूर्ण आस्थावान बनाकर राज्य को राष्ट्रीय राज्य का रूप प्रदान करने के प्रयास किए जाते हैं और नागरिकों को राष्ट्रहित को स्थानीय और व्यक्तिगत हितों के ऊपर मानने के लिए प्रेरित किया जाता है। राष्ट्रीय प्रतीकों का विकास इसमें महत्वपूर्ण भूमिका निभाता

है। इसके विपरीत उपराज्यवादी राष्ट्रवाद देश के विभिन्न भागों में स्थानीय हितों के परिपोषण और स्थानीय सांस्कृतिक अस्मिता की सुरक्षा के उद्देश्य से प्रेरित हैं। उपराज्यवाद की भावना न्यूनाधिक रूप में पृथकतामूलक होती है अतः उसमें राष्ट्रीय एकता के लिए संकट की सम्भावना निहित रहती है।

ग्राहम स्मिथ (1985, 1994) के अनुसार समाजशास्त्री लम्बे समय से विश्वास करते रहे हैं। कि राष्ट्रवाद की भावना एक अस्थायी अर्थात् क्षण भंगुर भावना है जो आधुनिकता के प्रचार प्रसार और राजतंत्र के देश के दूरस्थ भागों तक इसके प्रभावी ढंग से प्रविष्ट हो जाने के बाद शीघ्र ही छू मंतर हो जाएगी क्योंकि ऐसा होने के साथ ही विश्व में सर्वत्र मानवीय मूल्य जीवन पद्धति और विचार प्रणाली एक रूप हो जाएंगे। परन्तु जैसा कि बहुविध (प्लुरलिस्टिक) राष्ट्रीय पहचान वाले विकसित देशों के यूरोपीय उदाहरणों से स्पष्ट है ऐसा वस्तुतः हुआ नहीं है तथा स्थानीय सांस्कृतिक विशेषताओं पर आधारित उपक्षेत्रीय पहचान सारे आधुनिकीकरण के होते हुए भी राष्ट्र चेतना की ज्वाला को सतत् प्रज्वलित किए रही है। अतः राष्ट्रीयता एक शाश्वत चेतना है। 1990 में सोवियत रूस का राजनीतिक विघटन और युगोस्लाविया की त्रासदी इसके ज्वलंत उदाहरण हैं। यह सोचना कि समकालिक भूमण्डलीकरण राष्ट्रीय-राज्य की अवधारणा और राष्ट्रवादी चेतना को समाप्त करने में सफल होगा भ्रांतिपूर्ण है।

परन्तु भारत के स्वयं के अनुभव से पिछले वर्षों में यह भली प्रकार स्पष्ट है कि देश के अन्दर भूमण्डलीय आर्थिक शक्तियों के मुक्त प्रवेश से केन्द्रीय सत्ता का प्रभाव द्रुत गति से घटा है क्योंकि ऐसा होने के साथ ही क्षेत्रीय सरकारों की केन्द्र पर निर्भरता कम हुई है तथा वे अन्तरराष्ट्रीय आर्थिक संस्थाओं से स्वतंत्र रूप में अनुदान प्राप्त करने लगे हैं। इसके दूरगामी परिणाम होंगे क्योंकि धीरे-धीरे राज्य परस्पर प्रतिस्पर्धी आर्थिक नीतिगों का अनुसरण करने लगेंगे जिससे अन्तरक्षेत्रीय असमानता बढ़ेगी तथा सम्पन्न क्षेत्र और भी सम्पन्न और विपन्न और भी विपन्न हो जाएंगे। परिणामस्वरूप अनेक उपराष्ट्रीय पहचान वाले परिसंघ राज्य व्यवस्था वाले देशों में केन्द्रीय सत्ता के प्रति आस्था में विखराव आएगा और राष्ट्र भावना कमजोर होगी। भारत में केन्द्र के स्तर पर क्षेत्रीय दलों का बढ़ता वर्चस्व इस ओर इंगित करता है।

राष्ट्रीय राज्य तथा राज्य और राष्ट्र निर्माण

राष्ट्रीय राज्य की परिभाषा करते हुए एक विद्वान ने लिखा है कि यह एक सीमाबद्ध भूखण्ड के एकछत्र प्रशासन के लिए निर्मित संस्थाओं की जटिल शृंखला है जिसे सम्पूर्ण क्षेत्र में हिंसात्मक कार्यों को नियंत्रित रखने का पूर्ण अधिकार है (ग्राहम स्मिथ, 1994)। राष्ट्रीय राज्य के निर्माण में दो केन्द्रीय प्रवृत्तियां सतत् सक्रिय रहती हैं: एक *राज्य-निर्माण* की क्रिया और दूसरी *राष्ट्र-निर्माण* की प्रक्रिया। राज्य निर्माण की प्रक्रिया का सम्बन्ध राज्य सत्ता (स्टेट पावर) के क्षेत्रीयकरण अर्थात् उसके प्रभाव के क्षेत्रीय विसरण से सम्बद्ध है। यह राज्य के सम्पूर्ण क्षेत्र को केन्द्रीय सत्ता में पूर्णरूपेण समाहित करने की प्रक्रिया है। मान (1984/1988) के शब्दों में राज्य-निर्माण की प्रक्रिया राजसत्ता के नागर समाज में प्रभावी ढंग से प्रविष्ट होने की प्रक्रिया है जिससे केन्द्रीय सत्ता की नीतियों को इसके सम्पूर्ण भौगोलिक क्षेत्र में पूरी दक्षता से लागू किया जा सके। इसमें गिड्डेन्स द्वारा परिभाषित राज्यों का सन्निरीक्षण (सर्विलेंस) सम्बन्धी अधिकार सम्मिलित हैं (गिड्डेन्स, 1985)। देश में संचार और यातायात की सुविधाओं का प्रसार, कुशल नौकरशाही का विकास,

और राष्ट्रीय एकता को पुष्ट करने के उद्‌देश्य से नागरिकों के आचार-विचार में नियमबद्धता लाने के प्रयास इसके अभिन्न अंग हैं।

राष्ट्र निर्माण राज्य-निर्माण की प्रक्रिया से घनिष्ठ रूप में सम्बद्ध है तथा राज्य इस प्रक्रिया का कारण भी है और परिणाम भी। राष्ट्र-निर्माण उन विविध प्रक्रियाओं और उपायों का सम्मिलित प्रभाव है जिनके माध्यम से देश के नागरिकों में अपने देश की सम्पूर्ण जनसंख्या को (उनकी अनेक स्थानीय और जातीय विभिन्नताओं के होते हुए भी) एक अविभाज्य परिवार की तरह परस्पर सहयोग की भावना से ओत-प्रोत सामाजिक इकाई के रूप में स्थापित करने की इच्छा जाग्रत होती है। नागरिकों में देश के राष्ट्रीय मूल्यों के प्रति आस्था अन्य किसी भी आन्तरिक अथवा बाह्य आस्था से अधिक बलवती बन जाती है। राष्ट्रीय गौरव के सामने आत्म गौरव का महत्व गौण हो जाता है, देश का भौगोलिक क्षेत्र देश के निवासियों के लिए माता-पिता तुल्य बन जाता है जिसकी मान मर्यादा की रक्षा के लिए वे अपना सब कुछ समर्पित करने के लिए प्रस्तुत हो जाते हैं। सभी नागरिकों में राज्य की एक सुस्पष्ट अवधारणा (स्टेट-आइडिया) का उदय होता है तथा राष्ट्र और राज्य समानार्थी बन जाते हैं। राज्य राष्ट्रीय-राज्य का स्थान प्राप्त कर लेता है। राष्ट्र और राज्य के बीच इसी अन्योन्याश्रयी सम्बन्ध से प्रेरित होकर रैट्ज़ेल ने लिखा था कि वे राजनीतिक इकाइयां सर्वाधिक स्थायी होती हैं जिनमें राष्ट्रीय चेतना तथा राज्य के भौगोलिक विस्तार के बीच पूर्ण समरूपता विद्यमान है।

राष्ट्र-निर्माण की प्रक्रिया के चार आधारभूत पक्ष हैं। प्रथम, राज्य के सभी नागरिकों और उसकी सभी क्षेत्रीय और जातीय इकाइयों में सम्मिलित राजनीतिक पहचान का क्रमिक विकास तथा राज्य के संविधान और केन्द्रीय मूल्यों के प्रति मर्यादा बोध का उदय। द्वितीय, देश के अन्दर प्रत्येक नागरिक को इच्छानुकूल रोज़ी रोटी की खोज में बिना किसी रोक-टोक के कहीं आने-जाने और बसने का पूर्ण अधिकार और अवसर। तृतीय, देश की समस्त क्षेत्रीय और जातीय इकाइयों के बीच सामाजिक आचार-विचार में किसी प्रकार के विद्वेष भाव का उत्तरोत्तर समापन और नागरिकों में व्यक्तिगत और राष्ट्रीय हितों के बीच स्पष्ट अन्तर-बोध का संचार तथा हर व्यक्ति को राष्ट्रीय मूल्यों और नियमों के प्रति पूर्ण आस्था का उदय और व्यक्तिगत स्तर पर सुसंस्कृत आचार विचार की पूर्ण स्वतंत्रता। चतुर्थ, आवागमन और संचार माध्यमों का पूर्ण विकास, जिससे सामाजिक सम्बन्धों में दूरियां कम हो सकें।

राष्ट्र और राज्य निर्माण के अध्ययन में भौगोलिक परिदृष्टि

भूगोल की एक परिभाषा के अनुसार यह दूरीपरक सामाजिक सम्बन्धों का विज्ञान है। यहां दूरी शब्द का प्रयोग व्यापक अर्थ में किया गया है तथा उसमें सभी प्रकार की दूरियां अर्थात् वैचारिक, भावनात्मक, और मूल्य बोध सम्बन्धी दूरियों के साथ-साथ आर्थिक सामाजिक दूरियां भी सम्मिलित हैं। इन विभिन्न प्रकार की दूरियों को मापने और उनके परिणामों के विश्लेषण करने की प्रक्रिया में मानव भूगोल का विद्यार्थी सामाजिक व्यवस्था में निहित क्षेत्रीय विषमताओं तथा तज्जनित सामाजिक समस्याओं और विसंगतियों के मूलभूत कारणों की व्याख्या करने में सफल होता है दूरीपरक दृष्टि उसके अध्ययन को समग्रता प्रदान करती है तथा उसे एकांगी होने से बचाती है। आदर्श मानव भौगोलिक विश्लेषण के लिए आवश्यक है कि विद्यार्थी अपने अध्ययन में उन सभी प्रकार की दूरियों को समाविष्ट करे जिनके ऐतिहासिक प्रभाव वर्तमान सामाजिक व्यवहार को

स्पंदित करते हैं तथा जो उनके रीति रिवाजों, वैयक्तिक पूर्वाग्रहों, प्रेरणाओं और अपेक्षाओं के माध्यम से उनके सम्पूर्ण जीवन को अभिभूत कर उनके जीवन मूल्यों और उद्देश्यों को प्रभावित कर उनकी आत्मा के अभिन्न अंग बन जाते हैं (देखिएः वाट्सन, 1955)। इस दृष्टि से भौगोलिक दूरियां मानव मन की अन्तर्निहित और उसके द्वारा स्वयं निर्मित दूरियां हैं। भूगोल की यह दूरीपरक दृष्टि राज्य की अनेक विविधताओं तथा उनके अन्तरसम्बन्ध के विश्लेषण, और उनमें निहित दूरियों को कम करके सम्पूर्ण राष्ट्र को अन्योन्याश्रयी सम्बन्ध में जोड़ कर एकता के सूत्र में बांधने के उपाय ढूंढने में सहायक है।

एक अन्य परिभाषा के अनुसार भूगोल स्थानों, प्रदेशों तथा क्षेत्रीय समष्टियों का अध्ययन है। इस दृष्टि से भूगोल अन्य सामाजिक विज्ञानों से गुणात्मक रूप से भिन्न है। जहां सामाजिक विज्ञान की अन्य धाराओं में जीवन के किसी विशेष पक्ष अथवा किन्हीं विशेष प्रकार के सामाजिक तत्वों का पृथक्-पृथक् रूप में अध्ययन किया जाता है वहीं भूगोल विशिष्ट स्थानिक, प्रादेशिक अथवा क्षेत्रीय इकाइयों का विभिन्न प्रकार के वातावरणजन्य और मानवीय कृत्यों के सम्मिलित प्रभाव से निर्मित समष्टि के रूप में अध्ययन करता है। राज्य एक ऐसी ही समष्टि है जो एक साथ ही मानवीय इकाई भी है और क्षेत्रीय इकाई भी। राज्य और राष्ट्र निर्माण के अध्ययन में हमारा सम्बन्ध राज्य के विभिन्न क्षेत्रों और उनमें निवास करने वाली सामाजिक इकाइयों को अन्योन्याश्रयी और पूर्णतः क्रियाशील क्षेत्रीय-राजनीतिक इकाई के रूप में सूत्रबद्ध करने की समस्या के निरूपण और समाधान से है। जैसा रैट्ज़ेल ने बताया था राज्य एक सुनिश्चित भूखण्ड में निवास करने वाली मानव समष्टि और उसकी भौगोलिक निवास भूमि में विकसित अविभाज्य पारस्परिक पहचान का परिणाम है। यही पहचान उसे राष्ट्रीय स्पन्दन देती है तथा उसे राजनीतिक व्यवस्था और समान राजनीतिक आस्था के सूत्र में बांधकर स्थायित्व प्रदान करती है। अतः भूगोल की प्रादेशिक विश्लेषण अध्ययन पद्धति राष्ट्र- और राज्य-निर्माण के अध्ययन में महत्वपूर्ण भूमिका निभाती है।

अपने स्थूल क्षेत्रीय अस्तित्व के बावजूद प्रत्येक राज्य बहुत सीमा तक एक भावनात्मक इकाई है। अपनी अनेक स्थानीय विविधताओं के होते हुए भी देश की जनता भावना के स्तर पर एकता के सूत्र में बंधी होती है। नागरिकों को राष्ट्रीय-राज्य के प्रति आस्थावान बनाए रखने वाले जीवन मूल्यों, आदर्शों, और सामाजिक उद्देश्यों की समष्टि को राज्य की अवधारणा (स्टेट-आइडिया) की संज्ञा दी गई है। रैट्ज़ेल ने देश के राजनीतिक स्थायित्व में इसके केन्द्रीय महत्व को रेखांकित करते हुए लिखा था कि जिस राज्य में राज्य की अवधारणा देश के सम्पूर्ण भौगोलिक क्षेत्र में समान रूप से व्याप्त होती है वही राज्य सर्वाधिक स्थाई होता है। राज्य-भावना एक जटिल संकल्पना है और इसका स्वरूप भिन्न-भिन्न देशों में एक दूसरे से भिन्न होता है। यह संस्कारों, अनुभवों और सामाजिक उद्देश्यों का जटिल मिश्रण है। इसके निर्माण में ऐतिहासिक चेतना, लोक साहित्य, जननायकों की गाथाएं, धार्मिक विश्वासों, भाषा और कला रूपों (जिनके माध्यम से इनकी अभिव्यक्ति होती है) आदि के सम्मिलित योगदान का परिणाम है। देश का साहित्य, चित्रकला और वास्तुकला, तथा संगीत सम्बन्धी धरोहर इसके महत्वपूर्ण आधार हैं (प्रेस्टन जेम्स, 1968)। पहचान की इस जटिलता के कारण राज्य-भावना का मात्रीकरण कठिन है। परन्तु इस भावना के शक्तिदायी स्रोतों को पहचाना और मापा जा सकता है और उन्हें मानचित्र पर दर्शाना सम्भव है। इन मानचित्रों की सहायता से हम जान सकते हैं कि देश के किन भागों में राज्य-भावना सुदृढ़ है

और किन भागों में अपेक्षाकृत शिथिल, अर्थात् कहां केन्द्रीय राजनीतिक व्यवस्था के प्रति नागरिक पूर्णरूपेण आस्थावान नहीं है तथा अलगाववादी शक्तियां सक्रिय हैं।

राष्ट्र निर्माण की चर्चा करते समय यह रेखांकित करना आवश्यक है कि पूर्व आधुनिक काल में राष्ट्र भावना रक्त सम्बन्धों पर आधारित पहचान थी, परन्तु समाज के सांस्कृतिक विकास की प्रक्रिया में राष्ट्रीयता की भावना उत्तरोत्तर रक्त सम्बन्धों के बदले पारस्परिक सम्बन्धों से उद्भूत सामाजिक उद्देश्यों और जीवन मूल्यों पर आधारित होती गई। परिणामस्वरूप इसका क्षेत्रीय विस्तार एक घर या समजातीय टोले से बढ़ते हुए क्रमशः गांव, फिर समस्त ग्राम-समूह, प्रदेश, और सम्पूर्ण देश तक फैल गया अर्थात् राष्ट्र भावना ने एक सामाजिक-और-क्षेत्रीय पहचान का रूप धारण कर लिया। ऐसे में देश के अन्दर स्थिति सामाजिक इकाइयों के बीच "हम और वे" का अन्तर राजनीतिक दृष्टि से महत्वपूर्ण नहीं रह जाता क्योंकि भाषा और बोलचाल के मुद्दे लोगों की व्यक्तिगत आस्था और उनके आवास स्थान तक सीमित मुद्दे बन जाते हैं क्योंकि जनतांत्रिक व्यवस्था में हर व्यक्ति को प्रशासन अपनी व्यक्तिगत आस्था के अनुरूप जीवन यापन की स्वायत्तता प्रदान करता है। ऐसे में अल्पसंख्यक और बहुसंख्यक शब्द राजनीतिक दृष्टि से निरर्थक हो जाते हैं। यदि ऐसा नहीं है तो उस सीमा तक राज्य अपना उत्तरदायित्व निभाने में विफल रहा है।

राष्ट्र-निर्माण और सामाजिक बहुविधता

राष्ट्र-निर्माण मूलतया देश के अन्तर्गत नागरिक समाज को सुदृढ़ भावनात्मक एकता के सूत्र में आबद्ध करने की प्रक्रिया है। यदि सम्पूर्ण देश विभिन्न प्रकार की जातीय पहचान अर्थात् भाषा, धर्म, वर्ण, आदि की दृष्टि से समरूप है तो इस चेतना को दृढ़ता प्रदान करना अपेक्षाकृत सरल होगा क्योंकि लोगों में परस्पर समानताएं अधिक और असमानताएं और विरोध उत्पन्न करने वाली बातें कम होंगी। यही कारण है कि सामाजिक बहुविधता (प्लूरलिज़्म) वाले दोशों में राष्ट्र-निर्माण की समस्या विशेष जटिल होती है।

कार्यात्मक बनाम संघीय बहुविधता

सामाजिक बहुविधता के दो क्षेत्रीय प्रारूप हैं। एक वह जिसमें असमानता उत्पन्न करने वाले तत्व देश के सम्पूर्ण भूखण्ड में सर्वत्र मिश्रित प्रायः रूप में वितरित हैं जैसे कि स्फटिक शिला में विभिन्न रंगों वाली बिन्दियां। दूसरा वह जिसमें ये भिन्न-भिन्न तत्व क्षेत्रीय रूप में भिन्न-भिन्न प्रदेशों में अलग-अलग विद्यमान होते हैं। उदाहरण के लिए सिख धर्मावलम्बी बड़ी संख्या में पंजाब में बसे हैं। इसी प्रकार कश्मीर घाटी मुस्लिम बहुल प्रदेश है। पहले प्रकार की बहुविधता को हम *प्रकार्य बहुविधता* (फंक्शनल प्लूरलिज्म) तथा दूसरी को *परिसंघ बहुविधता* (फेडरल प्लूरलिज्म) कहते हैं। पहले प्रकार की स्थिति में सारी सामाजिक विषमताओं और तज्जनित असंतोष के बावजूद सभी पक्ष अपनी भौगोलिक विवशता को समझने लगते हैं। प्रत्येक गुट को भली प्रकार ज्ञात होता है कि उसकी लड़ाई न्यायपूर्ण सामाजिक वितरण की लड़ाई है क्योंकि समाज के अन्य गुटों की भांति देश का सम्पूर्ण भूखण्ड उसकी भी मातृभूमि है। इसीलिए सारी समस्याओं के होते हुए भी प्रकार्य विविधता राज्य में विघटन का संकट नहीं पैदा कर पाती। इससे राज्य के क्षेत्रीय अस्तित्व

को ख़तरा नहीं उत्पन्न होता। इसके विपरीत परिसंघीय बहुविधता की स्थिति में अलग-अलग विषमतामूलक तत्वों के अलग-अलग क्षेत्रों में केन्द्रीकृत होने के परिणामस्वरूप प्रत्येक परस्पर प्रतिस्पर्धी अथवा विरोधी सामाजिक गुट अपने आप को एक पृथक् क्षेत्रीय संगठन के रूप में देखने लगता है। उसके सदस्य अपने क्षेत्र विशेष को अपनी विशिष्ट मातृभूमि (होमलैण्ड अथवा गृह प्रदेश) के रूप में देखने लगते हैं। उनकी राजनीतिक चेतना और राजनीतिक मांगों को स्पष्ट क्षेत्रीय आधार प्राप्त हो जाता है। फलस्वरूप गुट के उग्रवादी तत्व अपनी कल्पना अलग राजनीतिक इकाई के रूप में करने लगते हैं। यही कारण है कि परिसंघात्मक बहुविधता का राजनीतिक प्रबन्धन अपेक्षाकृत बहुत जटिल कार्य है। साथ ही दोनों प्रकार की बहुविधता स्थितियों में राष्ट्र-निर्माण की समस्या गुणात्मक रूप में एक दूसरे से भिन्न है (दीक्षित, 1997; पृ. 131-143)।

राजनीतिक स्तर पर सामाजिक बहुविधता की ऐतिहासिक पृष्ठभूमि

सामान्यतया यूरोपीय संस्कृति वाले औद्योगिक रूप में विकसित देशों में व्याप्त सामाजिक बहुविधता मूलतया प्रकार्यात्मक प्रकार की हैं स्विटज़रलैण्ड तथा कनाडा इसके अपवाद हैं। स्विटज़रलैण्ड अपनी चौराहा जैसी भौगोलिक स्थिति के कारण तथा कनाडा, फ्रांस और ब्रिटेन के पुराने उपनिवेशीय प्रदेशों के विलय से प्रादुर्भूत होने के कारण। इसके विपरीत अफ्रीका और एशिया के अधिकांश देश परिसंघीय बहुविधता वाले हैं। भारत में इसका परिसंघीय रूप देश के विशाल भौगोलिक आकार और तज्जनित कारणों से उत्पन्न सांस्कृतिक विकास की स्थानिकता का परिणाम है। अफ्रीका और अन्य उत्तर-उपनिवेशीय क्षेत्रों में इसका कारण मूलतया उपनिवेशीय देन है। जैसा कि डग्लस (1997) ने स्पष्ट किया है उन्नीसवीं सदी के तीसरे चतुर्थांश तक आते-आते यातायात के क्षेत्र में तकनीकी विकास में क्रांतिकारी प्रगति के परिणामस्वरूप पृथ्वी तल पर स्थानों के बीच भौगोलिक दूरियों के अवरोधी प्रभाव में आशातीत कमी आ गई। इसके फलस्वरूप राजनीतिक इकाइयों के लिए दूरस्थ प्रदेशों में प्रभाव बढ़ाना सरल हो गया। यूरोप के समुद्र तटीय स्थिति वाले देशों में साम्राज्य विस्तार की होड़ लग गई। पुराना उदारवादी विचार कि हर राष्ट्रीय इकाई को राजनीतिक सम्प्रभुता का जन्मसिद्ध अधिकार है अब विश्वव्यापी मान्यता न रहकर केवल यूरोपीय देशों तक ही सीमित हो गया। तत्कालीन यूरोपीय मान्यता के अनुसार यूरोप के बाहर रहने वाले सामाजिक समुदाय सांस्कृतिक विकास के उस स्तर तक नहीं पहुंचे थे कि वे अपने देश का शासन स्वयं संभाल सकें। उपनिवेशवादी शक्तियों के अनुसार स्थानीय जनसंख्या की राजनीतिक सांस्कृतिक शिक्षा हेतु आवश्यक था कि यूरोपीय देश उनका मार्ग दर्शन करें और उन्हें अपने राजनीतिक नियंत्रण में रखें। डग्लस (1997, पृ. 108) के अनुसार मैकिंडर इस विचार के प्रबल समर्थक थे। राष्ट्रीय स्वायत्तता सम्बन्धी ये विचार सामाजिक डार्विनवाद (सोशल डार्विनिज़्म) से प्रेरित थे। इसके अनुसार परिस्थितिजन्य कारणों से विभिन्न क्षेत्रों के निवासियों में विवेकशीलता का स्तर भिन्न-भिन्न होता है। अर्थात् प्रकृति ने कुछ समुदायों को शासन करने के लिए तथा शेष को दूसरों की सेवा करने और परतंत्र रहने के लिए बनाया है (केर्न, 1993)। इस मान्यता के परिणामस्वरूप उपनिवेशीय इकाइयों के सीमा निर्धारण में स्थानीय जनता की जातीय एकता अथवा परस्पर भिन्नता को कोई महत्व नहीं दिया गया। अतः ये इकाइयां बहुधा बहुविधतापूर्ण इकाइयां बन गईं। उदाहरणार्थ 1885 में बर्लिन में अफ्रीकी उपनिवेशीय इकाइयों के सीमा विवादों के समाधान के लिए एकत्रित यूरोपीय महाशक्तियों को सभागार में

बैठे-बैठे छोटे से मानचित्र पर सीधी रेखाएं खींच कर उनकी स्थायी सीमाएं निश्चित करने में कोई संकोच नहीं हुआ। परन्तु स्थानीय स्तर पर इस निर्णय ने लोगों के जीवन की दिशा ही बदल दी। कल तक संयुक्त जीवन बिताने वाली जातीय इकाइयां नई राजनीतिक सीमाओं के अस्तित्व में आते ही दो या दो से अधिक उपनिवेशीय शक्तियों के अधिकार क्षेत्रों में बंट गईं। साथ ही एक ही उपनिवेशीय इकाई में परस्पर विरोधी तथा एक दूसरे से पृथक् क्षेत्रीय पहचान वाली सामाजिक इकाइयों का समावेश हो गया। परिणामस्वरूप वे बहुविधतापूर्ण इकाइयां बन गईं। द्वितीय विश्व युद्ध के पश्चात् उपनिवेशवाद की समाप्ति पर उदित हुए नए सम्प्रभुता सम्पन्न राज्यों को इस प्रकार परिसंघीय बहुविधता विरासत में मिली।

सामाजिक बहुविधता की राजनीति के अध्ययन की दिशा में पिछले चार दशकों में पर्याप्त प्रगति हुई है। राष्ट्र निर्माण और राष्ट्रीय एकता के विश्लेषण में कार्ल ड्वायस्च (1953) का योगदान विशेष महत्वपूर्ण रहा है। परवर्ती विद्वानों में गर्र (1970) और होरोविज़ (1985) के नाम उल्लेखनीय हैं। सन् सत्तर के दशक में मानव भूगोल के अध्ययन के मानव केन्द्रित, अर्थात् मनुष्य के सामाजिक जीवन के अध्ययन पर केन्द्रित होने के साथ ही राजनीतिक भूगोल के अध्ययन में राज्य और राष्ट्र केन्द्रीय महत्व के विषय बन गए। पाउण्ड्स ने अपनी पाठ्यपुस्तक के द्वितीय संस्करण (1972) में इस विषय पर एक अलग अध्याय का समावेश किया था जिसमें राष्ट्रीय और जातीय अनेकता की चर्चा सम्मिलित थी। परन्तु आज के संदर्भ में पाउण्ड्स की दृष्टि आधुनिक नहीं थी। उसके बाद से प्रायः सभी मानक पाठ्यपुस्तकों (टेलर 1993; शार्ट 1993; दीक्षित 1994, 1997; पेण्टर 1995) में राज्य और राष्ट्र की विस्तृत चर्चा हुई है। राज्य के आधुनिक स्वरूप पर डीयर और क्लार्क (1978) तथा जांस्टन (1993) का योगदान उल्लेखनीय है। राष्ट्रीय स्तर पर सामाजिक अनेकता और तत्सम्बन्धी विषयों पर क्लिअट और वाटरमैन (1982), जांस्टन, नाइट और कॉफ्मैन (1988) तथा विलियम्स और कॉफ्मैन (1989) ध्यातव्य हैं।

परन्तु इन सारे प्रयासों में विकासशील देशों की सामाजिक बहुविधता की राजनीति और उस सन्दर्भ में राज्य- तथा राष्ट्र-निर्माण की समस्या को समग्रता में देखने के प्रयास नहीं हुए हैं। एक महत्वपूर्ण अध्ययन में नियल्सन (1985) ने राष्ट्रीय-राज्य की परिभाषा करते हुए लिखा था कि यह संज्ञा केवल उन्हीं राज्यों को दी जानी चाहिए जिनमें समान सामाजिक पहचान वाली जनसंख्या पूरे देश की जनसंख्या का साठ प्रतिशत अथवा इससे अधिक हो। नियल्सन की परिभाषा के अनुसार उस समय विश्व के कुल 164 राज्यों में से 107 राष्ट्रीय-राज्य थे। शेष 57 में से 17 ऐसे थे जिनमें सबसे बड़ी सामाजिक इकाई (उपराष्ट्र) 40 से 60 प्रतिशत के बीच की जनसंख्या वाली थी (सोवियत रूस इस वर्ग का प्रमुख प्रतिनिधि था)। इक्कीस राज्यों में दो उपराष्ट्रीय इकाइयां मिलकर 60 प्रतिशत जनसंख्या की भागीदार थीं (इनमें बेल्जियम और फीजी प्रमुख उदाहरण थे) तथा शेष 19 राज्य तथाकथित बहुराष्ट्रीय प्रकार के राज्य थे। ये सारे ही राज्य प्रायः एशियाई ओर अफ्रीकी देश थे। दूसरी ओर यूरोपीय और अमरीकी देश प्रमुखतया राष्ट्रीय इकाइयां थीं। विकासशील देशों की सामाजिक (राष्ट्रीय) बहुविधता परिसंघीय प्रकार की थी। परन्तु विद्वानों ने राष्ट्र और राज्य निर्माण के अध्ययन में प्रकार्य और परिसंघीय अनेकरूपता के विभेद को पूर्णरूप से नजर अन्दाज कर दिया है, अतः वे राष्ट्र निर्माण की अफ्रीकी और एशियाई समस्या के मूल स्वरूप को समझने में विफल रहे हैं। (इस विषय पर विशेष चर्चा के लिए देखिए: दीक्षित, 1976) इस अध्याय में आगे हम इसी समस्या का विश्लेषण करेंगे।

परिसंघीय बहुविधता और राष्ट्र-निर्माण

पृथक्-पृथक् क्षेत्रीय पहचान वाली सामाजिक इकाइयों के अस्तित्व वाले उत्तरउपनिवेशवादी दौर के देशों में राष्ट्र मानस में राष्ट्रीय-राज्य की स्थापना के प्रति प्रबल आस्था के होते हुए भी जनतांत्रिक व्यवस्था वाले देशों में परिसंघ शासन प्रणाली का चुनाव एक सामान्य घटना है। यहां हम इसी प्रकार की व्यवस्था वाले राज्यों में राष्ट्र निर्माण की समस्या और उसके समाधान की दिशा में दृश्यगत प्रवृत्तियों की चर्चा करेंगे।

राष्ट्र-निर्माण का उद्देश्य मूलतया देश के अन्दर स्थाई प्रशासनिक व्यवस्था और पूर्णतया समायोजिक राजनीति को जन्म देना है। अर्थात् राष्ट्र-निर्माण की प्रथम शर्त यह है कि देश की समग्र जनता में समान राजनीतिक उद्देश्यों और विशिष्ट जीवन मूल्यों तथा आचार संहिता के प्रति प्रबल आस्था का संचार हो और अलगाववादी प्रवृत्तियों और क्षेत्रीय असंतोष का अंत हो। परिसंघीय शासन व्यवस्था के अन्तर्गत इसका तात्पर्य है कि राष्ट्रीय एकता के विकास के साथ-साथ क्षेत्रीय राजनीतिक घटकों को समुचित क्षेत्रीय स्वायत्तता के प्रति आस्थावान बनाए रखना आवश्यक है। दूसरे शब्दों में परिसंघीय शासन व्यवस्था वाले राज्यों में राष्ट्र निर्माण के प्रयासों को दो भिन्न-भिन्न स्तरों पर बराबर प्रयत्नशील रहने की आवश्यकता है। एक राष्ट्रीय एकता को सुदृढ़ करना, तथा दूसरा, सदैव इस बात का ध्यान रखना कि एकता स्थापित करने की प्रक्रिया में अन्तरक्षेत्रीय समरूपता आरोपित करने के प्रयास न किए जाएं, अर्थात् परिसंघीय व्यवस्था को एकतंत्रीय व्यवस्था में परिवर्तित करने का प्रयास न हो। ऐसा करने से क्षेत्रीय अंसतोष बढ़ेगा जो कालान्तर में अलगाववादी प्रवृत्तियों को बढ़ावा देगा। भारत में नेहरू के पश्चात् आए कांग्रेसी प्रशासन के अन्तर्गत उत्तरोत्तर बढ़ता हुआ सत्ता-संचयन तथा तज्जनित क्षेत्रीय असंतोष इसका स्पष्ट उदाहरण है। भारत उन थोड़े से सौभाग्यशाली देशों में है जहां स्वतंत्र देश की राजनीति पूर्णरूपेण समायोजित राजनीतिक प्रक्रिया के साथ प्रारम्भ हुई और भारतीय राष्ट्रीय कांग्रेस भारत के प्रायः सभी क्षेत्रों में समान रूप से जनसमर्थित राजनीतिक संगठन था। परन्तु धीरे-धीरे कांग्रेस का क्षेत्रीय जनाधार खिसकने लगा क्योंकि राज्यों की सरकारें व्यापक जनाधार वाले स्थानीय कार्यकर्ताओं के स्थान पर केन्द्रीय नेतृत्व द्वारा नियुक्त प्रियजनों के हाथ में चली गईं। बहुत दिनों तक सत्ता में रहने के कारण पार्टी नेतृत्व को भ्रम हो गया था कि जनाधार जनसेवा से नहीं बल्कि केन्द्रीय नेता (इंदिरा गांधी, राजीव गांधी) के चमत्कार से प्राप्त होता है। परिणामस्वरूप देश की राजनीति में बिखराव आने लगा, अलगाववादी क्षेत्रीय अस्मिता पुनर्जीवित होने लगी। क्षेत्रीय दलों का उदय इसी प्रवृत्ति का परिणाम था। संक्षेप में परिसंघीय देशों में राष्ट्र-निर्माण और राजनीतिक स्थायित्व का मूल मंत्र है कि जहां एक ओर सम्पूर्ण देश में केन्द्रीय सत्ता समानरूप से प्रभावी बने तथा देश में सर्वत्र नागरिकों में केन्द्रीय सत्ता के प्रति आस्था बढ़े, वहीं दूसरी ओर यह भी आवश्यक है कि राजनीति में क्षेत्रीय बिखराव को रोकने तथा विभिन्न क्षेत्रों की स्थानीय समस्याओं को सुलझाने के प्रयास निरन्तर होते रहें। इसके लिए आवश्यक है कि केन्द्र और क्षेत्रों के बीच की संवैधानिक भागीदारी पर कुठाराघात न हो और क्षेत्रीय अस्मिता को समादर मिले।

विभिन्न परिसंघीय प्रणाली वाले देशों में राजनीतिक स्थायित्व का तुलनात्मक विश्लेषण से (देखिएः दीक्षित, 1975) परिसंघीय व्यवस्था के राष्ट्र निर्माण में निम्नांकित प्रवृत्तियों का आभास देता हैः

1. परिसंघ व्यवस्था में राष्ट्रीय भावना की सुदृढता और राजनीतिक स्थायित्व के लिए एक आधारभूत शर्त है कि संघ को आधार प्रदान करने वाली सामाजिक अनेकता सम्बन्धी पहचानों का क्षेत्रीय वितरण उनकी स्थानीय केन्द्रीयता के बावजूद एक दूसरे से पूर्णतया विलग न हो। पहचानों के पूर्ण क्षेत्रीय विलगाव की अवस्था में विभिन्न क्षेत्रीय पहचान वाली उपक्षेत्रीय इकाइयों में परस्पर मेल के सूत्र कमजोर होते हैं तथा आपसी स्पर्धा की होड़ में उनके टूटने का डर सदा बना रहता है। इसके विपरीत यदि इन उपक्षेत्रीय सामाजिक पहचानों के आधारमूलक तत्वों का क्षेत्रीय प्रसार एक दूसरे का अधिच्छादन करता है तो यह अधिच्छादन उनकी पारस्परिक अनेकता में एकता का समावेश करता है। पहचानों के अधिच्छादन के परिणामस्वरूप परस्पर विरोध के स्वर कुंद हो जाते हैं और अलगाववादी गोलबन्दी पर अंकुश लग जाता है, क्योंकि प्रत्येक उपक्षेत्रीय इकाई की सामाजिक पहचान वाले अनेक लोग, उनके बन्धु-बान्धव उनके अपने क्षेत्र से बाहर पड़ोसी (उपक्षेत्रों) प्रांतों के निवासी हैं तथा वहां की सरकारों के सौहार्द और न्यायप्रियता पर निर्भर हैं। ऐसे में क्षेत्रीय इकाइयों के लिए आवश्यक हो जाता है कि क्षेत्रीय हितों की सुरक्षा की मांग का स्वर इतना उग्र न हो कि दूसरे प्रदेशों में निवास करने वाले उनके अनेक अपने लोगों का जीवन कठिनाई में पड़ जाए। स्विट्ज़रलैण्ड इसका उत्तम उदाहरण है। वहां परिसंघ व्यवस्था की स्थापना धर्म और भाषा सम्बन्धी क्षेत्रीय पहचानों को क्षेत्रीय स्वायत्तता के माध्यम से एक संप्रभु राजनीतिक इकाई में बांधने के उद्देश्य से हुई थी। प्रादेशिक इकाइयों (कैन्टन) के स्तर पर वहां तीन भाषाओं, जर्मन, फ्रेंच और इटालियन; तथा दो अलग-अलग धार्मिक पहचानों, प्रोटेस्टैण्ट और कैथोलिक, का वर्चस्व था (देखिएः चित्र 4.1)। क्षेत्रीय इकाइयों में भाषा और धर्म दोनों ही मुद्दों पर परस्पर विभेद और विरोध था। परन्तु क्षेत्रीय प्रसार की दृष्टि से इनका वितरण समरूप नहीं था अतः उनके प्रसार की क्षेत्रीय सीमाएं एक दूसरे का अधिच्छादन करती थीं। अर्थात् जहां एक ओर अनेक पड़ोसी प्रदेश (कैण्टन) भाषा की दृष्टि से परस्पर विरोधी गुटों में विभक्त थे वहीं धर्म के स्तर पर उनकी आस्थाएं एकरूप थीं। ऐसे में भाषा और धर्म दोनों की अलगाववादी क्षमता कुंद हो जाती है और उनका जातीय भूगोल उन्हें मिलजुल कर रहने के लिए बाध्य कर देता है।

यदि हम स्विट्ज़रलैण्ड की तुलना कनाडा से करें तो स्थिति और भी स्पष्ट हो जाती है। एक संप्रभु परिसंघ के रूप में कनाडा फ्रांस के उत्तरी अमरीकी उपनिवेश क्युबेक को ब्रिटेन द्वारा संयुक्त राज्य अमरीका के उत्तर में स्थित अपने उत्तरी अमरीकी उपनिवेशों में मिलाने के परिणामस्वरूप अस्तित्व में आया था। इसके कारण वहां एक ओर पूर्वी भाग में फ्रांसीसी संस्कृति, फ्रेंच भाषा और कैथोलिक मतावलम्बियों का विशाल क्युबेक क्षेत्र है तो दूसरी ओर अंग्रेजी भाषी शेष प्रांतों का। अपनी भाषा और संस्कृति तथा विशिष्ट धार्मिक पहचान के कारण फ्रांसीसी मूल के लोग अपने प्रांत से बाहर जाने से कतराते हैं। अतः देश में सांस्कृतिक सीमाएं अत्यधिक कठोर हो गई हैं। इसके परिणामस्वरूप कनाडा की परिसंघ व्यवस्था निरन्तर आंतरिक कलह से ग्रस्त रहती है। इस सन्दर्भ में भारत का दृष्टांत शिक्षाप्रद है। अनादिकाल से हिमालय से सेतु पर्यन्त विस्तृत क्षेत्रीय इकाई में समग्र सांस्कृतिक विकास की दीर्घकालिक प्रक्रिया के कारण भारत में क्षेत्रीय विविधताओं और विशिष्टताओं के होते हुए भी हिन्दू संस्कृति के अनवरत प्रवाह से जीवन मूल्यों में एकता तथा समान आध्यात्मिक मान्यताओं के प्रति समादर का संचार हुआ है। ऐसे में यहां अनेक बातों में सामान्य स्वीकृति से काम चलाना अपेक्षाकृत सरल हो जाता है। स्वतंत्रता संघर्ष

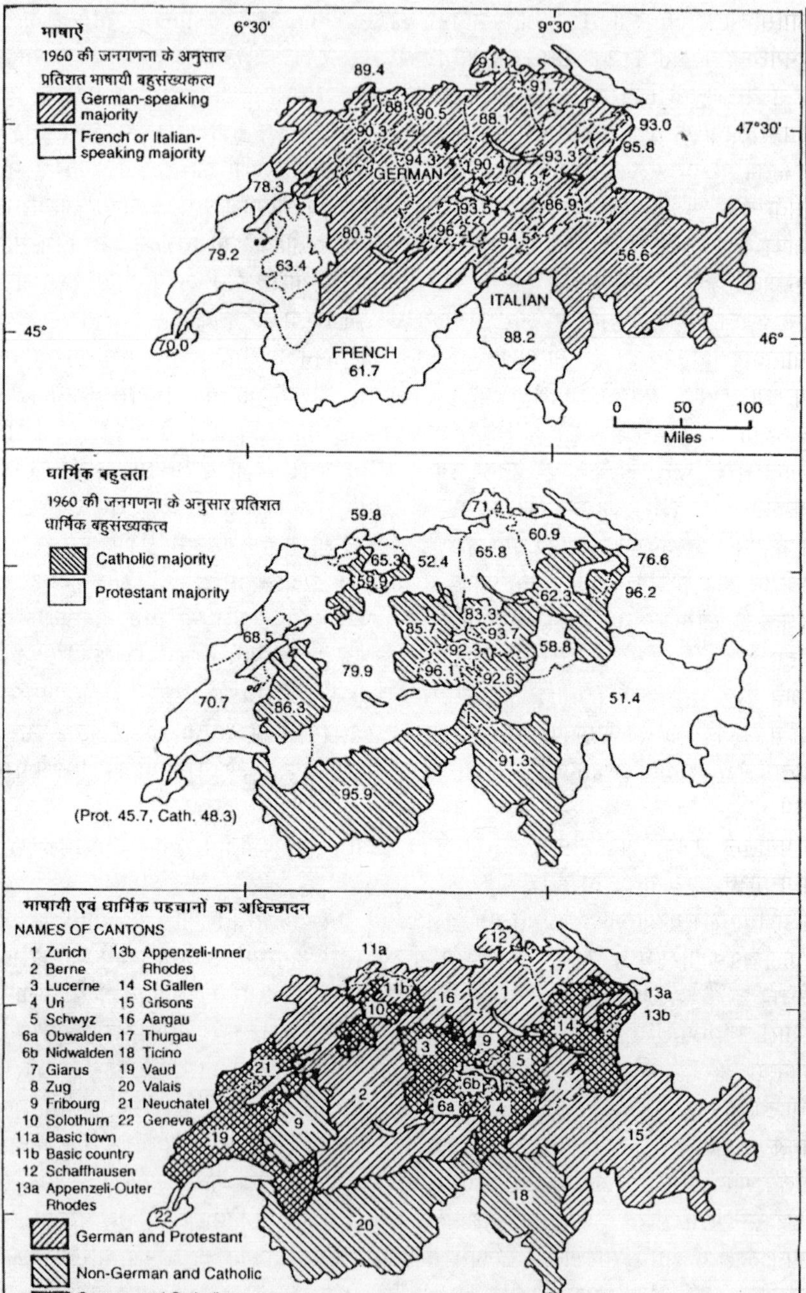

चित्र 4.1 अधिच्छादित क्षेत्रीय पहचानों का राष्ट्रीय सूत्रबद्धता में महत्वः स्विट्ज़रलैण्ड का उदाहरण (दीक्षित, 1975 से साभार उद्धृत)।

में कांग्रेस को प्राप्त व्यापक समर्थन इसका प्रमाण है। परन्तु 1956 में भाषा के आधार पर प्रांतों के पुनर्गठन के पश्चात् अंतरप्रांतीय सम्बन्धों में भाषाई सीमाओं ने दीवारें खड़ी कर दीं। प्रत्येक राज्य उत्तरोत्तर एक विशिष्ट भाषा-भाषियों का गृहभूमि बन गया तथा धीरे-धीरे स्वतंत्रता प्राप्ति के समय की अन्तरप्रान्तीय मैत्री भावना विलुप्त होने लगी और अलगाववादी शक्तियों को बढ़ावा मिला। साथ ही उच्चतम स्तर तक की शिक्षा प्रादेशिक भाषाओं द्वारा दिए जाने के फलस्वरूप स्वतंत्रता प्राप्ति के दिनों में विद्यमान वैचारिक एकता के सूत्र कमजोर हुए हैं और युवक-युवतियों को अपने प्रदेश से बाहर के क्षेत्रों में काम मिलने के अवसर धीरे-धीरे समाप्तप्राय होते जा रहे हैं।

संयुक्त राज्य अमरीका का राजनीतिक इतिहास भी इस बात की पुष्टि करता है। अमरीका में दास प्रथा सदा से उत्तरी पूर्वी और दक्षिणी राज्यों के बीच मतभेद का प्रमुख कारण थी। परन्तु राजनीतिक दलों के प्रभाव क्षेत्र इस विभेद के क्षेत्रीय प्रारूप का अधिच्छेदन करते रहे थे क्योंकि प्रत्येक प्रमुख दल के सदस्य और समर्थक न्यूनाधिक रूप में पूरे देश में वितरित थे, अतः अपनी सारी अलगाववादी शक्ति के होते हुए भी दास प्रथा संघ के लिए अस्तित्व का संकट उपस्थित नहीं कर सकी थी। इसमें सबसे महत्वपूर्ण बात यह थी कि मिसीसिपी घाटी का विशाल पश्चिमी क्षेत्र एक ओर दास प्रथा के विरोध के प्रश्न पर उत्तरी राज्यों के साथ था तो दूसरी ओर आर्थिक हितों की दृष्टि से लगभग 1850 ईस्वी तक वह दक्षिणी राज्यों पर निर्भर था क्योंकि दक्षिण वाहिनी मिसीसिपी नदी ही इस क्षेत्र के उत्पादों के लिए व्यापार का एक मात्र साधन थी। 1850 के दशक के अन्त तक स्थिति में परिवर्तन आ गया था। रेलमार्गों के विस्तार के परिणामस्वरूप अब इस क्षेत्र का उत्तरी भाग उत्तरी राज्यों से अपेक्षाकृत अधिक प्रभावी ढंग से जुड़ गया। ऐसे में इस क्षेत्र के उत्तरी भागों की दक्षिणी राज्यों पर निर्भरता समाप्त हो गई और वे पूरी तरह उत्तरी राज्यों के साथ हो गए। परिणामस्वरूप उत्तर बनाम दक्षिण राजनीति की विभाजक रेखा अब प्रायः "दासता" और स्वतंत्रता प्रेमी राज्यों के बीच की मेसन एण्ड डिक्सन नामक विभाजक रेखा के समरूप हो गई। परिणामस्वरूप 1860 का राष्ट्रपति पद का चुनाव दास प्रथा बनाम स्वतंत्रता के प्रश्न पर लड़ा गया। ऐसे में स्वाभाविक था कि दक्षिण और उत्तर की राजनीतिक प्रतिक्रिया परस्पर विरोधी होती। परिणामस्वरूप रिपब्लिकन पार्टी के उम्मीदवार अब्राहम लिंकन जहां उत्तर के सभी क्षेत्रों में विजयी रहे थे वहीं दक्षिण में उन्हें समर्थन नहीं मिल पाया। ऐसे में लिंकन के राष्ट्रपति पद के लिए निर्वाचित होने की घोषणा के साथ ही दक्षिणी राज्यों को अपने अस्तित्व के लिए खतरे की घण्टी सुनाई देने लगी। अमरीकी गृह युद्ध इसी द्वन्द्वात्मक स्थिति का परिणाम था।

मलेशिया संघ भी इस संकल्पना का एक अच्छा उदाहरण है। यहां जातीय वितरण का समीकरण कुछ इस प्रकार का है कि चीनी मूल के लोग कुछ राज्यों में अधिसंख्यक गुट के रूप में विद्यमान हैं (यद्यपि पेनांग प्रांत के अतिरिक्त उन्हें कहीं भी पूर्ण बहुमत प्राप्त नहीं है) तो दूसरी ओर अन्य प्रांतों में वे महत्वपूर्ण अल्पसंख्यक गुटों के रूप में विद्यमान हैं। साथ ही नेगरी सेम्बिलन, मलक्का, और जोहोर प्रांतों में मलेशिया और चीनी दोनों ही जातीय गुट अलग-अलग रूप में कुल जनसंख्या के चालीस प्रतिशत के भागीदार हैं। ऐसी स्थिति में दोनों के लिए आवश्यक है अपने सारे विभेदों को भुलाकर वे संयुक्त रूप से देश की राजनीति चलाएं तथा उसके अस्तित्व को सुरक्षित रखने के निरन्तर प्रयास करते रहें।

2. इस बात पर विद्वानों में आम सहमति है कि परिसंघ व्यवस्था के स्थायित्व, अर्थात् राष्ट्र और राज्य की सुदृढ़ता बनाए रखने में राजनीतिक दलों का विशेष महत्व है। अमरीकी

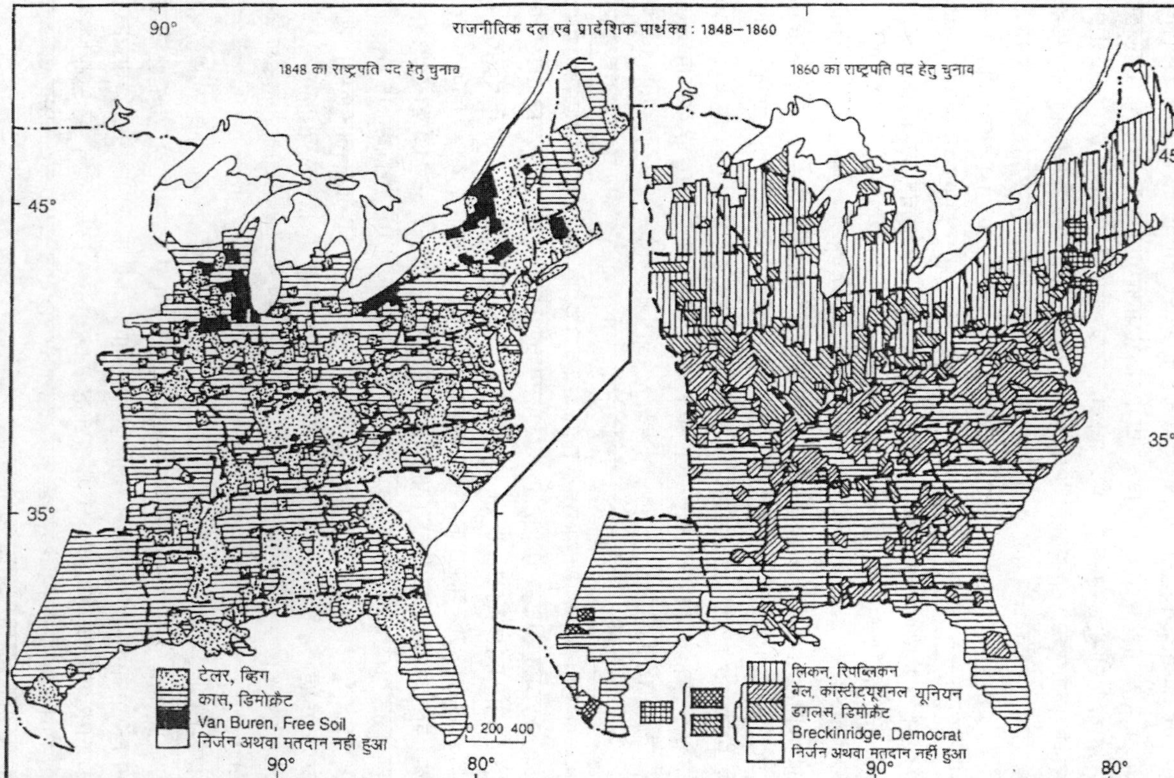

चित्र 4.2 संयुक्त राज्य अमरीका में राजनीतिक दल व्यवस्था और राष्ट्रीय जीवन का प्रादेशिक पार्थक्यः 1848 तथा 1860 (दीक्षित, 1975 से साभार उद्धृत)।

राजनीतिशास्त्री राइकर (1964) ने यहां तक कहा है कि परिसंघ की एकता उसके राजनीतिक दलों के स्वरूप पर निर्भर है। यदि राष्ट्रीय स्तर की राजनीति का नेतृत्व करने वाला दल अधिकांश प्रांतीय राज्यों में भी शासन करता हो तो देश की राजनीति में केन्द्रीयकरण की प्रवृत्ति और एकता के सूत्र दृढ़तर होंगे। राइकर के शब्दों में देश के संविधान में केन्द्रीकरण अथवा उपान्तीयकरण की प्रवृत्ति वहां केन्द्रीय शासन के प्रमुख दावेदार राजनीतिक दलों के केन्द्रीकरण के स्तर पर निर्भर है। राइकर का यह वक्तव्य मानने में कठिनाई नहीं है। परन्तु इसी प्रसंग में उनका यह कहना कि देश की राजनीति और उसके संविधान में निहित केन्द्रीकरण की प्रवृत्ति में राजनीतिक दलों की अपेक्षाकृत सामाजिक संरचना की भूमिका गौण है, इन पंक्तियों के लेखक के विचार में सर्वथा भ्रांतिमूलक है। राजनीतिक दल, उनकी संरचना और उनका क्षेत्रीय समर्थन, सामाजिक संरचना का प्रतिफल है, कोई बाह्य आरोपित व्यवस्था नहीं। यदि देश का समाज क्षेत्रीय दृष्टि से विविध पहचानों के बावजूद समान मूल्यों और आदर्शों के प्रति आस्थावान है तथा देश के नागरिक समान उद्देश्यों से अभिप्रेरित हैं तो स्वाभाविक है कि वहां की राजनीति और उसकी संवैधानिक संरचना केन्द्रीकरण की ओर प्रवृत्त होगी तथा संविधान केन्द्र को अपेक्षाकृत अधिक महत्वपूर्ण अधिकार प्रदान करेगा, जैसा कि भारत के उदाहरण से स्पष्ट है। इसी प्रकार परिसंघ के निर्माण के समय आस्ट्रेलिया के विभिन्न प्रांतों के श्रमिक वर्ग में एकता की भावना इतनी बलवती थी कि आस्ट्रेलियन लेबर पार्टी आस्ट्रेलिया के एक समग्र राष्ट्रीय इकाई के रूप में उभरने के पहले ही एक राष्ट्रीय राजनीतिक दल बन गई थी (ओवरेकर, 1952)। परिणामस्वरूप अपने समय में आस्ट्रेलिया का संविधान सर्वाधिक केन्द्रीय प्रवृत्ति वाला परिसंघीय संविधान था।

3. परिसंघीय राज्यों में राष्ट्रीय एकता की समस्या के तुलनात्मक विश्लेषण से प्रतीत होता है कि बहुजातीय जनसंख्या वाले परिसंघीय राज्यों में यदि क्षेत्रीय पहचान एक से अधिक सांस्कृतिक तथा सामाजिक तत्वों पर आधारित हो तो इस बात की सम्भावना अधिक है कि इन तत्वों में से कुछ का क्षेत्रीय वितरण क्षेत्रीय राजनीतिक इकाइयों की सीमाओं का अधिच्छादन करेगा। ऐसी स्थिति में विभिन्न तत्वों की अलगाववादी क्षमता पर अंकुश लगेगा और क्षेत्रीय इकाइयों के आपसी सम्बन्धों में सुधार होगा, उनमें परस्पर सहयोग की प्रवृत्ति बढ़ेगी और राष्ट्रीय एकता के सूत्र दृढ़ होंगे। उदाहरण के लिए भारत में आज सहस्त्रों वर्ष की सांस्कृतिक विरासत की समान भागीदारी के होते हुए भी विभिन्न क्षेत्रीय इकाइयों के बीच भाषा क्षेत्रीय पहचान का एक मात्र आधार बन गई है। प्रत्येक राज्य किसी न किसी भाषा-भाषी समूह का अनन्य (एक्सक्लूसिव) गृह क्षेत्र बन गया है तथा उत्तरोत्तर काम काज के अवसर पूरी तरह स्थानीय नागरिकों के लिए सुरक्षित होते जा रहे हैं। साथ ही पिछले चार दशकों में शिक्षा के सभी स्तरों पर क्षेत्रीय भाषाओं के प्रायः एक मात्र माध्यम के रूप में उभरने के परिणामस्वरूप ब्रिटिश शासन काल में अंग्रेजी के माध्यम से सर्वत्र उच्च शिक्षा की समान व्यवस्था के कारण उद्भूत बौद्धिक एकता प्रायः विलुप्त होती जा रही है। ऐसे में विचार उठता है कि यदि हमारी क्षेत्रीय पहचानों में कुछ अन्य तत्वों का भी समावेश होता, अर्थात् (उदाहरणार्थ) यदि जाति-बिरादरी (जो आजकल कुछ क्षेत्रीय राजनेताओं जैसे मुलायम सिंह यादव, लालू प्रसाद यादव और मायावती आदि की मूल पहचान बन गई है) के सूत्र मूलरूप से भाषाई सीमाओं में बंधे न होकर अन्तरक्षेत्रीय विस्तार वाले होते तो हमारे समाज में अन्तरक्षेत्रीय एकता के सूत्र अधिक मुखर और सुदृढ़ हो सकते थे, विशेषकर इस दृष्टि से कि आज के विघटित जनमानस के होते हुए भी पूरे देश में सांस्कृतिक एकता के

सूत्र तथा भारतीय संस्कृति की सांस्कारिक समग्रता के प्रति आस्था का भाव सर्वत्र प्रायः समान रूप से संचरित है। भारतीय जनता पार्टी का परिमार्जित रुख और उसके बढ़ते हुए क्षेत्रीय प्रभाव (जो 1998 के निर्वाचन के बाद से स्पष्टतया अखिल भारतीय स्तर का बन गया है) इसका प्रमाण है। यह बात ध्यान देने योग्य है कि यद्यपि वर्ण व्यवस्था (जिसके अन्यायपूर्ण प्रभाव की जितनी भी निन्दा की जाए कम है) देश में सर्वव्यापी है, परन्तु प्रत्येक भाषाई इलाके में इसका रूप एक दूसरे से भिन्न है। उदाहरणार्थ भारत में ब्राह्मण सभी प्रदेशों में निवास करते हैं परन्तु दक्षिण-उत्तर तथा पूरब-पश्चिम के ब्राह्मणों में खान-पान और विवाह सम्बन्ध, अर्थात् रोटी-बेटी के सम्बन्ध, संस्कार सम्मत नहीं हैं। यही बात अन्य जाति समूहों के लिए भी लागू है।

4. संयुक्त राज्य अमरीका, आस्ट्रेलिया और स्विट्ज़रलैण्ड के उदाहरण से स्पष्ट है कि राष्ट्र और राज्य निर्माण में नागरिकों की अन्तरक्षेत्रीय संचरणता (मोबिलिटी) अत्यधिक महत्व की है। जब नागरिक इस बात के प्रति आश्वस्त रहता है कि उसे अपनी योग्यता के अनुरूप देश के किसी भी भाग में अप्रतिवांछित प्रतिस्पर्धा के आधार पर न्यायपूर्ण चयन प्रक्रिया के माध्यम से विभिन्न प्रकार की राजकीय और निजी क्षेत्र की नौकरियों के अवसर प्राप्त हैं तो स्वाभाविक रूप में उसके मन में राष्ट्र-प्रेम का भाव संचरित होता है। उसे देश का समग्र भौगोलिक क्षेत्र "अपना" गृह प्रदेश, अपनी मातृ और पितृ भूमि के रूप में दिखाई देने लगता है। साथ ही अन्तरक्षेत्रीय प्रवाह के माध्यम से विभिन्न क्षेत्रीय पहचानों में आदान-प्रदान की प्रक्रिया को प्रोत्साहन मिलता है, उनके आपसी दुराव मिटते हैं और एकता के सूत्रों को सम्बल मिलता है।

संयुक्त राज्य अमरीका इसका सबसे रोचक और शिक्षाप्रद उदाहरण है। संयुक्त राज्य का निर्माण पूर्वी तटीय प्रदेश में स्थित तेरह पृथक्-पृथक् ब्रिटिश उपनिवेशों के आपसी विलय से हुआ था। देश का वर्तमान आकार बाद में पश्चिमी दिशा की ओर हुए उत्तरोत्तर विस्तार का परिणाम है। पश्चिम में स्थित विशाल उपमहाद्वीपीय क्षेत्र जनशून्य अथवा आदिवासी अमरीकियों (रेड इण्डियन) का प्रदेश था जो विकास के लिए सभी अमरीकी नागरिकों को समान रूप से उपलब्ध था। अमरीका के आधुनिक इतिहास का प्रारम्भ ही यूरोपीय मूल के लोगों के यहां आकर बसने से हुआ था, और जातीय मिश्रण का यह क्रम दीर्घकाल तक चलता रहा था। पश्चिम के विशाल सीमांत प्रदेश के विकास में भी यही प्रक्रिया चलती रही थी। विभिन्न जातीय मूल के यूरोपीय लोग तथा भिन्न-भिन्न पूर्वी तटीय राज्यों के अन्य लोग यहां अपना भविष्य बनाने के उद्देश्य से समान रूप से आकृष्ट हुए। अन्तरक्षेत्रीय जन प्रवाह की इस दीर्घकालिक प्रक्रिया में जातीय पहचानें पीछे छूटती गईं और अमरीकी आदर्श तथा अमरीकी संयुक्त राज्य (जो इस आदर्श का जनक था) के प्रति समान आस्था का संचार हुआ। पश्चिमी सीमांत में स्थापित नए राज्य "अमरीकी" नागरिकों के राज्य थे अलग-अलग क्षेत्रीय इकाइयों अथवा क्षेत्रीय समुदायों और राज्यों के नहीं। इस प्रकार राष्ट्र निर्माण की प्रक्रिया सुदृढ़ हुई। उन्नीसवीं सदी के अन्त में जब सीमान्त क्षेत्र पूरी तरह से स्वायत्त क्षेत्रीय इकाइयों, भिन्न-भिन्न नए अमरीकी राज्यों के रूप में विभक्त हो गया तो उसके स्थान पर एक नए प्रकार का सीमान्त, अर्थात् महानगरीय सीमांत (मेट्रोपोलिटन फ्रण्टियर) अस्तित्व में आ गया। परिणामस्वरूप अन्तरक्षेत्रीय स्थानान्तरण की धारा अबाध रूप से प्रवाहित होती रही। विद्वानों का मत है कि संयुक्त राज्य में अन्तरक्षेत्रीय स्थानान्तरण बीसवीं सदी में उन्नीसवीं सदी की अपेक्षाकृत अधिक हुआ है।

इसके विपरीत कनाडा में राज्य और राष्ट्र निर्माण की सारी समस्या इस बात पर केन्द्रित रही है कि क्युबेक प्रांत सांस्कृतिक विषयों, विशेषकर भाषा और धर्म के प्रश्न पर शेष कनाडा से बहुत अलग है। इसके परिणामस्वरूप फ्रेंच भाषी कैनेडियन नागरिक क्युबेक के बाहर जाने से हिचकते हैं और अंग्रेजी भाषी तथा फ्रेंच भाषी कनाडा के बीच की विभाजक रेखा उत्तरोत्तर क्लिष्ट होती गई है। यही बात न्यूनाधिक रूप में द्वितीय विश्व युद्ध के बाद बने अनेक परिसंघ राज्यों के बारे में भी सच है। नाइजीरियाई प्रांत बियाफ्रा और शेष नाइजिरियाई प्रदेशों के बीच इसी प्रकार की द्वन्द्वात्मक कठिनाई लम्बे गृह युद्ध का कारण बनी थी। 1971 के पहले पश्चिमी और पूर्वी पाकिस्तान (किसी के शब्दों में ऊंट तथा भैंस) के बीच पहचान का ऐसा ही संकट था। इससे उत्पन्न अन्तरप्रान्तीय जन प्रवाह सम्बन्धी अवरोध पुराने पाकिस्तानी संघ के विघटन और सम्प्रभु बांग्लादेश के उदय का प्रमुख कारण बना था। जैसा पिछले अनुच्छेदों में हमने देखा भारतीय जनतंत्र में भाषाई आधार पर प्रांतों के पुनर्गठन से कुछ इसी प्रकार की कठिनाई उत्पन्न हुई है, और अन्तरक्षेत्रीय जन प्रवाह में ठहराव आया है। राजनेताओं को इस ओर अविलम्ब ध्यान देने की आवश्यकता है।

शासन प्रणालियां और भूदृश्य निर्माण का भूगोल

5

1980 के दशक में शासन व्यवस्थाओं के अध्ययन में उत्तरोत्तर बढ़ती व्यवस्था की दृष्टि से राज्य सामाजिक संगठन का अनिवार्य तत्व नहीं है। इसके विपरीत शासन सामाजिक व्यवस्था की अनिवार्य शर्त है (डनलीवी और ओ'लियरी, 1987, पृ. 1-2)। शासन नियंत्रण विहीन समाज अपने आप में विरोधाभासपूर्ण संकल्पना है क्योंकि व्यवस्था के अभाव में कोई समाज समग्र इकाई नहीं बन सकता। अतः यह आश्चर्य की बात है कि मानव भूगोल में शासन प्रणालियों और प्रशासनिक व्यवस्थाओं का अध्ययन लम्बे अरसे तक तिरस्कृत रहा।

मानव भूगोल के क्षेत्र में शासन तथा शासन की नीतियों के अध्ययन में रुचि उत्पन्न करने की दिशा में *इकनॉमिक जिओग्राफी* नामक पत्रिका में प्रकाशित सॉल कोहेन (1966) की एक आमंत्रित सम्पादकीय टिप्पणी ने महत्वपूर्ण भूमिका निभाई। इससे प्रेरित होकर प्रेस्कॉट (1968) ने "राज्य की नीतियों का भूगोल" (*जिओग्राफी ऑफ स्टेट पालिसीज़*) शीर्षक से एक संक्षिप्त पुस्तक प्रकाशित की। परन्तु इस पुस्तक में भविष्य में अध्ययन हेतु महत्वपूर्ण विषयों के बारे में सुझाव मात्र थे न कि किसी प्रकार का सैद्धान्तिक दिशा निर्देश अथवा पूर्वगामी शोध की समन्वित प्रस्तुति (रोएपके, 1970)। सैद्धांतिक दिशा निर्देश की दृष्टि से दीक्षित (1971बी) द्वारा प्रकाशित लेख शायद पहला समग्र प्रयास था। यह लेख परिसंघीय शासन व्यवस्था पर लेखक के विस्तृत अध्ययन की एक कड़ी था (देखिएः दीक्षित, 1971ए, 1975)।

शासन मूलतः संस्थाओं पर आधारित प्रक्रिया और व्यवस्था है। इसके माध्यम से देश के नागरिकों के आपसी सम्बन्धों तथा उनके और अन्य देशों के नागरिकों के बीच होने वाले विविध सम्पर्कों को समग्रता और अनुशासनबद्धता प्राप्त होती है। विभिन्न शासकीय संस्थाओं के माध्यम से देश के अन्तर्गत शांति व्यवस्था स्थापित करने, नागरिकों को सुरक्षा प्रदान करने और जनकल्याण तथा सामाजिक जीवन के अन्य महत्वपूर्ण मुद्दों पर नीति निर्धारण की प्रक्रिया का संचालन होता है। लोकतांत्रिक राजनीतिक व्यवस्था में देश के प्रशासन का दिशा निर्देश नागरिकों द्वारा चुने हुए प्रतिनिधियों की सभा के माध्यम से उनके द्वारा स्वयं पारित संविधान के उपबंधों के अंतर्गत होता है। सम्पूर्ण राजनीतिक व्यवस्था का अंतिम संदर्भ बिन्दु राष्ट्रीय संविधान ही है। प्रत्येक देश अपने संविधान की रचना अपनी सांस्कृतिक और ऐतिहासिक धरोहर और अपने भौगोलिक तथा सामाजिक परिवेश के अनुरूप करता है। अतः संविधान संस्कृति और

स्थान सापेक्ष है। अतः प्रत्येक देश का संविधान दूसरों से भिन्न होता है। परन्तु सैद्धांतिक स्तर पर लोकतांत्रिक राज व्यवस्था में दो भिन्न-भिन्न प्रकार की शासन पद्धतियों और तदनुरूप दो अलग प्रकार की संवैधानिक व्यवस्थाओं का प्रचलन है। एक को केन्द्रीकृत ऐकिक प्रणाली तथा दूसरी को परिसंघ प्रणाली की संज्ञा दी गई है।

ऐकिक शासन प्रणाली

ऐकिक शासन प्रणाली के अन्तर्गत नीति निर्धारण के सम्पूर्ण अधिकार केन्द्रीय सरकार में निहित होते हैं। इन नीतियों के कार्यान्वयन का उत्तरदायित्व स्थानीय तृणमूल स्तरीय प्रशासनिक संस्थाओं पर होता है जो सीधे केन्द्रीय प्रशासन के प्रति उत्तरदायी होती हैं। संक्षेप में ऐकिक शासन प्रणाली *दो स्तरीय* प्रणाली है, एक केन्द्रीय और दूसरी स्थानीय। ऐसी व्यवस्था उन देशों के लिए सर्वोत्तम है जिनकी जनसंख्या-संरचना राष्ट्रीय स्तर पर प्रायः एक सी है और जिनके ऐतिहासिक संस्कार, भाषा साहित्य, तथा जीवन मूल्यों में समरसता व्याप्त है, और जहां पाई जाने वाली सामाजिक विविधताएं क्षेत्रीय रूप में केन्द्रित न होकर सम्पूर्ण देश में मिले जुले रूप में वितरित हैं। विश्व के अधिकांश ऐतिहासिक देश (भारत जैसे कुछ अपवादों को छोड़) ऐकिक शासन व्यवस्था वाले हैं। परन्तु उनकी वास्तविक संस्थात्मक व्यवस्था और शासन प्रक्रिया में पर्याप्त विविधता विद्यमान हैं। उदाहरणार्थ ऐतिहासिक कारणों से ब्रिटिश शासन व्यवस्था में क्षेत्रीय विविधताओं को ध्यान में रखते हुए देश की तीन ऐतिहासिक इकाइयों, स्कॉटलैण्ड, वेल्स, और उत्तरी आयरलैण्ड को विशेष सुरक्षा प्राप्त है परन्तु फ्रांस प्रारम्भ से ही एक अत्यधिक केन्द्रीकृत ऐकिक राजनीतिक इकाई रहा है।

परिसंघीय शासन प्रणाली

भारत, संयुक्त राज्य अमरीका, कनाडा और आस्ट्रेलिया जैसे अनेक वृहदाकार देशों में ऐतिहासिक, सांस्कृतिक और भौगोलिक कारणों से अन्तरक्षेत्रीय विविधताएं अपेक्षाकृत अधिक मुखर हैं। अतः उन्हें एक पूर्णतया केन्द्रीकृत सूत्र में बांधे रखना अपेक्षाकृत बहुत कठिन कार्य है। आधुनिक तकनीकी विकास के पहले यह कार्य अनेक गुणा और कठिन था। ऐसी स्थिति में देश के राजनीतिक प्रबन्धन का मुख्य उद्देश्य एक ऐसी शासन व्यवस्था की स्थापना है जिसके माध्यम से अनेकता में एकता का संचार सरल हो सके तथा क्षेत्रीय स्तर पर राजनीतिक असंतोष को जन्म दिए बिना राष्ट्र के केन्द्रीय मूल्यों और उद्देश्यों के प्रति आम नागरिकों को अधिक आस्थावान बनाया जा सके। परिसंघीय शासन प्रणाली इस दिशा में किए गए ऐतिहासिक प्रयासों की अंतिम परिणति है। परिसंघ व्यवस्था एक *त्रिस्तरीय* प्रशासनिक व्यवस्था है जिसमें केन्द्रीय और स्थानीय स्तरों के बीच क्षेत्रीय स्तर पर स्वायत्त प्रादेशिक सरकारों का अस्तित्व है प्रत्येक क्षेत्र की स्थानीय प्रशासनिक संस्थाएं अपने क्षेत्र की प्रांतीय सरकार के प्रति उत्तरदायी होती हैं। केन्द्र और स्थानीय संस्थाओं के बीच किसी प्रकार का सम्पर्क सामान्यतः स्वायत्त क्षेत्रीय प्रशासनिक इकाइयों के माध्यम से ही हो सकता है। देश के संविधान में संघ में सम्मिलित विभिन्न क्षेत्रीय इकाइयों की सांस्कृतिक पहचान को सुरक्षा प्रदान करने के उद्देश्य से नीति निर्धारण के अधिकार केन्द्रीय और प्रांतीय सूचियों में विभक्त होते हैं तथा एक स्तर की सरकार दूसरे स्तर के

अधिकार क्षेत्र का अतिक्रमण नहीं कर सकती। ऐसे मामले जिनका सम्बन्ध क्षेत्रीय पहचानों की सुरक्षा से जुड़ा है प्रान्तीय सरकारों के नीति-निर्धारण अधिकार क्षेत्र में होते हैं, कुछ मुद्दे दोनों के संयुक्त अधिकार में तथा शेष केन्द्रीय सरकार के अधिकार क्षेत्र में। इस अध्याय में हम परिसंघ प्रणाली की सविस्तार चर्चा करेंगे।

परिसंघीय शासन व्यवस्था की प्रकृति और उसका स्वरूप

राजनीतिक विमर्श में परिसंघ व्यवस्था का प्रयोग बहुधा चलताऊ ढंग से किया जाता है। परिणामस्वरूप इसकी प्रकृति और स्वरूप के प्रति भ्रामक स्थिति बनी रहती है। 1989 में भारत में मिल-जुली सरकारों द्वारा केन्द्र में सत्ता संभालने के बाद तथा सत्ता में क्षेत्रीय दलों की प्रमुख भागीदारी के परिणामस्वरूप यह भ्रम और भी गहन हो गया है। परन्तु विमर्श के शास्त्रीय स्तर पर इस व्यवस्था की मूलभूत विशेषताओं के प्रति मतैक्य है। जब किसी एक वृहद् क्षेत्र में स्थित अलग-अलग पहचान वाली (स्वायत्त अथवा स्वतंत्र, अथवा स्वयत्तता के लिए प्रयत्नशील) प्रान्तीय इकाइयां अपने विशिष्ट क्षेत्रीय हितों की सुरक्षा हेतु, अपने पड़ोसी सामूहिक इकाइयों से पृथक् राजनीतिक अस्तित्व बनाए रखने की इच्छुक हैं, परन्तु साथ ही कुछ ऐतिहासिक संस्कारों, सांस्कृतिक बंधुता की भावना, समान मूल्यबोध, अथवा बाहरी खतरों से समानरूप से आक्रांत होने के कारण अस्तित्व सुरक्षा हेतु उनकी विवशता हो कि वे परस्पर एक जुट होकर अपने सम्मिलित संसाधनों और राजनीतिक ऊर्जा का पूर्ण संयोग कर अपने अलग-अलग और सामूहिक अस्तित्व की रक्षा हेतु एक सशक्त केन्द्रीय सत्ता का निर्माण करें तो ऐसी स्थिति में परिसंघ व्यवस्था उनकी समस्या का सर्वोपयुक्त और एकमात्र समाधान है।

महान विधिविद् ए.वी. डाइसी (1888, पृ. 602) के अनुसार परिसंघ व्यवस्था के उद्भव के लिए आवश्यक शर्त यह है कि संघ में मिलने की इच्छुक इकाइयां अपनी स्थानीय अस्मिता की रक्षा हेतु एक दूसरे से अलग रहने के इच्छुक हों परन्तु साथ ही अनेक वृहत्तर और महत्वपूर्ण उद्देश्यों की प्राप्ति हेतु वे समानरूप से एकजुट होकर एक ही केन्द्रीय राजनीतिक संगठन का अंग बनने के लिए प्रतिबद्ध भी हों। ऐसी मनःस्थिति में निर्मित संघ एक सार्वभौम केन्द्रीय प्रभुसत्ता का तो निर्माण करेगा परन्तु पूर्णतया ऐकिक राज्य का नहीं क्योंकि पृथक्-पृथक् क्षेत्रीय पहचानों की अस्तित्व रक्षा के लिए क्षेत्रीय स्तर पर संवैधानिक स्वायत्तता उनके एकजुट होने की अनिवार्य शर्त होगी। इस दृष्टि से किसी भी देश का परिसंघ संविधान पूर्ण केन्द्रीयकरण के पक्षधर राष्ट्र नायकों और अधिकतम क्षेत्रीय स्वायत्तता की मांग करने वाली क्षेत्रीय शक्तियों के बीच मोल-भाव के आधार पर निर्मित व्यवस्था है (राइकर, 1964)। दूसरे शब्दों में परिसंघ व्यवस्था एक विशिष्ट प्रकार की संविदा (कांट्रैक्ट) का परिणाम है। अन्य प्रकार की संविदा की भांति इस राजनीतिक संविदा की शर्तें भी लिखित रूप में होनी अनिवार्य हैं। देश का परिसंघ संविधान यही लिखित शर्तनामा है जिसका अनुपालन केन्द्रीय और क्षेत्रीय सरकारों के लिए समान रूप से अनिवार्य है, तथा जिसकी शर्तों को एक पक्षीय निर्णय से बदला नहीं जा सकता। किसी भी संवैधानिक परिवर्तन के लिए केन्द्रीय सत्ता और क्षेत्रीय इकाइयों की संस्तुति समानरूप से आवश्यक है। कोई भी पक्ष संविधान के उपबंधों का उल्लंघन और एक दूसरे की अधिकारिता का अतिक्रमण न कर सके यह सुनिश्चित करने के लिए सर्वोच्च न्यायालय की व्यवस्था की जाती है।

उपर्युक्त चर्चा से स्पष्ट है कि परिसंघ व्यवस्था एक विशेष प्रकार की ऐतिहासिक-सामाजिक समस्याओं के समाधान हेतु निर्मित व्यवस्था है। अतः परिसंघवाद एक सोद्देश्य *प्रक्रिया* है, न कि एक स्थूल अचल कृति। समाज के उद्देश्य, नागरिकों की अपेक्षाएं और राज्यों के परस्पर सम्बन्ध तथा उनकी आन्तरिक और बाह्य राजनीति तकनीकी विकासजन्य अनेक परिवर्तनों के परिणामस्वरूप सतत् परिवर्तित होते रहते हैं। इन परिवर्तनों को ध्यान में रखते हुए देश की शासन व्यवस्था और उसकी संवैधानिक संरचना तथा केन्द्र और क्षेत्रों के कार्यक्षेत्रों में समय-समय पर प्रत्यक्ष और परोक्ष बदलाव आना, तथा इसके परिणामस्वरूप केन्द्र और राज्यों के बीच पुनर्सामंजस्य की स्थापना एक अनिवार्य और स्वाभाविक प्रक्रिया है। संक्षेप में प्रत्येक परिसंघ व्यवस्था स्वभाव से ही निरन्तर विकासशील व्यवस्था है।

आधुनिक परिसंघ राजनीतिक शासन व्यवस्था का जन्म करीब दो सौ साल पुराना है। इसका प्रादुर्भाव 1787 में संयुक्त राज्य अमरीका के संविधान की घोषणा के साथ हुआ था। तब से अमरीकी संविधान परिसंघ व्यवस्था के निर्माण में संदर्भ बिन्दु बना हुआ है। परिसंघ व्यवस्था की परिवर्तनशीलता, उसके विकासशील स्वरूप और इसके विकास की प्रक्रिया का अनुमान अमरीकी उदाहरण से भली प्रकार स्पष्ट है। ध्यातव्य है कि बीसवीं सदी के पहले तक अमरीकी शासन व्यवस्था मूलतः द्वैध (डुअलिस्टिक) व्यवस्था थी जिसके अन्तर्गत संघीय और क्षेत्रीय सरकारें व्यावहारिक स्तर पर एक दूसरे से प्रायः स्वतंत्र प्रशासनिक इकाइयों के रूप में क्रियाशील थीं। एक अमरीकी विद्वान के शब्दों में इस दौर में संघीय और प्रादेशिक प्रशासन दो समीपस्थ परन्तु समान्तर रूप में प्रवाहित होने वाली सरिताओं के समान थे जिनकी धाराएं उनकी भौगोलिक समीपता के होते हुए भी एक दूसरे से सर्वथा अछूती थीं। कारण यह था कि अमरीकी गृह युद्ध के काफी बाद तक राज्यों के सामाजिक प्रशासन का कार्य क्षेत्र इतना सीमित था कि केन्द्रीय प्रशासन के किसी प्रकार के निर्देश तथा हस्तक्षेप के बिना ही प्रादेशिक सरकारें अपना प्रशासनिक कार्य सुचारु रूप से चलाने में सक्षम थी। एक विद्वान के शब्दों में तत्कालीन परिसंघ व्यवस्था सामान्यतया एक प्रकार्यहीन परिसंघ व्यवस्था (फंक्शनलेस फेडरलिज़्म) थी (एण्डरसन, 1946, पृ. 1)। परन्तु वर्तमान दौर में इस प्रकार की द्वैध व्यवस्था कल्पना से परे है। किसी देश का आर्थिक और राजनीतिक दर्शन चाहे साम्यवादी हो अथवा उदारवादी, आज उसके प्रादेशिक शासन में केन्द्रीय सहयोग और निदेश एक अनिवार्य आवश्यकता बन गई है। आधुनिक युग कल्याणकारी प्रशासन का युग है अतः कोई भी राष्ट्रीय शासन जन कल्याण सम्बन्धी कर्तव्यों के प्रति उदासीन नहीं रह सकता। आज नागरिकों के दैनिक जीवन के प्रायः सभी पक्षों में प्रशासन की सीधी भागीदारी है। अतः नागरिकों की अपनी सरकार से जनसेवा और कल्याणकारी शासन की अपेक्षा प्रायः असीम हो गई है। ऐसे में केन्द्रीय और प्रान्तीय प्रशासन के बीच व्यापक ताल-मेल और सहयोग नितान्त आवश्यक है।

अब यह प्रश्न अर्थहीन हो गया है कि अमुक सेवा प्रदान करना किस सरकार का उत्तरदायित्व है, केन्द्रीय सरकार का अथवा प्रान्तीय सरकार का। महत्वपूर्ण बात यह है कि किस स्तर का प्रशासन अमुक सेवार्पण के लिए सर्वाधिक सक्षम है। आर्थिक और सामाजिक नियोजन आज युग की पुकार है। सामाजिक और आर्थिक नियोजन अनिवार्यतः अन्तरप्रान्तीय प्रक्रिया है अतः केन्द्र स्तरीय प्रशासन ही इसके लिए अधिक सक्षम है, वहीं देश के सभी नागरिकों को न्यूनतम सुविधाएं प्रदान कर सकता है साथ ही केन्द्र अधिक संसाधन सम्पन्न भी है। उन्नीसवीं सदी में तात्कालिक

स्थितियों के परिप्रेक्ष्य में निर्मित परिसंघीय संविधान में केन्द्रीय सरकार की अधिकारिता सीमित थी। अतः वांछित स्तर की अन्तरप्रान्तीय क्रियाशीलता और प्रशासनिक उत्तरदायित्व संविधान में निर्दिष्ट केन्द्रीय अधिकार क्षेत्र के परे थे। परिणामस्वरूप समय की पुकार के अनुसार केन्द्र और प्रान्तीय सरकारों के आपसी सहयोग से केन्द्रीय सरकार का कार्य क्षेत्र उत्तरोत्तर व्यापक होता गया है। समकक्षता के सिद्धान्त पर आधारित पुरानी परिसंघ व्यवस्था (कोआर्डिनेट फेडरलिज़्म) सामाजिक आवश्यकताओं के अनुरूप नहीं है। परिणामस्वरूप प्रांतीय और केन्द्रीय सरकारों के बीच पुराना द्वैध भाव धीरे-धीरे परस्पर सहयोग में बदल गया और परिसंघ व्यवस्था अब समकक्ष व्यवस्था के स्थान पर एक सहयोगी व्यवस्था (कोआपरेटिव फेडरलिज़्म) बन गई (बर्च, 1955; लिविंगस्टोन, 1968; एलाज़ार (1966, 1994)।

केन्द्रीय नियोजन की प्रक्रिया केन्द्र और प्रांतों की समकक्षता की संकल्पना से पूरी तरह बेमेल थी क्योंकि कार्ल लोवेंस्टाइन (1951, पृ. 212) के शब्दों में आर्थिक नियोजन की प्रक्रिया परिसंघ व्यवस्था के लिए "डी.डी.टी." जैसी है। अर्थात् दोनों का परस्पर सहयोग सम्भव नहीं है। यहां लोवेंस्टाइन का तात्पर्य समकक्ष द्वैध परिसंघ व्यवस्था से था। नियोजन की प्रक्रिया ने इसी द्वैधता का विनाश किया है क्योंकि इसके कारण केन्द्रीय और प्रान्तीय सरकारें एक दूसरे के उत्तरोत्तर समीप आ गई हैं। डैलियल एलाज़ार के अनुसार विद्वान उन्नीसवीं सदी में अमरीकी परिसंघ व्यवस्था की द्वैध प्रवृत्ति पर आवश्यकता से अधिक बल देते रहे हैं। वास्तव में अमरीकी परिसंघ व्यवस्था सदा से ही सहयोगपूर्ण व्यवस्था रही है (एलाज़ार, 1962)।

समकक्ष व्यंवस्था से सहयोगी व्यवस्था में परिवर्तन की यह प्रक्रिया उन्नीस सौ सैंतीस की आर्थिक मंदी और तज्जनित कठिनाइयों से उबरने की दिशा में किए गए प्रयासों का परिणाम थी। तभी रो प्रशासनिक केन्द्रीयकरण की प्रक्रिया उत्तरोत्तर गहन होती गई है। इसमें राष्ट्रीय इकाइयों की परस्पर निर्भरता और अन्तरराष्ट्रीय व्यापार में उनकी बढ़ती हुई प्रतिस्पर्धा की महत्वपूर्ण भूमिका रही है। आज विकसित अर्थव्यवस्था वाले अधिकांश देशों में केन्द्रीय और प्रान्तीय अधिकारों में परस्पर इतना अधिक अधिच्छादन हुआ है कि परिसंघ व्यवस्था और ऐकिक व्यवस्था के बीच अन्तर करना उत्तरोत्तर कठिन हो गया है। परिसंघ व्यवस्था के विकास में आए इस नए चरण को *जैविक परिसंघ* व्यवस्था (ऑर्गेनिक फेडरलिज्म) की संज्ञा दी गई है। ज्योफ्रेय सोयर (1969) के अनुसार आस्ट्रिया इस प्रकार की परिसंघ व्यवस्था का सर्वश्रेष्ठ उदाहरण है और क्लासिकी परिसंघ राज्यों में संयुक्त राज्य अमरीका इस दिशा में काफी आगे बढ़ चुका है। जैविक परिसंघ व्यवस्था और ऐकिक राजव्यवस्था के अन्तर को रेखांकित करते हुए सोयर (1969, पृ. 127-128) ने स्पष्ट किया है कि जब तक किसी परिसंघ राज्य में संविधान संशोधन की प्रक्रिया और उसकी न्यायिक प्रणाली का संचालन, तथा देश की राजनीति का क्रियात्मक स्वरूप, अथवा इनमें से कोई दो बातें संयुक्त रूप में केन्द्र द्वारा क्षेत्रीय सरकारों के अस्तित्व को समाप्त करने के किसी भी आशय को प्रभावी रूप से निरस्त करने में सक्षम हैं तब तक क्षेत्रीय सरकारों का अस्तित्व सर्वथा सुरक्षित है, अतः ऐसी राजव्यवस्था सर्वथा परिसंघ व्यवस्था है। अधिच्छादन और अतिक्रमण के किसी केन्द्रीय प्रयास से प्रादेशिक इकाइयों की संवैधानिक सुरक्षा की निरन्तरता का अटल आश्वासन ही परिसंघ व्यवस्था का मूल मंत्र है। यही तथ्य परिसंघ और ऐकिक व्यवस्था के बीच का न्यूनतम अन्तर है। ऐकिक व्यवस्था में क्षेत्रीय इकाइयां केन्द्र की इच्छा और निर्णय पर निर्भर हैं, जबकि परिसंघ व्यवस्था में उनकी स्वायत्तता और उनकी निरन्तरता संविधान प्रदत्त एवं सर्वथा सुरक्षित है।

इस सन्दर्भ में दो भिन्न-भिन्न प्रकार की परिसंघ राजनीतिक व्यवस्थाओं का अन्तर स्पष्ट करना आवश्यक है। एक "फेडरेशन" (परिसंघ) और दूसरा "कॉनूफीडरेशन" (महापरिसंघ)। दोनों ही शब्दों की व्युत्पत्ति समानार्थी होते हुए भी राजनीति तथा विधि के शास्त्रीय विमर्श में दोनों की परिभाषाएं सर्वथा भिन्न हैं। अतः दोनों शब्दों को समानार्थक रूप में प्रयोग नहीं किया जा सकता इस सत्य के बावजूद कि स्विट्ज़रलैण्ड तथा कनाडा प्रारम्भ से ही अपने आपको कॉनूफीडरेशन कहते हैं। के.सी. ह्वीयर के अनुसार वर्तमान समय में "कॉनूफीडरेशन" (महापरिसंघ) से हमारा तात्पर्य स्वतंत्र राजनीतिक इकाइयों के ऐसे परिसंघ से है जिसके अन्तर्गत केन्द्रीय सत्ता विभिन्न क्षेत्रीय सत्ताओं पर निर्भर है, अर्थात् ऐसे संघों के संविधान में केन्द्रीय सरकार की क्षेत्रीय सरकारों पर निर्भरता का सिद्धान्त समाविष्ट होता है। केन्द्रीय सत्ता ऐसा कोई निर्णय नहीं ले सकती जो कि प्रत्येक क्षेत्रीय इकाई को पूरी तरह स्वीकार्य न हो। इसके विपरीत परिसंघ व्यवस्था (फेडरेशन) के अन्तर्गत देश का संविधान केन्द्रीय सरकार को उसके विनिर्दिष्ट कार्य क्षेत्र में देश के सभी भागों में स्वतंत्र प्रशासकीय निर्णय का पूर्ण अधिकार प्रदान करता है। अतः देश के नागरिक एक साथ ही द्विस्तरीय राजनीतिक निर्णय प्रक्रिया के प्रभाव क्षेत्र में रहते हैं, एक केन्द्रीय तथा दूसरा क्षेत्रीय। साथ ही दोनों स्तर दूसरे के कार्यक्षेत्र का अतिक्रमण नहीं कर सकते। संक्षेप में महापरिसंघ (कॉनूफीडरेशन) स्वतंत्र राज्यों के आपसी समझौते के आधार पर निर्मित *अन्तरराष्ट्रीय* प्रशासनिक व्यवस्था है, जब कि (फेडरेशन) स्वायत्त क्षेत्रों के संयोग से निर्मित एक प्रभुतासम्पन्न और सन्निहित राष्ट्रीय इकाई है।

परिसंघ व्यवस्था और बहुदलीय लोकतंत्र

परिसंघ व्यवस्था का वरण क्षेत्रीय रूप में परस्पर अलग-अलग केन्द्रित सामाजिक विविधताओं की अस्तित्व सुरक्षा के उद्देश्य की पूर्ति के लिए किया जाता है। अतः आवश्यक है कि देश के अन्तर्गत राजनीति का संचालन इस प्रकार का हो कि प्रत्येक क्षेत्रीय इकाई निवासियों को अपने हितों की सुरक्षा हेतु केन्द्रीय और प्रान्तीय सरकारों के चयन के लिए संसद तथा विधान सभाओं में अपनी रुचि के अनुरूप प्रतिनिधियों को निर्वाचित करके भेजने का अधिकार हो। परिसंघ राज्यों के संविधान सम्बद्ध क्षेत्रों और केन्द्र के बीच की गई शाश्वत संविदाएं हैं। अतः क्षेत्रीय जनता को विचार स्वातंत्र्य का आश्वासन इसकी निरन्तरता की अनिवार्य शर्त है। राजनीतिक वरण और विचार प्रकट करने की स्वतंत्रता तभी सम्भव होगी जब कि भिन्न-भिन्न क्षेत्रों की जनता को अपनी रुचि के राजनीतिक दल को सत्ता सौंपने की पूर्ण स्वतंत्रता हो। इसी कारण स्वेच्छाचारी एकतंत्रीय व्यवस्था और एकदलीय राजनीति जिसके अन्तर्गत केवल एक पार्टी द्वारा प्रस्तुत उम्मीदवारों में से ही प्रतिनिधियों का चयन करना नागरिकों की विवशता है, परिसंघ व्यवस्था की मूल आत्मा के विरुद्ध है। यही कारण है कि साम्यवादी व्यवस्था वाले परिसंघ राज्य, उदाहरणार्थ भूतपूर्व सोवियत संघ अथवा यूगोस्लाविया विद्वानों के मत में परिसंघीय राज्यों की श्रेणी में नहीं रखे जा सकते थे।

परिसंघ व्यवस्था का भौगोलिक आधार

1961 में प्रकाशित एक लेख में के.डब्ल्यू. रॉबिन्सन का इस आशय का कथन कि परिसंघ व्यवस्था सभी राजनीतिक व्यवस्थाओं में भौगोलिक दृष्टि से सर्वाधिक अभिव्यंजना पूर्ण व्यवस्था है, राजनीतिक भूगोल में पिछले तीन दशकों में पर्याप्त चर्चा का विषय रहा है। परन्तु इस व्यवस्था

को भौगोलिक अभिव्यंजना का स्वरूप और उसका आधार स्पष्ट करने की दिशा में प्रयास बहुत कम हुए हैं (दीक्षित, 1971ए; 1997ए)। सामान्यशास्त्रीय विमर्श में भी इस प्रश्न पर स्थिति भ्रामक बनी रही है। इसका एक प्रमुख कारण यह है कि अपने एक महत्वपूर्ण लेख में परिसंघ व्यवस्था के क्षेत्रीय रूप में केन्द्रित सामाजिक विविधता की चर्चा करते हुए लिविंग्स्टन (1952) ने परिसंघ व्यवस्था के अध्ययन में प्रस्तुत क्षेत्रीय परिदृष्टि को सामाजिक परिदृष्टि का नाम दिया था। फलस्वरूप इस भ्रामक धारणा को बल मिला कि परिसंघ शासन पद्धति में निहित त्रिस्तरीय राजनीतिक व्यवस्था का मूलाधार सामाजिक विविधता है न कि सामाजिक मूल्यों और सामाजिक चेतना सम्बन्धी विविधताओं का परस्पर अलग-अलग क्षेत्रीय वितरण।

परिसंघ व्यवस्था को व्यापक स्वीकृति मिलने का मुख्य कारण यह है कि इसकी संरचना और प्रशासनिक द्वैधता, इसमें निहित क्षेत्रीय स्वायत्तता का सिद्धान्त तथा इसकी स्थानिकता और क्षेत्र-मूलकता इस विश्वास पर आधारित हैं कि विभिन्न क्षेत्रीय सामाजिक इकाइयां अपनी स्थानिकता के कारण अन्य क्षेत्रीय इकाइयों से अनेक अर्थों में विशिष्ट हैं, इस तथ्य के उपरान्त भी कि अपनी अन्य पड़ोसी इकाइयों से उनके संबंध परस्पर मैत्रीपूर्ण हैं और उनके हितों और उद्देश्यों में पर्याप्त समानता है। परिसंघ व्यवस्था का विकास संचेतना के स्तर पर इसी स्थानमूलक द्वैधता, अर्थात् अन्तरक्षेत्रीय विविधता और परस्पर एकता की प्रवृत्तियों में सामंजस्य स्थापित करने के उद्देश्य से किया गया है। क्षेत्रीय स्वायत्तता के माध्यम से क्षेत्रीय समुदायों की सामाजिक विशिष्टता को सुरक्षा प्राप्त होती है तथा केन्द्रीय सरकार को संविधान में मिला व्यापक और सार्वभौम अधिकार परिसंघ व्यवस्था को पूर्णरूपेण क्रियाशील राष्ट्रीय इकाई के रूप में स्थापित करता है। परिसंघ व्यवस्था की भौगोलिक अभिव्यंजना का दूसरा कारण यह है कि इस प्रकार की प्रशासनिक व्यवस्था में क्षेत्रीय स्वायत्तता के परिणामस्वरूप क्षेत्रों को उनके संविधान द्वारा निर्धारित दायरे में विचार स्वातंत्र्य और राजनीतिक वरण की पूर्ण स्वतंत्रता प्राप्त है, परिणामस्वरूप उनकी क्षेत्रीय विविधता और स्थानिक अस्मिता को निरन्तरता मिल जाती है। इसके विपरीत ऐकिक व्यवस्था के अन्तर्गत क्षेत्रीय स्तर की स्वायत्तता के अभाव में विचार अभिव्यक्ति के अवसर सीमित होने के कारण क्षेत्रीय विविधता उत्तरोत्तर कुण्ठित होकर अन्तरक्षेत्रीय एकरूपता में परिवर्तित हो जाती है।

स्थानीय निकाय और भूदृश्य निर्माण का भूगोल

सत्तर के दशक के पहले राजनीतिक भूगोल का अध्ययन राष्ट्रीय स्तर के प्रश्नों और राज्य के अन्तरराष्ट्रीय सम्बन्धों पर केन्द्रित था। राज्यों द्वारा राष्ट्रीय स्तर पर अपने देश का आर्थिक विकास और उसकी शक्ति सम्पन्नता, तथा सम्पूर्ण देश को राष्ट्रीयता के गहन सूत्र में आबद्ध करने के उद्देश्य की प्राप्ति राजनीतिक भूगोल के विद्यार्थियों के मनन-चिन्तन के मुख्य विषय थे। अन्तरराष्ट्रीय स्तर पर अध्ययन के प्रमुख मुद्दे उपनिवेशवादी प्रसार, राजनीतिक सीमाओं सम्बन्धी विवाद तथा अन्तरराष्ट्रीय आर्थिक सम्बन्धों से जुड़े थे। अतः लम्बे समय तक राष्ट्रीय इकाइयों की आन्तरिक प्रशासनिक व्यवस्था तथा उनकी स्थानीय निकायों आदि का अध्ययन सर्वथा उपेक्षित था। इस दिशा में किया गया प्रयास पाठ्यपुस्तकों में देश की प्रशासनिक इकाइयों की गणना तक ही सीमित था। विद्वानों द्वारा स्थानीय शासन की उपेक्षा का प्रमुख कारण यह था कि रैट्ज़ेल द्वारा प्रतिपादित राज्य की जैविक संकल्पना के प्रभाव में राजनीतिक भूगोल में

राज्यों को मुख्यतया विस्तारवादी और परस्पर प्रतिस्पर्धी इकाइयों के रूप में देखा जाता था। अतः राजनीतिक भूगोल शीर्ष अथवा "उच्चस्तरीय" राजनीति के अध्ययन पर केन्द्रित हो गया। प्रत्येक राज्य मुख्यतः विश्वव्यापी राजनीतिक व्यवस्था के एक सदस्य के रूप में देखा जाने लगा। अतः राष्ट्रीय और अन्तरराष्ट्रीय स्तर की राजनीति राजनीतिक भूगोल के अध्ययन का मुख्य क्षेत्र बन गई और स्थानीय स्तर की राजनीति पूर्णतया उपेक्षित हो गई।

स्थानीय स्तर का प्रशासन तथा देश के आन्तरिक राजनीतिक सम्बन्धों और राजनीतिक प्रक्रियाओं का विश्लेषण, अर्थात् "अधोस्तरीय" राजनीति का क्षेत्र है। इस प्रकार का अध्ययन राज्य और समाज के पारस्परिक सम्बन्धों, सामाजिक संसाधनों और सेवाओं के न्यायपूर्ण वितरण इत्यादि से सम्बद्ध प्रश्नों के अध्ययन पर केन्द्रित है। अधोस्तरीय राजनीति की ओर ध्यान सामाजिक चिन्तन में आमूल परिवर्तनवादी (रैडिकल) दृष्टि के विकास के बाद ही सम्भव हो सका। पश्चिमी समाज में इस प्रकार की परिवर्तनवादी वामपंथी चेतना का उदय सन् साठ के दशक के उत्तरार्द्ध में हुआ। इसका प्रमुख कारण यह था कि औद्योगिक दृष्टि से विकसित और सम्पन्न पश्चिमी देशों की अर्थव्यवस्था में द्वितीय विश्व युद्ध के बाद के वर्षों में आया उछाल तथा उससे उत्पन्न आर्थिक सम्पन्नता का दौर अब द्रुत गति से समाप्त होता दिखाई दे रहा था। श्रमिकों में बेरोजगारी बढ़ रही थी। युवकों को अपना भविष्य अनिश्चित दिखने लगा था। ऐसे में राज्यों की प्रशासनिक व्यवस्था और उनकी व्यवस्थाजन्य खामियों, और सामान्यजन के दुख दर्द के प्रति उनकी उदासीनता तथा उनका दक्षिणोन्मुख झुकाव (जिसके कारण धनी-निर्धन की खाई और गहरी होती जा रही थी) इत्यादि की ओर ध्यान जाना स्वाभाविक था।

भूगोल में इस परिदृष्टि का प्रवेश सत्तर के दशक में हुआ। इसके साथ ही मानव भूगोल जनकल्याण उन्मुख अध्ययन बन गया। डेविड स्मिथ (1977) की पुस्तक *ह्यूमन् जिओग्राफीः ए वेल्फेयर एप्रोच* के प्रकाशन ने मानव भूगोल में इस सामाजिक विचार परिवर्तन को स्वर दिया। सत्तर के दशक के समाप्त होते-होते मानव भूगोल में लोककल्याण पर केन्द्रित अर्थनीतिक (पोलिटिकल इकॉनोमी) परिदृष्टि प्रायः सर्वव्यापी हो गई। अमरीकी राजनीतिशास्त्री हरोल्ड लासवेल (1936) द्वारा प्रतिपादित राजनीतिशास्त्र की परिभाषा की तर्ज पर स्मिथ तथा अन्य विद्वानों ने मानव भूगोल को "कौन, क्या, कहां तथा कैसे प्राप्त करता है" के अध्ययन पर केन्द्रित विषय के रूप में प्रस्तुत करने का प्रयास किया। इस विचार परिवर्तन के साथ ही लोककल्याण सम्बन्धी राज्य प्रदत्त सेवाओं के क्षेत्रीय स्वरूप का निरूपण मानव भूगोल के अध्ययन का मुख्य विषय बन गया। अध्ययन की इस परिदृष्टि की मूलभूत मान्यता थी कि किसी भी नागरिक को प्राप्त होने वाली सार्वजनिक सेवाओं की गुणवत्ता बहुत हद तक इस बात पर निर्भर है कि वह किस प्रकार की प्रशासनिक इकाई का निवासी है, घनी गरीब बस्तियों का अथवा उच्च वर्ग के सम्पन्न नागरिकों की बंगलेनुमा घरों वाले क्षेत्रों, सिविल लाइन्स इत्यादि का। प्रथम प्रकार की बस्तियां सामान्यतया राजनीतिक प्रभाव विहीन साधारणजन की बस्तियां हैं जिनकी राजनीतिक निर्णय में सीधी भागीदारी प्रायः नहीं के बराबर है। चूंकि बहुधा सम्पन्न वर्ग के लोग ही नीति निर्धारण के कर्णधार होते हैं अतः सार्वजनिक सेवा की गुणवत्ता का क्षेत्रीय वितरण, तथा इस बात का निर्णय कि किन बस्तियों में नल में पानी चौबीस घण्टे मिलेगा और पानी का दबाव ठीक रहेगा, बिजली कभी गुल नहीं होगी, अन्य सार्वजनिक सेवाओं का स्तर उत्तम होगा, तथा किन क्षेत्रों में इन सुविधाओं की आपूर्ति दिन में कुछ घण्टे ही की जाएगी, सम्पन्न वर्ग के प्रतिनिधियों द्वारा ही निर्धारित किया जाता है। परिणामस्वरूप गरीब बस्तियों की अपेक्षा होती है।

संक्षेप में 1970 के दशक में जनहित उन्मुख मानव भूगोल में स्थानीय प्रशासनिक इकाइयों का महत्व अत्यधिक बढ़ गया म्युनिसिपल बोर्ड और जिला परिषद आदि जैसी स्थानीय प्रशासनिक निकायों का छोटी-छोटी इकाइयों में विभाजन किस प्रकार का हैः कौन से क्षेत्र किस आय वर्ग और किस जाति अथवा धर्म के लोगों के निवास क्षेत्र हैं इत्यादि के स्वरूप का विश्लेषण सामाजिक न्याय के क्षेत्रीय वितरण को समझने के लिए नितान्त आवश्यक हो गया। परिणामस्वरूप पिछले दशकों में स्थानीय प्रशासनिक व्यवस्था का अध्ययन मानव भूगोल का महत्वपूर्ण विषय बन गया है। लोक कल्याण नियोजन की सारी प्रक्रिया के संचालन के लिए इसी स्तर की क्षेत्रीय इकाइयां, और स्थानीय निकाय, आधारभूत सन्दर्भ होते हैं।

मोटे तौर पर क्षेत्रीय नियोजन दो प्रकार से किया जाता है। एक, ऊपर से नीचे की ओर अग्रसर होने वाला नियोजन तथा दूसरा, नीचे से ऊपर अग्रसर होने वाला नियोजन। दोनों ही विधियों में प्रशासनिक व्यवस्था का क्षेत्रीय निरूपण, अर्थात् निकायों अथवा प्रशासनिक प्रखण्डों का वार्डों, मोहल्लों, ब्लाकों और पंचायत क्षेत्रों में विभाजन, तथा तृणमूल स्तर पर क्षेत्रीय इकाइयों के सामाजिक और आर्थिक स्वरूप का सूक्ष्म विश्लेषण लोक कल्याण केन्द्रित नियोजन प्रक्रिया के सफल संचालन के लिए अनिवार्य है। इस सामाजिक और आर्थिक निरूपण से सम्बद्ध प्रदेश के राजनीतिक-सामाजिक स्वास्थ्य तथा उसमें व्याप्त सामाजिक असंतोष के क्षेत्रीय स्वरूप का पता चलता है। विभिन्न प्रकार के जन आन्दोलनों के अध्ययन में भी इस प्रकार के निरूपण की व्यापक उपयोगिता है।

क्षेत्रीय प्रशासन का संस्थात्मक स्वरूप

स्थानीय निकाय नागरिकों के दैनिक जीवन से जुड़ी समस्याओं पर केन्द्रीय और प्रान्तीय सरकारों और विभिन्न स्थानिक इकाइयों के निवासियों के बीच प्रशासनिक सम्बन्ध स्थापित करने का महत्वपूर्ण माध्यम है। केन्द्रीय और क्षेत्रीय सरकारों के नीतिगत निर्णयों का स्थानीय आवश्यकताओं के अनुरूप कार्यान्वियन इन्हीं के माध्यम से होता है। स्थानीय प्रशासन में इन संस्थाओं के केन्द्रीय महत्व को ध्यान में रखते हुए उनके संस्थात्मक स्वरूप पर संक्षिप्त चर्चा आवश्यक है।

स्थानीय प्रशासनिक इकाइयों तथा केन्द्रीय और क्षेत्रीय सरकारों से उनके सम्बन्धों का स्वरूप, भिन्न-भिन्न राज्यों में भिन्न-भिन्न प्रकार का होता है। मोटे तौर पर ऐकिक व्यवस्था वाले राज्यों के स्थानीय प्रशासन की संरचना परिसंघीय राज्यों से बहुत भिन्न होती है। ऐकिक व्यवस्था के अधीन देश के सभी भागों में स्थानीय प्रशासनिक निकाय केन्द्र के सीधे नियंत्रण में होती हैं। इसके विपरीत परिसंघ व्यवस्था के अधीन स्थानीय प्रशासन क्षेत्रीय सरकारों के दिशा निर्देश में काम करते हैं। परिणामस्वरूप दोनों प्रकार के राज्यों से भूदृश्य निर्माण में स्थानीय प्रशासन की प्रभावोत्पादकता में बहुत अन्तर है। साथ ही एक ही प्रकार की व्यवस्था वाले भिन्न-भिन्न देशों के बीच भी ऐतिहासिक तथा भौगोलिक कारणों से इस बात में पर्याप्त विभिन्नता पाई जाती है। प्रशासन का वास्तविक स्वरूप भिन्न-भिन्न राष्ट्रीय इकाइयों के राजनीतिक झुकाव और उनके नागरिकों के मूल्यबोध के क्षेत्रीय वितरण के स्वरूप पर निर्भर है (देखिएः पैडिसन, 1997)।

देश के प्रशासन में इन इकाइयों के केन्द्रीय महत्व को देखते हुए अनेक विद्वानों ने इन्हें "स्थानीय राज्य" (लोकल स्टेट) की संज्ञा दी है। इन्हें "स्थानीय राज्य" की संज्ञा देने के पीछे मूलभूत मान्यता यह है कि राज्य के क्रियाकलाप कई स्तरों पर संचालित होते हैं, केन्द्रीय, क्षेत्रीय,

और स्थानीय। प्राथमिक शिक्षा, आवास, भूमि उपयोग, और आवागमन व्यवस्था आदि का प्रशासन बहुधा नगरपालिकाओं तथा जिला परिषदों के माध्यम से स्थानीय स्तर पर संचालित होता हैं परन्तु स्थानीय स्तर की प्रशासनिक व्यवस्था को राज्य का विशेषण देने से अनावश्यक भ्रम उत्पन्न होता है। "राज्य" शब्द से प्रभुसत्ता और सार्वभौमता का आभास अनिवार्यतः जुड़ा है, और सार्वभौमता का अधिकार केवल केन्द्रीय प्रशासन में निहित हैं।

ये संस्थाएं किसी भी देश के राजनीतिक साधित्र (स्टेट अपरेटस) की नींव हैं (देखिए: कैस्टेल्स, 1983; क्लार्क और डीयर, 1984) क्योंकि इन्हीं के माध्यम से सामान्य जन के स्तर पर राजनीतिक सन्निरीक्षण (सर्विलेंस) और जनमानस में सामाजिक समग्रता का संचार सम्भव होता है। सांस्कृतिक संरचना की दृष्टि से कोई देश चाहे कितना भी समरसतापूर्ण हो, स्थानीय स्तर पर वह पर्याप्त विविधतापूर्ण होता है। इन विविधताओं में एकता का सूत्र पिरोने और उस सूत्र को उत्तरोत्तर पुष्ट बनाए रखने के लिए प्रशासनिक विकेन्द्रीकरण की आवश्यकता पड़ती है। साथ ही सामान्य जनता को केन्द्रीय और क्षेत्रीय राजनीतिक व्यवस्था से जोड़कर स्थानीय निकाय राजनीतिक व्यवस्था को नागरिकों की दृष्टि में वैधता और न्यायोचितता (लेजीटिमेसी) प्रदान करती है। इनके माध्यम से सरकार में स्थानीय जनता को अपनी हिस्सेदारी की अनुभूति होती है।

संक्षेप में स्थानीय प्रशासनिक इकाइयों का निर्माण जनता की क्षेत्रीय पहचान को समाहित करने तथा राजकीय प्रशासन को उनके द्वार पर ला खड़ा करने के उद्देश्य से हुआ है। ऐसी प्रशासनिक इकाइयां स्थानीय जनता की अपेक्षाओं और आकांक्षाओं के अनुकूल कार्य करने में अधिक सक्षम हो सकती हैं। इस दृष्टि से स्थानीय प्रशासनिक इकाइयां तृणमूल स्तरीय जनतांत्रिक व्यवस्था की मूलाधार हैं। इनके अस्तित्व के बिना सही अर्थों में उदारवादी बहुदलीय लोकतांत्रिक राजनीति सम्भव नहीं है। आधुनिक युग में बहुदलीय लोकतंत्र का श्री गणेश ग्रेट ब्रिटेन तथा फ्रांस में हुआ था। अतः स्थानीय प्रशासनिक इकाइयों का उद्भव भी सर्वप्रथम इन्हीं दोनों देशों से प्रारम्भ होकर इनकी उपनिवेशीय इकाइयों के माध्यम से विश्वव्यापी बन गया।

एक बहुचर्चित लेख में टाइबाउट (1956) ने स्थानीय प्रशासन के पक्ष में तर्क प्रस्तुत करते हुए विचार व्यक्त किया था कि वृहत् प्रशासनिक इकाइयां (अर्थात् केन्द्रीय तथा क्षेत्रीय सरकारें) स्थानीय स्तर के सेवार्पण तथा करों की वसूली में वांछित रूप में प्रभावी नहीं होतीं क्योंकि वृहत् क्षेत्र में स्थानीय विविधताओं के कारण केन्द्र से संचालित समरूपी प्रशासन नागरिकों की स्थानीय आकांक्षाओं और अपेक्षाओं पर सम्यक् ध्यान नहीं दे पाता। परिणामस्वरूप स्थानीय समुदायों में असंतोष उत्पन्न होता है तथा राज्य के अन्दर क्षेत्रीय द्वंद्व की सम्भावनाएं बढ़ जाती हैं। परन्तु स्थानीय इकाइयां केन्द्र द्वारा निर्धारित नियमों को स्थानीय आवश्यकताओं के अनुरूप लागू करने में अधिक सक्षम होती हैं। इनके माध्यम से स्थानीय जनसंख्या में असंतुष्ट "अल्पसंख्यक" गुटों के उभरने की सम्भावना बहुत कम हो जाती है क्योंकि स्थानीय स्तर पर समस्याओं और आवश्यकताओं में पर्याप्त समरूपता विद्यमान होती है। इसीलिए टाइबाउट ने स्थानीय प्रशासनिक इकाइयों को "सेवार्पण और कराधान संवेष्टों" (सर्विस-टैक्सेशन पैकेजेज़) की संज्ञा दी। यह बाद ध्यान देने योग्य है कि टाइबाउट के स्थानीय प्रशासन के विकेन्द्रीकरण के सिद्धान्त में उपभोक्ता-स्वातंत्र्य की संकल्पना निहित थी। लेखक के अनुसार यदि कोई प्रशासनिक इकाई दक्षतापूर्ण प्रशासन देने में अक्षम है तो नागरिक उसके विरुद्ध अपने "पैरों से मतदान" कर सकते हैं अर्थात् वहां से अन्य अपेक्षाकृत अधिक दक्ष प्रशासन वाली इकाइयों में बहिर्गमन कर

सकते हैं। उपभोक्ता स्वातंत्र्य के इस सिद्धान्त की 1980 के दशक में काफी चर्चा थी। अमरीका में नया दक्षिण पंथ (न्यू राइट) इसका घोर समर्थक था। परन्तु निर्बन्ध नागरिक बहिर्गमन की अवधारणा यथार्थ के परे है। अनेक कारणों से सामान्य नागरिक स्थानीय वातावरण से निकलने में अपने आप को असमर्थ पाता है। इस संकल्पना के आलोचकों के अनुसार अमरीकी महानगरीय क्षेत्रों के सन्दर्भ में प्रशासनिक विकेन्द्रीकरण एक उपभोक्ता समर्थक उपबंध न होकर वास्तव में अपेक्षाकृत सम्पन्न वर्गों द्वारा अपने लिए सुरक्षित और कर-मुक्त क्षेत्रों का निर्माण करके आर्थिक दृष्टि से कमजोर लोगों को अपने क्षेत्र के बाहर रखने का उपकरण था (देखिएः ह्वाइटमैन, 1983; जांस्टन, 1984)।

सेवार्पण के स्तर में क्षेत्रीय असमानता

प्रशासन को जनता के समीप लाने के सारे श्लाघ्य उद्देश्यों के बावजूद तृणमूल स्तर पर सेवा की गुणवत्ता की दृष्टि से भिन्न-भिन्न स्थानीय निकायों के बीच पर्याप्त असमानता विद्यमान है। अनेक अध्ययनकर्ताओं ने इसके कारण जानने का प्रयास किया है (बर्नेट, 1981)। ब्रिटेन के विशेष संदर्भ में बोडन (1971) ने इस असमानता के तीन प्रमुख कारण बताए। (1) *आवश्यकताः* यदि किसी सेवा के लिए स्थानीय मांग अधिक है तो उसके सेवार्पण का स्तर बेहतर होगा; (2) *संसाधनः* जिस स्थानीय निकाय के पास संसाधन (अर्थात् आय के स्रोत) जितने अच्छे होंगे उसमें सेवा प्रदान का स्तर उतना ही उत्तम होगा; (3) *राजनीतिक झुकावः* किसी सेवा विशेष पर स्थानीय निकाय कितना खर्च करने के लिए तैयार हैं तथा स्थानीय प्रशासन किस स्तर की सेवा की व्यवस्था करेगा यह बात वहां के शासक दल की राजनीतिक तथा आर्थिक रुझान पर निर्भर है। इनके अतिरिक्त स्थानीय स्तर पर अवस्थित सांस्कृतिक बहुलता, वर्ग-विभेद, और तत्सम्बन्धी राजनीति की भी सेवार्पण के स्तर में महत्वपूर्ण की भूमिका है।

भूदृश्य निर्माण पर प्रशासनिक प्रभाव

मानव भूगोल दीर्घकाल तक पृथ्वी के भिन्न-भिन्न क्षेत्रों में मानव जीवन और स्थानीय पर्यावरण के अन्तरसम्बन्धों के अध्ययन पर केन्द्रित था। भूगोल की इस पारिस्थितिकीय संकल्पना के रैट्ज़ेल प्रबल समर्थक थे। अतः उनके द्वारा प्रतिपादित राजनीतिक भूगोल भी पारिस्थितिकीय अध्ययन के रूप में प्रतिष्ठित हुआ। इसके अन्तर्गत विद्यार्थी मुख्यतया राजनीतिक क्रियाकलापों पर परिस्थितिजन्य प्रभावों के विश्लेषण में लगे रहे। देश की राजनीति स्थानीय भूदृश्य पर क्या प्रभाव डालती है इस ओर ध्यान प्रायः नहीं दिया गया। एक बहुचर्चित लेख में अमरीकी विद्वान ह्विट्लसी (1935) ने इस ओर ध्यान आकर्षित करते हुए बताया कि राजनीतिक प्रक्रियाएं भूदृश्य को उसी प्रकार प्रभावित करती हैं जैसे कि आर्थिक प्रक्रियाएं। चूंकि राजनीतिक भूगोल उस समय तक केन्द्रीय स्तर की राजनीति के अध्ययन तक ही सीमित था, अतः ह्विट्लसी ने दो राजनीतिक तत्वों, (1) सुरक्षात्मक कार्यों और (2) अन्तरराष्ट्रीय सीमा द्वारा उत्पन्न भूदृश्य प्रभावों का विशेष उल्लेख किया। इनके अतिरिक्त लेखक ने (3) शासकीय कार्यों और (4) विधिक उपबंधों के भूदृश्य निर्माण पर पड़ने वाले प्रभावों की ओर भी ध्यान आकर्षित किया।

ह्विट्लसी के शोधपत्र के प्रकाशन के पश्चात् शोधार्थियों ने विश्व के भिन्न-भिन्न क्षेत्रों में अन्तरराष्ट्रीय सीमाओं के भूदृश्य प्रभाव का अध्ययन किया। परन्तु लम्बे समय तक शासकीय

कार्यों द्वारा हुए भूदृश्य निर्माण की ओर विद्यार्थियों का ध्यान नहीं गया था। इस दिशा में एस.बी. कोहेन (1966) द्वारा प्रकाशित एक संक्षिप्त टिप्पणी ने नई शुरुआत की। इस टिप्पणी के माध्यम से लेखक ने मानव भूगोल के विद्यार्थियों को शासकीय नीतियों और उनके कार्यान्वयन तथा उनसे उत्पन्न भूदृश्य प्रभावों के अध्ययन की ओर ध्यान देने की आवश्यकता पर बल दिया। परन्तु भूदृश्य निर्माण में प्रशासन की भागीदारी को समझने तथा उसके निरूपण हेतु स्पष्ट विधि निर्देश प्रस्तुत करने की दिशा में प्रेस्काट ने कोई प्रयास नहीं किया। इस दिशा में श्री गणेश सन् 1971 में प्रकाशित एक लेख (दीक्षित, 1971बी) के बाद ही हो सका। इस लेख की संकल्पना के अनुसारः "देश में केन्द्रीय प्रशासन का उसके भूदृश्य निर्माण पर पड़ने वाला प्रभाव देश की संवैधानिक संरचना, उसमें प्रचलित राजनीतिक प्रक्रिया, तथा उसके संसाधन-उपयोग के विकास के स्तर पर निर्भर है। परन्तु भूदृश्य निर्माण में इन तत्वों का वास्तविक प्रभाव किसी राज्य विशेष के मानव-भौगोलिक प्रारूप अर्थात् क्षेत्रीय स्तर पर उसमें निहित राष्ट्रीय सांस्कृतिक समरसता अथवा विविधता पर निर्भर है।" इस संकल्पना के मूलभूत तत्वों की संक्षिप्त व्याख्या इस प्रकार है।

संवैधानिक संरचना

संवैधानिक संरचना की दृष्टि से दो परस्पर भिन्न-भिन्न शासन प्रणालियां प्रचलित हैं: पहली ऐकिक तथा दूसरी परिसंघीय। पहले प्रकार की व्यवस्था के अधीन क्षेत्रीय और स्थानीय स्तर का प्रशासन केन्द्रीय सरकार की नीतियों के अनुसार संचालित होने के कारण सर्वत्र समरूप होता है – अर्थात् देश के सभी भागों में एक ही प्रकार की नीतियां लागू होती हैं। इसके विपरीत परिसंघीय व्यवस्था के अधीन स्थानीय मामलों में क्षेत्रीय सरकारों को स्वायत्त निर्णय का संवैधानिक अधिकार प्राप्त है अतः स्थानीय प्रशासनिक निकाय अपनी अलग-अलग क्षेत्रीय सरकारों द्वारा पारित नीतियों के अनुरूप ही प्रशासन संचालित करती हैं। भिन्न-भिन्न क्षेत्रों के स्थानीय और क्षेत्रीय हित परिस्थितिजन्य कारणों से भिन्न-भिन्न होते हैं अतः विकास की प्रगति और उसकी दिशा में समरूपता का अभाव स्पष्टतया परिलक्षित होता है। विकास में अन्तरक्षेत्रीय संतुलन लाने के अपने प्रयासों के बावजूद केन्द्रीय प्रशासन विकास में अन्तरक्षेत्रीय समरूपता लाने में पूर्णतया सफल नहीं हो पाता। परिसंघ व्यवस्था की इसी मूलभूत विशेषता के कारण (एक कैनेडियन राजनीतिज्ञ के शब्दों में) एक ही राष्ट्रीय व्यवस्था के अधीन कहीं कैडिलक प्रधान तो अन्यत्र बैलगाड़ी प्रधान क्षेत्र अस्तित्व में आ जाते हैं (मैलोरी, 1965, पृ. 13 पर उद्धृत)। अर्थात् संघीय व्यवस्था में क्षेत्रीय स्वायत्तता के कारण सम्पूर्ण देश में समानरूप से संतुलित विकास एक दुष्प्राप्य आदर्श बन जाता है।

राजनीतिक वरण की प्रक्रिया

एक ही प्रकार की संवैधानिक व्यवस्था के बावजूद भिन्न-भिन्न देशों में भूदृश्य विकास का क्षेत्रीय प्रारूप तथा उसकी प्रगति भिन्न-भिन्न होती है क्योंकि सम्बद्ध देशों में राजनीतिक चुनाव अर्थात् सरकार के संगठन और संचालन की प्रक्रिया अलग-अलग प्रकार की होती है। ग्रेट ब्रिटेन तथा चीन दोनों ही संवैधानिक दृष्टि से ऐकिक शासन प्रणाली वाले राज्य हैं परन्तु उनकी राजनीतिक चुनाव और विकल्प की प्रक्रियाएं एक दूसरे से भिन्न हैं। एक में लोकतांत्रिक व्यवस्था है तथा

दूसरे में एकदलीय तानाशाही। परिणामस्वरूप दोनों में स्थानीय भूदृश्य निर्माण और नीति निर्धारण की प्रक्रियाएं भी एक दूसरे से सर्वथा भिन्न हैं। बहुदलीय जनतांत्रिक वरण प्रक्रिया वाले देशों में शासकों को प्रति पांचवें वर्ष मतदाता के सामने समर्थन हेतु प्रस्तुत होना व्यवस्थाजन्य अनिवार्यता हैं इसके कारण राजनेता शासकीय कार्यों में अपने विवेक के अनुसार आदर्श निर्णय लेने के स्थान पर बहुधा मतदाताओं की तात्कालिक मांगों को ध्यान में रखते हुए समझौतापूर्ण निर्णय लेने के लिए बाध्य हो जाते हैं। इसके विपरीत एकतंत्रीय और एक-दलीय व्यवस्था में शासकों को जनसमर्थन की चिन्ता करने की आवश्यकता नहीं रहती। परिणामस्वरूप भूदृश्य निर्माण पर प्रशासनिक प्रभाव अपेक्षाकृत समरूप तथा आर्थिक नियोजन की प्रक्रिया अधिक कारगार होती है।

संसाधन विकास का स्तर

संसाधन विकास के स्तर के आधार पर विश्व के देशों को तीन वर्गों में विभक्त किया जा सकता हैः (1) उन्नत संसाधन विकास वाले देश, (2) विकासशील देश अर्थात् घनी जनसंख्या वाले परन्तु औद्योगीकरण में अपेक्षाकृत पिछड़े देश जैसे कि भारत, और (3) वे देश जहां संसाधन बहुलता तथा जनसंख्या की विरलता के कारण तकनीकी विकास के उच्च स्तर के होते हुए अर्थव्यवस्था प्राथमिक व्यवसाय प्रधान है (जैसे कि आस्ट्रेलिया)। सामान्यतया संसाधन विकास की प्रक्रिया जितनी ही उन्नत होगी तथा औद्योगीकरण और नगरीकरण जितना ही विकसित होगा अर्थव्यवस्था उतनी ही विनिमय प्रधान होगी तथा अन्तरराष्ट्रीय व्यापार में देश की भागीदारी उतनी ही अधिक होगी। परिणामस्वरूप व्यवस्था में निरन्तरता लाने के लिए प्रशासनिक केन्द्रीकरण में उत्तरोत्तर वृद्धि होगी। फलस्वरूप देश में भौगोलिक भूदृश्य निर्माण की प्रक्रिया अधिक समरसता पूर्ण होगी। इसके विपरीत संसाधन विकास की प्रक्रिया जितनी ही कम विकसित होगी आर्थिक व्यवस्था में स्थानीय परिस्थितियों का प्रभाव उतना ही अधिक होगा, फलस्वरूप राजव्यवस्था में केन्द्रीय निर्देश की आवश्यकता उतनी ही कम होगी। उदाहरण के लिए परिसंघीय व्यवस्था के अन्तर्गत उन्नत संसाधन विकास वाले देशों में आर्थिक और सामाजिक विकास अपेक्षाकृत अधिक संतुलित होता है अतः वहां केन्द्र और प्रांतीय सरकारों के बीच टकराव की प्रवृत्ति सहयोग में बदल जाती हैं कनाडा के अतिरिक्त यूरोपीय संस्कृति वाले प्रायः सभी परिसंघ राज्यों में यह प्रवृत्ति स्पष्टतः परिलक्षित है। इसके विपरीत भारत में स्थिति बहुत भिन्न है। महात्मा गांधी के नेतृत्व में करीब तीस वर्ष लम्बे लोकसमर्थित राष्ट्रमुक्ति आन्दोलन के परिणामस्वरूप स्वतंत्र भारत की कांग्रेसी नेतृत्व वाली सरकार सशक्त केन्द्रीय निदेश की सरकार थी। कांग्रेस के इस सर्वव्यापी जनसमर्थन के परिणामस्वरूप ही भारत का संविधान तब तक बने परिसंघीय संविधानों में सर्वाधिक केन्द्रीकृत संविधान था। इसी कारण अनेक विद्वानों ने भारतीय संविधान को ऐकिक प्रवृत्ति प्रधान परिसंघीय संविधान बताया था। परन्तु पचास वर्षों के बाद आज स्थिति सर्वथा भिन्न है। देशव्यापी समर्थन वाले राजनीतिक दलों के प्रभाव में ह्रास हुआ है और 1984 के पश्चात् केन्द्र में किसी भी दल को बहुमत नहीं मिल सका। अतः केन्द्र उत्तरोत्तर क्षेत्रीय दलों की बैसाखी पर निर्भर रहने लगा है जिसके परिणामस्वरूप केन्द्रीय सरकार के प्रभाव में उत्तरोत्तर ह्रास हुआ है तथा केन्द्र और क्षेत्रीय इकाइयों के बीच दूरी बढ़ी है।

सांस्कृतिक भौगोलिक परिवेश

भूदृश्य विकास में संवैधानिक संरचना, राजनीतिक प्रक्रिया, और संसाधन विकास के स्तर का सम्मिलित प्रभाव बहुत हद तक देश विशेष की जनसंख्या की सांस्कृतिक संरचना और उसके क्षेत्रीय प्रारूप पर निर्भर है। यदि यह संरचना देश के सम्पूर्ण भौगोलिक क्षेत्र में समरूप है, तो भूदृश्य निर्माण में किसी प्रकार की क्षेत्रीय विद्रूपता की संभावना नहीं होगी। यदि अल्पसंख्यक भाषा-भाषियों और धर्मावलम्बियों की संख्या नगण्य है तथा भिन्न-भिन्न गुट अलग-अलग क्षेत्रीय जमाव वाले न होकर सर्वत्र अन्य लोगों के साथ मिले-जुले रूप में वितरित हैं, तो अलगाववादी प्रवृत्ति अपेक्षाकृत कमजोर होती है। परिणामस्वरूप भूदृश्य निर्माण की प्रक्रिया अधिक समरसतापूर्ण और संतुलित होगी यद्यपि प्राकृतिक सम्पदाएं जिन क्षेत्रों में अधिक हैं वहां अन्य क्षेत्रों से अधिक उन्नत विकास की सम्भावना होगी। साथ ही प्राकृतिक संसाधन विहीन क्षेत्रों में विकास की गति अपेक्षाकृत धीमी हो सकती है। इसके विपरीत सांस्कृतिक विविधतापूर्ण जनसंख्या वाले देशों में, विशेषकर यदि विविधतामूलक तत्व स्पष्ट पहचान वाले क्षेत्रीय प्रखण्डों में केन्द्रित हैं तो भूदृश्य निर्माण में समरसता और समरूपता की सम्भावनाएं बहुत कम होंगी। ऐसी अवस्था में प्रत्येक क्षेत्र किसी एक उपसांस्कृतिक समुदाय का विशिष्ट गृह प्रदेश बन जाएगा। अतः अन्तरक्षेत्रीय सहयोग स्थापित करना कठिन होगा। इस स्थिति में परिसंघीय व्यवस्था वाले राज्यों में विभिन्न स्वायत्त क्षेत्रीय इकाइयां भिन्न-भिन्न क्षेत्रीय राजनीतिक दलों के शासन वाली हो सकती हैं तथा उनके राजनीतिक-आर्थिक दर्शन एक दूसरे से भिन्न हो सकते हैं। परिणामस्वरूप भूदृश्य निर्माण में क्षेत्रीय विविधता आएगी। कनाडा तथा भारत दोनों ही इसके अच्छे उदाहरण हैं।

उपर्युक्त विवेचन से भूदृश्य निर्माण में प्रशासनिक प्रभाव की व्याख्या हेतु प्रस्तुत संकल्पना का सत्यापन होता है। इस संकल्पना का चित्रात्मक विवरण पृष्ठ 138 पर चित्र 5.1 में प्रस्तुत है।

भारत में प्रशासनिक व्यवस्था और भूदृश्य निर्माणः एक संक्षिप्त आकलन

पूर्वगामी व्याख्या में हमने देखा कि भारत को ऐकिक विशेषताओं वाला परिसंघ राज्य कहा गया है। संथानम (1960, पृ. 13) के शब्दों में हमारी परिसंघ व्यवस्था में उपनिवेशीय प्रशासन के युग में क्षेत्रीय इकाइयों के सन्दर्भ में ब्रिटिश सरकार में निहित सर्वोपरि सत्ता का अधिकार (पैरामाउण्टसी) स्वतंत्रता प्राप्ति के बाद देश की केन्द्रीय सरकार में निहित हो गया। इस प्रकार परिसंघीय संवैधानिक संरचना के होते हुए भी भारतीय प्रशासनिक व्यवस्था प्रारम्भ से ही समग्रतापूर्ण रही है। हमारे संविधान निर्माताओं ने उपनिवेशीय प्रशासन द्वारा स्थापित सर्वपक्षीय शासकीय समग्रता को यथावत् बनाए रखा। ब्रिटिश शासन काल में सम्पूर्ण भारत एक समग्र आर्थिक इकाई के रूप में संचालित था और पूरा देश एक साझा बाजार (कामन मार्किट) था। परिणामस्वरूप पूरे देश में अन्तरक्षेत्रीय श्रम और पूंजी संचार प्रतिबन्ध मुक्त था। प्रान्तीय सीमाएं इस संचार में अवरोधक नहीं थीं। भाषाई आधार पर राज्यों के पुनर्निर्माण के बाद भी इसमें कोई अन्तर नहीं आया।

शासन की बागडोर संभालने के बाद ही स्वतंत्र भारत की सरकार ने एक नई औद्योगिक नीति के प्रस्ताव (1948) की घोषणा की जिसके अनुसार देश में औद्योगिक विकास की गति, उसके प्रारूप तथा उसकी दिशा का निर्देशन केन्द्र के अधिकार में निहित था। इस उद्घोषणा के

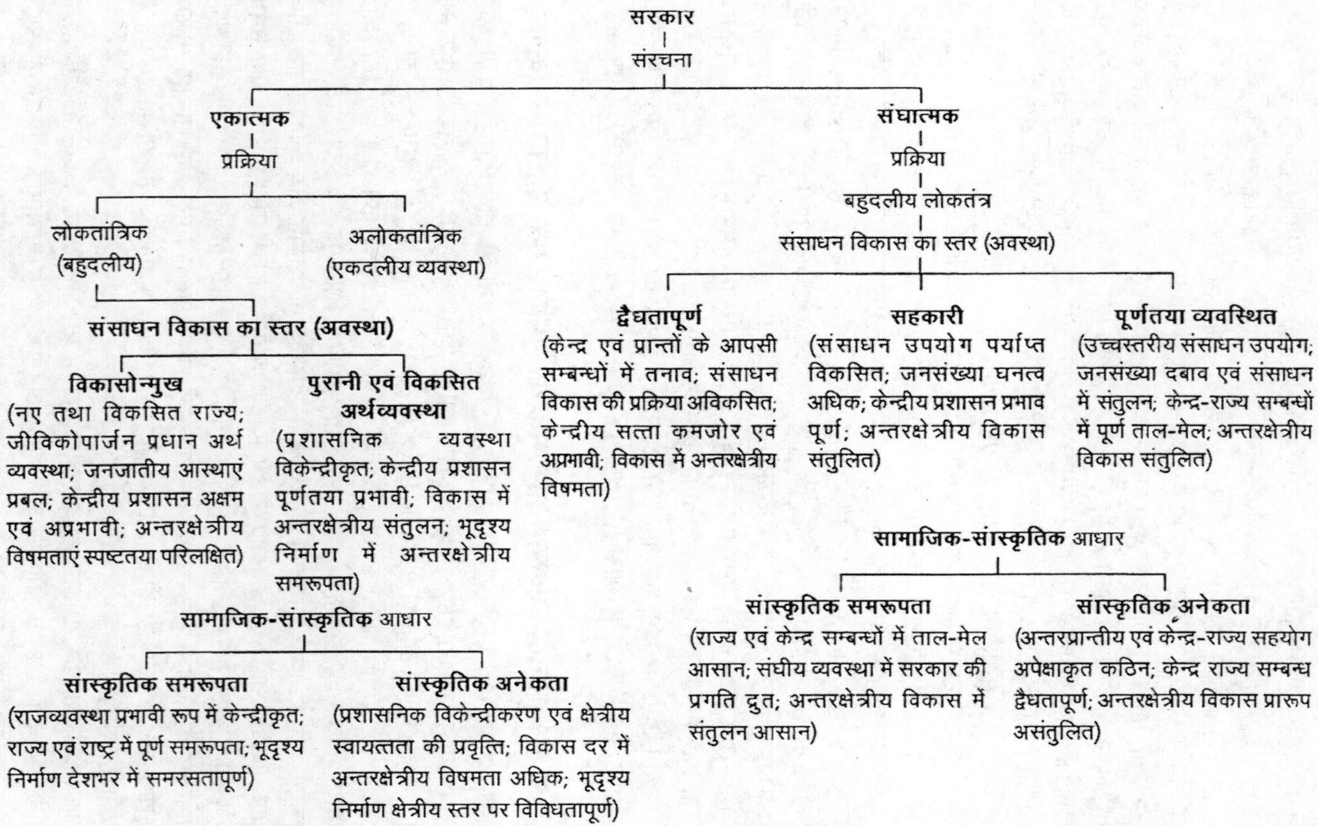

चित्र 5.1 भूदृश्य निर्माण पर प्रशासनिक प्रभाव के अध्ययन हेतु एक आदर्श योजना।

अनुसार चार प्रकार के उद्योगों की पहचान की गईः (1) *केन्द्रीय स्वत्व वाले उद्योग* जिनमें शस्त्र निर्माण उद्योग, अणु शक्ति उत्पादन तथा रेल परिवहन सम्मिलित थे। (2) *आधारभूत उद्योग* जिनके अन्तर्गत कोयला, लोहा, इस्पात, वायुयान, जलयान, खनिज तेल, टेलीफोन, टेलीग्राफ तथा बेतार के तार के उपकरणों का निर्माण सम्मिलित था। ये सार्वजनिक क्षेत्र (पब्लिक सेक्टर) के लिए आरक्षित किए गए थे यद्यपि उनके उत्पादन में निजी इकाइयों की भागीदारी की संभावना खुली रखी गई थी। (3) *सार्वजनिक क्षेत्र के उद्योग* जो केवल सरकार नियंत्रण और अनुदेशों के अन्तर्गत चलाए जा सकते थे। इनमें मोटरगाड़ियों, ट्रेक्टरों, मशीनी यंत्रों तथा सीमेण्ट का उत्पादन सम्मिलित था। (4) *निजी क्षेत्र के उद्योग* जो राजकीय नियंत्रण और नियमन से मुक्त थे (परन्तु जिनमें सरकार आवश्यकतानुसार हस्तक्षेप कर सकती थी)। इस तरह सरकार ने देश की औद्योगिक प्रगति तथा उद्योगों के स्थानीयकरण में केन्द्र की सक्रिय भागीदारी का उद्देश्य प्रारम्भ में ही स्पष्ट कर दिया। बाद में पारित किए गए नीति निर्धारक अधिनियमों के माध्यम से यह नियंत्रण उत्तरोत्तर और कठोर होता गया। परन्तु 1990 के दशक में आर्थिक व्यवस्था के भूमण्डलीकरण की नीति के कारण स्थिति में व्यापक गुणात्मक परिवर्तन आया है। सरकारी नियंत्रण और नियमन तथा कोटा-लाइसेंस राज द्रुत गति से विलुप्त होने लगा, पब्लिक सेक्टर के उद्योगों को निजी भागीदारी के अन्तर्गत लाने का प्रयास हुआ यद्यपि इस प्रश्न पर काफी विरोध प्रकट हुआ।

औद्योगिक विकास में केन्द्रीय सरकार प्रारम्भ से ही क्षेत्रीय संतुलन बनाए रखने तथा अन्तरक्षेत्रीय विषमताओं को कम करने के लिए प्रयत्नशील रही हैं 1951 में प्रारम्भ की गई पंचवर्षीय योजनाओं के अनेक उद्देश्यों में यह एक प्रमुख उद्देश्य रहा है। साठ के दशक से ही सरकार निरन्तर प्रयत्नशील रही है कि आर्थिक विकास में क्षेत्रीय संतुलन लाने के लिए नए उद्योगों की स्थापना महानगरों से दूर अपेक्षाकृत कम विकसित क्षेत्रों में की जाए जिससे कि विकास के नए केन्द्रों का उदय हो और स्थानीय जनता को रोजगार के अधिक अवसर मिल सकें और उद्योगों का महानगरों की ओर पलायन बन्द हो। औद्योगिक केन्द्रीकरण और वितरण के अध्येताओं ने रेखांकित किया है कि अनेक नियमों और उपनियमों के माध्यम से सरकार बड़े नगरों में उद्योगों का और अधिक केन्द्रीकरण तो रोक सकती है परन्तु नए क्षेत्रों में उद्योगों के विस्तार की प्रगति में उसे विशेष सफलता नहीं मिली है। भूमण्डलीकरण तथा मुक्त आर्थिक नीति के बाद यह कार्य और भी दुष्कर हो गया है। विकसित और अविकसित क्षेत्रों के बीच की खाई और बढ़ती जा रही है। देश के सामाजिक स्वास्थ्य के लिए इस समस्या पर ध्यान देना नितांत आवश्यक है।

भूदृश्य निर्माण पर प्रशासनिक प्रभाव सम्बन्धी ऊपर वर्णित सामान्य संकल्पना में हमने देखा कि संवैधानिक संरचना और राजनीतिक प्रक्रिया आदि का सम्मिलित प्रभाव बहुत हद तक देश की जनसंख्या में सांस्कृतिक पहचान के प्रमुख तत्वों के क्षेत्रीय वितरण पर निर्भर है। यदि ये पृथक्-पृथक् तत्व एक दूसरे से अलग-अलग क्षेत्रों में केन्द्रीकृत हों तो भूदृश्य निर्माण की प्रक्रिया क्षेत्रीय रूप में विषमतापूर्ण होगी। भारत में पिछले पचास वर्षों के आर्थिक विकास के इतिहास से यह भली प्रकार स्पष्ट है। जवाहरलाल नेहरू के नेतृत्व में भारत का केन्द्रीय शासन व्यावहारिक दृष्टि से प्रायः सर्वशक्तिमान था मात्र इसलिए नहीं कि संविधान निर्माताओं ने केन्द्र को ब्रिटिश सरकार में निहित सर्वोपरि सत्ता के अधिकार से मण्डित कर दिया था परन्तु इसलिए भी कि गांधी-नेहरू-पटेल के नेतृत्व में ब्रिटिश शासन से मुक्ति के लिए किए गए संघर्ष के लम्बे दौर में देश के सभी क्षेत्रों की जनता का कांग्रेस के केन्द्रीय नेतृत्व में अटूट विश्वास बन गया था,

राष्ट्रीय एकता के सूत्र इतने सुदृढ़ थे कि कांग्रेस के नेतृत्व की न्यायप्रियता पर क्षेत्रों की जनता में किसी प्रकार की दुविधा अथवा आशंका नहीं थी। यही कारण था कि कांग्रेस पार्टी सम्पूर्ण देश में, केन्द्रीय और क्षेत्रीय दोनों ही स्तरों पर एक मात्र शासक दल के रूप में स्थापित हो गई थी।

जवाहरलाल नेहरू की मृत्यु के बाद स्थिति में द्रुत गति से परिवर्तन आया। केन्द्रीय नेतृत्व का जनाधार उत्तरोत्तर शिथिल होता गया। विशाल जन समर्थन वाली कांग्रेस पार्टी धीरे-धीरे नेताओं (न कि जनता) की पार्टी बन गई। पार्टी का क्षेत्रीय जनाधार खिसकने लगा। क्षेत्रों में कांग्रेस विरोधी गुटों की सरकारों का अस्तित्व बढ़ने लगा। अतः केन्द्रीय दिशा निदेश के जमीनी प्रभाव में द्रुत गति से ह्रास आया। 1974 में आपातकाल की घोषणा और 1977 में शासक दल के रूप में कांग्रेस का करीब-करीब पूर्ण अवसान इसी का परिणाम था। 1977 का जनता पार्टी प्रयोग क्षेत्रीय अंसतोषों के गठजोड़ के आधार पर खड़ा था। देश की शासन व्यवस्था में क्षेत्रीय भागीदारी की मुखरता और केन्द्रीय निदेश के प्रभाव में आई कमी इस परिवर्तित स्थिति की स्वाभाविक परिणति थी। 1980 में इन्दिरा गांधी के सत्ता में पुनः आने के बाद भी इस स्थिति में परिवर्तन नहीं आया। परिणामस्वरूप 1984 के आम चुनाव के बाद से आज तक कांग्रेस पार्टी दल को लोक सभा में बहुमत नहीं मिल पाया है परिणामस्वरूप विकास और भूदृश्य निर्माण में केन्द्रीय सरकार का प्रभाव उत्तरोत्तर कम होता गया है।

नेहरू युग में ब्रिटिश युग की भांति ही सम्पूर्ण देश एक समग्र आर्थिक व्यवस्था और साझा बाजार के रूप में बना रहा था। श्रम और पूंजी का संचार पूरी तरह बन्धनमुक्त था। प्रान्तीय सीमाएं उनके मार्ग में किसी प्रकार का अवरोध नहीं उत्पन्न करती थीं। विकास और भूनिर्माण की प्रक्रिया केन्द्र की नीतियों के अनुरूप निर्बाध गति से चलती रही थी। इस दृष्टि से उपनिवेश कालीन विकास के प्रारूप और स्वतंत्रता पश्चात् के विकास प्रारूप में कोई अन्तर नहीं था। उद्योगपतियों का उद्देश्य अधिकतम लाभ प्राप्ति है अतः विकसित क्षेत्र और भी विकसित होते गए थे और अविकसित क्षेत्र और भी अविकसित। 1953 से 1961 के बीच निजी क्षेत्र में उद्योग लगाने के लिए दिए गए लाइसेंसों में अस्सी प्रतिशत विकास स्तर की चार श्रेणियों (न्यूनतम, द्वितीय, तृतीय, और अधिकतम) में से अंतिम दो अधिकतम विकास वाली श्रेणियों वाले क्षेत्रों के लिए दिए गए थे (देखिएः भारत सरकार, 1961, खण्ड 1ए(ii), लेवेल्स ऑफ रीजनल डेवलपमेण्ट)। इस चिन्ताजनक स्थिति से उबरने के उद्देश्य से तीसरी पंचवर्षीय योजना (1961-1966) में उद्योगों के विकेन्द्रीकरण अर्थात् उन्हें अविकसित क्षेत्रों में स्थापित करने का उद्देश्य अपनाया गया।

जवाहरलाल नेहरू के देहावसान के बाद कांग्रेस के उत्तरोत्तर सीमित होते क्षेत्रीय प्रभाव, और क्षेत्रीय दलों के बढ़ते हुए वर्चस्व के फलस्वरूप क्षेत्रीय हितों की सुरक्षा तथा केन्द्रीय सत्ता के बीच अधिकार का संघर्ष उत्तरोत्तर तीव्र होता गया। क्षेत्रों की सरकारों ओर जनता का केन्द्रीय शासन के प्रति आस्था भाव उत्तरोत्तर कमजोर होता गया। भिन्न-भिन्न क्षेत्रों में विभिन्न आर्थिक दर्शन वाले राजनीतिक दल सत्ता में आ गए। परिणामस्वरूप भूदृश्य निर्माण में केन्द्रीय सत्ता का प्रभाव कम हो गया। अनेक राज्यों में रोजगार के अवसर अधिकाधिक रूप में स्थानीय निवासियों के लिए आरक्षित होते गए। परिणामस्वरूप साझा बाजार व्यवस्था का स्वरूप विकृत हो गया। इस प्रकार प्रांतीय सीमाएं अन्तरप्रान्तीय श्रम संचार में बाधक हुई हैं। साथ ही अनियंत्रित आर्थिक विकास की नीति के फलस्वरूप विकास में अन्तरक्षेत्रीय संतुलन लाने में केन्द्रीय सरकार की भूमिका उत्तरोत्तर

कम प्रभावी होती जा रही है तथा पूंजी आकर्षित करने की होड़ में आर्थिक दृष्टि से सम्पन्न क्षेत्र अपेक्षाकृत अविकसित क्षेत्रों को और भी पीछे छोड़ते जा रहे हैं।

भिन्न-भिन्न राज्यों में अलग-अलग क्षेत्रीय राजनीतिक दलों के शासक दल के रूप में उभरने से देश में भूदृश्य निर्माण की बढ़ती विषमता के अनेक कारण हैं। इन दलों में से कुछ निजी क्षेत्र के उद्योग के सिद्धान्त रूप में कट्टर विरोधी तथा उद्योगों में लगे श्रम के अधिकारों और उनकी सुविधाओं को और बढ़ाने के पक्षधर हैं। व्यावसायिक श्रम संगठनों (ट्रेड यूनियनों) में अधिकांश का नेतृत्व इन दलों के पास है। अतः इनके सत्ता में आते ही श्रम असंतोष तथा हड़ताल को प्रोत्साहन मिलता है। अतः पूंजीपति भयभीत हो जाते हैं। परिणामस्वरूप इन क्षेत्रों में औद्योगिक प्रगति धीमी पड़ जाती है, लाभांश में भारी गिरावट आती है और राज्य से पूंजी का पलायन प्रारम्भ हो जाता है। केरल प्रदेश में औद्योगिक विकास की अत्यधिक धीमी दर का यही प्रमुख कारण है। स्वतंत्रता प्राप्ति के प्रारम्भिक दशक से ही यहां साम्यवादी दलों का वर्चस्व रहा है। फलस्वरूप पूंजी निवेशक यहां आने से डरते हैं।

ब्रिटिश शासन का प्रारम्भिक केन्द्र बिन्दु होने के परिणामस्वरूप तथा औद्योगिक विकास के संसाधनों की सहज उपलब्धता के कारण कलकत्ता क्षेत्र देश का एक प्रमुख औद्योगिक केन्द्र बन गया था और हुगली नदी के तट पर कालान्तर में एक विस्तृत औद्योगिक प्रदेश विकसित हो गया था। परन्तु साठ के दशक में नक्सलवादी आन्दोलन के बढ़ते हुए प्रभाव के कारण पूरे प्रदेश की शान्ति व्यवस्था पर प्रतिकूल प्रभाव पड़ा, औद्योगिक अशांति बढ़ती गई। साठ के दशक के अन्त तक पश्चिमी बंगाल साम्यवादी दलों के वर्चस्व वाली सरकारें शासन में आ गईं। इससे वहां औद्योगिक संस्थानों में श्रम असंतोष को प्रोत्साहन मिला, हड़ताल आम हो गई, पूंजी का लाभांश द्रुत गति से गिरता गया तथा उद्योगपति धीरे-धीरे प्रदेश से अपनी पूंजी अन्य क्षेत्रों को स्थानान्तरित करने लगे। सौभाग्यवश सत्तर के दशक में नक्सलवादी आन्दोलन ठण्डा पड़ गया, शान्ति स्थापित हुई तथा स्थिति पुनः सुधरने लगी। धीरे-धीरे साम्यवादी दलों के उद्योग विरोधी रुख में भी परिवर्तन आया। अस्सी के दशक में पंजाब, असम, और जम्मू-कश्मीर को आतंकवाद के कारण कुछ इसी प्रकार की समस्याओं का सामना करना पड़ा था। पिछले दशक में बिहार में राष्ट्रीय जनता दल के शासन काल में सर्वत्र व्याप्त सामाजिक अशांति और लूट-खसोट की राजनीति के फलस्वरूप आर्थिक और सामाजिक विकास ठप पड़ गया है। अन्य प्रदेशों में भी जाति और धर्म के आधार पर खेली जाने वाली राजनीति के दुष्परिणाम सामने आने लगे हैं।

भारत में क्षेत्रीय प्रशासन का स्वरूप

परिसंघीय व्यवस्था के फलस्वरूप भारत में नीति निर्धारण के दो स्तर हैं: अखिल भारतीय मामलों के लिए केन्द्रीय सरकार, तथा क्षेत्रीय हितो सम्बन्धी मामलों में राज्य अथवा प्रान्तीय सरकारें। दोनों ही स्तर की सरकारों के नीतिगत निर्णयों का कार्यान्वयन जिला स्तर के अधिकारियों द्वारा सम्पन्न होता है जो कि संवैधानिक प्राविधान के अनुसार सम्बद्ध प्रान्तीय सरकारों के निर्देश में काम करते हैं। अतः देश में क्षेत्रीय प्रशासन की धुरी जिला प्रशासन में केन्द्रित है। जिला का मुख्य प्रशासनिक अधिकारी जिलाधीश है जो कि भारतीय प्रशासनिक सेवा का अधिकारी होता है। जिलाधीश को कलक्टर अथवा उपायुक्त (डिपुटी कमिश्नर) भी कहते हैं। देश की वर्तमान प्रशासनिक व्यवस्था ब्रिटिश शासन की देन है अतः जिलाधीश का पद करीब दो सौ वर्ष के विकास

प्रक्रिया की परिणति है। यह पद सर्वप्रथम 1772 में बनाया गया था परन्तु जिला प्रशासन की वास्तविक नींव 1786 में पड़ी थी। इस वर्ष ईस्ट इण्डिया कम्पनी के प्रशासकों ने लगान वसूली और सामान्य प्रशासन के लिए देश के सम्पूर्ण ब्रिटिश शासित क्षेत्र को जिला स्तरीय इकाइयों में विभक्त करके उनमें कलक्टर नाम से मुख्य जिलाधिकारी की नियुक्ति का निर्णय लिया। बाद में इन अधिकारियों को अपराध नियंत्रण के अधिकार भी दे दिए गए। इस प्रकार जिलाधीश के अधिकार अत्यधिक व्यापक थे। 1857 के प्रथम स्वतन्त्रता संग्राम तक जिलाधीश अपने क्षेत्र में कम्पनी सरकार का एक मात्र वित्तीय प्रतिनिधि था और विभिन्न प्रकार के करों की वसूली उसकी प्रमुख जिम्मेदारी थी। साथ ही वह "स्थानीय आरक्षित निधि" का कोषाध्यक्ष तथा मजिस्ट्रेट भी था। जिले का पुलिस प्रशासन, शान्ति व्यवस्था, और जेलों का नियंत्रण भी उसके अधिकार क्षेत्र में थे (जार्ज चेशेय, 1976, पृ. 169-171)।

1857 की क्रांति की विफलता के पश्चात् भारत का प्रशासन ईस्ट इण्डिया कम्पनी के स्थान पर सीधे ब्रिटेन की सम्राज्ञी के अधीन आ गया। भारतीय सैनिकों और जनता के बढ़ते हुए असंतोष को ध्यान में रखते हुए जिलाधीश के पद को और भी प्रभावी बनाने के प्रयत्न किए गए। उसके अधिकार और व्यापक बना दिए गए। इस प्रकार भारत में ब्रिटिश शासन की जड़ों को मज़बूत करने में जिलास्तरीय प्रशासन की भूमिका बहुत महत्व की थी। 1858 से 1909 के बीच जिलाधीश के अति व्यापक अधिकारों को देखते हुए कुछ विद्वानों ने उसे "छोटा नेपोलियन" का नाम दिया था। जिलाधीश लगान वसूली के लिए जिम्मेदार होने के साथ-साथ दण्डधिकारी भी था और जिले के विकास तथा उसकी आपातकालीन समस्याओं के समाधान का उत्तरदायित्व भी उसके कार्य क्षेत्र में था अतः जिलाधीश के व्यापक उत्तरदायित्व के कारण उस पर पड़ने वाले काम के बोझ को हल्का करने के लिए सरकार ने 1907 से 1909 की अवधि में प्रशासनिक विकेन्द्रीकरण के लिए एक रॉयल कमीशन की नियुक्ति की। परन्तु विदेशी शासन को प्रभावी बनाए रखने में जिलाधीश के पद के केन्द्रीय महत्व को देखते हुए रॉयल कमीशन ने उसके अधिकारों में कमी लाने के बदले जिलाधीश के पद को और भी महिमामण्डित बना दिया।

1919 के अधिनियम के पारित होने के बाद भी जिलाधीश की स्थिति यथावत् बनी रही। परन्तु इसके प्राविधानों के अन्तर्गत वर्ष 1921 में द्वैध तन्त्र (डायार्की) को लागू किए जाने के बाद स्थिति में गुणात्मक अन्तर आया और राज्य प्रशासन के अनेक अधिकार प्रांतीय सरकारों के निर्वाचित मंत्रियों को हस्तांतरित कर दिए गए। परिणामस्वरूप अब जिला स्तर के अनेक अधिकारी सम्बन्धित मंत्रियों से सीधा सम्पर्क करने लगे जबकि 1921 के पहले जिलाधीश केन्द्रीय अधिकारियों तथा राज्य प्रशासन के बीच एक मात्र सम्पर्कसूत्र था। अन्य सभी अधिकारी जिलाधीश के अधीन थे। परन्तु नई संवैधानिक व्यवस्था के होते हुए भी व्यवहार के स्तर पर 1921 के बाद भी जनपद स्तर पर जिलाधीश सबसे महत्वपूर्ण अधिकारी तथा वहां की जनता के लिए "माई-बाप" बना रहा।

1935 के शासन अधिनियम के पारित होने के बाद जिलाधीश प्रान्तीय सरकार के निर्वाचित मंत्रियों के सीधे नियंत्रण में आ गया। परन्तु चूंकि 1937 में बनी प्रांतीय सरकारें दो साल के अन्दर ही गिर गई थीं अतः जमीनी स्तर पर जिलाधीश के अधिकार 1947 तक यथावत् बने रहे थे। इस सारे दौर में जिलाधीश जिलास्तर पर सम्पूर्ण प्रशासनिक व्यवस्था, दण्डाधिकार और विकास प्रक्रिया के संचालन के लिए उत्तरदायी सर्वोच्च अधिकारी था। सम्पूर्ण क्षेत्र में प्रशासनिक

और विकास कार्यों में समन्वय स्थापित करना उसी का उत्तरदायित्व था। अधिकारों में द्वैधता के अभाव में इस पद पर सही व्यक्ति के आसीन होने पर प्रशासन सुघड़ और न्यायप्रिय होता था। परन्तु यह सत्य है कि स्वतंत्रता प्राप्ति के समय तक जिला प्रशासनिक अधिकारी भारत के उपनिवेशक स्वामियों के प्रतिनिधि के रूप में जनता का स्वामी (सिविल मास्टर) था न कि जनता का सेवक (सिविल सर्वेण्ट)।

स्वतंत्रता प्राप्ति के बाद देश में लोकतांत्रिक व्यवस्था स्थापित होने के साथ ही योजनाबद्ध विकास की प्रक्रिया प्रारम्भ हुई। जिला स्तर पर प्रशासनिक उत्तरदायित्व में अत्यधिक वृद्धि हुई और इनके वहन के लिए जिला स्तर पर अनेक विभाग बनाए गए जिनमें से कुछ के कार्य संचालन हेतु उन्नत तकनीकी ज्ञान आवश्यक था। उदाहरण के लिए लोक स्वास्थ्य, सार्वजनिक निर्माण, कृषि, सिंचाई, शिक्षा और सहकारिता। इन क्षेत्रों के जिलास्तरीय अधिकारी अब सीधे राज्य की राजधानी में स्थित सम्बद्ध विभागों के सचिवों से निर्देश प्राप्त करने लगे तथा ये नए अधिकारी अपने-अपने क्षेत्रों के विकास कार्य जिलाधीश से अलग स्वतंत्र रूप में संचालित करने लगे। परिणामस्वरूप जिलाधीश-एवं-कलक्टर अब स्थानीय जनता के दुख-दर्द का एक मात्र निवारक नहीं रहा। अतः पद की पुरानी गरिमा तथा उसके अधिकार क्षेत्र में ह्रास आया। प्रशासन में विभिन्न विभागों के विकास कार्यों में समन्वय के अभाव में क्षेत्रों का संतुलित विकास सम्भव नहीं है। दैनिक व्यवहार के स्तर पर प्रत्येक विभाग के कार्य संचालन में जिलाधीश का सहयोग आवश्यक होता है। अतः इन नए विभागों के प्रारम्भ होने तथा उनके जिलाधीश के सीधे नियंत्रण के परे कर दिए जाने के पश्चात् भी वास्तविक व्यवहार में जिलाधीश के पद का केन्द्रीय महत्व समाप्त नहीं हुआ है। प्राकृतिक आपदाओं तथा अन्य आकस्मिक संकटों की घड़ी में उसके उत्तरदायित्व और उसके तात्कालिक निर्णय के अधिकार की व्यापकता अपरिमित हो जाती है।

कुछ राज्यों में विकास कार्यों की देख-रेख के लिए जिला विकास अधिकारियों की नियुक्ति हुई है जो स्वयं जिलाधीश की ही तरह केन्द्रीय प्रशासनिक सेवा के अधिकारी होते हैं। इस पद के अस्तित्व में आने से विकास प्रक्रिया में सुधार आया है और जिलाधीश के अधिकार और प्रभाव में कमी आई है। लेकिन इन परिवर्तनों के बावजूद विकास प्रक्रिया में जिलाधीश की भागीदारी का केन्द्रीय महत्व बना हुआ है। वह अनेक महत्वपूर्ण विकास संस्थाओं का पदेन अध्यक्ष है। जिला ग्रामीण विकास संस्था जोकि सोसाइटी रजिस्ट्रीकरण अधिनियम के अधीन रजिस्ट्रीकृत एक स्वायत्त संस्था है, इसका अच्छा उदाहरण है। इसके कार्यान्वयन में राजकीय प्रशासन और स्वायत्त संस्थाओं की विशेषताओं का व्यावहारिक और उपयोगी संयोग है। इस संस्था (डी.आर.डी.ए.) के तत्वावधान में ग्रामीण विकास के अनेक कार्य संचालित किए जाते हैं। इनमें मरुस्थल विकास योजना (डिज़र्ट डेवलपमेण्ट प्रोग्राम), मरुस्थल प्रवण क्षेत्र कार्यक्रम (ट्रेनिंग द रूरल यूथ फार सेल्फ एम्प्लायमेण्ट), राष्ट्रीय ग्रामीण रोजगार योजना, तथा ग्रामीण क्षेत्रों में महिला और बाल विकास इत्यादि सम्मिलित हैं। जिलाधीश जिला केन्द्र का भी पदेन मुख्य अधिकारी है और साथ ही बैंकर्स समिति का जिलास्तरीय अध्यक्ष भी। बीस सूत्रीय योजना के कार्यान्वयन में भी उसकी प्रमुख भूमिका है। जिलाधीश जिला के नगरों की संचालन समिति (मानिटरिंग कमेटी) का भी पदेन अध्यक्ष होता है।

क्षेत्रीय प्रशासन में लोकतांत्रिक सिद्धान्त का प्रवेश और उसके परिणाम

जिला प्रशासन में जनता की भागीदारी बढ़ाने के उद्देश्य से नियुक्त की गई बलवन्त राय मेहता कमेटी ने 1959 में अपना प्रतिवेदन प्रस्तुत किया जिसके अनुसार सभी प्रान्तों में पंचायती राज्य संस्थाओं का शुभारम्भ हुआ। इस व्यवस्था के अधीन जिलों का प्रशासन तीन स्तरीय व्यवस्था वाला बना दिया गया। ये तीन स्तर थेः जिला परिषद्, पंचायत समितियां, तथा ग्राम पंचायत। ये तीनों संस्थाएं जनमत के आधार पर निर्वाचित संस्थाएं थीं तथा मेहता समिति की संस्तुति के अनुसार जिलाधीश जिला परिषद का अध्यक्ष था। इस संस्तुति का औचित्य स्पष्ट करते हुए मेहता कमेटी ने अपने प्रतिवेदन में लिखा था कि अपने व्यापक अधिकारों तथा गरिमा मण्डित पद के कारण जिलाधीश अध्यक्ष पद के माध्यम से पंचायती राज्य व्यवस्था को अधिक प्रभावपूर्ण बनाने में सफल होगा। परन्तु इस उपबंध की एक मूलभूत कठिनाई यह थी कि पंचायती राज व्यवस्था लोकतांत्रिक व्यवस्था थी, अतः आवश्यक था उसका अध्यक्ष परिषद के सदस्यों द्वारा मनोनीत हो। फलस्वरूप अनेक राज्यों ने इस व्यवस्था का कार्यान्वयन अपनी-अपनी तरह से किया। कहीं जिलाधीश जिला परिषद का अध्यक्ष बनाया गया तो अन्यत्र उसे परिषद की पदेन सदस्यता प्रदान की गई और परिषद की कुछ समितियों का उसे अध्यक्ष नियुक्त किया गया। परन्तु महाराष्ट्र और बंगाल में तो उसे परिषद का सदस्य भी नहीं बनाया गया।

1975-1977 की आपात् स्थिति के पश्चात् जनता पार्टी की सरकार ने अशोक मेहता की अध्यक्षता में स्थानीय प्रशासन को और जनतांत्रिक बनाने के उद्देश्य से एक नई समिति का गठन किया। इस समिति ने पंचायती राज व्यवस्था को और जनतान्त्रिक बनाने हेतु इसमें जिलाधीश की भागीदारी को सीमित करने का सुझाव दिया। इस प्रतिवेदन के अनुसार ग्राम पंचायतों को आत्म निर्भर इकाइयां बनाना चाहिए जिससे कि वे अपनी व्यवस्था के खुद मुख्तार हो सकें। परन्तु यह सुझाव प्रस्तुत करते हुए समिति ने भारत के गांवों में जीवन के इस व्यावहारिक पक्ष की ओर ध्यान नहीं दिया कि गांवों में "जिसकी लाठी उसकी भैंस" का न्याय सर्वव्यापी है। अतः खुछ मुख्तारी का वास्तविक तात्पर्य था कि योजनाओं के लाभ गरीबों को मिलने के बजाय समर्थों में बंट जाएंगे। परिणामस्वरूप पंचायती राज व्यवस्था गांव के समर्थ वार्गों के वर्चस्व में आ गई तथा निर्बल और गरीब इसके लाभ से प्रायः वंचित रह गए। सन् 1980 में जनता पार्टी की सरकार के पतन के बाद कांग्रेस पार्टी पुनः सत्ता में आ गई थी। अतः जनता शासन के दौरान लाए गए सुधारों को समाप्त कर दिया गया। फलस्वरूप जिले के पंचायती राज प्रशासन में जिलाधीश की भूमिका पुनर्स्थापित हो गई।

पंचायती राज्य व्यवस्थाः 73वां संविधान संशोधन और उसके परिणाम

1980 से 1989 के बीच पंचायती राज संस्थाओं के सुधार के लिए निरन्तर प्रयत्न किए जाते रहे। कई समितियां नियुक्त की गईं। इनका सम्मिलित परिणाम 1989 में राजीव गांधी द्वारा प्रस्तावित 64वें संवैधानिक संशोधन के रूप में सामने आया। परन्तु सम्बन्धित बिल राज्य सभा सभा में पारित नहीं हो सका और उसके शीघ्र ही बाद सरकार बदल गई। इस बिल को संशोधित रूप में नरसिम्ह राव के नेतृत्व वाली कांग्रेस सरकार द्वारा 73वें तथा 74वें संविधान के रूप में लोकसभा ने दिसम्बर 1992 में पारित किया तथा उसी महीने इसे राज्यसभा का अनुमोदन प्राप्त

हो गया। ये संशोधन 24 अप्रैल 1993 से लागू माने गए। 73वें संविधान संशोधन के अनुसार इस संशोधन के पहले लागू व्यवस्था के वे सभी उपबंध जो नए कानून से मेल नहीं खाते थे निरस्त माने गए। परिणामस्वरूप विकास सम्बन्धी कार्य अब जिलाधीश के उत्तरदायित्व के बाहर हो गए।

इस संशोधन के अनुसार गांव का प्रत्येक वयस्क निवासी अपनी *ग्राम सभा* का सदस्य है। ये सदस्य ही मुक्त मतदान के माध्यम से अपनी *पंचायत* का चुनाव करते हैं। पंचायत का अध्यक्ष (*सरपंच*) ग्राम सभा का अध्यक्ष होता है। पंचायत ग्राम सभा की कार्यकारी समिति होती है तथा समिति अपने कार्यों का व्यौरा, आय-व्यय का लेखा, वार्षिक बजट और विकास योजना ग्राम सभा की संस्तुति हेतु पेश करती है। 1993 के संशोधन के अनुसार ग्राम सभा एक संविधान सम्मत संस्था है। वर्ष में इसकी कम से कम दो बैठकें होना आवश्यक हैं। इस उपबंध का पालन न होने पर सरपंच की नियुक्ति निरस्त की जा सकती है। पंचायत का वार्षिक बजट ग्राम सभा में पारित सुझावों के अनुरूप होता है और सभा के खुले अधिवेशन में सबके समक्ष निर्णय लिया जाता है कि पंचायत द्वारा अनुबंधित सहायता अनुदान किन लोगों को दिया जाएगा।

नए पंचायती राज अधिनियम के अन्तर्गत स्थानीय स्तर की लोकतांत्रिक संस्थाओं के चुनाव कराने के लिए राज्यपाल द्वारा नियुक्त एक स्वतंत्र निर्वाचन आयोग का प्राविधान है। केन्द्रीय आयोग की भांति वह एक संवैधानिक हस्ती है और राजनीतिक प्रभाव से सर्वथा मुक्त है। इसी प्रकार केन्द्रीय वित्त आयोग की तरह प्रत्येक राज्य के लिए एक स्वतंत्र वित्त आयोग की व्यवस्था है। यह आयोग स्थानीय निकायों के लिए प्राप्त सम्पूर्ण अनुदान राशि के आबण्टन के सिद्धान्त निर्धारित करता है जिनका अनुपालन संवैधानिक अनिवार्यता है। इससे स्थानीय प्रशासन की स्वायत्तता को बहुत बल मिला है।

ग्राम पंचायत ग्राम सभा की कार्यकारिणी समिति होती हैं सामान्यतया प्रति 2000 ग्रामीण जनसंख्या पर एक ग्राम पंचायत बनाई जाती है। अतः कहीं-कहीं दो या दो से अधिक गांवों के लिए एक ही पंचायत का अस्तित्व हो सकता है। ग्राम पंचायत का कार्यकाल पांच वर्ष का है। इसके सदस्यों (पंचों) का चुनाव गुप्त मतदान द्वारा किया जाता है। मतदान की दृष्टि से ग्राम सभा को कई प्रखण्डों (वार्डों) में विभक्त किया जाता है और प्रत्येक वार्ड एक प्रतिनिधि का चुनाव करता है। निर्वाचन राज्यपाल द्वारा नियुक्त मुख्य निर्वाचन अधिकार के निदेश में सम्पन्न होता है। सदस्यता में अनुसूचित जातियों तथा जनजातियों के लिए आरक्षण है। 1993 के संशोधन के बाद से पंचायत की कुल सदस्य संख्या का एक तिहाई भाग महिलाओं के लिए आरक्षित है। नियमानुसार महिलाओं के लिए कुछ वार्ड आरक्षित होते हैं जहां से केवल महिला प्रत्याशी ही चुनाव लड़ सकती हैं। सामान्यतया पंचायत की प्रति पखवाड़े एक बैठक होती है।

संविधान के अन्तर्गत पंचायतों को उनके क्षेत्र के विकास से सम्बन्धित योजनाओं के क्रियान्वयन के लिए व्यापक अधिकार प्राप्त हैं। इनमें कुओं की खुदाई, पेयजल की व्यवस्था सड़कों और गलियों की देख-रेख और सफाई, प्रकाश व्यवस्था, बिजली, स्वास्थ्य, कृषि, घरेलू उद्योग, सहकारिता, उन्नत बीजों का वितरण इत्यादि शामिल हैं। अतः संवैधानिक तौर पर ग्राम पंचायतें ग्रामीण विकास की आधारभूत संस्थाएं बन गई हैं। इस प्रकार तृणमूल स्तर पर नागरिक स्वयं अपने भविष्य के निर्माता बन गए हैं।

प्रत्येक विकास खण्ड (डेवलपमेण्ट ब्लाक) की विभिन्न पंचायतों को मिलाकर *पंचायत समिति* का निर्माण होता है। समिति के अध्यक्ष को *प्रधान* कहा जाता है तथा उपाध्यक्ष को *उपप्रधान*।

ये दोनों ही अधिकारी सदस्यों द्वारा निर्वाचित किए जाते हैं। समिति का विश्वास खोने पर प्रधान को पद से हटाने का उपबंध है। पंचायत समिति का कार्य क्षेत्र अति व्यापक है। यह कार्य दो वर्गों में विभक्त हैं: (1) वे कार्य जो पूरी तरह पंचायत समिति के अधीन हैं जैसे पेयजल व्यवस्था, पानी का निकास, मार्गों का निर्माण तथा रख-रखाव, प्राथमिक पाठशालाओं और प्राथमिक स्वास्थ्य केन्द्रों की व्यवस्था, युवा कल्याण और सांस्कृतिक कार्यक्रमों का आयोजन; (2) विकास कार्य जिसके अन्तर्गत जिला परिषद की योजनाओं का विकास खण्ड के स्तर पर कार्यान्वयन सम्मिलित है, उदाहरण के लिए उन्नत बीजों और खादों का वितरण, भूमि संरक्षण, कृषि ऋण का वितरण, चारा आपूर्ति व्यवस्था में सुधार, घरेलू उद्योगों का विकास, सिंचाई सुविधा की देख-रेख, वनों की सुरक्षा, तथा सहकारिता। पंचायत समिति प्रत्येक कार्यक्षेत्र के लिए पृथक्-पृथक् समितियों का गठन करने के लिए स्वतंत्र है।

विकास कार्यों के लोकतांत्रिक विकेन्द्रीकरण की सरकारी योजना के अन्तर्गत *जिला परिषद* शीर्षस्थ संस्था है। 73वें संविधान संशोधन के अनुसार जिला परिषद पूर्णतया निर्वाचित सदस्यों की संस्था है और इसका कार्यकाल पांच वर्षों का है। इसके अध्यक्ष को जिला प्रमुख कहते हैं और वह सदस्यों द्वारा निर्वाचित किया जाता है। नए सशोधन के अनुसार परिषद के सदस्य जनता द्वारा निर्वाचित प्रतिनिधि होते हैं। सदस्यगण चाहें तो मतदान द्वारा अपने प्रमुख को पद से हटा सकते हैं। परिषद का कार्यक्षेत्र व्यापक है। पूरे जिले की लोकतांत्रिक निर्णय व्यवस्था की शीर्ष संस्था होने के नाते जिला स्तर के लोक कल्याण प्रशासन में इसकी सर्वोच्च भूमिका है। पंचायत समितियों का बजट परिषद ही पास करती है और वह पूरे क्षेत्र के लिए विकास योजनाएं बनाती है तथा पंचायत समितियों द्वारा पारित योजनाओं के बीच समन्वय स्थापित करती है। राज्य सरकार को जिले की विकारा राम्बन्धी आवश्यकताओं के बारे में राुझाव देना इराका प्रमुख कार्य है। राज्य सरकार से प्राप्त अनुदानों का पंचायत समितियों में आबंटन और उनके कार्यों में समन्वय लाना इसके उत्तरदायित्व का भाग है।

नई पंचायती राज व्यवस्था के अन्तर्गत चुनाव सम्पन्न कर विभिन्न लोकतांत्रिक संस्थाओं की नियुक्ति 1995-1996 तक हो गई थी। इनके अस्तित्व में आए अभी थोड़ा समय ही हुआ है अतः इनकी सफलता के बारे में व्यापक टिप्पणी नहीं की जा सकती। परन्तु इतना स्पष्ट है कि व्यवस्था के प्राथमिक स्तर के पूर्णतया लोकतांत्रिक बन जाने और उसमें सदस्यता सम्बन्धी आरक्षण के माध्यम से समाज के अपेक्षाकृत दुर्बल वर्गों की भागीदारी और महिलाओं की अच्छी उपस्थिति होने से स्थिति में गुणात्मक सुधार आया है। प्रारम्भिक समस्याओं में जातीय क्लेश में वृद्धि और सदस्यों तथा सरपंचों के स्तर पर उत्तरदायी व्यवहार के तौर-तरीकों के बारे में अज्ञान, तथा उनमें उत्तरदायित्व वहन करने के अनुभव के अभाव प्रमुख हैं। व्यवस्था के सुचारु रूप से संचालन के लिए शांति व्यवस्था पर कड़ी निगरानी तथा प्रशासन में राजनीतिक हस्तक्षेप को रोकना आवश्यक है। साथ ही राज्यस्तरीय वित्त आयोगों का प्रभावी संचालन और वित्तीय मामलों में धन के सम्भावित दुरुपयोग को रोकने के लिए निगरानी अति आवश्यक है।

नगरीय प्रशासन और 74वां संविधान संशोधन

1992-1993 में पारित 74वें संविधान संशोधन के माध्यम से नगरों के प्रशासन में लोकतांत्रिक स्वायत्तता का संचार हुआ है। यह संशोधन दिसम्बर 1992 में दोनों सदनों द्वारा पारित होकर

राष्ट्रपति की स्वीकृति के पश्चात् 24 अप्रैल 1993 से लागू हो गया था। इसके माध्यम से नगर स्तरीय लोकतांत्रिक प्रशासनिक संस्थाओं को संवैधानिक सुरक्षा प्राप्त हो गई है। अभी तक नगरपालिकाएं मुख्य रूप से नागरिक सुविधाओं की व्यवस्था करने के कार्य सम्पन्न करने तक ही सीमित थीं। इस अधिकरण के माध्यम से उनके कार्यक्षेत्र अब बहुत व्यापक हो गए हैं। नगरों के विकास के लिए योजनाएं बनाना, नगरों का स्थानीय विकास कार्य सम्पन्न करना, तथा राज्य तथा केन्द्र द्वारा तैयार की गई योजनाओं और कार्यक्रमों का नगर के स्तर पर कार्यान्वयन उनके उत्तरदायित्व का मुख्य हिस्सा है। नगरपालिकाओं के कार्यों का विवरण संविधान की बीसवीं सूची में प्रकाशित किया गया है। इसके अधिकार क्षेत्र में निम्नलिखित कार्य शामिल हैं:

1. नगर नियोजन (जिसमें छोटी नगरीय बस्तियां भी शामिल हैं),
2. भूमि उपयोग पर नियंत्रण और भवन निर्माण के लिए दिशा निर्देश,
3. आर्थिक और सामाजिक विकास सम्बन्धी नियोजन,
4. सड़कों और पुलों का निर्माण,
5. जल आपूर्ति, जिसमें घरेलू उपयोग और व्यापारिक उपयोग दोनों ही शामिल हैं,
6. सार्वजनिक स्वास्थ्य, सफाई और कूड़ा आदि की व्यवस्था,
7. अग्निशमन सेवा,
8. नगरीय क्षेत्र के वनों की सुरक्षा तथा वातावरण में संतुलन बनाए रखने का दायित्व,
9. समाज के दुर्बल वर्गों के हितों की सुरक्षा,
10. गंदी बस्तियों का सुधार,
11. गरीबी उन्मूलन के उपाय,
12. नगर सीमा के अन्दर उद्यानों और क्रीड़ा स्थलों की व्यवस्था,
13. सांस्कृतिक, शैक्षणिक तथा सौन्दर्यानुभूति सम्बन्धी आवश्यकताओं की आपूर्ति का प्रबन्ध,
14. श्मशानों, कब्रगाहों, और शवदाह गृहों का प्रबन्ध,
15. पशुओं के रख-रखाव की व्यवस्था तथा पशुओं पर होने वाले अत्याचार पर नियंत्रण,
16. जन्म और मृत्यु के आंकड़ों का लेखा-जोखा,
17. विभिन्न प्रकार की सार्वजनिक सुविधाओं, उदाहरण के लिए सड़कों पर प्रकाश की व्यवस्था, वाहनों को खड़ा करने के स्थानों का प्रबन्ध तथा यात्री बसों के संचालन की व्यवस्था,
18. बूचड़ खानों, तथा कच्चा चमड़ा पकाने की व्यवस्था करना और उस पर नियंत्रण रखना।

प्रशासनिक कार्यो की यह सूची सभी प्रकार की नगरीय इकाइयों के लिए समान रूप से लागू है (देखिए: भारत सरकार, नगर विकास मंत्रालय, 1993, *पावर टु द पीपुलः नगर पालिका*)।

नगरों की जनसंख्या के आकार पर उनके लोकतांत्रिक प्रबन्धन के लिए विभिन्न प्रकार की संस्थाएं बनाई गई हैं। इनमें निम्न शामिल हैं: महानगर, नगरपालिका, नगर परिषद, और नगर समिति (अंग्रेजी में इनके नाम इस प्रकार हैं: म्यूनिसिपल कारपोरेशन, म्यूनिसिपैलिटी, म्यूनिसिपल काउंसिल तथा म्यूनिसिपल कमेटी)। इनका निर्माण प्रान्तीय सरकार द्वारा बनाए गए अधिनियम

के अनुरूप होता है। अतः इनकी संरचना सम्बन्धी नियम भिन्न-भिन्न प्रान्तों में भिन्न-भिन्न हैं। इनकी सदस्यता जनता द्वारा निर्वाचित होकर आए प्रतिनिधियों को ही प्राप्त होती है। चुनाव में अनुसूचित जातियों और जनजातियों तथा महिलाओं के लिए पंचायतों की भांति ही नियमानुसार आरक्षण की व्यवस्था है और सदस्यों का कार्यकाल पांच वर्ष का है। सदस्य अपने में से एक अध्यक्ष और दो उपाध्यक्षों का चुनाव करते हैं। सदन का विश्वास खोने पर इन अधिकारियों को पद से हटाया जा सकता है। अध्यक्ष को व्यापक प्रशासनिक अधिकार प्राप्त हैं। सारे अधिकारी उसके निर्देश में काम करते हैं। वह सदन की बैठकों की अध्यक्षता करता है और उसके निर्णयों का क्रियान्वयन कराता है। वित्तीय मामलों सम्बन्धी सारी संस्तुति अध्यक्ष द्वारा ही सदन में पेश की जाती है। नगरपालिकाओं, नगर परिषदों और नगर समितियों की प्रशासनिक व्यवस्था को सुचारु रूप से संचालित करने के लिए राज्य सरकार एक कार्यकारी अधिकारी नियुक्त करती है जोकि सम्पूर्ण प्रशासनिक व्यवस्था के लिए उत्तरदायी होता है।

पंचायती तथा नगरीय प्रशासनिक संस्थाओं को स्पष्ट वित्तीय आधार और स्वायत्तता प्रदान करने की दृष्टि से 73वें तथा 74वें संवैधानिक संशोधनों में राज्य स्तर पर एक वित्त आयोग की नियुक्ति का उपबंध किया गया है। वित्त आयोग ही विभिन्न संस्थाओं को मिलने वाली अनुदान राशि का निर्धारण करता है। आयोग की नियुक्ति राज्य की विधान सभा द्वारा पारित अधिनियम के अनुसार होती है परन्तु, आयोग सीधे तौर पर राज्यपाल के प्रति उत्तरदायी होता है न कि मुख्यमंत्री के प्रति। वित्तीय स्वायत्तता से इन संस्थाओं को अपने स्तर पर अपेक्षाकृत स्वतंत्र कार्य संचालन तथा नियोजन का अवसर प्राप्त हो गया है। इस प्रकार 73वें और 74वें संवैधानिक संशोधन के लागू हो जाने से भारतीय परिसंघ व्यवस्था दो स्तरीय निर्णय व्यवस्था के स्थान पर तीन स्तरीय प्रशासनिक व्यवस्था बन गई है (देखिए: अध्याय 9 खण्ड-1)।

राजनीतिक विकल्प और निर्वाचन का भूगोल

6

राजनीति एक सत्ता केन्द्रित प्रक्रिया है। अतः इसमें सक्रिय समूहों और गुटों का अन्तिम लक्ष्य महत्वपूर्ण सामाजिक उद्देश्यों की प्राप्ति हेतु सत्ता प्राप्त करना है। आदर्श स्थिति में ये उद्देश्य समाजहित से प्रेरित होते हैं परन्तु इन हितों को देखने का दृष्टिकोण राजनीतिज्ञों और उनके दलों के आर्थिक तथा सामाजिक दर्शन के अनुसार भिन्न-भिन्न होता है। पूंजीवादी उदारवाद बनाम लोकतांत्रिक समाजवाद इसका स्पष्ट उदहारण है। बीसवीं सदी में राजनीतिक सत्ता प्राप्ति के लिए संघर्ष उत्तरोत्तर लोकतांत्रिक संघर्ष बन गया है। आज कुछ अपवादों को छोड़कर प्रायः सर्वत्र लोकतांत्रिक मतदान के आधार पर ही देश की सत्ता का अधिकार प्राप्त किया जा सकता है। अतः राजनीतिक विकल्प आज के युग में एक लोकतांत्रिक प्रक्रिया बन गई है। यह बात अलग है कि "लोकतंत्र" का स्वरूप और उसकी वास्तविक प्रभावशीलता में अमीर और गरीब, तथा उत्तर और दक्षिण के देशों के बीच पर्याप्त अन्तर है। संक्षेप में, आधुनिक राजनीति एक लोकतांत्रिक प्रक्रिया है अतः सत्ता प्राप्ति का एक मात्र रास्ता निर्वाचन प्रक्रिया के माध्यम से विजयी होना है। इस प्रकार चुनाव प्रक्रिया राजनीतिक सत्ता प्राप्ति का प्रथम सोपान बन गई है। परिणामस्वरूप पिछले चार दशकों में राजनीतिक अध्ययन की सभी शाखाओं में निर्वाचन परिणामों का विश्लेषण, अध्ययन और अनुशीलन महत्वपूर्ण विषय बन गया है।

मतदान में प्रत्येक मतदाता अपना मत मतपेटी में स्वयं डालता है तथा प्रत्येक मत विजय अथवा पराजय की दृष्टि से समान महत्व का है, परन्तु यदि निर्वाचन क्षेत्र (जिसके आधार पर अभ्यर्थियों का निर्वाचन होना है) वृहद् आकार का है (जैसा कि भारत में विधान सभाओं तथा लोकसभा के चुनावों में होता है) तो मतदाता के लिए विभिन्न प्रत्याशियों के बीच चुनाव काफी कठिन हो जाता है। इतने बड़े क्षेत्र में अलग-अलग स्थानों से खड़े हुए उम्मीदवारों से परिचित होना तथा उनके गुण-दोष के आधार पर उनमें चुनाव करना आम जन के लिए प्रायः असम्भव है। इसी कारण से इन स्तरों के निर्वाचन हमेशाा ही दलों पर आधारित चुनाव होते हैं परन्तु स्वतंत्र (अर्थात् निर्दलीय) उम्मीदवारों के चुनाव लड़ने पर कोई प्रतिबन्ध नहीं है।

सभी राजनीतिक दलों की अपनी अलग-अलग और बहुधा स्पष्ट राजनीतिक पहचान होती है। यह पहचान उन दलों के चुनाव घोषणापत्रों और उनके संविधान के मूलभूत उद्देश्यों में निहित है। दल की यह पहचान उसके उम्मीदवारों के साथ जुड़ी होती है। इससे मतदाता को उम्मीदवारों

की बीच चुनाव करने में सरलता हो जाती है। कोई मतदाता सामान्यतया अपना मत उसी प्रत्याशी के पक्ष में देगा जिसके दल का आर्थिक और सामाजिक दर्शन उसकी अपनी राजनीतिक रुझान के अनुरूप है। यही कारण है कि आज सभी देशों में चुनाव परिणामों का प्रकाशन दलगत आधार पर किया जाता है। अतः चुनावों का शास्त्रीय अध्ययन और चुनाव परिणामों का विश्लेषण मुख्यतया राजनीतिक दलों के चुनावी प्रदर्शन पर केन्द्रित होता है। दूसरे शब्दों में राजनीतिक दलों की संरचना तथा उनका स्वरूप किसी भी देश के चुनाव परिणामों को समझने और उनका विश्लेषण करने का मुख्य आधार है।

विभिन्न राजनीतिक दल देश की सामाजिक संरचना में निहित भिन्न-भिन्न वर्गों के हितों और उन वर्गों के अलग-अलग सामाजिक-आर्थिक दर्शनों का प्रतिनिधित्व करते हैं। परिणामस्वरूप अलग-अलग देशों में राजनीतिक दलों के नाम में पाई जाने वाली समरूपता के होते हुए भी प्रत्येक देश के राजनीतिक दल उस देश की स्थानीय सामाजिक व्यवस्था की उपज होते हैं। प्रत्येक राजनीतिक दल न्यूनाधिक रूप में एक ऐतिहासिक इकाई है जिसका स्वरूप देश के राजनीतिक इतिहास में घटित होने वाले परिवर्तनों के साथ-साथ विकसित होता रहता है। भारतीय जनता पार्टी का पिछले पच्चीस वर्षों के विकास का इतिहास तथा उसकी बदलती पहचान इसका अच्छा उदाहरण है।

आधुनिक उदारवादी लोकतांत्रिक राजनीति मूलतः यूरोपीय सामाजिक और ऐतिहासिक अनुभव की देन है। यूरोपीय अनुकरण की प्रक्रिया से ही इसका विश्वव्यापी विस्तार हुआ है। परिणामस्वरूप राजनीतिक दलों के विकास में यूरोपीय अनुभव की महत्वपूर्ण भूमिका है। यूरोपीय (विशेषकर ब्रिटिश) अनुभव के आधार पर अमरीकी विद्वान लिप्सेट और रोकन (1967) ने राजनीतिक दल व्यवस्था के विकास और उसके सामाजिक स्वरूप सम्बन्धी एक सिद्धान्त प्रतिपादित किया है जो राजनीतिक दल व्यवस्था के सामाजिक विदारण के सिद्धान्त (सोशल क्लीवेज थियोरी) के नाम से विख्यात है।

राजनीतिक दलों के विकास का लिप्सेट-रोकन सिद्धान्त

सामाजिक विकास की प्रक्रिया बहुत हद तक वर्ग संघर्ष अथवा हित संघर्ष की प्रक्रिया है। ऐसे हर संघर्ष के दो मूलभूत आयाम होते हैं, एक क्षेत्रीय तथा दूसरा प्रकार्यिक (फंक्शनल)। क्षेत्रीय आयाम संघर्ष को स्थानीय हितों के आधार पर बांटने का काम करता है। यही राजनीति के क्षेत्रीयकरण तथा देश में क्षेत्रीय दलों के विकास का मुख्य कारण है। प्रकार्यिक विभाजन सामाजिक और आर्थिक हितों पर आधारित है। कृषि बनाम उद्योग, अथवा श्रमिक बनाम पूंजीपति सम्बन्धी विभाजन इसका उदाहरण है। इस प्रकार का वर्ग विभेद देश के सभी भागों में प्रायः समान रूप में होता है। अतः यह विभाजन राष्ट्रीय स्तर के दलों के विकास का मूल आधार है। जैसा कि चित्र 6.1 में दर्शाया गया है क्षेत्रीय और प्रकार्यिक विभाजन धुरियों की पारस्परिकता के आधार पर सामाजिक संघर्ष में चार पृथक्-पृथक् ध्रुवों का निर्माण होता हैः राष्ट्रीय बनाम स्थानीय, और सैद्धान्तिक बनाम व्यावहारिक। संघर्ष विभाजन के इन चार ध्रुवों के आधार पर लिप्सेट और रोकन ने यूरोपीय संदर्भ में चार आधारभूत सामाजिक विभेदों की पहचान की है ये हैंः (1) प्रजा बनाम शासक वर्ग, (2) धर्माधिकारी बनाम शासनाध्यक्ष (चर्च बनाम राज्य), (3) प्राथमिक बनाम

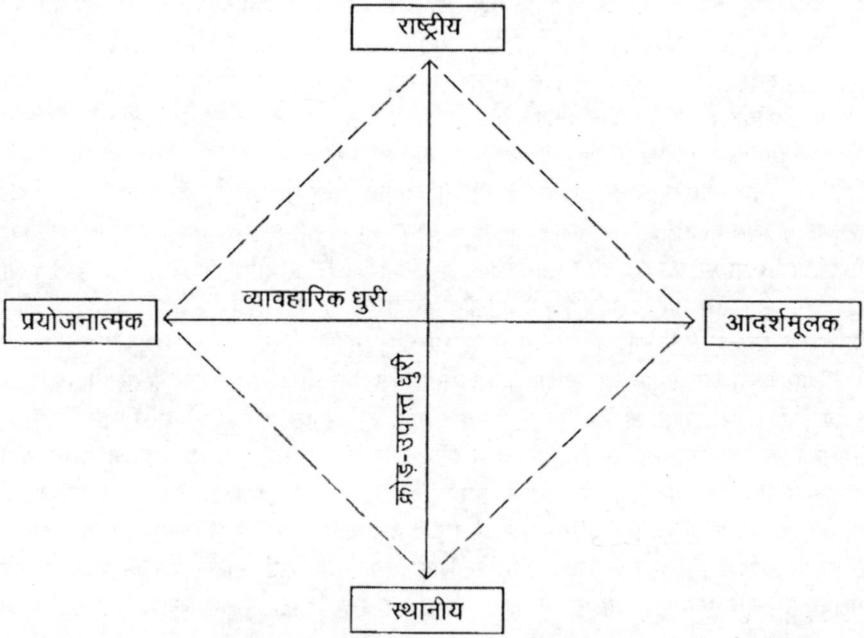

चित्र 6.1 लिप्सेट और रोकन के अनुसार यूरोपीय दल व्यवस्था में व्यवहार संघर्ष की चार धुरियां।

अप्राथमिक रोजगार व्यवस्था, तथा (4) श्रम बनाम पूंजी। पहले दो ध्रुव राष्ट्रवादी क्रान्ति के परिणाम थे, तथा शेष दो औद्योगिक क्रांति के। इन चारों ध्रुवों को लिप्सेट और रोकन ने निर्णायक विदारण (क्रिटिकल क्लीवेजेज़) की संज्ञा दी है।

आधुनिक यूरोपीय देशों की राष्ट्रीय स्तर की राजनीति इन दोनों सामाजिक-क्रांतियों के सम्मिलित प्रभाव का परिणाम है। पहले ध्रुव का सम्बन्ध उस प्रारम्भिक संघर्ष से है जिसके माध्यम से शासकों की प्रादेशिक संस्कृति, उनकी भाषा और उनके जीवन मूल्य धीरे-धीरे (स्थानीय विरोधों के होते हुए भी) पूरे देश में व्याप्त हो गए। दूसरे ध्रुव का सम्बन्ध इस प्रश्न से था कि सामान्य जन के जीवन आदर्शों और उनके दैनिक व्यवहार को दिशा निर्देश देने का अधिकार धर्माधिकारियों को प्राप्त हो अथवा देश की राजनीतिक सत्ता अर्थात् सम्राट को। तीसरे ध्रुव का सम्बन्ध कृषि हित बनाम उद्योग हित से था, तथा चौथे का औद्योगीकरण के परिणामस्वरूप श्रम और पूंजी के बीच उत्तरोत्तर बढ़ते तनाव से।

बीसवीं सदी के प्रथम चतुर्थांश की समाप्ति से पूर्व प्रथम तीन ध्रुव ही राजनीतिक जीवन के प्रमुख आधार थे। 1920 के बाद के वर्षों में सभी वयस्कों को जनमत का अधिकार प्राप्त हो जाने के बाद से श्रम बनाम पूंजी संघर्ष यूरोप में प्रायः सर्वत्र राजनीतिक क्रियाकलाप का मुख्य आधार बन गया। ब्रिटेन का द्विदलीय राजनीति (कंज़रवेटिव बनाम लेबर पार्टी) इसी संघर्ष पर आधारित है। अन्य यूरोपीय देशों में भी न्यूनाधिक संशोधनों के साथ इसी प्रकार की दल व्यवस्था है। परन्तु औद्योगिक विकास के अलग-अलग स्वरूपों तथा अनेक स्थानीय ऐतिहासिक

और सांस्कृतिक कारणों से कुछ यूरोपीय देशों में दो से अधिक राजनीतिक दलों का अस्तित्व है। राजनीतिक दलों के विकास का यह यूरोपीय (मूलतः ब्रिटिश) प्रारूप यूरोपीय मूल की जनसंख्या बहुल उपनिवेशों, उदाहरणार्थ संयुक्त राज्य अमरीका, कनाडा, आस्ट्रेलिया, न्यूज़ीलैण्ड, तथा दक्षिणी अफ्रीका में भी अनुकृत हुआ। यही कारण है कि लिप्सेट-रोकन अवधारणा राजनीतिक दलों के निर्वाचन परिणामों के विश्लेषण में मानक प्रारूप के दौर में मान्य हो गई। इस आधार पर यह आम मान्यता बन गई है कि राजनीतिक दलों के समर्थन का आधार सामाजिक संरचना में विद्यमान विदारण (क्लीवेजेज़) पर निर्भर है। परिणामस्वरूप राजनीतिक अध्ययन में लोक समर्थन प्रारूप का विश्लेषण सामाजिक और आर्थिक स्थितियों के प्रतिफल के रूप में देखा जाने लगा है। सत्तर के दशक में यह मान्यता निर्वाचन भूगोल में दलों के समर्थन के क्षेत्रीय वितरण के प्रारूप के विश्लेषण के लिए मानक प्रारूप बन गई।

ध्यातव्य है कि अवश्वेत जनसंख्या बहुल यूरोपीय उपनिवेशों (जैसे भारत) में राजनीतिक दलों के विकास (और उनकी संरचना) में यूरोपीय प्रारूप का अनुकरण नहीं हो सका। इन देशों के नागरिकों के संस्कार तथा उनकी सामाजिक और आर्थिक व्यवस्था यूरोप से सर्वथा भिन्न थी। परन्तु स्थानीय स्तर पर दलों के समर्थन प्रारूप और सामाजिक तथा आर्थिक तत्वों के क्षेत्रीय वितरण प्रारूपों के बीच निकट सम्बन्ध की मूलभूत मान्यता इन क्षेत्रों में भी लागू होती है। (भारत के विशेष सन्दर्भ में देखिए: छिब्बर और पेट्रोसिक, 1989; लिप्सेट और रोकन के सिद्धान्त पर संक्षिप्त समालोचनात्मक टिप्पणियों के लिए देखिए: जान्स्टन, 1990 तथा लिज़फ़ार्ट, 1990)।

निर्वाचन पद्धतियां

इस चर्चा को आगे बढ़ाने के पहले निर्वाचन पद्धतियों के बारे में संक्षिप्त चर्चा आवश्यक है। चुनाव की सारी प्रक्रिया और उसका वास्तविक परिणाम बहुत हद तक इस बात पर निर्भर है कि चुनाव प्रक्रिया किस पद्धति से सम्पन्न हुई है। चुनाव सम्पन्न करने की तीन मुख्य पद्धतियां हैं। एक बहुवाद (प्लूरैलिटी) पद्धति, दूसरी अधिमान (प्रिफरेंस) पद्धति, तथा तीसरी सूची (लिस्ट) पद्धति।

बहुवाद पद्धति के अन्तर्गत सभी अभ्यर्थियों में अधिकतम मत प्राप्त करने वाला प्रत्याशी विजयी घोषित होता है। अतः इस पद्धति को पहले पाला छूने वाली (फर्स्ट पास्ट द पोस्ट) पद्धति कहते हैं। यही पद्धति ब्रिटेन तथा उसके भूतपूर्व उपनिवेशों (जैसे भारत) में लागू है। इस पद्धति की मूलभूत कमी यह है कि प्रत्याशी-बहुल चुनाव क्षेत्रों में मतों के अत्यधिक विभाजन के कारण कोई प्रत्याशी मात्र बीस-पच्चीस प्रतिशत मत प्राप्त करने पर भी विजयी घोषित हो सकता है। निश्चय ही ऐसा प्रतिनिधि निर्वाचन क्षेत्र की अधिकांश जनता का प्रतिनिधित्व नहीं करता। इससे लोकतंत्र की मूल आत्मा का अनादर होता है।

इस पद्धति के तीन प्रकारान्तर हैं। प्रथम, एक प्रतिनिधि वाले निर्वाचन क्षेत्र, द्वितीय दो अथवा अधिक प्रतिनिधियों वाले चुनाव क्षेत्र, तथा तृतीय "भारित" बहुवाद। पहले की चर्चा हम ऊपर कर चुके हैं। इसके अन्तर्गत मत पत्र पर सभी प्रत्याशियों का नाम अंकित होता है तथा मतदाता किसी एक प्रत्याशी के नाम के आगे अपना मत अंकित कर देता है। दो या इससे अधिक सदस्यों वाले चुनाव क्षेत्र वाली व्यवस्था के अन्तर्गत मतदाता दो अथवा तीन अलग-अलग नामों के आगे अपना मत अंकित करता है तथा तीनों मतों की अलग-अलग गणना के आधार पर तीन ऐसे प्रत्याशी जिनको सर्वाधिक मत प्राप्त हुए हैं विजयी घोषित होते हैं। "भारित" बहुवाद के अन्तर्गत

मतक्षेत्र से चुने जाने वाले सदस्यों की संख्या उस क्षेत्र की जनसंख्या के आकार (भार) पर निर्भर होती है। अर्थात् कम जनसंख्या वाले क्षेत्रों में चुने जाने वाले प्रतिनिधियों की संख्या कम तथा अधिक जनसंख्या वाले क्षेत्रों में कुल जनसंख्या अनुपात के अनुसार चुने जाने वाले प्रतिनिधियों की संख्या अधिक होती है।

अधिमान पद्धति के दो प्रकारान्तर हैं। प्रथम, एक सदस्यीय अधिमान, तथा द्वितीय बहुसदस्यीय अधिमान। एक सदस्यीय अधिमान के अन्तर्गत मतदाता को मतपत्र में दिए गए प्रत्याशियों में सभी के नाम के आगे एक से लेकर अन्तिम संख्या तक क्रमवार अधिमान अंकित करना होता है। अधिमान के क्रम की गणना के आधार पर बहुसमर्थित प्रत्याशी का चुनाव कर लिया जाता है। वह प्रत्याशी जिसे मतगणना की प्रक्रिया में सबसे पहले पचास प्रतिशत से एक अधिमान अधिक प्राप्त होता है उसे विजयी घोषित कर दिया जाता है। इस प्रकार इस प्रद्धति से विजयी प्रत्याशी सही अर्थों में बहुसमर्थित प्रत्याशी होता है। यदि प्रथम मतगणना में किसी प्रत्याशी को पचास प्रतिशत मत नहीं प्राप्त होते तो न्यूनतम संख्या में प्रथम अधिमान प्राप्त करने वाले प्रत्याशी के पक्ष में पड़े द्वितीय अधिमान की गणना की जाती है तथा यह प्रक्रिया तब तक जारी रहती है जब तक किसी एक प्रत्याशी को मिला समर्थन पचास प्रतिशत की सीमा नहीं लांघ जाता।

आस्ट्रेलिया जैसे कुछ देशों में मतदाता के लिए आवश्यक है कि वह अंतिम संख्या तक अपना अधिमान व्यक्त करे। इससे चुनाव परिणाम में विद्रूपता उत्पन्न होने की आशंका रहती है क्योंकि शेष किन्हीं प्रत्याशियों में अभिरुचि न होने के कारण अनेक मतदाता वर्णाक्षर के क्रम में मुद्रित प्रत्याशियों में प्रारम्भ से क्रमवार अधिमान क्रम अंकित कर देते हैं जिसके परिणामस्वरूप अंग्रेजी के वर्णाक्षर "ए" से "के" तक से शुरू होने वाले नामों के प्रत्याशियों को लाभ मिलता है। इस प्रकार के लाभ को "गर्दभ मत" (डांकी वोट) कहते हैं इसके विपरीत फ्रांस में यदि किसी प्रत्याशी को प्रथम गणना में पचास प्रतिशत प्रथम अधिमान प्राप्त नहीं होता है तो उस दशा में पुनर्मतदान की व्यवस्था है। पुनर्मतदान के पहले प्रत्याशियों को चुनाव मैदान से हटने की छूट रहती है। द्वितीय मतदान के आधार पर सबसे अधिक मत प्राप्त करने वाले प्रत्याशी को विजयी घोषित कर दिया जाता है।

बहुसदस्यीय अधिमान पद्धति के अन्तर्गत मतदाता के लिए यह आवश्यक नहीं है कि वह सभी प्रत्याशियों के प्रति अधिमान व्यक्त करे क्योंकि एक निश्चित संख्या के बाद का अधिमान निरस्त माना जाता है। परिणाम घोषित करते समय किसी प्रत्याशी के लिए विजयी होने के लिए न्यूनतम प्रथम अधिमान की संख्या विजय संख्यांक (ड्रूप कोटा) के आधार पर निर्धारित कर दी जाती है। निर्धारण की प्रक्रिया इस प्रकार है:

$$\frac{\text{कुल प्रथम अधिमान मत}}{\text{निर्वाचन क्षेत्र में चुने जाने वाले प्रतिनिधियों की संख्या} + 1} + 1$$

उदाहरणार्थ यदि किसी चुनाव क्षेत्र में कुल मतदान की संख्या 20,000 है तथा क्षेत्र से चुने जाने वाले प्रतिनिधियों की संख्या 4 है तो विजयी होने के लिए किसी प्रत्याशी को

$$\frac{20,000}{4+1} + 1 = 4001$$

मतों की आवश्यकता होगी। आयरलैण्ड में यही प्रथा लागू है।

सूची पद्धति के अन्तर्गत चुनाव प्रक्रिया पूर्णरूपेण दल सापेक्ष होती है। अर्थात् केवल चुनाव आयोग द्वारा मान्यता प्राप्त दल ही चुनाव प्रक्रिया में भाग ले सकते हैं। चुनाव क्षेत्र बहुसदस्यीय होते हैं, तथा प्रत्येक राजनीतिक दल सदस्यों की निर्धारित संख्या से अधिक संख्या में प्रत्याशी खड़ा कर सकता है। मतपत्र में विभिन्न दलों की सूची दर्ज होती है तथा मतदाता अपनी रुचि के दल की सूची से निश्चित संख्या में प्रत्याशियों के नाम अंकित कर देता है। मतदाता के लिए एक ही दल के प्रत्याशियों में से निर्दिष्ट संख्या में सभी प्रतिनिधियों का चुनाव करना आवश्यक है।

मिश्रित पद्धति अनेक देशों में ऊपर चर्चित पद्धतियों की कुछ अलग-अलग विशेषताओं के सम्मिश्रण के आधार पर निर्वाचन प्रक्रिया सम्पन्न होती है। ऐसा करने का उद्देश्य यह है कि चुनाव परिणाम अधिक संतोषजनक हो सके। एक मिश्रित पद्धति (जोकि जर्मनी और डेनमार्क में लागू है) के अन्तर्गत संसद में किसी राजनीतिक दल का प्रतिनिधित्व चुनाव प्रक्रिया में पूरे देश में उसके पक्ष में हुए मतदान का देश में हुए कुल मतदान के प्रतिशत हिस्से के अनुरूप होता है। इस प्रक्रिया में सम्भावित विद्रूपता को कम करने की दृष्टि से कुछ "सीटें" सुरक्षित रख ली जाती हैं जिनको एक विधि सम्मत, सिद्धान्त के आधार पर विभिन्न राष्ट्रीय दलों में बांट दिया जाता है।

निर्वाचन भूगोल का विकास और उसकी अध्ययन विधियां

राजनीतिक भूगोल की एक विशिष्ट उपशाखा के रूप में निर्वाचन भूगोल का इतिहास मात्र तीस वर्ष पुराना है, परन्तु विद्वान लम्बे समय से निर्वाचन परिणामों के क्षेत्रीय प्रारूप का छिट-पुट अध्ययन करते रहे हैं। इस तरह के प्रयासों के सन्दर्भ में फ्रांसीसी विद्वान आंन्द्रे सीजफ्रीड (1913) का नाम विशेष उल्लेखनीय है। परन्तु 1920 के दशक के पूर्व मताधिकार मात्र थोड़े से सम्पन्न और शिक्षित व्यक्तियों को ही प्राप्त था अतः इसके क्षेत्रीय सामाजिक आधार की प्रामाणिकता अत्यधिक सीमित थी। अतः सत्तर के दशक के पूर्व निर्वाचन भूगोल नाम की विधा अस्तित्व में नहीं आई थी। फ्रांस इसका एकमात्र अपवाद था। यहां सीजफ्रीड (जो एक साथ ही समाजशास्त्री, भूगोलविद् और राजनीतिशास्त्री भी थे) के नेतृत्व में चुनाव परिणामों के सविस्तार विश्लेषण की परिपाटी 1913 से ही चली आ रही है।

चुनाव परिणामों का 1960 के पहले तथा उसके बाद किए गए भौगोलिक विश्लेषणों में स्पष्ट गुणात्मक अन्तर था। पूर्वगामी अध्ययन मूलतः चुनाव परिणामों के आधार पर राजनीतिक रुझान के क्षेत्रीय वितरण का सीधा-सादा निरूपण था। अध्ययनकर्ता का प्रमुख उद्देश्य चुनाव परिणामों को चुनाव क्षेत्रों के मानचित्र पर अंकित करना और इस प्रकार तैयार किए गए मानचित्र के आधार पर क्षेत्र के राजनीतिक रुझान और उसके स्थानीय भौगोलिक परिवेश के बीच कार्य-कारण सम्बन्ध निर्धारित करना मात्र था। यही कारण है कि इस प्रकार के अध्ययन को *मतदान का भूगोल* (जिओग्राफी ऑफ वोटिंग) का नाम दिया गया है। इसके विपरीत साठ के दशक के बाद का निर्वाचन भूगोल मुख्य रूप से मतदान को प्रभावित करने वाले तत्वों के विश्लेषण, अर्थात् *मतदान में भौगोलिक प्रभाव* (जिओग्राफिकल इंफ्लुएंसेज़ इन वोटिंग) के विश्लेषण पर केन्द्रित अध्ययन बन गया। पुराना अध्ययन वर्णन प्रधान था जबकि 1960 के बाद का अध्ययन विश्लेषण प्रधान।

ध्यातव्य है कि भूगोल में निर्वाचन सम्बन्धी सभी अध्ययन अलग-अलग निर्वाचन क्षेत्रों के लिए प्रकाशित समुच्चयित (एग्रीगेट) आंकड़ों पर आधारित थे। द्वितीय विश्वयुद्ध के बाद के प्रारम्भिक वर्षों में, जब राजनीतिक भूगोल जर्मनी में भूराजनीति के साथ अपने निकट सम्बन्ध के

कारण तिरस्कृत हो चुका था तथा निर्वाचन सम्बन्धी अध्ययन प्रायः विस्मृत हो गया था, एकाएक राजनीतिशास्त्र में निर्वाचन प्रक्रिया और निर्वाचन परिणामों के अध्ययन में विशेष रुचि जाग्रत हुई। चुनाव अध्ययन का यह नया दौर मूलतः राजनीतिक व्यवहार के विश्लेषण पर केन्द्रित था। अर्थात् राजनीतिशास्त्री समुच्चयित क्षेत्रीय आंकड़ों के बदले विभिन्न प्रकार के सर्वेक्षणों के आधार पर व्यक्तिगत मतदाताओं से प्राप्त किए गए आंकड़ों के अध्ययन पर ध्यान केन्द्रित करने लगे थे क्योंकि व्यवहारवादी अवधारणा के अनुसार चुनाव प्रक्रिया और चुनावों के परिणाम का अध्ययन बहुवादी और उदारवादी लोकतांत्रिक व्यवस्था से प्रत्यक्षतः जुड़ा है। व्यवहारवाद की मूलभूत मान्यता थी कि प्रत्येक मतदाता मतदान का निर्णय अपनी उपयोगिता बोध के अनुरूप करता है, अतः मतदाता का परिवेश, उसकी सामाजिक अवचेतना और उसकी आय, उसका पेशा तथा उसका वर्गबोध उसके मतदान निर्णय को प्रभावित करते हैं। समुच्चयित आंकड़े मतदान के इस पक्ष को उजागर नहीं कर सकते। राजनीतिक भूगोल में निर्वाचनों के अध्ययन का नया दौर राजनीतिशास्त्र (विशेषकर अमरीकी राजनीतिक समाजशास्त्र) के प्रभाव में विकसित हुआ था तथा राजनीतिक समाजशास्त्र में विकसित मात्रात्मक विश्लेषण पद्धति ही मतदान के भौगोलिक विश्लेषण का मुख्य वैचारिक आधार थी। अतः चुनावी अध्ययन की यह नई विधा व्यवहारवादी और मात्रात्मक विश्लेषण पद्धति के नाम से जानी जाती है यद्यपि कि निर्वाचन भूगोल में "फील्ड सर्वे का समावेश नहीं हुआ।

नए दौर के निर्वाचन भूगोल के अध्ययन की एक प्रमुख विशेषता यह थी कि 1960 के पहले निर्वाचन परिणामों के विश्लेषण में निर्वाचन क्षेत्रों में निहित सामाजिक, आर्थिक और प्राकृतिक तत्वों के प्रभाव पर विशेष जोर दिया जाता था क्योंकि तत्कालीन मान्यता के अनुसार मानव भूगोल मूलतया स्थानिक विश्लेषण (एरियल एनैलिसिस) था। इसके विपरीत नया निर्वाचन भूगोल आधुनिक मानव भूगोल की अन्य शाखाओं की भांति ही, भौगोलिक दूरियों पर आधारित सामाजिक सम्बन्धों और उनके प्रभावों के विश्लेषण पर केंद्रित हो गया। अतः अब निर्वाचन परिणामों का विश्लेषण स्थानपरक (एरियल) के बदले विश्लेषण दूरी परक (स्पेसियल) हो गया। इस प्रकार विद्यार्थी का ध्यान स्थिति से हटकर परिस्थितिजन्य प्रभावों के विश्लेषण पर केंद्रित हो गया। इसी कारण से नए दौर के निर्वाचन भूगोल की अध्ययन पद्धति को व्यवहारवादी तथा दूरी परक (स्पेसियल-बिहेवरल) अध्ययन पद्धति कहा जाता है। ऐतिहासिक दृष्टि से 1960 के पूर्व चुनावों का भौगोलिक विश्लेषण विभिन्न चुनाव क्षेत्रों के चुनाव परिणामों का वस्तुनिष्ठ और अनुभववादी विश्लेषण था। इसमें सैद्धांतिक और समालोचनात्मक (क्रिटिकल) दृष्टि के लिए कोई स्थान नहीं था। इसके विपरीत नया निर्वाचन भूगोल इन दोनों के प्रति निरन्तर सचेत था।

1960 के दशक के पूर्व की अध्ययन पद्धति को स्थानपरक अध्ययन पद्धति के नाम से जाना जाता है। इस पद्धति के दो प्रकार थे। एक *स्थानीय संरचनाओं* पर केन्द्रित अध्ययन, तथा दूसरा *स्थानीय पारिस्थितिकीय* अध्ययन। स्थानीय संरचनाओं पर केन्द्रित अध्ययन में अध्ययन का प्रमुख उद्देश्य विभिन्न चुनाव क्षेत्रों के समुच्चयित आकड़ों के आधार पर उनके मतदाताओं की राजनीतिक रुझान का निरूपण करना था। सम्पूर्ण देश अथवा प्रांत के चुनाव क्षेत्रों के क्षेत्रवार आंकड़ों का छाया विधि द्वारा मानचित्र पर अंकित करके सम्बद्ध आंकडों में निहित राजनीतिक रुझान का क्षेत्रीय वितरण प्रस्तुत किया जाता था। अधिकांश देशों में चुनाव के आंकड़े अलग-अलग चुनाव क्षेत्रों के लिए कुल मतदाता संख्या, मतदान करने वालों का वास्तविक प्रतिशत,

प्रत्येक दल अथवा प्रत्याशी को प्राप्त मतों की संख्या और कुल हुए मतदान में उस प्रत्याशी या दल का प्रतिशत हिस्सा (अर्थात् प्रत्याशी को प्राप्त समर्थन का कुल प्रतिशत), जीतने वाले प्रत्याशी के विजय मत का अन्तर, तथा निरस्त मतों की संख्या सम्बन्धी सूचना देते हैं। इन अलग-अलग सूचनाओं के मानचित्रण के आधार पर मतदाताओं के आर्थिक, सामाजिक और राजनीतिक रुझान के स्थानीय प्रारूप का अनुमान होता है। भिन्न-भिन्न राजनीतिक दल अलग-अलग आर्थिक, सामाजिक और राजनीतिक दर्शन का प्रतिनिधित्व करते हैं अतः यह मान लिया जाता है कि उनके पक्ष में हुआ मतदान मतदाताओं के तत्सम्बन्धी रुझान का परिचायक है।

ध्यातव्य है कि चुनाव क्षेत्रों में विजय प्राप्ति के आधार पर किया गया मानचित्रीकरण हमें यह नहीं बता सकता कि किसी क्षेत्र में दल विशेष के जनसमर्थन का वास्तविक स्तर क्या है? कोई क्षेत्र विशेष विजयी दल का चुनावी गढ़ है अथवा दल के प्रत्याशी के विजय मत विभाजन अथवा ऐसे ही किन्हीं अन्य सामयिक कारणों से हुई है। सामान्यतया पचास प्रतिशत से अधिक समर्थन वाले क्षेत्र किसी भी राजनीतिक दल के गढ़ माने जा सकते हैं क्योंकि वहां दल का प्रत्याशी दल के प्रभाव के आधार पर विजयी हुआ माना जा सकता है। इससे कम मतदान प्रतिशत से प्राप्त विजय बहुधा सामयिक कारणों से प्राप्त विजय होती है इनमें विपक्ष के मतों का विभाजन सर्वप्रमुख है। आगामी चुनाव में विपक्षी दलों में चुनावी समझौता हो जाने की स्थिति में परिणाम सर्वथा भिन्न हो सकता है। उदाहरणार्थ 1998 के लोक सभा चुनाव में महाराष्ट्र में शिव सेना-भारतीय जनता पार्टी गठबन्धन को प्राप्त समर्थन का प्रतिशत 1996 के लोकसभा चुनाव में उसे प्राप्त समर्थन की तुलना में अधिक था परन्तु चूंकि 1998 में विपक्ष कांग्रेस के नेतृत्व में संगठित हो गया था अतः पहले से अधिक समर्थन पाने के बाद भी शिव सेना-भारतीय जनता पार्टी गठबन्धन को प्राप्त सीटों की संख्या घट कर आधी हो गई।

छाया विधि द्वारा मानचित्रीकरण की एक आधारभूत कमी है कि उसके अन्तर्गत राजनीतिक दलों के समर्थन में हुए मतदान के क्षेत्रीय वितरण में गहनता सम्बन्धी सूचना भिन्न-भिन्न प्रतिस्पर्धी दलों के लिए एक ही मानचित्र पर एक साथ नहीं दिखाई जा सकती। साथ ही इस विधि से सम्पन्न मानचित्रण दलों के प्रभाव क्षेत्र का क्षेत्रीय विस्तार मात्र दर्शाया जाता है, वितरण की गहनता नहीं। इससे दृश्याभास का दोष उत्पन्न होता है, विशेषकर उन प्रांतों में जहां कुछ क्षेत्र अन्य क्षेत्रों की अपेक्षा अत्यधिक विरल जनसंख्या वाले हैं। विरल जनसंख्या वाले क्षेत्रों में चुनावी इकाइयां क्षेत्रीय आकार में बहुत बड़ी होती हैं। उदाहरण के लिए हिमाचल प्रदेश में भरमौर, लाहौलस्पिती, तथा किन्नौर के चुनाव क्षेत्र प्रदेश के कुल भौगोलिक क्षेत्र के एक तिहाई से अधिक भाग पर फैले हुए हैं। छाया विधि द्वारा खींचे गए वितरण मानचित्र से ऐसा भ्रम उत्पन्न होता है कि इन क्षेत्रों में विजयी हुआ राजनीतिक दल अत्यधिक व्यापक प्रभाव वाला है जबकि वास्तव में उसे प्रदेश की कुल तीन सीटों पर ही विजय मिली है।

स्थानपरक पारिस्थितिकीय अध्ययन प्रणाली

फ्रांस में आन्द्रे सीजफ्रीड के नेतृत्व में विकसित निर्वाचन भूगोल पारिस्थितिकीय विश्लेषण पर आधारित था। इसके अन्तर्गत चुनावी आंकड़ों का विश्लेषण विभिन्न प्रकार के स्थान अथवा पारिस्थितिजन्य सामाजिक, आर्थिक और प्राकृतिक तत्वों के कार्य-कारण सम्बन्धों के आधार पर किया जाता था। इसके अन्तर्गत चुनाव परिणामों से प्राप्त आंकड़ों के आधार पर राजनीतिक दलों

को प्राप्त जन समर्थन के वितरण मानचित्र का चुने हुए आर्थिक, सामाजिक और भौगोलिक तत्वों के वितरण मानचित्रों का चुने हुए आर्थिक, सामाजिक और भौगोलिक तत्वों के वितरण मानचित्रों से तुलना करके दलों के चुनावी समर्थन के जनाधर का विश्लेषण किया जाता था। इस कार्य के लिए सामान्यतया मानचित्र अधिचित्रण विधि (मैप ओवर लेयिंग) का प्रयोग होता था। इसके अन्तर्गत विभिन्न तत्वों के वितरण मानचित्रों के वितरण प्रारूप में समरूपता अथवा उसके अभाव के आधार पर दलों के जनाधार तथा सम्बद्ध तत्व के बीच धनात्मक अथवा ऋणात्मक सम्बन्ध जांचने का प्रयास किया जाता था। सीजफ्रीड (1949) द्वारा प्रस्तुत फ्रांस के आर्देचे विभाग में तीसरे जनतंत्र (1871-1940) की अवधि में हुए चुनावों के परिणाम का विश्लेषण इस प्रकार के अध्ययन का आदर्श उदाहरण है। इसमें लेखक ने दलगत जन समर्थन वितरण प्रारूप के मानचित्र और प्रदेश के भूगर्भिक मानचित्र, उच्चावच मानचित्र, उद्योगों के वितरण मानचित्र, जनसंख्या घनत्व वितरण मानचित्र, कृषि के प्रकारों का वितरण मानचित्र, तथा जोत के आकार सम्बन्धी वितरण मानचित्रों के परस्पर अधिचित्रण के आधार पर चुनाव परिणामों का विश्लेषण प्रस्तुत किया था (चित्र 6.2)। लेखक की मान्यता के अनुसार भूगर्भिक संरचना ने उद्योगों के विकास में निर्णायक भूमिका निभाई थी। औद्योगिक रूप में विकसित प्रदेश घनी जनसंख्या और श्रमिक मतदाता प्रधान क्षेत्र थे अतः इन क्षेत्रों में वामपंथी दलों को व्यापक समर्थन प्राप्त हुआ था। दूसरी ओर धरातलीय बनावट (उच्चावच) कृषि कार्य के विकास में निर्णायक भूमिका निभाती है। कृषि के बारे में यह जानना भी आवश्यक है कि सम्बद्ध क्षेत्र बड़ी जोत वाले मालिक किसानों वाला है अथवा छोटे-छोटे आकार की जोत वाला निर्वाह कृषिवाला। सामान्यतया सम्पन्न मालिक किसान दक्षिण पंथी विचारों वाले परन्तु श्रमजीवी किसान और छोटी जोत वाले और निर्वाह कृषि करने वाले लोग वामपंथी विचारों वाले होते हैं।

मानचित्र संख्या 6.2 के अंत में सीजफ्रीड ने अपने विश्लेषण का सार प्रस्तुत करते हुए क्षेत्र में दलों के जनतांत्रिक समर्थन तथा उस क्षेत्र की भूगर्भिक संरचना, तथा उसके धरातलीय स्वरूप, उद्योग, कृषि कर्म, जनसंख्या और जोतों के आकार के परस्पर सम्बन्ध को दर्शाने का प्रयास किया था। इस आधार पर लेखक का निष्कर्ष था कि इन तत्वों में कार्य-कारण सम्बन्ध की निरन्तरता आद्यन्त बनी रही थी। परिणामस्वरूप जिन चुनाव क्षेत्रों ने 1871 में जिन दलों को समर्थन दिया था वे 1936 तक उन्हीं दलों को यथावत समर्थन दे रहे थे। प्रदेश के 31 चुनाव क्षेत्रों को दल-समर्थन के आधार पर लेखक ने 17 वामपंथी समर्थक, तथा 11 दक्षिण पंथी समर्थक गुटों में बांटा। मात्र तीन चुनाव क्षेत्र ऐसे थे जिनके राजनीतिक रुझान में निरन्तरता नहीं थी। इस अध्ययन के आधार पर सीजफ्रीड का निष्कर्ष था कि पारिस्थितिकीय प्रभाव राजनीतिक वरण में निर्णायक भूमिका निभाते हैं। परन्तु इस आधार पर लेखक को नियतिवाद का समर्थक करार देना गलत होगा। क्योंकि भौतिक तत्वों के साथ-साथ उसने कृषि, उद्योग, जनसंख्या घनत्व आदि अभौतिक और सामाजिक तत्वों की भूमिका को भी अपने आकलन में महत्वपूर्ण स्थान दिया था।

पारिस्थितिकीय विश्लेषण लम्बे समय तक अध्ययन की महत्वपूर्ण विधा के रूप में विद्यमान रहा। द्वितीय विश्व युद्ध के पहले इस प्रकार के चुनाव विश्लेषण बहुधा अलग-अलग तत्वों के वितरण मानचित्रों के तुलनात्मक दृश्याभास पर आधारित थे। अतः उनके निष्कार्षों में मात्रात्मक सत्यापन का अभाव था, और अध्ययन मूलतया वर्णनात्मक था। विश्व युद्ध के बाद इस प्रकार के अध्ययन को मात्रात्मक गुणवत्ता देने का प्रयास हुआ। इस दिशा में अमरीकी भूगोलविद् पीयर्स

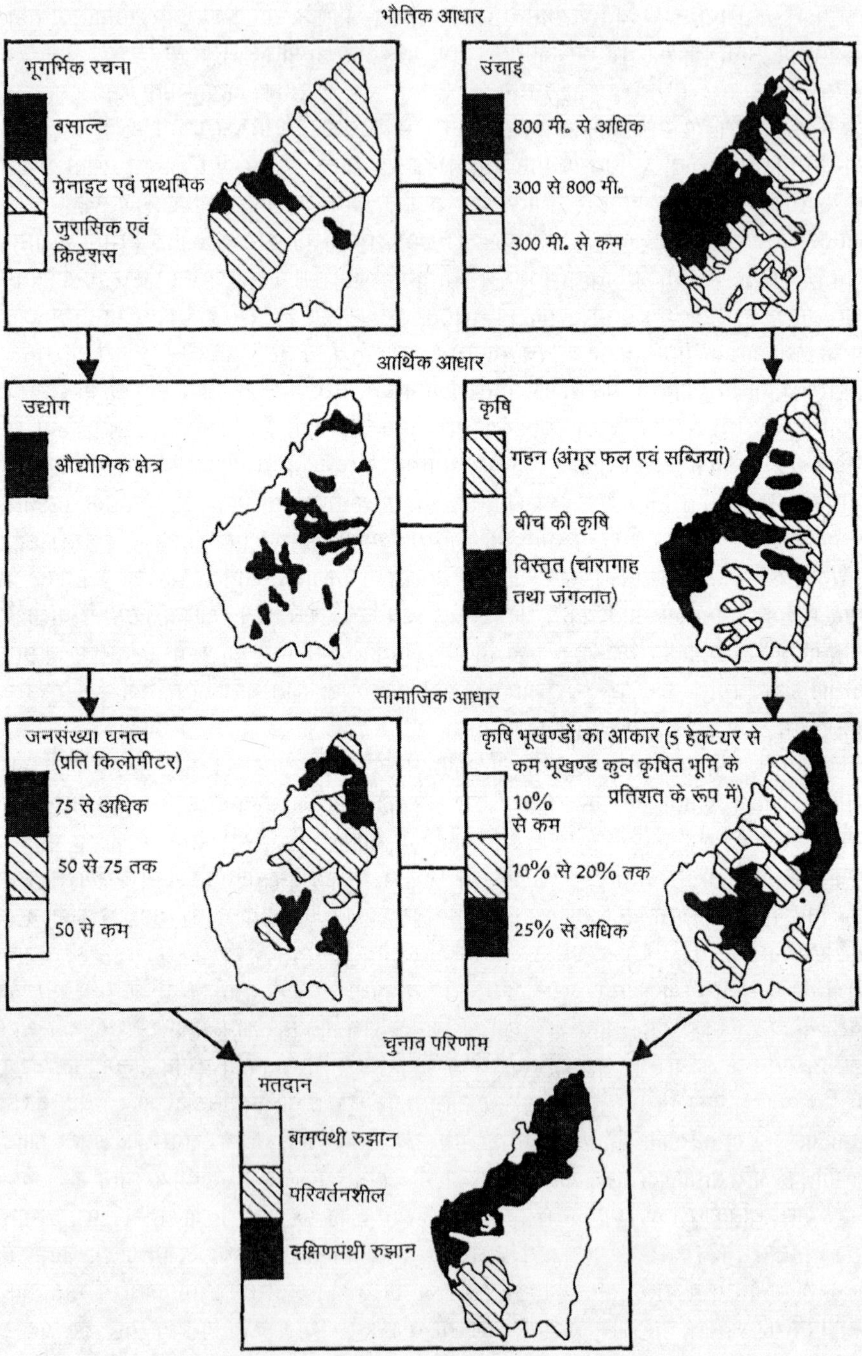

चित्र 6.2 आर्दचे (फ्रांस) में मतदान का भूगोल (सीजफ्रीड, 1949)।

लेविस (1965) द्वारा प्रस्तुत मिशिगन राज्य के फ्लिंट क्षेत्र के चुनाव परणिामों का विश्लेषण एक महत्वपूर्ण योगदान था। लेखक ने मानचित्रण की सहायता से नीग्रो मूल की जनसंख्या के वितरण और डिमाक्रटिक पार्टी के पक्ष में पड़े मतों के बीच कार्य-कारण सम्बन्ध दर्शाने का प्रयास किया। लेखक द्वारा खींचे गए मानचित्रों में डेमोक्रटिक पार्टी के पक्ष में पड़े मतों को समभार रेखाओं द्वारा प्रदर्शित किया गया तथा नीग्रो जनसख्ंया का क्षेत्रीय केन्द्रीकरण छाया विधि द्वारा। इस मानचित्रण विधि के प्रयोग से डेमोक्रटिक पार्टी को मिले मतों और नीग्रो मतदाताओं की संख्या के बीच धनात्मक सम्बन्ध आसानी से स्थापित हो गया।

यद्यपि लेविस की अध्ययन पद्धति मूलतः वर्णनात्मक मानचित्रीकरण पद्धति ही थी परन्तु अति लघु क्षेत्रीय चुनाव इकाइयों के मतदान आंकड़ों को सरलता से बिन्दु आंकड़ों के रूप में प्रयोग करते हुए लेखक ने अपने अध्ययन में मात्रात्मक गुण का समावेश करने में आशातीत सफलता प्राप्त की थी। ध्यातव्य है कि समभार मानचित्रण का प्रयोग उन्हीं देशों के चुनाव विश्लेषण में सम्भव है जिनमें चुनाव परिणाम अति लघु क्षेत्रीय इकाइयों के आधार पर उपलब्ध हों तथा जहां फ्लिंट की भांति जनसख्ंया में परस्पर प्रतिस्पर्धी मानस वाले मतदाताओं का क्षेत्रीय वितरण एक दूसरे से स्पष्टतया पृथक्-पृथक् हो।

नए दौर में सामाजिक पारिस्थितिकीय विश्लेषण मुख्यतया विभिन्न प्रकार की "सहसंबंध" तथा "समाप्रयण" सांख्यिकीय विधियों के आधार पर होने लगा है। इनका संक्षिप्त परिचय टेलर ओर जांस्टन (1979) की पुस्तक में उपलब्ध है (सम्बद्ध अंश दीक्षित, 1995, अध्याय 14 में उपलब्ध है)। सत्तर के दशक में अमरीकी राजनीतिक समाजशास्त्र के प्रभाव में विभिन्न प्रकार के सामाजिक-आर्थिक तत्वों के सन्दर्भ में किया गया पारिस्थितिकीय विश्लेषण निर्वाचन भूगोल के अध्ययन का मुख्य विषय बन गया था और राजनीतिक समाजशास्त्र में प्रयोग की जाने वाली सांख्यिकीय विधियों का क्षेत्रीय वितरण के विशेष परिप्रेक्ष्य में अधिकाधिक रूप में प्रयोग किया जाने लगा। सांख्यिकीय विधियों (विशेषकर कारक विश्लेषण तथा बहुल समाप्रयण विधियों) के प्रयोग से अब अनेक परस्पर सम्बद्ध तत्वों के मतदान पर होने वाले सम्मिलित और पृथक्-पृथक् प्रभावों को मात्रात्मक रूप में निर्धारित करना सम्भव हो गया था। फलस्वरूप अध्ययन के निष्कर्षों की सांख्यिकीय विश्वसनीयता में वृद्धि हुई। इस प्रकार राजनीतिक भूगोल एक "वैज्ञानिक" अध्ययन बन गया।

इस प्रकार के विश्लेषण में कुछ मूलभूत त्रुटियां हैं। उदाहरणार्थ चुनाव परिणामों का सामाजिक पारिस्थितिकीय अध्ययन जनगणना आयोग द्वारा प्रकाशित सामाजिक आंकड़ों के आधार पर किया जाता है। इन आंकड़ों के प्रयोग में मुख्य कठिनाई यह है कि अनेक महत्वपूर्ण पक्षों के बारे में इनमें कोई सूचना नहीं होती। परिणामस्वरूप अध्ययन की विश्वसनीयता अधूरी रह जाती है। उदाहरण के लिए हम जानते हैं कि किसी भी क्षेत्र में मतदाताओं के चुनावी निर्णय उनकी ऐतिहासिक स्मृतियों तथा संस्कारों से अनिवार्यतः जुड़े होते हैं। परन्तु जनगणना आयोग के आंकड़ों में इस बारे में कोई सूचना नहीं है, इनका सांख्यिकीय आकलन भी सम्भव नहीं है। दूसरी मूलभूत कठिनाई "पारिस्थितिकीय त्रुटि" सम्बन्धी है।

पारिस्थितिकीय त्रुटि

पारिस्थितिकीय विश्लेषण में विभिन्न तत्वों और मतदान निर्णय के बीच विद्यमान सम्बन्ध का निर्धारण सम्पूर्ण चुनाव क्षेत्र के स्तर पर किया जाता है। वृहद् आकार वाले किसी भी क्षेत्र में एक

से अधिक सांस्कृतिक पहचान और आर्थिक दर्शन वाले मतदाता निवास करते हैं। अतः उनके मतदान निर्णय एक दूसरे से भिन्न होते हैं। पूरे चुनाव क्षेत्र के स्तर पर किया गया विश्लेषण इस प्रकार के मतदान वैभिन्य को प्रतिबिम्बित नहीं कर सकता। अतः पारिस्थितिकीय अध्ययन के आधार पर सामान्य पाठक बहुधा यह मान लेता है कि जिस चुनाव क्षेत्र से कोई राजनीतिक दल विजयी हुआ है वह उस दल का चुनावी गढ़ है अतः वहां रहने वाला प्रत्येक व्यक्ति अथवा समूह उस दल का समर्थक है। वास्तव में स्थिति इसके एक दम विपरीत हो सकती है। इस प्रकार के निष्कर्ष में निहित त्रुटि को पारिस्थितिकीय त्रुटि कहते हैं। संक्षेप में जब शोधकर्ता एक स्तर पर किए गए पारिस्थितिकीय विश्लेषण के आधार पर प्राप्त निष्कर्ष को सम्बद्ध स्तर से नीचे अथवा ऊंचे स्तर के लिए लागू करने का प्रयास करता है तो *पारिस्थितिकीय त्रुटि* उत्पन्न होती है। पूरे निर्वाचन क्षेत्र के स्तर पर प्राप्त निष्कर्ष क्षेत्र के प्रत्येक गांव अथवा व्यक्ति के लिए लागू नहीं हो सकते। इस विषय पर अमरीकी विद्वान राबिंसन (1950) ने पथप्रदर्शी योगदान किया था। राबिंसन ने सम्पूर्ण सहसम्बन्ध और पारिस्थितिकीय सहसम्बन्ध का अन्तर समझने की आवश्यकता पर जोर देते हुए स्पष्ट किया कि *"सम्पूर्ण सहसम्बन्ध"* व्यक्तियों के स्तर पर प्राप्त सहसम्बन्ध है जबकि "पारिस्थितिकीय सहसम्बन्ध" समुच्चयी इकाइयों के स्तर पर प्राप्त सहसम्बन्ध है। अतः जो निष्कर्ष इनमें से किसी एक स्तर के लिए सही है वह दूसरे स्तर के लिए सही नहीं हो सकता। इसी प्रकार एक छोटे से नमूने के आधार पर प्राप्त सहसम्बन्ध का निष्कर्ष पूरी जनसंख्या (अर्थात् सम्पूर्ण क्षेत्र) के लिए लागू नहीं किया जा सकता। ऐसा करने से प्रतिस्तरीय (क्रास-लेवल) त्रुटि उत्पन्न होती है (आल्कर, 1969)। प्रत्येक लघु इकाई अन्य ऐसी इकाइयों से अनेक मामलों में भिन्न होती है। अतः किसी लघु क्षेत्र के आधार पर प्राप्त सहसम्बन्ध निष्कर्ष अन्य लघु इकाइयों के लिए उसी सीमा तक सत्य होगा जहां तक कि नमूने के लिए चुनी गई इकाई किसी विशेष प्रकार की इकाइयों का प्रतिनिधित्व करती है।

पारिस्थितिकीय त्रुटि का एक अच्छा उदाहरण दासगुप्ता और मॉरिस-जोन्स (1975) ने कर्नाटक (पुराना मैसूर राज्य) से उद्धृत किया है। इस क्षेत्र में जनसंघ के पक्ष में पड़े मतों और मुस्लिम जनसंख्या के वितरण प्रारूप में सहसम्बन्ध का जिला स्तर पर सांख्यिकीय आकलन करने से ऐसा आभास मिलता है कि इन दोनों तत्वों के बीच स्पष्ट धनात्मक सहसम्बन्ध हैं। परन्तु हमें मालूम है कि जनसंघ को मुसलमान मतदाताओं का व्यापक समर्थन प्राप्त होने की सम्भावना नहीं है। अतः यह सांख्यिकीय निष्कर्ष वास्तविकता के विपरीत था। इस स्थिति पर टिप्पणी करते हुए दोनों लेखकों ने स्पष्ट किया है कि जिन जिलों में मुसलमानों की संख्या अधिक थी वहां जनसंघ को अपेक्षाकृत अधिक जनसमर्थन प्राप्त होने का वास्तविक कारण शायद यह था कि जिन स्थानों पर मुसलमान मतदाता पर्याप्त संख्या में विद्यमान थे वहां हिन्दू-मुसलमान पार्थक्य भाव अपेक्षाकृत अधिक उग्र था। अतः स्थानीय हिन्दू मतदाताओं ने हिन्दू समर्थक दल होने के नाते जनसंघ के पक्ष में अधिकाधिक संख्या में मतदान किया।

अपनी इन अन्तर्निहित कमियों के उपरान्त भी सामाजिक पारिस्थितिकीय विश्लेषण निर्वाचन परिणामों के विश्लेषण के लिए एक अति उपयोगी विधि है। इसके बावजूद कि प्रत्येक मतदाता अपना मत मतपेटी में स्वयं डालता है, राजनीतिक व्यवहार के अध्ययन में हमारे अनुशीलन का वास्तविक केन्द्र व्यक्तिगत मतदाता न होकर स्थानीय सामाजिक समष्टि होती है। इस दृष्टि से छोटी-छोटी स्थानीय इकाइयों के आधार पर निर्वाचन व्यवहार के विश्लेषण का अपना

विशेष महत्व है। वैसे भी भारत जैसे पुरानी संस्कृति वाले तथा सांस्कारिक बन्धन प्रधान देश में (विशेषकर ग्रामीण अंचलों में) पारिवारिक इकाइयों तथा अल्पसंख्यक और जातीय समूहों में सामूहिक मतदान निर्णय की प्रथा आज भी विद्यमान है। अतः ऐसे क्षेत्रों में पारिस्थितिकीय विश्लेषण के माध्यम से सामाजिक-राजनीतिक संचेतना के बारे में महत्वपूर्ण अंतर्दृष्टि प्राप्त हो सकती है। परन्तु पारिस्थितिकीय अध्ययन की गुणवत्ता और सफलता की अनिवार्य शर्त यह है कि जिन क्षेत्रीय इकाइयों के चुनाव परिणामों का विश्लेषण किया जा रहा है। उनमें तथा जनगणना आयोग द्वारा प्रकाशित आंकड़ों में प्रयुक्त आधारभूत क्षेत्रीय इकाइयों में समरूपता विद्यमान हो। इसके अभाव में पारिस्थितिकीय समहसम्बन्ध के निष्कर्ष वास्तविक सामाजिक और राजनीतिक स्थिति का अनुमान नहीं दे सकेंगे। (भारतवर्ष के विशेष सन्दर्भ में पारिस्थितिकीय अध्ययन की उपयोगिता विषय पर देखिए: पॉल ब्रास (1978); पुनर्मुद्रणः दीक्षित, 1995, अध्याय 2। भारतीय निर्वाचन भूगोल के अध्ययन में अध्ययन क्षेत्रों तथा जनगणना इकाइयों में समरूपता की समस्या पर देखिए: दीक्षित और शर्मा (1981), पुनर्मुद्रणः दीक्षित, 1995, अध्याय 3)।

साठोत्तर काल का निर्वाचन भूगोलः नवीन अध्ययन पद्धतियां

साठ के दशक के अन्त तक मानव भूगोल प्रमुख रूप से सामाजिक व्यवहार के क्षेत्रीय प्रारूपों के अध्ययन और विश्लेषण पर केन्द्रित हो गया था। अतः निर्वाचन भूगोल के अध्ययन में स्थानपरक (एरियल) विश्लेषण के स्थान पर मतदाता के क्षेत्रीय (अर्थात् दूरी परक) सामाजिक सम्बन्धों के चुनाव व्यवहार पर पड़ने वाले प्रभाव के अध्ययन पर केन्द्रित हो गया। दूसरे शब्दों में अब विद्यार्थी की दृष्टि "स्थान" के बदले स्थितिजन्य प्रभावों पर केन्द्रित हो गई। मतदाता के अपने निवास और कार्य क्षेत्र के अन्य मतदाताओं और उसको प्रभावित करने वाले महत्वपूर्ण राजनीतिक प्रभावों के परिप्रेक्ष्य में सापेक्ष स्थिति (रिलेटिव लोकेशन) से सम्बद्ध सामाजिक प्रभावों का विश्लेषण अब निर्वाचन भूगोल के अध्ययन का मुख्य केन्द्र बन गया। काक्स, रेनाल्ड्स, और जांस्टन जैसे अनेक अध्येता साठ के दशक के पूर्व के भौगोलिक अध्ययन की मूलभूत कमी की ओर ध्यान खींचते हुए रेखांकित करने लगे थे कि सीजफ्रीड की परिपाटी के शोधकर्ता अध्ययन किए जाने वाले चुनाव क्षेत्र के चुनाव परिणामों का विश्लेषण क्षेत्र विशेष को उसके परिवेश से पूरी तरह काट कर करते थे क्योंकि उनकी मान्यता के अनुसार मतदाताओं का मतदान निर्णय प्रत्येक क्षेत्र की अन्तर्निहित विशेषताओं का परिणाम था। अतः मतदान क्षेत्र के मतदाताओं पर पड़ने वाले बाह्य प्रभाव, उस क्षेत्र की स्थिति सापेक्षता और उसके परिवेशजन्य प्रभाव इन अध्येताओं की दृष्टि क्षेत्र से बाहर थे (काक्स, 1969, पृ. 112)। रेनाल्ड्स और आर्चर (1969, पृ. 2-3) के अनुसार, ऐसा प्रतीत होता है कि तत्कालीन शोधकर्ताओं की सोच के अनुसार किसी प्रदेश के भिन्न-भिन्न चुनाव क्षेत्र किसी बोतल में भरी हुई कांच की गोलियों के समान थे जिनमें से किसी एक गोली को निकालने से बोतल में रखी शेष गोलियों पर कोई प्रभाव नहीं पड़ता। क्षेत्रीय इकाइयों का अस्तित्व और उनकी पहचान परिस्थिति सापेक्ष है और यह मूलभूत यथार्थ सम्बद्ध क्षेत्रों के निवासियों की विचार पद्धति को गहराई से प्रभावित करती है।

परन्तु निर्वाचन भूगोल के अध्ययन में आए इस दृष्टि परिवर्तन से विश्लेषण करने की पद्धति में कोई बड़ा अन्तर नहीं आया। मात्रात्मक अथवा सांख्यिकीय विधियों का प्रयोग और बहुपक्षीय (मल्टीवैरिएट) विश्लेषण पहले की भांति ही अध्ययन में महत्वपूर्ण भूमिका निभाते रहे। मूलभूत

अन्तर अध्ययन की परिदृष्टि अर्थात् वस्तुस्थिति को देखने और समझने के तरीके में निहित था। 1960 के पहले स्थितिजन्य प्रभावों का विश्लेषण अध्ययन का मुख्य केन्द्र था। परन्तु सत्तर के दशक में अध्ययन क्षेत्रपरक सामाजिक सम्बन्धों, दैनिक जीवन के विभिन्न दिशा निर्देशों, तथा अन्तरक्षेत्रीय और विभिन्न समूहों को आपस में जोड़ने वाले और पड़ोसजन्य प्रभावों के विश्लेषण पर केन्द्रित हो गया। अर्थात् शोधकर्ता का ध्यान दूरीपरक व्यक्तिगत रिश्तों, निवास स्थान कार्य क्षेत्र के प्रभाव तथा अन्तरक्षेत्रीय सम्बन्धों का मतदाता के मतदान निर्णय पर पड़ने वाले प्रभावों पर केन्द्रित हो गया।

काक्स (1969) ने मतदान निर्णय की दृष्टि से प्रत्येक मतदाता को राजनीतिक सूचना प्रवाह में एक बिन्दु (नोड) के रूप में चित्रित किया है। व्यवहार के स्तर पर प्रत्येक मतदाता का मतदान निर्णय और प्रवाह तंत्र में उसकी स्थिति परस्पर सम्बद्ध तत्व हैं, तथा प्रत्येक मतदाता इस सूचना प्रवाह तंत्र में तीन स्तरों पर क्रियाशील होता हैः (1) सूचनाओं के प्रेषक के रूप में, (2) प्राप्त सूचनाओं के संसाधक के रूप में, तथा (3) अन्य सूचना केन्द्रों से सूचनाओं के प्राप्तकर्ता के रूप में। सूचना प्रवाह तंत्र के विभिन्न बिन्दु समान महत्व के नहीं होते क्योंकि इनमें से कुछ मतदाता अपने ज्ञान और सामाजिक प्रतिष्ठा के आधार पर अधिक प्रभावी सूचना प्रेषक तथा संसाधक हैं अतः उनके सम्पर्क में आने वाले उनके विचारों से प्रभावित होते हैं। साथ ही प्रत्येक सूचना प्रेषक और संसाधक का अपना सामाजिक रुझान तथा *पूर्वाग्रह* (बायस) होते हैं अतः उसके द्वारा प्रेषित सूचना इन पूर्वाग्रहों से स्वभावतया प्रभावित होती है। काक्स ने मतदान निर्णय को प्रभावित करने वाली चार भिन्न-भिन्न *पूर्वाग्रह* स्थितियों की चर्चा की हैः (1) *भौगोलिक दूरी जनित पूर्वाग्रह* इसका तात्पर्य है कि किन्हीं दो मतदाताओं के बीच का अन्तरसम्बन्ध उनके बीच स्थित भौगोलिक दूरी पर निर्भर है; (2) *परिचयवृत्त पूर्वाग्रह* इसके अनुसार दो मतदाताओं के बीच परस्पर सम्बन्ध का स्वरूप और उसकी गहनता इस बात पर निर्भर है कि वे एक ही सामाजिक परिचय समूह के अंग हैं। यह भागीदारी जितनी ही अधिक होगी एक के मतदान निर्णय पर दूसरे के प्रभाव की सम्भावना उतनी ही अधिक होगी; (3) *आरोपित क्षेत्र पूर्वाग्रह* (फोर्स्ड फील्ड बायस) इसका तात्पर्य है कि अपनी सामाजिक प्रतिष्ठा, आर्थिक सम्पन्नता, अथवा राजनीतिक प्रभाव आदि के कारण कुछ व्यक्ति मतदान निर्णय को प्रभावित करने में अधिक सक्षम हैं। पुराने राजघरानों, बड़े उद्योगपतियों, धनी जमींदारों, तथा धर्मगुरुओं का चुनावी महत्व इन्हीं कारणों से अधिक है; (4) *पारस्परिकता पूर्वाग्रह* (रेसिप्रासिटी बायस) जिसके अनुसार दो मतदाताओं (समाचार प्रेषक और समाचार संसाधकों) के बीच का सम्बन्ध उनकी परस्पर रिश्तेदारी पर निर्भर है। अतः पति-पत्नी, गुरु-शिष्य, तथा सहउद्यमी एक दूसरे के निर्णयों को प्रभावित करने में अधिक सक्षम होते हैं।

निर्वाचन भूगोल की व्यवहारवादी-तथा-क्षेत्रपरक अध्ययन धारा राजनीतिक दृष्टि से महत्वपूर्ण तत्वों के क्षेत्रीय, सम्पर्क और विस्तार का मतदान के क्षेत्रीय प्रारूप पर पड़ने वाले प्रभावों के विश्लेषण पर केन्द्रित थी। अतः इस धारा के अन्तर्गत किए गए प्रयासों को समूह-सदस्यता विश्लेषक अध्ययन की संज्ञा दी गई है क्योंकि प्रत्येक लघु सामाजिक इकाई समाचार प्रवाह व्यवस्था की एक गौण उपव्यवस्थात्मक इकाई है, तथा उस इकाई के सदस्यों का मतदान व्यवहार उसमें संचरित होने वाले सूचना प्रवाह का परिणाम है। इस अध्ययन धारा के अन्तर्गत किया गया अध्ययन दो वर्गों में विभक्त किया जा सकता हैः एक, पड़ोस प्रभाव अध्ययन तथा दूसरा मित्र-और-पड़ोसी प्रभाव अध्ययन।

पड़ोस प्रभाव अध्ययन समूह सदस्यता के निर्वाचन निर्णय पर पड़ने वाले प्रभाव के अध्ययन में दो प्रकार के पड़ोस प्रभाव मुख्य हैं: निवास स्थान सम्बन्धी साहचर्य तथा कार्य स्थान सम्बन्धी प्रभाव। भूगोल के विद्यार्थियों ने निवास स्थान सम्बन्धी सम्पर्क प्रभाव पर विशेष ध्यान दिया है। चुनाव परिणाम के अध्येता इस तथ्य से भलीभांति परिचित हैं कि राजनीतिक दलों के क्षेत्रीय समर्थन का प्रारूप समाज के परस्पर प्रतिस्पर्धी गुटों (जाति, धर्म अथवा भाषा तथा पेशे और आय के आधार पर संगठित समूहों) के क्षेत्रीय वितरण प्रारूप से सीधे तौर पर जुड़ा है। इस प्रकार का वर्ग समूह केन्द्रीकरण नगरीय क्षेत्रों में अधिक पाया जाता है, विशेष कर आय वर्ग के आधार पर होने वाला आवासीय केन्द्रीकरण। परन्तु सम्पन्नों तथा विपन्नों के अपने अलग-अलग आवासीय क्षेत्रों में भी जातीय तथा धार्मिक विभेदों के आधार पर छोटे-छोटे आवासीय गुट अस्तित्व में आ जाते हैं। मतदान निर्णय में इनकी महत्वपूर्ण भूमिका होती है। इन छोटी-छोटी सामाजिक इकाइयों की पहचान करना कठिन नहीं है। परन्तु पड़ोस क्षेत्र के निर्वाचन निर्णय पर पड़ने वाले प्रभाव के सर्वांगीण और यथार्थपरक विश्लेषण के लिए तृणमूल स्तर पर गहन सर्वेक्षण आवश्यक है। इस दिशा में एक महत्वपूर्ण शुरुआत 1944 में तीन अमरीकी समाजशास्त्रियों लज़ारसफेल्ड, बेरेलसन और गॉडेट ने उस वर्ष होने वाले अमरीकी राष्ट्रपति के चुनाव को ध्यान में रखते हुए मतदाताओं के चुनाव निर्णय के विकास की प्रक्रिया जानने के उद्देश्य से एक ही क्षेत्र के मतदाताओं का थोड़े-थोड़े अन्तराल पर बार-बार सर्वेक्षण करने की योजना के सम्पादन द्वारा किया था। इस सर्वेक्षण के लिए लेखकों ने ओहायो प्रान्त की ईरी काउण्टी का चुनाव किया था क्योंकि उनके अनुसार यह क्षेत्र मतदान की दृष्टि से पूरे संयुक्त राज्य अमरीका की राजनीतिक संचेतना का प्रतिनिधि था। मई से लेकर नवम्बर तक छः सौ चुनिन्दा मतदाताओं का प्रतिमाह मतसर्वेक्षण किया गया। अन्तिम सर्वेक्षण निर्वाचन सम्पन्न होने के ठीक बाद किया गया था जिससे कि मतदाताओं के विचार परिवर्तन और अन्तिम निर्णय की प्रक्रिया का सही आकलन मिल सके। सर्वेक्षण केवल रिपब्लिकन तथा डेमोक्रेट प्रत्याशियों पर ही केन्द्रित था। इस सर्वेक्षण के परिणाम का विद्वत् समाज में व्यापक स्वागत हुआ। आठ वर्ष बाद बेरेलसन, लज़ारसफेल्ड और मैक्फ़ी (1954) ने न्यूयार्क प्रांत के एल्मीरा नगर में इसी प्रकार का दूसरा प्रयास किया। इस सर्वेक्षण पद्धति को *पुनर्सर्वेक्षण पद्धति* के नाम से जाना जाता है।

पुनर्सर्वेक्षण पद्धति अत्यधिक खर्चीली और दुष्कर है। दुष्कर इसलिए कि एक ही मतदाता समूह को छह सात महीने तक सर्वेक्षण के लिए राजी रखना अत्यधिक कठिन है। धनी देशों में भी शोध कार्य के लिए इतना धन प्राप्त करना बहुत कठिन है। यही कारण है कि अन्य शोधकर्ताओं ने इस दिशा में प्रयास नहीं किए। परन्तु सर्वेक्षण विधि की उपयोगिता निर्विवाद है। अतः खर्च सीमित रखने की दृष्टि से *एकल सर्वेक्षण* के आधार पर मतदान निर्णय का आकलन करने की पद्धति प्रचार में आई। परन्तु सामान्य शोधकर्ता अकेले सर्वेक्षण के लिए भी उपयुक्त साधन प्राप्त करने में बहुधा असमर्थ होता है। परिणामस्वरूप *समुच्चयी प्रारूप* (ऐग्रीगेट पैटर्न) विश्लेषण का प्रचार बढ़ा। इसके अन्तर्गत विद्यार्थी छोटी-छोटी सामाजिक इकाइयों की पहचान करके उनके लिए प्रकाशित जनगणना आंकड़ों के आधार पर मतदान निर्णय पर पड़ोस प्रभाव के आकलन का प्रयास करता है। भूगोल में मुख्यतः इसी प्रकार के अध्ययन का प्रचार हुआ। इस प्रकार के अध्ययन में पारिस्थितिकीय अध्ययन में प्रयोग की जाने वाली सांख्यिकीय विधियों का प्रयोग होता है। इस प्रकार के अध्ययन की प्रमुख उपयोगिता यह है कि सम्बद्ध राजनीतिक दलों

को अपने समर्थन के गढ़ों तथा अपेक्षाकृत कमजोर प्रभाव वाले क्षेत्रों की स्थिति का अनुमान लग जाता है अतः वे अपने चुनाव प्रचार अभियान को तदनुरूप दिशा प्रदान कर सकते हैं।

मित्रों-और-पड़ोसियों के प्रभाव का विश्लेषण चुनाव परिणामों के विश्लेषण से यह बात स्पष्ट है कि किसी प्रत्याशी के पक्ष में हुए मतदान का प्रतिशत उसके निवास और कार्य क्षेत्रों के समीप की बस्तियों में अपेक्षाकृत अधिक होता है क्योंकि ऐसे क्षेत्रों के मतदाता उसके मित्र और पड़ोसी होते हैं अतः वे उसके पक्ष में मतदान करते हैं। इस प्रकार के मतदान निर्णय को "मित्र-और-पड़ोसी प्रभाव" मतदान के नाम से जाना जाता है। निर्वाचन अध्ययन के साहित्य में इसका अध्ययन सर्वप्रथम अमरीकी विद्वान वी.ओ. की ने अपनी पुस्तकः *सदर्न पॉलिटिक्स इन स्टेट एण्ड नेशन* (1949) में प्रस्तुत किया था। की (पृ. 37-38) ने रेखांकित किया कि प्रान्तीय सदनों के लिए हुए चुनावों में प्रत्याशी बहुधा अपने गृह प्रदेश (काउण्टी) तथा पास के प्रदेशों में अधिक समर्थन प्राप्त करते हैं। इससे दो प्रकार का निष्कर्ष निकलता है। पहला, मतदाता अपने स्थानीय हितों की सुरक्षा की दृष्टि से एक जाने पहचाने मित्र अथवा पड़ोसी प्रत्याशी को अपना प्रतिनिधि बनाना चाहता है; तथा दूसरा, ऐसा मतदान व्यवहार इस बात की ओर ध्यान दिलाता है कि सम्बद्ध क्षेत्र में स्थायी राजनीतिक संचेतना का अभाव है जिसके परिणामस्वरूप मतदान निर्णय राजनीतिक आस्था के स्थान पर जान-पहचान और जातीय आधार पर लिया जाता है। यही कारण है कि पुरानी जनतांत्रिक परम्परा तथा दो प्रधान दलों वाले देशों (उदाहरणार्थ ब्रिटेन तथा संयुक्त राज्य अमरीका) में ऐसे मतदान के उदाहरण कम मिलते हैं। इस दृष्टि से न्यूयार्क प्रान्त की डचेस काउण्टी का उदाहरण ऐतिहासिक महत्व का है। अमरीकी इतिहास के अतिप्रतिष्ठित डेमोक्रेट राजनीतिज्ञ राष्ट्रपति फ्रैंकलिन रूज़वेल्ट इसी काउण्टी के निवासी थे। परन्तु डचेस काउण्टी लम्बे अरसे से रिपब्लिकन राजनीतिक संचेतना की समर्थ रही थी। परिणामस्वरूप मतदाताओं ने अपनी सबसे प्रतिष्ठित संतान रूज़वेल्ट को भी समर्थन देने से इन्कार कर दिया क्योंकि वे डेमोक्रेटिक पार्टी के प्रत्याशी थे।

राजनीतिक भूगोल के विद्यार्थियों ने इस प्रकार को दूरीजन्य प्रभाव में ह्रास वाली (डिस्टैंस-डिकेय) संकल्पना के अन्तर्गत विश्लेषित किया है। अर्थात् निवास स्थान से दूर जाने पर समर्थन के स्तर में उत्तरोत्तर ह्रास का कारण प्रत्याशी और मतदाता के बीच परस्पर बढ़ती हुई सामाजिक दूरी का परिणाम है। ऐसे अध्ययन का एक भारतीय उदाहरण दीक्षित और सिंह (1993) में उपलब्ध है। (इस लेख में सम्बद्ध साहित्य की संक्षिप्त समीक्षा और अध्ययन पद्धति का विश्लेषण सम्मिलित है। लेख पुनर्मुद्रित रूप में दीक्षित, 1995, अध्याय 16, में उपलब्ध है।) इस लेख में स्पष्ट किया गया है कि भारत में इस प्रकार का मतदान व्यवहार केवल स्थानीय निकायों के चुनावों में ही निर्णायक भूमिका निभा सकता है क्योंकि इस स्तर के चुनावों में मतदान क्षेत्र छोटे आकार के होते हैं अतः मतदाता प्रत्येक प्रत्याशी को जानता है। तथा मतदाताओं की संख्या सीमित होने के कारण इस प्रकार के मतदान से मतदान के परिणाम पर प्रभाव पड़ने की पूरी सम्भावना रहती है। विधान सभा अथवा लोक सभा चुनावों में बहुधा निर्दलीय और अपेक्षाकृत शिथिल जनाधार वाले प्रत्याशियों के जनसमर्थन प्रारूप में इस प्रकार के मतदान का योगदान स्पष्टतया परिलक्षित होता है।

प्रतिनिधित्व का भूगोलः चुनाव क्षेत्रों की क्षेत्रीय संरचना

प्रतिनिधियों के चुनाव के लिए सम्पूर्ण देश अथवा प्रांत को अलग-अलग चुनाव क्षेत्रों में विभक्त किया जाता है जिससे कि प्रत्येक क्षेत्र के मतदाता निर्दिष्ट संख्या में प्रतिनिधियों का चुनाव कर सकें। क्षेत्रों की यह संरचना, अर्थात् उनके परिसीमन का आधार, चुनाव की प्रक्रिया और उसके परिणाम में महत्वपूर्ण भूमिका निभाती है। यदि परिसीमन न्यायसंगत और मान्य सिद्धान्तों के अनुसार न हुआ हो तो मतदान परिणाम दोषपूर्ण हो जाता है और दलों के जनसमर्थन और प्रतिनिधित्व के स्तरों में बेमेल अन्तर आ जाता है जिससे जनतांत्रिक मूल्यों का हनन होता है। चुनाव क्षेत्रों के दोषपूर्ण परिसीमन को निर्वाचन दुरुपयोग (एलेक्टोरल एब्यूज़) की संज्ञा दी गई है। वह पूर्वाग्रह जिसके आधार पर परिसीमन किया गया है उसे चुनावी पूर्वाग्रह (एलेक्टोरल बायस) कहते हैं। परिसीमन में निहित पूर्वाग्रह का अनुमान विभिन्न चुनाव क्षेत्रों में किसी दल को प्राप्त मतों तथा उसके प्रत्याशियों को मिले कुल प्रतिनिधित्व के स्तरों के बीच के अन्तर के आधार पर किया जाता है। उदाहरणार्थ यदि किसी दल को कुल 50 प्रतिशत जन समर्थन प्राप्त है परन्तु सदन में उसे कुल 40 प्रतिशत प्रतिनिधित्व ही मिला है तो इसे *ऋणात्मक पूर्वाग्रह* कहते हैं। इसके विपरीत यदि किसी दल के कुल जनसमर्थन का स्तर 40 प्रतिशत है परन्तु उसके प्रतिनिधित्व का स्तर 50 प्रतिशत तो यह *धनात्मक पूर्वाग्रह* हुआ। दोनों ही उदाहरणों में पूर्वाग्रह का स्तर 10 प्रतिशत है।

चुनाव क्षेत्रों के परिसीमन के कारण उत्पन्न दूषण दो प्रकार का होता है। एक, भिन्न-भिन्न जातीय संरचना वाले क्षेत्रों में भिन्न-भिन्न मतदाता आकार वाले चुनाव क्षेत्रों के निर्माण के आधार पर, तथा दूसरा, चुनाव क्षेत्रों में मतदाताओं की संख्या समान होते हुए भी क्षेत्रीय सीमाओं के दोषपूर्ण परिसीमन के आधार पर। पहले प्रकार के दूषण को *आवण्टन का दोष* (मालअपोरशनमेण्ट) तथा दूसरे को *सीमांकन दोष* (जैरीमेन्डरिंग) कहते हैं। आवण्टन का दोष बहुधा विरल जनसंख्या वाले कृषि प्रदेशों तथा सघन जनसंख्या वाले नगरीय आबादी प्रधान नई दुनियां के देशों में पाया जाता है। आस्ट्रेलिया इसका एक अच्छा उदाहरण है। इस देश का विशाल आन्तरिक क्षेत्र अत्यधिक विरल जनसंख्या और वृहद् आकार वाले कृषि फार्मों वाला प्रदेश है। यदि इन क्षेत्रों में चुनाव क्षेत्रों को नगरीय क्षेत्रों वाले चुनाव क्षेत्रों के बराबर मतदाता संख्या वाला बनाया जाए तो संसद में कृषि हितों का प्रतिनिधित्व नगण्य हो जाएगा। देश की अर्थव्यवस्था में कृषि और अन्य प्राथमिक उद्योगों को ध्यान में रखते हुए ऐसा करना सही नहीं होगा। अतः देश के राजनायकों ने कृषि प्रधान आन्तरिक क्षेत्रों के चुनाव क्षेत्रों को अपेक्षाकृत छोटे जनसंख्या आधार वाला बनाने का निर्णय लिया है। इस क्षेत्र को प्रायः सभी स्थान कृषि समर्थक, कण्ट्री पार्टी के पक्ष में जाती हैं। इसके विपरीत तटीय प्रदेशों के नगरीय तथा उपनगरीय सघन जनसंख्या वाले क्षेत्रों में जहां कि देश की अधिकांश जनसंख्या निवास करती है, प्रत्येक चुनाव क्षेत्र अपेक्षाकृत बहुत अधिक मतदाता संख्या वाला होता है। इन क्षेत्रों में लेबर तथा कंज़रवेटिव पार्टियां मुख्य प्रतिद्वन्दी हैं, और अधिकांश सीटें बहुधा लेबर पार्टी के पक्ष में जाती हैं। परन्तु राष्ट्रीय स्तर पर कंज़रवेटिव पार्टी तथा कण्ट्री पार्टी के बीच आपसी समझौते के परिणामस्वरूप समय-समय पर राष्ट्रीय स्तर पर पचास प्रतिशत से अधिक जन समर्थन प्राप्त करने के बावजूद लेबर पार्टी सत्ता से विमुख रह जाती है। इस प्रकार के आवण्टन के परिणामस्वरूप नगरीय और ग्रामीण (अतः श्रमिकों और कृषकों के) मतों का सापेक्षिक महत्व असमान हो जाता है। कृषि प्रधान क्षेत्र अपेक्षाकृत बहुत कम मतों के आधार पर अपनी जनसंख्या के अनुपात से अधिक प्रतिनिधित्व प्राप्त कर लेते हैं।

आबण्टन के आधार पर चुनावी दूषण को हम दो परस्पर प्रतिस्पर्धी दलों वाले एक काल्पनिक प्रदेश के उदाहरण से स्पष्ट कर सकते हैं। मान लीजिए कि ये दोनों, पूर्वी और पश्चिमी दल, क्रमशः प्रदेश के पूर्वी और पश्चिमी भाग में विशेष रूप से प्रभावी हैं, और पूरे प्रदेश से कुल पांच प्रतिनिधियों का चुनाव किया जाना है। ऐसे में यदि पूर्वी क्षेत्र को 100 मतों वाले तीन चुनाव क्षेत्रों में विभक्त कर दिया जाए, तथा पश्चिमी क्षेत्र को 150 मतों वाले दो चुनाव क्षेत्रों में तो पूर्वी दल अपने गढ़ से तीन प्रतिनिधि निर्वाचित कर लेगा जबकि कुल उतने ही मतों का समर्थन प्राप्त होने के बावजूट प्रतिपक्षी पश्चिमी दल मात्र दो प्रतिनिधियों को ही सदन में भेज पाएगा। ऐसी स्थिति में यदि पश्चिमी दल की तरफ मतदाताओं का दस प्रतिशत का धनात्मक झुकाव (स्विंग) हो जाए तब भी दोनों दलों के प्रतिनिधित्व के स्तर में कोई अन्तर नहीं आ सकता। देखिए चित्र संख्या 6.3।

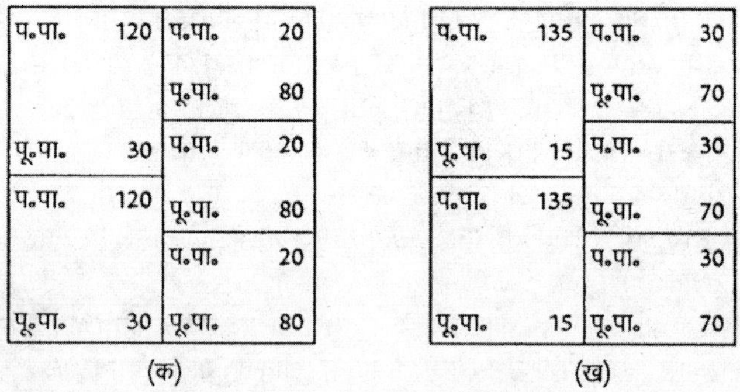

चित्र 6.3 चुनाव क्षेत्रों के निर्माण में मतदाता आबंटन से उत्पन्न दोष (टेलर और जांस्टन, 1979 के आधार पर)।

जेरीमैण्डरिंग शब्द का निर्माण संयुक्त राज्य अमरीका के प्रान्त मसाचूसेट्स में 1812 में गवर्नर रहे एल्ब्रिज जेरी के नाम के आधार पर हुआ है। इसका तात्पर्य चुनाव क्षेत्र की सीमाओं के दोषपूर्ण परिसीमन के माध्यम से प्रतिपक्ष के जनसमर्थक क्षेत्रों को इस प्रकार के विभाजन से है जिसके परिणामस्वरूप प्रतिपक्षी दल को कुछ थोड़े चुनाव क्षेत्रों में बहुत अधिक बहुमत प्राप्त हो जाए परन्तु शेष क्षेत्रों में कहीं भी उसके समर्थन का स्तर 50 प्रतिशत तक न पहुंच सके। अमरीका में उस समय चुनाव क्षेत्रों का निर्धारण समान जनसंख्या के आधार पर होता था परन्तु क्षेत्रों की सीमाओं का परिसीमन, उनका वास्तविक स्वरूप निर्धारण, राज्यों के गवर्नरों के अधिकार क्षेत्र में था। 1812 के प्रादेशिक स्तर चुनाव में गवर्नर जेरी ने प्रतिपक्ष के मतों को विभाजित करने के उद्देश्य से इतनी टेढ़ी-मेढ़ी सीमाओं वाले क्षेत्रों का निर्माण किया कि इसके परिणामस्वरूप उनका अपना दल, रिपब्लिकन-डेमोक्रेट पार्टी, 50,176 मत प्राप्त कर कुल 29 क्षेत्रों में विजयी रहा जबकि प्रतिपक्षी दल, फेडरलिस्ट पार्टी, कुल 51,766 मत प्राप्त करने के बावजूद मात्र 11 क्षेत्रों में ही विजय प्राप्त कर सकी। उसी समय से इस प्रकार के दोषपूर्ण चुनाव क्षेत्र परिसीमन को जेरीमैण्डरिंग के नाम से जाना जाता है। यह शब्द दो भिन्न-भिन्न शब्दों के संयोग से बना हैः जेरी (गवर्नर एल्ब्रिज जेरी के नाम से) तथा मैण्डर (जोकि सलामैण्डर शब्द से लिया गया है)। सलामैण्डर एक मिथक जीव था जोकि परम्परागत विश्वास के अनुसार आग खाता था।

इस दोष को भी दो दलों वाले उसी प्रकार के काल्पनिक प्रदेश के उदाहरण से स्पष्ट कर सकते हैं। नीचे दिए गए चित्र (6.4) में पक्षपात रहित और पक्षपातपूर्ण परिसीमन प्रदर्शित है। चित्र 6.3क में पूरे प्रदेश को बिना किसी भेदभाव के चार अलग-अलग चुनाव क्षेत्रों में बांटा गया है। परिणामस्वरूप पूर्वी तथा पश्चिमी दोनों ही दलों के समर्थन क्षेत्र समान रूप में अलग-अलग क्षेत्रों में विभक्त हैं। परिणामस्वरूप दोनों दलों को समान स्तर का प्रतिनिधित्व प्राप्त हुआ है। इसके विपरीत चित्र 6.3ख में यद्यपि प्रत्येक चुनाव क्षेत्र समान मतदाता संख्या वाला है परन्तु

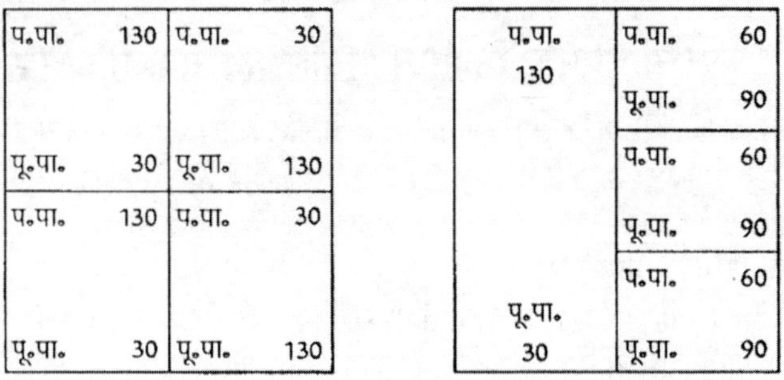

(क) दौषरहित निर्धारण (ख) दोषपूर्ण निर्धारण

चित्र 6.4 "जेरीमैण्डरिंग" चुनाव क्षेत्रों के निर्माण में त्रुटिपूर्ण सीमा निर्धारण से उत्पन्न दोष (टेलर और जांस्टन, 1979 के आधार पर)।

चुनाव क्षेत्रों की सीमाएं इस प्रकार अंकित की गई हैं कि पश्चिमी दल कुल 310 मत प्राप्त करने के बाद भी केवल एक प्रतिनिधि ही निर्वाचित कर पाया है जबकि प्रतिपक्षी पूर्वी दल मात्र 300 मतों के आधार पर अपने तीन प्रतिनिधियों को सदन में भेजने में सफल हुआ है।

भारत में चुनाव क्षेत्रों की सीमाएं निर्धारित करने का कार्य एक स्वतंत्र प्राधिकरण द्वारा किया जाता है। अतः उनके परिसीमन में पक्षपात की सम्भावना नहीं रहती। हमारे यहां लोक सभा तथा विधान सभा दोनों के ही चुनाव क्षेत्र आकार में काफी वृहद् होते हैं अतः भेदभाव की सम्भावना कम हो जाती है। परन्तु स्थानीय संस्थाओं के प्रतिनिधियों के निर्वाचन हेतु बनाए गए चुनाव क्षेत्रों के सीमा निर्धारण में इस प्रकार की सम्भावना हमेशा बनी रहती है।

परन्तु चुनाव क्षेत्र परिसीमन प्राधिकरण की निष्पक्ष कार्य पद्धति के उपरान्त भी विभिन्न क्षेत्रों के चुनाव क्षेत्रों के जनसंख्या आकार में पर्याप्त अन्तर विद्यमान है। इसका प्रमुख कारण यह है कि लोक सभा तथा विधान सभाओं की सदस्य संख्या 1971 के स्तर पर ही बनाए रखा गया है। पिछले करीब तीस वर्षों में विभिन्न क्षेत्रों में जनसंख्या विकास की दर एक दूसरे से बहुत भिन्न रही है। अतः इस अवधि में कुछ चुनाव क्षेत्रों की जनसंख्या का आकार औरों की अपेक्षा बहुत बढ़ गया है। परिणामस्वरूप एक ही प्रदेश के विभिन्न चुनाव क्षेत्रों के जनसंख्या आकार में अत्यधिक अन्तर आ गया है। उदाहरणार्थ 1991 के लोक सभा चुनाव के समय दिल्ली की कुल मतदाता संख्या करीब 60 लाख थी। 1996 के लोक सभा चुनाव में यह संख्या बढ़ कर 80 लाख हो गई थी। परन्तु विभिन्न क्षेत्रों में जनसंख्या वृद्धि की दर समान नहीं थी। परिणामस्वरूप 1996 में बाहरी दिल्ली चुनाव क्षेत्र में कुल 28.2 लाख तथा पूर्वी दिल्ली में 22.2 लाख मतदाता थे।

इन दोनों चुनाव क्षेत्रों की तुलना में चाँदनी चौक में मतदाताओं की कुल संख्या मात्र तीन लाख साठ हजार थी, तथा दिल्ली सदर, करोल बाग तथा नई दिल्ली प्रत्येक में करीब पांच लाख। परिणामस्वरूप 1996 के लोक सभा चुनाव में जहां बाहरी दिल्ली से कुल 13.8 लाख के मतदान के आधार पर एक प्रतिनिधि निर्वाचित हुआ था वहीं चांदनी चौक से मात्र दो लाख सत्तर हजार के मतदान के आधार पर एक लोक सभा सदस्य चुना गया। इस प्रकार चांदनी चौक और बाहरी दिल्ली के मतदाताओं के मत का मूल्य 1:5 के अनुपात में हो गया। अर्थात् बाहरी और पूर्वी दिल्ली में मतों का अत्यधिक अवमूल्यन हुआ है।

व्यवहारवादी और मात्रात्मक निर्वाचन भूगोल का संकल्पनात्मक आधार

राजनीतिक समाजशास्त्रियों के अनुसार आधुनिक राज्य इकाई मूलतया एक आगत-निर्गत व्यवस्था (इनपुट-आउटपुट सिस्टम) है (ईस्टन, 1965)। इस आधार पर निर्वाचन की सम्पूर्ण प्रक्रिया तीन भागों में बांट कर देखी जा सकती है: मतदान निर्णय की प्रक्रिया, उसको प्रभावित करने वाले तत्व, तथा मतदान का क्षेत्रीय प्रारूप।

ये तत्व संसद की दलगत संरचना, विभिन्न दलों के बीच सत्ताधिकार के संघर्ष का स्वरूप तथा आगामी वर्षों में देश की आर्थिक और सामाजिक विकास की दशा के निर्धारण में महत्वपूर्ण भूमिका निभाते हैं। चुनाव व्यवस्था के आगतात्मक तत्वों के अन्तर्गत सरकारी नीतियों का कार्यान्वयन, और उसके परिणामस्वरूप उत्पन्न सामाजिक तथा राजनीतिक संतोष अथवा असंतोष शामिल हैं। आगामी चुनाव पर उसका प्रभाव और निर्वाचन परिणाम इसके निर्गत हैं। कालान्तर में यह निर्गत चुनाव प्रक्रिया के अगले चरण के लिए आगत का कार्य करता है क्योंकि जो मतदाता समूह इन नीतियों तथा इनके कार्यान्वयन से लाभान्वित हैं वे शासक दल के समर्थक बन जाते हैं तथा जिनको इसका लाभ नहीं मिल पाया है वे या तो उसके विरोधी हो जाते हैं अथवा तटस्थ और उदासीन रुख अपना लेते हैं। सरकार द्वारा पारित नीतियों तथा उनके कार्यान्वयन से उत्पन्न मतदाता संतोष और असंतोष चुनाव की प्रक्रिया में प्रति पुष्टि (फीडबैक) की भूमिका निभाते हैं। यह प्रति पुष्टि चुनाव प्रक्रिया को निरन्तरता प्रदान कर अगले चुनाव के लिए पृष्ठभूमि तैयार करती है (देखिए चित्र 6.5)।

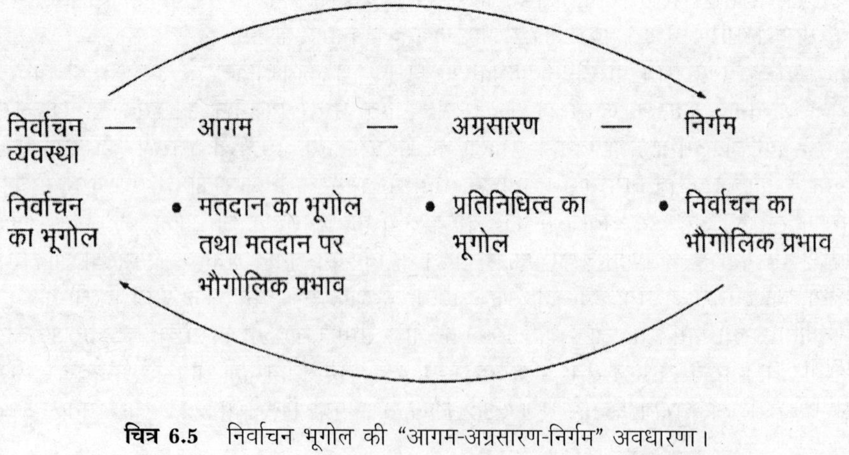

चित्र 6.5 निर्वाचन भूगोल की "आगम-अग्रसारण-निर्गम" अवधारणा।

आधुनिक लोकतांत्रिक व्यवस्था में राजनीतिक के दो पृथक्-पृथक् परन्तु परस्पर सम्बद्ध स्तर हैं। एक सत्ता की राजनीति (जो कि शासक दल के वर्ग संचय सम्बन्धी प्रयासों पर केन्द्रित है), तथा दूसरी व्यापक जन समर्थन की राजनीति। दोनों ही राज्य के अस्तित्व की निरन्तरता के लिए अनिवार्य हैं। राजनीतिक दलों का अन्तिम उद्देश्य शासनाधिकार की प्राप्ति है अतः प्रत्येक दल इन दोनों ही स्तरों पर सतत् प्रयत्नशील रहता है। दलों के चुनाव अभियान एक साथ ही दोनों स्तरों पर प्रयासरत होते हैं। अनेक कारणों से विश्व की लोकतांत्रिक सरकारें बहुधा सम्पन्न वर्गों की सरकारें होती हैं। अतः उनके वर्ग संचयन की राजनीति बहुधा सम्पन्न वर्गों के धन संचयन पर केन्द्रित होती है। धन संचयन उद्योगों की बढ़ोतरी, निवेशित सम्पत्ति पर मिलने वाले लाभांश की सुरक्षा तथा अन्तरराष्ट्रीय व्यापार में निवेशकों के हितों की सुरक्षा आदि से सम्बद्ध है। दूसरी ओर समर्थन की राजनीति का उद्देश्य मतदाताओं के विभिन्न वर्गों में शासक दल की विश्वसनीयता बनाए रखने तथा उसके जनसमर्थन के आधार को और व्यापक बनाए रखना है। व्यापक जनसमर्थन के आधार पर ही शासक दल को वैधता प्राप्त होती है। लोकतांत्रिक व्यवस्था में जनसमर्थन ही राज्य की सर्वोपरि वैधता है। दोनों स्तरों की राजनीति और तत्सम्बन्धित निर्वाचन प्रक्रियाओं के व्यवस्थात्मक अन्तरसम्बन्ध चित्र 6.6 में निरूपित हैं।

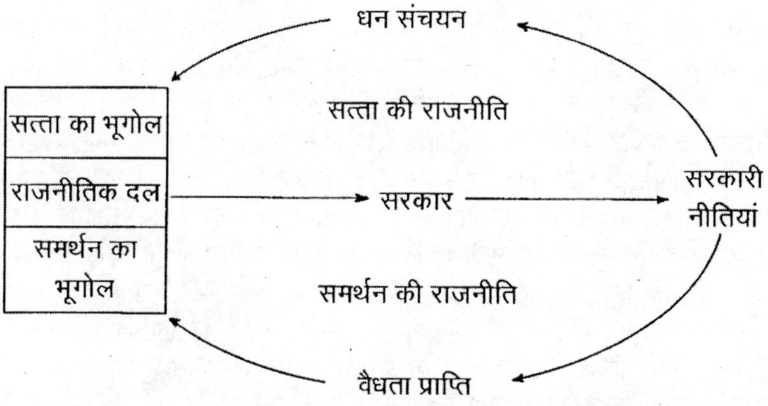

चित्र 6.6 सत्ता और समर्थन का निर्वाचन भूगोल।

निर्वाचन भूगोल और विश्व व्यवस्था का सिद्धान्त

सत्तर के दशक में निर्वाचन भूगोल राजनीतिक भूगोल की मुख्य पहचान बन गया था तथा पत्र-पत्रिकाओं में इसकी निरन्तर चर्चा होती रही थी। परन्तु शीघ्र ही यह अनुभव किया जाने लगा कि इस विषय पर किया गया अधिकांश शोध कार्य चुनाव परिणामों के क्षेत्रीय प्रारूपों के निरूपण और उन प्रारूपों के स्थानीय सामाजिक तथा आर्थिक स्थितियों के सन्दर्भ में सांख्यिकीय विश्लेषण तक ही सीमित था। अर्थात् अध्ययन मुख्यतः अलग-अलग क्षेत्रों के वर्णनात्मक निरूपण पर केन्द्रित था और इसमें सैद्धान्तिक परिदृष्टि का नितान्त अभाव था। अतः भारी संख्या में शोध प्रपत्रों के प्रकाशन के बावजूद निर्वाचन भूगोल निर्वाचन की राजनीति के अध्ययन में लगे अन्य समाज वैज्ञानिक विचारकों को प्रभावित करने में असमर्थ रहा। 1986 में प्रकाशित एक लेख के

माध्यम से टेलर ने इस स्थिति में सुधार लाने के उद्देश्य से निर्वाचन भूगोल के अध्ययन में विश्व व्यवस्था परिदृष्टि के समावेश की सिफारिश की।

टेलर की मान्यता के अनुसार प्रत्येक देश की राजनीति को एक दूसरे से अलग तथा स्वायत्त प्रक्रिया के रूप में देखना भ्रान्तिमूलक है। आधुनिक युग में सम्पूर्ण विश्व एक ही सन्निहित व्यवस्था का अंग बन गया है। परिणामस्वरूप प्रत्येक देश की राजनीति विश्वव्यापी व्यवस्था की हलचलों से प्रत्यक्ष अथवा परोक्ष रूप में प्रभावित है। आज प्रत्येक देश की यह विवशता बन गई है कि वह अपने देश के सामाजिक और आर्थिक क्रियाकलापों को विश्व व्यवस्था की आवश्यकताओं और उस व्यवस्था से उद्भूत दिशा निर्देशों के अनुरूप ढालें। आज राजनीति सर्वत्र विश्वव्यापी अर्थव्यवस्था का अभिन्न अंग बन गई है। परिणामस्वरूप विभिन्न देशों के राजनीतिक दल भी विश्वव्यवस्थाजन्य प्रभाव से अछूते नहीं रह सकते। विश्वव्यवस्था के निरन्तर बढ़ते हुए प्रभाव को ध्यान में रखते हुए ये दल देश की राजनीति को अपने-अपने आर्थिक दर्शन के अनुरूप समायोजित करने का प्रयास करते हैं। अतः विश्व के सभी देशों की राजनीतिक दल व्यवस्था में एक आधारभूत समरूपता दिखाई देती है भले ही इन दलों के नाम भिन्न-भिन्न देशों में भिन्न-भिन्न हैं।

टेलर द्वारा प्रतिपादित निर्वाचन भूगोल के विश्व व्यवस्था सिद्धान्त के अनुसार आज प्रत्येक देश के लिए अपनी राजनीतिक व्यवस्था को लोकतांत्रिक बनाना आवश्यक हो गया है। इसके लिए आवश्यक है कि हर देश अपने यहां निश्चित अन्तराल पर पक्षपात रहित निर्वाचन करवाता रहे। स्वभावजन्य कारणों से लोकतांत्रिक शासन पद्धति एक खर्चीली प्रक्रिया है जो कि केवल उन्नत आर्थिक व्यवस्था वाले सम्पन्न पश्चिमी देशों के लिए ही उपयुक्त है। लोकतांत्रिक व्यवस्था की निरन्तरता, केन्द्रीय शासन का स्थायित्व, तथा शासक दल का दुबारा पुनर्निर्वाचित होकर शासनाधिकार प्राप्त करना इस बात पर निर्भर है कि शासक दल अपने जनरामर्थन के आधार को पुनर्वितरण (रिडिस्ट्रीब्युशन) की राजनीति के आधार पर अगले चुनाव तक संगठित रख सके। अर्थात् शासक दल अपने समर्थक गुटों को दिए गए चुनावी वादों तथा उनके बेहतर भविष्य की अपेक्षाओं की पूर्ति कर सके। अविकसित आर्थिक व्यवस्था वाले अफ्रीकी तथा एशियाई देशों के लिए इस प्रकार का पुनर्वितरण अत्यधिक दुष्कर है। यही कारण है कि इन देशों की सरकारों का जीवन बहुधा अल्पकालिक होता है तथा एक ही शासक दल को अगले चुनाव में पुनः चुन कर आना उत्तरोत्तर अधिक कठिन हो गया है।

बीसवीं सदी के उत्तरार्द्ध में उपनिवेशवादी व्यवस्था और औद्योगिक विकास के परिणामस्वरूप पश्चिमी यूरोप तथा उत्तरी अमरीका में इस प्रकार के मुक्त वयस्क मतदान के अधिकार पर आधारित लोकतांत्रिक व्यवस्था का संचार आसान कार्य था क्योंकि प्रशासन के पास इतना प्रचुर संसाधन उपलब्ध था कि वह जनता को पुनर्वितरण के द्वारा अगले चुनाव तक प्रसन्न रख सके। कालान्तर में वहां लोकतंत्र देश के मानस का अभिन्न अंग बन गया तथा विश्व युद्ध के बाद आए परिवर्तनों के उपरान्त भी उसकी निरन्तरता प्रभावित नहीं हुई। अविकसित तथा आर्थिक दृष्टि से निर्बल देशों में संसाधन विपन्नता के कारण इस प्रकार की राजनीति सम्भव नहीं है। परिणामस्वरूप शासक दल के प्रति मतदाताओं की आस्था उत्तरोत्तर कम हो जाती है और वे अगले चुनाव में किसी दूसरे दल को सत्ता का अवसर देने का निर्णय ले लेते हैं। अतः टेलर के अनुसार लोकतांत्रिक व्यवस्था विकासशील देशों में सफल नहीं हो सकती क्योंकि पर्याप्त संसाधनों के अभाव में उनमें पुनर्वितरण की राजनीति नहीं की जा सकती। परिणामस्वरूप

विकासशील देशों में हर चुनाव एक नए प्रकार का राजनीतिक दंगल बन जाता है। फलस्वरूप राजनीतिक दल हर चुनाव के समय समयानुसार प्रचार अपने अभियान के मुद्दे परिवर्तित करते रहते हैं। अतः टेलर के अनुसार विकसित और विकासशील देशों की चुनाव राजनीति एक दूसरे से सर्वथा भिन्न प्रकार की है और उनका तुलनात्मक अध्ययन सम्भव नहीं है। राजनीतिक भूगोल की अपनी पाठ्यपुस्तक में टेलर (1993) ने इस अवधारणा को निर्वाचन प्रक्रिया के विश्व व्यवस्था सिद्धान्त के नाम से पुकारा है।

इस सन्दर्भ में भारत की चर्चा करते हुए टेलर ने विचार व्यक्त किया कि उसके इस सिद्धान्त के आधार पर

> "भारत एक उदारवादी जनतांत्रिक राज्य नहीं हो सकता क्योंकि उसके पास पुनर्वितरण की राजनीति के लिए प्रचुर संसाधन उपलब्ध नहीं हैं। परन्तु देश में नियमित रूप से निष्पक्ष चुनाव सम्पन्न होते रहे हैं। अतः यदि ब्लाण्डेल (1978, पृ. 55) का कथन (कि "भारत विश्व का सबसे बड़ा उदारवादी लोकतंत्र है") सही है तो भारत एक ऐसा अपवाद होगा जो कि विश्व व्यवस्था व्याख्या को निरस्त कर देगा। अतः भारतीय राजनीति निर्वाचन के विश्व व्यवस्था सिद्धान्त के लिए एक निर्णायक चुनौती है" (टेलर, 1989, पृ. 246)।

अपने इस सिद्धान्त के सत्यापन के उद्देश्य से लेखक ने भारतीय राष्ट्रीय कांग्रेस की चुनावी राजनीति का सविस्तार विश्लेषण किया। इस आधार पर टेलर का निष्कर्ष था कि भारतीय चुनावी राजनीति का स्वरूप पश्चिमी देशों की उदारवादी जनतांत्रिक चुनावी राजनीति से सर्वथा भिन्न है अतः विश्व व्यवस्था सिद्धान्त भारतीय राजनीति के लिए भी समानरूप से लागू है।

टेलर के अनुसार उपनिवेशवाद की समाप्ति के बाद स्वतंत्रता प्राप्त करने वाले देशों की यह सामान्य विशेषता रही है कि स्वतंत्र राष्ट्र की स्थापना के साथ ही उनके राजनीतिक दलों का व्यापक जनाधार विलुप्त हो जाता है। लेखक के अनुसार स्वतंत्रता प्राप्ति के बाद भारतीय राष्ट्रीय कांग्रेस ने पाया कि राष्ट्रीय मुक्ति आंदोलन के सफल सम्पादन के पश्चात् अब उसके पास कोई निश्चित जनाधार नहीं रह गया था तो अपने अस्तित्व की सुरक्षा हेतु पार्टी ने अपने को एक समुच्चयी (एग्रीगेटिव) दल के रूप में ढाल लिया जिससे विभिन्न प्रकार के विचारों और आदर्शों वाले लोग कांग्रेस पार्टी की छतरी के नीचे लाए जा सकें। संक्षेप में कांग्रेस पार्टी पश्चिमी लोकतन्त्रों की पार्टियों से भिन्न प्रकार का संगठन है। यह एक दल नहीं अपितु व्यवस्था है, कांग्रेस व्यवस्था (कांग्रेस सिस्टम)। (इस विषय पर रजनी कोठारी 1964; और मॉरिस-जोन्स 1978; के विचारों की संक्षिप्त व्याख्या के लिए देखिए दीक्षित, 1997, अध्याय 6 में जेम्स मेनर का पुनर्मुद्रित लेख "भारतीय राजनीतिक दल और दल व्यवस्था"।)

इस सम्बन्ध में टेलर का मुख्य तर्क यह था कि पश्चिमी राजनीतिक दलों के विपरीत कांग्रेस पार्टी किन्हीं स्पष्ट सिद्धान्तों और आदर्शों के आधार पर स्थायी जन समर्थन प्राप्त करने वाला दल न होकर एक प्रयोजनात्मक उपागत है जो कि समयानुसार अपनी नीतियों में परिवर्तन करते हुए समाज के परस्पर प्रतिस्पर्धी समूहों से समर्थन प्राप्त करने के प्रयास करता रहा है। अतः कांग्रेस पार्टी समयानुसार अपने-अपने राजनीतिक आदर्शों और सिद्धान्तों से समझौता करती रही है। अर्थात् इसकी राजनीति सिद्धान्तहीन राजनीति है। इसीलिए कांग्रेस पार्टी के जनसमर्थन का क्षेत्रीय प्रारूप प्रायः प्रत्येक चुनाव के साथ परिवर्तित होता रहा है, तथा इसमें किसी सामान्य (नॉर्मल)

अर्थात् स्थायी प्रारूप का दर्शन करना सम्भव नहीं है। अपने इस तर्क के सत्यापन हेतु लेखक ने (1) पंजाब प्रांत के विधान सभा चुनावों, 1952-1972, तथा (2) अखिल भारतीय स्तर पर कांग्रेस को 1971 और 1977 के लोक सभा चुनावों में औसत से अधिक और औसत से कम समर्थन देने वाले क्षेत्रों के वितरण प्रारूप की तुलनात्मक व्याख्या प्रस्तुत की।

पंजाब प्रांत के चुनावी विश्लेषण में टेलर के तर्क दीक्षित और शर्मा (1982) तथा ब्रास (1975) पर आधारित थे। पंजाब के चुनावों में कांग्रेस पार्टी के जनाधार की चर्चा करते हुए टेलर ने इस बात पर जोर दिया कि बदलते हुए राजनीतिक माहौल के अनुरूप नए प्रकार का जन सहयोग निर्माण समुच्चयी दलों की विशेष पहचान है। कांग्रेस के समुच्चयी स्वरूप को रेखांकित करते हुए टेलर ने बताया कि जहां एक ओर अकाली दल और जनसंघ (भारतीय जनता पार्टी का जनक दल) क्रमशः अपने सिख और हिन्दू जनाधार के कारण स्थायी क्षेत्रीय समर्थन प्रारूप वाले हैं, वहीं दूसरी ओर कांग्रेस पार्टी अपनी प्रयोजन और समझौतावादी नीति के कारण विभिन्न चुनावों में कभी सिखों तो कभी हिन्दुओं से समझौता करते हुए चुनाव जीतने के प्रयास करती रही है। इसलिए कांग्रेस के जनसमर्थन का क्षेत्रीय प्रारूप चुनाव दर चुनाव परिवर्तित होता रहा है। लेखक ने अपने इस तर्क की पुष्टि के लिए लोक सभा चुनाव के 1971 तथा 1977 के परिणामों में परिलक्षित कांग्रेस पार्टी के जन समर्थन के परस्पर विपरीत क्षेत्रीय प्रारूपों की ओर ध्यान आकर्षित किया। 1971 में पार्टी का समर्थन उत्तरी भारत के "हिन्दू" प्रदेश में केन्द्रित था जबकि 1977 में पार्टी ने उत्तर में अपना जनाधार पूरी तरह खो दिया था तथा पार्टी को मिलने वाला अधिकांश समर्थन दक्षिण के "गैर हिन्दू" प्रदेशों से प्राप्त हुआ था। (शायद टेलर ने भ्रमवश "आर्य" तथा "द्रविड़" को हिन्दू तथा अहिन्दू का पर्याय मान लिया था) देखिए चित्र 6.7।

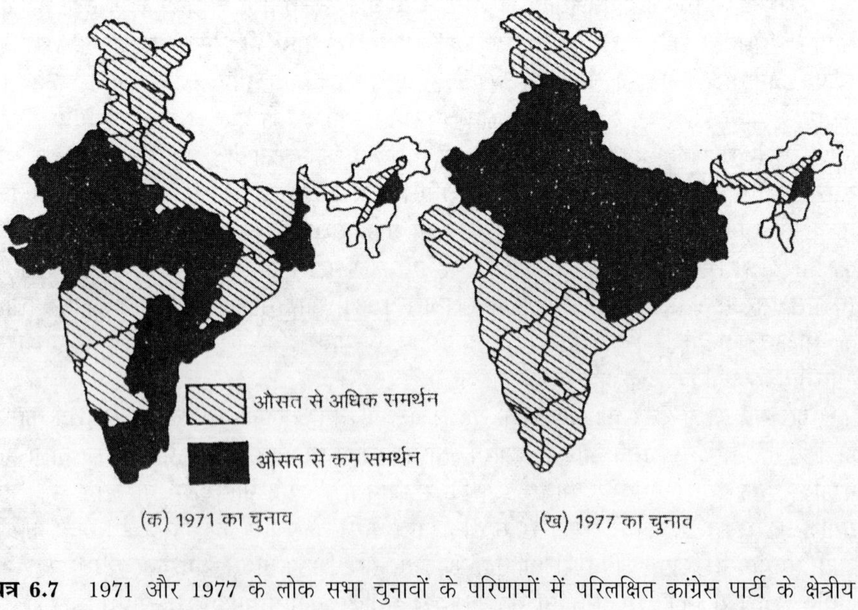

चित्र 6.7 1971 और 1977 के लोक सभा चुनावों के परिणामों में परिलक्षित कांग्रेस पार्टी के क्षेत्रीय समर्थन प्रारूप में निहित विरोधाभास (टेलर, 1989 के आधार पर)।

भारत के सन्दर्भ में टेलर की इस संकल्पना की सविस्तार समीक्षा अन्यत्र उपलब्ध है (देखिएः दीक्षित, 1997, अध्याय 7)। संक्षेप में हम कह सकते हैं किः

(1) टेलर यह भूल गए कि प्रांतीय तथा अखिल भारतीय चुनाव दो सर्वथा भिन्न प्रकार के राजनीतिक संघर्ष हैं और दोनों भिन्न-भिन्न उद्‌देश्यों से लड़े जाते हैं। अतः उनमें व्यक्त मतदाताओं की प्रतिक्रियाएं परस्पर तुलनीय नहीं हैं (देखिएः दीक्षित और शर्मा, 1993)।

(2) प्रांतीय विधान सभाओं के चुनावों के अध्ययन के लिए पंजाब निश्चय ही आदर्श उदाहरण नहीं है और उसके आधार पर प्राप्त निष्कर्ष जम्मू और कश्मीर के अतिरिक्त किसी अन्य प्रदेश के चुनाव परिणाम से तुलनीय नहीं हैं क्योंकि इन दो राज्यों के अतिरिक्त प्रायः अन्यत्र कहीं भी मतदाता जातीय आधार पर इतने स्पष्ट रूप में गोलबन्द नहीं हैं।

(3) पंजाब में विधान सभा चुनावों के परिवर्तनशील समर्थन प्रारूप को मात्र मानचित्रों में प्रदर्शित क्षेत्रीय प्रारूपों के आधार पर नहीं समझा जा सकता। प्रत्येक मानचित्र की तिथि के पीछे उसका इतिहास निहित होता है जिसे समझे बिना मानचित्र का यथार्थपरक विश्लेषण सम्भव नहीं है। कांग्रेस के पक्ष में पड़े मतों का हिन्दू मतदाताओं के प्रतिशत के आधार पर सांख्यिकीय सहसम्बन्ध स्थापित करते हुए टेलर ने पाया कि पंजाब विधान सभा के 1952, 1962 तथा 1972 के चुनावों में सहसम्बन्ध का स्तर 0.4 था जबकि 1969 में इसका स्तर मात्र 0.2 था। साथ ही 1957 तथा 1967 के चुनावों में दोनों के बीच का सहसम्बन्ध ऋणात्मक हो गया था। 1957 में इसका स्तर −0.6 तथा 1967 में −0.4 था। मोटे तौर पर चुनाव परिणामों को देखने से ऐसा आभास होता है कि कांग्रेस के मतदान स्तर के जातीय सहसम्बन्ध के स्तर में यह उतार-चढ़ाव टेलर की अवधारणा की पुष्टि करता है। परन्तु सूक्ष्म विश्लेषण से ज्ञात होता है कि 1952 में पंजाब में कांग्रेस को प्राप्त समर्थन और उस समर्थन के जातीय सहसम्बन्ध का स्वरूप देश के अन्य भागों जैसा ही था, अर्थात् समाज के सभी वर्गों से कांग्रेस पार्टी को समान स्तर का समर्थन प्राप्त था। 1957 में हिन्दुओं द्वारा इतनी बड़ी संख्या में कांग्रेस के विपरीत मतदान करने का कारण यह था कि उस चुनाव के दौरान अकाली दल का कांग्रेस के साथ विलय हो गया था। अतः तत्कालीन राजनीतिक माहौल में पंजाब की जनता की निगाह में कांग्रेस मूलतया एक सिख समर्थित दल बन गया था। 1960 में दोनों दलों के अलग-अलग इकाइयों के रूप मे पुनर्स्थापित हो जाने के बाद स्थिति फिर पहले जैसी हो गई थी। अतः पंजाब का हिन्दू मतदाता पुनः कांग्रेस के साथ हो गया था। परन्तु 1962 के चुनाव के बाद केन्द्र की कांग्रेस सरकार द्वारा सिखों की पंजाबी सूबा सम्बन्धी मांग के स्वीकार कर लेने के साथ ही स्थिति एक दम पलट गई। अतः 1967 के चुनाव में हिन्दुओं ने कांग्रेस का पुनः बहिष्कार किया। 1972 में बांग्लादेश मुक्ति संघर्ष में इन्दिरा गांधी की सक्रिय भूमिका से प्रसन्न राष्ट्र ने सभी प्रांतों में कांग्रेस को व्यापक समर्थन दिया था ओर पंजाब के हिन्दू मतदाता एक बार फिर कांग्रेस समर्थक बन गए थे (चित्र 6.8)।

(4) अखिल भारतीय स्तर पर अपनी संकल्पना के सत्यापन हेतु टेलर द्वारा 1971 तथा 1977 के लोक सभा चुनावों में कांग्रेस को प्राप्त मतों के परस्पर विपरीत क्षेत्रीय प्रारूप का सहारा लेना वैचारिक दृष्टि से तर्कसंगत नहीं था। 1971 का चुनाव कांग्रेस समर्थन की देशव्यापी लहर की पृष्ठभूमि में लड़ा गया था। यह लहर बांग्लादेश मुक्ति संघर्ष के परिणामस्वरूप उठी थी अतः इसके प्रति उत्पन्न सहानूभूति उत्तर भारत के प्रांतों में अधिक प्रबल थी। यद्यपि कांग्रेस को सम्पूर्ण देश में व्यापक जनसमर्थन मिला था परन्तु समर्थन का प्रतिशत उत्तरी राज्यों में अपेक्षाकृत अधिक था।

इसके विपरीत 1977 का चुनाव आपात् लागू करने के कारण इन्दिरा गांधी के प्रति सर्वव्यापी रोष के सन्दर्भ में लड़ा गया था। उत्तर भारत में आपात् के जनविरोधी नियमों का अधिक कठोरता से क्रियान्वयन हुआ था। फलस्वरूप कांग्रेस के समर्थन का स्तर उत्तर भारत में प्रायः सभी क्षेत्रों में बहुत नीचे आ गया था। इन दो इतिहासजन्य विरोधी स्थितियों की तुलना पर निकाले गए निष्कर्ष में विश्वसनीयता की संभावना बहुत कम हो जाती है। अतः कम से कम भारत के सन्दर्भ में टेलर अपनी संकल्पना के सत्यापन के प्रयास में विफल रहे हैं।

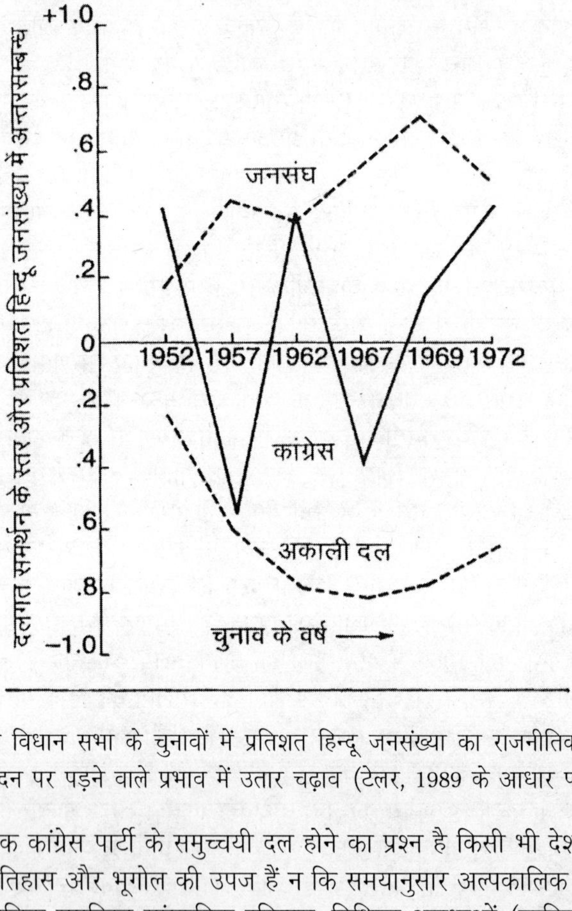

चित्र 6.8 पंजाब विधान सभा के चुनावों में प्रतिशत हिन्दू जनसंख्या का राजनीतिक दलों के चुनावी निष्पादन पर पड़ने वाले प्रभाव में उतार चढ़ाव (टेलर, 1989 के आधार पर)।

(5) जहां तक कांग्रेस पार्टी के समुच्चयी दल होने का प्रश्न है किसी भी देश की राजनीतिक पार्टियां देश के इतिहास और भूगोल की उपज हैं न कि समयानुसार अल्पकालिक निर्मितियां मात्र। भारत की दीर्घकालिक समन्वित सांस्कृतिक इतिहास, विभिन्न आस्थाओं (जातियों और धर्मों) के लोगों का मिले जुले रूप में क्षेत्रीय वितरण, देश की कृषि प्रधान आर्थिक व्यवस्था (जिसके कारण यहां श्रमिक बनाम पूंजीपति का विभेद कुछ औद्योगिक नगरों तक ही सीमित है), तथा व्यापक स्तर पर कृषि में विशेषीकरण का अभाव देश की जनता को परस्पर प्रतिस्पर्धी आदर्शों और सामाजिक उद्देश्यों वाले राजनीतिक गुटों में बांटने के लिए सही वातावरण प्रदान नहीं करता। यहां व्यापक जनसमर्थन प्राप्त करने के लिए सभी राजनीतिक दलों को समाज के सभी घटकों को साथ रखने की आवश्यकता होती है। अतः केन्द्रीय स्तर पर सत्ता करने के लिए आवश्यक है कि दल विशेष

को देश के अधिकांश प्रांतों में समाज के सभी वर्गों का व्यापक जनसमर्थन प्राप्त हो। यही कारण है कि भारत की देश व्यापी जनसमर्थन वाली सभी राष्ट्रीय राजनीतिक पार्टियां समुच्चयी प्रकार की हैं। मात्र साम्यवादी दल (जिनका प्रभाव मुख्यतया पश्चिम बंगाल, केरल, और त्रिपुरा तक ही सीमित है) तथा भारतीय जनता पार्टी ही न्यूनाधिक रूप में इसके अपवाद कहे जा सकते हैं। भारतीय जनता पार्टी भी इस सीमित अर्थ में समुच्चयीं कही जा सकती है कि इसकी प्रारम्भिक पहचान एक हिन्दू समर्थित तथा (इसके विरोधियों के अनुसार) मुस्लिम विरोधी दल के रूप में थी। परन्तु अपने 1980 के बाद के अवतार में यह दल धर्म के स्थान पर भारत की सांस्कृतिक समग्रता पर बल देता रहा है, तथा पिछले कुछ चुनावों से प्रतीत होता है कि अनेक क्षेत्रों में अब मुसलमानों का एक हिस्सा उसे समर्थन देने लगा है। वैसे भी हिन्दू धर्म तथा भारतीय संस्कृति अपने आप में समुच्चयी पहचानें हैं। भारत की तीन चौथाई से अधिक जनता विभिन्न सम्प्रदायों में विभक्त होते हुए भी "हिन्दू" धर्मावलम्बी है और जीवन पद्धति और नैतिक मान्यताओं में प्रायः सभी वर्गों और आस्थाओं के लोगों में पर्याप्त समरूपता है।

उपर्युक्त विश्लेषण के आधार पर हम कह सकते हैं कि टेलर का विश्वव्यवस्था निर्वाचन सिद्धांत भारत की उदारवादी राजनीतिक दल व्यवस्था और उसकी चुनाव प्रक्रिया पर लागू नहीं होता। टेलर ने स्वयं भारत की चुनावी राजनीति को अपने सिद्धांत की सत्यता के लिए निर्णायक उदाहरण बताया था, अतः उसका यह सिद्धान्त अपने वर्तमान रूप में मान्य नहीं है।

राजनीतिक पार्टियों सम्बन्धी टेलर की संकल्पना की समीक्षा करते हुए रेनाल्ड्स (1990) ने रेखांकित किया है कि टेलर की संकल्पना की एक मूलभूत कमी यह है कि इसके अन्तर्गत राजनीतिक दल ऐतिहासिक इकाइयों के स्थान पर मात्र सैद्धान्तिक निर्मितियों के रूप में प्रस्तुत किए गए हैं जोकि यथार्थ संगत नहीं है। यह सही है कि राजनीतिक दल कुछ मुद्दों को राजनीति के केन्द्र में लाने तथा अन्य को चर्चा के बाहर रखने में माहिर हैं परन्तु वे ऐसा मात्र आर्थिक संरचनाजन्य कारकों की प्रतिक्रिया (स्ट्रक्चरल एम्परेटिव्ज़) के रूप में नहीं करते। अधिक सम्भावना इस बात की है कि वे ऐसा अपने प्राथमिक जनाधार को खोए बिना चुनाव जीतने और व्यापक समर्थन जुटाने के उद्देश्य से करते हैं (रेनाल्ड्स, 1990), पृ. 26)। सत्ता की राजनीति के लिए आवश्यक है कि प्रत्येक राष्ट्रीय दल पूंजी और श्रम के बीच राष्ट्रीय स्तर की समझौतावादी नीति अपनाए जिससे कि अमीर और गरीब, मालिक तथा श्रमजीवी, दोनों ही वर्गों का सहयोग प्राप्त हो। टेलर की चुनावी अध्ययन व्यवस्था की द्वंद्वात्मक योजना में इस प्रकार के समझौते के लिए स्थान नहीं है (वही, पृ. 27)। राजनीतिक दलों की संरचना सम्बन्धी टेलर की संकल्पना की एक अन्य कमी यह है कि लेखक सम्पूर्ण राष्ट्र को आर्थिक-राजनीतिक प्रश्नों पर सर्वत्र समान रूप से विभाजित विचारों वाली इकाई के रूप में चित्रित करता है। अतः उसकी योजना में क्षेत्र और स्थानजन्य वैचारिक विविधताओं के लिए कोई स्थान नहीं है।

निर्वाचन भूगोल का विषयक्षेत्र

निर्वाचन भूगोल मूलतया निर्वाचन प्रक्रिया के संगठन, संचालन और उसके परिणाम के भौगोलिक पक्षों का अध्ययन है। इस आधार पर निर्वाचन भूगोल के अध्ययन के पांच प्रमुख पक्ष हैं (जांस्टन, 1994, पृ. 157-158):

(1) निर्वाचन प्रक्रिया सम्पन्न करने हेतु चुनाव क्षेत्रों का संगठन, अर्थात् चुनाव क्षेत्रों की संरचना और चुनाव परिणामों पर उसके प्रभाव का विश्लेषण।

(2) मतदान के क्षेत्रीय वितरण प्रारूप का निरूपण और इस प्रारूप तथा जनसंख्या की सामाजिक विशेषताओं के क्षेत्रीय वितरण के बीच के कार्य-कारण सम्बन्ध का विश्लेषण।

(3) मतदान निर्णय को प्रभावित करने वाले स्थानजन्य कारकों के प्रभाव का विश्लेषण।

(4) सम्बद्ध संसद् अथवा विधान सभा में दल गत प्रतिनिधित्व के क्षेत्रीय प्रारूप का निरूपण तथा विश्लेषण। इसमें दलों को प्राप्त मतों और स्थानों के पारस्परिक सम्बन्ध का विश्लेषण सम्मिलित है।

(5) सत्ताधिकार और नीतियों के कार्यान्वयन के क्षेत्रीय प्रारूप का विश्लेषण, यह प्रारूप सामान्यतया दलों के जनमसर्थन के क्षेत्रीय वितरण और सदन में उनके प्रतिनिधित्व के क्षेत्रीय प्रारूप को प्रतिबिम्बित करता है।

संयुक्त राज्य अमरीका में चुनाव क्षेत्रों का परिसीमन प्रारम्भ से ही एक विवादास्पद प्रश्न रहा है। सत्तर तथा अस्सी के दशक में भूगोल के अनेक विद्वानों ने इस क्षेत्र में महत्वपूर्ण योगदान किया था। इनमें रिचर्ड मॉरिल (1970, 1973, 1976) का योगदान विशेष महत्वपूर्ण था। ब्रिटेन के सन्दर्भ में एक प्रयास जांस्टन तथा रासिटन (1983) ने भी किया था। 1960 के दशक में मात्रात्मक विधियों के बढ़ते प्रयोग के परिणामस्वरूप ऊपर वर्णित दूसरे तथा तीसरे विषय को बहुत प्रोत्साहन मिला था। चौथे विषय का सम्बन्ध चुनाव क्षेत्रों के दोषपूर्ण आबण्टन और उनके पूर्वाग्रह ग्रसित परिसीमन की समस्या के अध्ययन से है। पांचवें और अन्तिम विषय का सम्बन्ध इस बात से है कि सत्ता एक ही राजनीतिक दल अथवा गठबन्धन के पास होती है, इसलिए यह जानना महत्वपूर्ण है कि उसके प्रतिनिधि किन क्षेत्रों से चुनकर आए हैं तथा उन क्षेत्रों की विशेष समस्याएं क्या हैं। ये प्रश्न सरकार के नीति निर्धारण में महत्वपूर्ण भूमिका निभाते हैं। विकास सम्बन्धी नीतियों के कार्यान्वयन में बहुधा शासक दल के जनाधार वाले प्रमुख क्षेत्रों को वरीयता मिलती है। यह बात परिसंघ व्यवस्था वाले राज्यों में विशेष रूप से महत्वपूर्ण है।

निर्वाचन भूगोल की प्रगति और उसके अध्ययन के संकल्पनात्मक आधारः एक समीक्षा

1960 के बाद के निर्वाचन भूगोल की प्रगति की समीक्षा करते हुए जॉन एग्न्यू (1990) ने इसके अध्ययन में निहित चार प्रमुख परिदृष्टियों की पहचान की हैं। ऐतिहासिक विकास के क्रम में ये इस प्रकार हैं:

काल	परिदृष्टि
(1) 1965-1972	आधुनिकीकरण और राष्ट्रीयकरण
(2) 1972-1974	लोककल्याण
(3) 1974-1979	विकास का असमान स्तर
(4) 1979 से आज तक	स्थानपरक सूक्ष्म सामाजिक परिदृष्टि

निर्वाचन भूगोल में आधुनिकीकरण-राष्ट्रीयकरण परिदृष्टि के सर्वप्रथम प्रवर्तक काक्स (1969) थे जिन्होंने पड़ोस प्रभाव (अर्थात् समाचार संचार में दूरी का प्रभाव) तथा दलगत

सूचनाओं (पार्टीजन बायस) के संचार से मतदान पर पड़ने वाले प्रभाव के अध्ययन में महत्वपूर्ण योगदान किया था। काक्स की मान्यता थी कि कालान्तर में इन प्रभावों के फलस्वरूप देश की चुनावी राजनीति में क्षेत्रीय समरूपता का संचार होता है तथा सम्पूर्ण राष्ट्र में एक ही प्रकार की दलगत राजनीति और मतदान व्यवहार व्याप्त हो जाते हैं। दूसरे शब्दों में तत्कालीन अमरीकी राजनीतिशास्त्रियों की भांति इस अध्ययन धारा के विद्यार्थियों की यह मूलभूत मान्यता थी कि आधुनिकीकरण (अर्थात् औद्योगीकरण और नगरीकरण) मतदान व्यवहार का राष्ट्रीयकरण कर देते हैं जिसके परिणामस्वरूप राष्ट्रीय स्तर पर मतदान व्यवहार में समरूपता आ जाती है। 1970 के दशक में दो अन्य दृष्टियों का प्रचार हुआ। एक लोक कल्याण (डेमोग्राफिक वेलफेयर) जिसका सबसे चर्चित उदाहरण काक्स की पुस्तक *कांफ्लिक्ट, पावर, एण्ड पॉलिटिक्स इन द सिटी* (1973) के रूप में प्रस्तुत हुआ था। इसके अन्तर्गत लेखक ने नगरीय क्षेत्रों में मतदान व्यवहार की व्याख्या नगर विशेष में विभिन्न सामाजिक वर्गों के मतदाताओं के क्षेत्रीय वितरण तथा उनको प्राप्त होने वाली लोककल्याण सेवाओं की गुणवत्ता के आधार पर करने का प्रयास किया था।

विकास स्तर में विषमता पर केन्द्रित दृष्टि मुख्यतया मार्क्सवादी चिन्तन धारा से प्रभावित है। यह विशेष रूप से वालरस्टाइन की विश्व व्यवस्था संकल्पना पर आधारित है। वर्तमान राजनीतिक भूगोल में टेलर इसके मुख्य प्रवक्ता रहे हैं। इसके अन्तर्गत निर्वाचन व्यवहार की व्याख्या "केन्द्र-उपांत" संकल्पना के अनुरूप असमान विकास प्रक्रियाजन्य प्रभावों के आधार पर की जाती है। स्थानपरक सूक्ष्म सामाजिक परिदृष्टि इस वैचारिक विकास क्रम में सर्वाधिक नवीन है। इसका श्री गणेश अस्सी के दशक के मध्य में हुआ। परन्तु वास्तव में इसकी जुड़ें ब्लाश की मानव भौगोलिक अध्ययन परिदृष्टि से सीधे तौर पर जुड़ी हैं। ध्यातव्य है कि स्थान की सूक्ष्म सामाजिक संरचना सम्बन्धी परिदृष्टि समकालिक समाजशास्त्र से अभिप्रेरित है। इसकी मूलभूत मान्यता है कि मतदाताओं के दल सापेक्ष मतदान निर्णय दैनिक जीवन के अनुभवों पर आधारित स्थानजन्य प्रभावों द्वारा प्रेरित होते हैं। अर्थात् मतदाता का मतदान निर्णय उसके स्थानीय सामाजिक सन्दर्भ की उपज है क्योंकि प्रत्येक स्थान एक विशिष्ट प्रकार की ऐतिहासिक सामाजिक इकाई है जिसके अपने विशिष्ट स्थानिक संस्कार और क्षेत्रीय सम्बन्ध हैं। अतः यथार्थपरक मतदान विश्लेषण में स्थानीय सूक्ष्म सामाजिक परिदृष्टि अनिवार्य है।

विश्लेषण के क्षेत्रीय स्तर (अर्थात् मापक की दृष्टि से) प्रथम परिदृष्टि व्यक्तियों तथा अति लघु इकाइयों के अध्ययन पर केन्द्रित है, द्वितीय परिदृष्टि वृहत् क्षेत्रीय इकाइयों पर, तृतीय क्रोड़ (कोर) तथा उपान्तीय अंचलों के विश्लेषण पर, तथा चतुर्थ पृथक्-पृथक् स्थानीय (सामाजिक) इकाइयों के अध्ययन पर। पहली परिदृष्टि की दो मूलभूत राजनीतिक-भौगोलिक मान्यताएं हैं: (क) राजनीतिक प्रश्नों पर विकसित मतैक्य धीरे-धीरे सम्पूर्ण राष्ट्र के स्तर पर व्याप्त हो जाता है और (ख) पास-पड़ोस का प्रभाव तथा समाचार संचार का स्तर मतदान निर्णय में निर्णायक भूमिका निभाते हैं। दूसरी परिदृष्टि की मुख्य मान्यता यह है कि मतदान निर्णय की प्रक्रिया जनसंख्या की सामाजिक आर्थिक संरचना तथा सरकार द्वारा प्रदत्त सार्वजनिक सुविधाओं और सेवाओं की गुणवत्ता के क्षेत्रीय स्तर द्वारा प्रभावित होती है। अतएव सम्पन्नों तथा विपन्नों के आवासीय क्षेत्रों के मतदान प्रारूप भिन्न-भिन्न होते हैं। तीसरी परिदृष्टि की आधारभूत मान्यता है कि क्रोड़ और उपान्तीय आर्थिक व्यवस्था का क्षेत्रीय विस्तार प्रारूप, तथा विषमतापूर्ण विकास और उससे उत्पन्न श्रम विभाजन मतदान को प्रभावित करने वाले तत्वों में सर्वाधिक महत्व के हैं। चौथी परिदृष्टि

की आधारभूत मान्यता यह है कि राजनीतिक चिन्तन, दल संगठन, और मतदान निर्णय आदि स्थानीय सांस्कृतिक चेतना के परिणाम हैं।

इस पूरे दौर के निर्वाचन भूगोल की विकास यात्रा की समीक्षा के आधार पर एग्न्यू का निष्कर्ष था कि निर्वाचन भूगोल के समकालीन अध्येताओं की एक आधारभूत मान्यता थी कि निर्वाचन प्रक्रिया में भूगोल एक गौण तथा मूलतया समाश्रित (कंटिंजेंट) कारक है। उदाहरणार्थ ऊपर वर्णित दूसरी तथा तीसरी परिदृष्टियों में भूगोल क्रमशः भूमण्डलीकरण सम्बन्धी प्रभावों तथा राष्ट्रीय स्तर की आर्थिक-सामाजिक हलचलों पर समाश्रित माना गया है। अनेक अध्येताओं की दृष्टि में भूगोल मात्र एक अवशिष्ट कारक है जो सामाजिक विकास के प्रारम्भिक चरण में महत्वपूर्ण था परन्तु उत्तरोत्तर इसकी उपयोगिता समाप्त होती गई है। इस भ्रमपूर्ण मान्यता का कारण यह है कि साठ के दशक से निर्वाचन भूगोल का अध्ययन समस्या केन्द्रित न होकर अध्ययन विधि केन्द्रित हो गया था। परिणामस्वरूप निर्वाचन भूगोल में इतनी व्यापक रुचि के होते हुए भी भूगोल के विद्यार्थी मतदान सम्बन्धी किसी समस्या पर महत्वपूर्ण सैद्धान्तिक योगदान करने में पूरी तरह असफल रहे। निर्वाचन भूगोल के विद्याथियों की आधारभूत गलती यह थी कि उन्होंने सामाजिक संरचना में भूगोल की प्रभावी भूमिका को पूरी तरह दृष्टि से ओझल कर दिया था।

ध्यातव्य है कि भूमण्डलीय अथवा राष्ट्रीय स्तर के आर्थिक और सामाजिक प्रभाव अपने आप में भिन्न-भिन्न स्थानों में रहने वाले मतदाताओं के मतदान निर्णय के कारक नहीं हो सकते (यद्यपि मतदान पर पड़ने वाले उनके प्रभाव को नकारा नहीं जा सकता)। साथ ही इन प्रभावों का अनुभविक (ऐम्पीरिकल) विश्लेषण सम्भव नहीं है क्योंकि मानव व्यवहार में कार्य-कारण सम्बन्ध मात्र उन सामाजिक तंत्रों के माध्यम से ही सम्भव है जो सामाजिक संरचना को प्रभावित करके सामाजिक व्यवहार को तदनुरूप दिशा देते हैं। समाज वैज्ञानिक अध्ययन की इस आधारभूत मान्यता के परिप्रेक्ष्य में निर्वाचन भूगोल के विद्यार्थियों के लिए आवश्यक है कि मतदान के विश्लेषण में वे अपना ध्यान उत्तरोत्तर मतदाता के मनोविज्ञान और उनकी जनगणना सम्बन्धी विशेषताओं के स्थान पर उनके निवास स्थान तथा राजनीतिक दलों के सामाजिक स्वरूप और इतिहास पर केन्द्रित करें (एग्न्यू, 1990, पृ. 18)।

उपर्युक्त विश्लेषण का तात्पर्य यह कदापि नहीं है कि अन्य परिदृष्टियां निरर्थक हैं या कि सूक्ष्म सामाजिक स्थानपरक परिदृष्टि का उनसे कोई विरोध है। उदाहरणार्थ, भूमण्डलीय स्तर पर विषमतापूर्ण विकास से उत्पन्न प्रभावों के सन्दर्भ में शेली तथा आर्चर (1997) ने 1992 के अमरीकी राष्ट्रपति पद के चुनाव में निर्दलीय प्रत्याशी रॉस पेरॉट के पक्ष में पड़े मतों के विश्लेषण के आधार पर स्थानजन्य सामाजिक संरचनात्मक तत्वों तथा भूमण्डलीय स्तर की आर्थिक व्यवस्थाजन्य चेतना के परस्पर परिपूरक प्रभाव की ओर ध्यान आकर्षित किया है। पेरॉट ने कुल 19 प्रतिशत मत प्राप्त किए थे जो कि संयुक्त राज्य अमरीका के निर्वाचन के इतिहास में किसी भी निर्दलीय प्रत्याशी के लिए एक नया प्रतिमान है। 1912 के बाद से किसी अन्य स्वतंत्र उम्मीदवार ने इतना अधिक समर्थन प्राप्त नहीं किया था। इसके पूर्व अन्य निर्दलीय उम्मीदवारों के समर्थन का प्रारूप सामान्यतया क्षेत्रीय दृष्टि से कुछ प्रांतों तक ही सीमित रहा था। इसके विपरीत पेरॉट को प्रायः सम्पूर्ण देश में पर्याप्त समर्थन प्राप्त हुआ। यद्यपि मैदानी भागों तथा महनगरों से दूर स्थित प्रदेशों में उसे अन्य क्षेत्रों की अपेक्षा अधिक समर्थन मिला था। देश के विशाल मैदानी क्षेत्र में 3000 से 20,000 जनसंख्या वाले नगरों में पेरॉट के समर्थन का स्तर विशेष तौर से

अच्छा था जबकि महानगरों तथा 3000 से कम जनसंख्या वाली बस्तियों में उसको मिले मतों का प्रतिशत न्यूनतम था। शेली और आर्चर के अनुसार इसका मुख्य कारण यह था कि 1990 की जनसंख्या और आवास गणना (सेंसस) (जिसके परिणाम चुनाव के ठीक पहले ही प्रकाशित हुए थे) के अनुसार बीसवीं सदी के अंतिम दशक में अमरीका के इतिहास में पहली बार देश की कुल जनसंख्या के आधे से अधिक लोग दस लाख से ऊपर की जनसंख्या वाले महानगरों में रह रहे थे। साथ ही अभी भी अमरीकी जनसंख्या के आधे से अधिक लोग उपनगरीय अर्थात् महानगरों के उपान्तीय क्षेत्रों तथा अमहानगरीय क्षेत्रों से बाहर निवास कर रहे थे। देश के अन्य भागों के सर्वथा विपरीत "ग्रेट प्लेन्स" क्षेत्र में महानगरीकरण की प्रक्रिया उवरुद्धप्राय थी। परिणामस्वरूप इस क्षेत्र के नगर अपेक्षाकृत छोटे आकार के थे तथा उनमें उपनगरीय विकास का पूर्ण अभाव था। अतः जहां एक ओर इन मैदानी क्षेत्र के बाहर स्थित प्रदेशों में तीसरे (टर्सरी) तथा चौथे स्तर के (क्वार्टर्नरी) उद्योगों का अत्यधिक विकास हुआ था वहीं मैदानी भागों में अर्थव्यवस्था अभी भी प्रायः पूरी तरह कृषि तथा अन्य प्राथमिक उद्योगों पर निर्भर थी। परिणामस्वरूप मैदानी क्षेत्रों की मूलतया प्राथमिक संसाधनों पर खड़ी अर्थव्यवस्था के स्थायित्व और भूमण्डलीय अर्थव्यवस्थाजन्य प्रभावों से इसकी सुरक्षा हेतु विकास प्रक्रिया पर सरकारी नियंत्रण और विकास के लिए राजकीय प्रोत्साहन आवश्यक था। दूसरी ओर महानगरीय क्षेत्र मुक्त अर्थव्यवस्था के पक्षधर हैं अतः वहां मतदाता मैदानी क्षेत्र में व्यापक आर्थिक परिवर्तनों के प्रति शंकालु थे और देश में आर्थिक और राजनीतिक निर्णय प्रक्रिया में यथास्थितिवाद के पक्षधर थे। अतः यहां के मतदाताओं ने पेरॉट को समर्थन नहीं दिया। इस उदाहरण के आधार पर शेली और आर्चर ने संस्तुति की है कि चुनाव परिणामों के विश्लेषण करते समय आवश्यक है कि शोधकर्ता अपने अध्ययन में सूक्ष्म और वृहद् दोनों प्रकार के सामाजिक और आर्थिक प्रभावों को समुचित महत्व दें।

7 विश्व सामरिक परिदृष्टियां और अन्तरराष्ट्रीय सम्बन्धों का भूगोल

आधुनिक राजनीति एक तीन स्तरीय प्रक्रिया है। पिछले अध्यायों में स्थानीय और राष्ट्रीय स्तर की राजनीति की चर्चा की गई थी। इस अध्याय में हम अन्तरराष्ट्रीय स्तर की राजनीति के मुख्य पक्षों पर ध्यान केन्द्रित करेंगे। अन्तरराष्ट्रीय सम्बन्धों का अध्ययन राजनीतिक भूगोल की विरासत का एक महत्वपूर्ण अंग है। रैट्ज़ेल की संकल्पना के अनुसार राजनीतिक भूगोल राज्य केन्द्रित अध्ययन है। इस संकल्पना के अनुसार प्रत्येक राज्य किसी निश्चित भूखण्ड और उस पर निवास करने वाली मानव समष्टि के बीच दीर्घकालिक विकास प्रक्रिया के माध्यम से विकसित परस्पर अन्योन्याश्रयी पहचान पर आधारित एक विस्तारशील जैविक इकाई है। अतः भिन्न-भिन्न स्थानीय पहचानों का एक समग्र राष्ट्रीय पहचान में परिवर्तित होने की प्रक्रिया, देश के सम्पूर्ण भौगोलिक क्षेत्र का एक समन्वित क्रियाशील जीवंत इकाई के रूप में स्थापित करने सम्बन्धी समस्या का समाधान और देश की आन्तरिक और अन्तरराष्ट्रीय राजनीति का विश्लेषण राजनीतिक भूगोल की रैट्ज़ेलियन संकल्पना के अनिवार्य अंग थे। तत्कालीन यूरोपीय राज्यों की मूल पहचान एक विस्तारशील उपनिवेशक राज्य के रूप में थी तथा उपनिवेशवाद उनकी राष्ट्रीय समृद्धि का मूलाधार था। अतः व्यावहारिक स्तर पर रैट्ज़ेल युगीन राजनीतिक भूगोल राज्यों की विस्तारशील प्रवृत्ति और तज्जनित अन्तरराष्ट्रीय सम्बन्धों (अर्थात् अन्तरराष्ट्रीय संघर्षों) के अध्ययन पर केन्द्रित हो गया। यह बात राजनीतिक भूगोल में मैकिंडर सामरिक संकल्पना से भली प्रकार स्पष्ट है।

उत्तर कोलम्बस युग में मनुष्य की क्षेत्रीय और राजनीतिक अवचेतनाएं उत्तरोत्तर वृहत्तर होती गई थीं और उन्नीसवीं सदी में सम्पूर्ण पृथ्वी यूरोपीय राजनीतिक चेतना का अभिन्न अंग बन गई थी। परिणामस्वरूप आधुनिक राज्य एक विश्वव्यापी समष्टि का सदस्य बन गया। आज राज्यों की राजनीतिक पहचान उनके परस्पर सम्बन्धों और अन्तरराष्ट्रीय समुदाय द्वारा उन्हें प्राप्त मान्यता से अनिवार्यतः जुड़ी है। बीसवीं सदी के उत्तरार्द्ध में से सम्बद्ध जीवन के सभी पक्षों को प्रभावित करने लगे थे और भूमण्डलीकरण के वर्तमान दौर में राष्ट्रीय और अन्तरराष्ट्रीय के बीच विभेद करना उत्तरोत्तर कठिन होता गया। परन्तु द्वितीय विश्वयुद्ध के पहले तक यह स्थिति गुणात्मक स्तर पर सर्वथा भिन्न थी। उत्तरोत्तर बढ़ते अन्तरराष्ट्रीय सम्बन्धों के बावजूद अभी राष्ट्रीय राजनीतिक इकाइयों की स्वायत्त सत्ता पर प्रश्न चिन्ह नहीं लगे थे। राष्ट्रीय सीमाएं राष्ट्रीय स्तर पर नियंत्रित थीं तथा वे पूरी तरह सुरक्षित और प्रभावी विभाजक रेखाओं के रूप

में विद्यमान थीं। साथ ही उपनिवेशवादी व्यवस्था के परिणामस्वरूप प्रायः सम्पूर्ण अफ्रीका और एशिया महाद्वीप राजनीतिक रूप में परतंत्र थे। अतः विश्व समाज यथार्थतः कुछ थोड़ी सी परस्पर प्रतिस्पर्धी राजनीतिक शक्तियों का समुदाय मात्र था।

यही कारण था कि रैट्ज़ेल के जमाने से लेकर करीब 1950 तक राजनीतिक भूगोल अन्तरराष्ट्रीय स्तर पर विभिन्न शक्तिशाली राज्यों ("महान" शक्तियों) के प्रभाव क्षेत्रों के विश्लेषण, पूर्वी यूरोप में जर्मन साम्राज्य के राजनीतिक प्रभाव वाले क्षेत्रों में बढ़ती हुई राष्ट्रीय चेतना और प्रथम विश्व युद्ध के पश्चात् शान्तिवार्ता की शर्तों के अनुसार भाषाई आधार पर यूरोप में नई राष्ट्रीय इकाइयों के अस्तित्व में आने के बाद के राजनीतिक मानचित्र के विश्लेषण पर केन्द्रित रहा। अन्तरराष्ट्रीय सीमाएं तथा साम्राज्य स्थापना की समस्याएं और सम्भावनाएं इस अध्ययन के महत्वपूर्ण विषय थे। राजनीतिक इकाइयां मुख्यतया शक्ति संचयी संस्थाओं के रूप में निरूपित की जाती थीं। परिणामस्वरूप राजनीतिक भूगोल के अध्ययन में शक्ति संसाधनपरक और संरचनात्मक भौतिकवादी (स्ट्रक्चरलिस्टिक मैटीरियलिज़्म) संकल्पना का प्राधान्य था। अतः अध्ययन में मानवीय अभिकरण (ह्युमन एजेंसी) और राज्यों के वास्तविक प्रशासन तथा तत्सम्बन्धी प्रश्नों पर ध्यान नहीं दिया जाता था। संक्षेप में राजनीतिक भूगोल में राज्यों का विश्लेषण या तो उनके बाह्य राजनीतिक परिवेश के सन्दर्भ में किया जाता था या उनके प्राकृतिक परिवेशजन्य नियतिवादी प्रभाव के रूप में, क्योंकि उस समय प्रचलित मान्यता के अनुसार प्रत्येक राज्य अपरिवर्तनीय प्राकृतिक तत्वों के प्रभाव में प्रकृति द्वारा पूर्वनिर्धारित दिशा में बढ़ने के लिए बाध्य है (वूस्टेन, 1997, पृ. 320)।

संक्षेप में 1945 के पूर्व राष्ट्रीय स्तर पर कड़ाई से नियंत्रित अन्तरराज्यीय सीमाओं के अस्तित्व के कारण राज्यों के बीच सीमा पार का सम्बन्ध मात्र द्विपक्षीय सामरिक संघर्ष तक ही सीमित था। इस दृष्टि से द्वितीय विश्वयुद्ध अन्तरराष्ट्रीय सम्बन्धों के अध्ययन में महत्वपूर्ण विभाजक सिद्ध हुआ। युद्धोपरान्त अन्तरराष्ट्रीय सम्बन्धों का स्वरूप तथा अन्तरराष्ट्रीय राजनीति का परिवेश सर्वथा परिवर्तित हो गया। उपनिवेशवाद के अवसान के परिणामस्वरूप तथा कथित महान यूरापीय शक्तियां अब छोटे-छोटे राज्यों में परिवर्तित हो गई थीं। द्विध्रुवीय विश्व राजनीति के उदय के साथ ही स्थानीय युद्धों और सीमा विवादों की सम्भावनाएं कम हो गईं। साथ ही अन्तरराष्ट्रीय राजनीति दो परस्पर खेमों में बंट गई। प्रत्येक खेमे की राष्ट्रीय इकाइयों के बीच बहुस्तरीय (आर्थिक सांस्कृतिक और अन्य) सम्बन्ध उत्तरोत्तर गहन होते गए। राज्यों के बीच इस उत्तरोत्तर बढ़ते आदान-प्रदान के परिणामस्वरूप अन्तरराष्ट्रीय समुदाय दिनोंदिन सही अर्थों में एक "समुदाय" (अर्थात् परस्पर निर्भर इकाइयों की समष्टि) के रूप में स्थापित हो गया। इन दो परस्पर सम्बद्ध प्रवृत्तियों (अर्थात् द्विध्रुवीय शीतयुद्ध, तथा भिन्न-भिन्न राष्ट्रीय इकाइयों के बीच बढ़ते आदान-प्रदान) के परिणामस्वरूप अन्तरराष्ट्रीय सम्बन्धों के अध्ययन में दो भिन्न-भिन्न स्तरों का उदय हुआ। एक द्विध्रुवीय, परस्पर स्पर्धाशील और विरोधी राजनीतिक गुटों के बीच सामरिक संघर्ष की समस्याओं और सम्भावनाओं पर केन्द्रित अध्ययन, और दूसरा राष्ट्रों के बीच बढ़ते हुए बहुस्तरीय सम्बन्धों की राजनीति। यह दूसरा पक्ष राजनीतिक अध्ययन में एक सर्वथा नई दिशा थी। अन्तरराष्ट्रीय राजनीति के इस नए आयाम के अध्ययन के लिए एक नए प्रकार के राजनीति शास्त्र का विकास हुआ। इसके अध्ययन के मुख्य विषय थेः राज्यों का विश्वव्यापी समाज (सोसायटी ऑफ स्टेट्स), उनकी परस्पर निर्भरता, तथा उनकी शासन प्रणालियों का

विश्लेषण। पहले स्तर के अन्तरराष्ट्रीय सम्बन्धों के अध्ययन की दिशा में मैकिंडर और स्पाइकमैन जैसे राजनीतिक भूगोल के विचारकों की कृतियों में महत्वपूर्ण दिशा निर्देश निहित थे, यद्यपि विश्वयुद्ध के बाद के दौर में इस प्रकार के अध्ययन में संरचनात्मक भौतिकवाद के स्थान पर मानव अभिकरण पर अधिक जोर दिया जाने लगा। पहले प्रकार के अध्ययन को हम राजनीतिक भूगोल की पुरानी विरासत की निरन्तर धारा के रूप में देख सकते हैं। परन्तु दूसरे स्तर का अध्ययन एक सर्वथा नई विधा थी।

विश्व सामरिक परिदृष्टियां (1890-1950)

कोलम्बस युग के प्रारम्भ के साथ ही यूरोप के समुद्रतटीय देशों में पृथ्वी के विभिन्न भागों में उपनिवेश स्थापित करने की होड़ शुरू हो गई थी। अतः पृथ्वी के बारे में नवीनतम और विस्तृत ज्ञान इन देशों की परम आवश्यकता बन गई। फलस्वरूप भूगोल केन्द्रीय महत्व का विषय बन गया। इसके पूर्व भूगोल की मुख्य उपयोगिता स्थानीय प्राकृतिक दशाओं के विश्लेषण के आधार पर क्षेत्रीय समस्याओं के निरूपण और समाधान पर केन्द्रित था। अब पृथ्वी की पूरी सतह भौगोलिक अध्ययन का एक समग्र विषय बन गई। भौगोलिक अध्ययन को पृथ्वी की सतह के समग्र अध्ययन के रूप में प्रतिष्ठित करने का कार्य हम्बोल्ड (1769-1859) और रिट्टर (1779-1859) के समय में पूर्णतया सम्पन्न हो चुका था। परिणामस्वरूप उन्नीसवीं सदी के अन्तिम दशक तक राजनीतिक भूगोल की चिन्तन धारा विश्वस्तरीय हो गई थी। यह बात महान, रैट्ज़ेल तथा मैकिंडर के विचारों से भली प्रकार स्पष्ट है। उन्नीसवीं सदी के अंत तक पृथ्वी के सम्पूर्ण क्षेत्र का समन्वित मानचित्र बनाया जा चुका था। अतः भूगोल के अध्येता अब सम्पूर्ण पृथ्वी को एक समग्र इकाई के रूप में देखने लगे थे। परिणामस्वरूप राज्यों के क्षेत्रीय विस्तार सम्बन्धी सम्भावनाओं और समस्याओं का आकलन करना सम्भव हो गया। उन्नीसवीं सदी का अन्तिम चरण यूरोपीय राज्यों के बीच उपनिवेशीय विस्तार की होड़ अपने चरमोत्कर्ष पर थी। यूरोपीय सामुद्रिक शक्तियों के उपनिवेशवादी विस्तार का यही इतिहास रैट्ज़ेल के राजनीतिक भौगोलिक चिन्तन तथा महान और मैकिंडर की विश्व सामरिक परिदृष्टियों का मूल प्रेरणा स्रोत था।

इतिहास के किसी भी दौर में युद्ध कौशल तथा सामरिक चिन्तन धारा तत्कालीन संचार तकनीक तथा आवागमन के प्रचलित साधनों पर निर्भर है। इतिहास के कोलम्बसीय दौर के पूर्व नौपरिवहन आन्तरिक जलाशयों तथा सरिताओं तक ही सीमित था। अतः युद्ध की सारी प्रक्रिया स्थलीय आवागमन पर निर्भर थी तथा ऊंट और घोड़े इसके द्रुततम साधन थे। वाष्पचालित जलयानों के विकास तथा कोलम्बस और वास्कोडागामा की यात्राओं के बाद अन्तरराष्ट्रीय स्तर पर राजनीतिक प्रभुत्व विस्तार की दृष्टि से सामुद्रिक यातायात सर्वाधिक महत्वपूर्ण हो गया था। बीसवीं सदी में रेल इंजन तथा स्वचालित वाहनों (ऑटोमोबिल) के आविष्कार के साथ स्थल यातायात में व्यापक परिवर्तन आया। सामरिक चिन्तन पर इसका दूरगामी प्रभाव पड़ा। ध्यातव्य है कि 1930 के दशक तक युद्ध की सारी प्रक्रिया भूतल यातायात (सरफेस ट्रांसपोर्ट) पर आधारित थी चाहे वह स्थल यातायात हो अथवा समुद्री यातायात। तीस के दशक में वायुयानों के विकास और उनके प्रयोग के साथ ही स्थिति एकदम बदल गई। यद्यपि अधिकांश छोटे-बड़े युद्ध अभी भी स्थल अथवा समुद्र के रास्ते होते रहे, किन्तु अब यह स्पष्ट हो गया था कि किसी भी युद्ध

में वायु यातायात की निर्णायक भूमिका होगी। अतः मोटे तौर पर हम कह सकते हैं कि 1940 के पूर्व सम्पूर्ण सामरिक चिन्तरधारा सतह यातायात पर आधारित थी। तत्पश्चात् वायु यातायात और अणुशक्ति चालित पनडुब्बी (अथवा "सबसरफेस" जलयान) इस चिन्तन के महत्वपूर्ण आधार बन गए। ध्यातव्य है कि सतह यातायात के दौर में व्यवहार के स्तर पर पृथ्वी की कल्पना एक समतल क्षेत्र के रूप में की जाती थी अतएव सम्पूर्ण सामरिक चिन्तन तदनुरूप था। 1940 के बाद पृथ्वी का गोलाकार स्वरूप सामरिक चिन्तन का मूलाधार बन गया यद्यपि मैकिंडर की सामरिक संकल्पना का महत्व यथावत् बना रहा।

सतह यातायात के युग का सामरिक चिन्तन

महान का योगदान

अमरीकी विद्वान अल्फ्रेड थेयर महान (1840-1914) सामुद्रिक शक्ति प्रसार और नौसामरिक चिन्तन के क्षेत्र में अत्यधिक प्रभावपूर्ण विचारक थे। मार्गरेट स्प्राउट के शब्दों (1943, पृ. 415) में प्रायः सभी देशों की नौसैनिक विचारधारा पर महान का सीधा प्रभाव था। बीसवीं सदी के प्रारम्भिक वर्षों में संयुक्त राज्य अमरीका की विदेशनीति को विश्वस्तरीय आयाम दिलाने में महान का महत्वपूर्ण योगदान था। वे स्वयं संयुक्त राज्य अमरीका की नैवल अकादमी के स्नातक थे तथा अमरीकी नौसेना से रीअर ऐड्मिरल के पद से 1906 में अवकाश ग्रहण किया था। नौसेनिक चिन्तन सम्बन्धी महान के विचार उनकी अनेक पुस्तकों और लेखों में व्यक्त हैं। इनमें तीन पुस्तकें विशेष महत्व की हैं: *दि इंफ्लुएंस ऑफ सी पावर अपॉन हिस्टरी*, 1660-1783 (1890); *दि इंफ्लुएंस ऑफ सी पावर अपॉन फ्रेंच रिवोल्युशन एण्ड एम्पायर* 1793-1832 (1892); तथा *दि लाइफ ऑफ नेल्सन* (1897)। इन सभी में इस बात पर बल दिया गया है कि आधुनिक युग में विश्व शक्ति के रूप में स्थापित होने के लिए सामुद्रिक मार्गों का नियंत्रण एक अनिवार्य शर्त है। महान का निश्चित मत था कि शक्ति विस्तार की विश्वव्यापी होड़ में सामुद्रिक शक्तियां सदा ही विजयी रहेंगी। महान के सामरिक चिन्तन की कुछ आधारभूत बातें इस प्रकार हैं:

(1) पृथ्वी की सतह पर सभी महासागर और सागर परस्पर मिले हुए है अतः सामुद्रिक यातायात एक समन्वित व्यवस्था है;

(2) पृथ्वी पर एक विशाल स्थल खण्ड रूसी साम्राज्य के रूप में विद्यमान है जो यूरेशिया के मध्य में स्थित समुद्री मार्गों से पूरी तरह कटा हुआ है;

(3) यह आन्तरिक उपमहाद्वीपीय प्रखण्ड पश्चिम, दक्षिण, तथा पूर्व में समुद्र तटीय शक्तियों से घिरा है; तथा

(4) विश्व के तीन सामुद्रिक स्थिति वाले देश यूरेशियाई महाद्वीप से अलग परन्तु अनेक दृष्टियों से उससे सम्बद्ध रूप में स्थित हैं। ये हैं संयुक्त राज्य अमरीका, ग्रेट ब्रिटेन तथा जापान।

उन्नीसवीं सदी में यूरोपीय संस्कृति वाले देशों की आर्थिक सम्पन्नता अन्तरराष्ट्रीय व्यापार पर निर्भर थी और अन्तरराष्ट्रीय व्यापार मुख्यतया समुद्री मार्गों के द्वारा होता था, अतः महान के अनुसार समुद्री मार्गों के समीप की स्थिति किसी देश के लिए आर्थिक और राजनीतिक दृष्टि से अत्यधिक लाभप्रद है। इसके विपरीत आन्तरिक महाद्वीपीय स्थिति सम्बद्ध देश को इन लाभों से

वंचित कर देती है। महान के विचार में रूसी साम्राज्य महाद्वीपीय स्थिति के हानिकारक प्रभावों का अच्छा उदाहरण है। बाहरी देशों से इसका संचार सम्बन्ध अत्यधिक सीमित है तथा इसके विशाल क्षेत्रीय आकार के कारण देश के अन्दर विभिन्न स्थानों के बीच की दूरियां इतनी अधिक हैं कि संचार व्यवस्था स्थापित करना खर्चीला और कठिन कार्य है। परिणामस्वरूप देश में अन्तरक्षेत्रीय समग्रता का अभाव है। इस स्थिति के कारण रूसी साम्राज्य को सामुद्रिक शक्तियों के लिए बाहरी देशों से पूरी तरह काट देना सरल कार्य है। महान के शब्दों में यदि रूसी साम्राज्य को विच्छिन्न करना सम्भव न भी हो तो कम से कम उसे बांध कर रखना अवश्य ही सम्भव है।

महान के अनुसार ग्रेट ब्रिटेन की भौगोलिक स्थिति सामुद्रिक यातायात की दृष्टि से आदर्श स्थिति है। यही कारण है कि अपने इतने लघु आकार का होते हुए भी ब्रिटेन इतने विशाल साम्राज्य की स्थापना में सफल हो सका था। महान ने ब्रिटेन की सामुद्रिक शक्ति के विकास के इतिहास और उसके भौगोलिक आधार का गहन विश्लेषण किया था। इस विश्लेषण के आधार पर महान का निष्कर्ष था कि यूरोपीय देशों में ब्रिटेन एक मात्र ऐसा देश है जो कि पूरी तरह समुद्र से घिरा है। परिणामस्वरूप जहां एक ओर यूरोपीय महाद्वीप के अन्य देशों को बाहरी आक्रमणों से सुरक्षा हेतु निरन्तर प्रयत्नशील रहना पड़ता था वहीं ब्रिटेन को इस तरह का कोई खतना नहीं था। इसीलिए वह निर्वाध रूप से शक्ति संचयन कर सका था। सीमाओं की सुरक्षा हेतु उसे सेना तथा युद्ध के साज सामान पर खर्च करने की आवश्यकता नहीं थी अतः ब्रिटेन यह धन और जन संसाधन देश की नौसेना तथा युद्धपोतों के विकास में लगा सका। ब्रिटेन की भौगोलिक स्थिति की दूसरी महत्वपूर्ण विशेषता यह है कि वह उत्तरी यूरोपीय देशों तथा अटलाण्टिक सागर के बीच स्थित है। परिणामस्वरूप उत्तरी और पश्चिमी यूरोपीय देशों का गहरे समुद्र वाला सारा व्यापार ब्रिटिश चैनल से होकर गुजरता था। अतः ब्रिटेन इस व्यापार में सरलता से भाग ले सकता था। साथ ही ब्रिटेन की नौसेना इस व्यापार में अवरोध भी उत्पन्न कर सकती थी। परिणामस्वरूप शीघ्र ही ब्रिटेन अन्तरराष्ट्रीय व्यापार में अग्रणी भूमिका निभाने लगा तथा विश्व के सभी महत्वपूर्ण व्यापारिक मार्ग उसके नियंत्रण में आ गए। प्रायः सभी महत्वपूर्ण सामुद्रिक मार्गो के निर्णायक महत्व वाले स्थानों पर ब्रिटिश नौसेना ने अपने नौसैनिक बेड़े तैनात कर लिए थे। इनमें जिब्राल्टर का जलडमरूमध्य, स्वेज नहर, उत्तम आशा अन्तरीप, सिंगापुर, हांग कांग, मैगलन जलडमरूमध्य, तथा विषाण अन्तरीप (केप ऑफ हार्न) शामिल थे। इन बेड़ों के आधार पर ब्रिटेन यूरोप, एशिया तथा प्रशान्त महासागरीय क्षेत्रों में सरलता से निर्णायक स्थिति में आ गया। अटलाण्टिक सागर में एक ओर नोवा स्काटिया स्थित ब्रिटिश नौसैनिक बेड़ा संयुक्त राज्य अमरीका से सूदूर पूर्व (फार ईस्ट) को जाने वाले वृहद् वृत्तीय व्यापारिक मार्ग की निगरानी कर सकता था तो दूसरी ओर ब्रिटिश वेस्ट इण्डियन द्वीप समूह पनामा नहर के रास्ते होने वाले व्यापार पर निगाह रख सकता था।

अन्य देशों से ब्रिटेन की भौगोलिक स्थिति की तुलना के आधार पर महान का निष्कर्ष था कि मात्र संयुक्त राज्य अमरीका ही एक ऐसा देश है जो स्थिति और संसाधनों में ब्रिटेन की बराबरी कर सकता है और उसे मात भी दे सकता है। इसकी सीमाओं पर कोई अन्य शक्तिशाली राज्य नहीं है। साथ ही इसकी स्थिति भी दो महान समुद्रों के बीच है जिससे देश को प्रारम्भ से ही सामरिक सुरक्षा प्राप्त रही है। उपनिवेशों की कमी को वह आसानी से अपने उपमहाद्वीपीय भौगोलिक क्षेत्र में निहित संसाधनों से पूरी कर सकता है। एक ओर अटलाण्टिक तथा दूसरी ओर

प्रशान्त महासागर के तट पर स्थित होने के कारण संयुक्त राज्य को एक साथ ही यूरोपीय तथा एशियाई दोनों क्षेत्रों से व्यापार की सुविधा प्राप्त है। दोनों समुद्रों को जोड़ने के लिए महान ने पनामा नहर के निर्माण की सिफारिश की। उसे पूरा विश्वास था कि संयुक्त राज्य एक दिन विश्व का सबसे शक्तिशाली राज्य बन जाएगा।

ब्रिटेन की सामुद्रिक शक्ति के विकास के विश्लेषण के आधार पर महान ने सामुद्रिक शक्ति के विकास के लिए कुछ निर्णायक तत्वों की पहचान की। ये हैं: (1) देश की भौगोलिक स्थिति और उसकी स्थल सीमाओं की लम्बाई; (2) देश का भौतिक धरातल प्रारूप। धरातल ऐसा होना चाहिए कि देश के आन्तरिक भागों और उसके तट के बीच आवागमन सम्बन्ध सरलता से स्थापित हो सके, और उसके तट पर अच्छे बन्दरगाहों का निर्माण हो सके; (3) देश का भौगोलिक विस्तार, उसकी तटीय सीमाओं की लम्बाई तथा उसकी स्थल सीमाओं की सुरक्षा; (4) देश की जनसंख्या का आकार। जनसंख्या जितनी ही अधिक होगी नौसैनिक बेड़ा उतना ही बड़ा हो सकेगा; (5) देश का राष्ट्रीय चरित्र, अर्थात् नागरिकों में सामुद्रिक यातायात के प्रति आकर्षण और उनकी सामुद्रिक शक्ति विस्तार में आस्था; (6) शासन का स्वरूप और शासकीय नीतियां। अर्थात् आवश्यक है कि देश के शासक अपनी सामुद्रिक शक्ति के विकास की ओर सचेत हों तथा उस दिशा में सशक्त कदम लेने के लिए तत्पर हों।

ब्रिटेन और संयुक्त राज्य अमरीका के सामुद्रिक हितों की चर्चा करते समय महान सदा ही रूसी साम्राज्य की किलेबंद स्थिति और उसके सामरिक प्रभाव विस्तार की सम्भावनाओं के प्रति सचेत थे। महान के अनुसार रूस का मुख्य सामरिक उद्देश्य दक्षिण में अफगानिस्तान और ईरान के रास्ते भारतीय तट तक पहुंचना था। इसी प्रकार पूर्व में वह मंचूरिया के रास्ते प्रशान्त महासागर में प्रवेश करने का इच्छुक था। इस सम्भावना को वास्तविकता में परिवर्तित करने के रूसी मंतव्य को असफल करने के लिए आवश्यक था कि ब्रिटेन और अन्य सामुद्रिक शक्तियां एक जुट होकर रूस का मार्ग अवरुद्ध करें।

इस चर्चा को समाप्त करने के पहले यह स्पष्ट करना आवश्यक है कि महान के समय में ब्रिटेन में रानी विक्टोरिया के शासन काल का स्वर्ण युग चल रहा था। अतः ब्रिटेन की सामुद्रिक शक्ति और उसका राजनीतिक प्रभाव सर्वव्यापी था। बीसवीं सदी के प्रारम्भ के साथ ही तकनीकी विकास का व्यापक दौर प्रारम्भ हो गया था जिसके परिणामस्वरूप यातायात और युद्ध कौशल के क्षेत्र में क्रांतिकारी परिवर्तन हुए। प्रथम विश्व युद्ध के पश्चात् सामुद्रिक शक्ति की वर्चस्वता धीरे-धीरे वायवीय शक्ति के हाथ चली गई। अतः 1930 के बाद महान के विचारों की सामयिकता द्रुत गति से समाप्त हो गई। परन्तु यह निर्विवाद है कि महान अपने युग के मूर्धन्य सामरिक चिन्तक थे और उनकी कृतियों में मैकिंडर और स्पाइकमैन दोनों की विचारधाराओं के बीच स्पष्टतया विद्यमान थे।

मैकिंडर का योगदान

सर हल्फोर्ड मैकिंडर (1861-1947) अपने समय के मूर्धन्य भूगोलविद् और विचारक थे। वे लण्डन विश्वविद्यालय में भूगोल के आचार्य, लण्डन स्कूल ऑफ इकनॉमिक्स के निदेशक तथा ब्रिटिश संसद के सदस्य भी थे। राजनीतिक भौगोलिक अध्ययन के इतिहास में उनका केन्द्रीय महत्व इस बात में निहित है कि उन्होंने पृथ्वी की सतह पर महाद्वीपों तथा महासागरों के क्षेत्रीय वितरण

प्रारूप तथा यूरोपीय इतिहास के राजनीतिक घटनाक्रम में एक नए प्रकार के कार्य कारण सम्बन्ध का रहस्योद्‌घाटन किया जो कि दीर्घकाल तक पश्चिमी देशों के राजनीतिक भौगोलिक चिन्तन का आधार बना रहा। मैकिंडर ने यूरोपीय राजनीतिक इतिहास को मूलतया स्थल और सामुद्रिक शक्तियों के बीच सतत् संघर्ष के घटनाक्रम के रूप में देखा। उसका विश्वास था कि इसमें निहित कार्य कारण सम्बन्ध एक शाश्वत सत्य है।

इतिहास की भौगोलिक धुरी (1904) और भौतिक आधार पर परिभाषित हृदय स्थल संकल्पना

मैकिंडर ने अपनी विश्व सामरिक परिदृष्टि का स्पष्टीकरण 1904 में "दि जिओग्राफिकल पिवट ऑफ हिस्टरी" शीर्षक एक लेख के माध्यम से किया। यह लेख सर्वप्रथम लण्डन की रॉयल जिओग्राफिकल सोसायटी के सम्मुख पढ़ा गया था तथा उसी वर्ष सोसायटी की पत्रिका *जिओग्राफिकल जर्नल* में प्रकाशित हुआ था। मैकिंडर के अनुसार उत्तर कोलम्बस काल में विश्व राजनीति उत्तरोत्तर एक समन्वित प्रक्रिया बन गई थी और उन्नीसवीं सदी के अन्त तक अन्तरराष्ट्रीय राजनीति एक बन्द व्यवस्था (क्लोज़ सिस्टम) में परिवर्तित हो गई थी। अतः राजनीतिक इतिहास के विकास में यह पहली बार सम्भव हुआ था कि विद्वान विश्व स्तर पर इतिहास और भूगोल के परस्पर सहसम्बन्ध के आधार पर इतिहास के भौगोलिक कारकों के सिद्धान्त का निरूपण कर सकें।

पृथ्वी के स्थलाकृतिक मानचित्र के आधार पर मैकिंडर को ऐसा प्रतीत हुआ कि भूमण्डलीय स्तर पर पृथ्वी की सतह पर यूरोप, एशिया तथा अफ्रीका के परस्पर संयोग से निर्मित एक विशाल स्थल खण्ड तथा कुछ अन्य छोटे बड़े स्थल खण्ड (उत्तरी और दक्षिणी अमरीका, आस्ट्रेलिया, ग्रेट ब्रिटेन, और जापान आदि) स्थित हैं। मैकिंडर ने यूरोप, एशिया तथा अफ्रीका के संयुक्त स्थल खण्ड को विश्वद्वीप का नाम दिया। साथ ही लेखक ने इस ओर भी ध्यान आकृष्ट किया कि पृथ्वी की सतह के कुल क्षेत्रफल का प्रायः तीन चौथाई भाग सागरीय जल से घिरा है और केवल एक चौथाई भाग स्थल है। इस एक चौथाई भाग का करीब दो तिहाई क्षेत्रफल अकेले विश्वद्वीप में निहित है तथा शेष बाकी छोटे बड़े अनेक भूखण्डों में बंटा हुआ है। तीसरी महत्वपूर्ण बात यह है कि विश्वद्वीप में पृथ्वी की कुल जनसंख्या का "सात बटे आठ" (87.5%) भाग निवास करता है तथा शेष एक बटे आठ जनसंख्या अन्य भूखण्डों में वितरित है। इस प्रकार क्षेत्र तथा जनसंख्या दोनों ही दृष्टियों से विश्वद्वीप को सही अर्थों में "विश्वद्वीप" कहा जा सकता है।

मैकिंडर को ऐसा प्रतीत हुआ कि मानचित्र पर विश्व के स्थल क्षेत्र तीन स्तरों (टीयर्स) में विभक्त हैं। प्रथम् स्तर आंतरिक और आर्कटिक जल प्रवाह वाले एशिया के आन्तरिक क्षेत्रों का है। यह तीन ओर से पर्वतों और ऊंची अवरोधक पहाड़ियों से घिरा है और चौथी ओर वर्षपर्यन्त बर्फ से ढके समुद्र से। यही मैकिंडर का धुरी प्रदेश ("पिवट" क्षेत्र) था जिसे 1919 में लेखक ने हृदयस्थल (हार्टलैण्ड) का नाम दिया। इसका विस्तार उत्तर से दक्षिण आर्कटिक सागर से हिमालय की श्रेणियों तक, और पश्चिम में वोल्गा नदी से पूर्व में पूर्वी साइबेरिया तक चला गया था। अपनी इस स्थिति के कारण यह सम्पूर्ण क्षेत्र सामुद्रिक शक्तियों की पहुंच के बाहर था। अतः सामरिक दृष्टि से वह एक विशाल दुर्ग के समान सुरक्षित क्षेत्र था। परन्तु इस किले की दीवार पश्चिम में खुली थी। पूर्वी यूरोप के रास्ते यूराल पर्वत और कैस्पियन सागर के बीच स्थित स्टेप्स घास की संकरी मैदानी पट्टी से होकर किले में प्रवेश सम्भव था (चित्र संख्या 7.1)।

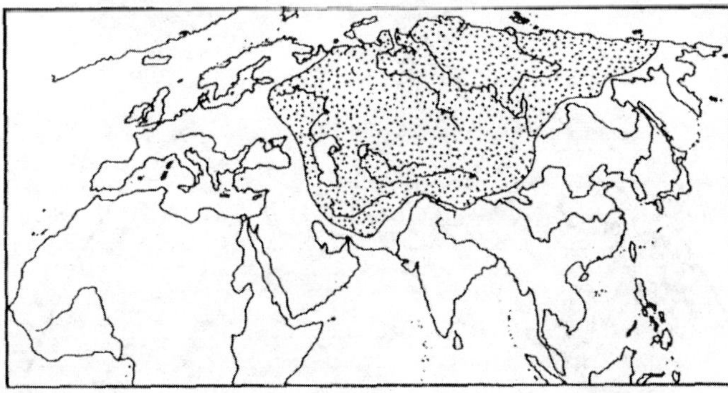

चित्र 7.1 यूरेशिया में महाद्वीपीय और आर्कटिक सागरीय प्रवाह क्षेत्र (मैकिंडर, 1904 से साभार उद्धृत)।

मैकिंडर की संकल्पना के अनुसार इस ध्रुवीय क्षेत्र के पश्चिमी, दक्षिणी और पूर्वी किनारों पर एक विशाल चन्द्राकार क्षेत्र स्थित है जिसकी नदियां वर्षपर्यन्त खुले समुद्रों में प्रवाहित होती हैं। अतः इस चन्द्राकार क्षेत्र के देश पूरी तरह सामुद्रिक शक्तियों के प्रभाव में हैं। इस क्षेत्र को लेखक ने आंतिरक अथवा उपान्तीय अर्धचन्द्र (क्रिसेंट) की संज्ञा दी। इसके अन्तर्गत यूरेशिया महाद्वीप के पश्चिमी-दक्षिणी और पूर्वी तटों पर स्थित सभी देश शामिल थे। स्थल क्षेत्रों की तीसरी पेटी यूरेशिया के बाहर स्थित द्वीपों तथा महाद्वीपों की थी जिसे मैकिंडर ने बाहरी अर्धचन्द्र या द्वीपीय (इंसुलर) अर्धचन्द्र का नाम दिया। इसमें उत्तरी और दक्षिणी अमरीका, सहारा के दक्षिण में स्थित अफ्रीका महाद्वीप का क्षेत्र, आस्ट्रेलिया तथा सम्बद्ध द्वीपीय क्षेत्र शामिल थे। मैकिंडर ने ग्रेट ब्रिटेन और जापान को "बाह्य" क्षेत्र के वर्ग में रखा क्योंकि यूरेशिया भूखण्ड के भाग होने के बावजूद ये उससे प्राकृतिक रूप से पृथक थे (देखिए चित्र संख्या 7.2)।

मैकिंडर का दृढ़ विश्वास था कि मध्य एशिया का यह आन्तरिक प्रदेश पुराने विश्व के राजनीतिक इतिहास में सदा से ही निर्णायक भूमिका निभाता रहा है तथा वह भविष्य में भी विश्व राजनीति में महत्वपूर्ण भूमिका निभाता रहेगा। इसका उत्तरी, मध्य और पश्चिमी भाग एक विशाल घास का मैदान है तथा यूराल पर्वत और कैस्पियन सागर के बीच स्थित संकरे मैदानी क्षेत्र के रास्ते यह पूर्वी यूरोप के मैदानों से जुड़ा है। यूरोपीय इतिहास का लम्बा राजनीतिक उतार चढ़ाव मैकिंडर के विचार में समुद्री और स्थल शक्तियों के बीच शक्ति परीक्षण के संघर्ष की कभी न समाप्त होने वाली कहानी है। इस संकल्पना के अनुसार पांचवीं ईस्वी से प्रारम्भ कर सोलहवीं सदी के अन्त तक मध्य एशिया के आन्तरिक घास के मैदानों से तुरानी कबीलों के आक्रमण यूरोप के मैदानी तथा तटीय क्षेत्रों पर लगातार होते रहे थे। यूरोप के आधुनिक इतिहास का बहुत बड़ा हिस्सा इन्हीं आक्रमणों के प्रत्यक्ष अथवा परोक्ष प्रभाव का परिणाम है। इन मध्य एशियाई आक्रमणकारियों का एक मार्ग यूराल पर्वत तथा कैस्पियन सागर के बीच से होकर यूरोपीय क्षेत्रों की ओर जाता था। दूसरा मार्ग कैस्पियन सागर और हिन्दूकुश के बीच से ईरान, मेसोपोटामिया (अब ईराक), तथा सीरिया की ओर जाता था। भारत और दक्षिणी चीन दीर्घ काल तक इन आक्रमणों से सुरक्षित थे (परन्तु उत्तरी चीन मंगोलिया के पठार के रास्ते उनका शिकार हो चुका था)। तिब्बत का पठार उनके रास्ते में एक अभेद्य दीवार के रूप में खड़ा था। तैमूर के आक्रमण के पश्चात् भारत तथा मार्कोपोलो की यात्रा के बाद दक्षिणी चीन भी मंगोल आक्रमणकारियों के प्रभाव में आ गए थे।

चित्र 7.2 मैकिंडर द्वारा 1904 में परिभाषित प्राकृतिक हृदय स्थल (मैकिंडर, 1904 से साभार उद्धृत)।

मध्य एशिया के इस आन्तरिक क्षेत्र के सामरिक महत्व का सबसे प्रमुख कारण यह था कि समुद्री यातायात के युग के पूर्व यह घास से बिछा तथा प्रायः समतल विशाल मैदान घोड़ों और ऊंटों की सवारी की दृष्टि से बहुत उपयोगी था। इसके कारण वहां की जनजातियों को संचार की वरीयता प्राप्त थी जिसका कि यूरेशिया के समुद्र तटीय प्रदेशों में सर्वथा अभाव था। सोलहवीं सदी में इस दीर्घकालिक स्थिति में द्रुत गति से परिवर्तन आया। सामुद्रिक यातायात के विकास के साथ ही धुरी प्रदेश का सामरिक वर्चस्व समाप्त होने लगा। मैकिंडर के शब्दों में मध्ययुग में यूरोप दक्षिण में विशाल सहारा मरुभूमि, पश्चिम में अज्ञात और अभेद्य समुद्र, तथा उत्तर में बर्फीले सागर और घने जंगलों के कारण पिंजड़े में बंद पक्षी की भांति था और पूर्व में स्थित धुरी प्रदेश से उसके अस्तित्व के लिए सतत् संकट के रूप में विद्यमान था। सोलहवीं सदी में समुद्री यातायात की सुविधा खुल जाने के बाद यूरोपीय देश अब इस स्थिति में पहुंच गए थे कि वे मध्य एशियाई धुरी प्रदेश को चौतरफा घेर सके। परन्तु मैकिंडर के विचार में उन्नीसवीं सदी के अन्तिम वर्षों में इस स्थिति में परिवर्तन के स्पष्ट आसार दिखाई देने लगे थे क्योंकि रेलों और स्वचालित मोटर वाहनों के निर्माण के परिणामस्वरूप स्थलीय यातायात के विकास की सम्भावनाएं अत्यधिक बढ़ गई थीं अतः मैकिंडर को लगा कि शीघ्र ही रेल मार्गों का जाल बिछ जाने के बाद धुरी प्रदेश पुनः अपना पुराना सामरिक महत्व प्राप्त कर सकेगा। अतः यूरोप के तटीय देशों के लिए अस्तित्व का संकट पुनः उठ सकता था क्योंकि आधुनिक तकनीकी ज्ञान की सहायता से रूसी साम्राज्य पुनः विश्व का सबसे शक्तिशाली देश बन सकता था। उसे विशाल अर्द्धमहाद्वीपीय क्षेत्र के संसाधन उपलब्ध थे। इस सम्भावना की वास्तविकता में परिणत हो जाने की स्थिति में विशाल धुरी राज्य एक-एक कर समुद्रतटीय देशों को पराजित करके उन्हें हड़प सकता था। ऐसी स्थिति में उसके पास एक विशाल नौसैनिक बेड़ा विकसित करने के लिए सभी साधन उपलब्ध हो जाएंगे। अतः रूसी साम्राज्य शीघ्र ही सामुद्रिक शक्ति में ब्रिटेन को बहुत पीछे छोड़ सकता था। परिणामस्वरूप रूस के लिए सम्पूर्ण विश्वद्वीप और तत्पश्चात् सम्पूर्ण विश्व पर आधिपत्य जमाना आसान हो जाता। 1904 में जब मैकिंडर ने अपने विचार प्रस्तुत किए थे उस समय रूसी साम्राज्य की शक्ति बहुत सीमित थी। अतः मैकिंडर के विचार में इस सम्भावना को यथार्थ में बदलने के लिए बाहरी सहायता आवश्यक थी। इस सहायता के दो सर्वोपयुक्त स्रोत थेः जर्मनी (जोकि धुरी प्रदेश में उसके दक्षिण पश्चिमी द्वार से प्रवेश कर उसे एक महान शक्ति के रूप में विकसित कर सकता था) तथा चीन (जो जापान की सहायता से रूस को परास्त कर उस पर अपना साम्राज्य स्थापित कर सकता था)। मैकिंडर के विचार में अन्ततः वही देश एक महान शक्ति के रूप में अस्तित्व बनाए रखने में सफल होगा जिसके पास स्वयं की विशाल गृहभूमि हो। इस दृष्टि से तीन सौ सालों के निरन्तर विकास के बाद मैकिंडर को अब ब्रिटेन का भविष्य अनिश्चित सा लगने लगा था क्योंकि यदि विशाल आन्तरिक एशियाई धुरी प्रदेश पूरी तरह विकसित हो गया तो भविष्य में ब्रिटेन के लिए विश्व के समुद्रों पर नियंत्रण बनाए रखना सम्भव नहीं था (मैकिंडर, 1902, पृ. 358)।

हृदय स्थल की सामरिक संकल्पना (1909)

मैकिंडर की इतिहास की धुरी संकल्पना 1904 में प्रकाशन के बाद से ही राजनीतिक चर्चा का केन्द्र बन गई थी। इस बीच यूरोपीय देशों को 1914-1919 के प्रथम विश्व युद्ध की त्रासदी झेलनी पड़ी। युद्ध के दौरान ब्रिटेन की सामुद्रिक पहुंच को कड़ी परीक्षा का सामना करना पड़ा था। साथ

ही इस दौर में जर्मनी की निरन्तर बढ़ती हुई सामरिक शक्ति और भविष्य के सम्भावित खतरों का भी ब्रिटेन तथा अन्य यूरोपीय उपनिवेशवादी शक्तियों को सम्यक् पूर्वानुमान हो गया। अतः युद्ध के घटनाक्रम के परिप्रेक्ष्य में मैकिंडर को अपनी सामरिक संकल्पना में कुछ संशोधन आवश्यक प्रतीत हुए। साथ ही युद्ध में जर्मनी की पराजय के परिणामस्वरूप शान्ति समझौते की तैयारियां तेजी से हो रही थीं। समझौते में लगे राजनेतओं को भावी खतरों की ओर चेतावनी देने की दृष्टि से मैकिंडर को यह आवश्यक प्रतीत हुआ कि वे अपनी सामरिक संकल्पना को समसामयिक परिप्रेक्ष्य में सविस्तार प्रस्तुत करें। अतः 1919 में लेखक ने अपनी संकल्पना को स्पष्ट करते हुए। *डेमोक्रेटिक आइडियल्स एण्ड रियल्टी* शीर्षक से एक पुस्तक प्रकाशित की।

मैकिंडर की चिन्ता के दो प्रमुख कारण थे। पहला यह कि 1917 में रूसी साम्राज्य का पतन हो गया था तथा उसके नए कम्युनिस्ट शासकों ने जर्मनी के साथ उसी की शर्तों पर शान्ति समझौता कर लिया था। दूसरा यह कि युद्ध के दौरान ग्रेट ब्रिटेन तुर्की जलडमरुमध्य के रास्ते काला सागर में प्रवेश करने में असफल रहा था। साथ ही जर्मनी की बारूदी सुरंगों ने ब्रिटिश नौ सेना को बाल्टिक सागर के बाहर ही रोके रखा था। इससे स्पष्ट था कि सामरिक प्रभाव की दृष्टि से हृदय स्थल का क्षेत्र मैकिंडर द्वारा 1904 में प्रतिपादित आन्तरिक जल प्रवाह पर आधृत क्षेत्र से कहीं अधिक व्यापक था। अतः 1919 में मैकिंडर ने हृदय स्थल की एक सर्वथा नई परिभाषा प्रस्तुत की। इसके अनुसार हृदय स्थल वह क्षेत्र है जिससे कि आधुनिक तकनीक के सहारे, सामुद्रिक शक्तियों की प्रभावी ढंग से बाहर रखा जा सकता है। इस आधार पर परिभाषित सामरिक हृदय स्थल के अन्तर्गत बाल्टिक सागर, डैन्यूब नदी की नौकागम्य मध्य और निचली घाटी, काला सागर, तुर्की, आर्मेनिया, ईरान, तिब्बत तथा मंगोलिया सम्मिलित हो गए।

1917 में जर्मन सेनाएं यूराल और कैस्पियन सागर के बीच स्थित संकरे घास के मैदान के रास्ते रूस के दक्षिणी-पश्चिमी भाग में प्रवेश कर गई थीं। इससे यह भली-भांति स्पष्ट हो गया था कि हृदय स्थल में प्रवेश करने का एकमात्र प्रभावी मार्ग इसी द्वार के माध्यम से है। अर्थात् सामुद्रिक शक्तियों के अन्तरराष्ट्रीय वर्चस्व को अब सबसे बड़ा संकट जर्मनी की ओर से था क्योंकि पूर्वी यूरोप में अपने राजनीतिक और सांस्कृतिक प्रभाव के परिणामस्वरूप जर्मनी हृदय स्थल के इस एक मात्र प्रवेश द्वार पर सरलता से नियंत्रण कर सकता था। इस प्रकार भविष्य में जर्मनी हृदय स्थल में उत्तरोत्तर प्रभाव विस्तार करते हुए अपने नेतृत्व में यूरेशिया में विश्व का सबसे शक्तिशाली साम्राज्य स्थापित कर सकता था। अतः पैरिस में शान्ति वार्ता के लिए एकत्र यूरोपीय तथा अमरीकी राजनयिकों को मैकिंडर की सलाह थी कि उन्हें भविष्य के खतरों की सम्भावनाओं को ध्यान में रखते हुए पूरी तरह सुनिश्चित करना चाहिए कि वे पूर्वी यूरोप और हृदय स्थल क्षेत्र में ऐसी सारी सम्भावनाओं को समाप्त कर दें जिनसे कि जर्मनी के विश्व विजय के इरादे को प्रोत्साहन मिल सकता हो।

विश्व युद्ध के अनुभव के आधार पर मैकिंडर ने विश्वव्यापी वर्चस्व स्थापित करने के लिए एक नई सामरिक सूक्ति प्रतिपादित की जिसके अनुसारः

> जो पूर्वी यूरोप पर शासन करेगा वह हृदय स्थल पर अधिकार स्थापित कर सकेगा;
> जो हृदय स्थल पर शासन करेगा वही विश्व द्वीप का स्वामी होगा;
> जो विश्व द्वीप पर राज्य करेगा वह पूरे विश्व पर अधिकार कर लेगा।

इस सूक्ति के समर्थन में मैकिंडर का तर्क कुछ इस प्रकार था। हृदय स्थल क्षेत्र पृथ्वी पर सर्वाधिक सुरक्षित प्राकृतिक दुर्ग है। साथ ही उसे एक अर्द्धमहाद्वीपीय क्षेत्र की संसाधन सम्पदा विकास हेतु प्राप्त है। अतः जो राजनीतिक शक्ति इस क्षेत्र पर आधिपत्य स्थापित करने में सफल होगी वह विश्व की अन्य किसी भी राजनीतिक शक्ति से अधिक शक्तिशाली बन जाएगी। यह दुर्ग तीन ओर से अभेद्य अवरोधों से घिरा है। इसमें प्रवेश का एक मात्र द्वार दक्षिण पश्चिम में स्थित है। इस द्वार तक पहुंचने के लिए पूर्वी यूरोप के रास्ते गुजरना आवश्यक है। अतः जो भी देश राज्य पूर्वी यूरोप पर अपना शासन स्थापित कर सकेगा वही इस द्वार का प्रहरी तथा स्वामी बन जाएगा। रूस उस समय इस स्थिति में नहीं था कि इतने विशाल क्षेत्र का स्वयं विकास कर सके अतः जो राज्य पूर्वी यूरोप पर अधिकार जमाने में सफल होगा वह हृदय स्थल पर भी अधिकार स्थापित कर लेगा, तथा उसकी विशाल सम्पदा का विकास करके वहां विश्व का सर्वाधिक शक्तिशाली सामरिक शक्ति स्थापित कर लेगा। इस स्थिति में पहुंचने के बाद इस विशाल साम्राज्य के लिए एक-एक करके सम्पूर्ण उपान्तीय अर्धचन्द्र क्षेत्र (अर्थात् समुद्रतटीय यूरेशियाई देशों) को अपने अधिकार क्षेत्र में आत्मसात करना अपेक्षाकृत सरल कार्य हो जाएगा। इस प्रकार हृदय स्थल पर स्वामित्व स्थापित करने वाला देश पूरे विश्व द्वीप का शासक बन जाएगा क्योंकि इस प्रकार विश्व के कुल भौगोलिक क्षेत्र का दो तिहाई भाग, तथा विश्व का 87.5 प्रतिशत जनसंसाधन उसके अधिकार में होगा।

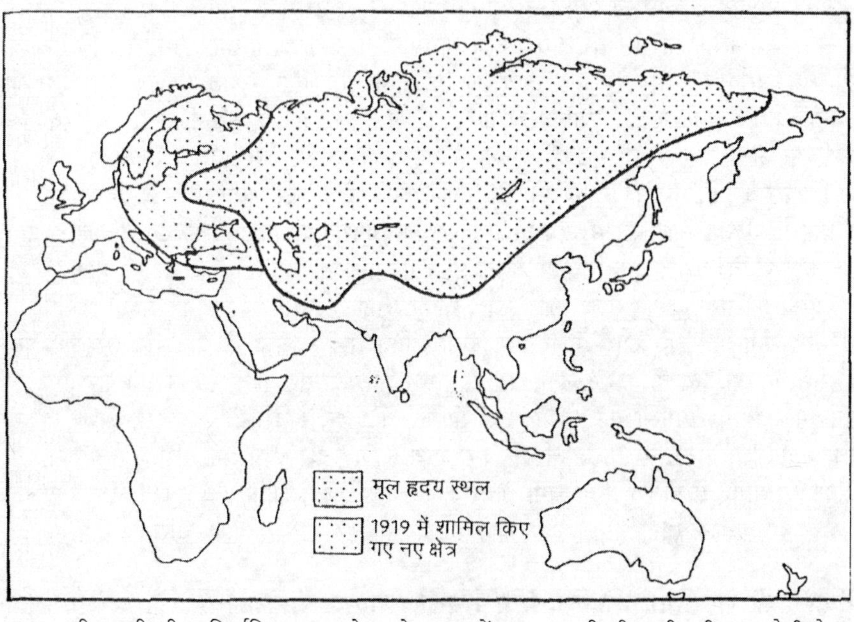

भारत की समुद्री सीमा निर्धारित आधार रेखा से सागर में बारह समुद्री मील की दूरी तक फैली है।

चित्र 7.3 मैकिंडर द्वारा 1919 में परिभाषित "सामरिक" हृदय स्थल (दीक्षित, 1994 से साभार उद्धृत)।

1943 में संशोधित "मिड्लैण्ड बैसिन" संकल्पना

1939 के पूर्व हृदय स्थल संकल्पना की चर्चा में मैकिंडर का सारा ध्यान पुराने विश्व के इतिहास तथा भूगोल तक ही सीमित था। बीसवीं सदी के द्वितीय चतुर्थांश के प्रारम्भिक वर्षों में मैकिंडर को धीरे-धीरे यह प्रतीत होने लगा था कि व्यावहारिक स्तर पश्चिमी यूरोप और पूर्वी उत्तरी अमरीका आपस में राजनीतिक, आर्थिक और सांस्कृतिक रूप में इतने निकट से जुड़े हैं कि वे एक ही अविभाज्य वृहत् समुदाय के अंग बन गए हैं। मैकिंडर के शब्दों में, संयुक्त राज्य अमरीका के प्रभूत वर्षा प्राप्त करने वाले क्षेत्र और उसकी सारी कोयला खानें पूर्वी हिस्से में स्थित हैं जबकि यूरोप में इनका केन्द्रीकरण पश्चिमी भाग में है। अतः पश्चिमी यूरोप और पूर्वी संयुक्त राज्य अमरीका एक दूसरे के परिपूरक हैं तथा दोनों उत्तरोत्तर एक ही समुदाय के दो संतुलित अंग बन गए हैं। द्वितीय विश्व युद्ध के दौरान जर्मनी विरोधी और परस्पर सहयोगी शक्तियों के युद्ध प्रयासों में संयुक्त राज्य द्वारा निर्णायक भूमिका निभाने के कारण इस संकल्पना को और बल मिला। पश्चिमी यूरोप और संयुक्त राज्य के बीच बिछे समुद्रों और वायुमार्गों के घने जाल से दोनों क्षेत्रों के परस्पर सम्बन्ध उत्तरोत्तर अन्योन्याश्रयी हो गए थे। द्वितीय विश्वयुद्ध की समाप्ति के बाद विश्व राजनीति का दृश्य पटल सर्वथा परिवर्तित हो गया। ब्रिटेन की घटती हुई राजनीतिक शक्ति के साथ ही ब्रिटेन तथा संयुक्त राज्य एक ही राजनीतिक शक्ति समूह के परस्पर पूरक अंश बन गए। अतः उत्तरी अटलाण्टिक सागर के दोनों तटों पर स्थित देश अन्तरराष्ट्रीय स्तर पर एक ही सहयोगी समुदाय के अभिन्न अंग बन गए। परिणामस्वरूप उत्तरी अटलाण्टिक एक समुद्र मात्र न रह कर व्यावहारिक स्तर पर घने समुद्री और वायुमार्गों के जाल वाली घाटी (मिड्लैण्ड बेसिन) बन गया था, जिसके माध्यम से संयुक्त राज्य और पश्चिमी यूरोप एक संयुक्त आर्थिक, सामरिक और राजनीतिक शक्ति के रूप में स्थापित हो गए थे। इस संयुक्त क्षेत्र के सम्मिलित संसाधन विश्व के किसी भी अन्य देश अथवा गुट की तुलना में बहुत अधिक थे, अतः द्वितीय विश्व युद्ध के बाद की विश्व राजनीति में इस गुट की भूमिका निर्णायक हो गई। दूसरे शब्दों में, मध्य और पूर्वी यूरोप के क्रमशः पश्चिम और पूर्व में अब दो पृथक्-पृथक् अपराजेय शक्तियों का अस्तित्व हो गया।

द्वितीय विश्व युद्ध के दौरान सोवियत संघ और पश्चिमी देशों के बीच उत्पन्न हुआ सहयोग ही जर्मनी की पराजय का मुख्य कारण था। मैकिंडर का विश्वास था कि यह सहयोग भविष्य में भी बना रहेगा, इसलिए और भी कि इन दोनों शक्ति सम्पन्न क्षेत्रों के बीच स्थित प्रकृति प्रदत्त अवरोधों के अस्तित्व के कारण उनमें परस्पर सम्बन्ध के अवसर बहुत सीमित थे। परिणामस्वरूप दोनों में आपसी वैमनस्य की सम्भावनाएं सीमित थीं। इन अवरोधों में सहारा, अरब, तिब्बत तथा मंगोलियाई मरुस्थलों के अतिरिक्त जन शून्य लीना प्रदेश (पूर्वी साइबेरिया) अलास्का, और आर्कटिक सागर से होते हुए पश्चिमी अमरीकी मरुभूमि प्रदेश शामिल थे। परन्तु विश्व युद्ध के बाद के 40 वर्षों के तीखे शीतयुद्ध से स्पष्ट है, कि मैकिंडर की यह आशा चरितार्थ नहीं हो पाई।

मैकिंडर की सामरिक परिदृष्टिः एक समालोचनात्मक समीक्षा

मैकिंडर की हृदय स्थल संकल्पना अपने प्रकाशन की तिथि से 1990 तक विश्वस्तरीय सामरिक चिन्तन का केन्द्र बनी रही। इतिहास के घटनाक्रम ने 1945 के बाद हृदय स्थल को विश्व राजनीति के एक ध्रुव के रूप में स्थापित कर दिया था। परिणामस्वरूप यूरेशिया में "स्थल शक्ति बनाम

सामुद्रिक शक्ति" अन्तरराष्ट्रीय राजनीति का यथार्थ बन गया था। इस परिप्रेक्ष्य में मैकिंडर की सामरिक परिदृष्टि अपनी विविध वैचारिक कमियों के होते हुए भी अन्तरराष्ट्रीय सम्बन्धों के अध्ययन में एक अत्यधिक सफल और पथप्रदर्शक प्रयास सिद्ध हुआ।

आलोचकों ने मैकिंडर की अनेक मूलभूत मान्यताओं पर प्रश्न चिन्ह लगाए हैं जिनमें निम्न मुख्य हैं: (1) मैकिंडर ने यूरोपीय इतिहास का सीधे तौर पर स्थल शक्ति बनाम सामुद्रिक शक्ति संघर्ष के रूप में रूपायित करने का प्रयास किया जबकि इतिहास की वास्तविकता इसके विपरीत थी। यह संघर्ष सदा से ही मिश्रित प्रकार का संघर्ष था स्थल शक्ति बनाम समुद्री शक्ति संघर्ष नहीं। (2) मैकिंडर ने मात्र स्थूल भौगोलिक क्षेत्र को ही संसाधन सम्पन्नता का परिचायक मान लिया था इसी आधार पर उसे विशाल भौगोलिक क्षेत्र वाला हृदय स्थल पृथ्वी का सबसे संसाधन सम्पन्न इकाई प्रतीत हुआ था जबकि वास्तविकता इससे भिन्न है। (3) मैकिंडर ने इस बात पर ध्यान नहीं दिया कि महाद्वीपीय आन्तरिक स्थिति के परिणामस्वरूप हृदय स्थल प्रदेश शाश्वत कठिनाइयों का क्षेत्र है अतः वहां विकास प्रक्रिया उसी अनुपात में खर्चीली है। (4) मैकिंडर की यह मान्यता कि रेलवे इंजन के आविष्कार के पश्चात् इस विशाल आन्तरिक क्षेत्र को संचार संसाधन के मामल में पुनः पुरानी वरीयता प्राप्त हो जाएगी, व्यावहारिक स्तर पर सही नहीं थी। आज तक भी हृदय स्थल में रेलों का गहन जाल नहीं बिछ सका है। (5) मैकिंडर की संकल्पना की सबसे बड़ी त्रुटि यह थी कि उसने वर्तमान सामरिक स्थिति का आकलन पुरानी और बासी पड़ गई आवागमन तकनीक के आधार पर करने का प्रयास किया। यही कारण था कि लेखक के विचार रेलवे के विकास की सम्भावनाओं की चर्चा तक ही सीमित रहे जबकि वायु यातायात उस समय एक ऐसा यथार्थ बन चुका था जिसके परिणामस्वरूप पृथ्वी पर स्थित सभी स्थानों को बाहरी आक्रमण से समान रूप में खतरा पैदा हो गया था। (6) मैकिंडर की संकल्पना की एक अन्य त्रुटि यह थी कि उसकी सारी चर्चा और उसके सारे आकलन, मर्केटर प्रक्षेप पर बने विश्व मानचित्र पर आधारित थे। परिणामस्वरूप हृदय स्थल की क्षेत्रीय विशालता का भ्रांतिमूलक आभास प्रचार में आ गया। इसलिए और भी कि लेखक ने अपने मानचित्र को एक अण्डाकार वृत्त से घेर कर प्रदर्शित किया था जिसके कारण प्रयोग किए गए प्रक्षेप के शुद्ध क्षेत्रफल वाला प्रक्षेप होने सम्बन्धी भ्रान्तिपूर्ण धारणा को बढ़ावा मिला। 1944 में मैकिंडर के मानचित्र को सही-सही अक्षांश तथा देशान्तर रेखाओं से पूरा कर तथा हृदय स्थल को अलग से शीर्ष केन्द्रित समान दूरी वाले प्रक्षेप पर निरूपित करके अमरीकी विद्वान वीगर्ट और स्टीफैंसन (1944) ने इस भ्रांति का रहस्योद्घाटन किया (देखिए: चित्र संख्या 7.7)।

हृदय स्थल सम्बन्धी अन्य संकल्पनाएं

फेयरग्रीव की दबाव क्षेत्र संकल्पना

हृदय स्थल की मूल संकल्पना के अनेक प्रकारान्तर प्रस्तुत हुए हैं। इनमें सबसे पुरानी फ़ेयरग्रीव़ की 1915 में प्रकाशित पुस्तक *जिओग्राफी एण्ड वर्ल्ड पावर* पुस्तक में प्रस्तुत दबाव क्षेत्र (क्रशजोन) संकल्पना है। इसको कोहेन (1964, 1990) की तोड़ पेटी (शैट्टबेल्ट) संकल्पना के माध्यम से नया जीवन मिला है। फ़ेयरग्रीव़ ने यूरोप, एशिया और अफ्रीका के सम्मिलित भूखण्ड को तीन पट्टियों में बंटे होने की कल्पना स्वीकार की । हृदय स्थल, तथा उपान्तीय और समुद्रतटीय पेटी

के बीच स्थिति तीसरी पट्टी ही उसकी संकल्पना का दबाव क्षेत्र है। इसको दबाव क्षेत्र की संज्ञा इसलिए दी गई क्योंकि यह उत्तर में हृदय स्थल तथा दक्षिण में सामुद्रिक शक्तियों के परस्पर प्रतिस्पर्धापूर्ण विस्तार अभियान में निरन्तर दबाव अनुभव करता रहता है, तथा इतिहास में लम्बे अरसे से यह स्थलीय और सामुद्रिक शक्तियों के बीच होते आ रहे शक्ति परीक्षण में निर्णायक भूमिका निभाता रहा है। इस पट्टी में जर्मनी की स्थिति से लेखक विशेष रूप से प्रभावित था। उसके शब्दों में एक ओर समुद्र से जुड़ा होने के कारण जर्मनी एक सामुद्रिक शक्ति है तो दूसरी ओर हृदय स्थल के सर्वाधिक घनी जनसंख्या वाले प्रदेश की पश्चिमी सीमा के पास उसकी भौगोलिक स्थिति उसे हृदय स्थल में प्रवेश कर उसके विकास का अवसर प्रदान करती है। फ़ेयरग्रीव़ ने ब्रिटेन को जर्मनी की इस स्थिति से उत्पन्न सम्भावनाओं के प्रति सचेत किया और सुझाव दिया कि उस को जर्मनी तथा रूस के बीच मैत्री सम्बन्ध की सम्भावनाओं के प्रति सर्वदा जागरूक रहना चाहिए और इस सम्भावना को रोकने की दिशा में सक्रिय प्रयास करने चाहिए (देखिएः चित्र संख्या 7.4)।

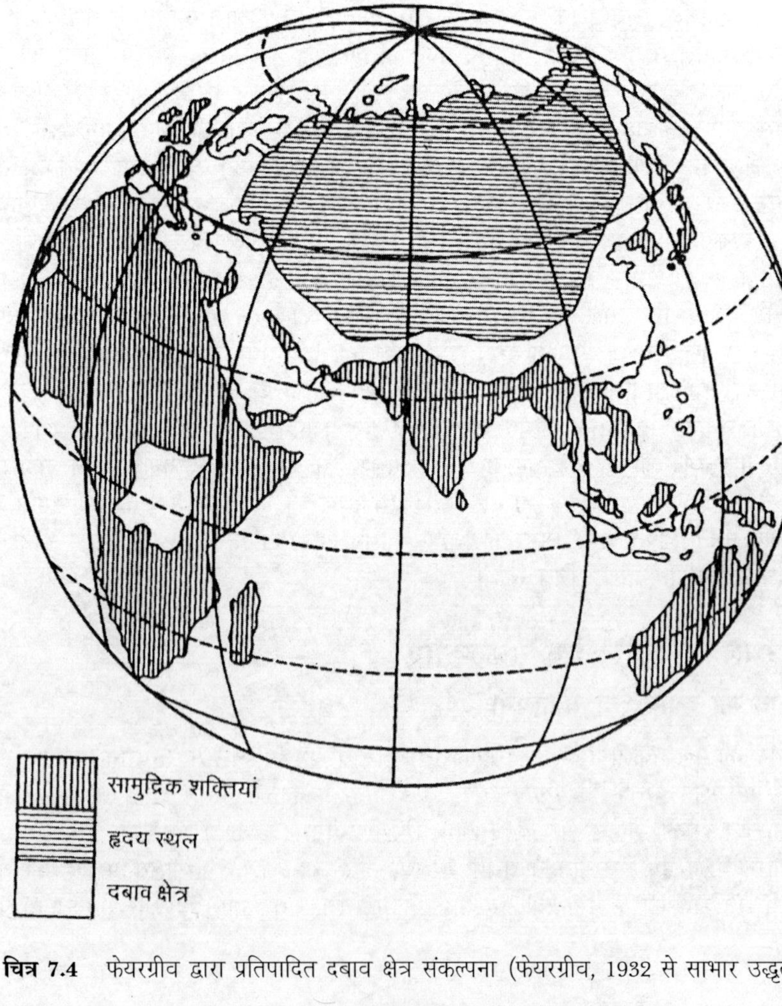

चित्र 7.4 फेयरग्रीव द्वारा प्रतिपादित दबाव क्षेत्र संकल्पना (फेयरग्रीव, 1932 से साभार उद्धृत)।

स्पाइकमैन की उपान्त क्षेत्र संकल्पना

मैकिंडर की *डेमोक्रेटिक आइडियल्स एण्ड रियल्टी* का 1942 में प्रिंसटन विश्वविद्यालय के आचार्य एडवर्ड अर्ल की सम्पादकीय भूमिका के साथ पुनर्मुद्रित अमरीकी संस्करण प्रकाशित हुआ। पुस्तक की भूमिका में सम्पादक ने लिखा था कि उसके विचार में विश्व समाज के भाग्य के निर्णायक भौगोलिक तत्वों की इससे बेहतर व्याख्या अन्यत्र कहीं भी उपलब्ध नहीं है। अतः अन्तरराष्ट्रीय राजनीति के किसी भी अध्येता के लिए इस पुस्तक का पढ़ना अनिवार्य है। येल विश्वविद्यालय के आचार्य स्पाइकमैन (1893-1943) इस विचार से सहमत नहीं थे। उनकी अपनी पुस्तक *दी जिओग्राफी ऑफ पीस* (1944) मैकिंडर के विचारों की विस्तृत समीक्षा के उद्देश्य से लिखी गई थी। यही विचार बाद में उपान्त क्षेत्र को संकल्पना के नाम से प्रसिद्ध हुए।

स्पाइकमैन ने मैकिंडर की मूलभूत भौगोलिक और ऐतिहासिक मान्यताओं को स्वीकार करते हुए मैकिंडर द्वारा प्रतिपादित सामरिक परिदृष्टि के निष्कर्षों पर प्रश्न चिन्ह लगाए। स्पाइकमैन को मैकिंडर द्वारा प्रतिपादित हृदय स्थल और उपान्तीय समुद्रतटीय पेटी के सापेक्षिक सामरिक महत्व और दोनों के शक्ति सामर्थ्य सम्बन्धी निष्कर्ष पर विशेष आपत्ति थी। इस अर्धचन्द्राकार पेटी को स्पाइकमैन ने "आंशिक रूप में स्थलीय और आंशिक रूप में सामुद्रिक" पेटी के रूप में वर्णित करते हुए उसे उपान्त क्षेत्र (रिमलैण्ड) की संज्ञा दी। स्पाइकमैन के उपान्त क्षेत्र में बाल्टिक और काला सागर इस्थुमस के पश्चिम स्थित प्रायः पूरा महाद्वीपीय यूरोप, एशिया के पर्वतीय, दक्षिणी पश्चिमी, दक्षिणी और दक्षिणी पूर्वी क्षेत्र, तथा चीन शामिल थे (देखिए: चित्र संख्या 7.5)। आधुनिक विश्व के पिछले तीन सौ वर्षों के राजनीतिक इतिहास का साक्ष्य देते हुए स्पाइकमैन ने इस बात पर बल दिया कि कोलम्बस युग के पूर्व की स्थिति के बिल्कुल विपरीत उत्तर कोलम्बस काल में सामुद्रिक शक्ति का व्यापक सामरिक वर्चस्व निर्विवाद है क्योंकि समुद्री नौकागमन के आधार पर ही यूरेशियाई भूखण्ड को एक समग्र इकाई के रूप में देखना सम्भव हुआ है। साथ ही पुरानी और नई दुनियां के बीच व्यापारिक तथा राजनीतिक सम्बन्ध पूरी तरह सामुद्रिक यातायात पर निर्भर हैं। अतः स्पाइकमैन का दृढ़ मत था कि वर्तमान विश्व राजनीति में अन्तरराष्ट्रीय सामरिक सम्बन्धों का मूलाधार सामुद्रिक सामर्थ्य में निहित है न कि हृदय स्थल में विकास की भावी सम्भावनाओं में।

स्पाइकमैन ने मैकिंडर के हृदय स्थल के संसाधन सामर्थ्य और उसकी केन्द्रीय स्थिति सम्बन्धी मान्यताओं पर अनेक आपत्तियां उठाईं। इनमें दो विशेष महत्व की हैं। (1) मैकिंडर की मान्यता थी कि अपने विशाल आकार तथा यूरेशिया में अपनी केन्द्रीय स्थिति के परिणामस्वरूप हृदय स्थल को एकीकृत ओर समन्वित संचार व्यवस्था का लाभ मिला है तथा आधुनिक प्रौद्योगिकी का प्रयोग करके इस क्षेत्र की संचार व्यवस्था को विकसित कर उसे समुद्री यातायात से कहीं अधिक प्रभावी बनाया जा सकता है। स्पाइकमैन इस दावे से सहमत नहीं थे। (2) स्पाइकमैन मैकिंडर के इस विचार से भी असहमत थे कि हृदय स्थल के घास के विशाल मैदानी क्षेत्र को निकट भविष्य में विकसित करके इस पूरे क्षेत्र को विश्व का सबसे संसाधन सम्पन्न देश बनाया जा सकता है। स्पाइकमैन के अनुसार यह मान्यता सर्वथा निराधार थी क्योंकि जलवाययीय कठिनाइयों के परिणामस्वरूप इस क्षेत्र के मध्य तथा पूर्वी भागों में कृषि उत्पादन की सम्भावनाएं प्रायः नगण्य हैं। यद्यपि उसके मध्य और पूर्वी क्षेत्रों में औद्योगिक विकास की पर्याप्त सम्भावनाएं विद्यमान थीं, परन्तु उस समय तक सारा का सारा विकास मुख्यतया पश्चिमी भाग में ही केन्द्रित था। लेकिन स्थिति में निश्चय ही सुधार हो रहा था। इन सारी बातों को ध्यान में रखते हुए हृदय स्थल अपने

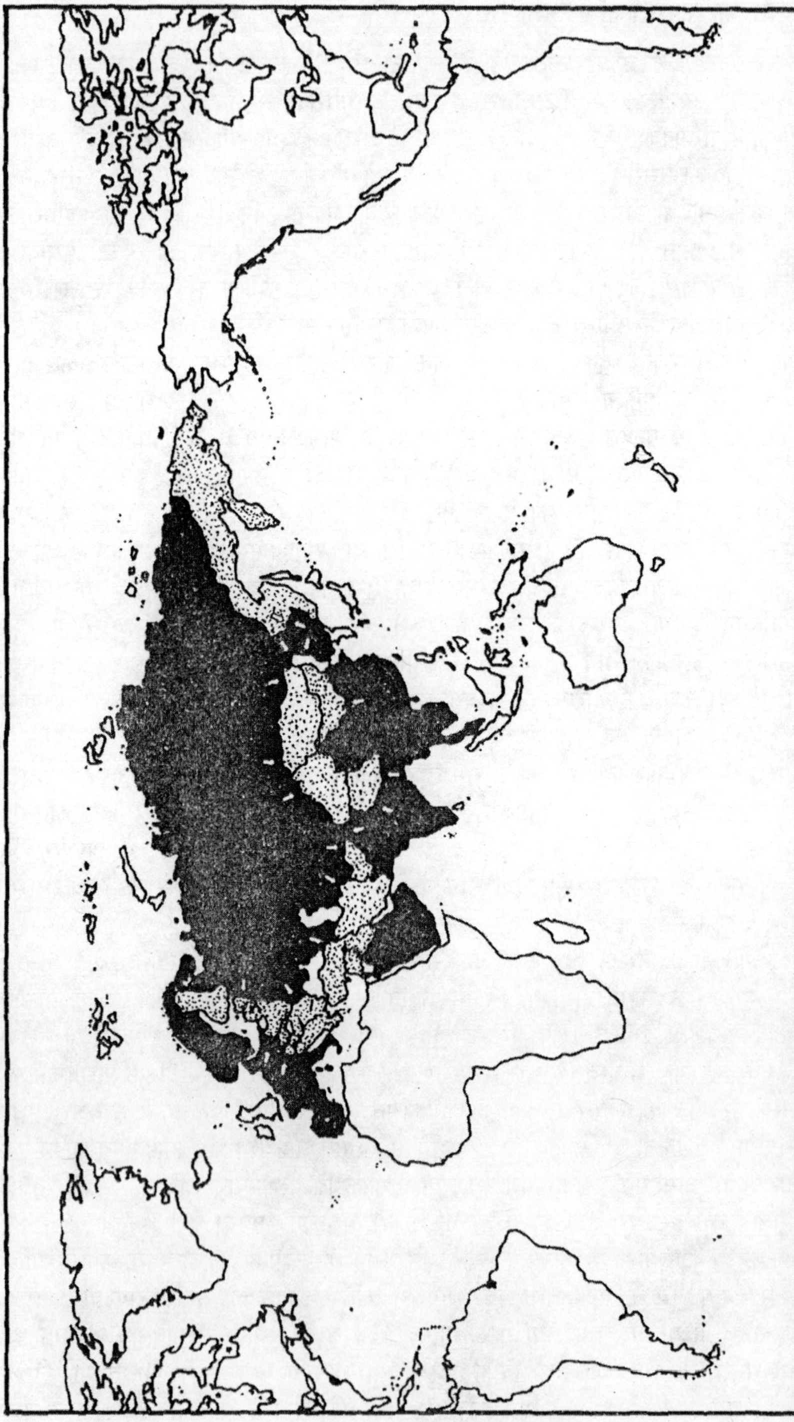

चित्र 7.5 हृदय स्थल बनाम उपान्त क्षेत्र सम्बन्धी संघर्ष का स्वरूप (स्पाइकमैन, 1944 से साभार उद्धृत)।

कृषि उत्पादों के आधार पर एक बड़ी जनसंख्या का भरणपोषण करने में सक्षम नहीं था। इसके अतिरिक्त रेल और सड़क यातायात में आए सुधारों के उपरान्त भी इस तथ्य को अनदेखा नहीं किया जा सकता कि हृदय स्थल उत्तर, पूर्व, और दक्षिण में यातायात विकास को अवरुद्ध करने वाले विश्व के सबसे कठिन अवरोधों से घिरा है। साथ ही इसके समीपस्थ देशों की यातायात व्यवस्थाएं अपेक्षाकृत और भी कम विकसित हैं। अतः हृदय स्थल की संचार व्यवस्था की समुद्रतटीय देशों की संचार शक्ति से तुलना करना भ्रांतिमूलक है।

मैकिंडर की यह धारणा कि हृदय क्षेत्र की अन्तरमुखी तथा समन्वित संचार व्यवस्था ब्रिटेन की समुद्री मार्गों पर आधारित अन्तरराष्ट्रीय संचार व्यवस्था की अपेक्षाकृत सामरिक दृष्टि से अधिक श्रेयस्कर है इस केन्द्रीय मान्यता पर आधारित थी कि युद्ध की स्थिति में रूस अपनी सेनाओं को सीमावर्ती क्षेत्रों में अर्द्धव्यासीय दूरियों के आधार द्रुत गति से भेज सकता था जबकि इसके विपरीत ब्रिटेन की सेनाओं को हृदय स्थल की बाहरी परिधि की अपेक्षाकृत बहुत लम्बी दूरी तय करना अनिवार्य था। स्पाइकमैन ने स्पष्ट किया कि इस धारणा के पीछे यह मान्यता निहित थी कि युद्ध काल में ब्रिटेन के नौसैनिक बेड़ों को अपनी यात्रा अनिवार्यतः ब्रिटिश बन्दरगाहों से ही प्रारम्भ करनी होगी। परन्तु ब्रिटेन की सेनाओं का जमाव रूस की ही परिधि पर स्थित होने की स्थिति में रूस को प्राप्त यह सामरिक लाभ समाप्त हो जाता है। रूस विरोधी सैन्य संचालन ईरान, भारत, अथवा चीन की सीमा पर स्थित ठिकानों से किया जाए तो स्थिति एक दम विपरीत हो जाएगी (देखिएः चित्र संख्या 7.6)।

स्पाइकमैन ने मैकिंडर की इस मान्यता को भी नकार दिया कि पुराने विश्व का इतिहास प्रारम्भ से ही स्थल शक्ति बनाम सामुद्रिक शक्ति का संघर्ष रहा है। वास्तव में यह संघर्ष सदा ही कुछ सामुद्रिक शक्तियों तथा कुछ स्थलीय और सामुद्रिक शक्तियों के मिश्रित गुटों के बीच था। हृदय स्थल और उपान्त क्षेत्र की सापेक्षिक शक्ति सम्पन्नता की तुलना के संदर्भ में स्पाइकमैन ने स्पष्ट किया कि शक्ति संसाधनों, जनसंख्या औद्योगिक उत्पाद तथा संचार सुविधाओं, इन सभी दृष्टियों से उपान्त क्षेत्रीय पेटी हृदय स्थल से कहीं अधिक सम्पन्न है। हृदय स्थल को इस बात का लाभ अवश्य था कि वह रूसी साम्राज्य (और बाद में सोवियत संघ) के नेतृत्व में एकजुट था जबकि उपान्तीय पेटी राजनीतिक दृष्टि से अनेक परस्पर प्रतिस्पर्धापूर्ण इकाइयों में बंटी थी। अतः आवश्यक था कि सम्पूर्ण उपान्त क्षेत्र को सामुद्रिक शक्तियों के नेतृत्व में एक परस्पर सहयोगी तथा हृदय स्थल विरोधी संगठन में बांध दिया जाए। ऐसा संगठन हृदय स्थल को तीन तरफ से बांधकर उसके प्रभाव विस्तार के सारे प्रयासों को विफल कर देगा। अतः स्पाइकमैन ने मैकिंडर द्वारा प्रतिपादित हृदय स्थल के सामरिक वर्चस्व के सिद्धान्त को दोषपूर्ण सिद्ध करते हुए एक नए सामरिक सूत्र का प्रतिपादन किया। इसके अनुसारः

जो देश उपान्त क्षेत्र पर शासन करेगा वही यूरेशिया का शासक होगा;
जो देश यूरेशिया पर शासन करेगा वही विश्व के भाग्य का निर्णय करेगा।

द्वितीय विश्वयुद्ध के पश्चात् विश्व राजनीति के सोवियत संघ तथा संयुक्त राज्य अमरीका के नेतृत्व में दो परस्पर प्रतिद्वन्दी महाशक्तियों में गोलबन्द हो जाने के बाद ट्रूमन के नेतृत्व में संयुक्त राज्य की विदेश नीति स्पाइकमैन की सामरिक संकल्पना के अनुरूप हो गई थी। परन्तु यह कहना कठिन है कि जार्ज एफ केनान द्वारा प्रस्तावित सोवियत संघ की घेराबन्दी (कण्टेनमेण्ट) की नीति वास्तव में स्पाइकमैन के विचारों से प्रेरित थी। इस विदेश नीति के क्रियान्वयन के परिणामस्वरूप संयुक्त राज्य ने उपान्त क्षेत्र में अनेक द्विपक्षीय और बहुपक्षीय

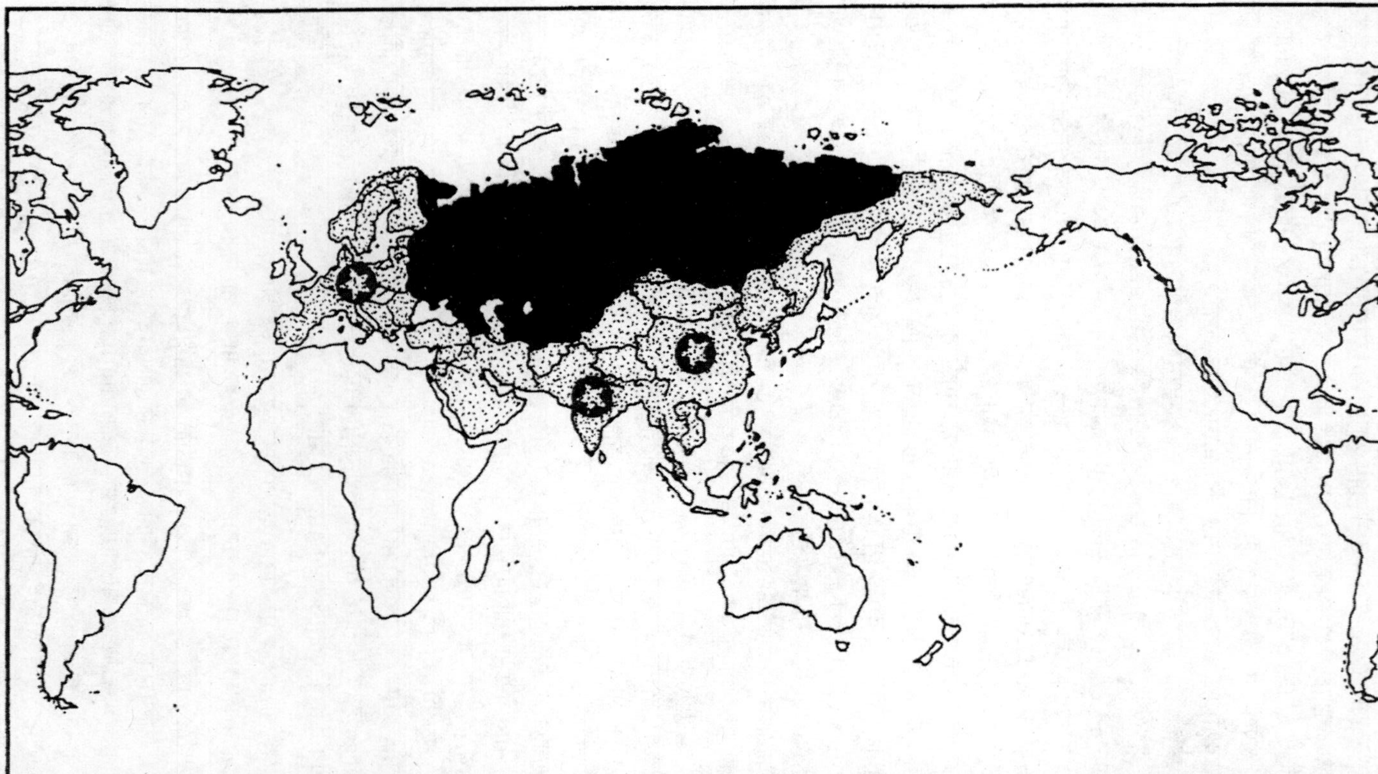

चित्र 7.6 स्पाइकमैन द्वारा प्रस्तावित उपान्त क्षेत्र में संघर्ष के तीन केन्द्र—पश्चिमी यूरोप, दक्षिण एशिया, और चीन (स्पाइकमैन, 1944 से साभार उद्धृत)।

सुरक्षा संधियों के माध्यम से रूस विरोधी एक सशक्त खेमे का निर्माण किया। इस सुरक्षा व्यवस्था में नाटो, सिआटो, मिआटो तथा एंजस आदि प्रमुख थे। बाद में सोवियत संघ तथा संयुक्त राज्य के बीच सौहार्दपूर्ण सम्बन्ध बढ़ने के बाद नाटो के अतिरिक्त शेष सभी सैन्य समझौते धीरे-धीरे ठण्डे पड़ गए और 1990 के बाद सोवियत संघ के विघटन पूर्णतया अनावश्यक हो गए।

पिण्डाकार पृथ्वी तथा हृदय स्थल संकल्पना

अलंकारिक भाषा में कहें तो 1940 के दशक में भूराजनीति जर्मनी से संयुक्त राज्य अमरीका प्रस्थान कर गई थी। विश्वयुद्ध के प्रारम्भ होने के साथ ही संयुक्त राज्य की पुरानी पृथकतावादी विदेश नीति का अन्त हो गया था। देश अब स्वयं ही अन्तरराष्ट्रीय राजनीति का प्रमुख नायक बन गया था। उसकी आंचलिक मानसिकता समाप्त हो गई थी। ऐसे में स्वाभाविक था कि अनेक भूगोलविद् देश के नागरिकों को इतिहास और भूगोल के रहस्यमय सम्बन्धों के प्रति जागरूक करने और अन्तरराष्ट्रीय स्तर पर संयुक्त राज्य के भावी महत्व के बारे में उनके ज्ञानवर्धन का प्रयास करें। ऐसे विद्वानों में हैंस वीगर्ट का स्थान सर्वप्रमुख था। वीगर्ट (1957) के शब्दों में संयुक्त राज्य की सबसे महत्वपूर्ण समकालीन समस्या अपने नागरिकों की बीते युग की भौगोलिक मानसिकता को समाप्त करना तथा उन्हें बदले यथार्थ के प्रति जाग्रत करना था। इसके लिए आवश्यक था कि भूराजनीतिक मनन चिन्तन को मर्केटर प्रक्षेप पर आधारित पृथ्वी की समतल तथा चौकोर परिकल्पना के स्थान पर उसके वास्तविक पिण्डाकार स्वरूप पर आधारित किया जाए। आवश्यक यह भी था कि देशवासी विश्व के मानचित्र तथा विश्व राजनीति को परिवर्तनशील अन्तरराष्ट्रीय ऐतिहासिक-राजनीतिक घटनाक्रम और विकासशील तकनीकी ज्ञान की पृष्ठभूमि तथा मध्य यूरेशियाई हृदय स्थल के बदले उत्तरी अटलांटिक सागर के तटीय क्षेत्रों के परिप्रेक्ष्य में देखें।

वीगर्ट ने रेखांकित किया कि अपनी अण्डाकार बाहरी रूपरेखा के होते हुए भी मैकिंडर का मानचित्र मरकेटर प्रक्षेप पर बनाया गया था जिस पर 45° आक्षांश रेखा अपनी वास्तविक लम्बाई से दुगुने आकार की प्रदर्शित होती है तथा ध्रुवों की तरफ बढ़ने पर अक्षांशीय मापक अपने वास्तविक आकार से उत्तरोत्तर अधिकाधिक बड़ा प्रदर्शित होता है। यही कारण है कि मैकिंडर के मानचित्र पर हृदय स्थल अपने वास्तविक आकार से बहुत बड़ा दिखाई देता है। मैकिंडर द्वारा दिए गए मानचित्र पर अक्षांश और देशान्तर रेखाओं का जाल खींच कर (चित्र 7.7) वीगर्ट ने स्पष्ट किया कि पृथ्वी के वास्तविक गोलाकार स्वरूप के संदर्भ में हृदय स्थल के सही-सही निरूपण के लिए आवश्यक है कि उसको समान दूरी वाले तथा उत्तरी ध्रुव पर केन्द्रित एजिमुथल प्रक्षेप पर प्रदर्शित किया जाए। बिना इसके मैकिंडर की हृदय स्थल संकल्पना में निहित यूरोप केन्द्रित पूर्वाग्रह का रहस्योद्घाटन नहीं हो सकता। एजिमुथल प्रक्षेप पर बने मानचित्र के आधार पर ही अमरीकी नागरिक इस तथ्य को भली प्रकार पहचान सकेंगे कि यूरोप तथा एशिया आर्कटिक सागर के दोनों और एक दूसरे के आमने-सामने स्थित हैं न कि सात समुद्र पार एक दूसरे से बहुत दूर, जैसा कि मैकिंडर के बेलनाकार प्रक्षेप पर खींचे गए मानचित्र से आभास होता रहा था। इस प्रकार के मानचित्र के अभाव से विश्व राजनीति में संयुक्त राज्य की सही भूमिका का अनुमान नहीं लग सकता था। वीगर्ट के सहयोगी स्टीफैन्सन ने इस बात की ओर ध्यान आकर्षित किया कि वायु यातायात के युग में एशिया तथा उत्तरी अमरीका के बीच सम्पर्क का सबसे प्रभावी तरीका आर्कटिक सागर के ऊपर से जाने वाले वायुमार्ग हैं। स्टीफैन्सन (1943) के शब्दों में वायुयान चालकों ने पृथ्वी को बेलनाकार पाया था परन्तु उसे पिण्डाकार बना दिया (चित्र 7.7 तथा 7.8)।

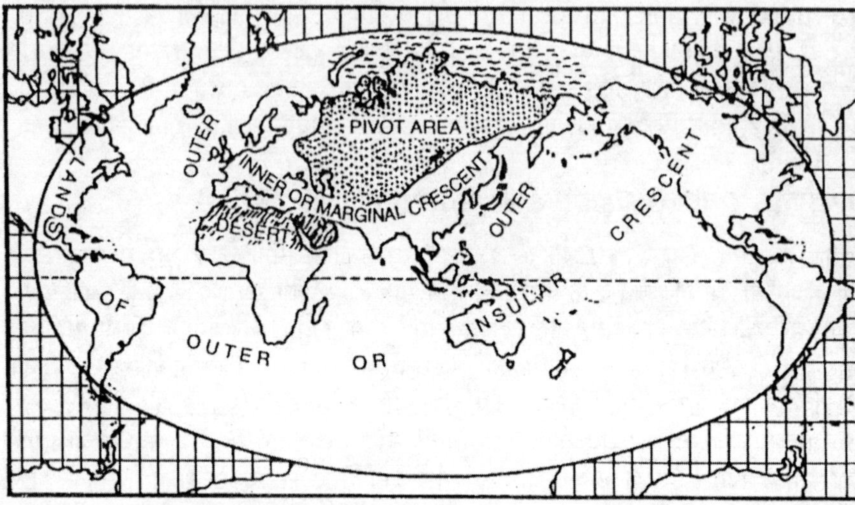

चित्र 7.7 मैकिंडर का 1904 का हृदय स्थल मानचित्र वास्तव में आयताकार मर्केटर प्रक्षेप पर खींचा गया मानचित्र था जिसे लेखक ने अण्डाकार रूप में प्रस्तुत किया था। इससे भ्रम उत्पन्न होता था कि मानचित्र एक सही क्षेत्रफल वाले प्रक्षेप पर खींचा गया है (वीगर्ट और स्टीफैंसन, 1944 से साभार उद्धृत)।

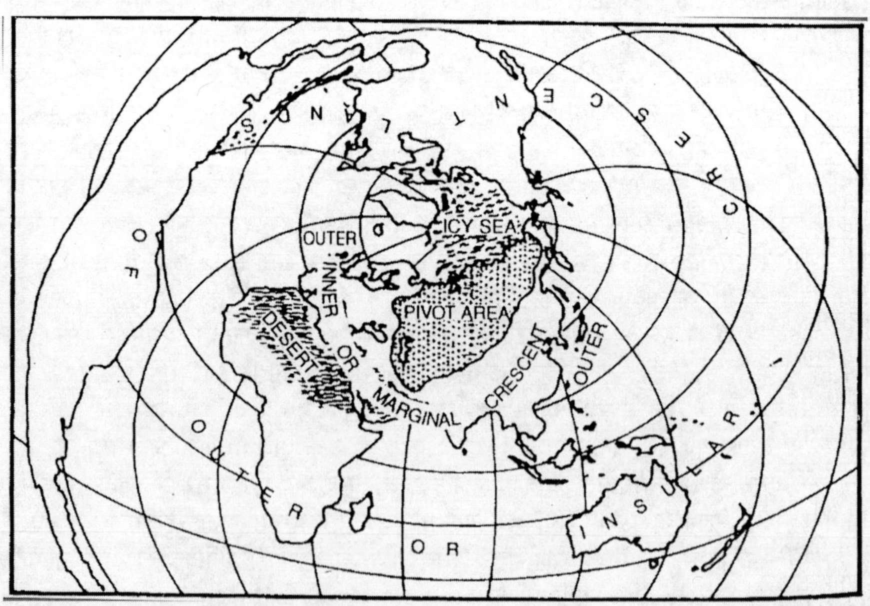

चित्र 7.8 मैकिंडर का हृदय स्थल धुरी क्षेत्र पर केन्द्रित समान दूरी वाले शीर्ष प्रक्षेप पर निरूपित (वीगर्ट और स्टीफैंसन, 1944 से साभार उद्धृत)।

वायु युगीन सामरिक परिदृष्टि

प्रथम विश्व युद्ध के बाद से ही वायु यातायात और उसकी सामरिक सम्भावनाओं की चर्चा प्रारम्भ हो गई थी। 1920 के दशक में ही इटली के जनरल गियुलिओ दूहेत तथा संयुक्त राज्य के जनरल विलियम मिचेल इस विषय पर महत्वपूर्ण विचार प्रकट कर रहे थे। दूहेत ने स्पष्ट किया कि युद्ध संघर्ष अब उत्तरोत्तर समग्र राष्ट्रीय संघर्ष बन गया है, अर्थात् देश की समग्र जनसंख्या तथा सम्पूर्ण संसाधन-व्यवस्था युद्ध से सीधे तौर पर जुड़ गई है। परिणामस्वरूप पुराने युद्धों के विपरीत (जबकि युद्ध मात्र शासकों तथा सेनाओं तक ही सीमित था) भविष्य के युद्ध राष्ट्रीय स्तर पर सर्वव्यापी संघर्ष (टोटल वार) का रूप धारण कर लेंगे। साथ ही जनरल मिचेल ने स्पष्ट किया कि भविष्य में पुराने काल के युद्धों की भांति ही राष्ट्रों के बीच युद्ध की वास्तविक लड़ाई विशेष रूप से प्रशिक्षित वायु युद्ध में प्रवीण सैनिकों के बीच होगी। परन्तु युद्ध में स्थायी विजय प्राप्त करने के लिए आवश्यक है कि शत्रु की युद्ध क्षमता को पूरी तरह तहस नहस कर दिया जाए अर्थात् उसके उद्योगों, उसके शक्ति उत्पादक संस्थानों, उसकी संचार व्यवस्था, और उसकी कृषि उत्पादकता को विनष्ट करना आवश्यक है (मिचेल, 1925, पृ. 19 तथा 126)। वायुयान शत्रु देश के किसी भी कोने तक पहुंच कर उसे बम वर्षा द्वारा तहस नहस करने में सक्षम हैं, अतः द्रुतगामी वायुयानों की सहायता से सैनिक एक स्थान से चल कर अपने गंतव्य तक सीधे वार करके अपने स्थान पर वापस लौट सकेंगे। इसलिए भविष्य में अग्रिम पड़ावों (एडवांस बेसेज़) की आवश्यकता नहीं रहेगी (मिचेल, 1931, पृ. 255)।

अलेक्ज़ाण्डर डी सेवरस्काई की वायु युगीन सामरिक संकल्पना

दूहेत और मिचेल के विचारों को आगे बढ़ाने में अमरीकी विद्वान अलेक्ज़ाण्डर डी सेवरस्काई का योगदान महत्वपूर्ण है। उसके विचार मिचेल से विशेष रूप से प्रभावित थे। डी सेवरस्काई की प्रथम पुस्तक *विक्टरी थ्रू एयर पावर* 1942 में प्रकाशित हुई थी। इसमें लेखक ने युद्ध में वायु शक्ति की केन्द्रीय भूमिका पर जोर देते हुए दो बातों की ओर ध्यान आकर्षित किया। एक यह कि वायु युद्ध के युग में युद्ध कार्य हेतु लम्बे अर्धव्यास की आवश्यकता है, तथा दूसरी यह कि वायु सेनाओं के लिए लम्बी चौड़ी स्थलीय संगठन व्यवस्था, तथा आर्कटिक सागरीय मार्ग पर वायुयान पड़ावों की व्यवस्था अनावश्यक है। डी सेवरस्काई के अनुसार द्रुतगामी वायुयानों का विकास कर प्रारम्भिक ठिकानों से निर्दिष्ट गंतव्य पर सीधे वार करना हर दृष्टि से अधिक प्रभावी है। साथ ही वायु युग का यह आधारभूत विवेक है कि भविष्य के युद्ध देश की गृह भूमि से ही संचालित हों। 1950 में डी सेवरस्काई ने *एयर पावरः की टु सर्वाइवल* शीर्षक से एक दूसरी पुस्तक प्रकाशित की। इसमें लेखक ने संयुक्त राज्य अमरीका के शासकों को सुझाव दिया कि देश का मुख्य सैनिक और सुरक्षा उद्देश्य अमरीका द्वारा विश्व की सर्वोपरि वायु शक्ति का विकास करना होना चाहिए। देश की वायु शक्ति इतनी विशाल बनानी चाहिए कि कोई भी दूसरा राष्ट्र उसके राष्ट्रीय हितों को हानि पहुंचाने का दुस्साहस करने से डरे और उसे भली प्रकार ज्ञात हो जाना चाहिए कि ऐसे किसी दुस्साहस का परिणाम प्रलयकारी सर्वनाश होगा। लेखक ने देश की सीमाओं से दूर सुरक्षात्मक ठिकानों को सामरिक दृष्टि से अनावश्यक बताया। उसके विचार से घेरा बन्दी की विदेश नीति वायु यातायात के युग में सर्वथा असंगत हो गई है क्योंकि अब निर्णायक युद्ध गृहभूमि से सीधे

लड़े जा सकते हैं। सोवियत संघ की सीमाओं पर छोटी बड़ी लड़ाइयां संसाधनों का अनावश्यक दुरुपयोग मात्र थीं क्योंकि अमरीका को इन पर बहुत अधिक धन व्यय करना पड़ता था लेकिन रूस को उनसे कोई हानि नहीं पहुंचती थी।

ध्यातव्य है कि डी सेवरस्काई का सामरिक चिन्तन भी मूलतः हृदय स्थल और उपान्तीय क्षेत्र के परस्पर संघर्ष की धारणा पर केन्द्रित था। अर्थात् मैकिंडर की मूलभूत संकल्पना यथावत् कायम थी। अन्तर मात्र यह था कि मर्केटर प्रक्षेप शीर्ष केन्द्रित समान दूरियों वाले प्रक्षेप द्वारा स्थानच्युत कर दिया गया था, और अब मुख्य संघर्ष हृदय स्थल बनाम यूरेशिया की तटीय समुद्री पेटी के स्थान पर आर्कटिक सागर के आर-पार एक दूसरे के आमने-सामने स्थित हृदयस्थल (अर्थात् सोवियत संघ) तथा संयुक्त राज्य अमरीका के बीच स्थानान्तरित हो गया था। वायु यातायात के युग में अमरीका और सोवियत संघ के बीच होने वाला सम्पूर्ण यातायात सम्पर्क आर्कटिक सागर के आर-पार होने लगा था क्योंकि दोनों के बीच वृहद्वृत्तीय मार्ग आर्कटिक सागर के ऊपर से ही गुजरते हैं। इस प्रकार आर्कटिक सागर वायु युग का “भूमध्य” सागर बन गया था।

संयुक्त राज्य और सोवियत संघ के बीच के सामरिक संघर्ष का वास्तविक भौगोलिक स्वरूप दर्शाने के उद्देश्य से डी सेवरस्काई ने विश्व के मानचित्र को उत्तरी ध्रुव पर केन्द्रित समान दूरी वाले एजिमुथल प्रक्षेप पर प्रस्तुत किया। लेखक ने इस मानचित्र पर क्रमशः संयुक्त राज्य अमरीका तथा सोवियत संघ (रूस) के सर्वाधिक विकसित औद्योगिक प्रदेशों पर केन्द्रित दो अलग-अलग वृहद्वृत्त खीचें जिससे कि दोनों प्रतिस्पर्धी शक्तियों के वायु शक्ति प्रभाव क्षेत्रों को एक साथ दिखाया जा सके। ये दोनों वृहद्वृत्त एक विस्तृत क्षेत्र के ऊपर एक दूसरे का अधिच्छादन करते हैं। डी सेवरस्काई के अनुसार इस अधिच्छादित क्षेत्र में ही दोनों महाशक्तियों की सापेक्षिक शक्ति का अन्तिम निर्णय सम्भव था। अतः लेखक ने इसे निर्णय क्षेत्र की संज्ञा दी (चित्र संख्या 7.9)। डी सेवरस्काई के अनुसार संयुक्त राज्य को अपनी सारी सामरिक शक्ति इस निर्णय क्षेत्र में ही संचित करनी चाहिए जिससे कि विश्वव्यापी सामरिक शक्ति परीक्षण में उसकी विजय के बारे में किसी प्रकार का अन्देशा न रहे।

युद्ध की तकनीक में लगातार होती क्रांतिकारी प्रगति के परिणामस्वरूप 1950 की तकनीक के परिप्रेक्ष्य में लिखी गई डी सेवरस्काई की संकल्पना भी शीघ्र ही समयच्युत हो गई। पृथ्वी की परिक्रमा करने वाली अन्तरमहाद्वीपीय मिसाइलों के आगमन के साथ ही डी सेवरस्काई की आर्कटिक केन्द्रित हृदय स्थल बनाम संयुक्त राज्य अमरीका के बीच के संभावित सामरिक संघर्ष पर केन्द्रित संकल्पना समकालीन तकनीकी स्थिति के अनुरूप नहीं रही। युद्ध यातायात की इस तकनीक के परिप्रेक्ष्य में “निर्णय क्षेत्र” की चर्चा निरर्थक हो गई। साथ ही अणुशक्ति चालित और समुद्र की सतह के नीचे लम्बे समय तक बनी रहने वाली पनडुब्बियों के निर्माण ने विश्व के देशों के बीच के सामरिक सम्बन्धों में एक नया आयाम जोड़ दिया है।

डी सेवरस्काई की संकल्पना की मूलभूत त्रुटि यह थी कि लेखक का सारा चिन्तन राष्ट्रीय स्तर के सम्पूर्ण युद्ध (अर्थात् शत्रु के पूर्ण विध्वंस) की परिकल्पना पर केन्द्रित था। परन्तु युद्ध का मूल उद्देश्य शत्रु को पराजित करके शक्ति संचय करना तथा उसके माध्यम से देश के मित्रों का दायरा बढ़ाना तथा शत्रुओं की संख्या कम करना है। शत्रु का विध्वंस इन उद्देश्यों की पूर्ति नहीं कर सकता। इस संकल्पना की एक अन्य कमी यह थी कि लेखक ने अन्तरराष्ट्रीय राजनीति को पूरी तरह दो महाशक्तियों के बीच के सीधे संघर्ष के रूप में देखने का प्रयास किया। वास्तव

में विश्व राजनीति प्रकृति से ही बहुनाभीय तथा बहुक्षेत्रीय संघर्ष है। शीत युद्ध के युग में दोनों महाशक्तियां अन्तरराष्ट्रीय राजनीति की पहरेदार अवश्य थीं परन्तु उसका केन्द्र नहीं। लेकिन यह निर्विवाद सत्य है कि हृदय स्थल संकल्पना बीसवीं सदी के सामरिक चिन्तन की आधारशिला बन गई थी, और 1950 के बाद संयुक्त राज्य तथा सोवियत रूस भूमण्डलीय स्तर पर शक्ति के दो परस्पर प्रतिस्पर्धी ध्रुवों के रूप में स्थापित हो गए थे, तथा वे अपने आप को उसी रूप में देखने लगे थे। अतः दोनों मुख्य प्रतिद्वंद्वियों की मानसिकताएं डी सेवरस्काई की संकल्पना के अनुरूप थीं। यही मानसिकता आणविक शक्ति के विकास और संचयन का मुख्य कारण बनी तथा वायुशक्ति को उत्तरोत्तर आणविक शस्त्रों के वाहन के माध्यम के रूप में देखा जाने लगा। अतः विश्व राजनीति का शीत युद्ध कालीन भयाक्रांत ठहराव का मूल कारण वायुशक्ति न होकर आणविक शस्त्रास्त्र थे (वाल्टर्स, 1374, पृ. 47-48)।

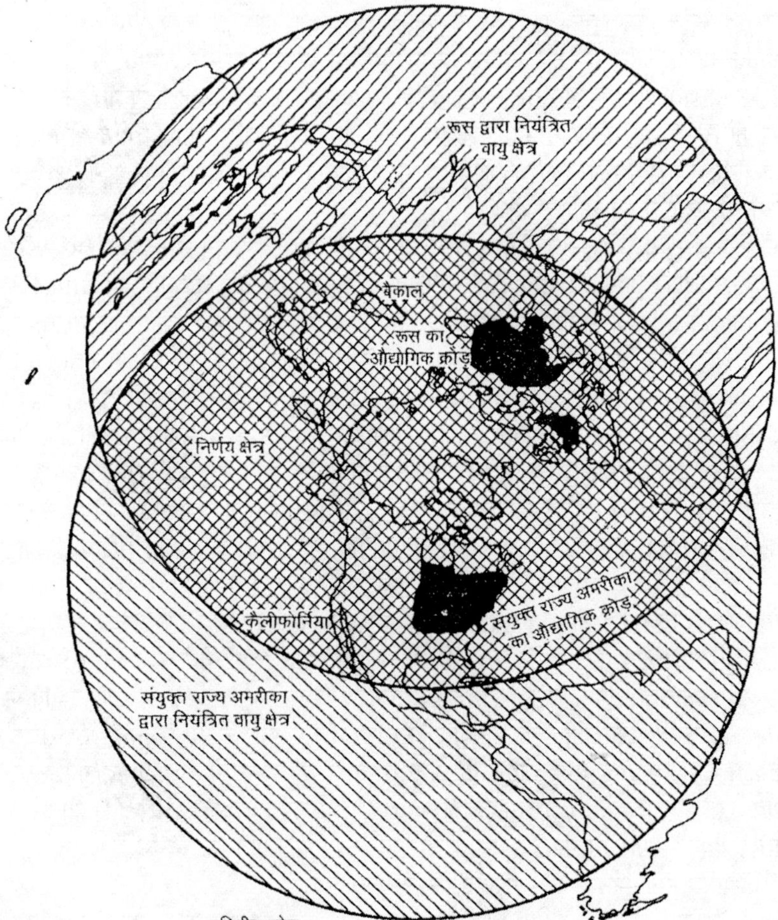

भारत की समुद्री सीमा सम्बद्ध आधार रेखा से बारह समुद्री मील की दूरी तक फैली है।

चित्र 7.9 डी सेवरस्काई (1950) द्वारा प्रस्तावित वायु युगीन सामरिक परिदृष्टि (दीक्षित, 1994 से साभार उद्धृत)।

1950 के बाद का परिवर्तनशील अन्तरराष्ट्रीय परिवेश और बहुनाभीय सामरिक परिदृष्टि

1950 के बाद पुराने उपनिवेशों के स्वतंत्र राष्ट्रों के रूप में स्थापित होने के साथ ही अन्तरराष्ट्रीय राजनीति में आमूल परिवर्तन आ गया। दो पृथक्-पृथक् शक्ति ध्रुवों के उदय होने के उपरान्त भी अब स्थानीय और क्षेत्रीय स्तर पर विश्व को दो पूरी तरह प्रतिस्पर्धी गुटों में बांट कर देखना सम्भव नहीं रहा। नवोदित राष्ट्रीय इकाइयां इस गुटबाजी के अंग नहीं बनना चाहती थीं। अतः भारत, मिश्र और यूगोस्लाविया जैसे राज्यों ने नवोदित और विकासशील राज्यों का अन्तरराष्ट्रीय गुटबाजी से सर्वथा दूर एक तटस्थ मंच का प्रारम्भ किया। यह मंच विश्व शान्ति तथा दोनों प्रतिद्वंद्वी गुटों के बीच समान दूरी बनाए रखने का पक्षधर था। मंच के सदस्य अपने स्थानीय और क्षेत्रीय हितों के अनुरूप अलग-अलग निर्णय लेने के लिए स्वतंत्र थे। साठ के दशक का प्रारम्भ होते-होते यह स्पष्ट होने लगा था कि साम्यवादी देशों की (विशेषकर रूस और चीन के सन्दर्भ में) सैद्धांतिक एकता व्यावहारिक स्तर पर सम्भव नहीं थी (ईस्ट तथा स्पेट, 1961)। अन्तरराष्ट्रीय राजनीति के अध्येता यह अनुभव करने लगे थे कि विश्व युद्ध के तुरंत बाद द्विध्रुवीय अन्तरराष्ट्रीय राजनीति का उदय तात्कालिक घटनाओं की परिणति थी अतः स्थिति सामान्य होते ही अपेक्षाकृत अधिक स्थायी तथा विभिन्न देशों की क्षेत्रीय आवश्यकताओं के अधिक अनुरूप नई राजनीतिक संरचनाओं की स्थापना सम्भावित थी।

अन्तरराष्ट्रीय राजनीति के इसी उभरते हुए भूदृश्य को ध्यान में रखते हुए अमरीकी भूगोलविद् एस.बी. कोहेन ने एक नई सामरिक संकल्पना प्रस्तुत की (कोहेन, 1964)। इस संकल्पना के अनुसार राजनीतिक दृष्टि से विश्व को दो प्रकार के क्षेत्रों में बांटा जा सकता है एक भूसामरिक तथा दूसरा भूराजनीतिक। भूसामरिक आधार पर लेखक ने दो प्रधान क्षेत्रों तथा एक गौण क्षेत्र की परिकल्पना की। दो प्रधान क्षेत्र थेः (1) व्यापार पर निर्भर समुद्र तटीय देश, तथा (2) यूरेशिया के महाद्वीपीय देश। तीसरा तथा गौण क्षेत्र था (3) हिंद महासागर से घिरा दक्षिण एशियाई पठार। इसमें इस क्षेत्र के भूतपूर्व ब्रिटिश कामनवेल्थ के देश शामिल थे। समुद्र तटीय वर्ग में उत्तरी अमरीका ओर कैरिबियन क्षेत्र, समुद्र तटीय यूरोप और दक्षिणी अमरीका, सहारा के दक्षिण स्थित अफ्रीका महाद्वीप के देश तथा महाद्वीपीय तट से अलग स्थित एशियाई देश और ओशेनिया शामिल थे। महाद्वीपीय यूरेशिया में हृदय स्थल और पूर्वी यूरोप, तथा एशिया के पूर्वी देश सम्मिलित थे। दोनों प्रधान भूसामरिक क्षेत्रों के बीच कोहेन ने दक्षिण-पश्चिम एशिया और दक्षिण पूर्वी एशियाई क्षेत्र के रूप में दो अलग-अलग दबाव क्षेत्रों (शैटरबेल्ट्स) की परिकल्पना की। दस वर्ष बाद प्रकाशित अपनी पुस्तक के दूसरे संस्करण में कोहेन (1973) ने रेखांकित किया कि द्विध्रुवीय अन्तरराष्ट्रीय राजनीति के बावजूद अनुभव के स्तर पर विश्व राजनीति उत्तरोत्तर एक बहुनाभीय प्रक्रिया बन गई थी। कोहेन के अनुसार सत्तर के दशक में चार प्रमुख नाभि क्षेत्र थेः (1) संयुक्त राज्य अमरीका, (2) समुद्र तटीय यूरोप, (3) सोवियत संघ, और (4) चीन। लेखक के विचार में विश्व राजनीति की बहुनाभीय संरचना विश्व राजनीति को स्थायित्व प्रदान करने की दृष्टि से द्विध्रुवीय संरचना की अपेक्षा अधिक उपयुक्त थी।

1990 में सोवियत संघ के विघटन तथा वारसा संधि की समाप्ति के पश्चात् द्विध्रुवीय विश्व राजनीति समाप्त हो गई। इसके साथ ही मैकिंडर के 1904 के लेख के साथ प्रारम्भ हुई अस्सी

वर्षों से चली आ रही चिन्तन धारा का भी अन्त हो गया। परिणामस्वरूप बहुनाभीय राजनीति विश्व राजनीति का वर्तमान यथार्थ है। इस बदले हुए अन्तरराष्ट्रीय परिवेश को ध्यान में रखते हुए कोहेन (1991) ने अपनी सामरिक संकल्पना को शीत युद्ध के बाद की स्थिति के अनुरूप संशोधित कर पुनः प्रस्तुत किया। विश्व राजनीतिक परिदृश्य को लेखक ने परस्पर अधिमान क्रम में भूसामरिक परिमण्डल (रेल्मूस), भूराजनीतिक क्षेत्रों (रीजन्स), राष्ट्रीय इकाइयों, तथा द्वार राज्य क्षेत्रों (गेटवे टेरीटरीज़) में विभक्त किया। यह अन्तिम श्रेणी उसके चिन्तन का एक नया पक्ष है (देखिएः चित्र 7.10)। कोहेन के अनुसार द्वार क्षेत्र वर्तमान में विभिन्न राष्ट्रीय इकाइयों के अंग हैं, परन्तु वे भिन्न-भिन्न पड़ोसी इकाइयों के बीच सम्पर्क के महत्वपूर्ण माध्यम हैं। द्वार क्षेत्र कालान्तर में स्वतंत्र राजनीतिक अस्तित्व प्राप्त कर सकते हैं। लेखक के अनुसार द्वार क्षेत्र विश्व राजनीति को स्थायित्व प्रदान करने में महत्वपूर्ण भूमिका निभा सकते हैं। कोहेन ने स्पष्ट किया कि द्वितीय स्तर की राजनीतिक शक्तियां सामान्यतया एक अथवा दूसरे भूसामरिक परिमण्डल के अन्तर्गत स्थित होते हैं। परन्तु तीन क्षेत्र इस नियम के अपवाद हैंः (1) दक्षिण एशिया (जो एक पृथक भूराजनीतिक क्षेत्र बन गया है), (2) दक्षिण पश्चिम एशिया (जो कि दो प्रधान परिमण्डलों के मध्य स्थित एक दबाव क्षेत्र है) और (3) मध्य और पूर्वी यूरोप जो 1990 के बाद दोनों परिमण्डलों के बीच एक पारगम्य परिवर्तनशील क्षेत्र बन गया है यद्यपि सामरिक दृष्टि से इसका महत्व दोनों ही परिमण्डलों के लिए यथावत् विद्यमान है।

सोवियत संघ के विघटन के बाद अनेक विचारकों ने संयुक्त राज्य अमरीका के एक छत्र अन्तरराष्ट्रीय प्रभुत्व पर जोर देते हुए रूसी क्षेत्र के महत्व को घटा कर प्रस्तुत करना प्रारम्भ कर दिया था। कोहेन इस विचारधारा से सहमत नहीं थे। लेखक के अनुसार यूरेशिया के विशाल महाद्वीपीय आन्तरिक प्रखण्ड और समुद्रतटीय पेटी के बीच का विभाजन पुराने विश्व के राजनीतिक इतिहास का शाश्वत सत्य है। दोनों के साथ जुड़ी "महाद्वीपीयता" और "सामुद्रिकता" सम्बन्धी विशेषण मात्र उनके भूदृश्य और उनकी जलवायवीय विभिन्नता का परिचायक न होकर उनके सांस्कृतिक तथा राजनीतिक दृष्टिकोण का भी परिचायक है। कोहेन के शब्दों में यह विशाल महाद्वीपीय परिमण्डल बाहर की दुनियां से अपेक्षाकृत सर्वथा अलग-थलग, अपने आप में लीन, तथा साथ ही अपने प्रतिपक्षी परिमण्डल से कच्चे माल की दृष्टि से अधिक संसाधन सम्पन्न है। इसके निवासी अपनी मिट्टी से अपेक्षाकृत अधिक निकट से जुड़े हैं। सोवियत संघ की समाप्ति के बाद भी रूस का विशाल क्षेत्र तथा उसके मित्र देश हृदय स्थल के केन्द्रीय सामरिक महत्व को निरन्तरता प्रदान करते रहेंगे क्योंकि अपने आकार, अपनी महत्वपूर्ण भौगोलिक स्थिति तथा अपनी उन्नत सामरिक और औद्योगिक शक्ति के कारण वे विश्व राजनीति को निरन्तर प्रभावित करते रहेंगे। साथ ही वैचारिक और मूल्यबोध सम्बन्धी परस्परता के कारण इस क्षेत्र का प्रभाव किसी न किसी रूप में पूर्वी यूरोप में बना रहेगा। वारसा संधि के दीर्घकालीन अस्तित्व के दौर में स्थापित आवागमन, संचार, और सामाजिक आर्थिक व्यवस्था के परिणामस्वरूप दोनों क्षेत्रों में व्यावहारिक सम्बन्ध यथावत् कायम रहेंगे। अतः रूस भविष्य में विश्व राजनीति की एक महत्वपूर्ण इकाई बना रहेगा।

कोहेन के अनुसार मैकिंडर तथा स्पाइकमैन की यह मूलभूत धारणा कि चीन मुख्यतया सामुद्रिक प्रवृत्ति वाला राज्य है (अर्थात् रूस की महाद्वीपीय मानसिकता से भिन्न है) सर्वथा भ्रामक है। वास्तव में चीन का विशाल जन समूह मिट्टी की उपज पर निर्भर है तथा उसकी अर्थव्यवस्था

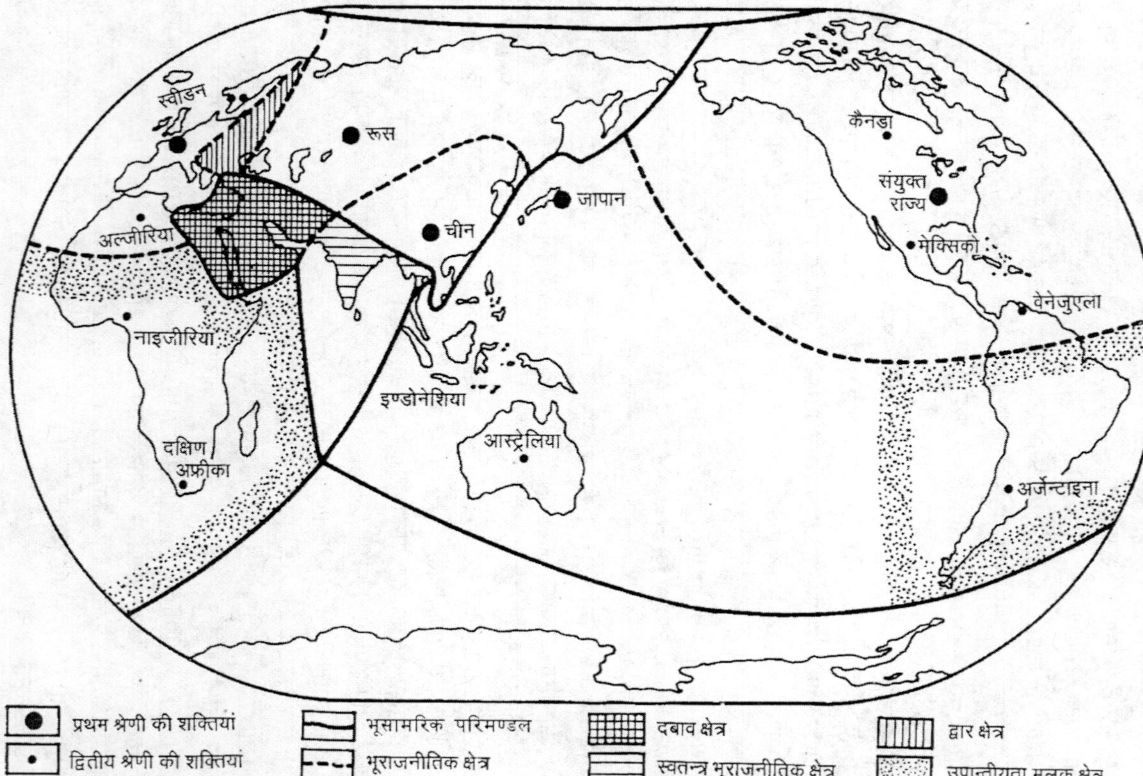

चित्र 7.10 कोहेन (1991) द्वारा प्रतिपादित भूसामरिक परिमण्डल और भूराजनीतिक क्षेत्र संकल्पना (दीक्षित, 1994 से साभार उद्धृत)।

में अन्तरराष्ट्रीय व्यापार का स्थान अत्यन्त गौण है। यही कारण है कि विश्व बाजार के कुल आयात निर्यात व्यापार में चीन का हिस्सा मात्र 1.5 प्रतिशत है। "चीन की जनता का आत्मिक सम्बन्ध पर्वतों से है न कि समुद्र से। तथा रूस और चीन के बीच स्थित लम्बी अन्तरराष्ट्रीय सीमा दोनों के बीच परस्पर सम्पर्क बनाए रखती है। अतः उनके लिए एक दूसरे के अस्तित्व से निरपेक्ष बने रहना सम्भव नहीं है। आपसी सहयोग उनकी नियति है" (कोहेन, 1991)।

अन्तरराष्ट्रीय सम्बन्धों का राजनीतिक भूगोल

बीसवीं सदी के मध्य तक अन्तरराष्ट्रीय स्तर के राजनीतिक भूगोल का अध्ययन राष्ट्रों के बीच परस्पर शक्ति विस्तार और तत्सम्बन्धी सैन्य संघर्षों तथा उनके समाधान के उपायों की खोज और विश्लेषण पर केन्द्रित था। परिणामस्वरूप सामरिक परिदृष्टि, सीमा विवाद तथा अन्य सम्बद्ध मुद्दे अध्ययन के मुख्य केन्द्र थे। ऐसी स्थिति में विद्यार्थियों का ध्यान मुख्यतया देश के भौगोलिक संसाधनों, उसकी भौगोलिक स्थिति से उद्भूत लाभ अथवा हानि और उनके समाधान के उपायों पर केन्द्रित था। इसमें आर्थिक, सांस्कृतिक तथा अन्य प्रकार के राजनीतिक सम्बन्धों, अर्थात् अन्तरराष्ट्रीय सम्बन्धों में मानवीय पहल के अध्ययन के लिए कोई स्थान नहीं था। द्वितीय विश्व के बाद क्षेत्रीय विस्तार उन्मुख उपनिवेशवाद की समाप्ति के साथ ही राष्ट्रीय राजनीतिक इकाइयों के बीच विभिन्न प्रकार के असामरिक सम्बन्ध अन्तरराष्ट्रीय सम्बन्धों के अध्ययन के मुख्य विषय बन गए तथा राजनीतिशास्त्र में इनके अध्ययन के लिए एक नई शाखा का विकास हुआ। भूगोल के क्षेत्र में इस प्रकार के अध्ययन का प्रारम्भ अस्सी के दशक में हुआ।

अस्सी के दशक में वालरस्टाइन की विश्व व्यवस्था संकल्पना से आकर्षित होकर टेलर (1985) ने अन्तरराष्ट्रीय अर्थव्यवस्था के संदर्भ में राष्ट्रों के राजनीतिक भूगोल का अध्ययन करने की आवश्यकता पर जोर दिया। शीघ्र ही इस संकल्पना के प्रर्वतकों के अतिवादी रुख ने इस चिन्तन धारा को आर्थिक नियतिवाद का रूप प्रदान कर दिया। अध्येता राजनीति के सभी पक्षों को विश्व अर्थव्यवस्था के परिणाम के रूप में देखने लगे। अतः उनके विश्लेषण में राजनीतिज्ञों के क्रियाकलापों और उनके परिणामों के अध्ययन के लिए स्थान नहीं था। इस प्रकार का अध्ययन करने वालों में टेलर (1993बी), एग्न्यू (1993), ओ'लाखलिन (1992), तथा ओ'टुआथेल (1986) के नाम शामिल हैं। ओ'टुआथेल ने राष्ट्रों की विदेश नीति के अध्ययन के सम्बन्ध में भूराजनीतिक आचार संहिता के महत्व की चर्चा की है। लेखक का विचार था कि विश्व के देशों के अन्तरराष्ट्रीय व्यवहार का अध्ययन इन संहिताओं के संदर्भ में करना चाहिए। भूराजनीतिक आचार संहिता का तात्पर्य उन भौगोलिक तथा राजनीतिक मान्यताओं से है जिनके आधार पर कोई देश अपने अन्तरराष्ट्रीय राजनीतिक व्यवहार का संचालन करता है। उदाहरणार्थ द्वितीय विश्व युद्ध के बाद संयुक्त राज्य अमरीका की हृदय स्थल की घेराबन्दी पर केन्द्रित विदेश नीति, तथा भारत की अन्तरराष्ट्रीय सम्बन्धों में तटस्थता की राजनीति अपने-अपने ढंग से सम्बद्ध देशों की भौगोलिक स्थिति और उनके राजनीतिक उद्देश्यों से प्रेरित आचार सहिताएं थीं (देखिएः हेनरिक्सन 1980, ओ'टुआथेल 1993, दीक्षित 1996)।

उन्नीसवीं सदी के अवसान के साथ ही पृथ्वी के सभी क्षेत्रों की "खोज" पूरी हो चुकी थी तथा सम्पूर्ण पृथ्वी एक अथवा दूसरे देश के अधिकार क्षेत्र में आ गई थी। परिणामस्वरूप अब क्षेत्रीय उपनिवेशवाद के अवसर समाप्त हो गए। अतः प्रमुख उपनिवेशकों की प्रधान चिन्ता पहले

से प्राप्त किए गए उपनिवेशों की सुरक्षा पर केन्द्रित हो गई। मैकिंडर (1904) की इतिहास की धुरी और हृदय स्थल सम्बन्धी संकल्पना ब्रिटेन के सम्बन्ध में इसी प्रकार की चिन्ता का प्रतिफल थी। उपनिवेशवाद के दौर में जर्मनी पीछे रह गया था, क्योंकि वह 1871 के एकीकरण के पश्चात् ही एक शक्तिशाली देश बन पाया था।

बीसवीं सदी के प्रारम्भ के साथ ही अन्तरराष्ट्रीय शक्तियों के बीच उनकी सरकारों के स्तर पर वैचारिक आदान-प्रदान तथा आर्थिक और सांस्कृतिक समझौते बढ़ने लगे थे यद्यपि अभी तक ये समझौते मुख्यतया द्विपक्षीय होते थे न कि बहुपक्षीय। अर्थात् राज्यों के परस्पर सम्बन्ध सही अर्थों में अन्तरराष्ट्रीय नहीं थे। बहुपक्षीय सम्बन्धों की नींव प्रथम विश्वयुद्ध (जो वास्तव में यूरोपीय युद्ध था) के साथ ही पड़ी। 1920 में लीग ऑफ नेशन्स की स्थापना इस दिशा में पहला बड़ा कदम था। प्रथम विश्वयुद्ध के साथ ही द्विपक्षीय राजनयिक सम्बन्धों के आधार पर आपसी विवादों का समाधान करने की पुरानी प्रणाली का अन्त हो गया। साथ ही देशों की आन्तरिक राजनीति का स्वरूप परिवर्तित हो गया था। राज्यों की आन्तरिक राजनीति अब शासकों की राजनीति के स्थान पर सचेत राष्ट्रीय उद्‌देश्यों और व्यापक जनसमर्थन वाले राष्ट्रीय राजनीतिक दलों तथा उनके नेताओं की राजनीति बन गई। यही कारण था कि 1920 के दशक में पूरे यूरोप में मतदान अधिकार पर लगे प्रतिबन्धों को प्रायः पूरी तरह समाप्त कर दिया गया। इस दृष्टि से बीसवीं सदी का वास्तविक प्रारंभ प्रथम विश्वयुद्ध के बाद (1920 से) ही हुआ।

1920 के बाद से विश्व राजनीति मात्र यूरोप केन्द्रित राजनीति के बदले सही अर्थों में विश्व राजनीति हो गई। अब यूरोप के बाहर के कुछ देश (उदाहरणार्थ संयुक्त राज्य और जापान) इसके सक्रिय भागीदार बन गए। प्रथम विश्वयुद्ध की समाप्ति के साथ ही अन्तरराष्ट्रीय राजनीति राष्ट्रीय मूल्यों और उद्‌देश्यों की राजनीति बन गई थी। इसकी नींव जर्मन राष्ट्रवाद के विकास के साथ ही पड़ गई थी। 1945 के बाद शीत युद्ध के साथ ही इस मूल्यबोध का मुख्य आधार साम्यवादी बनाम पूंजीवादी राष्ट्रवाद के प्रसार से जुड़ गया और अन्तरराष्ट्रीय राजनीति की धुरी पश्चिमी यूरोप से उत्तरी अमरीका में स्थानान्तरित हो गई। इसीलिए पिछले पचास वर्षों को अमरीकी अर्धशती का नाम दिया गया है।

राष्ट्र संघ की स्थापना के साथ ही अन्तरराष्ट्रीय राजनीति में शीर्षस्तरीय राजनीति (हाई पॉलिटिक्स) का अन्त हो गया और अधोस्तरीय राजनीति (लो पॉलिटिक्स) का सूत्रपात हुआ। अन्तरराष्ट्रीय सम्बन्धों के अध्ययन में सैनिक शक्ति पर आधारित राजनयिक स्तर के समझौतों के आधार पर होने वाली द्विपक्षीय अन्तरराष्ट्रीय राजनीति को “उच्च” राजनीति का नाम दिया गया है। इसके विपरीत लोकतान्त्रिक सरकारों के प्रतिनिधियों के विचार विमर्श के आधार पर अन्तरराष्ट्रीय सम्बन्धों के मैत्रीपूर्ण संचालन को अधोस्तरीय अन्तरराष्ट्रीय राजनीति कहते हैं। पिछले तीस-पैंतीस वर्षों में गृह-युद्ध से त्रसित अनेक देशों में संयुक्त राष्ट्र संघ के बीच बचाव के प्रयासों के अन्तर्गत दूसरे निरपेक्ष देशों की सेनाओं की सहायता से शान्ति स्थापित करने की दिशा में किए गए महत्वपूर्ण कार्यों को ध्यान में रखते हुए सैद्धान्तिक स्तर पर उच्चस्तरीय और अधोस्तरीय अन्तरराष्ट्रीय राजनीति के बीच अन्तर करना उत्तरोत्तर कठिन हो गया है। पुरानी पद्धति की उच्चस्तरीय राजनीति की समाप्ति के अनेक कारणों में से एक महत्वपूर्ण कारण यह था कि द्वितीय विश्वयुद्ध के पश्चात् द्विध्रुवीय अन्तरराष्ट्रीय राजनीति और दोनों शक्ति ध्रुवों के बीच सामरिक प्रतिस्पर्धा के परिणामस्वरूप विश्वयुद्ध अब एक कभी न घटित होने वाली सम्भावना

मात्र बन कर रह गई थी। परन्तु प्रलय की सम्भावना हर समय विद्यमान थी। अतः दोनों ही प्रतिस्पर्धी गुटों के सदस्य निरन्तर युद्ध को टालते के प्रयास में व्यस्त थे। इस दृष्टि से युद्ध अब मात्र अविकसित विश्व की घटना बन गई थी (गर्र, 1994)। यह सामान्य धारणा बन गई कि प्रत्येक देश की वर्तमान सीमाएं व्यावहारिक स्तर पर स्थायी सीमाएं हैं तथा इनके किसी प्रकार के अतिक्रमण का परिणाम विश्व राजनीति के दोनों प्रतिस्पर्धी गुटों के बीच संघर्ष का कारण बन सकता है।

बहुस्तरीय और बहुपक्षी अन्तरराष्ट्रीय सम्बन्धों की दिशा में राष्ट्र संघ की स्थापना के साथ ही स्थायी अन्तरराज्यीय (इण्टरगवर्नमेण्टल) संगठनों का प्रारम्भ हुआ। प्रत्येक पक्ष तथा प्रत्येक महत्वपूर्ण उद्देश्य के लिए इन संगठनों के सदस्य देशों के प्रतिनिधियों द्वारा परस्पर सहयोग के आधार पर संचालित ये संगठन लीग ऑफ नेशन्स के जिनेवा स्थित मुख्यालय से कार्य करने लगे थे। इन संगठनों की निरन्तरता प्रदान करने के उद्देश्य से उनके स्थायी सचिवालय स्थापित किए गए। विभिन्न राष्ट्रों के पुराने संगठन का नाम "लीग ऑफ नेशन्स" था। यद्यपि नाम के आधार पर इसके सम्पूर्ण विश्व राष्ट्रीय इकाइयों का संगठन होने का आभास मिलता था परन्तु व्यावहारिक स्तर पर यह वास्तव में केवल "यूरोपीय" राष्ट्रों का संघ था। इसके सारे सदस्य यूरोपीय थे तथा इसकी स्थापना इन्हीं देशों में आपसी ताल मेल बैठाने के उद्देश्य से की गई थी। परन्तु उत्तरी और दक्षिणी अमरीका के देशों के अतिरिक्त प्रायः सम्पूर्ण विश्व यूरोपीय देशों के अधीन था अतः इस लीग का कार्यक्षेत्र लगभग विश्वव्यापी था। उसके इसी सीमित क्षेत्रीय स्वरूप के कारण 1945 में संयुक्त राज्य अमरीका ने लीग की सदस्यता स्वीकार करने से मना कर दिया था। यही संयुक्त राष्ट्र संघ (यूनाइटेट नेशन्स) की स्थापना का प्रारम्भिक कारण था। परन्तु सबसे महत्वपूर्ण कारण यह था कि 1945 के बाद विश्व राजनीति का स्वरूप एकदम परिवर्तित हो गया था। कल तक "महान" शक्तियों के रूप में मान्य विभिन्न यूरोपीय देश (ग्रेट ब्रिटेन, फ्रांस, हालैण्ड, जर्मनी आदि) अब मध्यम महत्व वाले लघु आकार के देश बन गए थे। अतः पूंजीवादी लोकतांत्रिक व्यवस्था वाले पश्चिमी देशों का नेतृत्व अब ब्रिटेन के हाथ से निकल कर संयुक्त राज्य अमरीका के पास चला गया। यही कारण है कि आधुनिक अन्तरराष्ट्रीय राजनीति के इतिहास को दो मुख्य काल खण्डों में विभक्त किया गया है। 1914-1945 के युग को यूरोपीय संघर्ष का युग तथा 1945-1990 के बीच के युग को शीत युद्ध का नाम दिया गया है। 1945 के बाद विश्व राजनीति के गुरुत्वाकर्षण केन्द्र के संयुक्त राज्य अमरीका में स्थानान्तरित हो जाने के बाद यह स्वाभाविक था कि संयुक्त राष्ट्र संघ का मुख्यालय जिनेवा से हट कर न्यूयार्क में स्थापित हो जाए।

द्वितीय विश्व युद्ध के प्रारम्भ होते ही क्षेत्रीय उपनिवेशवाद के लिए खतरे की घण्टी बजने लगी थी। युद्ध के दौरान अपने उपनिवेशों में शान्ति बनाए रखने तथा युद्ध प्रयास में स्थानीय जनता का सहयोग प्राप्त करने के उद्देश्य से ब्रिटेन तथा अन्य यूरोपीय देशों ने अपने अधीन राष्ट्रीय इकाइयों को युद्धोपरान्त स्वतंत्र करने के आश्वासन दिए थे। युद्ध में हुए विध्वंस के उपरान्त उपनिवेशवादी देश अब इस स्थिति में नहीं रह गए थे कि वे अपनी परतंत्र इकाइयों को पुलिस और सैनिक कार्यवाइयों के आधार पर नियंत्रित कर सकें। अतः एक-एक कर सभी परतंत्र इकाइयां प्रभुतासम्पन्न राष्ट्रीय राजनीतिक इकाइयों के रूप में स्थापित हो गई। यही कारण था कि 1950 के बाद विश्व में स्वतंत्र राज्यों की संख्या (अर्थात् संयुक्त राज्य संघ की सदस्य संख्या)

द्रुत गति से बढ़ने लगी। परिणामस्वरूप संयुक्त राष्ट्र संघ सही अर्थों में एक विश्वव्यापी अन्तरराष्ट्रीय संगठन बन गया। उत्तरोत्तर अन्तरराष्ट्रीय राजनीति कुछ विकसित देशों की क्रियास्थली मात्र न रहकर अपेक्षाकृत एक मुक्त बहुराष्ट्रीय मंच में परिवर्तित हो गई।

आर्थिक दृष्टि से विकसित देशों की अन्तरराष्ट्रीय राजनीति दो परस्पर विरोधी खेमों में विभक्त हो गई थी। एक ओर संयुक्त राज्य अमरीका के नेतृत्व में पूंजीवादी अर्थव्यवस्था वाले उदार जनतांत्रिक राजनीति के पक्षधर पश्चिमी यूरोपीय और उत्तरी अमरीकी देश, तथा दूसरी ओर साम्यवादी राजनीतिक और मार्क्सवादी आर्थिक दर्शन के पक्षधर हृदय स्थलीय सोवियत संघ और उसके पूर्वी यूरोपीय तथा अन्य सहयोगी देश। पहले गुट को प्रथम विश्व (फर्स्ट वर्ल्ड) तथा दूसरे को द्वितीय विश्व (सेकेण्ड वर्ल्ड) के नाम से पुकारा जाने लगा था। इनके अतिरिक्त विकासशील और अविकसित अर्थव्यवस्था वाले नवोदित स्वतंत्र राज्यों का विशाल समूह भारत, मिश्र और यूगोस्लाविया के संयुक्त नेतृत्व में दोनों प्रधान गुटों के बीच समान दूरी बनाए रखने वाला गुट तटस्थ अन्तरराष्ट्रीय विदेश नीति का पक्षधर था। विकासशील देशों के समूह को तृतीय विश्व के नाम से पुकारा जाने लगा।

1945 के बाद की द्विध्रुवीय विश्व व्यवस्था का एक पक्ष हृदय स्थल बनाम तटीय पेटी के सामरिक संघर्ष पर केन्द्रित था। इस व्यवस्था की एक मुख्य विशेषता पश्चिमी देशों के बहुपक्षीय अन्तरराष्ट्रीय सम्बन्धों में संयुक्त राज्य का निर्विवाद वर्चस्व था। यह वर्चस्व उनके आर्थिक और व्यापारिक सम्बन्धों में स्पष्टतया परिलक्षित था। विश्वस्तरीय आर्थिक व्यवस्था के संचालन हेतु बनाई गई अनेक संस्थाओं का समायोजन तथा उनकी संरचना संयुक्त राज्य द्वारा निर्दिष्ट योजना के अनुसार थी। विश्व बैंक, अन्तरराष्ट्रीय मुद्र कोष, "गैट" (जोकि अब अन्तरराष्ट्रीय व्यापार संघ, डब्ल्यू.टी.ओ. में परिवर्तित हो गया है) ये सभी अमरीकी वर्चस्व के प्रमाण थे। ध्यातव्य है कि 1950 के बाद देशों के बीच बहुपक्षीय अन्तरसम्बन्ध उत्तरोत्तर अत्यधिक व्यापक हो गए। इसका मूल कारण यह था कि 1930 के दशक से प्रारम्भ कर विभिन्न देशों के लोकतांत्रिक प्रशासन में राज्यों का आर्थिक-सामाजिक उत्तरदायित्व उत्तरोत्तर बढ़ता गया। साथ ही साधारण नागरिक का दैनन्दिन जीवन संघर्ष उत्तरोत्तर विश्वस्तरीय अर्थव्यवस्था से प्रत्यक्ष अथवा परोक्ष रूप में प्रभावित होने लगा था। परिणामस्वरूप प्रत्येक राज्य को अपने देश के सामाजिक और आर्थिक प्रशासन को सुचारु रूप से संचालित करने के लिए अन्तरराष्ट्रीय सहयोग की आवश्यकता पड़ी। समाजशास्त्री गिड्डेन्स (1987) के शब्दों में आर्थिक और तकनीकी क्षेत्रों में अन्तरराष्ट्रीय सहयोग आज किसी भी राज्य का विकल्प नहीं अपितु उसकी अनिवार्य आवश्यकता है।

अस्सी के दशक में सोवियत संघ और संयुक्त राज्य अमरीका के बीच परस्पर वैमनस्य के शमन (देतांत) के परिणामस्वरूप अन्तरराष्ट्रीय राजनीति को प्रथम बनाम द्वितीय विश्व के द्वंद्वात्मक परिप्रेक्ष्य में देखने की प्रवृत्ति उत्तरोत्तर मन्द पड़ गई। साथ ही अन्तरराष्ट्रीय सम्बन्धों में आर्थिक विकास और अन्तरराष्ट्रीय व्यापार से सम्बद्ध प्रश्न अधिक महत्वपूर्ण हो गए। अतः विकसित और विकासशील का अन्तर अन्तरराष्ट्रीय पहचान तथा विश्व के राज्यों के वर्गीकरण का मुख्य आधार बन गया। अन्तरराष्ट्रीय सम्बन्धों के अध्ययन से सम्बन्धित विमर्श उत्तरोत्तर उत्तर (अर्थात् औद्योगिक दृष्टि से विकसित) तथा दक्षिण (अर्थात् औद्योगिक दृष्टि से पिछड़े) के देशों के बीच की खाई–उनकी परस्पर आर्थिक सामाजिक विषमता–के अध्ययन पर केन्द्रित हो गया। अन्तरराष्ट्रीय सम्बन्धों के शब्द भण्डार में इन दो शब्दों के प्रचार जर्मनी के चांसलर विली

ब्राण्ट द्वारा संयुक्त राष्ट्र आयोग के तत्वावधान में लिखित पुस्तक की *नार्थ-साउथ: ए प्रोग्राम फॉर सर्वाइवल* (1980) के प्रकाशन के बाद बहुत बढ़ गया।

1989-1991 के दौरान पूर्वी यूरोप और सोवियत संघ की राजनीति में विघटनकारी परिवर्तनों के पश्चात् तथाकथित द्वितीय विश्व का अस्तित्व समाप्त हो गया। इसके साथ ही तृतीय विश्व के अस्तित्व का मूल आधार, अर्थात् दो प्रतिस्पर्धी शक्ति ध्रुवों के बीच तटस्थतापूर्ण व्यवहार के पक्ष में दिए जाने वाले तर्क का आधार समाप्त हो गया। पिछले चालीस वर्षों में तथाकथित प्रथम विश्व की पहचान का प्रमुख आधार मैकिंडरीय संकल्पना के अनुसार हृदय क्षेत्र में स्थित महाशक्ति से यूरोप और विश्व शांति के लिए सम्भावित संकट में निहित था। 1990 में इस संकट की समाप्ति के साथ ही यह आधार समाप्त हो गया। परिणामस्वरूप प्रथम विश्व के देशों के परस्पर सम्बन्धों में अब क्षेत्रीय और स्थानीय (राष्ट्रीय) स्तर का हित अपेक्षाकृत अधिक महत्वपूर्ण हो गया। इससे संयुक्त राज्य अमरीका के नेतृत्व के स्तर की व्यापकता में भारी परिवर्तन आया, इस तथ्य के बावजूद भी संयुक्त राज्य अब विश्व राजनीति का एक मात्र ध्रुव बन गया था। व्यावहारिक स्तर पर विश्व राजनीति अब एक बहुनाभीय व्यवस्था बन गई और सामरिक मुद्दों के स्थान पर आर्थिक-व्यापारिक मुद्दे अधिक महत्वपूर्ण हो गए। संयुक्त राज्य अमरीका के अतिरिक्त इस व्यवस्था के प्रमुख नाभि स्थल यूरोपीय समुदाय और जापान हैं। इनमें से प्रत्येक के अपने विश्वव्यापी व्यापारिक और आर्थिक सम्बन्ध हैं। परन्तु उनके आर्थिक उद्देश्यों में परस्पर प्रतिस्पर्धा के बावजूद पूंजीवादी विश्व आर्थिक व्यवस्था के बाहुपाश को उत्तरोत्तर दृढ़ करने के उद्देश्य की प्राप्ति हेतु ये सभी नाभि प्रदेश एकजुट हैं। विश्व बैंक, अन्तरराष्ट्रीय मुद्रा कोष, और विश्व व्यापार संगठन इनके हितों की रक्षा के प्रमुख तंत्र हैं। उन्नीसवीं सदी के उत्तरार्द्ध से ही अन्तरराष्ट्रीय राजनीति में आर्थिक उद्देश्यों की भूमिका महत्व की रही है, तथा मैकिंडर की हृदय स्थल परिकल्पना स्वयं आर्थिक चिन्ता से प्रेरित थी (एग्न्यू और कॉर्ब्रिज, 1995), परन्तु अस्सी के दशक से व्यापार और अन्य आर्थिक मामले देशों की विदेश नीति के संचालन में निर्णायक तत्व बन गए हैं। परन्तु विश्व को परस्पर प्रतिस्पर्धाशील राष्ट्रीय इकाइयों के संघर्ष क्षेत्र के रूप में देखने की परिपाटी अभी भी विद्यमान हैं। परिणामस्वरूप भूमण्डलीकरण के अस्तित्व में आने के बाद भी विश्व व्यवस्था के भिन्न-भिन्न क्षेत्रों को महान शक्तियों के प्रभुत्व प्रसार की दृष्टि से अनुकूल अथवा प्रतिकूल इकाइयों के रूप में देखने की प्रथा यथावत् बनी हुई है (एग्न्यू, 1997, पृ. 93-96)। यही कारण है कि अपनी असुरक्षित स्थिति की प्रतिक्रिया स्वरूप और भविष्य में प्रतिदिन बढ़ते संकट को ध्यान में रखते हुए जब भारत ने 1998 में परमाणु परीक्षण किया तो अमरीका और जापान की दृष्टि में वह एक जघन्य अपराध था। परन्तु फ्रांस जैसे सुरक्षित और सभी दृष्टियों से लघु आकार वाले देश द्वारा किया गया इसी प्रकार का परीक्षण वर्तमान समय में अपने आप को विश्व का एक छत्र पुलिस प्रशासक समझने वाले संयुक्त राज्य अमरीका की चिन्ता का विषय नहीं बना।

देशों की आन्तरिक राजनीतिक और उनकी आर्थिक व्यवस्था में गहरे सम्बन्ध के विकास की एक लम्बी कहानी है। इसी के परिणामस्वरूप प्रत्येक राष्ट्रीय इकाई में स्वायत्त राष्ट्रीय अर्थव्यवस्था का प्रादुर्भाव हुआ था। औद्योगिक क्रान्ति के बाद पूंजीवादी व्यवस्था के अस्तित्व में आने के साथ ही विकसित औद्योगिक व्यवस्था वाले देशों के अन्तरराष्ट्रीय आर्थिक सम्बन्ध उनकी राष्ट्रीय राजनीति के अभिन्न अंग बन गए थे। परन्तु 1950 के पहले इन देशों की

व्यापारिक और औद्योगिक इकाइयों की राष्ट्रीयता और उनकी मिलों (फैक्टरियों) की भौगोलिक स्थिति निर्विवाद रूप में देश की मिट्टी से जुड़ी थी। बीसवीं सदी के अन्तिम चरण में इस स्थिति में बहुत अन्तर आ गया है। बड़ी-बड़ी कम्पनियों के औद्योगिक संस्थान उत्तरोत्तर देश के बाहर दूसरे देशों में स्थापित हो गए हैं। परिणामस्वरूप इनमें विदेशी निवेश इतना बढ़ गया है कि उनकी राष्ट्रीय तथा भौगोलिक पहचान अस्पष्ट हो गई है, यद्यपि इनके मुख्यालय अभी भी देश के अन्दर स्थित हैं और उनका नीति निर्धारण इन मुख्यालयों में ही होता है। परन्तु उनके अधिकारियों का चयन अन्तरराष्ट्रीय स्तर पर होता है और वे एक देश से दूसरे देश में स्थानान्तरित होते रहते हैं। परिणामस्वरूप इन संस्थानों की राष्ट्रीय पहचान धूमिल हो गई है। इस प्रकार के आर्थिक भूमण्डलीकरण के परिणमस्वरूप वित्तीय बाजार अब अन्तरराष्ट्रीय आयाम वाला बन गया है तथा अधिक से अधिक लाभाश की खोज में बहुराष्ट्रीय कम्पनियां अपने पूंजी निवेश अन्तरराष्ट्रीय स्तर पर निरन्तर एक देश से दूसरे देश में स्थानान्तरित करती रहती हैं। देशों के राष्ट्रीय शासन पूंजी के इस निरन्तर स्थान परिवर्तन को नियंत्रित करने में असमर्थ हैं क्योंकि ज्योंही कोई देश उन पर सरकारी नियंत्रण का प्रयास करता है। सम्बद्ध बहुराष्ट्रीय कम्पनियां अपना निवेश अन्यत्र (किसी और देश में) स्थानान्तरित कर देती हैं। परिणामस्वरूप देश में आर्थिक अस्थिरता और बेरोजगारी उत्पन्न हो जाती है।

1950 के पहले विश्व आर्थिक व्यवस्था में किसी भी देश का राष्ट्रीय वर्चस्व उस देश की स्थानीय अर्थव्यवस्था और उसकी उत्पादकता पर निर्भर था। बहुधा सबसे अधिक आर्थिक उत्पादन करने वाला देश विश्व का सबसे बड़ा व्यापारिक केन्द्र और सबसे बड़ा वित्तीय बाजार भी होता था। परिणामस्वरूप विश्व व्यवस्था में देश की कम्पनियों की भागीदारी से अर्जित सम्पूर्ण लाभांश का पुनर्निवेश देश के अन्दर स्थित आर्थिक औद्योगिक इकाइयों में होता था जिससे देश की राष्ट्रीय आय और प्रति व्यक्ति आय दोनों में ही वृद्धि होती थी। पूंजी के भूमण्डलीकरण के वर्तमान दौर में इस स्थिति में आमूल परिवर्तन आ गया है। व्यापारिक केन्द्रों और वित्तीय बाजार का अन्तरराष्ट्रीय स्तर पर विकेन्द्रीकरण हुआ है। किसी देश की बहुराष्ट्रीय व्यापारिक तथा औद्योगिक इकाइयों को प्राप्त होने वाले लाभांश का पुनर्निवेश अब देश के अपने भौगोलिक क्षेत्र में स्थित इकाइयों में ही हो यह आवश्यक नहीं है। अतः उपनिवेशवादी युग की स्थिति के सर्वथा विपरीत वर्तमान दौर में बहुराष्ट्रीय कम्पनियों के लाभांश का बहुत बड़ा भाग देश के बाहर स्थित औद्योगिक और व्यापारिक इकाइयों में किया जाने लगा है। उपनिवेशवाद के दौर में ब्रिटेन के अन्तरराष्ट्रीय निवेश का सम्पूर्ण लाभांश पुनर्निवेश हेतु देश में वापस आ जाता था और स्थानीय जनता उससे पूर्ण रूपेण लाभान्वित होती थी। इसके विपरीत वर्तमान दौर में अमरीकी वर्चस्व से प्राप्त होने वाले लाभांश का काफी बड़ा हिस्सा देश के बाहर अन्य देशों में निवेश किया जाने लगा है। अतः अमरीकी कम्पनियों द्वारा अर्जित लाभांश में अमरीकी जनता की सीधी भागीदारी में बहुत कमी आई है (देखिएः एग्न्य, 1993)।

अन्तरराष्ट्रीय सम्बन्धों के अध्ययन में भूगोल का योगदान

वॉन डर वूस्टन (1997) के अनुसार अन्तरराष्ट्रीय सम्बन्धों के अध्ययन में भूगोल का योगदान तीन प्रविष्टियों पर केन्द्रित है। ये हैं खिलाड़ी, मैदान, और खेल। अन्तरराष्ट्रीय सम्बन्धों के प्रमुख *खिलाड़ी* विभिन्न राष्ट्रीय इकाइयां तथा उनके बीच विभिन्न प्रकार की सीमा के आर-पार

होने वाले आदान-प्रदान में लगी संस्थाएं हैं। इनमें अन्तर-शासकीय संगठन (इण्टरगवर्नमेण्टल आर्गनाइज़ेशन्स (आई.जी.ओ.)), बहुराष्ट्रीय कम्पनियां और विदेश नीति से सम्बद्ध समस्याओं में लगी संस्थाएं शामिल हैं। *मैदान* से तात्पर्य विश्व तथा क्षेत्रीय स्तर पर स्थित उस राजनीतिक आर्थिक और सामरिक परिवेश से है जिसके परिप्रेक्ष्य में कोई राज्य अपनी विदेश नीति का संचालन करता है तथा जो उसके अन्तरराष्ट्रीय आचरण को प्रभावित करती हैं। *खेल* से तात्पर्य देशों के बीच होने वाले विभिन्न प्रकार के बहुपक्षीय सम्बन्धों से है। इनमें व्यापारिक, सांस्कृतिक और अन्य प्रकार के मैत्री अथवा शत्रुतापूर्ण सम्बन्ध शामिल हैं।

अन्तरराष्ट्रीय सम्बन्धों के अध्ययन की आधारभूत इकाइयां राज्य रूपी खिलाड़ी ही हैं। परिवेश (अर्थात् मैदान) तथा खेल का चुनाव और उसका संचालन उनके अनुरूप ही होता है। अतः आवश्यक है कि अध्येता विश्व मंच के प्रमुख खिलाड़ियों के दिनोंदिन बदलते स्वरूप तथा इस परिवर्तन के सम्भावित परिणामों के प्रति सतर्क रहे। उदाहरणार्थ कुछ राज्यों की बाहरी ताकतों पर निर्भरता इतनी बढ़ गई है कि उनकी प्रभुसत्ता खतरे में पड़ गई है। वे स्वतंत्र निर्णय का अधिकार खो चुके हैं और उनकी प्रभावहीनता के परिणामस्वरूप देश में अराजकता उत्पन्न होती जा रही है। 1998 में इण्डोनेशिया कुछ इसी प्रकार की स्थिति से गुजर रहा था। राज्यों की क्षेत्रीय पहचान सम्बन्धी इस दिन प्रतिदिन बढ़ते खतरे का अध्ययन अनुशीलन आज अन्तरराष्ट्रीय सम्बन्धों के अध्ययन की प्रमुख समस्या है।

देशों के अन्तरराष्ट्रीय सम्बन्धों का संचालन तात्कालिक और अस्थायी स्थितियों की प्रतिक्रिया मात्र न होकर अनेक स्थायी राष्ट्रीय हितों के परिप्रेक्ष्य में लिए गए निर्णय का परिणाम है। यह परिप्रेक्ष्य किसी देश के भौगोलिक परिवेश में निहित तीन तत्वों पर निर्भर है। (1) कोई देश अन्तरराष्ट्रीय राजनीतिक और आर्थिक व्यवस्था में अपनी स्वयं की स्थिति और अपनी भागीदारी का कैसा स्वरूप चित्रित करता है। (2) अपने पास-पड़ोस के अन्तरराष्ट्रीय परिवेश में वह अपने लिए किस प्रकार की भूमिका की अपेक्षा करता है, राष्ट्र मानस में शत्रु और मित्र देशों के बारे में किस प्रकार का बिम्ब निर्मित हुआ है, तथा पास-पड़ोस के देशों की तुलना में उसकी अपनी आर्थिक और राजनीतिक स्थिति क्या है। (3) देश की आन्तरिक राजनीतिक और आर्थिक व्यवस्था तथा उसकी जनसंख्या की जातीय और धार्मिक संरचना, के परिप्रेक्ष्य में उसे विश्व के अन्य देशों के साथ किस प्रकार के सम्बन्ध स्थापित करने की आवश्यकता। उदाहरणार्थ 1950 के बाद भूतपूर्व सोवियत संघ और उसके सहयोगी देशों की संगठनात्मक एकता बहुत हद तक हृदय स्थल संकल्पना में निहित उस क्षेत्र की शक्ति सामर्थ्य के अटल विश्वास पर निर्भर थी। इसी प्रकार संयुक्त राज्य अमरीका के नेतृत्व में पश्चिमी देशों को सोवियत संघ की घेराबन्दी विदेश नीति स्पाइकमैन और केनान की संस्तुति के अनुरूप थी। इसके विपरीत अन्तरराष्ट्रीय सम्बन्धों में भारत की तटस्थतापूर्ण विदेश नीति देश के विशाल भौगोलिक आकार और जनसंख्या तथा स्वतंत्रता प्राप्ति के बाद देश की विकास योजनाओं के लिए सभी सम्भावित स्रोतों से तकनीकी और आर्थिक सहायता की आवश्यकता के राष्ट्रीय आकलन पर निर्भर थी।

अतः किसी भी देश के अन्तरराष्ट्रीय सम्बन्धों, और उसकी विदेश नीति के विश्लेषण में देश के हितों की दृष्टि से उसके अन्तरराष्ट्रीय और क्षेत्रीय परिवेश की पूरी तस्वीर खींचना आवश्यक है। उदाहरणार्थ भारत की जनसंख्या की धार्मिक संरचना को ध्यान में रख कर ही देश

की पश्चिम एशियाई विदेश नीति को समझा जा सकता है। देश की कुल जनसंख्या का आठवां भाग इस्लाम मतावलम्बियों का है तथा पश्चिम एशियाई समस्या को मुख्यतया इस्लाम बनाम यहूदी धर्मावलम्बियों के संघर्ष के रूप में देखा जाता रहा है। अतः वोट बैंक की राजनीति के दौर में कांग्रेस सरकार को यहूदियों की अपेक्षा अरबों का साथ देना अधिक आवश्यक प्रतीत हुआ था। 1970 के दशक के उत्तरार्द्ध में राष्ट्रीय स्तर पर मुस्लिम वोट बैंक विभिन्न पार्टियों में बंट जाने के साथ ही भारत और इज़राइल के बीच राजनयिक सम्बन्ध की शुरुआत हो गई। संक्षेप में अन्तरराष्ट्रीय सम्बन्धों के भूगोल के अध्ययन में विभिन्न स्तरीय परिवेशों (अर्थात् अन्तरराष्ट्रीय राजनीति के मैदान क्षेत्रों) का निरूपण, और अध्ययन किए जाने वाले विषय पर उनके प्रभाव का आकलन आवश्यक है।

8

असमान विकास और पूंजी के भूमण्डलीकरण का राजनीतिक भूगोल

अन्तरराष्ट्रीय सम्बन्धों के भूगोल पर परिचर्चा के दौरान हमने देखा कि समकालीन विश्व व्यवस्था का मूलभूत विभाजक तत्व दक्षिण और उत्तर के क्रमशः गरीब और अमीर देशों के बीच विकास स्तर का अन्तर है। यह बात उपनिवेशवादी व्यवस्था की समाप्ति के साथ ही स्पष्ट हो गई थी परन्तु लगभग चालीस वर्षों तक हृदय स्थल शक्तियों बनाम समुद्रतटीय शक्तियों के बीच द्वि-ध्रुवीय संघर्ष में इसकी वास्तविकता दृष्टि से ओझल थी। अस्सी के दशक में इस संघर्ष के ठंडा पड़ने के साथ ही दक्षिण और उत्तर के देशों की बीच की गहरी खाई ध्यान आकर्षित करने लगी थी तथा 1990 में सोवियत संघ के विघटन के परिणामस्वरूप पश्चिम बनाम पूर्व के संघर्ष की समाप्ति के साथ ही असमान विकास स्तर देशों की परस्पर पहचान का सर्व प्रमुख आधार बन गया। समकालीन अन्तरराष्ट्रीय व्यवहार में यह अन्तर केन्द्रीय महत्व का है। आज विश्व स्पष्टतया धनी और निर्धन, विकसित और विकासशील, स्वतंत्र अर्थव्यवस्था और परतंत्र अर्थव्यवस्था वाले देशों में बंटा हुआ है। विकसित देशों में आर्थिक विकास का तात्पर्य आर्थिक प्रगति और आर्थिक स्वतंत्रता है जबकि विकासशील देशों में आर्थिक विकास का तात्पर्य सही अर्थ में इन देशों की बढ़ती आर्थिक परतंत्रता है (शार्ट, 1993)। समकालीन विश्व अर्थव्यवस्था मुख्यतया औद्योगिक दृष्टि से विकसित और आर्थिक व्यवस्था की दृष्टि से धनी देशों द्वारा सामूहिक रूप से सम्पन्नों के हित में संचालित व्यवस्था है। कुछ गिने चुने यूरोपीय देश, संयुक्त राज्य अमरीका और जापान इस व्यवस्था की धुरी अथवा क्रोड़ (कोर) हैं तथा एशिया, अफ्रीका और लातिनी अमरीका के देश इस व्यवस्था के उपान्त (पेरिफेरी)। 1950 तक विश्व के निर्धन और परतंत्र उपान्तीय व्यवस्था वाले अधिकांश देश उष्ण कटिबन्धीय अफ्रीकी और एशियाई क्षेत्रों में (अर्थात् विकसित देशों के दक्षिण में) स्थित थे अतः इन्हें "दक्षिण" के नाम से जाना जाने लगा।

विश्व में व्याप्त वर्तमान आर्थिक विकास सम्बन्धी असमानता की जड़ें इतिहास में काफी गहरी हैं। यद्यपि क्षेत्रीय उपनिवेशवाद अब पूरी तरह समाप्त हो गया है, तथा भारत जैसे अनेक देशों में इसको समाप्त हुए आधी सदी बीत चुकी है, फिर भी इन देशों की राजनीतिक, आर्थिक और सामाजिक व्यवस्था को समझने के लिए उपनिवेशवादी दौर की अमिट छाप का विश्लेषण आवश्यक है। प्रायः सभी विकासशील अफ्रीकी और एशियाई देशों की वर्तमान समस्याएं उस दौर के इतिहास से गहराई से जुड़ी हैं।

क्रोड़-उपान्त सम्बन्ध और दक्षिण-उत्तर विभाजनः ऐतिहासिक समीक्षा

विश्व स्तर पर क्रोड़-और-उपान्त व्यवस्था की नींव पन्द्रहवीं सदी के अन्तिम चरण में खुले समुद्रों के आर-पार नौका गमन के प्रारम्भ के साथ ही पड़ी थी। समुद्री यातायात की तकनीक का श्री गणेश आइबेरियन प्रायदीप के देश स्पेन और पुर्तगाल के नेतृत्व मे हुई थी अतः प्रारम्भिक दौर में ये दोनों देश विश्व के अग्रणी उपनिवेशक थे। इनके नाविक राजकीय सहायता और निर्देश के अन्तर्गत विश्व के विभिन्न भागों में खोज यात्रा पर जाने लगे और नए "खोजे" हुए क्षेत्रों को अपने-अपने देशों के नाम अधिकृत करने लगे। दोनों देशों की बढ़ती हुई प्रतिद्वंद्विता को समाप्त करने के लिए पवित्र रोमन साम्राज्य के सर्वोच्च धर्माधिकारी पोप की मध्यस्थता के परिणामस्वरूप टार्डेसिलास का समझौता हुआ था जिसके अनुसार केपवर्डे द्वीप से 370 "लीग" पश्चिम से गुजरने वाली देशान्तर रेखा के पश्चिम में स्थित क्षेत्र स्पेन के हिस्से में माने गए तथा इसके पूर्व में स्थित भाग पुर्तगाल के हिस्से में। इस समझौते के कारण ही ब्राज़ील पुर्तगाली उपनिवेश घोषित हुआ जबकि दक्षिण अमरीका के शेष भाग स्पेन के अधिकार क्षेत्र में मान्य हुए। परन्तु कालान्तर में जैसे-जैसे यूरोप के अन्य देशों ने नौपरिवहन की क्षमता प्राप्त कर ली इस विभाजन व्यवस्था की व्यावहारिक मान्यता समाप्त हो गई। हालैण्ड, ब्रिटेन तथा फ्रांस ने स्पेन और पुर्तगाल को सर्वत्र चुनौती देना शुरू कर दिया तथा सत्रहवीं सदी के प्रारम्भ में जैसे ही स्पेन और पुर्तगाल की सामुद्रिक शक्ति क्षीण होने लगी ये देश उनसे अन्तरराष्ट्रीय स्तर पर सीधी प्रतियोगिता में आ गए और शीघ्र ही उनमें वर्चस्व के लिए संघर्ष शुरू हो गया।

तत्कालीन मान्यता के अनुसार औद्योगिक विकास और आर्थिक सम्पन्नता के लिए देश की औद्योगिक इकाइयों के लिए कच्चा माल और उनके उत्पादों की खपत के लिए सुरक्षित बाज़ार का उपलब्ध होना आवश्यक माना जाने लगा था। इन दोनों उद्देश्यों को पूरा करने का सबसे प्रभावी तरीका उपनिवेशों की स्थापना था। अतः यूरोप के तकनीकी विकास की दृष्टि से उन्नत देश उपनिवेशवाद की होड़ में लग गए। सत्रहवीं सदी के पूर्वार्द्ध में हालैण्ड इस दौड़ में सबसे आगे था और सत्रहवीं सदी के प्रारम्भ में स्पेन और पुर्तगाल के वर्चस्व को समाप्त कर शीघ्र ही हालैण्ड विश्व का सबसे बड़ा व्यापारिक देश बन गया था। उसके जहाज भारत और इण्डोनेशिया से लेकर उत्तरी और दक्षिणी अमरीका के बन्दरगाहों से व्यापार सम्बन्ध स्थापित करने में सफल हुए थे। परन्तु उसे शीघ्र ही फ्रांस और ग्रेट ब्रिटेन की चुनौती का सामना करना पड़ा। सन् 1651 में ब्रिटिश संसद ने हालैण्ड के अन्तरराष्ट्रीय व्यापार को चुनौती देने के उद्देश्य से नौपरिवहन अधिनियम (नैविगेशन एक्ट) बनाया जिसके अनुसार ब्रिटिश उपनिवेशों का सारा व्यापार केवल ब्रिटेन के व्यापारिक जहाजों द्वारा ही किया जा सकता था। परिणामस्वरूप हालैण्ड तथा ब्रिटेन के बीच सैन्य संघर्ष आरम्भ हो गया जो 1652 से 1674 तक चलता रहा। 1674 में हालैण्ड की पराजय के पश्चात् भारत और इसके समीप के क्षेत्रों का अन्तरराष्ट्रीय व्यापार ब्रिटेन के नियंत्रण में आ गया और इसके साथ ही स्पेन, पुर्तगाल तथा हालैण्ड अन्तरराष्ट्रीय व्यापार की दृष्टि से महत्वहीन हो गए। अब अन्तरराष्ट्रीय स्तर पर वर्चस्व की लड़ाई फ्रांस तथा ब्रिटेन के बीच सिमट गई थी। दोनों ही भारत, उत्तरी अमरीका और वेस्ट इण्डीज़ (कैरिबियन क्षेत्र) में साम्राज्य विस्तार की होड़ में आमने-सामने आ गए। तत्कालीन अन्तरराष्ट्रीय व्यापार व्यवस्था में कैरिबियन क्षेत्र (वेस्ट इण्डीज़ द्वीप समूह) अत्यधिक महत्व के थे।

फ्रांस ने वेस्ट इण्डीज़ से त्रिकोणीय व्यापार सम्बन्ध स्थापित किए थे। इस क्षेत्र में उसने बड़े पैमाने पर गन्ने की खेती का विकास किया। अतः अफ्रीका से नए विश्व के लिए दास लाने वाले फ्रांसीसी जहाज अपनी वापसी यात्रा में यूरोपीय बाज़ार के लिए चीनी ले जाते थे। फ्रांस की कुल व्यापारिक आय का लगभग एक तिहाई भाग इस त्रिकोणीय व्यापार से ही प्राप्त होता था। इसी प्रकार 1713 से प्रारम्भ कर स्पेन के अमरीकी उपनिवेशों को "गुलाम" उपलब्ध कराने का कार्य प्रायः पूरी तरह फ्रांस के एकाधिकार में था। इसी तरह ब्रिटेन के व्यापारिक जहाज अपने देश के औद्योगिक उत्पाद और शराब की आपूर्ति अफ्रीकी बाजार के लिए करते हुए वहां से "गुलामों" की खेप लेकर स्पेन के अमरीकी उपनिवेशों को पहुंचाते थे और वापसी यात्रा में वे नई दुनियां से कपास, तम्बाकू और चीनी भर कर यूरोपीय बाज़ार को पहुंचाते थे। इस व्यापारिक प्रतिस्पर्धा के परिणामस्वरूप फ्रांस और ब्रिटेन के बीच 1756 से 1763 तक युद्ध का वातावरण बना रहा। 1763 में ब्रिटेन के हाथों फ्रांस की पराजय के पश्चात् उसके अमरीकी साम्राज्य का अवसान हो गया तथा पूरे उत्तरी अमरीकी क्षेत्र के व्यापार पर ब्रिटेन का एकाधिकार हो गया।

विश्व व्यापार में ब्रिटेन की यह बढ़ती हुई भागीदारी उसकी औद्योगिक इकाइयों के लिए वरदान सिद्ध हुई और देश के औद्योगिक विकास में आशातीत प्रगति हुई। 1780 से 1840 के बीच ब्रिटिश औद्योगिक उत्पाद सूती कपड़े पर केन्द्रित था तथा विश्व बाजार में इस उत्पाद में ब्रिटेन का व्यापार सर्वोपरि था। उन्नीसवीं सदी के प्रथम चतुर्थांश के अन्त तक सूती कपड़ा देश के कुल निर्यात मूल्य की आधी आय अर्जित कर रहा था। ब्रिटेन के विभिन्न उपनिवेश, विशेष कर भारत, उसकी सूती कपड़ा मिलों में तैयार माल के लिए सुरक्षित बाज़ार बन गए थे। 1840 के बाद इस्पात ब्रिटेन का मुख्य औद्योगिक उत्पाद बन गया क्योंकि विश्व भर में रेल लाइनों के विस्तार के कारण इस्पात की मांग बहुत बढ़ गई थी। देश के इस्पात के कुल उत्पाद का अस्सी प्रतिशत रेल के कलपुर्जों के रूप में होता था। उन्नीसवीं सदी के पूर्वार्द्ध में ब्रिटिश पूंजी निवेश के लिए रेल सबसे लाभप्रद सौदा था। 1870 में ब्रिटेन के कुल विदेशी निवेश का दस प्रतिशत भाग अकेले भारतीय रेल में लगा था।

उन्नीसवीं सदी में विश्व व्यापार में ब्रिटेन की दीर्घकालिक और चुनौती रहित वर्चस्व के परिणामस्वरूप अन्तरराष्ट्रीय आर्थिक व्यवस्था में व्यापक ओर दूरगामी परिवर्तन आए। अब ब्रिटेन अकेले ही विश्व व्यवस्था के क्रोड़ (जिससे ब्रिटेन के अतिरिक्त पश्चिमी यूरोप के औद्योगिक देश और संयुक्त राज्य अमरीका सम्मिलित थे) का नेतृत्व करने लगा था। विद्वानों के अनुसार 1846 में अस्सी वर्ष पुराने अन्न अधिनियम (कार्न लॉ), जिसके अन्तर्गत विदेशों से अन्न निर्यात मना था, के निरस्त हो जाने और 1873 की आर्थिक गिरावट के बीच की अवधि में ब्रिटेन विश्व आर्थिक व्यवस्था का अकेला क्रोड़ क्षेत्र था। ब्रिटेन के औद्योगिक उत्पाद बे रोक-टोक समस्त विश्व में बिक रहे थे, ब्रिटिश पूंजी का सभी देशों में निवेश हो रहा था, तथा विश्व व्यवस्था के आर्थिक दृष्टि से उपान्तीय क्षेत्रों में अधिकांश की आर्थिक व्यवस्था ब्रिटेन से जुड़ी थी।

उन्नीसवीं सदी के अन्तिम चतुर्थांश की आर्थिक कठिनाइयों के दौर में इस स्थिति में व्यापक परिवर्तन हुआ। विश्व आर्थिक व्यवस्था के अन्य क्रोड़ देशों ने धीरे-धीरे ब्रिटिश उत्पादों के आयात पर रोक लगा कर अपने देशी उद्योगों को प्रोत्साहन देना आरम्भ कर दिया फलस्वरूप उन्नीसवीं सदी के अन्त तक विश्व व्यापार में ब्रिटेन का एकाधिकार समाप्त हो गया। इस प्रकार अन्तरराष्ट्रीय अर्थव्यवस्था का क्रोड़ पुनः बहुनाभीय बन गया। ब्रिटेन के घटते हुए अन्तरराष्ट्रीय

प्रभाव को देखते हुए अन्य यूरोपीय देशों ने भी उपनिवेश विस्तार के प्रयत्न प्रारम्भ कर दिए जिससे कि ब्रिटेन की भांति वे भी अपने उपनिवेशों के रूप में राष्ट्रीय अर्थव्यवस्था के लिए पूरक क्षेत्रों का निर्माण कर सके। यह प्रक्रिया 1880 में प्रारम्भ होकर 1930 के दशक तक चलती रही। लगभग पचास वर्षों से कुछ अधिक लम्बे इस युग को साम्राज्यवाद का युग (एज ऑफ इम्पीरियलिज्म) कहते हैं। व्यवहार की तत्कालीन भाषा में (हॉब्सन, 1902) उपनिवेशवाद का तात्पर्य देश की जनसंख्या के एक छोटे भाग के बहिर्गमन के माध्यम से दूरस्थ प्रदेशों में नई बस्तियों (उपनिवेशों) की स्थापना से था। साम्राज्य का अर्थ किसी बाहरी देश द्वारा स्थानीय लोगों पर शासन करके उनके जीवन (अर्थात् उनके विचारों उनकी आर्थिक, राजनीतिक और सामाजिक व्यवस्था और संस्कृति) को अपने लाभ और सुविधा के लिए नया मोड़ देना था। साम्राज्य विस्तार की इस होड़ के परिणामस्वरूप उन्नीसवीं सदी के अन्त तक अण्टार्कटिक को छोड़ प्रायः सम्पूर्ण विश्व विभिन्न साम्राज्यवादी देशों के उपनिवेशों में बंट गया था। ब्रिटेन सबसे बड़े साम्राज्य का स्वामी था। उसके बाद क्रमशः फ्रांस और नीदरलैण्ड का स्थान था। अन्य साम्राज्यवादी देशों में बेल्जियम, स्पेन, पुर्तगाल, तुर्की और जर्मनी सम्मिलित थे। प्रथम विश्व युद्ध के पश्चात् तुर्की तथा जर्मनी के उपनिवेशों को लीग ऑफ नेशन्स का अधिदेश (मैण्डेट) बना दिया गया। इसके पहले स्पेन की राजनीतिक शक्ति के ह्रास का लाभ उठाकर संयुक्त राज्य अमरीका ने उत्तरी अमरीका के स्पैनिश प्रभुत्व वाले क्षेत्रों को अपने अधिकार में कर लिया था। इसी प्रकार जापान ने चीन के कई भागों पर अधिकार जमा लिया था, तथा इटली ने उत्तरी पूर्वी अफ्रीका और भूमध्य सागर के द्वीपों में अधिकार जमाना प्रारम्भ कर दिया था।

1931 में विश्व के साम्राज्यवादी मानचित्र में एक बड़ा परिवर्तन आया। ब्रिटेन ने अपने यूरोपीय मूल की जनसंख्या प्रधान छः उपनिवेशोंः आस्ट्रेलिया, न्यूज़ीलैण्ड, कैनेडा, आयरलैण्ड, न्यूफाउण्डलैण्ड तथा दक्षिणी अफ्रीका को पूर्णतया स्वतंत्र घोषित कर दिया। 1930 के दशक के बीच के वर्षों में इटली और जापान ने द्रुत गति से क्षेत्र विस्तार किया था परन्तु द्वितीय विश्व युद्ध में धुरी देशों (एक्सिस पावर्स) की पराजय के बाद उनसे ये सारे क्षेत्र छिन गए। साथ ही 1945 के बाद उपनिवेशवाद के उन्मूलन का दौर प्रारम्भ हो गया तथा एक-एक कर सभी देशों की उपनिवेशीय इकाइयां स्वतंत्र राष्ट्रीय इकाइयां घोषित हो गईं। परिणामस्वरूप साठ के दशक के प्रारम्भ में अफ्रीका के कुछ देशों को छोड़ प्रायः सर्वत्र उपनिवेशवाद का अन्त हो गया था (चित्र 8.1)।

साम्राज्यवादी शासन के दो रूपः प्रत्यक्ष बनाम अप्रत्यक्ष शासन

सामान्यतया साम्राज्यवादी शासन के दो रूप थे। एक प्रत्यक्ष शासन और दूसरा अप्रत्यक्ष शासन। फ्रांस, स्पेन, पुर्तगाल, हालैण्ड और बेल्जियम आदि के साम्राज्यवादी शासन में अनेक विभिन्नताओं के होते हुए समानता का एक सूत्र विद्यमान था। इन देशों की नीति अपने अधिकृत क्षेत्रों का स्थानीय शासन सीधे अपने नियंत्रण में रखने की थी अतएव प्रशासन में स्थानीय नागरिकों की कोई भूमिका नहीं थी। इसी कारण इसे प्रत्यक्ष शासन कहा गया है। इसके विपरीत ब्रिटेन की साम्राज्यवादी शासन नीति के अन्तर्गत यद्यपि शासन नियंत्रण पूरी तरह सीधे ब्रिटेन के हाथ में था परन्तु शासकीय कार्य में स्थानीय जातीय नेताओं और ऐतिहासिक शासकों की भागीदारी बनी हुई थी, भले ही यह भागीदारी प्रतीक मात्र थी। अफ्रीका में इस प्रकार की शासकीय व्यवस्था

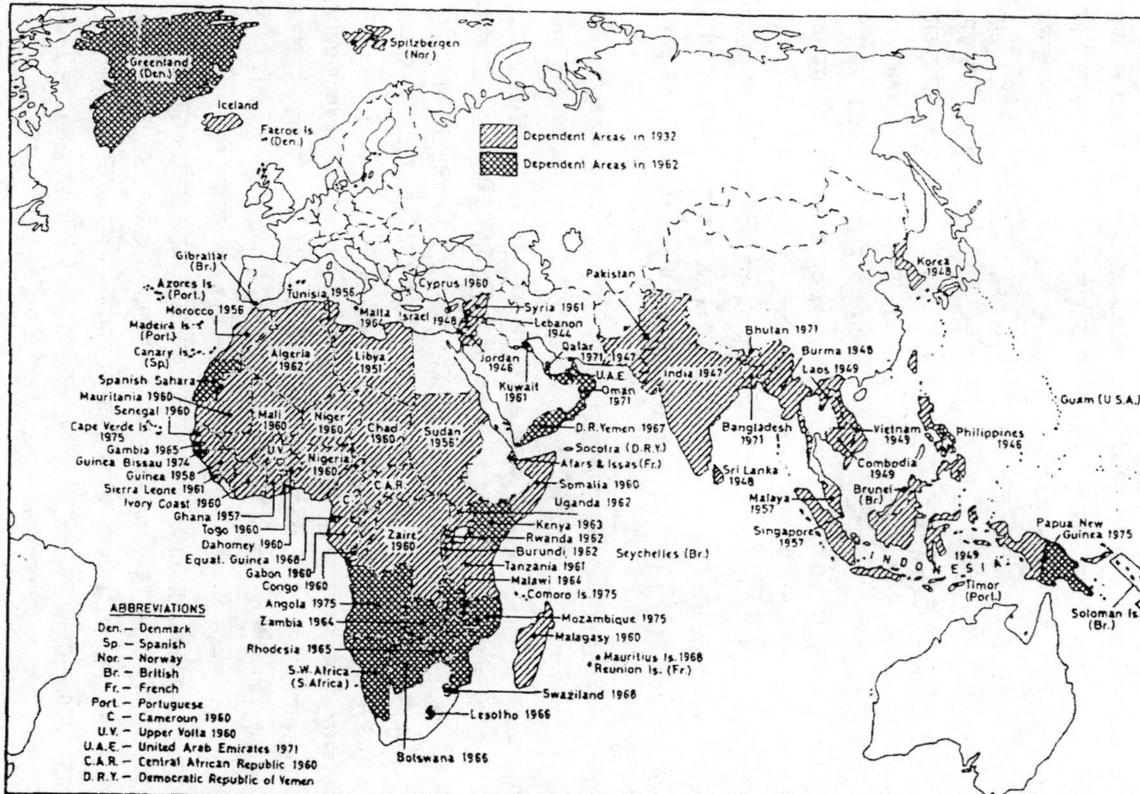

भारत की समुद्री सीमा सम्बद्ध आधार रेखा से बारह समुद्री मील तक समुद्र में फैली है ।

चित्र 8.1 विश्व में उपनिवेशवाद का अवसान (दीक्षित, 1994 से साभार उद्धृत)।

के प्रमुख पक्षधर 1900 में नाइजीरिया के गवर्नर-जनरल रहे लार्ड लूगार्ड थे। उनके अनुसार इस शासन पद्धति का मुख्य लाभ यह था कि स्थानीय सामाजिक व्यवस्था में निरन्तरता बनी रहती है और साथ ही शासन में भागीदारी के माध्यम से स्थानीय नेता आधुनिक शासन व्यवस्था से परिचित होते रहते हैं। नीति निर्धारकों के विचार में "अपनी सारी कमियों के बावजूद स्थानीय अफ्रीकी नेता अनुभवहीन युवा और बहुधा दिशाहीन अंग्रेज प्रशासकों की अपेक्षा जनता के हितों की सुरक्षा में अधिक सक्षम है" (सार जार्ज गोल्डी, संदर्भः हेली, 1938, पृ. 417)। परन्तु ऊपर से उदारवादी प्रतीत होने वाला यह तर्क केवल उन्हीं अफ्रीकी उपनिवेशों के लिए उपयुक्त समझा गया जहां यूरोपीय मूल के अधिवासियों का अस्तित्व नहीं था। यह नीति श्वेत लोगों के निवास वाले क्षेत्रों, उदाहरणार्थ, दक्षिण अफ्रीका, रोडेसिया तथा केन्या के पहाड़ी भागों के लिए लागू नहीं थी। यद्यपि तुलनात्मक अध्ययन से स्पष्ट है कि अप्रत्यक्ष शासन वाले उपनिवेशों की स्थिति प्रत्यक्ष शासन व्यवस्था वाले उपनिवेशों की अपेक्षा बेहतर थी, परन्तु इस नीति के पीछे जिस उदारवाद का आभास होता था वह जनहित के उद्देश्य से प्रेरित न होकर साम्राज्यवादी हितों से प्रेरित था। स्थानीय नेताओं को शासन से जोड़ने का स्पष्ट लाभ यह था कि इस प्रकार स्थानीय जनता पहले की तरह ही छोटी-छोटी और परस्पर प्रतिस्पर्धापूर्ण इकाइयों में बंटी रहेगी, अतः देश में सम्पूर्ण उपनिवेशीय इकाई के स्तर पर अखंड राष्ट्रीय भावना का संचार नहीं हो सकेगा क्योंकि प्रत्येक जातीय इकाई अपने को अन्य जातीय इकाइयों से अलग समझती रहेगी। इसीलिए स्वतंत्रता प्राप्ति के पश्चात् इन देशों में राष्ट्र निर्माण और राष्ट्रीय एकता की स्थापना एक विकट समस्या बनी हुई है।

इस प्रकार की नीति का अनुसरण करके ब्रिटिश शासन ने भारत के उपजाऊ मैदानी और तटीय क्षेत्रों पर पूर्ण नियंत्रण प्राप्त कर लेने के पश्चात् बाकी अपेक्षाकृत कम महत्व के क्षेत्रों को स्थानीय राजाओं के नेतृत्व में अप्रत्यक्ष शासन व्यवस्था में छोड़ दिया था। ये राजशाही प्रदेश सामन्तवादी द्वीपों की भांति लम्बे अरसे तक आधुनिक विकास, राजनीतिक चेतना और वैज्ञानिक शिक्षा से वंचित रह गए थे। कांग्रेस के नेतृत्व में स्वतंत्रता आन्दोलन भी उनमें अधिक प्रभावी नहीं हो सका था। इस प्रकार के अप्रत्यक्ष शासन का ही परिणाम है कि स्वतंत्रता प्राप्ति के बाद भी इतने अधिक समय तक ये क्षेत्र अपेक्षाकृत अविकसित बने रहे।

इस व्यवस्था के माध्यम से देश की राजनीतिक चेतना को विभाजित रखने में साम्राज्यवादी प्रशासक काफी सीमा तक सफल रहे थे। मूलतया यह "तोड़ो और राज करो" की व्यापक ब्रिटिश नीति का अंग था। इसी नीति के अन्तर्गत ब्रिटिश सरकार ने अपने उपनिवेशों के गवर्नरों को निर्देश दिए थे कि जहां कहीं सम्भव हो स्थानीय सांस्कृतिक, धार्मिक और अन्य जातीय विभिन्नताओं को मान्यता और सुरक्षा प्रदान करना चाहिए जिससे विभिन्न वर्गों का स्थानीय असंतोष एक सम्मिलित आन्दोलन का रूप न ले सके। इसी उद्देश्य से भारतीय जनगणना आयोगों ने धर्म और जाति के आधार पर जनगणना के आंकड़े एकत्र करना प्रारम्भ किया तथा इन आंकड़ों का प्रशासनिक कार्यों में प्रयोग होने लगा। परिणामस्वरूप स्थानीय स्तर पर जात-पांत के विभेदों के बावजूद जो लोग एक परस्पर निर्भर समन्वित नागरिक समाज के रूप में युगों से साथ-साथ सौहार्दपूर्ण जीवन यापन कर रहे थे वे ब्रिटिश शासन की विभाजक नीति के प्रभाव में सरकारी सहायता आदि के लिए परस्पर प्रतिस्पर्धाशील जातीय इकाइयों में बंट गए। भारत, श्रीलंका और मलेशिया तथा फीजी में धार्मिक आधार पर वैमनस्य का बीजारोपण इसी नीति का परिणाम था। हिन्दुओं में जाति के

आधार पर जनगणना का उद्देश्य उनकी धर्म के आधार पर जाग्रत राष्ट्रीय एकता की चेतना को अशक्त करना था। दलित और जनजातीय गुटों की अलग सूची प्रकाशित करने के पीछे उन्हें हिन्दू धर्म की परिधि से बाहर रखना था। इन जातियों के सदस्यों का बाद में बड़ी संख्या में बौद्ध धर्म स्वीकार करना इसी कूट चाल का परिणाम था।

प्रत्यक्ष साम्राज्यवादी प्रशासन का सबसे प्रमुख उदाहरण फ्रांस था। फ्रांस की तत्कालीन आवश्यकताएं ब्रिटेन से सर्वथा भिन्न थीं। 1870-1871 में प्रशा से पराजित होने के बाद यूरोपीय शक्ति संतुलन में फ्रांस की स्थिति अत्यधिक निर्बल हो गई थी क्योंकि अब सम्पूर्ण जर्मनभाषी क्षेत्र के प्रशा के नेतृत्व में संगठित हो जाने से जर्मनी की सामरिक और औद्योगिक शक्ति में बहुत वृद्धि हुई थी। ऐसे में फ्रांस के लिए आवश्यक हो गया कि वह अपनी विदेशी साम्राज्यवादी इकाइयों को सीधे नियंत्रण में रख कर उनके संसाधनों को फ्रांस की आवश्यकताओं के अनुरूप विकसित करे। अतः साम्राज्यवादी प्रशासन को फ्रांसीसी सरकार द्वारा नियुक्त प्रतिनिधियों और अधिकारियों के सीधे नियंत्रण में रखा गया। परन्तु फ्रांस का स्वतंत्रता, समानता और बन्धुत्व का मूल आदर्श उसकी साम्राज्यवादी इकाइयों के प्रशासन में भी समान रूप से प्रभावी था। परिणामस्वरूप फ्रांसीसी उपनिवेशों में जाति और रंग आदि के आधार पर विभेद नहीं किए जाते थे। मोटे तौर पर प्रत्यक्ष प्रशासन की नीति का उद्देश्य समुद्र पार के इन उपनिवेशों में फ्रांसीसी संस्कृति और भाषा के नए क्षेत्र स्थापित करना था जो पूर्णतया फ्रांस के अंग बन जाएं। फ्रांस की यह नीति अपेक्षाकृत कम उन्नत संस्कृति वाले प्रदेशों (जैसे पश्चिमी अफ्रीका तथा वेस्ट इण्डीज़ में) पर्याप्त सफल हुई, परन्तु उत्तरी अफ्रीकी प्रदेशों (जहां इस्लामी संस्कृति का पर्याप्त विकास हुआ था) तथा पूर्वी एशियाई देशों (जैसे कम्बोडिया, लाओस तथा इण्डो-चाइना) जहां पुरानी बौद्ध संस्कृति का बोलबाला था, इसको लागू करने में अनेक कठिनाइयां उपस्थित हुईं।

प्रत्यक्ष साम्राज्यवादी प्रशासन के अन्य प्रमुख उदाहरण पुर्तगाल और हालैण्ड (नीदरलैण्ड) थे। परन्तु फ्रांस के विपरीत पुर्तगाली और डच साम्राज्यवादी प्रशासन स्थानीय जनता के जनतांत्रिक अधिकारों का आदर नहीं करते थे और स्थानीय विकास प्रशासन की वरीयता नहीं थी। अतः इन दोनों देशों के उपनिवेशों में प्रशासन अत्यधिक क्रूर था। यही कारण था कि इन दोनों के उपनिवेशों में स्वतंत्रता संग्राम इतना हिंसापूर्ण रहा।

साम्राज्यवाद की ऐतिहासिक विरासत

साम्राज्यवाद की ऐतिहासिक विरासत के दो पक्ष हैं। एक विश्व स्तर की आर्थिक व्यवस्था में इसका संरचनात्मक प्रभाव ओर दूसरा परतंत्र औपनिवेशीय इकाइयों के जीवन पर इसके दूरगामी प्रभाव। साम्राज्यवाद के इस लम्बे दौर में विश्व अर्थव्यवस्था में स्पष्टतया दो अलग-अलग क्षेत्रीय स्तरों का विकास हुआ। एक ओर उपनिवेशवादी व्यवस्था वाले पश्चिमी यूरोप के उन्नत आर्थिक विकास वाली (जिसमें बाद में संयुक्त राज्य अमरीका और जापान भी शामिल हो गए थे) क्रोड़ीय इकाइयां थीं जो अन्तरराष्ट्रीय व्यापार में एकाधिकार के माध्यम से विश्व की सम्पूर्ण आर्थिक-राजनीतिक व्यवस्था की धुरी बन गईं; और दूसरी ओर विश्व के शेष देश जिनकी अर्थव्यवस्था इस क्रोड़ अर्थव्यवस्था की परिपूरक बन कर रह गई। अफ्रीका, एशिया और दक्षिण अमरीका के दशे क्रोड़ क्षेत्रों के औद्योगिक संस्थानों के लिए कच्चे माल की आपूर्ति करने वाले और इस माल के निर्यात के बदले उनके बने बनाए औद्योगिक उत्पाद के आयातक

बाजार के रूप में प्रतिस्थापित हो गए। इस प्रकार की निर्यात उन्मुख नकद उपज की कृषि पर निर्भर अर्थव्यवस्था स्थानीय आर्थिक व्यवस्था के विकास में अवरोधक थी क्योंकि पूरी स्थानीय अर्थव्यवस्था विशेषकर उत्पादन सम्बन्धी नीतियों का निर्धारण और संचालन सम्बन्ध साम्राज्यवादी शक्तियों के नियंत्रण में था अतः उत्पादन से प्राप्त होने वाला सारा लाभांश या तो साम्राज्यवादी देशों के खाते में चला जाता था अथवा उनकी मिलों में निर्मित उपकरणों की खरीद के भुगतान में। यह स्थानीय अर्थव्यवस्था को यथासम्भव साम्राज्यवादी देशों पर निर्भर रखने तथा उपनिवेशों को औद्योगिक विकास से वंचित रखने का प्रयास था क्योंकि अर्थव्यवस्था के सभी सम्भव गुणक प्रभाव (मल्टीप्लायर इफेक्ट्स) क्रोड़ क्षेत्रों को निर्यातित हो जाते थे (वरन, 1957)। यही कारण है कि सामान्यतया जो देश जितने लम्बे समय तक परतंत्र रहा है आज उसका आर्थिक विकास उतना ही अविकसित है। ऐसे देश विश्व के सबसे विपन्न और अशिक्षित जनसंख्या वाले हैं।

इस दृष्टि से भारत और जापान की तुलना पर्याप्त शिक्षाप्रद है। उन्नीसवीं सदी में भारतीय अर्थव्यवस्था की अन्तरराष्ट्रीय अर्थव्यवस्था में समन्वित किए जाने के परिणामस्वरूप देश का औद्योगिक विकास अवरुद्ध हो गया। विशेषकर देश का कपड़ा उद्योग पूरी तरह ठप हो गया, ग्रामीण और नगरीय अर्थव्यवस्था के बीच परस्परतापूर्ण ऐतिहासिक सम्बन्ध समाप्त हो गए। कृषि उत्पादन निर्यात उन्मुख हो गया जिसके फलस्वरूप भारत एक आत्मनिर्भर अर्थव्यवस्था वाले देश के स्थान पर ब्रिटिश अर्थव्यवस्था का परिपूरक और उसके औद्योगिक उत्पादों का बाजार मात्र बन कर रह गया। इस प्रकार देश में विकासहीनता का दौर प्रारम्भ हुआ जो द्वितीय विश्वयुद्ध के बाद तक चलता रहा। इसके विपरीत जापान में औद्योगिक कच्चे माल के उत्पादन की सम्भावनाएं सीमित थीं; अतः पश्चिमी देश उसके उपनिवेशीकरण की ओर आकर्षित नहीं हुए। फलस्वरूप जापान यूरोपीय साम्राज्यवादजनित विकास हीनता और आर्थिक परतंत्रता से मुक्त अपने विकास की दशा स्वतंत्र रूप से निर्धारित करने में सफल हुआ। जैसा हॉब्सवाम (1987) ने रेखांकित किया है, इस विषय में भारत का दुर्भाग्य उसकी संसाधन सम्पन्नता थी जिसके कारण वह ब्रिटिश साम्राज्य की आर्थिक व्यवस्था का विशिष्ट "रत्न" बना रहा। यही कारण था कि जहां एक ओर अन्य क्षेत्रों में अठारहवीं शताब्दी में लगाए गए व्यापारिक अवरोध बहुत पहले हटा दिए गए थे वहीं भारत में इनमें कभी भी ढील नहीं दी गई। भारत को पूरे साम्राज्यवादी दौर में ब्रिटेन की परिपूरक आर्थिक व्यवस्था के रूप में बनाए रखा गया और वहां औद्योगिक विकास के सारे रास्ते बन्द कर दिए गए। साथ ही भारत का विकसित वस्त्र उद्योग जबरन बन्द कर दिया गया जिससे कि ब्रिटेन के सूती कपड़ा मिलों के लिए सुरक्षित बाज़ार प्राप्त हो सके। भारत और ब्रिटेन के बीच व्यापार सम्बन्ध कितने असमान थे यह इसी बात से स्पष्ट है कि ब्रिटेन के मिलों के कपड़ों के आयात पर भारत में लिया जाने वाला सीमा शुल्क मात्र दो प्रतिशत था जबकि भारतीय कपड़ा आयात पर ब्रिटेन में दस प्रतिशत कर वसूल किया जाता था। कृषि के क्षेत्र में साम्राज्यवादी प्रशासन की नीति केवल उन फसलों को बढ़ावा देने की थी जिनकी ब्रिटेन के उद्योगों को आवश्यकता थी। यही कारण था कि कपास की कृषि को विशेष बढ़ावा दिया गया और इसकी कृषि में लगी भूमि पर करों में छूट दी गई। इस नीति के अनुसार उर्वर भूमि नकदी फसलों की कृषि में लगा दी गई अतः अन्न के उत्पादन में बहुत कमी आई और गरीब जनता आए दिन भुखमरी का शिकार होने लगी।

भारत और ब्रिटेन के बीच साम्राज्यवादी दौर का सम्बन्ध क्रोड़-उपान्तीय आर्थिक सम्बन्ध का अच्छा उदाहरण था। दृष्टांत के लिए विश्व के अन्य क्षेत्रों के सन्दर्भ में ब्रिटेन के ऋणात्मक आर्थिक संतुलन का चालीस प्रतिशत घाटा भारत से प्राप्त आय द्वारा पूरा किया जाता था।

नव उपनिवेशवाद और नव साम्राज्यवाद

द्वितीय विश्व युद्ध की समाप्ति के साथ ही पुरानी उपनिवेशवादी व्यवस्था के लिए मृत्युनाद सुनाई देने लगा था तथा पचास के दशक में एक-एक कर प्रायः सभी महत्वपूर्ण उपनिवेशीय इकाइयां स्वतंत्रता प्राप्त कर चुकी थीं। परन्तु उपनिवेशवादी दौर में स्थापित अर्थव्यवस्था के सूत्र इतने व्यापक थे और उनकी जड़ें स्थानीय अर्थव्यवस्था में इतनी गहराई तक धंसी थीं कि राजनीतिक स्वतंत्रता आर्थिक स्वतंत्रता नहीं ला सकी। उपनिवेशों की उत्तराधिकारी नई प्रभुसत्ता सम्पन्न इकाइयों की अर्थव्यवस्था अभी भी पूर्ववत् सम्बद्ध उपनिवेशक देशों की अर्थव्यवस्था से जुड़ी रहीं। अतः इन नए राष्ट्रों की स्वतंत्रता सही अर्थों में केवल आंशिक स्वतंत्रता थी। इसी अदृश्य परतंत्रतापूर्ण स्थिति को नव उपनिवेशवाद की संज्ञा दी गई है। संक्षेप में इसका तात्पर्य उस स्थिति से है जिसके अन्तर्गत राजनीतिक स्वतंत्रता के होते हुए आर्थिक परतंत्रता प्रायः यथावत् बनी रहती है, परिणामस्वरूप उपनिवेशक और उपनिवेशित राष्ट्रों के बीच आर्थिक स्तर पर शोषक-शोषित का सम्बन्ध पूर्ववत् बना रह जाता है। फलस्वरूप पुरानी सांस्कृतिक परतंत्रता और आरोपित मूल्य बोध में भी निरंतरता बनी रहती है (मैगडाफ़, 1974)।

ऐसा होना एक स्वाभाविक प्रक्रिया थी क्योंकि उपनिवेशित विश्व के सभी क्षेत्रों में जीवन के सभी पक्षों में समकालीन वस्तुस्थिति पश्चिमी देशों की दासता के दौर में हुए "विकास" का परिणाम थी। शिक्षा, संस्कृति, तकनीक, राजनीतिक और संवैधानिक व्यवस्था तथा अर्थतंत्र सभी पश्चिम (विशेषकर उपनिवेशक देश) से आयातित और प्रायः पूर्णतया आरोपित थे। ऐसी स्थिति में स्वतंत्र राजनीतिक अस्तित्व की घोषणा के साथ ही स्थिति में आमूल परिवर्तन करना संभव नहीं था। अतः स्वतंत्रता प्राप्ति के बाद भी कुछ अवधि तक यथास्थिति का बना रहना स्वाभाविक था। वास्तव में नए राजनायकों और सामाजिक चिन्तकों की सारी शिक्षा-दीक्षा, उनकी चेतना का विकास और उनके आर्थिक, सामाजिक और राजनैतिक आदर्श उपनिवेशक राज्य में प्रचलित संस्कारों के ही अनुरूप थे। परिणामस्वरूप इन देशों में और उनके पुराने उपनिवेशक राज्यों के सम्बन्धों में निरन्तरता का बना रहना सामान्य परिणति थी। आर्थिक विषयों में यह निरन्तरता, जो नव उपनिवेशवाद का मूल आधार थी, दोनों पक्षों की तात्कालिक विवशता थी। यही कारण था कि स्वतंत्रता प्राप्ति के बाद भी ये सभी देश अपने उपनिवेशक देशों के मुद्रा क्षेत्रों (करेंसी जोन्स) के सदस्य बने रहे। यह बात ब्रिटेन और फ्रांस के पुराने उपनिवेशीय क्षेत्रों के लिए विशेष रूप से सच थी। इसके परिणामस्वरूप पुरानी अन्तरराष्ट्रीय व्यापार व्यवस्था तथा उसके अन्तर्गत निर्धारित आयात-निर्यात सम्बन्धी "कोटा" प्रणाली यथावत् चलती रही। इसीलिए इन भूतपूर्व उपनिवेशीय इकाइयों में कार्यरत अधिकांश औद्योगिक इकाइयां और वित्तीय संस्थाएं विदेशी पूंजी निवेशकों के स्वामित्व में बनी रहीं। वियतनाम और इण्डोनेशिया जैसे कुछ देश जहां स्वतंत्रता संग्राम में साम्यवादी प्रेरणा प्रधान थी और स्वतंत्रता हिंसात्मक संघर्ष से प्राप्त की गई थी, इसके अपवाद थे।

पुरानी शोषणपूर्ण व्यवस्था को बनाए रखने में संयुक्त राज्य अमरीका विशेष सहायक सिद्ध हुआ था। 1930 के दशक में कमरतोड़ आर्थिक गिरावट के बाद द्वितीय विश्व युद्ध का प्रारम्भ

संयुक्त राज्य के लिए वरदान सिद्ध हुआ क्योंकि युद्ध के दौरान सैन्य साज सामान की आपूर्ति के लिए सहयोगी राज्यों ने उससे बड़ी मात्रा में खरीद प्रारम्भ कर दी थी। अमरीकी फैक्टरियां रात दिन काम करती रही थीं। परिणामस्वरूप देश से बेरोज़गारी समाप्त हो गई तथा व्यापारियों और उद्योगपतियों ने अधिकाधिक लाभ कमाया। विश्व युद्ध की समाप्ति के बाद आर्थिक सम्पन्नता का यह स्रोत अकस्मात सूखता सा लगा अतः संयुक्त राज्य के राजनेता भविष्य के बारे में चिंतित हो उठे। जैसा कि देश के तत्कालीन विदेश मन्त्री कार्डेल हुल (1944) ने कहा था, युद्ध की समाप्ति के साथ ही संयुक्त राज्य की अनेक इस्पात उत्पादक इकाइयां, अन्य औद्योगिक संस्थान और कृषि उत्पादक युद्ध के दौरान आपूर्ति के लिए निरन्तर बढ़ती मांग से वंचित हो जाएंगे अतः उन्हें बाजार के नए स्रोतों की आवश्यकता होगी। अतः देश की आर्थिक सम्पन्नता के लिए संयुक्त राज्य के लिए मुक्त अन्तरराष्ट्रीय व्यापार का मार्ग प्रशस्त करना आवश्यक है। प्रारम्भ में मुक्त व्यापार के अवसर पूर्ववत् बनाए रखने के लिए पुरानी अन्तरराष्ट्रीय व्यापार पद्धति और नए राष्ट्रों के व्यापार सम्बन्धों को सीमारहित बनाए रखना आवश्यक समझा गया। साथ ही दूरगामी उद्देश्यों को पूरा करने के लिए देश के नीति निर्धारकों ने अन्तरराष्ट्रीय स्तर पर मुद्रा संचार को नियंत्रित करने के उपाय ढूढ़ने शुरू कर दिए। 1944 में संयुक्त राज्य के वर्चस्व में अन्तरराष्ट्रीय मुद्रा कोष की स्थापना इस दिशा में उठाया गया पहला महत्वपूर्ण कदम था। यह मुद्रा कोष उत्तरोतर विश्व की सबसे बड़ी अधिराष्ट्रीय प्रशासनिक इकाई बन गई है। जैसा कि इस व्यवस्था के आलोचकों ने रेखांकित किया है, केवल संयुक्त राज्य की सैनिक व्यवस्था अपनी सहायक सेनाओं की सम्मिलित शक्ति के आधर पर विश्व स्तर पर अपने साम्राज्यवादी प्रभाव की दृष्टि से अन्तरराष्ट्रीय मुद्रा कोष की बराबरी का दावा कर सकता है। अमरीकी सेना और अन्तरराष्ट्रीय मुद्रा कोष दोनों के उद्देश्य और कार्य प्रणाली परस्पर परिपूरक है क्योंकि अन्तरराष्ट्रीय मुद्रा कोष द्वारा आरोपित अन्तरराष्ट्रीय अनुशासन के परिणामस्वरूप विश्व स्तर पर अन्तरराष्ट्रीय (मुख्यतया अमरीकी) पूंजी के लिए निवेश का मार्ग सुरक्षित हो गया और फलस्वरूप सैनिक हस्तक्षेप अनावश्यक हो गया (पेपर, 1974, पृ. 62)। मुद्रा संचार के नियंत्रण की दिशा में की गई इसी शुरुआत के सहारे धीरे-धीरे नव उपनिवेशवाद, नव साम्राज्यवाद में परिवर्तित हो गया तथा संयुक्त राज्य अमरीका, जिसकी अन्तरराष्ट्रीय क्षेत्रीय उपनिवेशवाद की स्थापना में प्रायः कोई भूमिका नहीं थी, विश्व की सबसे बड़ी नव साम्राज्यवादी शक्ति बन गया। नव साम्राज्यवाद का अर्थ ऐसी अन्तरराष्ट्रीय व्यवस्था से है जिसमें विश्व के विकसित और अविकसित देश विश्वव्यापी आर्थिक व्यवस्था के असमान परन्तु परस्पर परिपूरक अंग हैं; तथा जिसके अन्तर्गत अविकसित राष्ट्रीय आर्थिक इकाइयों का विकसित अर्थतंत्र वाले पूंजीवादी राष्ट्र निरन्तर आर्थिक शोषण करते हैं।

सीमारहित मुक्त अन्तरराष्ट्रीय व्यापार नव साम्राज्यवादी व्यवस्था का मूलाधार है। द्वितीय विश्व युद्ध के बाद परतंत्र राष्ट्रीय इकाइयों की स्वतंत्रता प्राप्ति के पश्चात् मुक्त व्यापार की सम्भावनाओं पर प्रश्न चिह्न लग गया था क्योंकि युद्धोत्तर काल में अन्तरराष्ट्रीय राजनीति के परस्पर प्रतिद्वन्द्वी पूंजीवादी और साम्यवादी खेमों में बंट जाने के बाद पश्चिमी देशों (विशेषकर उनके नए नायक संयुक्त राज्य अमरीका) को नवोदित राष्ट्रों में साम्यवादी प्रभाव के प्रसार का संकट दिखाई देने लगा था जिसका अर्थ था कि वे देश में लगी विदेशी पूंजी का राष्ट्रीयकरण कर विदेशी पूंजी निवेश की सम्भावनाएं समाप्त कर सकते थे। अतः इन उत्तर उपनिवेशीय स्वतंत्र इकाइयों का उनके पूर्व उपनिवेशक देशों के साथ आर्थिक सम्बन्ध बनाए रखना विश्व युद्ध के बाद संयुक्त राज्य अमरीका की आर्थिक और विदेश नीति का एक प्रमुख उद्देश्य बन गया।

इसके बिना उसकी मुक्त व्यापार पर केन्द्रित अन्तरराष्ट्रीय अर्थव्यवस्था की स्थापना का स्वप्न पूरा नहीं हो सकता था। इस साम्राज्यवादी उद्देश्य को पूरा करने और नवोदित राष्ट्रीय इकाइयों को साम्यवादी प्रभाव से दूर रखने के उद्देश्य से संयुक्त राज्य अमरीका के नीति निर्धारकों ने विकासशील देशों को पूंजीवादी अन्तरराष्ट्रीय व्यवस्था से बांधे रखने के लिए उन्हें "विकास" कार्यों के लिए "सहायता अनुदान" देने की प्रणाली का प्रारम्भ किया। यद्यपि इस शुरूआत को विकसित देशों द्वारा विकासशील और अविकसित देशों के प्रति मानवीय करुणा से प्रेरित कदम के रूप में प्रस्तुत किया गया परन्तु इस योजना का वास्तविक उद्देश्य विकसित देशों का आर्थिक-व्यापारिक स्वार्थ साधन था। गरीब देशों को दिए जाने वाले इस अनुदान (वास्तव में ऋण) का बहुत बड़ा भाग सैन्य सामान के रूप में था जिससे दूसरे विश्व युद्ध की समाप्ति के बाद सैन्य सामान निर्माण करने वाली इकाइयों का काम ठप न हो सके और उन्हें नया और सुरक्षित बाज़ार प्राप्त हो जाए। उदाहरण के लिए 1953 से 1965 के बीच कोरिया को दी गई कुल सहायता का 39 प्रतिशत तथा ताइवान को दिए गए अनुदान का 65 प्रतिशत सैन्य उपकरणों के रूप में था। इस प्रकार की सहायता के फलस्वरूप सहायता प्राप्त करने वाले देशों की आर्थिक विपन्नता में कोई सुधार नहीं आया तथा उन्हें निरन्तर अधिकाधिक सहायता अनुदान की आवश्यकता बनी रही। कालान्तर में स्थिति ऐसी हो गई कि सहायता प्राप्त करने वाले देशों को प्रति वर्ष प्राप्त होने वाली राशि का आधा या अधिक भाग सहायता देने वाले देशों को ऋण वापसी की किश्त के रूप में भुगतान करना पड़ता है।

इस तथाकथित सहायता अनुदान के माध्यम से पश्चिमी पूंजीवादी अर्थव्यवस्था ने विकासशील देशों की आर्थिक स्वतंत्रता प्रायः समाप्त कर दी है। मोटे तौर पर अन्तरराष्ट्रीय व्यवस्था को इस प्रकार से ढालने का प्रयास हुआ है कि विकासशील देश स्थायी रूप से विकसित देशों के लिए कच्चे माल के उत्पादन और सस्ते श्रम के स्रोत बने रहें और उनका औद्योगिक विकास अवरुद्ध रहे। इस उद्देश्य से आयात-निर्यात का कोटा सुनिश्चित कर दिया गया है जिसे विकासशील देश बहुधा घाटा सह कर भी पूरा करने को विवश हैं। इस व्यवस्था में निहित सबसे बड़ी त्रासदी यह है कि पचास के दशक से ही अन्तरराष्ट्रीय बाजार में कच्चे माल के मूल्य उत्तरोत्तर घटते गए हैं और दूसरी ओर मिलों में तैयार सामानों के मूल्य उत्तरोत्तर बढ़ते गए हैं। फलस्वरूप विकासशील देशों की आमदनी में निरन्तर कमी आई है और आयातित सामानों पर व्यय में वृद्धि होती गई है। यही कारण है कि विकसित और विकासशील देशों के जीवन स्तर का अन्तर निरन्तर बढ़ता गया है। यहां विदेशी सहायता का एक अन्य पक्ष भी ध्यान देने योग्य है। आर्थिक सहायता अनुदान का एक बड़ा भाग राजमार्गों आदि जैसी आधारभूत सुविधाओं के निर्माण के लिए दिया जाता है जिससे अनुदान प्राप्त देश में बाजार व्यवस्था को बढ़ावा मिले तथा उसकी सम्पूर्ण अर्थव्यवस्था को पूंजीवादी विश्व व्यापार व्यवस्था से जोड़ कर उसकी आर्थिक निर्भरता को बढ़ाया जा सके। किसी भी देश को आर्थिक भूमण्डलीकरण की जकड़ में लेने के लिए यह एक अनिवार्य शर्त है। दूर संचार माध्यमों का भी इस प्रकिया की सफलता में बहुत बड़ा योगदान है।

आर्थिक भूमण्डलीकरणः इसका उद्भव और विकास

द्वितीय विश्व युद्ध के पश्चात् अन्तरराष्ट्रीय राजनीति में पश्चिमी यूरोपीय देशों की केन्द्रीय भूमिका के समाप्त होने के साथ ही यह स्पष्ट हो गया था कि नई अन्तरराष्ट्रीय व्यवस्था में पूंजीवादी

पश्चिमी देशों का नेतृत्व संयुक्त राज्य अमरीका के पास आ गया है। अतः उसके राजनेताओं ने नई व्यवस्था को अपने अनुरूप ढालने और नियंत्रित रखने के तौर तरीके ढूढ़ने शुरु कर दिए। इस दिशा में पहला महत्वपूर्ण कदम जुलाई 1944 में ब्रेटन बुड्स में संयुक्त राष्ट्र मुद्रा और वित्तीय सम्मेलन के रूप में सामने आया। वहां हुए विचार विमर्श के परिणामस्वरूप संयुक्त राज्य अमरीका ने अन्तरराष्ट्रीय राजनीति से दूर रहने की अपनी पुरानी नीति का परित्याग कर दिया तथा एक नई अन्तरराष्ट्रीय अर्थव्यवस्था के नेतृत्व के लिए प्रस्तुत हो गया। इस नई व्यवस्था के उद्देश्यों में सभी स्वतंत्र देशों के बीच सीमारहित व्यापार सम्बन्ध को प्रोत्साहन देना और उनकी मुद्राओं में परस्पर परिवर्तनीयता और विनियम को बढ़ावा देना शामिल था। अन्तरराष्ट्रीय मुद्रा कोष की स्थापना इसी योजना के अन्तर्गत की गई थी। इस कोष को संयुक्त राज्य की विशाल आर्थिक शक्ति (जो 1950 में दुनिया की कुल आर्थिक शक्ति के लगभग आधे के बराबर थी) का सहारा प्राप्त था। अतः अमरीकी डालर अन्तरराष्ट्रीय व्यापार की मानक मुद्रा बन गया। इस हेतु अमरीकी सरकार ने डालर को सोने के मूल्य के साथ जोड़ दिया जिसके फलस्वरूप भविष्य में देश की संचित स्वर्ण राशि से अधिक डालर मुद्रित नहीं हो सकता था (गिलपिन, 1987; मार्गलिन तथा श्चोर, 1990)। 1994 में पारित ये प्रस्ताव पश्चिमी पूंजीवादी व्यवस्था के लिए दूरगामी प्रभाव वाले थे तथा उनकी स्थापना के साथ ही पूंजीवाद के स्वर्ण युग का प्रारम्भ हुआ। अगले पच्चीस वर्षों तक विश्व आर्थिक व्यवस्था इन्हीं नीतियों के अन्तर्गत संचालित होती रही थीं अन्तरराष्ट्रीय मुद्रा कोष तथा इण्टरनैशनल बैंक फॉर रिकंस्ट्रक्शन एण्ड डेवलपमेण्ट (विश्व बैंक) इसी नई व्यवस्था के केन्द्रीय तंत्र थे।

नई विश्व व्यवस्था का पहला उद्देश्य युद्ध के दौरान ध्वस्त हुई पश्चिमी यूरोपीय तथा जापानी अर्थव्यवस्था का पुनर्निर्माण था। 1947 से 1952 के बीच के पांच वर्षों में विश्व बैंक ने जापानी अर्थव्यवस्था को पुनर्जीवित करने के लिए सात अरब अमरीकी डालर का निवेश किया था। पश्चिम यूरोप में मार्शल योजना के अधीन इसी दौर में 13 अरब डालर का निवेश किया गया। साथ-साथ संयुक्त राज्य ने कोरियाई युद्ध और शीत युद्ध की तैयारियों के लिए सैन्य सामान की आपूर्ति पर भी पर्याप्त धन लगाया। दक्षिणी अमरीका, इज़राइल तथा दक्षिण पूर्वी एशिया को आर्थिक सहायता दी गई और अमरीकी कम्पनियों को वहां निवेश करने के लिए प्रोत्साहित किया गया। विश्व बैंक की इन सहायता राशियों के परिणाम शीघ्र ही दिखाई देने लगे।

पश्चिमी यूरोप के आर्थिक पुनर्निर्माण के साथ ही अनेक बड़ी-बड़ी अमरीकी कम्पनियों ने वहां बड़ी मात्रा में पूंजी निवेश प्रारम्भ कर दिया। पचास के दशक में यूरोप में अनुमानतः आठ अरब डालर का निजी अमरीकी पूंजी का निवेश हुआ था। इन क्षेत्रों में अपेक्षाकृत सस्ता श्रम तथा विशाल स्थानीय बाज़ार पूंजी निवेशकों के लिए विशेष आकर्षण थे। 1957 में यूरोपीय आर्थिक समुदाय (यूरोपीय संगठन) की नींव पड़ने के साथ सम्पूर्ण क्षेत्र में मुक्त व्यापार की सुविधा इस निवेश में और भी सहायक हुई। शीघ्र ही इस क्षेत्र में डालर के रूप में मुद्रा का आदान-प्रदान सर्व स्वीकृत हो गया। अतः अब अमरीकी निजी निवेश अमरीकी सरकार के हस्तक्षेप के बिना ही यहां सुचारु रूप से व्यापार विनियम करने लगा। यही अमरीकी मुद्रा तथा अमरीकी अर्थव्यवस्था के अन्तरराष्ट्रीयकरण की शुरूआत थी।

"यूरोकरेंसी" अथवा "यूरोडालर" (जिसका अर्थ है अमरीकी डालर का यूरोपीय मुद्रा बाजार में बेरोकटोक सर्वस्वीकृत विनियम और निवेश) के प्रचलन के साथ ही आर्थिक विषयों में सर्वव्यापी

अमरीकी वर्चस्व और भूमण्डलीकरण की वास्तविक नींव पड़ी यद्यपि पचास और साठ के दशक में ऐसे किसी भूमण्डलीकरण के दर्शन का प्रयास निरर्थक होगा। साठ के दशक की मुख्य विशेषता यह थी कि अमरीकी पूंजी निवेश पश्चिमी यूरोप पर पूरी तरह छा जाने के बाद विश्व के अन्य क्षेत्रों में विस्तार करने लगा था। साथ ही यूरोप ओर जापान के आर्थिक पुनर्निर्माण के साथ ही इन देशों के व्यापारिक और औद्योगिक संस्थान भी विश्व के अन्य क्षेत्रों में पूंजी निवेश के अभियान में लग गए थे। परन्तु अन्तरराष्ट्रीय कम्पनियों के आशातीत अन्तरराष्ट्रीय प्रसार के होते हुए भी विश्व व्यापार में लगी अधिकांश कम्पनियां अभी भी मूलतया "राष्ट्रीय" कम्पनियां थीं और उनके अपने मुख्यालय उनके देश के अन्दर स्थित थे। साठ के दशक की एक अन्य विशेष उपलब्धि यह थी कि अन्तरराष्ट्रीय व्यापार में आशातीत वृद्धि के फलस्वरूप पश्चिमी यूरोप, जापान और संयुक्त राज्य अमरीका के बीच व्यापारिक और आर्थिक सम्बन्ध सुदृढ़ हो गए। फलस्वरूप अन्तरराष्ट्रीय बाजार में पूंजी निवेश में बहुत वृद्धि हुई। पश्चिमी यूरोप, जापान और संयुक्त राज्य के परस्पर बढ़ते आर्थिक सम्बन्ध और विश्व व्यापार व्यवस्था में उनकी सम्मिलित भागीदारी से विश्व व्यवस्था में उनका क्रोड़ स्वरूप स्पष्टतया प्रकट होने लगा।

सत्तर के दशक में अन्तरराष्ट्रीयकरण की यह प्रवृत्ति और भी तीव्र हो गई थी। अब तक अमरीकी डालर की विश्वव्यापी स्वीकृति बहुत बढ़ गई थी, परन्तु डालर के मूल्य को सोने की संचित राशि के साथ जोड़ने की नीति के कारण उसके और अधिक प्रभाव प्रसार में कठिनाई थी। 1971 में इस अवरोध को समाप्त करने के उद्देश्य से 1944 में प्रारम्भ की गई इस नीति को बदल दिया गया। राष्ट्रपति निक्सन के इस निर्णय के बाद अब अमरीका वांछित मात्रा में डालर छाप सकता था। इसके साथ ही अमरीकी बहुराष्ट्रीय कम्पनियों और अमरीकी वित्तीय संस्थाओं का विकासशील देशों में विस्तार बढ़ा। सत्तर के दशक में डालर की आपूर्ति बढ़ने के साथ-साथ अनेक बड़े अमरीकी बैंकों ने संगठित रूप में विकासशील देशों को निश्चित ब्याज दर पर ऋण देना प्रारम्भ कर दिया। इससे अमरीकी और अन्य बहुराष्ट्रीय कम्पनियों को विकासशील देशों में कार्य क्षेत्र बढ़ाने में सुविधा हुई। 1970 से 1982 के बीच अकेले संयुक्त राज्य की विभिन्न वित्तीय संस्थाओं ने विकासशील देशों को आठ अरब अमरीकी डालर के ऋण प्रदान किए। इसका अधिकांश भाग दक्षिण अमरीकी और पूर्वी एशियाई देशों को दिया गया ऋण था। इस निवेश के परिणामस्वरूप मेक्सिको, ब्राज़ील और अर्जेण्टीना में द्रुत गति से विकास हुआ तथा ब्राजील और अर्जेण्टीना को तीसरी दुनिया का पुराना सदस्य कहा जाने लगा। यही स्थिति दक्षिण कोरिया, ताइवान, सिंगापुर तथा हांग कांग में भी परिलक्षित हुई। संक्षेप में व्यापार का अन्तरराष्ट्रीयकरण चरम सीमा पर पहुंच गया तथा देशों की अर्थव्यवस्थाएं अधिकाधिक रूप में परस्पर निर्भर हो गईं। अब किसी भी देश के लिए अपने को विश्व के अन्य देशों से काट कर रखना सम्भव नहीं रहा। परिणामस्वरूप राष्ट्रीय इकाइयों की सम्प्रभुता में भी ह्रास आया।

अनियंत्रित मात्रा में डालर नोटों के मुद्रण और सस्ती ब्याज दरों के कारण मुद्रा स्फीति में बहुत वृद्धि हुई तथा 1978 में इसका स्तर 14 प्रतिशत तक बढ़ गया था। अनेक विकासशील देशों में स्थिति और भी चिंतनीय थी। अमरीकी प्रशासन ने मुद्रास्फीति को रोकने के प्रभावी उपाय प्रारंभ किए, बाज़ार में मुद्रा प्रसार पर रोक लगाने के उद्देश्य से बैंकों की ब्याज दरों में वृद्धि की गई। 1978 में यह दर साढ़े नौ प्रतिशत के आस पास थी परन्तु 1982 मे बढ़ कर पन्द्रह प्रतिशत से अधिक हो गई थी। ऋण लेने वाले विकासशील देशों के लिए इसका परिणाम अत्यधिक दुखद

हुआ क्योंकि ऐसे समय में जब उनके निर्यात किए जाने वाले कच्चे माल का अन्तरराष्ट्रीय मूल्य घट रहा था उन्हें वर्षों पहले सस्ते ब्याज पर लिए गए ऋण की किश्तों का भुगतान अब तक की सबसे ऊंची ब्याज दरों के साथ करना पड़ रहा था। परिणामस्वरूप उनकी आर्थिक स्थिति शोचनीय हो गई। सारे विकास कार्य ठप हो गए तथा देश से पूंजी का पलायन शुरू हो गया। अनेक अफ्रीकी देश 1990 में 1960 की अपेक्षाकृत और भी गरीब हो गए थे। तीसरी दुनिया (अर्थात् विश्व स्तर पर विकसित और विकासशील देशों के बीच के विभेद) की समाप्ति की बात अर्थहीन हो गई थी। साथ ही आर्थिक भूमण्डलीकरण की गति में ठहराव आ गया। इस दौर में जर्मनी और जापान विश्व के प्रमुख व्यापारी देश बन गए थे, तथा विश्व स्तर पर मुद्रा बाजारों में पर्याप्त वृद्धि होने के फलस्वरूप आर्थिक भूमण्डलीकरण की नींव पक्की हो गई। संचार व्यवस्था में क्रांतिकारी प्रगति इसमें विशेष सहायक हुई थी। यद्यपि संयुक्त राज्य अमरीका की आर्थिक शक्ति निर्विवाद रूप में विश्व की महान शक्ति थी और उसका आकार जर्मनी और जापान के सम्मिलित आर्थिक शक्ति से बड़ा था परन्तु अब अमरीकी आर्थिक विकास अपेक्षाकृत मंद पड़ गया था जबकि जर्मनी और जापान में विकास दर उत्तरोत्तर बढ़ रही थी जिससे भविष्य में विश्व स्तर पर आर्थिक शक्ति संतुलन में परिवर्तन के लक्षण स्पष्ट होने लगे थे।

1982 में जब मैक्सिको ने अपने अमरीकी ऋण को चुकाने में असमर्थता प्रकट की तो अमरीकी वित्तीय संस्थाओं की स्थिति चिन्ताजनक हो गई। नीति निर्धारकों की दृष्टि में मेक्सिको को ऋण वापसी के लिए और ऋण देना ही एक मात्र रास्ता था अन्यथा अनेक निजी अमरीकी बैंक बन्द हो सकते थे। शर्त यह थी कि ऋण के बदले ऋण प्राप्त करने वाले देश को अपनी अर्थव्यवस्था में अन्तरराष्ट्रीय मुद्रा कोष द्वारा सुझाए गए आर्थिक "सुधार" करने आवश्यक होंगे क्योंकि दिया गया धन तभी वापस मिल सकता था जब ऋणी देश उसकी वापसी के लिए अपने निर्यातों के द्वारा अतिरिक्त डालर कमाए। इसके लिए आवश्यक था अमरीकी औद्योगिक उत्पादन में वृद्धि की जाए जिससे देश में लैटिन अमरीकी देशों के कच्चे माल की खपत बढ़े और तैयार माल उनके बाजारों में बेचकर लाभ कमाया जा सके। इस उद्देश्य से 1982 में अमरीकी प्रशासन ने अपने उद्योगों को सस्ते ऋण देना और विश्व के अन्य वित्तीय बाजारों से ऋण लेना शुरू कर दिया। परिणामस्वरूप जहां 1982 में विश्व बाजार में अमरीका की कुल संचित आस्तियां 141 अरब डालर से अधिक थीं, चार वर्ष बाद देश स्वयं ही 112 अरब डालर का ऋणी बन गया था। 1990 में यह ऋण राशि बढ़ कर 1000 अरब डालर हो गई थी यद्यपि विश्व स्तर पर अमरीकी कम्पनियों का प्रसार निरन्तर जारी था और वे पर्याप्त लाभ कमा रही थीं। अस्सी के दौर में जापान की बढ़ती आर्थिक शक्ति स्पष्टतया परिलक्षित होने लगी थी और वह संयुक्त राज्य के विदेशी ऋणों का मुख्य हामीदार (अण्डरराइटर) बन गया था। साथ ही अनेक जापानी बहुराष्ट्रीय कम्पनियां संयुक्त राज्य में उद्योग स्थापित करने लगी थीं। इस दशक के दौरान विश्व अर्थव्यवस्था त्रिध्रुवीय हो गई थी। विश्व स्तर पर तीन महान आर्थिक शक्तियां—संयुक्त राज्य, जर्मनी, और जापान-सम्मिलित रूप में विश्व व्यवस्था का संचालन करने लगी थीं।

अस्सी के दशक की एक और विशेषता यह थी कि अब विभिन्न प्रकार की सेवाएं प्रदान करने वाली व्यापारिक संस्थान विश्व स्तर पर पैर जमाने लगे थे। यह प्रवृत्ति बैंकों और वित्तीय संस्थाओं में विशेष रूप से दिखाई देने लगी थी। विज्ञापन, इंस्योरेंस तथा एकाउंटिग सेवाओं में भी इसी तरह का प्रसार प्रारम्भ हो गया था। इसके दूरगामी परिणाम हुए। अभी तक अन्तरराष्ट्रीय

व्यापार स्थूल उत्पादों (कमोडिटीज) पर आधारित था जिसमें वस्तुओं का आदान प्रदान होता था अतः व्यापार में राष्ट्रीय सीमाओं को लांघने की आवश्यकता पड़ती थी, और इसके लिए सम्बद्ध राज्य की अनुमति लेना अनिवार्य था। परन्तु सेवाओं और मुद्रा के अन्तरराष्ट्रीय व्यापार में ऐसी कोई रुकावट नहीं थी। एक स्थान पर बैठे ही इनका टेलीफोन और इलेक्ट्रानिक संचार माध्यमों द्वारा अन्तरराष्ट्रीय विनिमय किया जाने लगा था। इस प्रकार आज मुद्रा बाज़ार का "भूमण्डलीकरण" हो गया है क्योंकि सभी देशों की मुद्राओं का आपस में विनियम होने लगा है। मुद्रा विनियम में देशों की सीमाएं और उनकी सांस्कृतिक पहचान से किसी प्रकार की रुकावट नहीं आती। यह बाजार विश्व भर में फैला हुआ है। इसका कोई गृह क्षेत्र नहीं है क्योंकि कम्प्यूटर स्क्रीन और टेलीफोन के माध्यम से संचालित होने के कारण इसका कार्यक्षेत्र विश्वव्यापी है और यह बाजार रात दिन कार्यरत रहता है (ओ' ब्रायन, 1992)। पूंजी के भूमण्डलीकरण के परिणामस्वरूप विश्व के सारे देश आर्थिक दृष्टि से एक दूसरे के अत्यधिक समीप हो गए हैं, और आज प्रत्येक देश एक समग्र विश्वव्यापी अर्थव्यवस्था का अभिन्न अंग बन गया है। परन्तु इस सामीप्य और परस्पर निर्भरता से राज्यों की भौगोलिक विविधता समाप्त नहीं हुई है। धनी और निर्धन, शोषक और शोषित के बीच की खाई यथावत् वर्तमान है। साथ ही भूमण्डलीकरण के परिणामस्वरूप तीसरी दुनियां का अस्तित्व समाप्त होने की बात सम्भावना से परे है क्योंकि नई विश्व व्यवस्था की इमारत सम्पन्न देशों द्वारा विकासशील देशों के शोषण के सिद्धान्त पर खड़ी है।

परन्तु यह निर्विवाद सत्य है कि आर्थिक भूमण्डलीकरण आज के युग का यथार्थ बन गया है। सम्पन्न देशों की बड़ी-बड़ी कम्पनियां और औद्योगिक संस्थान आज स्वयं भूमण्डलीकृत हो गए हैं क्योंकि उनकी उत्पादक इकाइयां अनेक देशों में स्थित हैं। परिणामस्वरूप आज कुल विश्व व्यापार का प्रायः चालीस प्रतिशत भाग इन कम्पनियों की अलग-अलग इकाइयों के बीच आन्तरिक विनियम के रूप में होता है। आज विभिन्न देशों की अर्थव्यवस्थाएं अन्तरराष्ट्रीय बाजार से इतने निकट से जुड़ गई हैं कि आर्थिक मामलों में राज्यों की प्रभुसत्ता अधूरी हो गई है, विशेषकर विकासशील देशों की सरकारें अन्तरराष्ट्रीय मुद्रा कोष और विश्व बैंक के ऋणों की मार से इतनी दब गई हैं कि इन दोनों संस्थाओं के निर्देशों के अनुरूप देश की अर्थव्यवस्था का संचालन उनकी विवशता बन गई है। इस स्थिति का परिणाम कितना भयावह हो सकता है यह इण्डोनेशिया के उदाहरण से स्पष्ट है। (पूंजी के भूमण्डलीकरण पर सविस्तार चर्चा के लिए देखिएः काब्रिज, 1997)।

भूमण्डलीकरण और विश्व राजनीति का बदलता स्वरूप

यह सामान्य मान्यता है कि अन्तरराष्ट्रीय सम्बन्धों में संतुलन बनाए रखने के लिए आवश्यक है कि विश्व अनेक शक्तिशाली राज्यों में बंटा हो परन्तु साथ ही उसमें किसी एक राज्य का वर्चस्व निर्विवाद बना रहे। उदाहरणार्थ प्रथम विश्व युद्ध के पहले तक ग्रेट ब्रिटेन विश्व की सबसे महान आर्थिक, सामरिक और राजनीतिक शक्ति था जिसके कारण उसकी बात सर्वत्र सुनी जाती थी। परिणामस्वरूप अन्तरराष्ट्रीय सम्बन्धों में स्थायित्व बना हुआ था। न्यूनाधिक रूप में यह स्थिति द्वितीय विश्व युद्ध तक चलती रही थी। उसके पश्चात् यद्यपि विश्व व्यवस्था के द्विध्रुवीय बन जाने के बाद विश्व राजनीति के स्वरूप में आमूल परिवर्तन आए थे परन्तु दो कारणों से अन्तरराष्ट्रीय सम्बन्धों के व्यवहार में शीघ्र ही संतुलन स्थापित हो गया था। एक कारण यह था कि युद्ध

के भयावह परिणामों को देखते हुए दोनों ही महाशक्तियां आपसी तनाव के अवसरों से बचने का प्रयास करने लगी थीं जिससे यथास्थिति बनी रहे। दूसरा कारण यह था कि सोवियत रूस और अन्य साम्यवादी देशों के अतिरिक्त सर्वत्र पूंजीवादी व्यवस्था का बोलबाला था और उसके नए महानायक संयुक्त राज्य अमरीका का वर्चस्व निर्विवाद था। अतः तथाकथित स्वतंत्र विश्व (फ्री वर्ल्ड) में संयुक्त राज्य का प्राधान्य सर्वव्यापी था क्योंकि विश्व की सबसे बड़ी सामरिक शक्ति होने के कारण वह विकासशील देशों की अर्थव्यवस्था से सीधे तौर पर जुड़ गया था। 1990 में वारसा संधि की समाप्ति तथा सोवियत संघ के विघटन के फलस्वरूप चालीस वर्ष पुराना शक्ति संतुलन अकस्मात् समाप्त हो गया था और संयुक्त राज्य विश्व की सबसे बड़ी और एकमात्र महाशक्ति के रूप में स्थापित हो गया।

यद्यपि संयुक्त राज्य अमरीका अभी भी आर्थिक दृष्टि से विश्व की सबसे सम्पन्न और सबसे बड़ी शक्ति के रूप में विद्यमान था परन्तु विश्व अर्थव्यवस्था में उसकी सर्वांगीण प्रधानता (हेजेमनी) समाप्त हो गई थी। विश्व अर्थव्यवस्था अब त्रिध्रुवीय हो गई थी तथा अपनी आर्थिक सम्पन्नता के होते हुए भी संयुक्त राज्य विश्व का सबसे बड़ा ऋणी देश बन गया था। जर्मनी और जापान की विकास गति अमरीकी विकास गति से बहुत अधिक थी और ये दोनों देश विश्व स्तर पर अमरीका के व्यापारिक प्रतिस्पर्धी बन गए थे। यूरोपीय संगठन की आर्थिक शक्ति के विकास के बाद स्थिति उत्तरोत्तर और भी बदलती जा रही है। विश्व राजनीति का वर्तमान दौर प्राधान्य विहीन (नान हेजेमोनिक) बन गया है। परिणामस्वरूप अन्तरराष्ट्रीय राजनीति में भूमण्डलीकरण के बावजूद अनिश्चितता की स्थिति बनी हुई है क्योंकि आज किसी एक देश के लिए विश्व के अन्य देशों द्वारा अपनी बात मनवाना सरल नहीं रह गया है। इसका एक उपयुक्त उदाहरण भारत द्वारा पोखरन-2 विस्फोट किए जाने के पश्चात् उत्पन्न स्थिति पर विभिन्न देशों की परस्पर विरोधी प्रतिक्रिया में परिलक्षित है। संयुक्त राज्य द्वारा भारत पर लगाए गए आर्थिक प्रतिबंधों की घोषणा की चिंता न करते हुए अनेक देशों की बहुराष्ट्रीय कम्पनियां भारत में पूंजी निवेश के लिए तत्पर थीं। साथ ही फ्रांस और सोवियत संघ इस प्रश्न पर संयुक्त राज्य के साथ नहीं थे। विश्व स्तर पर शान्ति के वर्तमान दौर में अन्तरराष्ट्रीय बाज़ार और व्यापार करने और लाभ कमाने के अवसर की खोज सम्पन्न राज्यों के अन्तरराष्ट्रीय सम्बन्धों का मूल निर्णायक बन गया है। अतः उन्नीसवीं सदी के उत्तरार्द्ध की भांति आज पुनः औद्योगिक दृष्टि से उन्नत और धनी व्यापारी देश विश्व स्तर पर एक दूसरे से आर्थिक प्रतिस्पर्धा में लगे हुए हैं। ऐसे में, यदि विश्व शान्ति भंग करने वाली कोई बड़ी घटना न घटी तो अन्तरराष्ट्रीय स्तर पर अनिश्चितता का वर्तमान दौर लम्बी अवधि तक बने रहने की सम्भावना है क्योंकि बाजार व्यवस्था में किसी अकेले देश की सर्वव्यापी प्रधानता स्थापित होने की सम्भावना बहुत कम है। (अन्तरराष्ट्रीय सम्बन्धों के स्थायित्व में प्रधानता सिद्धांत पर विशेष चर्चा के लिए देखिएः केओहेन, 1980, 1984)

पूंजी के भूमण्डलीकरण के साथ-साथ व्यापार और उद्योगों का विराज्यक्षेत्रीयकरण (डिटेरीटोरियलाइजेशन) हुआ है। उदाहरण के लिए संयुक्त राज्य अमरीका के प्रायः सभी बड़े औद्योगिक और व्यापारिक संस्थानों ने विश्व के विभिन्न भागों में क्षेत्रीय इकाइयां स्थापित कर ली हैं। जहां एक ओर उनकी अमरीकी इकाइयों से प्राप्त लाभ की दर निरन्तर घटती जा रही है वहीं समुद्र पार स्थित इकाइयों के लाभ की दर उत्तरोत्तर बढ़ रही है। उद्योगों के अन्तरराष्ट्रीय स्तर के विकेन्द्रीकरण का देश के लिए दूरगामी प्रभाव हो सकता है क्योंकि विदेशों में इस प्रकार के

पूंजी निवेश से देश की जनता औद्योगीकरण के लाभ से वंचित रह जाती है जिससे सामान्यजन में असंतोष उभरना स्वाभाविक है। परन्तु अन्तरराष्ट्रीय सम्बन्धों की दृष्टि से विश्व की आर्थिक शक्तियों का समुद्र पार के क्षेत्रों में औद्योगिक प्रसार विश्व शांति के लिए शुभ है। देश के बाहर पूंजी की सुरक्षा के लिए आवश्यक है कि विश्व में शान्ति का वातावरण बना रहे अतः आशा की जाती है कि यथा सम्भव ये शक्तियां युद्ध की सम्भावनाओं को कम करने का प्रयास करेंगी। साथ ही विराज्यक्षेत्री (डिटेरिटोरियलाइज़्ड) आर्थिक प्रसार के परिणामस्वरूप राज्यों के ऐकिक स्वरूप प्रतिकूल पर प्रभाव पड़ा है क्योंकि आज की स्थिति में उन्नत औद्योगिक और व्यापारिक देशों की क्षेत्रीय सम्प्रभुता पूंजी निवेश और औद्योगिक उत्पादन तथा सेवा व्यवसाय के भूमण्डलीकरण के फलस्वरूप आधी-अधूरी हो गई है क्योंकि पिछले तीन दशकों में इन देशों के वित्तीय व्यापारिक और औद्योगिक संस्थान उत्तरोत्तर राष्ट्रीय कम ओर अन्तरराष्ट्रीय अधिक हो गए हैं। ऐसी स्थिति में व्यापारिक हितों की सुरक्षा के प्रश्न पर युद्ध की सम्भावना बहुत कम हो गई है क्योंकि कैस्टेल्स (1989) के शब्दों में वर्तमान युग में देशों की भूराजनीतिक अर्थव्यवस्था (जिओपोलिटिकल इकानमी) आर्थिक गुरुत्वाकर्षण के सामान्य केन्द्रों (औद्योगिक इकाइयों, औद्योगिक क्षेत्रों) से नियंत्रित होने के स्थान पर विभिन्न प्रकार के प्रवाह क्षेत्रों (स्पेसेज़ आव) (फ्लोज़) से नियंत्रित होने लगे हैं। इनमें मुद्रा, सूचना, व्यापार और श्रम के प्रवाह शामिल हैं (काब्रिज, मार्टिन तथा थ्रिफ्ट, 1994)। राष्ट्रों की आर्थिक व्यवस्था के अन्तरराष्ट्रीय स्तर पर विकेन्द्रित होने की प्रक्रिया के परिणामस्वरूप अब व्यापारिक वर्ग में अन्तरराष्ट्रीय स्तर का भाईचारा बढ़ा है और उनमें स्वार्थ सुरक्षा के लिए आपसी एकता का भाव संचरित होने लगा है। फलस्वरूप देशों की आन्तरिक राजनीति दिनोंदिन अन्तरराष्ट्रीय आर्थिक व्यवस्था के उतार चढ़ाव से अधिकाधिक प्रभावित होने लगी है। इसके कारण राज्यों की आन्तरिक राजनीति में अन्तरराष्ट्रीयकरण की प्रवृत्ति बढ़ी है। इस प्रकार राज्यों के राजनीतिक जीवन में दो परस्पर विरोधी राजनीतिक विचारधाराओं को बढ़ावा मिला है। सामान्यतया सम्पन्न और उच्च व्यापारिक वर्ग आर्थिक भूमण्डलीकरण का पक्षधर है जबकि छोटे-छोटे व्यापारी और लघु तथा मध्यम श्रेणी के उद्योगकर्मी भूमण्डलीकरण के विरोध और स्वदेशीकरण के पक्षधर हैं। मध्यवर्ग और श्रमजीवी लोगों में भी अधिकांश देश के जीवन में विदेशी शक्तियों के हस्तक्षेप के विरोधी हैं। परन्तु यह विभेद ऐतिहासिक वामपंथ बनाम दक्षिण पंथ पर केन्द्रित विभेद से बहुत भिन्न है। यही कारण है कि सिद्धान्ततः भारतीय जनता पार्टी और विभिन्न साम्यवादी दल दोनों ही अनियंत्रित भूमण्डलीकरण के घोर विरोधी और अपनी-अपनी तरह से स्वदेशी के पक्षधर रहे हैं।

भारत के राजनीतिक भूगोल के कुछ महत्वपूर्ण पक्ष

9

पिछले अध्यायों में राजनीतिक भूगोल के विभिन्न सैद्धान्तिक पक्षों की चर्चा करते समय यथा स्थान समस्याओं और संकल्पनाओं की व्याख्या में भारतीय दृष्टांत प्रस्तुत किए गए हैं जिससे सम्बद्ध विषयों पर पाठक को भारत के राजनीतिक भूगोल का सम्यक् परिचय प्राप्त हो सके। परन्तु दो महत्वपूर्ण पक्षों पर, देश की राजनीति में उनके केन्द्रीय महत्व के अनुरूप सम्यक् प्रकाश नहीं पड़ सका है। पहला, भारत की संघीय शासन व्यवस्था तथा दूसरा, देश की तटस्थता मूलक विदेश नीति। इनके महत्व को देखते हुए इस अध्याय में इन दोनों पक्षों पर संक्षिप्त चर्चा प्रस्तुत की गई है।

भारत की परिसंघ राजव्यवस्थाः एक समीक्षा

ऐतिहासिक पृष्ठभूमि

यूरोप के अधिकांश देशों के विपरीत भारत के सांस्कृतिक विकास में प्रारम्भ से ही निरन्तरता बनी रही है इस बात के होते हुए भी कि देश को प्राचीन काल से ही समय-समय पर अनेक बाहरी आक्रमणों का सामना करना पड़ा है। इस निरन्तरता के फलस्वरूप भारत में हिमालय से रामेश्वरम् तथा द्वारका से भारत-म्यांमार सीमा तक सांस्कृतिक एकता के सूत्र सतत संचरित रहे हैं। किन्तु इस सांस्कृतिक एकता के साथ-साथ क्षेत्रीय विभिन्नता सदा विद्यमान थी। अतः देश में केन्द्रीय और क्षेत्रीय दोनों प्रकार की पहचानों का साथ-साथ अस्तित्व रहा है। आज की शब्दावली में भारत प्रारम्भ से ही एक वृहत् सांस्कृतिक संघ बन गया था। आदि काल से ही इस आधारभूत सांस्कृतिक संघ को राजनीतिक बाना पहनाने के प्रयास होते रहे थे। चक्रवर्ती साम्राज्य, चक्रवर्ती राजा तथा अश्वमेध करने की पद्धति ऐसी ही प्रवृत्ति की परिचायक थी। राजनीतिक सर्वोच्चता का यही सिद्धान्त बाद में मुग़लों तथा उनके पश्चात् ब्रिटिश शासकों द्वारा अपनाया गया। इस प्रकार प्रशासनिक स्तर पर देश में क्षेत्रीय अनेकता के साथ-साथ केन्द्रीय एकता के सिद्धान्त को निरन्तर मान्यता मिलती रही है। परन्तु इस ऐतिहासिक विरासत के आधार पर भारत की वर्तमान परिसंघीय व्यवस्था को स्वयंभूत विकास के रूप में देखना सही नहीं होगा। वर्तमान व्यवस्था मूलतया ब्रिटिश शासन के प्रायः 150 वर्षों के राजनीतिक-आर्थिक घटनाक्रम और तज्जनित वैचारिक प्रगति का सीधा परिणाम है।

भारत में ब्रिटिश प्रभाव का प्रारम्भ दिसम्बर 1600 ईसवी में ईस्ट इंडिया कम्पनी की स्थापना के साथ हुआ था। परन्तु प्रारम्भ के 150 वर्षों में उसका राजनीतिक प्रभाव नगण्य था। मुग़ल शासन के उत्तरोत्तर शक्तिहीन हो जाने, तथा भारत में फ्रांसीसी प्रभाव के अवसान के साथ ही भारत अनेक छोटे-छोटे राज्यों का समूह बन गया था। इस स्थिति का लाभ उठाते हुए ईस्ट इण्डिया कम्पनी के अधिकारियों ने राजनीतिक हस्तक्षेप आरम्भ कर दिया था। अनेक प्रकार की कूटनीतिक चालों के सहारे कम्पनी ने प्लासी (1757) तथा बक्सर (1764) के युद्ध में विजय प्राप्त कर लेने के साथ ही बंगाल, बिहार तथा उड़ीसा पर राजनीतिक सर्वोच्चता प्राप्त कर ली थी। 1800 में टीपू सुल्तान तथा 1818 में मराठों की पराजय के साथ भारत का अधिकांश क्षेत्र ब्रिटिश आधिपत्य में आ गया था। 1849 में सिखों की पराजय के पश्चात् हिमालय से कन्याकुमारी तथा सिन्धु से ब्रह्मपुत्र तक ब्रिटिश राजनीतिक प्रभुता सम्पूर्ण देश में स्थापित हो गई थी। परन्तु शीघ्र ही कम्पनी सरकार की शोषक और दमनकारी नीतियों से देश के अधिकांश क्षेत्रों में (विशेषकर उत्तर भारत में) व्यापक असंतोष की लहर उठने लगी थी। इस असंतोष की परिणति 1857 के "प्रथम स्वतंत्रता संग्राम" के रूप में सामने आई (जिसे अंग्रेजों ने "सैन्य विद्रोह" नाम दिया)। देश की असंतुष्ट जनता का ब्रिटिश शासन के विरुद्ध एक जुट हो जाने का यह प्रयास लंदन स्थित ब्रिटिश सरकार के लिए चिंता का विषय बन गया। ब्रिटिश साम्राज्य के व्यापक हितों को ध्यान में रखते हुए 1858 में अंग्रेज सरकार ने भारत में कम्पनी के शासन को समाप्त कर देश के प्रशासन का दायित्व स्वयं संभाल लिया। देश की शासन व्यवस्था के व्यापारियों के हाथ से निकल कर सरकारी प्रशासकों को हस्तांतरित होने के व्यापक और दूरगामी प्रभाव हुए। अखिल भारतीय प्रशासनिक और सम्बद्ध सेवाओं को और प्रभावी बनाया गया; धीरे-धीरे उनमें भारतीय मूल के अधिकारियों की भागीदारी बढ़ती गई; परिणामस्वरूप स्वतंत्रता प्राप्ति के समय तक थोड़े से सर्वोच्च अधिकारियों के अतिरिक्त प्रायः सभी अधिकारी भारतीय मूल के थे। नए प्रशासनिक नेतृत्व में संचार और आवागमन व्यवस्था में आशातीत प्रगति हुई तथा तार और रेल लाइनों का जाल पूरे देश में बिछ गया। सम्पूर्ण देश में एक ही प्रकार की समन्वित कानून और सुरक्षा व्यवस्था का प्रचार हुआ, सर्वत्र उच्च शिक्षा एक ही भाषा, अर्थात् अंग्रेजी के माध्यम से दी जाने लगी, फलस्वरूप देश में बौद्धिक एकता का विकास हुआ, यद्यपि इस नई शिक्षा प्रणाली का वास्तविक उद्देश्य ब्रिटिश शासन को छोटी-बड़ी सरकारी नौकरियों के लिए अंग्रेजी जानने वाले कर्मचारियों को तैयार करना था।

दूसरी ओर उन्नीसवीं सदी के उत्तरार्द्ध (1869) में स्वेज नहर के बन जाने के बाद भारत यूरोप के अत्यधिक समीप आ गया था अतः भारतीय कृषि विश्व बाजार से निकट से जुड़ गई। इससे सड़कों तथा रेलों के विकास को बढ़ावा मिला तथा देश की अर्थव्यवस्था उत्तरोत्तर समन्वित होती गई। कालान्तर में स्थानीय व्यापारियों ने अपनी मिलें लगाना आरम्भ कर दिया। स्थानीय पूंजी से स्थापित ये उद्योग शीघ्र ही विदेशों से होने वाले औद्योगिक आयात के कट्टर विरोधी बन गए। अतः अब सम्पन्न व्यापारी वर्ग में भी विदेशी सरकार के प्रति विरोध का भाव जाग्रत होने लगा। इससे मध्यवर्गीय राष्ट्रीय चेतना और उच्चवर्गीय औद्योगिक हित रक्षा के बीच आपसी समझ का विकास हुआ। बीसवीं सदी के प्रथम चतुर्थांश में महात्मा गांधी के उत्तरोत्तर बढ़ते प्रभाव में देश के किसान, व्यापारी, तथा मध्यवर्गीय बुद्धिजीवी, अर्थात् समाज के सभी वर्ग एक जुट हो गए क्योंकि इन सभी वर्गों में राष्ट्रीय चेतना और विदेशी शासन से मुक्ति की इच्छा प्रबल हो गई

थी। 1905 में जापान के हाथों रूस की पराजय के परिणामस्वरूप श्वेतवर्ण यूरोपीय जातियों की अपराजेयता सम्बन्धी धारणा समाप्त हो गई। इससे भारतीय राष्ट्रवादी चेतना को और प्रोत्साहन मिला। 1905 में कर्जन के बंगाल के विभाजन से क्षुब्ध राष्ट्रवादी शक्तियों को जापान के उदाहरण से बहुत साहस मिला। उनके विरोध का स्वर उग्र होता गया, तथा अन्ततः अंग्रेज सरकार को बंगाल के विभाजन का निर्णय निरस्त करना पड़ा। राष्ट्रीय चेतना को जाग्रत करने की दिशा में तिलक, गोखले, लाजपत राय, तथा अरविंद घोष के प्रयासों के सम्मिलित प्रभाव तथा अंग्रेज अधिकारियों द्वारा किए गए जलियावाला बाग नरसंहार से राष्ट्र मानस में उत्पन्न रोष को महात्मा गांधी के नेतृत्व में मिले देशव्यापी समर्थन से अंग्रेजी शासन से मुक्ति के अभियान को प्रोत्साहन मिला और अखिल भारतीय स्तर पर राष्ट्रीय एकता के सूत्र और दृढ़ हो गए।

ब्रिटिश शासनकाल में संवैधानिक विकास

भारत का वर्तमान संविधान डेढ़ सौ वर्षों के ब्रिटिश शासन काल में हुई संवैघानिक प्रगति की परिणति है। अतः यहां उस दौर में हुई संवैधानिक प्रगति का संक्षिप्त विवरण आवश्यक है। ध्यातव्य है कि ब्रिटिश शासकों ने स्वयं अपनी प्रशासनिक व्यवस्था का निर्माण मुग़ल काल से चली आ रही सूबों और सरकारों की व्यवस्था की नींव पर किया था। साथ ही आदि युगीन सर्वोच्च सत्ता सम्बन्धी अवधारणा की (जिसे मुग़लों ने भी स्वयं अपनाया था) भारत की ब्रिटिश कालीन प्रशासनिक व्यवस्था में महत्वपूर्ण भूमिका थी। यही कारण था कि भारत पर पूर्ण राजनीतिक अधिकार जमा लेने के बाद ब्रिटिश शासकों ने सशक्त केन्द्रीय नियंत्रण के साथ-साथ क्षेत्रीय स्तर पर प्रशासनिक विकेन्द्रीकरण का सिद्धान्त यथा सम्भव अपनाने का प्रयास किया। इस दृष्टि से भारत में परिसंघीय व्यवस्था की नींव 1773 के रेगुलेटिंग एक्ट के पारित होने के साथ ही पड़ गई थी। इस ऐक्ट के अनुसार मद्रास, बम्बई, तथा बंगाल में फोर्ट विलियम (कलकत्ता) की प्रेसिडेंसियों के प्रशासन के लिए अलग-अलग गवर्नर-जनरलों की नियुक्ति का उपबंध था परन्तु साथ ही फोर्ट विलियम (बंगाल) की प्रेसिडेंसी के गवर्नर को गवर्नर-जनरल नामजद कर उसकी अध्यक्षता में एक परिषद की नियुक्ति का भी प्रावधान किया गया। यह परिषद सम्पूर्ण भारत में युद्ध और शान्ति व्यवस्था से जुड़े प्रश्नों तथा प्रत्येक प्रेसिडेंसी में स्थानीय (देशी) शासकों से सम्बन्धित समस्याओं पर विचार विमर्श के लिए अधिकृत सर्वोच्च संस्था थी। परन्तु स्थानीय (प्रेसिडेंसी) स्तर का सामान्य प्रशासन पूर्णतया सम्बद्ध गवर्नर के अधिकार में था। इस दिशा में दूसरा महत्वपूर्ण कदम 1833 का चार्टर ऐक्ट का पारित होना था। इसके अनुसार फोर्ट विलियम के गवर्नर को "गवर्नर-जनरल-इन-काउंसिल ऑफ इण्डिया" बना दिया गया। साथ ही उसको सम्पूर्ण भारत के लिए प्रशासनिक और नीति निर्धारण सम्बन्धी अधिकार प्रदान किए गए। 1858 के भारत शासन अधिनियम उपबंधों के अनुसार सपरिषद गवर्नर-जनरल, जो अभी तक लंदन स्थित ईस्ट इण्डिया कम्पनी के निदेशक मंडल तथा नियंत्रक बोर्ड के प्रति उत्तरदायी था, सीधे ब्रिटिश सरकार के लंदन स्थित सेक्रेटरी ऑफ स्टेट फॉर इण्डिया के प्रति जवाबदेह बना दिया गया। अर्थात् भारत का प्रशासन सीधे तौर पर ब्रिटिश सरकार के नियंत्रण में आ गया।

1858 के इस अधिनियम के पारित होने के साथ ही प्रशासनिक विकेन्द्रीकरण की प्रक्रिया में ठहराव आ गया क्योंकि इसके परिणामस्वरूप नीति निर्धारण के सभी अधिकार फोर्ट विलियम स्थित गवर्नर-जनरल में निहित हो गए थे। इससे प्रशासन में कठिनाई अनुभव होने लगी तथा

क्षेत्रीय असंतोष को बढ़ावा मिला। अतः शीघ्र ही विकेन्द्रीकरण की प्रक्रिया को पुनः प्रारम्भ करना पड़ा। सेक्रेटरी ऑफ स्टेट फॉर इण्डिया ने यह मानते हुए कि प्रशासनिक नीतियों का निर्धारण प्रभावित जनसंख्या के समीपस्थ अधिकारियों द्वारा अधिक प्रभावी ढंग से किया जा सकता है, मद्रास तथा बम्बई की प्रेसिडेंसियों को क्षेत्रीय स्तर के प्रशासनिक निर्णय के स्वतंत्र अधिकार को पुनः बहाल कर दिया। 1861 का इण्डियन कांउसिल्स ऐक्ट इसी उद्देश्य से पारित किया गया था। इसके अन्तर्गत जैसे-जैसे नए प्रांतों का निर्माण होता गया उन्हें इसी प्रकार की प्रशासनिक स्वायत्तता प्राप्त होती गई। प्रशासनिक विकेन्द्रीकरण की दिशा में 1909 के काउंसिल्स ऐक्ट (जिसे मार्ले-मिण्टो सुधार के नाम से भी जाना जाता है) के अनुसार विकेन्द्रीकरण की प्रक्रिया को आगे बढ़ाते हुए केन्द्रीय और प्रांतीय परिषदों की सदस्य संख्या में वृद्धि की गई तथा प्रान्तीय परिषदों की अधिकारिता को और व्यापक बनाया गया। परन्तु इससे स्थिति में वांछित सुधार नहीं आ पाया। क्षेत्रीय स्वायत्तता तथा स्थानीय नागरिकों के प्रतिनिधित्व के लिए उत्तरोत्तर दबाव बढ़ता गया। परिणामस्वरूप 25 अगस्त 1911 के एक प्रतिवेदन में गवर्नर-जनरल ने सेक्रेटरी ऑफ स्टेट फॉर इण्डिया को लिखा कि भारतीय प्रशासन की तत्कालीन कठिनाइयों का एकमात्र समाधान यह है कि प्रांतों को उत्तरोत्तर स्वायत्त प्रशासन के अधिकाधिक अधिकार प्रदान किए जाएं जिससे कालान्तर में भारत क्षेत्रीय प्रशासन में पूर्णतया आत्मनिर्भर (स्वायत्त) प्रांतों की समष्टि बन जाए, तथा केन्द्रीय सरकार उनके ऊपर सर्वोच्च सत्ता के रूप में विद्यमान हो (देखिएः इलबर्ट, 1915 तथा प्रसाद, 1941)। इस समस्या पर विचार हेतु 1918 में माण्टेग्यू तथा चेम्सफोर्ड कमेटी द्वारा प्रस्तुत रिपोर्ट में सविस्तार संस्तुतियां की गई थीं जिनका सार यह था कि प्रशासनिक विकेन्द्रीकरण को उत्तरोत्तर और व्यापक बनाते हुए भारत को स्थानीय और क्षेत्रीय विषयों में पूर्णतया स्वायत्त प्रांतीय इकाइयों की समष्टि बना देना चाहिए। 1919 का भारत शासन अधिनियम, जिसको सर फ्रेडरिक ह्वाइट (1926) ने परिसंघ व्यवस्था के बीज का नाम दिया था, इसी प्रतिवेदन की संस्तुतियों पर आधारित था। यद्यपि इस ऐक्ट में प्रांतों के कर लगाने और ऋण उगाहने के अधिकारों पर अनेक प्रतिबंध लगाए गए थे, परन्तु इन प्रतिबन्धों के बावजूद इस ऐक्ट के परिणामस्वरूप प्रांतीय सरकारों को अपने आय-व्यय का लेखा-जोखा रखने, बजट बनाने तथा केन्द्र से प्राप्त अनुदान राशि को व्यय करने की पूरी स्वतंत्रता प्राप्त हो गई। फलस्वरूप, कोटमैन (1941) के शब्दों में, 1919 के ऐक्ट ने भारत में परिसंघ शासन व्यवस्था का श्रीगणेश किया था क्योंकि इसके लागू होते ही प्रांतीय इकाइयां व्यावहारिक स्तर पर अपने-अपने क्षेत्रों में स्वायत्त प्रशासनिक इकाइयां बन गई थीं।

1919 के अधिनियम के अनुसार प्रांतों के शासन में लोकतांत्रिक मूल्यों को बढ़ावा मिला, शासन में जन प्रतिनिधियों की भागीदारी बढ़ी। सारे प्रतिबन्धों के बावजूद यह भागीदारी प्रभावपूर्ण थी। शासन में लोकतांत्रिक प्रतिनिधित्व के प्रवेश के साथ ही क्षेत्रीय स्तर पर राजनीतिक स्वायत्तता के प्रति चेतना दृढ़तर हुई तथा उत्तरोत्तर यह स्पष्ट हो गया कि भारत का शासकीय भविष्य एक परिसंघ व्यवस्था में ही निहित है। माण्टेग्यू-चेम्सफोर्ड प्रस्तावों में निर्दिष्ट प्रांतों की सीमाओं को भाषा के आधार पर निर्धारित करने के सुझाव के परिणामस्वरूप जन मानस में परिसंघ व्यवस्था के प्रति आस्था और भी बलवती हुई। साथ ही प्रांतीय स्वायत्तता के सिद्धान्त से मुसलमानी राष्ट्रवाद को भी बढ़ावा मिला था क्योंकि इसके माध्यम से वे अपने लिए मुस्लिम बहुल प्रांतों में स्वायत्त क्षेत्रीय इकाइयां प्राप्त कर सकते थे। ब्रिटिश साम्राज्यवाद के दौरान भारत का बहुत बड़ा

क्षेत्र देशी राजाओं और नवाबों के अधिकार में था। 1919 के बाद वे भी परिसंघ व्यवस्था के पक्षधर बन गए क्योंकि इसके अधीन वे अपने-अपने राज्यों में अपना शासन और सशक्त करते हुए अपने क्षेत्रों को ब्रिटिश शासनाधीन प्रांतों में उभर रही लोकतांत्रिक आंधी से सुरक्षित रख सकते थे (बाम्बवाल, 1967, पृ. 122-123)।

ध्यातव्य है कि 1919 के अधिनियम ने प्रांतों और केन्द्र के बीच शासकीय अधिकारों के विभाजन के माध्यम से द्वैध (डायार्की) शासन की शुरुआत कर तथा प्रांतों की विधान सभाओं को क्षेत्रीय प्रशासन से सम्बन्धित मुद्दों पर निर्णय का अधिकार प्रदान कर देश में परिसंघ व्यवस्था से मिलती जुलती शासन प्रणाली का प्रारम्भ किया। परन्तु यथार्थतः यह शासन व्यवस्था परिसंघ व्यवस्था नहीं थी। केन्द्रीय विधान सभा को अनेक विषयों में स्वतंत्र निर्णय का अधिकार नहीं था। उनके सम्बन्ध में सर्वोच्च अधिकार गवर्नर-जनरल में निहित थे। इसी प्रकार गवर्नर-जनरल को अधिकार था कि वह केन्द्रीय सरकार के किसी भी विधेयक पर रोक लगा दे अथवा उसे अन्तिम निर्णय के लिए लंदन भेज दे। साथ ही केन्द्रीय विधान सभा द्वारा अस्वीकृत किए गए प्रस्तावों को भी गवर्नर-जनरल अपनी स्वीकृति देकर उन्हें वैधता प्रदान कर सकता था। इसके अतिरिक्त आपात स्थिति में वह अध्यादेशों के माध्यम से नए अस्थाई अधिनियम भी बना सकता था। संक्षेप में 1919 की व्यवस्था के अनुसार भारत की केन्द्रीय सरकार प्रभुतासम्पन्न सरकार नहीं थी। साथ ही प्रांतीय सरकारों की स्वायत्तता संवैधानिक रूप में सुरक्षित न होकर गवर्नर-जनरल द्वारा प्रदत्त अधिकार पर निर्भर थी जो उनसे वापस लिए जा सकते थे। प्रांतीय विधान सभाओं के निर्णयों को गवर्नर जनरल बहुधा निरस्त कर देता था तथा उनकी वित्तीय स्वायत्तता अत्यधिक सीमित थी। परिणामस्वरूप इस व्यवस्था से व्यापक असंतोष उत्पन्न हुआ। महात्मा गांधी के नेतृत्व में असहयोग आन्दोलन के माध्यम से इसका पूरे देश में विरोध किया गया।

इन विरोधों को ध्यान में रखकर अंग्रेज सरकार ने 1927 में साइमन की अध्यक्षता में एक स्टैटूटरी कमीशन गठित किया जिसने 1930 में अपना प्रतिवेदन प्रस्तुत किया। इसके आधार पर 1935 में एक नया भारत शासन अधिनियम पारित हुआ। इसके अनुसार ब्रिटिश शासनाधीन प्रांतों और देशी रियासतों को प्रशासनिक इकाइयां मान कर भारत में पहली बार स्पष्टतया एक परिसंघ शासन व्यवस्था के निर्माण का प्रयास किया गया। इसके प्राविधानों के अनुसार रियासतों को संघ में सम्मिलित न होने की छूट थी। चूंकि प्रायः सभी रियासतें संवैधानिक अनुशासन से दूर रहना चाहती थीं अतः उन्होंने संघ में सम्मिलित न होने का निर्णय लिया। परन्तु इस संविधान में केन्द्र और प्रांतों के बीच अधिकार विभाजन का समुचित उपबंध था तथा प्रांतीय इकाइयां स्वायत्तता मण्डित शासनिक इकाइयां बना दी गई थीं। किन्तु यह संविधान देश के चुने हुए प्रतिनिधियों की जगह साम्राज्यवादी स्वामियों द्वारा निर्मित था। अतः इसमें साम्राज्यवादी हितों की सुरक्षा हेतु अनेक उपबंध शामिल थे जिनके कारण इसे सही अर्थों में परिसंघ संविधान नहीं कहा जा सकता। परन्तु निश्चय ही यह परिसंघीय शासन व्यवस्था की दिशा में एक अच्छा आरंभ था। स्वतंत्रता प्राप्ति के बाद यही अधिनियम हमारे नए संविधान का आधार बना।

1935 के अधिनियम में 1932 में प्रारंभ किए गए साम्प्रदायिक अधिनियम (कम्यूनल अवार्ड) को और भी पुष्ट कर दिया गया था। ब्रिटिश प्रधान मंत्री रैम्से मैक्डानल्ड द्वारा पारित 1932 के उपबंध में केवल मुसलमानों के लिए पृथक् चुनाव क्षेत्रों की व्यवस्था थी; परन्तु 1935 के अधिनियम के अनुसार सिखों, ईसाइयों, एंग्लो-इण्डियन्स, तथा यूरोपीय मूल के लोगों के लिए भी

अलग-अलग चुनाव क्षेत्र बनाए जाने का प्राविधान था। इससे संविधान निर्माताओं के दूषित मंतव्य का अनुमान मिलता है। यह देश में बढ़ती हुई राष्ट्रीय चेतना को विभाजित करने की दिशा में की गई एक बड़ी कूटनीतिक चाल थी।

परिसंघ प्रणाली के वरण के ऐतिहासिक और भौगोलिक कारण

1947 में स्वतंत्रता प्राप्ति के समय ब्रिटेन के भारतीय उपनिवेश का भारत तथा पाकिस्तान के रूप में विभाजित हो जाने के साथ ही देश के पूर्वी और पश्चिमी प्रांतों के मुस्लिम बहुल क्षेत्र पाकिस्तान के अंग बन गए। अतः भारत में परिसंघ व्यवस्था के पक्ष में दिया जाने वाला एक महत्वपूर्ण तर्क अब निराधार हो गया। इस दृष्टि से स्वतंत्र भारत के लिए परिसंघ व्यवस्था का वरण काफी हद तक तात्कालिक स्थिति की अनिवार्यता नहीं थी। इस सन्दर्भ में ध्यातव्य है कि ब्रिटिश शासन काल में परिसंघ व्यवस्था के पक्ष में उभरती राजनीतिक चेतना, देश की अनेक भाषाओं के स्पष्टतया क्षेत्रीय आधार तथा लम्बी अवधि से अलग-अलग इकाइयों के रूप में चली आ रही रियासतों आदि के रूप में देश में विभिन्न प्रकार की पृथक्-पृथक् क्षेत्रीय अस्तित्व वाली राजनीतिक पहचानें विद्यमान थीं। इनके फलस्वरूप परिसंघ व्यवस्था का वरण देश के विभाजन के बाद भी एक राजनीतिक उत्तरदायित्व बन गया था। हमारी ऐतिहासिक और सांस्कृतिक विरासत भी यही निदेश दे रही थी।

देश के भिन्न-भिन्न भागों में अलग-अलग क्षेत्रीय पहचानों का विकास, ऐतिहासिक दृष्टि से मूलतया देश की भौगोलिक संरचना का परिणाम है। उत्तर में हिमालय से लेकर दक्षिण में समुद्र तक; तथा पश्चिम में हिन्दूकुश से लेकर पूर्व में म्यांमार की पहाड़ियों के बीच फैला हुआ भारत भौगोलिक दृष्टि से एक स्पष्टतया परिभाषित इकाई है। आदिकाल से ही इस सम्पूर्ण क्षेत्र की अपनी अलग ऐतिहासिक पहचान रही है। हिन्दुओं के धर्ममंत्रों में देश की सभी पवित्र नदियों की चर्चा तथा देश के चारों कोनों में हिन्दुओं के पवित्रतम तीर्थों की स्थिति इसका स्पष्ट प्रमाण है। परन्तु इस अन्तरक्षेत्रीय एकता के सूत्र के बावजूद इतने विस्तृत भौगोलिक क्षेत्र में अनेक क्षेत्रीय विभिन्नताएं वर्तमान हैं।

संरचनात्मक दृष्टि से भारत उत्तर के विशाल मैदानी क्षेत्र, विंध्याचल और सम्बद्ध पहाड़ों के दक्षिण में फैला विशाल पठारी क्षेत्र, तथा पूर्वी और पश्चिमी तटीय क्षेत्रों में विभक्त है। आवागमन के आधुनिक साधनों के विकास के पूर्व इन क्षेत्रों के बीच अन्तरक्षेत्रीय संचार उनके बीच की भौगोलिक दूरियों, धरातलीय कठिनाइयों तथा घने जंगलों के कारण सीमित था। अतः देश के भिन्न-भिन्न भागों में अनेक क्षेत्रीय संस्कृतियों तथा उपसंस्कृतियों का विकास हुआ। विंध्याचल के उत्तर में आर्य-संस्कृति तथा दक्षिण में द्रविड़-संस्कृति प्रधान क्षेत्र थे। विंध्य क्षेत्र के घने जंगलों के कारण इन दोनों के बीच लम्बी अवधि तक आवागमन तथा सांस्कृतिक आदान-प्रदान सीमित रहा। स्वयं उत्तर के मैदानी क्षेत्र तथा पठारी प्रदेश में भी स्थलाकृतियों की संरचनात्मक विविधता के परिणामस्वरूप अनेक अलग-अलग उपक्षेत्रीय संस्कृतियों का विकास हुआ। मैदानी क्षेत्र में पश्चिम में सिन्धु घाटी का क्षेत्र गंगा-यमुना के मैदान से राजस्थान की विस्तृत मरुभूमि प्रदेश के माध्यम से पृथक् था तथा दोनों मैदानी क्षेत्रों के बीच आवागमन संचार दिल्ली के उत्तर में स्थित अम्बाला तथा पानीपत के बीच स्थित संकरे प्रदेश से होकर ही सम्भव था। अतः सिन्ध और पंजाब में दो अलग-अलग स्थानीय संस्कृतियों का विकास हुआ तथा प्रत्येक में एक दूसरे से अलग स्थानीय

भाषा विकसित हुई। अम्बाला से पूर्व की ओर छोटा नागपुर के पठार तक गंगा-यमुना का मैदान अबाध रूप में फैला है। इस सम्पूर्ण प्रदेश में अनेक स्थानीय बोलियों के होते हुए भी पूरे प्रदेश में हिन्दी के रूप में एक ही भाषा और एक ही प्रकार की वृहद् सांस्कृतिक पहचान का विकास हुआ। हिमालय की निचली पहाड़ियों तथा छोटा नागपुर के पठार के बीच के क्षेत्र से निकल कर गंगा बंगाल के डेल्टाई प्रदेश में प्रवेश करती है। प्राचीन युग में सघन वनों के कारण मध्य गंगा के मैदान तथा बंगाल प्रांत के डेल्टाई प्रदेश की बीच संचार सम्बन्ध कठिन था। अतः बंगाल में अलग भाषा और पृथक् स्थानीय पहचान का विकास स्वाभाविक था। इसी प्रकार शिलांग के पठार के अस्तित्व के कारण बंगाल से अलग स्थित होने के फलस्वरूप ब्रह्मपुत्र घाटी में असमिया के रूप में अलग भाषा और सांस्कृतिक पहचान का विकास हुआ। परन्तु उत्तर की इन सभी भाषाओं में संस्कृत और प्राकृत की ऐतिहासिक विरासत के कारण सीमित स्तर की परस्पर पहचान व्याप्त है। राजस्थान की मरुभूमि और विंध्य पर्वत के दक्षिण में पश्चिम से पूर्व की ओर क्रमशः गुजरात, महाराष्ट्र, मध्य प्रदेश तथा उड़ीसा स्थित हैं। उत्तरी मैदानी प्रदेशों की तरह ये भी पृथक् सांस्कृतिक और भाषाई पहचान वाले हैं परन्तु मध्य प्रदेश के हिन्दी भाषी प्रदेश के अतिरिक्त इनमें प्रत्येक की अपनी अलग भाषा और लिपि है।

महाराष्ट्र की काली मिट्टी के क्षेत्र के दक्षिण में कन्नड़ भाषी कर्नाटक प्रदेश, तथा उसके और दक्षिण स्थित पश्चिमी तटीय प्रदेश में मलयालम भाषी केरल स्थित हैं। केरल पश्चिमी घाट के उच्च प्रदेश द्वारा तमिल भाषी तमिलनाडु से पृथक् है। इसी प्रकार मैसूर घाट कन्नड़ और तमिल क्षेत्रों के बीच विभाजक का काम करता है। तमिलनाडु के उत्तर में कृष्णा और गोदावरी के मैदान में तेलुगू भाषी आंध्र प्रदेश स्थित है।

भारतीय इतिहास के लम्बे दौर में ऊपर वर्णित प्रत्येक क्षेत्र की अलग ऐतिहासिक पहचान बन गई थी, इस तथ्य के होते हुए भी कि प्रत्येक क्षेत्र अनेक अलग-अलग रियासतों में विभक्त था। परन्तु प्रत्येक विस्तृत प्रदेश में समय-समय पर क्षेत्रीय स्तर के शक्तिशाली राज्यों द्वारा पूरे प्रदेश को एक समन्वित राजनीतिक इकाई के रूप में बांधने के प्रयास निरन्तर किए जाते रहे थे। यही कारण था कि विभिन्न भाषाई क्षेत्र अलग-अलग पहचान वाले क्रोड़ प्रदेशों के रूप में स्थापित हो गए और देश के राजनीतिक इतिहास में उन्हें दीर्घकालिक निरन्तरता प्राप्त हो गई (चित्र 9.1 तथा 9.2)।

इन पृथक्-पृथक् क्षेत्रों की सीमाओं के अवरोधी प्रभावों के परिणामस्वरूप दैनन्दिन जीवन के स्तर पर प्रत्येक क्षेत्र प्रायः एक अलग क्षेत्रीय इकाई के रूप में विकसित हुआ। परन्तु इनके बीच स्थित अवरोध इतने प्रभावी नहीं थे कि पास-पड़ोस के अन्य क्षेत्रों से वे पूरी तरह कट जाएं। अतः उनके बीच सांस्कृतिक आदान-प्रदान निरन्तर चलता रहा था। इसके कारण अन्तरक्षेत्रीय सांस्कृतिक परस्परता तथा उसके फलस्वरूप अखिल भारतीय स्तर की भौगोलिक और सांस्कृतिक एकता की चेतना निरन्तर जाग्रत रही थी। इस दृष्टि से भारत आदिकाल से ही एक प्रकार का विशाल सांस्कृतिक समुदाय था जिसमें समय-समय पर विभिन्न क्षेत्रीय राजनीतिक पहचानों को एक व्यापक समुच्चयी पहचान में बांधने के प्रयास होते रहे थे।

अतः वृहत् भौगोलिक आकार और स्पष्टतया परिभाषित क्षेत्रीय सांस्कृतिक-राजनीतिक अस्मिता वाले अनेक क्षेत्रों के अस्तित्व के बावजूद भारत सदा से परस्पर सम्बद्ध तथा न्यूनाधिक रूप में स्वायत्त क्षेत्रीय इकाइयों का विशाल समुदाय रहा है जिसमें आदिकाल से एक ही प्रकार

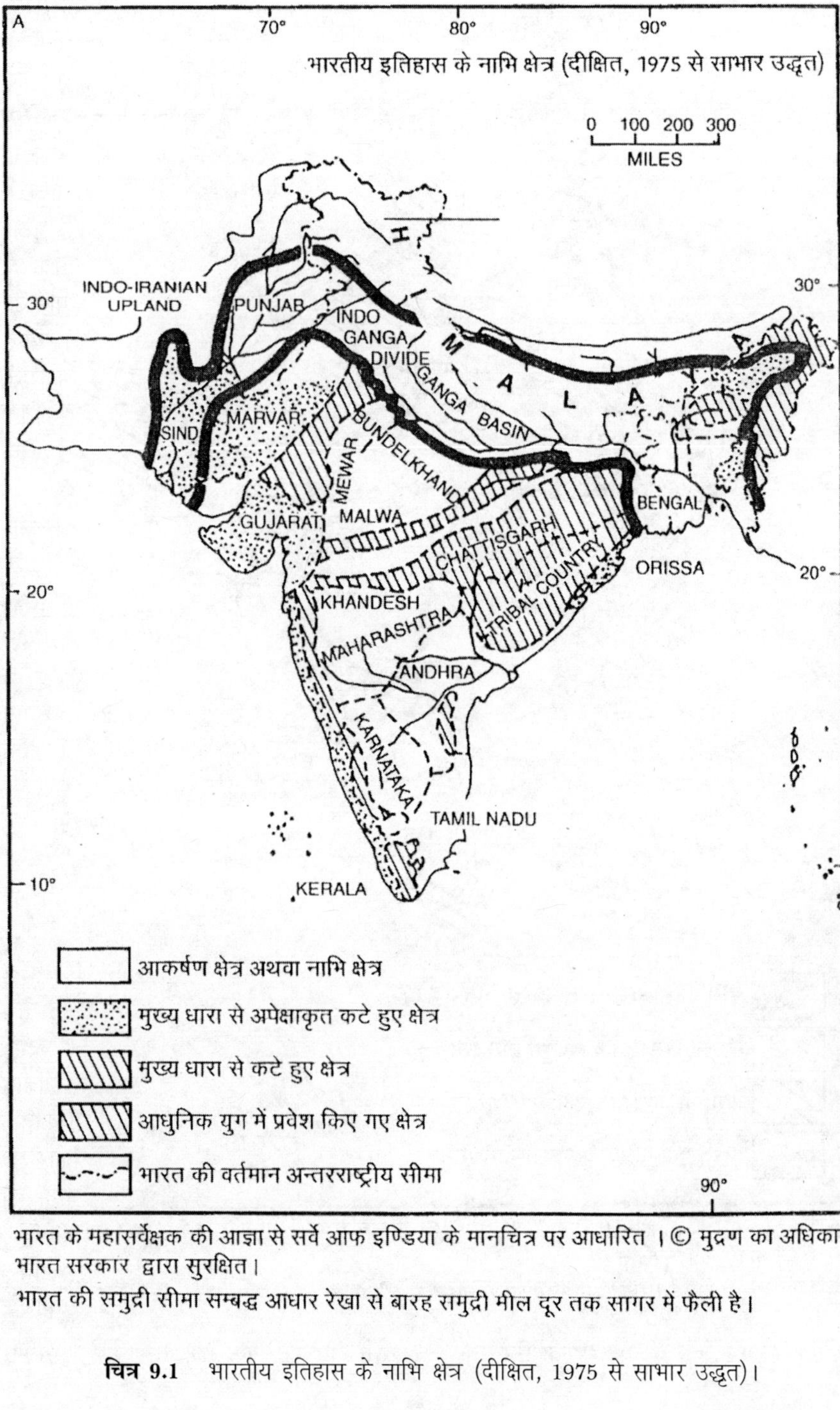

भारत की समुद्री सीमा सम्बद्ध आधार रेखा से बारह समुद्री मील दूर तक सागर में फैली है।

चित्र 9.1 भारतीय इतिहास के नाभि क्षेत्र (दीक्षित, 1975 से साभार उद्धृत)।

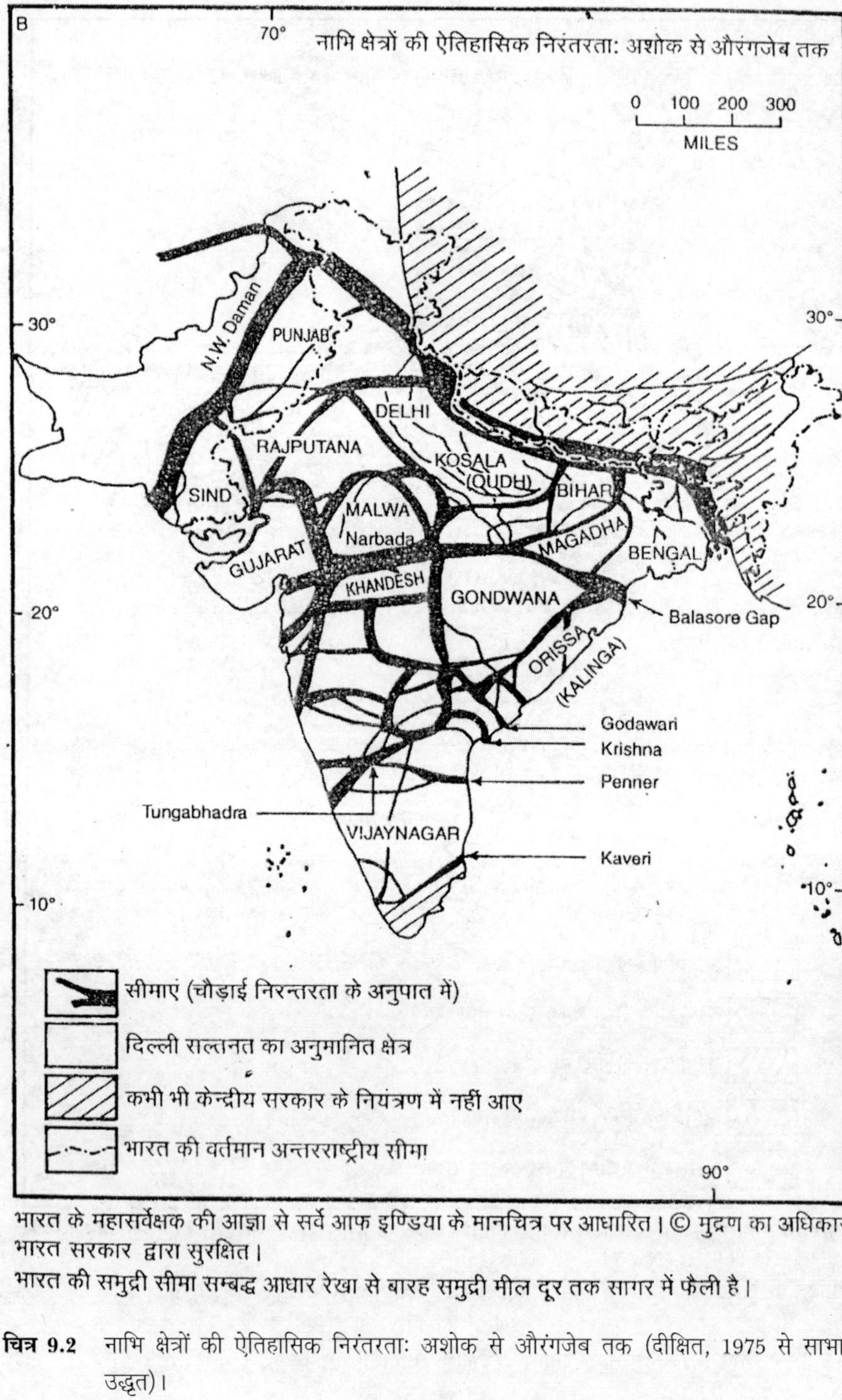

भारत की समुद्री सीमा सम्बद्ध आधार रेखा से बारह समुद्री मील दूर तक सागर में फैली है।

चित्र 9.2 नाभि क्षेत्रों की ऐतिहासिक निरंतरताः अशोक से औरंगजेब तक (दीक्षित, 1975 से साभार उद्धृत)।

के आदर्शों, मूलभूत दार्शनिक मान्यताओं तथा धार्मिक प्रतीकों और आस्थाओं के सूत्र संचरित रहे हैं। रामान्यतया इस सांस्कृतिक मूल्यबोध को हिन्दू संस्कृति अथवा हिन्दू जीवन पद्धति की संज्ञा दी जाती है। परन्तु धार्मिक रीति रिवाज़ों के अतिरिक्त (जोकि अपने आप में क्षेत्रीय और स्थानीय स्तर पर एक दूसरे से पर्याप्त भिन्न हैं) समाज के ये जीवन मूल्य तथा उसकी सांस्कृतिक विरासत भारत की सम्पूर्ण जनता के दैनिक सामाजिक व्यवहार के आधारभूत तत्व हैं। अतः भारत के इतिहास और भूगोल में आदिकाल से ही साधारण जन के स्तर पर एकतामूलक आस्थाएं विद्यमान रही हैं। इनके आधार पर किसी भी कुशल प्रशासक के लिए पूरे देश को राजनीतिक एकता के सूत्र में पिरोना अपेक्षाकृत सरल कार्य था। भारतीय इतिहास के चिन्तकों ने इस तथ्य को अच्छी तरह पहचाना है। कुछ ब्रिटिश इतिहासकारों ने भारत में अनेक भाषा-भाषी क्षेत्रीय राजनीतिक और सांस्कृतिक इकाइयों के अस्तित्व तथा देश के क्षेत्रीय शासकों के बीच समय-समय पर होने वाले संघर्षों के आधार पर भारत को परस्पर संघर्षरत और विच्छिन्न सामाजिक राजनीतिक इकाइयों की समष्टि के रूप में चित्रित करने का प्रयास किया है। वास्तव में भारत की भौगोलिक संरचना इस प्रकार की है कि उसमें एक दूसरे से सर्वथा पृथक् और परस्पर स्वतंत्र राष्ट्रीय संचेतना वाली इकाइयों के विकास के अवसर नहीं हैं। भारतीय समाज में समय-समय पर घटित होने वाला अन्तरक्षेत्रीय राजनीतिक संघर्ष इन क्षेत्रीय इकाइयों की सांस्कृतिक पहचान के परस्पर अधिच्छादन से उत्पन्न समस्याओं का परिणाम था। इसके पीछे कोई मूलभूत सांस्कृतिक राष्ट्रीय वैमनस्य नहीं था। ये मूलतया एक वृहत् समाज की भिन्न-भिन्न पारिवारिक इकाइयों के बीच के आपसी कलह थे। इतिहास साक्षी है कि ये सभी इकाइयां पूरे देश को एक सूत्र में बांधकर देश को महानता प्रदान करने की इच्छुक थीं। यही कारण है कि समय-समय पर अनेक शासकों ने अखिल भारतीय साम्राज्य की स्थापना के प्रयास किए थे। साम्राज्यों का बनना तथा पुनः विच्छिन्न होकर छोटी-छोटी रियासतों में बंट जाना भारतीय इतिहास की एक शाश्वत प्रक्रिया रही है। यही कारण है कि यूरोप के विपरीत भारत में कभी भी राजनीतिक शक्ति संतुलन की अवधारणा को प्रश्रय नहीं मिल सका तथा चक्रवर्ती राजा का आदिकालीन आदर्श प्रकारान्तर से सत्रहवीं सदी में मुग़ल शासकों के समय तक जीवित रहा। (देखिएः पर्सीवल स्पीयर, *भारत का इतिहास*, भाग-2, पेंगुइन बुक्स)।

भारत की वर्तमान संवैधानिक व्यवस्था ब्रिटिश शासन के दौरान घटित घटनाक्रमों, विकास प्रक्रियाओं, तथा संवैधानिक प्रगति, और प्रशासनिक व्यवस्था आदि का सम्मिलित प्रतिफल है। ब्रिटिश शासन मूलतया ऐकिक शासन था। देश की सम्पूर्ण प्रशासनिक व्यवस्था केन्द्रीय शासन द्वारा नियुक्त अधिकारियों के माध्यम से संचालित थी। परिणामस्वरूप देश के नागरिकों का दैनिक जीवन, उनके सुख-दुख, सीधे तौर पर एक ही केन्द्रीय सत्ता की नीतियों के प्रतिफल थे। इस प्रकार भारत के सभी क्षेत्रों में सामान्यजन अपनी समस्याओं के समाधान के लिए एक ही केन्द्रीय सत्ता की ओर देखने लगा था। अतः केन्द्रीय सत्ता के प्रति उत्तरोत्तर उभरता हुआ असंतोष कालान्तर में लोगों में भावनात्मक एकता का कारक बना। इसके फलस्वरूप राष्ट्रीय स्तर पर अन्तरक्षेत्रीय सहयोग की इच्छा जाग्रत हुई और धीरे-धीरे यही सहयोग भाव भारत में विदेशी सत्ता से मुक्ति प्राप्ति के लिए अखिल भारतीय स्तर की राष्ट्र भावना का आधार बन गया जिसमें भाषा, क्षेत्र, जाति और धर्म सम्बन्धी विभेद अर्थहीन हो गए।

भारत में ब्रिटिश शासन के अन्तिम सौ वर्षों का केन्द्रीकृत शासन सम्पूर्ण भारत को एक समन्वित आर्थिक और राजनीतिक इकाई के रूप में स्थापित करने में सफल हुआ था। पूरे देश

की अर्थव्यवस्था एक साझा बाजार का अंग बन गई थी। अन्तरक्षेत्रीय व्यापार और संचार में वृद्धि हुई तथा प्रथम विश्व युद्ध के बाद सम्पूर्ण भारत अन्तरराष्ट्रीय स्तर पर एक समन्वित राजनीतिक इकाई के रूप में मान्य हो गया परिणामस्वरूप भारत की ब्रिटिश सरकार द्वारा किए गए अन्तरराष्ट्रीय समझौते देशी रियासतों के लिए भी अनिवार्यतः मान्य हो गए थे। रेलों का प्रसार, तथा डाकखानों, तार घरों, टेलीफोन, और रेडियो संचार के विकास से अन्तरक्षेत्रीय पार्थक्य में ह्रास आया और राष्ट्र स्तरीय एकता सुदृढ़ हुई। इन सबके सम्मिलित प्रभाव के कारण ही स्वतंत्रता संग्राम के दौर में कांग्रेस को देशव्यापी समर्थन प्राप्त हुआ था। अतः यह निर्विवाद सत्य था कि अंग्रेजी सत्ता की समाप्ति पर सम्पूर्ण भारत एक प्रभुतासम्पन्न राष्ट्रीय इकाई के रूप में कायम रहेगी। परन्तु स्वतंत्र भारत की शासन व्यवस्था ऐकिक होगी अथवा परिसंघीय यह निश्चय ही विवादास्पद था। दोनों ही प्रकार की व्यवस्था के पक्ष में तर्क के लिए पर्याप्त गुंजाइश थी। भारत का संस्कार प्रारम्भ से ही एकता में अनेकता (अथवा अनेकता में एकता) का रहा है। ब्रिटिश शासन के अन्तर्गत अन्तिम पचास वर्षों की संवैधानिक प्रगति भी देश को परिसंघ प्रणाली की दिशा में अग्रसर कर रही थी। क्षेत्रीय स्तर पर भाषाई राष्ट्रवाद का विकास, तथा पूरे देश में छोटी बड़ी अनेक रियासती इकाइयों का अस्तित्व भी ऐकिक की अपेक्षा परिसंघीय व्यवस्था के पक्ष में था। वास्तव में स्वतंत्रता प्राप्ति के समय भारतीय समाज का राष्ट्रीय मनोविज्ञान क्षेत्रीय स्वायत्तता के साथ-साथ राष्ट्रीय एकता का पक्षधर था। अतः देश के राजनायकों का परिसंघीय शासन व्यवस्था ही देश के लिए सबसे उपयुक्त प्रतीत हुई। परन्तु प्रशासनिक विकेन्द्रीकरण के बावजूद भारत में ब्रिटिश शासन व्यवस्था मूलतया एक केन्द्रीकृत ऐकिक शासन व्यवस्था थी अतः भारत के संविधान निर्माताओं ने इस स्थिति का लाभ उठाते हुए देश के संविधान में केन्द्रीय शासन की सर्वोच्चता को सुरक्षित रखा। इसीलिए अनेक विधिवेत्ताओं ने भारत को केन्द्रीकृत परिसंघ व्यवस्था का नाम दिया है।

स्वतंत्रता प्राप्ति के पश्चात् स्थापित नई संवैधानिक व्यवस्था

भारतीय संविधान में निहित केन्द्रीय सर्वोच्चता एक ऐतिहासिक देन रही है। परिसंघ व्यवस्था का मूल उद्देश्य विभिन्न क्षेत्रीय पहचानों में व्याप्त एकता के सूत्र को दृढ़ करते हुए देश के पूरे भौगोलिक क्षेत्र को एक पूर्णतया क्रियाशील इकाई के रूप में स्थापित करना है। यही कारण है विभिन्न देशों की परिसंघ व्यवस्था में निहित मूल संवैधानिक द्वैधता के बावजूद समय की बदलती मांग के परिप्रेक्ष्य में केन्द्र तथा क्षेत्रों के बीच परस्पर समझौते के परिणामस्वरूप केन्द्रीय सरकारें उत्तरोत्तर अधिक अधिकार प्राप्त करती गई हैं। अर्थात् राजनैतिक व्यवहार के स्तर पर शासन व्यवस्था उत्तरोत्तर अधिकाधिक केन्द्रीकृत होती गई है। अतः स्वाभाविक था कि ब्रिटिश शासनकाल में स्थापित प्रशासनिक व्यवस्था के केन्द्रीय सर्वोच्चता के सिद्धान्त को भारत की नई संवैधानिक व्यवस्था में बनाए रखा जाए। परन्तु इससे संवैधानिक व्यवस्था की आधारभूत परिसंघ संरचना में कोई अन्तर नहीं आया है। भारतीय परिसंघ परस्पर अलग-अलग तथा न्यूनाधिक रूप में स्वतंत्र (अथवा स्वायत्त) क्षेत्रीय राजनीतिक इकाइयों के समागम का परिणाम न होकर दीर्घ काल से चली आ रही क्षेत्रीय स्तर पर विकेन्द्रित परन्तु केन्द्रीय प्रशासन के स्तर पर ऐकिक व्यवस्था को संवैधानिक तौर पर विकेन्द्रित करके देश के क्षेत्रीय उपांगों को स्वायत्तता देने के प्रयास का परिणाम था। अतः परिसंघीय राज्य व्यवस्था के पश्चिमी उदाहरणों के विपरीत भारत

में केन्द्रीय सरकार का अस्तित्व एक पूर्वगामी तथ्य था जबकि क्षेत्रीय स्वायत्तता नई संवैधानिक संरचना का प्रतिफल थी। इसीलिए पश्चिमी परिसंघ संविधानों के विपरीत भारत में केन्द्र और राज्यों (क्षेत्रों) के बीच विधायी शक्तियों के आबंटन में अवशिष्ट अधिकार केन्द्र के हिस्से में आ गए जिसके परिणामस्वरूप केन्द्र की सर्वोच्चता में वृद्धि हुई। परन्तु इससे परिसंघ शासन व्यवस्था की आत्मा, अर्थात् क्षेत्रीय स्वायत्तता के साथ-साथ केन्द्रीय सर्वोच्चता के सिद्धान्त पर कोई प्रतिकूल प्रभाव नहीं पड़ा है। आस्ट्रेलियाई विधिविद् ज्योफे सोयर ने भारतीय संविधान को "परिसंघ परिस्थिति पर ऐकिक प्रतिक्रिया" कह कर पुकारा है सिवाय इसके कि संविधान में राष्ट्रपति के आपातकालीन अधिकारों के परिणामस्वरूप आपात् घोषित हो जाने के बाद देश का संविधान आपात की अवधि के लिए वैधानिक दृष्टि से ऐकिक संविधान में परिवर्तित हो जाता है (सोयर, 1969, पृ. 46-48)।

भारत की संसद् दो सदनों में विभक्त है। एक लोक सभा (जो जनता द्वारा चुने गए प्रतिनिधियों से बना है), और दूसरा राज्य सभा जिसके सदस्य भिन्न-भिन्न राज्यों की विधान सभाओं के सदस्यों द्वारा चुन कर आते हैं। विभिन्न राज्यों से चुने जाने वाले राज्य सभा सदस्यों की संख्या सम्बद्ध राज्यों की कुल जनसंख्या के आधार पर निर्धारित होती है। अतः भारत की राज्य सभा सही अर्थों में "राज्यों का सदन" नहीं है, जैसा कि संयुक्त राज्य अमरीका अथवा आस्ट्रेलिया में जहां इस सदन में सभी राज्यों को बराबर का प्रतिनिधित्व प्राप्त है। भारत में संघ की कार्यपालिका मूलतया ब्रिटिश पार्लियामेंट व्यवस्था के अनुसार चुने हुए प्रतिनिधियों में से चुनी गई मंत्रिपरिषद द्वारा संचालित व्यवस्था है। राष्ट्रपति देश का सर्वोच्च संवैधानिक अधिकारी है और वह विधान सभाओं के सदस्यों तथा लोक सभा के प्रतिनिधियों के सम्मिलित मतों के आधार पर पांच वर्ष के लिए निर्वाचित होता है। संवैधानिक उपबंध के अनुसार राष्ट्रपति मंत्रिपरिषद की सलाह पर ही कार्य करता है परन्तु संविधान राष्ट्रपति को अपने विवेक के अनुसार निर्णय लेने और मंत्रिपरिषद को तदनुरूप परामर्श देने के पर्याप्त अवसर प्रदान करता है। अतः भारत का राष्ट्रपति ब्रिटिश सम्राट तथा जर्मन राष्ट्रपति की अपेक्षा संवैधानिक रूप में अधिक प्रभावी है। यह तथ्य डा. शंकर दयाल शर्मा तथा श्री के.आर. नारायणन द्वारा राष्ट्रपति के रूप में लिए गए निर्णयों से भली प्रकार स्पष्ट है। विशेषकर धारा 356 के दुरुपयोग को रोकने की दिशा में, राष्ट्रपति की पहल निश्चय ही इस पद की गरिमा और प्रभाव की साक्षी है।

भारतीय संविधान में विधायी शक्तियां तीन सूचियों में विभक्त हैं। एक, केन्द्र की विधायी शक्ति जिसके अधीन संसद् सम्पूर्ण देश के लिए विधि बनाने के लिए प्राधिकृत है। दूसरी, राज्यों की विधायी शक्ति जिसके अधीन प्रत्येक राज्य की विधायिका अपने राज्य के लिए संविधान में सूचीबद्ध विषयों पर विधि पारित करने के लिए पूर्णतया प्राधिकृत है। तीसरी सूची समवर्ती अधिकारों की है। इस सूची में दिए गए विषयों पर केन्द्र और राज्य परस्पर सहमति के आधार पर निर्णय लेते हैं जिससे देश हित और केन्द्रीय आदर्शों के साथ-साथ भिन्न-भिन्न राज्यों की विशिष्ट क्षेत्रीय आवश्यकताओं पर सम्यक् विचार करके निर्णय लिया जा सकता है। इस विषय में भारतीय संविधान अपने पूर्वगामी सभी परिसंघ संविधानों से भिन्न है। संयुक्त राज्य अमरीका तथा आस्ट्रेलिया के संविधान में केवल केन्द्रीय विधायिका की शक्तियों की सूची दी गई है, शेष अधिकार राज्यों की विधायिकाओं में निहित हैं। दूसरी ओर कनाडा के संविधान में केन्द्र तथा राज्यों के अलग-अलग अधिकार क्षेत्रों की दो सूचियां दी गई हैं। हमारे वर्तमान संविधान का यह तीसरा उपबंध 1935 के संविधान में भी मौजूद था।

संविधान की सातवीं अनुसूची की पहली सूची में कुल 99 विषय शामिल हैं जिन पर केवल केन्द्रीय विधायिका ही विधि बना सकती है। इन विषयों में राष्ट्रीय सुरक्षा, विदेश नीति, बैंक व्यवस्था, मुद्रा विनिमय तथा नोटों और सिक्कों का मुद्रण, तथा विभिन्न प्रकार के कर लगाने के अधिकार सम्मिलित हैं। दूसरी सूची में राज्यों की विधायिकाओं के अधिकार क्षेत्र अन्तर्गत कुल 61 विषय सम्मिलित हैं जिन पर प्रत्येक राज्य की विधायिका स्वतंत्र रूप से नीतिगत निर्णय ले सकती है। इस सूची के अनुसार राज्य में पुलिस, स्थानीय शासन, लोक स्वास्थ्य और स्वच्छता, कृषि, पशु धन, तथा कृषि भूमि पर कर और अल्कोहालिक लिकर आदि शामिल हैं। समवर्ती सूची के अन्तर्गत कुल 52 विषय गिनाए गए हैं। इनमें प्रमुखतया दंडविधि, दंड प्रक्रिया, नागरिक संहिता, विवाह संविदा और अपकृत्य, न्यास, कारखाने, समाचार पत्र आर्थिक तथा सामाजिक योजना सम्मिलित हैं (बसु, 198)।

केन्द्र तथा राज्यों की शक्तियों के परस्पर अधिच्छादन की स्थिति में केन्द्रीय विधायिका की सर्वोच्चता का सिद्धान्त मान्य है। अर्थात् सिद्धान्ततः राज्य विधान सभाओं की विधायी शक्ति केन्द्रीय विधायिका द्वारा अपनी अधिकारिता में सम्मिलित विषयों पर निर्णय लेने के पूर्ण अधिकार स्वातंत्र्य पर निर्भर हैं। केन्द्र की सर्वोच्चता के सिद्धान्त के अनुरूप राज्यों के राज्यपाल प्रधान मंत्री के परामर्श पर राष्ट्रपति द्वारा नियुक्त किए गए संवैधानिक अधिकारी होते हैं जो राज्यों की कार्यपालिका के काम तथा राज्य की स्थिति पर समय-समय पर राष्ट्रपति को अपनी रिपोर्ट भेजते रहते हैं। यदि इन प्रतिवेदनों के आधार पर राष्ट्रपति को ऐसा विश्वास हो जाता है कि राज्य का शासन संविधान के उपबंधों के अनुरूप नहीं चल सकता है तो राज्य में छह महीने की अवधि के लिए राष्ट्रपति शासन लगाया जा सकता है किन्तु केवल तभी जब केन्द्रीय विधायिका के दोनों सदनों में इस आशय का प्रस्ताव विधिवत् स्वीकार कर लिया जाए।

राज्यों के बीच वाणिज्य और व्यापार सम्बन्ध पूर्णतया प्रतिबन्ध मुक्त हैं। राज्य सरकारें ऐसे किसी व्यापार संचार पर अपने संवैधानिक अधिकार के अनुरूप कर वसूल कर सकती हैं। देश की न्यायपालिका पूर्णतया समन्वित है अतः सम्पूर्ण देश में एक ही प्रकार की न्याय व्यवस्था व्याप्त है। विभिन्न राज्यों के उच्च न्यायालय भी सर्वोच्च न्यायालय के निर्देश में कार्य करते हैं तथा उनके निर्णय की अपील उच्चतम न्यायालय में होती है। भारत का उच्चतम न्यायालय विधि सम्बन्धी सभी विषयों का सर्वोच्च न्यायालय है। संयुक्त राज्य अमरीका के संविधान निर्माताओं ने केन्द्र और राज्यों के बीच वित्तीय संसाधनों के आबंटन के महत्व को रेखांकित करते हुए लिखा था कि वित्तीय संसाधन राज्यों के जीवन का मूलाधार हैं, यही हर राजनीतिक इकाई को जीवन-दायिनी शक्ति प्रदान करता है क्योंकि ये संसाधन ही किसी राज्य को अपने कर्तव्यों का पालन करने की क्षमता प्रदान करते हैं (दि फेडरिलिस्ट पेपर्स, लेख संख्या 30)। अतः परिसंघ व्यवस्था में राज्यों की स्वायत्तता की सुरक्षा के लिए अनिवार्य है कि उनको अपने उत्तरदायित्वों को ठीक तरह से निभाने के लिए पर्याप्त वित्तीय संसाधन प्राप्त हों। भारत के संविधान में इन संसाधनों को उद्ग्रहण के अधिकार केन्द्र और राज्यों के बीच स्पष्टतया निर्धारित हैं परन्तु इस क्षेत्र में भी केन्द्र की सर्वोच्चता बनाए रखी गई है। परिणामस्वरूप केन्द्र द्वारा उगाहे गए कर आदि की संचित राशि में से राज्यों की आवश्यकता के अनुरूप अनुदान देने का उपबंध है। उच्चतम न्यायालय ने स्पष्ट किया है केन्द्र द्वारा उद्ग्रहीत संपूर्ण राशि मात्र भारत की संचित निधि न होकर राज्यों की संचित निधि भी है क्योंकि केन्द्र द्वारा संचित राशि में से राज्यों को उनकी आवश्यकतानुरूप

अनुदान का संवैधानिक प्राविधान है। किस राज्य को केन्द्र से कितनी सहायता राशि मिलेगी तथा इस आबंटन का क्या सिद्धान्त होगा यह निर्धारित करने के लिए संविधान में प्रति पांचवें वर्ष पांच सदस्यों का एक वित्त आयोग नियुक्त करने का उपबंध है। उच्चतम न्यायालय के अनुसार भारत के सम्पूर्ण भौगोलिक क्षेत्र के संसाधनों के उपयोग की दृष्टि से संघ तथा विभिन्न राज्य सम्मिलित रूप में एक ही समग्र व्यवस्था के अन्योन्याश्रयी अवयव हैं (ए.आई.आर., 1971, एस.सी. 870)। संक्षेप में भारत के संविधान में राज्यों को पर्याप्त वित्तीय आधार प्राप्त है तथा भारत की परिसंघ व्यवस्था में निहित क्षेत्रीय स्वायत्तता के मूल सिद्धान्त को समुचित समादर मिला है।

परिसंघ शासन के पचास वर्षः कुछ प्रमुख बातें

1. राजनीतिक दल व्यवस्था

अनेक विद्वानों ने इस बात पर जोर दिया है कि परिसंघ व्यवस्था की निरन्तरता तथा उसका स्थायित्व मूलतया किसी देश के राजनीतिक दलों के स्वरूप और उनके जन समर्थन के क्षेत्रीय प्रारूप पर निर्भर है। देश के मुख्य राजनीतिक दल जितने ही व्यापक क्षेत्रीय समर्थन वाले होंगे देश की प्रशासनिक व्यवस्था उतनी ही संतुलित होगी तथा राष्ट्र के विकास में उसी अनुपात में क्षेत्रीय संतुलन आएगा। परिणामस्वरूप केन्द्र तथा राज्यों के परस्पर सम्बन्ध तथा उनके बीच होने वाला अन्तरक्षेत्रीय संचार एक ही स्तर के होंगे। देश की सभी क्षेत्रीय इकाइयां राष्ट्रीय सत्ता के केन्द्रीय आदर्शों के प्रति आस्थावान होंगी। इसके विपरीत यदि मुख्य राजनीतिक दलों का जनसमर्थन भौगोलिक दृष्टि से देशव्यापी न होकर कुछ क्षेत्रों तक ही सीमित हो तो केन्द्रीय शासन के प्रति सभी क्षेत्रों के आस्था भाव के पूर्णतया समर्पित होने की संभावना बहुत कम हो जाएगी और क्षेत्रीय संतुलन में ह्रास आएगा। परिणामस्वरूप केन्द्रीय सरकार की लोकतांत्रिक वैधता प्रभावित होगी, केन्द्र और राज्यों के सम्बन्धों में तनाव आएगा तथा अलगाववादी प्रवृत्तियों को बढ़ावा मिलेगा। भारत इसका अच्छा उदाहरण है। वास्तव में भारत की परिसंघ व्यवस्था के स्थायित्व का पचास वर्षों का इतिहास देश में राजनीतिक दलों, विशेषकर भारतीय राष्ट्रीय कांग्रेस के विकास और पराभव का इतिहास है। अतः इस इतिहास की संक्षिप्त समीक्षा आवश्यक है। कांग्रेस के विकास के इतिहास को कुछ सुनिश्चित चरणों में विभक्त किया जा सकता हैः (1) 1947 से 1967 तक; (2) 1967 से 1977 तक; (3) 1977 से 1989, तथा (4) 1989 से 1998 तक।

स्वतंत्रता प्राप्ति के पहले बीस वर्षों में स्वतंत्रता संग्राम के दौर में उत्पन्न राष्ट्रीय एकता और परस्पर भाईचारा की भावना यथावत् बनी रही थी। केन्द्रीय तथा क्षेत्रीय दोनों ही स्तरों पर देश का शासन स्वतंत्रता सेनानियों के नेतृत्व में था। पूरे देश में भारतीय राष्ट्रीय कांग्रेस एक मात्र प्रभावी राजनीतिक दल था और केन्द्रीय तथा क्षेत्रीय दोनों ही स्तरों पर पूरे देश में कांग्रेस का एक छत्र राज्य था। अतः क्षेत्र-राज्य सम्बन्धों में किसी प्रकार की दरार की सम्भावना नहीं थी, इसलिए और कि स्वतंत्रता संग्राम के दिनों से ही कांग्रेस पार्टी का केन्द्रीय "हाईकमान" पूरे देश के लिए पार्टी की केन्द्रीय "कमान" थी। साथ ही तत्कालीन कांग्रेस पार्टी लोकतांत्रिक मूल्यों पर संरचित पार्टी थी। अतः विभिन्न क्षेत्रों के मुख्य मंत्री अपने-अपने राज्य के शीर्षस्थ और क्षेत्रीय स्तर पर व्यापक जन समर्थन वाले राजनेता थे जिन्हें हाईकमान अनुशासित तो रख सकता था परन्तु उनकी वाणी को वह दबा नहीं सकता था। परिणामस्वरूप कांग्रेस के एक छत्र राज्य के

कारण केन्द्रीयकरण की सर्वव्यापी प्रवृत्ति के बावजूद प्रायः सभी राज्यों में क्षेत्रीय प्रशासन व्यवहार के स्तर पर सर्वविधि स्वायत्त था। इस युग को नेहरू युग कहा जा सकता है। इस युग की दल व्यवस्था को कांग्रेस व्यवस्था अथवा "कांग्रेस सिस्टम" के नाम से जाना जाता है (देखिएः रजनी कोठारी, 1964 तथा मारिस जोन्स, 1964, 1966; संक्षिप्त चर्चा के लिए देखिए दीक्षित, 1995, पृ. 171-174)। व्यावहारिक स्तर भारत के परिसंघ शासन के प्रथम बीस वर्ष प्रभावी प्रतिपक्ष विहीन तथा कांग्रेस की राजनीतिक सर्वोच्चता का युग था। सैद्धांतिक दृष्टि से यह व्यवस्था परिसंघ व्यवस्था की द्विस्तरीय निर्णय व्यवस्था की मूल आत्मा के अनुरूप नहीं थी। परन्तु इसके होते हुए भी नेहरू युग स्वतंत्र भारत के इतिहास में अनेक अर्थों में परिसंघ शासन का स्वर्ण युग था, और केन्द्र की सर्वव्यापी सर्वोच्चता के साथ-साथ राज्यों की स्वायत्तता पूर्णतया सुरक्षित और प्रभावी थी। आर्थिक और सामाजिक नियोजन द्वारा संतुलित विकास की दिशा में देश प्रभावी रूप में अग्रसर था।

जवाहर लाल नेहरू के देहावसान के साथ ही देश की राजनीतिक व्यवस्था में द्रुत गति से परिवर्तन आया। 1967 के आम चुनाव के बाद यद्यपि केन्द्र में कांग्रेस की सरकार यथावत् बनी रही परन्तु छह भिन्न-भिन्न राज्यों में प्रतिपक्ष की मिलीजुली सरकारें सत्ता में आ गई थीं। कांग्रेस हाईकमान का प्रभाव द्रुत गति से घटने लगा था। अनेक राज्यों में इसके विधायक पार्टी से अलग होकर प्रतिपक्ष के साथ मिलकर सरकार चलाने में सहयोग करने लगे थे। इस प्रकार 1967 कांग्रेस की सर्वोच्चता के अवसान का वर्ष था। दो वर्ष बाद केन्द्रीय स्तर पर पार्टी में विभाजन हो गया यद्यपि केन्द्र में शासन की बागडोर इंदिरा गांधी के नेतृत्व वाली कांग्रेस के हाथ में बनी रही। श्रीमती गांधी के नेतृत्व में कांग्रेस पार्टी में आन्तरिक लोकतंत्र द्रुत गति से समाप्त हो गया। राज्यों के मुख्य मंत्री केन्द्रीय नेतृत्व द्वारा नियुक्त किए जाने लगे न कि पहले की तरह सर्वाधिक क्षेत्रीय जनाधार के आधार पर। परिणामस्वरूप क्षेत्रीय प्रशासन का प्रभावीपन तथा केन्द्र और राज्य के अन्तरसंबंधों में गुणात्मक अन्तर आया। जनाधारहीन मुख्य मंत्री क्षेत्रीय स्वायत्तता की सुरक्षा करने में अक्षम थे क्योंकि केन्द्रीय नेतृत्व की अनुकम्पा से सत्ता हासिल करने वाले मुख्य मंत्री केन्द्रीय नेतृत्व की इच्छा के विपरीत नहीं बोल सकते थे।

1971 के चुनाव में श्रीमती गांधी के नेतृत्व को पूरे देश में व्यापक जनसमर्थन मिलने के साथ ही पार्टी में आन्तरिक लोकतंत्र पूरी तरह समाप्त हो गया। तृणमूल स्तर पर पार्टी जनता से कट गई। परिणामस्वरूप सभी राज्यों में स्थानीय स्तर पर पार्टी जनता से कट गई। परिणामस्वरूप सभी राज्यों में स्थानीय स्तर पर कांग्रेसी नेतृत्व तथा उसकी नीतियों के प्रति असंतोष पनपने लगा। क्षेत्रीय स्तर के इन असंतोषों को लोकनायक जय प्रकाश नारायण के नेतृत्व में राष्ट्रीय स्तर पर एक जुट होने का अवसर मिला। केन्द्रीय सरकार ने प्रतिपक्ष के बढ़ते जन समर्थन को दबाने के लिए दमनकारी नीतियों का सहारा लिया। जून 1975 में आपात की घोषणा कर दी गई। सभी प्रतिपक्षी नेता हिरासत में ले लिए गए। लोकतांत्रिक अधिकार समाप्त कर दिए गए। परन्तु स्थिति उत्तरोत्तर बिगड़ती ही गई। अन्ततः आन्तरिक और अन्तरराष्ट्रीय आलोचना के दबाव में आपात् को समाप्त कर आम चुनाव कराने की घोषणा की गई। स्वतंत्रता प्राप्ति के बाद से ही निरन्तर चुनाव जीतते रहने के बावजूद कांग्रेस पार्टी का कुल जनसमर्थन हमेशा ही विपक्षी पार्टियों के सम्मिलित जनसमर्थन से कम होता था। अतः 1977 में प्रतिपक्ष के जय प्रकाश नारायण के नेतृत्व में कांग्रेस विरोधी खेमे में एक जुट होकर जनता पार्टी के नाम से चुनाव मैदान में उतरने से मार्च 1977 के आम चुनाव में कांग्रेस बुरी तरह पराजित हो गई।

भारत के इतिहास में 1967 से 1977 के दस वर्ष अनेक अर्थो में परिसंघ व्यवस्था की विकृति के वर्ष थे। इस अवधि में लोकतांत्रिक मूल्यों में व्यापक गिरावट आई; क्षेत्रीय स्वायत्तता पर व्यापक प्रहार हुआ; दलीय राजनीति के तौर तरीकों में गिरावट आई; राष्ट्रीय दलों का अवसान हुआ तथा क्षेत्रीय दलों तथा जात-पांत के आधार पर राजनीतिक गुट बंदी का दौर प्रारम्भ हुआ जिससे राष्ट्रीय संचेतना विच्छिन्न हुई। 1979 में जनता सरकार के गिरने तथा पार्टी के अनेक घटकों में बंट जाने के साथ ही यह प्रवृत्ति और भी सुदृढ़ हो गई। जनता पार्टी कांग्रेस का विकल्प नहीं बन सकी। प्रतिपक्षी राजनीति के लिए यह अपने आप में एक अशुभ लक्षण था। दूसरी ओर कांग्रेस की व्यापकता सीमित हो गई। परिणामस्वरूप देश की राजनीति में क्षेत्रीय पार्थक्य और विकेन्द्रीकरण का आरम्भ हुआ; राष्ट्रीय तथा क्षेत्रीय स्तर की राजनीतिक संचेतना में अलगाववादी प्रवृत्ति को बढ़ावा मिला, और देश की केन्द्रीकृत परिसंघ व्यवस्था उपान्तीकरण के मार्ग पर अग्रसर हो गई। इसका सबसे स्पष्ट प्रमाण 1980 के दशक में क्षेत्रीय दलों की संख्या में वृद्धि तथा उत्तर भारत में जनता दल का जात-पात के आधार पर अनेक गुटों में विभाजन के रूप में उपलब्ध है। इससे राजनीतिक दल व्यवस्था में गिरावट आई तथा राजनीति उत्तरोत्तर आदर्शहीन होती चली गई। फलस्वरूप 1979 में जनता पार्टी के प्रयोग के पूरी तरह से असफल हो जाने के बाद 1980 के चुनाव में अपनी सारी कमियों के बावजूद श्रीमती गांधी की कांग्रेस लोगों को एकमात्र विकल्प प्रतीत हुई। परन्तु कांग्रेस शासन के इस नए दौर में स्थिति बद से बदतर होती गई। पुरानी नीतियां जारी रहीं, और क्षेत्रीय स्वायत्तता का हनन होता रहा। इंदिरा गांधी की हत्या के बाद राजीव गांधी को सहानुभूति मत का लाभ मिला। साथ ही विपक्ष के बुरी तरह विभक्त होने के कारण चुनाव में कांग्रेस पार्टी को अप्रत्याशित सफलता प्राप्त हुई। परिणामस्वरूप राजीव गांधी के नेतृत्व में केन्द्रीकरण में और भी वृद्धि हुई। क्षेत्रीय स्वायत्तता पर प्रहार होता रहा। परिणामस्वरूप राजनीतिक संचेतना में क्षेत्रीय विभाजन की प्रवृत्ति और भी प्रबल हुई। इन बातों का सम्मिलित परिणाम यह हुआ कि 1989 के चुनाव में कांग्रेस लोक सभा में बहुमत नहीं प्राप्त कर सकी और तब से 2014 तक किसी भी लोक सभा चुनाव में किसी दल को अपने बलबूते पर बहुमत नहीं मिल सका था। यह देश में राजनीतिक चेतना की बढ़ती हुई विच्छिन्नता का प्रमाण था।

1991 के चुनाव में कांग्रेस पार्टी बहुमत न प्राप्त करने के बावजूद सबसे बड़े दल के रूप में उभरी थी तथा जोड़-तोड़ के आधार पर कांग्रेस की सरकार पांच वर्षो तक शासन करती रही थी। परन्तु 1996, 1998 तथा 1999 के चुनावों में कांग्रेस को सबसे बड़ी पार्टी का गौरव भी प्राप्त नहीं हो सका। यह "कीर्ति" अब भारतीय जनता पार्टी को प्राप्त थी। 1996 के चुनाव के साथ ही प्रशासनिक निर्णय की दृष्टि से भारत एक केन्द्र प्रधान संघ होने के स्थान पर क्षेत्र प्रधान संघ बन गया। केन्द्र में मिली जुली सरकारों की स्थापना के साथ ही क्षेत्रीय दलों को नया बल मिला। वे राज्यों के साथ केन्द्र में भी शासक गुट के महत्वपूर्ण अंग बन गए। इस प्रकार संघ उत्तरोत्तर उपान्तीकरण की ओर अग्रसर था। ध्यातव्य है कि 1977, 1989, 1996, 1998 तथा 1999 की पांचों की पांचों सरकारें मिली जुली सरकारें थीं। परन्तु 1996 के पहले की दोनों मिली जुली सरकारें राष्ट्रीय दलों की अथवा राष्ट्रीय दलों द्वारा समर्थित सरकारें थीं। समस्याओं को देखने का उनका तौर तरीका अखिल भारतीय राष्ट्रीय हितों से प्रेरित था। 1996 की सरकार मूलतया क्षेत्रीय आधार पर बनी क्षेत्रीय मूल्यों वाले दलों की सरकार थीं। परिणामस्वरूप केन्द्रीय सरकार की नीतियों में केन्द्रीय परिदृष्टि के स्थान पर परस्पर प्रतिस्पर्धी क्षेत्रीय परिदृष्टियां हाबी हो गईं,

विशेषकर इसलिए और भी कि सही अर्थों में अखिल भारतीय जनाधार वाले दोनों ही राष्ट्रीय दल, भारतीय जनता पार्टी तथा भारतीय राष्ट्रीय कांग्रेस, सरकार से बाहर थे। 1998 में मुख्य अन्तर यह आया कि सरकार लोक सभा के सबसे बड़े राजनीतिक दल के नेतृत्व वाली सरकार थी। अतः केन्द्रीय सरकार की परिदृष्टि राष्ट्रीय परिप्रेक्ष्य से प्रेरित परिदृष्टि थी क्योंकि मुख्य शासक दल भविष्य में अपने अकेले बूते पर केन्द्र सरकार बनाने का सपना देखता है तथा उस दिशा में उत्तरोत्तर प्रगतिशील है। भारतीय जनता पार्टी तथा उसके कुछ सहयोगी दलों के बीच समय-समय पर उभरने वाला तनाव उनके बीच इसी दृष्टि भेद का परिणाम है। 1996-97 में उत्तर प्रदेश में धारा 356 के अधीन केन्द्र सरकार का दृष्टिकोण, तथा 1998 में श्री अटल बिहारी वाजपेयी की सरकार का तमिलनाडु में राष्ट्रपति शासन लगाने से मना करना दो भिन्न-भिन्न प्रकार की मिली जुली सरकारों के मूलभूत स्वरूप के अन्तर का प्रमाण था। अखिल भारतीय जन समर्थन वाले राष्ट्रीय दल के नेतृत्व में मिली जुली सरकार का बनना देश के राजनीतिक स्वास्थ्य के लिए शुभ लक्षण हैं। 1999 में श्री अटल बिहारी बाजपेयी के नेतृत्व वाले राष्ट्रीय लोकतांत्रिक गठबन्धन को मिला व्यापक समर्थन इस बात का प्रमाण है कि देश के मतदाताओं ने इस प्रकार की सरकार के गठन के महत्व को पहचाना है। इस आधार पर भविष्य में दो प्रधान पार्टियों वाली दल व्यवस्था के स्थापित होने की संभावना दिखाई पड़ती है।

2. परिसंघ की कुछ ज्वलंत समस्याएं

(i) *राजनीतिक विकेन्द्रीकरणः* कांग्रेस पार्टी का देश के मुख्य राजनीतिक दल तथा केन्द्र में शासन करने में सक्षम एकमात्र दल के रूप में विस्थापित हो जाने के पश्चात्, तथा लम्बी अवधि तक उसका कोई स्पष्ट विकल्प न मिलने के कारण देश की राजनीतिक स्थिति डावांडोल थी। केन्द्रीय सरकार के प्रभाव में द्रुत गति से आए ह्रास के परिणामस्वरूप देश के अन्दर स्थानीय तथा क्षेत्रीय पहचान उत्तरोत्तर अधिक मुखर हुई हैं। परिणामस्वरूप क्षेत्रीय तथा स्थानीय स्तर की प्रशासनिक संस्थाओं में राजनीतिक तौर पर जागरूक स्थानीय गुटों के प्रभाव में वृद्धि हुई है। परन्तु यह बदलाव किसी योजनाबद्ध नीति का परिणाम नहीं है। इसलिए राष्ट्रीय स्तर पर राजनीतिक विकेन्द्रीकरण की समस्या पर व्यापक विमर्श नितान्त आवश्यक है जिससे कि केन्द्रीय सर्वोच्चता और क्षेत्रीय स्वायत्तता के बीच सही संतुलन स्थापित हो सके अन्यथा परिसंघ में विघटनकारी शक्तियां बलवान हो सकती हैं। राष्ट्रीय दलों के उत्तरोत्तर घटते वर्चस्व तथा क्षेत्रीय तथा जातीय पार्टियों के केन्द्रीय स्तर की राजनीति में बढ़ती हिस्सेदारी का परिणाम यह हुआ है कि इन छोटी-छोटी पार्टियों के नेताओं को देश की विघटित होती दलगत राजनीति में ही अपना हित दिखने लगा है। यदि सब कुछ इसी प्रकार से चलता रहा तो राष्ट्रीय एकता संकट में पड़ जाएगी। परन्तु यदि भारतीय जनता पार्टी के नेतृत्व वाली सरकार का वर्तमान प्रयोग स्थायी सिद्ध होता है तो स्थिति में गुणात्मक परिवर्तन आ सकता है क्योंकि उस स्थिति में बहुत सम्भव है कि देश की दलीय राजनीति तीन अलग-अलग दलों अथवा स्थायी गठबंधनों में विभक्त हो जाए, या कम से कम भारतीय राष्ट्रीय कांग्रेस तथा भारतीय जनता पार्टी स्थायी रूप से केन्द्रीय स्तर पर सत्ताधिकार के परस्पर प्रतिस्पर्धी विकल्प बन जाए। ऐसा होने पर देश की व्यवस्था में केन्द्रीय वर्चस्व के साथ-साथ क्षेत्रीय स्वायत्तता को बढ़ावा मिलेगा तथा राष्ट्र का राजनीतिक जीवन अधिक संतुलित हो सकेगा।

(ii) ***त्रिस्तरीय परिसंघः*** इस संदर्भ में ध्यातव्य है कि संविधान के 73वें तथा 74वें संशोधन के परिणामस्वरूप भारत की शासन व्यवस्था द्विस्तरीय के स्थान पर सही अर्थों में त्रिस्तरीय व्यवस्था बन गई है। परिणामस्वरूप स्थानीय राजनीतिक चेतना में देशव्यापी राष्ट्र भाव की जागृति की सम्भावनाएं बढ़ गई हैं। यदि ग्राम पंचायतों तथा नगरपालिकाओं को कालान्तर में वांछित स्तर की प्रभावी स्वायत्तता प्राप्त हो जाती है तथा ग्रामों के स्तर पर जनतांत्रिक मूल्यों का प्रसार बढ़ता है, अर्थात् जिसकी लाठी उसकी भैंस वाली व्यवस्था समाप्त हो जाती है, तो राष्ट्रीय जीवन में दूरगामी परिवर्तन आ सकते हैं। ग्रामों के स्तर पर स्वतंत्र राजनीतिक चिन्तन की प्रवृत्ति को बढ़ावा मिलेगा और पंचायतों की वित्तीय स्वायत्तता के परिणामस्वरूप स्थानीय और क्षेत्रीय स्तर पर प्रभावशाली राजनेताओं द्वारा जनता को जात-पांत के आधार पर गोलबन्द करने की शक्ति में ह्रास आएगा। इससे तृणमूल स्तरीय राजनीति में विवेकशीलता के संचार की सम्भावना बढ़ेगी। ऐसा होने पर अखिल भारतीय स्तर के राष्ट्रीय दलों को लाभ मिलेगा। परन्तु इससे कांग्रेस पार्टी के इन्दिरा गांधी वाले दिन वापस नहीं आ सकेंगे क्योंकि जागरूक स्थानीय मतदाताओं का समर्थन प्राप्त करने के लिए राष्ट्रीय पार्टियों को तृणमूल स्तरीय अपेक्षाओं के प्रति सतत् सतर्क रहना आवश्यक होगा। इस स्थिति में कार्यकर्ताओं वाली (काडर) पार्टियों के विकास की सम्भावना बढ़ेगी।

(iii) ***उत्तरोत्तर बढ़ता अन्तरक्षेत्रीय आर्थिक असंतुलनः*** परिसंघ व्यवस्था का एक प्रमुख उद्देश्य देश के आर्थिक विकास में अन्तरक्षेत्रीय संतुलन स्थापित करना है। इस दिशा में भारत की प्रगति संतोषजनक नहीं रही है। 1991 के बाद के वर्षों में आर्थिक उदारीकरण की दिशा में किए गए सुधारों (नीति परिवर्तनों) के परिणामस्वरूप यह स्थिति और भी चिन्ताजनक हो गई है। इन "सुधारों" के फलस्वरूप सत्ताधिकार केन्द्र से राज्यों के पक्ष में स्थानांतरित हुआ है। औद्योगिक विकास के क्षेत्र में केन्द्रीय नियंत्रण में दी गई ढील के परिणामस्वरूप अब केवल आठ ऐसे उद्योग हैं जिनकी इकाइयां खोलने के लिए केन्द्र की अनुमति आवश्यक है। शेष सभी उद्योगों के लिए राज्य सरकारों को स्वतंत्र निर्णय का अधिकार प्राप्त हो गया है। फलस्वरूप राष्ट्रीय तथा अन्तरराष्ट्रीय पूंजी निवेश अब क्षेत्रीय स्तर की सरकारों के अधिकार क्षेत्र में आ गया है। परिणामस्वरूप देश की क्षेत्रीय राजनीतिक इकाइयां परस्पर प्रतिद्वंद्वी आर्थिक इकाइयां बन गई हैं। इस होड़ में औद्योगिक दृष्टि से अधिक विकसित और आर्थिक दृष्टि से सम्पन्न राज्यों का पक्ष और भी सुदृढ हुआ है क्योंकि इन क्षेत्रों में विकास के लिए आवश्यक अवसंरचना पहले से ही वर्तमान हैं अतः पूंजी निवेशक उन्हीं क्षेत्रों की ओर आकर्षित होत हैं। परिणामस्वरूप अन्तरक्षेत्रीय आर्थिक विषमता में वृद्धि हुई है क्योंकि अधिकांश नए पूंजी निवेश अपेक्षाकृत अधिक विकसित महाराष्ट्र, गुजराज, कर्नाटक, गोवा, तमिलनाडु तथा आंध्र प्रदेश जैसे राज्यों में ही रहे हैं। इसी प्रकार अवसंरचना (इन्फ्रास्ट्रक्चर) क्षेत्र में विकास हेतु राज्यों के पक्ष में अधिकार हस्तान्तरण के परिणामस्वरूप अब विभिन्न राज्य अन्तरराष्ट्रीय संस्थाओं से सीधे ऋण प्राप्त करने लगे हैं। इसके परिणामस्वरूप क्षेत्रीय स्तर के नियोजन में केन्द्र का प्रभाव कम हुआ है और साथ ही अन्तरराष्ट्रीय पूंजी का प्रभाव उत्तरोत्तर बढ़ रहा है। इससे अन्तरक्षेत्रीय विषमता में और वृद्धि होगी। 1996 में देश में सबसे अधिक विकास दर वाले सात राज्य क्रमशः इस प्रकार थेः तमिलनाडु, आंध्र प्रदेश, कर्नाटक, अरुणाचल प्रदेश, महाराष्ट्र, पंजाब, तथा असम। अरुणाचल प्रदेश के अतिरिक्त इन सभी में क्षेत्रीय दलों का राज्य है। कुछ विद्वानों ने इस आधार पर निष्कर्ष निकाला है कि राज्यों के बढ़ते आर्थिक वर्चस्व से क्षेत्रीय दलों को बढ़ावा मिला है। परन्तु इस संकल्पना की सत्यता

संदिग्ध है। कम से कम इतना तो निश्चित ही है कि क्षेत्रीय दलों की वर्चस्वता और विकास दर में अन्योन्याश्रयी सम्बन्ध नहीं है। बिहार इसका स्पष्ट प्रमाण है।

(iv) *अनुच्छेद 356:* संविधान के इस अनुच्छेद के अनुसार यदि राष्ट्रपति को राज्य के राज्यपाल से प्राप्त प्रतिवेदन के आधार पर यह विश्वास हो जाता है कि राज्य का शासन संविधान के उपबंधों के अनुसार नहीं चलाया जा सकता तो वहां राष्ट्रपति शासन लगाया जा सकता है। स्वतंत्रता प्राप्ति के बाद से इस धारा का अनेक बार प्रयोग हुआ है तथा अधिकांश अवसरों पर इस धारा का प्रयोग केन्द्रीय सरकार द्वारा प्रतिपक्षी दलों की राज्य सरकारों को गिराने के उद्देश्य से प्रेरित था। अतः अधिकांश राजनीतिक दल इस धारा को समाप्त करने की मांग करते रहे हैं। परन्तु सामाजिक अनेकता मूलक क्षेत्रीय इकाइयों में सामाजिक-राजनीतिक अशांति तथा संवैधानिक शासन तंत्र के विफल होने की सम्भावना बहुधा बनी रहती है। परिणामस्वरूप राष्ट्रीय एकता और शांति व्यवस्था के लिए इस अनुच्छेद का बने रहना आवश्यक प्रतीत होता है। परन्तु इस धारा को बनाए रखने के लिए समाज में व्याप्त इस धारणा को दूर करना आवश्यक है कि प्रान्तीय इकाइयों के राज्यपाल निष्पक्ष अधिकारी न होकर राज्यों में केन्द्रीय शासक दल के अभिकर्त्ता हैं। इस धारा का दुरुपयोग रोकने के लिए दो उपाय हैं। एक, राज्यपाल की नियुक्ति को शासक दल के अधिकार क्षेत्र से बाहर रखा जाए तथा इस पद पर दलगत राजनीति से असम्बद्ध और निष्पक्ष विचार वाले सक्षम व्यक्तियों की नियुक्ति की जाए। दूसरा, राष्ट्रपति शासन लागू करने के पहले अन्तरराज्यीय परिषद का अनुमोदन प्राप्त करना अनिवार्य कर दिया जाए।

केन्द्र में एक ही दल की बहुमत की सरकार का दौर समाप्त हो जाने के कारण 1996 के बाद से धारा 356 के अन्तर्गत राज्य सरकारों को निरस्त करना उत्तरोत्तर बहुत कठिन (और प्रायः असम्भव) हो गया है क्योंकि एस.आर. बोम्मई के नेतृत्व वाली कर्नाटक की सरकार के निरस्त करने के निर्णय को सर्वोच्च न्यायालय द्वारा असंवैधानिक ठहराए जाने के बाद से इस विषय पर सरकारिया कमीशन की संस्तुतियां संवैधानिक व्यवस्था के रूप में प्रतिष्ठित हो गई हैं। धारा 356 के दुरुपयोग को रोकने के लिए सरकारिया कमीशन ने अनेक ऐसी स्थितियों की गिनती की है जिनके होते हुए किसी राज्य में राष्ट्रपति शासन नहीं लगाया जा सकताः (1) कुशासन की शिकायत बशर्ते सरकार बहुमत में हो, (2) एक सरकार के पतन के बाद दूसरी वैकल्पिक सरकार के गठन में राज्यपाल के विफल होने के कारण हुई देर, (3) लोक सभा चुनाव में प्रदेश के शासक दल की हार, (4) आन्तरिक अशांति जो केन्द्र द्वारा धारा 355 के प्राविधान के अन्तर्गत नियंत्रित नहीं की जा सकी है, (5) धारा 256 और 257 के अन्तर्गत केन्द्र द्वारा राज्य सरकार को अनुदेश न दिए जाने की स्थिति में, (6) वित्तीय घोटालों के आधार पर, (7) वित्तीय आपातकाल की स्थिति, (8) शासक दल में फूट पड़ने की स्थिति में। अर्थात् एक निकम्मी राज्य सरकार का केन्द्र द्वारा निरस्त्रीकरण प्रायः असम्भव सा हो गया है और धारा 356 एक ऐसा प्राविधान बन गया है जिसे शायद ही कभी लागू किया जा सके। 1998-1999 में बिहार में राष्ट्रीय शासन लगाने और उसे पुनः वापस लेने की घटना से यह भली प्रकार स्पष्ट है।

भारत की तटस्थता की विदेश नीतिः राजनीतिक भौगोलिक समीक्षा

प्रत्येक देश का अन्तरराष्ट्रीय आचरण और उसकी विदेश नीति बहुत कुछ तत्कालीन अन्तरराष्ट्रीय स्थिति, अर्थात् विश्व राजनीति के बदलते स्वरूप, और उस परिप्रेक्ष्य में देश की भौगोलिक स्थिति

के सापेक्षिक महत्व पर निर्भर है। अतः किसी देश की विदेश नीति तत्कालीन वैज्ञानिक तकनीक के संदर्भ में देश की भौगोलिक स्थिति में निहित लाभ और हानि, तथा समकालीन विश्व में प्रमुख शक्ति पुंजों के क्षैतिज वितरण प्रारूप का सम्मिलित प्रभाव है। इसीलिए देशों की विदेशी नीतियों में एक प्रकार की निरन्तरता प्रतीत होती है। यह निरन्तरता युग सापेक्ष अतः दीर्घकालिक है, शाश्वत नहीं। उदाहरणार्थ 1945 के पूर्व संयुक्त राज्य अमरीका अन्तरराष्ट्रीय हलचलों से दूर रहते हुए एक तटस्थ दर्शक की भांति अपने को पश्चिमी गोलार्द्ध की राजनीति तक ही सीमित किए रहा था। परन्तु द्वितीय विश्व युद्ध के पश्चात् ब्रिटेन की अन्तरराष्ट्रीय वर्चस्व की समाप्ति के साथ ही संयुक्त राज्य अन्तरराष्ट्रीय विषयों में पूंजीवादी उदारवादी देशों का नेता, तथा विश्व राजनीति का प्रमुख ध्रुव बन गया।

इस दृष्टि से अन्तरराष्ट्रीय मामलों में प्रत्येक देश की एक सुनिश्चित आचार संहिता, अर्थात् भूराजनीतिक संहिता (जिओपोलिटिकल कोड), होती है जो मुख्यतया समकालिक विश्व राजनीति के परिप्रेक्ष्य में देश की भूमण्डलीय स्थिति और उसके सामरिक, आर्थिक और राजनीतिक हितों तथा आदर्शों को ध्यान में रखते हुए निर्धारित की जाती है (गद्दिस, 1982)। आज के युग में प्रत्येक देश का अस्तित्व दो स्तरीय है; एक देश की राष्ट्रीय (आंतरिक) स्थिति के आधार पर तथा दूसरा विश्व के अन्य देशों के तथा पारस्परिक सम्बन्धों से उद्भूत विश्व समाज के सदस्य राज्य के रूप में। इसलिए व्यावहारिक स्तर पर प्रत्येक देश की भूराजनीतिक आचार संहिता समकालीन विश्व की सर्वप्रमुख राजनीतिक शक्तियों की आचार संहिताओं से अनिवार्य रूप में प्रभावित होती है। यही कारण था कि 1945-1990 के बीच अधिकांश विकसित देशों की आचार संहिताएं या तो सोवियत संघ की आदर्श संहिता पर आधारित थीं या संयुक्त राज्य अमरीका की सोवियत संघ विरोधी आचार संहिता पर। इस दौर में विकसित देशों की अन्तरराष्ट्रीय राजनीति हृदय स्थल बनाम परिधि प्रदेश की परस्पर राजनीतिक और सामरिक प्रतिस्पर्धा से प्रेरित थी। परन्तु द्वितीय विश्वयुद्ध के पश्चात् स्वतंत्रता प्राप्त करने वाले एशिया, अफ्रीका तथा दक्षिण-पश्चिम प्रशान्त महासागर और कैरिबियन सागर के नए प्रभुतासम्पन्न राष्ट्रों का एक बड़ा समूह ऐसा था जिसके सदस्यों के हित हृदय स्थल-बनाम-परिधि प्रदेश सम्बन्धी प्रतिस्पर्धा से एक दम असम्बद्ध थे। इन देशों में भारत सबसे बड़ा तथा सांस्कृतिक और राजनीतिक विकास की दृष्टि से सबसे उन्नत था। ये देश विकसित देशों की इस रस्साकसी से दूर रहकर अपने-अपने देशों के विकास पर ध्यान केन्द्रित करना चाहते थे। साथ ही वे विश्व राजनीति के दोनों शक्ति ध्रुवों से मैत्री सम्बन्ध बनाए रखने के इच्छुक थे। इस उद्देश्य की प्राप्ति में भारत ने उनका नेतृत्व किया। अन्तरराष्ट्रीय सम्बन्धों में तटस्थ भूराजनीतिक आचार संहिता का यही मुख्य आधार था।

भूराजनीतिक आचार संहिता अन्तरराष्ट्रीय सम्बन्धों के स्थानीय, क्षेत्रीय, तथा अन्तरराष्ट्रीय तीनों स्तरों पर ही परिलक्षित होती है। स्थानीय स्तर पर भारत की तटस्थतामूलक आचार संहिता मूलतया विश्व के सभी देशों के राजनयिकों को समान रूप से सम्मान देने तथा किसी भी देश के विरुद्ध राजनीतिक विद्रोह को प्रोत्साहन न देने की नीति में दिखाई पड़ती है। क्षेत्रीय स्तर पर भारत की विदेश नीति का उद्देश्य दक्षिण एशिया में पड़ोसी देशों से मैत्री सम्बन्ध बनाए रखने तथा इस पूरे क्षेत्र को विश्वस्तरीय द्विध्रुवीय शक्ति परीक्षण की होड़ से बाहर रखना था। इस प्रयास में भारत को पर्याप्त सफलता मिली। परन्तु संयुक्त राज्य द्वारा पाकिस्तान को दी जाने वाली व्यापक सैन्य सहायता के फलस्वरूप भारत की सफलता अधूरी रह गई क्योंकि पाकिस्तान प्राप्त सैन्य सहायता का उपयोग भारत के विरुद्ध करने लगा। यह बात पाकिस्तान द्वारा भारत पर किए गए अनेक

प्रत्यक्ष और परोक्ष हमलों से भली प्रकार स्पष्ट है। 1971 में बांग्लादेश की मुक्ति के बाद स्थिति में गुणात्मक सुधार आया। परन्तु 1989 के बाद भारत में राजनीतिक अस्थिरता के वातावरण और श्री नरसिंह राव के प्रधानमंत्रित्व में शिथिल केन्द्रीय नेतृत्व के कारण देश की अन्तरराष्ट्रीय प्रतिष्ठा में द्रुत गति से गिरावट आई। साथ ही पंजाब और कश्मीर में बढ़ते हुए आतंकवाद के कारण स्थिति उत्तरोत्तर खराब होती गई। अन्तरराष्ट्रीय मंचों पर भारत की बात का वजन कम हो गया। इससे पाकिस्तान के नापाक इरादों को और प्रोत्साहन मिला। 1998 के आणविक परीक्षण, तथा केन्द्र सरकार द्वारा अन्तरराष्ट्रीय राजनीतिक और आर्थिक माफिया शक्तियों के दबाव में न आने का निर्णय इस स्थिति को और बिगड़ने से रोकने में सहायक हुआ है। श्री अटल बिहारी वाजपेयी की सरकार के दोबारा पर्याप्त बहुमत से सत्ता में आ जाने के कारण अन्तरराष्ट्रीय समुदाय में भारत की आवाज पुनः सुनी जाने लगी है। भारत की क्षेत्रीय स्तर की भूराजनीतिक संहिता के विकास में दक्षिण एशिया सहयोग संगठन (सार्क) एक शुभ कदम है। इसमें पाकिस्तान सहित अथवा पाकिस्तान बिना पूरे दक्षिण एशिया को एक सशक्त आर्थिक-सांस्कृतिक समुदाय का रूप देने की सम्भावना निहित है।

इस अध्याय में हमारी चर्चा का केन्द्र अन्तरराष्ट्रीय भूराजनीतिक आचरण है। इस स्तर पर भारत की तटस्थता की आचार संहिता के वरण और संचालन के विकास के पीछे निहित कारकों को ठीक तरह से समझने के लिए देश के इतिहास और भूगोल की सम्यक् समीक्षा आवश्यक है। जहां इतिहास देश के राष्ट्रीय जीवन मूल्यों, आदर्शों, और राजनीतिक रुझान में निर्णायक भूमिका निभाता है, वहीं देश की भौगोलिक स्थिति विश्व के अन्य देशों तथा प्रमुख शक्ति पुंजों के परिप्रेक्ष्य में उसकी भूमण्डलीय स्थिति निर्धारित करती है। अन्य देशों के सन्दर्भ में देश की सामरिक स्थिति का सही आकलन इसी आधार पर सम्भव है। मोटे तौर पर इतिहास हमारे राजनीतिक आदर्शों का कारक है तथा भूगोल हमारी अन्तरराष्ट्रीय समस्याओं का स्वरूप निर्धारित करता है। परन्तु इस संदर्भ में यह ध्यान रखना नितांत आवश्यक है कि भौगोलिक स्थिति एक परिवर्तनशील अवधारणा है जो ज्ञान विज्ञान के विकास के साथ-साथ निरन्तर बदलती रहती है। भौगोलिक स्थिति की परिवर्तनशीलता का तात्पर्य है कि तकनीकी विकास के परिप्रेक्ष्य में किसी स्थान विशेष की प्राकृतिक भौगोलिक स्थिति का अर्थ और उसका राजनीतिक और आर्थिक महत्व बदलता रहता है (बोमैन, 1948, पृ. 130) तथा तदनुरूप समुदायों को अपनी नीतियों तथा जीवन पद्धति में परिवर्तन लाना आवश्यक हो जाता है।

हमारी तटस्थता मूलक विदेश नीति का एक प्रमुख कारक हमारा युग युगान्तर से चला आ रहा अहिंसा तथा "वसुधैव कुटुम्बकम्" का जीवन दर्शन था। महात्मा गांधी के नेतृत्व में आए पुनर्जागरण (जिसकी नींव विवेकानन्द, राम मोहन राय, दयानन्द सरस्वती, तिलक तथा अरविन्द घोष जैसे अनेक चिन्तकों तथा समाज सुधारकों ने पहले ही डाल रखी थी) के ये दोनों आदर्श मुख्य शिला स्तम्भ थे। अहिंसा के सिद्धांत के अनुसार मानव व्यवहार में हिंसा के लिए कोई स्थान नहीं है। अतः विभिन्न समुदायों अथवा विभिन्न राष्ट्रीय राजनीतिक इकाइयों के बीच आपसी व्यवहार तथा अन्तरराष्ट्रीय समस्याओं का समाधान परस्पर वार्ता से निकालना आवश्यक है। अन्तरराष्ट्रीय स्तर पर भारत ने अपनी भूमिका इसी मान्यता के अनुरूप निर्धारित की। वसुधैव कुटुम्बकम् का जीवन दर्शन अहिंसा के दर्शन का परिपूरक था। इसके अनुसार पृथ्वी पर निवास करने वाले सभी प्राणी एक ही विधाता की कृति तथा एक ही परिवार के अंग हैं, अतः उनमें आपसी सद्भाव

आवश्यक है। इस दर्शन की मूलभूत मान्यता है कि विश्व में कोई व्यक्ति न तो शत प्रतिशत अच्छी (अर्थात् निर्दोष) है न ही शत प्रतिशत बुरी (अर्थात् दोषपूर्ण), तथा समुदायों के बीच आपसी द्वेष मूलतया दूसरे पक्ष की अच्छाइयों तथा अपनी बुराइयों को अनदेखी करने से उत्पन्न होती हैं। इस विश्वास के अनुसार यदि कोई तीसरा व्यक्ति सम्बद्ध समुदायों को प्रतिपक्ष के दृष्टिकोण को स्पष्ट करने का प्रयास करे तो समस्याओं का समाधान आपसी मेल मिलाप से निकल सकता है। अतः स्वतंत्र भारत के राजनीतिक नेतृत्व को इस दर्शन के आधार पर अन्तरराष्ट्रीय समस्याओं का समाधान प्राप्त करना सम्भव लगा। जवाहरलाल नेहरू के नेतृत्व में भारत ने अन्तरराष्ट्रीय स्तर पर अपने लिए यही भूमिका निश्चित की। इस सोच के अन्तर्गत भारत सोवियत संघ और संयुक्त राज्य अमरीका के विचारों में मिलन बिन्दु खोजने तथा उन्हें परस्पर वार्तालाप के लिए प्रेरित करने का प्रयास करता रहा।

पूंजीवादी और साम्यवादी शक्तियों के बीच मध्यस्थता के लिए भारतीय नेताओं को देश के पिछले इतिहास तथा राजनीति ने अच्छी तरह तैयार कर रखा था। लम्बे समय तक ब्रिटेन का उपनिवेश रहने के कारण भारत का सामान्य नागरिक अपने को पूंजीवादी और साम्राज्यवादी शक्तियों के विरुद्ध तथा वामपंथी विचारधारा से सहानुभूति रखने वाला अनुभव करता था। परन्तु साथ ही ब्रिटिश शासन काल में हमारे नेताओं की शिक्षा दीक्षा तथा उनका राजनीतिक सामाजीकरण उदारवादी सामाजिक राजनीतिक मूल्यों के अनुरूप हुआ था अतः वे लोकतंत्र के प्रबल समर्थक थे। परिणामस्वरूप जहां पूंजीवाद बनाम समाजवाद का प्रश्न था स्वतंत्र भारत की सहानुभूति सोवियत संघ के साथ थी। गरीब देश के नागरिकों में समाजवाद के प्रति स्वाभाविक आकर्षण था। परन्तु सांस्कृतिक और लोकतांत्रिक मूल्यबोध के स्तर पर देश की सहानुभूति अमरीका के साथ थी।

भौतिक स्तर पर स्वतंत्र भारत की तटस्थता की विदेश नीति हमारी आर्थिक और तकनीकी आवश्यकताओं से प्रेरित थी। ब्रिटिश शासन के अन्तिम चरण में भारत में औद्योगीकरण की नींव पड़ चुकी थी परन्तु सही अर्थों में यह केवल प्रतीकात्मक प्रारम्भ था। आर्थिक जीवन के सभी क्षेत्रों में देश अविकसित था तथा तैयार औद्योगिक उत्पादों के लिए विदेशी आयात पर निर्भर था। देश की आत्मनिर्भर अर्थव्यवस्था के विकास के लिए उसे विकसित देशों से हर सम्भव सहायता तथा तकनीकी ज्ञान और सहयोग की आवश्यकता थी। अतः सभी देशों से मैत्री सम्बन्ध बनाए रखना हमारे राष्ट्रीय हित में था। लम्बे समय तक परतंत्र रही जनता सब कुछ द्रुत गति से परिवर्तित होने तथा पृथ्वी पर स्वर्ग की स्थापना के स्वप्न देख रही थी। परिणामस्वरूप राजनेताओं पर सब कुछ शीघ्र कर दिखाने के लिए बहुत दबाव था। विश्व राजनीति के दोनों ध्रुवों से समान दूरी बनाए रखने का निर्णय दोनों ही गुटों से आवश्यक सहायता और सहयोग प्राप्त करने का प्रभावी तरीका था। इसके माध्यम से देश की आर्थिक और सामाजिक प्रगति तीव्रता से की जा सकती थी। एक अन्य महत्वपूर्ण बात यह थी कि अन्तरराष्ट्रीय राजनीति में जवाहर लाल नेहरू का स्थान शीर्षस्थ राजनीतिज्ञों में था। अतः स्वाभाविक था कि दो प्रमुख गुटों में किसी एक का सदस्य बनने पर अन्तरराष्ट्रीय राजनीति में भारत और भारत के प्रधान मंत्री की भूमिका गौण हो जाती, जो कि जवाहर लाल नेहरू की अन्तरराष्ट्रीय प्रतिष्ठा के अनुरूप न होने के कारण उन्हें स्वीकार्य नहीं था। अन्तरराष्ट्रीय राजनीतिक मंच पर नेहरू अपने लिए निश्चय ही महत्वपूर्ण भूमिका के इच्छुक थे, और विश्व के सबसे बड़े गणतंत्र के कर्णधार होने के नाते वे उसके हकदार भी थे। तटस्थता

की विदेश नीति उनके इस उद्देश्य की प्राप्ति में सहायक थी। 1950 के दशक में स्वतंत्र हुए अनेक राष्ट्रीय इकाइयों के लिए नेहरू एक परिचित नाम थे। साथ ही वे तटस्थ समूह के राज्यों के स्वाभाविक नेता भी थे। इन राज्यों के स्वतंत्रता संग्राम में नेहरू तथा महात्मा गांधी से प्राप्त प्रेरणा की महत्वपूर्ण भूमिका रही थी। भारत की ही भांति ये राज्य भी अपने को विश्व स्तरीय राजनीतिक विग्रह से अलग रख कर अपने-अपने देश की आर्थिक सामाजिक समस्याओं पर ध्यान केन्द्रित करने, तथा अन्तरराष्ट्रीय मंचों पर अपनी समस्याओं को प्रस्तुत करने के लिए एक प्रभावपूर्ण नेता की खोज में थे। इन कारणों से जवाहर लाल नेहरू को अन्तरराष्ट्रीय स्तर पर एक तटस्थ मंच के निर्माण में सहायता मिली।

अन्तरराष्ट्रीय स्तर पर तटस्थ मंच का प्रारम्भ 1954 "पंचशील" के सिद्धान्त के प्रचार के साथ हुआ। जवाहर लाल नेहरू ने इसे अन्तरराष्ट्रीय कलह के समाधान के लिए सबसे सरल और प्रभावी सूत्र के रूप में पेश किया। तिब्बत की समस्या के समाधान हेतु भारत तथा चीन के बीच इसी आधार पर समझौता किया गया था। पंचशील का मूल मंत्र था कि सम्बद्ध राज्यों के आपसी झगड़ों का समाधान परस्पर समझौते के आधार पर सहअस्तित्व के माध्यम से निकाला जाना चाहिए। विश्व स्तर पर शांति स्थापित करने का यही एक मात्र प्रभावी तरीका है। यह सिद्धान्त शीतयुद्ध की इस आधारभूत मान्यता की अस्वीकृति पर खड़ा था कि स्थायी शांति के लिए पूंजीवादी और उदारवादी जनतांत्रिक शक्तियों को आपस में एक जुट होकर साम्यवादी शक्तियों के विरुद्ध एक सर्वशक्तिशाली सैन्य बल का निर्माण करना आवश्यक है। अगले तीन वर्षों में भारत ने अठारह भिन्न-भिन्न राज्यों के साथ पंचशील के आधार पर अलग-अलग समझौते कर लिए थे और 1957 में इस सिद्धान्त को संयुक्त राष्ट्रसंघ का अनुमोदन प्राप्त हो गया था।

भारत प्रारम्भ से ही विकासशील देशों के एक सम्मिलित मंच के निर्माण का पक्षधर था जिससे कि विश्व के देशों के बीच परस्पर सहयोग द्वारा सहअस्तित्व के मन्त्र को अधिक सशक्त आवाज मिल सके। 1949 में इसी उद्देश्य से इण्डोनेशिया में हालैण्ड की सरकार की दमनकारी साम्राज्यवादी नीतियों के विरोध में विश्व के देशों का ध्यान आकर्षित करने के उद्देश्य से पन्द्रह एशियाई देशों की सभा आयोजित की गई थी। अगले ही साल संयुक्त राष्ट्र में एक अलग अफ्रीकी-एशियाई संघ के निर्माण हेतु एक सभा आयोजित की गई। 1955 में 29 अफ्रीकी तथा एशियाई देशों के बांडुंग सम्मेलन के माध्यम से इस अभियान को और व्यापकता मिली। इस सभा में विकासशील देशों के अतिरिक्त संयुक्त राज्य अमरीका के समर्थक देश (जापान और फिलिपीन्स) तथा साम्यवादी गुट के प्रतिनिधि (चीन और उत्तरी वियतनाम) भी शामिल थे। अतः सही अर्थों में यह सभा तटस्थों का मंच नहीं थी। परन्तु तटस्थता के अभियान को इससे निश्चय ही बल मिला।

इस दृष्टि से "नान अलाइनूड मूवमेण्ट" (तटस्थता अभियान) का वास्तविक शुभारम्भ 1961 की ब्रेलग्राड कानूफरेंस के साथ ही हुआ। इन सभा के आयोजन के साथ नेहरू को मिश्र के राष्ट्रपति नासिर तथा यूगोस्लाविया के राष्ट्रपति टीटो का भी समर्थन प्राप्त हो गया। स्वेज नहर के मसले पर ब्रिटेन के साथ छिड़े विवाद के कारण नासिर इस मंच की ओर आकृष्ट हुए थे, जबकि मार्शल टीटो इस मंच के माध्यम से पूर्वी यूरोप में सोवियत संघ से अलग अपनी स्वतंत्र विदेश नीति की स्थापना के इच्छुक थे जिससे कि वे अपने देश को शीतयुद्ध से अलग रख सके। यूगोस्लाविया की सदस्यता के साथ ही तटस्थ मंत्र पूर्णतया तटस्थ नहीं रह सका। इसके

साथ ही सहअस्तित्व के साथ-साथ यह मंच सर्वत्र उपनिवेशवाद की समाप्ति का पक्षधर भी बन गया। बेलग्राद कांफ्रेंस के पूर्व ही यह निश्चित कर लिया गया था कि विश्व स्तर के दोनों ध्रुवों में से किसी के भी समर्थक इस सभा के सदस्य नहीं हो सकेंगे। इस आधार पर चीन और पाकिस्तान तटस्थ मंच से बाहर हो गए। कालान्तर में यह मंच विकासशील देशों का सामूहिक मंच बन गया और इसके माध्यम से अन्तरराष्ट्रीय स्तर उनकी समस्याओं को आवाज मिलने लगी। इस मंच के माध्यम से भारत को विश्व स्तर पर एक महत्वपूर्ण राजनीतिक शक्ति के रूप में मान्यता प्राप्त हुई। भारत के प्रयासों के परिणामस्वरूप दक्षिण एशिया क्षेत्र शीतयुद्ध के तनाव से अछूता बना रहा, इस तथ्य के होते हुए भी कि पाकिस्तान संयुक्त राज्य अमरीका का निकट सहयोगी था तथा अफगानिस्तान सोवियत प्रभाव में आ गया था। यही कारण है कि भूराजनीतिज्ञों ने दक्षिण एशिया को एक स्वतंत्र भूसामरिक क्षेत्र (जिओस्ट्रैटेजिक रीज़न) के रूप में पहचान दी है (देखिए अध्याय 7)।

भारत की तटस्थ विदेश नीति का सर्वप्रमुख कारक इसकी भौगोलिक स्थिति में निहित था। बीसवीं सदी की विश्व राजनीति प्रधानतया साम्राज्य विस्तार की राजनीति रही है। द्वितीय विश्व युद्ध के अन्त तक यह साम्राज्यवाद प्रधानतया उपनिवेशवादी अथवा क्षेत्रीय विस्तार करना था जिसके अधीन प्रतिस्पर्धी शक्तियों का अन्तिम उद्देश्य यूरेशिया व्यापी साम्राज्य स्थापित करके उसके आधार पर विश्व साम्राज्य की स्थापना करना था। प्रथम विश्व युद्ध के पश्चात् मैकिंडर की "डिमोक्रटिक आइडिल्स एण्ड रियैल्टी" के प्रकाशन के बाद से यह अवधारणा और भी स्पष्ट हो गई थी। बाद में स्पाइकमैन की परिधि प्रदेश सम्बन्धी अवधारणा तथा जार्ज केनान के नेतृत्व में ऐसी ही मान्यता के आधार पर संयुक्त राज्य अमरीका की विदेश नीति का सोवियत संघ के प्रभाव को रूस की भौगोलिक सीमाओं के अन्दर ही सीमित रखने (कंटेनमेण्ट) के उद्देश्य पर केन्द्रित हो जाने से हृदय स्थल बनाम परिधि प्रदेश पर आधारित द्विध्रुवीय शक्ति परीक्षण सम्बन्धी धारणा विश्व राजनीति का केन्द्र बन गई। परिणामस्वरूप सोवियत संघ तथा संयुक्त राज्य अमरीका दोनों ही यूरेशियाई परिधि प्रदेश के देशों को अपनी ओर आकृष्ट करने की होड़ में लग गए। यह सिलसिला दूसरे विश्व युद्ध की समाप्ति के साथ ही प्रारम्भ हो गया था और साठ के दशक के अन्त तक चलता रहा। दोनों शक्ति ध्रुवों के परस्पर शात्रवपूर्ण सम्बन्धों में ठहराव आने के बाद इसमें निहित उग्रता काफी हद तक ठण्डी पड़ गई थी, परन्तु इस तनावपूर्ण अन्तरराष्ट्रीय स्थिति का अन्त सही अर्थों में सोवियत संघ के विघटन के बाद ही हुआ।

हृदय स्थल और परिधि प्रदेश के समुद्र तटीय राज्यों के बीच का यह संघर्ष द्वितीय विश्व युद्ध के पश्चात् यूरोपीय महाशक्तियों की सामरिक राजनीति का नेतृत्व संयुक्त राज्य अमरीका के पास आ जाने के कारण और भी प्रखर हो गया। इस संघर्ष के संदर्भ में अन्तरराष्ट्रीय राजनीति में भारत का महत्व बहुत बढ़ गया। देश की महत्वपूर्ण भौगोलिक स्थिति के कारण सामरिक दृष्टि से भारत की भूमिका इस द्विध्रुवीय संघर्ष में निर्णायक महत्व की थी। अतः सोवियत संघ तथा संयुक्त राज्य अमरीका दोनों ही भारत को अपने पक्ष में रखने तथा उसे अपने विरोधी पक्ष के दायरे में जाने से रोकने के इच्छुक थे। चित्र 9.3 को देखने से स्पष्ट है कि हृदय स्थल को तीन तरफ से घेरे हुए परिधि प्रदेश में भारत की स्थिति किसी मेहराब की चाबी (की स्टोन) जैसी है जिसके ऊपर पूरे मेहराब का संतुलन निर्भर है। भारत के विशाल क्षेत्रीय आकार के अतिरिक्त दक्षिण एशिया क्षेत्र में उसका केन्द्रीय महत्व, उसकी विशाल जनसंख्या, उसको प्राप्त विकासशील

देशों का नेतृत्व, तथा विश्व में सबसे बड़े लोकतंत्र के रूप में उसे प्राप्त गौरव पर आधारित था। अपनी विशिष्ट भौगोलिक स्थिति के कारण भारत दोनों ही शक्ति ध्रुवों के साथ अपने हितों के बारे में मोल-तोल (बारगेन) करने की स्थिति में था। अपनी तटस्थ विदेश नीति के आधार पर दोनों पक्षों के साथ मैत्री भाव बना कर वह विश्वस्तरीय सैन्य संघर्ष के दायरे से अलग रह कर देश के विकास पर अधिक प्रभावपूर्ण ढंग से ध्यान केन्द्रित कर सकता था।

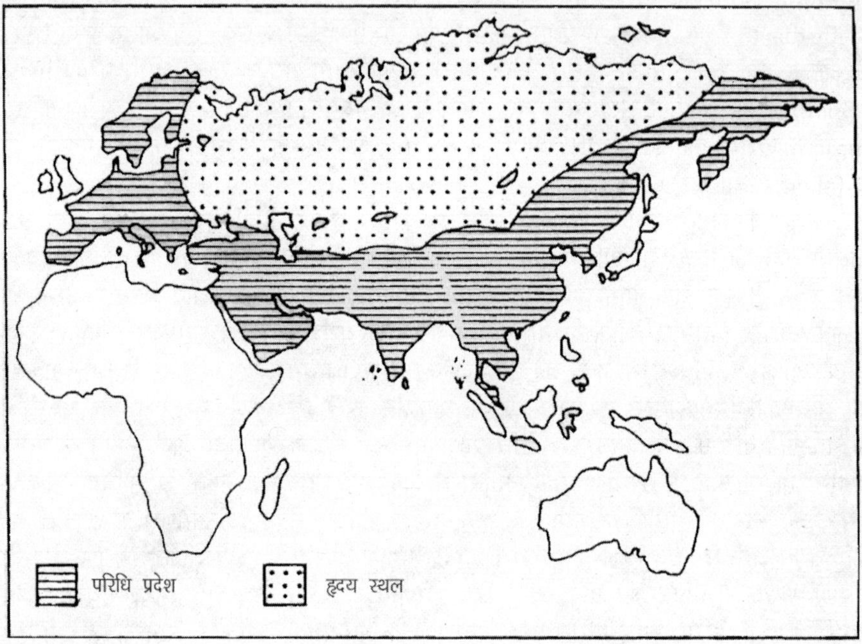

चित्र 9.3 मैकिंडर और स्पाइकमैन की सामरिक संकल्पनाओं के सन्दर्भ में भारत की केन्द्रीय स्थिति (दीक्षित, 1994 से साभार उद्धृत)।

भारत की भौगोलिक स्थिति का दूसरा महत्वपूर्ण पहलू हिन्द महासागर के सन्दर्भ में उसकी केन्द्रीय स्थिति है। अन्ध और प्रशान्त महासागरों के विपरीत हिन्द महासागर अपेक्षाकृत एक बन्द जलाशय है जो कि पश्चिम में अफ्रीका महाद्वीप के पूर्वी तट, पूर्व में दक्षिण पूर्वी एशिया तथा आस्ट्रेलिया के पश्चिमी तट, तथा उत्तर में दक्षिण एशियाई भूखण्ड से घिरा है। दक्षिण में यह सागर दक्षिण ध्रुवीय प्रदेश में खुलता है। इस स्थिति के कारण हिन्द महासागर का विश्वस्तरीय यातायात सम्बन्ध कुछ सुनिश्चित मार्गों द्वारा ही सम्भव है। ये मार्ग इस प्रकार हैं: (1) स्वेज नहर, लाल सागर और भूमध्य सागर के रास्ते उत्तर अटलाण्टिक सागर को जाने वाला समुद्री मार्ग; (2) दज़ला और फरात (टिग्रिस तथा युफटीज़) नदियों की घाटी के रास्ते मेसोपोटामिया तथा मध्य यूरोप को जाने वाला स्थल मार्ग; (3) सिंगापुर के रास्ते सुदूरपूर्व एशिया को जाने वाला समुद्री मार्ग; (4) अफ्रीका महाद्वीप के दक्षिण के केप ऑफ गुड होप (उत्तम आशा अन्तरीप) के रास्ते दक्षिण अटलाण्टिक सागर से होते हुए यूरोप को जाने वाला मार्ग जिस रास्ते वास्को डा गामा

भारत आया था; तथा (5) आस्ट्रेलिया महाद्वीप के दक्षिणी तट से होते हुए दक्षिण अन्ध महासागर को जोड़ने वाला समुद्री मार्ग (चित्र 9.4)। हिन्द महासागर के इस बन्द जलाशयीय स्वरूप को गोवा के पुर्तगाली प्रशासक अफोंसो अल्बुकर्क ने बहुत पहले ही पहचान लिया था तथा उसने हिन्द महासागर पर नियंत्रण प्राप्त करने के लिए ऊपर वर्णित विभिन्न प्रवेश द्वारों के नियंत्रण की योजना बनाई थी। भारत में ब्रिटिश साम्राज्यवादी प्रशासन ने इसी नीति का अनुसरण करते हुए उपर्युक्त पांचों यातायात मार्गों पर नियंत्रण प्राप्त करके हिन्द महासागर को ब्रिटिश जलाशय (ब्रिटिश लेक) का रूप दे दिया। इस योजना में ब्रिटेन को भारतीय प्रायद्वीप के उत्तर-दक्षिण हिन्द महासागर के बीचोंबीच स्थित होने के कारण बहुत सुविधा हुई क्योंकि देश की इस स्थिति के परिणामस्वरूप भारत के लिए पश्चिम में अरब सागर तथा पूर्व में बंगाल की खाड़ी समेत पूरे महासागर के यातायात संचार पर नियंत्रण रखना सरल हो गया। स्वतंत्रता प्राप्ति के पश्चात् भारत से ब्रिटिश शासन की समाप्ति के साथ ही इस क्षेत्र की सामरिक और भूराजनीतिक स्थिति में बहुत बड़ा गुणात्मक परिवर्तन आया परन्तु भौगोलिक स्थिति जनित सामरिक तथा भूराजनीतिक लाभ भारत की प्राकृतिक धरोहर के रूप में विद्यमान रहा। इसके परिणामस्वरूप पूरे हिन्द महासागर क्षेत्र, अर्थात् पूर्वी अफ्रीका, दक्षिण पश्चिम एशिया, दक्षिणी एशिया, तथा दक्षिण पूर्वी एशिया की भूराजनीति में भारत लंबी अवधि से महत्वपूर्ण भूमिका निभाता रहा है (चित्र 9.4)।

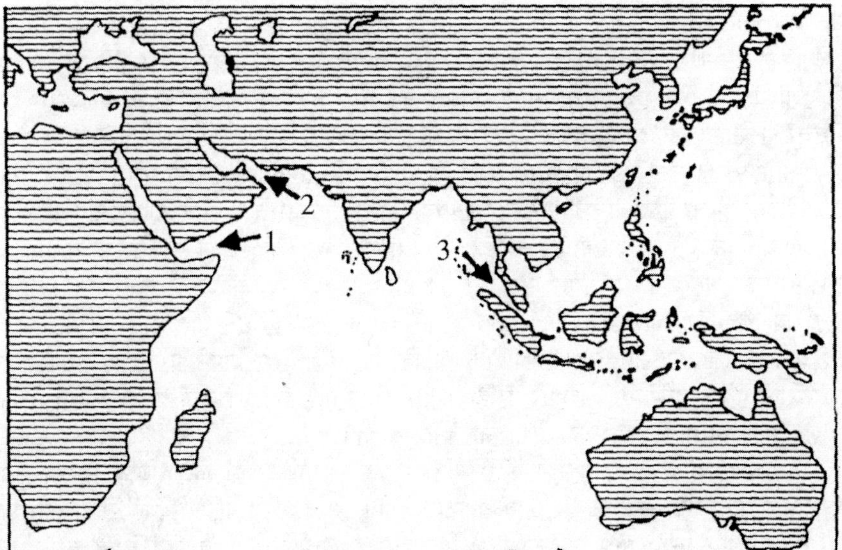

चित्र 9.4 हिन्द महासागर में भारत की केन्द्रीय स्थिति तथा इसको बाहरी देशों से जोड़ने वाले पांच रास्ते (दीक्षित, 1994 से साभार उद्धृत)।

दोनों शक्ति ध्रुवों से समान दूरी बनाए रखने की नीति के होते हुए भी समय-समय पर ऐसा दिखाई पड़ता था कि व्यावहारिक स्तर पर भारत का झुकाव सोवियत संघ की ओर है। आलोचकों

की दृष्टि में देश की विदेश नीति के तटस्थ होने का दावा इस आधार पर खोखला प्रतीत होता था। ध्यातव्य है कि अपनी सारी आदर्शमूलकता के होते हुए किसी भी देश की विदेशी नीति का अन्तिम उद्देश्य अपने राष्ट्रीय हितों की रक्षा करना तथा अन्तरराष्ट्रीय स्तर पर देश की मैत्री का दायरा बढ़ाना है। सोवियत संघ तथा वर्तमान रूस दोनों के साथ भारत की दीर्घकालिक मैत्री को इसी परिप्रेक्ष्य में देखा जाना चाहिए। हमारी विदेश नीति की रूस की ओर उन्मुख होने की विद्वानों ने अपनी-अपनी तरह से व्याख्या की है। कुछ लोग इसका कारण जवाहर लाल नेहरू की सामन्तवाद विरोधी रुझान बताते हैं। इस तर्क के समर्थन में स्पेन के गृहयुद्ध में नेहरू द्वारा क्रान्तिकारियों को दिए गए सहयोग का दृष्टांत प्रस्तुत किया गया है। यद्यपि ऐसे किसी प्रभाव को अस्वीकार नहीं किया जा सकता परन्तु ध्यान से देखा जाए तो हमारी विदेश नीति का यह झुकाव हमारी भूराजनीतिक विवशता थी। देश की यह मजबूरी तत्कालीन राजनीतिक भौगोलिक स्थिति तथा विश्व राजनीति के प्रारूप में निहित थी (देखिएः दीक्षित, 1996)।

स्वतंत्रता प्राप्ति के साथ ही भारत भूमि के राजनीतिक विभाजन के कारण भारत तथा पाकिस्तान के सम्बन्ध शत्रुतापूर्ण हो गए थे। वृहत्तर क्षेत्रीय भूराजनीतिक स्थिति के परिप्रेक्ष्य में यह शत्रु भाव धार्मिक आधार वाला बन सकता था क्योंकि पाकिस्तान ने अपने आप को एक मुस्लिम राज्य घोषित कर दिया था। धार्मिक विरोध पाकिस्तान की मूल राजनीतिक पहचान थी। अपनी भौगोलिक स्थिति के कारण पाकिस्तान दक्षिण पश्चिम एशिया के इस्लाम मतावलम्बी वृहद क्षेत्र का अभिन्न अंग बन गय था। अतः धार्मिक आधार पर वह दक्षिण पश्चिम एशिया के देशों का समर्थन प्राप्त कर सकता था। अरब-इजराइली विवाद के कारण इस पूरे क्षेत्र में धर्म देशों की राष्ट्रीय पहचान का मुख्य आधार बन गया था। दूसरी ओर 1949 के बाद भारत के उत्तर में साम्यवादी शक्तियों के नेतृत्व में चीन के एक सशक्त राष्ट्रीय राजनीतिक इकाई के रूप में संगठित हो जाने के बाद भारत की भूराजनीतिक स्थिति में बहुत बड़ा परिवर्तन आ गया। भूराजनीतिक अन्तरदृष्टि वाले किसी भी विचारक को यह अच्छी तरह ज्ञात था कि उपनिवेशवाद को अंहिसात्मक और लोकतांत्रिक तरीके से समाप्त करने की दिशा में उसके प्रयासों के परिणामस्वरूप भारत को एशियाई स्तर पर जो प्रतिष्ठा तथा राजनीतिक नेतृत्व प्राप्त हुआ था वह दीर्घकालिक नहीं हो सकता था क्योंकि अपने देश की आन्तरिक स्थिति पर काबू पा लेने के बाद चीन के लिए यह नितान्त स्वाभाविक था कि वह एशिया में अपने प्रभाव क्षेत्र को बढ़ाने का भरसक प्रयास करे। ऐसी स्थिति में हिन्दी-चीनी भाई-भाई के नारों तथा पंचशील समझौते के बावजूद भी चीन के टकराव की सम्भावना बनी हुई थी।

चीन के साथ सम्बन्ध बिगड़ने की स्थिति में यह स्वाभाविक था कि भविष्य में भारत को अन्य मित्र राष्ट्रों की सहायता की आवश्यकता पड़ेगी। इस दृष्टि से जहां संयुक्त राज्य अमरीका सात समुन्दर पार स्थित मात्र एक साधारण मित्र जैसा दिखाई देता था वहीं सोवियत रूस हमारी उत्तरी सीमा पर स्थित एक सर्वशक्ति सम्पन्न राष्ट्र था जो आवश्यकता पड़ने पर हमारे काम आ सकता था। इस सन्दर्भ में ध्यातव्य है कि इस तथ्य के होते हुए भी कि रूस तथा चीन दोनों ही साम्यवादी देश थे, तथा दोनों अन्तरराष्ट्रीय साम्यवाद के नाते परस्पर जुड़े थे, परन्तु प्रत्येक एक विशाल और शक्तिशाली देश था अतः अन्तरराष्ट्रीय स्तर पर अपनी विशालता के अनुरूप अपनी भूमिका के लिए लालायित होना प्रत्येक के लिए स्वाभाविक था। ऐसी स्थिति में ऐतिहासिक दृष्टि वाले किसी भी विचारक को स्पष्ट था कि कालान्तर में रूस और चीन के सम्बन्धों में दरार आना

अवश्यम्भावी था। दोनों में से कोई भी लम्बी अवधि तक दूसरे की छत्र-छाया, तथा दूसरे दर्जे की स्थिति स्वीकार नहीं कर सकता था। साथ ही रूस तथा चीन के बीच हजारों मील लम्बी स्थल सीमा थी जिस पर विवाद उठना भी अवश्यम्भावी था। इतिहास के एक मर्मज्ञ के नाते जवाहर लाल नेहरू को ये बातें भली प्रकार स्पष्ट थीं। अतः भारत की सोवियत रूस उन्मुख विदेश नीति में इस प्रकार के सम्भावित घटनाक्रम का बहुत बड़ा योगदान था। यदि हम इस सन्दर्भ में संयुक्त राज्य अमरीका द्वारा पाकिस्तान को दी गई सैन्य सहायता के प्रश्न को भी जोड़ दें तो यह बात पूरी तरह स्पष्ट हो जाएगी कि भारत और रूस की मैत्री दोनों पक्षों के पृथक्-पृथक् और परस्पर भूराजनीतिक हितों से प्रेरित थी और पूरी समझबूझ के साथ किए गए समझौते का परिणाम थी।

ध्यातव्य है कि द्वितीय विश्वयुद्ध के पहले का सामरिक चिन्तन मुख्यतया मैकिंडर की संकल्पना पर आधारित था। अर्थात् चिन्तन का मूल आधार पृथ्वी की सतह पर होने वाले स्थल और समुद्री यातायात पर आधारित सामरिक सम्भावनाओं पर निर्भर था। 1950 के बाद इस स्थिति में आमूल परिवर्तन आ गया था। अणुशस्त्रों के निर्माण के साथ ही युद्ध कौशल में यातायात संचार की गति का महत्व निर्णायक हो गया। फलस्वरूप अब सामरिक आकलन स्थल तथा समुद्री यातायात के स्थान पर वायु यातायात पर निर्भर हो गया। अर्थात् सामरिक चिन्तन में मैकिंडर और स्पाइकमैन के स्थान पर डी सेवेरस्काई (1952) के विचार अधिक महत्वपूर्ण हो गए। डी सेवेरस्काई के अनुसार वायु युग में सोवियत संघ तथा संयुक्त राज्य अमरीका आर्कटिक सागर के आर-पार एक दूसरे के आमने-सामने खड़े हो गए थे। परिणामस्वरूप सामरिक दृष्टि से सम्पूर्ण पृथ्वी इन दोनों शक्ति ध्रुवों के परस्पर प्रतिस्पर्धापूर्ण वायु संचार प्रभाव वाले क्षेत्रों में विभक्त हो गई थी। उत्तरी ध्रुव पर केन्द्रित समान दूरी वाले ऐज़ीमुथल प्रक्षेप पर दोनों देशों के वायु प्रभाव क्षेत्रों को डी सेवेरस्काई ने उनके औद्योगिक हृदय स्थलों पर परस्पर केन्द्रित दो अलग-अलग वृत्तों के माध्यम से प्रदर्शित किया (देखिए : चित्र 7.9,)। ये दोनों वृत्त उत्तरी अमरीका के अधिकांश भाग, सम्पूर्ण यूरोप, दक्षिणी पश्चिमी एशिया, उत्तरी अफ्रीका तथा उत्तरी और मध्य तथा पूर्व एशिया के अनेक क्षेत्रों पर एक दूसरे का अधिच्छादन करते थे। इस मानचित्र के अनुसार मध्य तथा दक्षिणी अमरीका पूरी तरह संयुक्त राज्य अमरीका के प्रभाव में थे। इसी प्रकार दक्षिण एशिया पूरी तरह सोवियत रूस के वायु प्रभाव क्षेत्र में स्थित था। दोनों देशों के वायु प्रभाव क्षेत्रों को दर्शाने वाले वृत्तों के परस्पर अधिच्छादित क्षेत्र को डी सेवेरस्काई ने "निर्णय का क्षेत्र" कहा। लेखक के विचार में वायु युग में दोनों महाशक्तियों के बीच कोई भी निर्णायक सैन्य संघर्ष इसी क्षेत्र में सम्भव था। अतः डी सेवेरस्काई के मतानुसार संयुक्त राज्य अमरीका को अपना सारा ध्यान इसी अधिच्छादित प्रदेश की सुरक्षा पर केन्द्रित करना चाहिए क्योंकि शेष क्षेत्र उसके लिए निर्णायक सामरिक महत्व के नहीं हैं।

अभी तक भारतीय विदेश नीति के अध्येताओं का ध्यान हमारी रूस उन्मुख विदेश नीति के इस पक्ष की ओर नहीं गया है, परन्तु इन पंक्तियों के लेखक (दीक्षित, 1996) का विश्वास है कि उस समय अन्तरराष्ट्रीय स्तर पर सामरिक चिन्तन के अध्येताओं में बहुचर्चित डी सेवेरस्काई की यह पुस्तक हमारे नीति निर्धारकों की दृष्टि में निश्चय ही आई होगी।

भारत का वर्तमान सुरक्षा परिवेशः पोखरन-II के विशेष सन्दर्भ में

उपर्युक्त चर्चा से स्पष्ट है कि भारत की विदेश नीति पिछले पचास वर्षों से मूलतया जवाहर लाल नेहरू के नेतृत्व में निर्धारित नीतियों के अनुरूप ही चलती आ रही है। यह नीति तात्कालिक अन्तरराष्ट्रीय सामरिक और राजनीतिक परिवेश की प्रतिक्रिया स्वरूप देश के अपने हितों की सुरक्षा को ध्यान में रख कर निर्धारित की गई थी। अपने सारे उतार चढ़ाव के बावजूद रूस (पुराना सोवियत संघ) तथा संयुक्त राज्य अमरीका के बीच द्वितीय विश्व युद्ध के पश्चात् प्रारम्भ हुई अन्तरराष्ट्रीय सामरिक प्रतिस्पर्धा 1990 में सोवियत संघ के विघटन के समय तक विद्यमान रही। अतः भारत की विदेश नीति की निरन्तरता यथावत् बनी रही। 1990 से मई 1998 तक अन्तरराष्ट्रीय राजनीति में एक प्रकार की शान्तिपूर्ण अनिश्चितता का वातावरण बना रहा। पूर्वी यूरोप तथा पश्चिमी एशिया की घटनाएं मुख्यतया स्थानीय और क्षेत्रीय समस्याएं थीं। इस बीच संयुक्त राज्य अमरीका प्रायः सभी दृष्टियों से विश्व की एक छत्र राजनीतिक और सामरिक शक्ति के रूप में स्थापित हो गया था। परिणामस्वरूप संयुक्त राज्य का ध्यान सामरिक मुद्दों से हट कर अन्तरराष्ट्रीय स्तर पर अपनी आर्थिक भागीदारी को बढ़ाने पर केन्द्रित हो गया। विश्व की अधिकांश जनसंख्या दक्षिण और पूर्वी एशिया के देशों में निवास करती है, तथा कुछ अपवादों को छोड़, इस क्षेत्र के देश विकासशील अर्थव्यवस्था वाले देश हैं। अतः यह सम्पूर्ण क्षेत्र वर्तमान समय में विश्व का सबसे बड़ा बाजार बन गया है। साथ ही विकास के साथ-साथ भविष्य में इस बाजार के उत्तरोत्तर वृहत्तर होते जाने की सम्भावना है। परिणामस्वरूप संयुक्त राज्य अमरीका समेत सभी विकसित पूंजीवादी औद्योगिक देश इस पूरे क्षेत्र में अपनी व्यापारिक भागीदारी तथा अपना पूंजी निवेश बढ़ाने के इच्छुक हैं। इस दृष्टि से दक्षिण एशिया तथा पूर्वी एशिया (जिसके अन्तर्गत आर्थिक और व्यापारिक दृष्टि से दक्षिण-पूर्वी एशिया के देश भी शामिल हैं) दो अलग-अलग बाजार हैं। पूर्वी एशिया के मामलों में चीन तथा जापान की भूमिका सर्वोपरि है। जापान विश्व के सर्वाधिक सशक्त आर्थिक व्यवस्था वाले देशों में से एक है तथा सोवियत संघ के विघटन के बाद से चीन संयुक्त राज्य अमरीका के पश्चात् राजनीतिक-सामरिक महत्व की दृष्टि से विश्व की दूसरे नम्बर की महाशक्ति के रूप में माना जाने लगा है। द्वितीय युद्ध की समाप्ति के बाद से ही अमरीका और जापान के बीच निकट आर्थिक और राजनीतिक सम्बन्ध रहे हैं। अन्तरराष्ट्रीय स्तर पर जापान संयुक्त राज्य का निकट सहयोगी रहा है। रूस और चीन के आपसी सम्बन्धों में दरार पड़ने के साथ ही संयुक्त राज्य अमरीका चीन से सम्बन्ध सुधारने के प्रयास करता रहा था। सोवियत रूस के विघटन के बाद इस दिशा में प्रयास और भी तेज हो गए हैं। चीन की अणुशक्ति के विकास में अमरीका का परोक्ष सहयोग रहा है। क्लिण्टन प्रशासन के दौर में दोनों देशों के व्यापारिक सम्बन्धों में और भी वृद्धि हुई है।

दक्षिण एशिया के मामलों में भारत और पाकिस्तान की प्रमुख भूमिका है। इन दोनों देशों के बीच परस्पर तुलना की गुंजाइश शक्ति सम्पन्नता की दृष्टि से अत्यधिक सीमित है परन्तु ब्रिटेन और संयुक्त राज्य अमरीका प्रारम्भ से ही भारत और पाकिस्तान को बराबरी के स्तर वाले देशों के रूप में पेश करने का प्रयास करते रहे हैं। शीतयुद्ध के दौर में इस नीति का अनुसरण करते हुए संयुक्त राज्य अमरीका ने पाकिस्तान को सैन्य उपकरणों से सम्पन्न करना प्रारम्भ कर दिया था। इस अमरीकी सहायता के परिणामस्वरूप ही पाकिस्तान भारत पर आक्रमण करने के लिए प्रोत्साहित हुआ था। साथ ही चीन तथा पाकिस्तान के बीच उत्तरोत्तर बढ़ती निकटता में अमरीका

प्रत्यक्ष अथवा परोक्ष रूप से निरन्तर भागीदार रहा है। 1987 में पाकिस्तान को आणविक हथियार से सम्पन्न करने में चीन को अमरीका की शह प्राप्त थी। अमरीका की इसी कूटनीति के कारण भारत के तत्कालीन प्रधान मंत्री राजीव गांधी ने आणविक हथियार बनाने के निर्णय लिया था। पाकिस्तान को अमरीका तथा चीन की मिली भगत से आणविक शस्त्रों से सज्जित किए जाने के साथ ही दक्षिण एशिया के सुरक्षा वातावरण में बहुत बड़ा परिवर्तन आ गया था। पाकिस्तान के हौसले बुलन्द थे तथा उसकी सेना ने अपनी खुफिया एजेंसियों (इंटेलिजेंस एजेंसीज) के माध्यम से जम्मू-कश्मीर में व्यापक स्तर पर घुसपैठ करके अशांति उत्पन्न करना प्रारंभ कर दिया था। परन्तु मोटे तौर पर राजीव गांधी के शासन काल तक भारत की अन्तरराष्ट्रीय प्रतिष्ठा को आंच नहीं आई थी। 1989 के बाद से भारत की राजनीति अस्थिरता के दौर में प्रविष्ट हो गई। केन्द्र में सरकारों का बनना बिगड़ना प्रारम्भ हो गया। परिणामस्वरूप अन्तरराष्ट्रीय मंचों पर भारत की बात का महत्व उत्तरोत्तर कम होता गया। साथ ही भारत पर अन्तरराष्ट्रीय दबाव निरन्तर बढ़ता गया और अन्तरराष्ट्रीय स्तर पर उसकी स्वतंत्र निर्णय की क्षमता में ह्रास आया। यही कारण था कि हमारे चारों ओर असुरक्षा का वातावरण उत्तरोत्तर गहन होता रहा तथा चीन अपनी सैन्य शक्ति (विशेषकर आणविक शक्ति) का निरन्तर विस्तार करता रहा। चीन और अमरीका की मिली भगत से पाकिस्तान की मारक शक्ति में निरन्तर वृद्धि होती रही, परन्तु भारत एक मूक और निरीह दर्शक की भांति अमरीका की थानेदारी स्वीकार करता हुआ अपनी अन्तरराष्ट्रीय प्रतिष्ठा का निरन्तर ह्रास देखता रहा। परिणामस्वरूप जवाहर लाल नेहरू तथा इन्दिरा गांधी के शासनकाल में विश्व स्तर पर एक महान शान्तिप्रिय राष्ट्रीय इकाई के रूप में प्रतिष्ठित भारत 1990 के दशक में एक वृहत् आकार वाली क्षेत्रीय राजनीतिक शक्ति (रिजनल पावर) मात्र बन कर रह गया।

1987 में राजीव गांधी सरकार द्वारा भारत में आणविक अस्त्रों के विकास का निर्णय लिए जाने के तीन वर्ष बाद 1990 में भारत ने भी इन शस्त्रों का विकास कर लिया था। परिणामस्वरूप पिछले आठ वर्षों से दक्षिण एशिया में भारत और पाकिस्तान के बीच आणविक शक्ति संतुलन स्थापित हो जाने के कारण परस्पर अपभीति (डिटरेंस) का वातावरण बना हुआ है क्योंकि दोनों ही पक्ष एक दूसरे की आणविक शक्ति और उसके सम्भावित परिणामों के प्रति जागरूक थे। यही कारण है कि जम्मू-कश्मीर में पाकिस्तान समर्थित घुसपैठ के कारण आतंकवाद की निरन्तर विकट होती समस्या के बावजूद दोनों देशों के बीच 1990 के बाद से कोई युद्ध नहीं छिड़ा था। शीतयुद्ध के सामरिक इतिहास से स्पष्ट है कि दोनों के बीच अब ऐसे किसी युद्ध की सम्भावना नहीं रह गई है। स्पष्ट है कि दक्षिण एशिया में भारत और पाकिस्तान के बीच परस्पर अपभीति का वातावरण लम्बे समय तक बना रहेगा तथा एक पक्ष आणविक शक्ति के विकास में दूसरे की बराबरी का निरन्तर प्रयास करता रहेगा। मई 1998 में भारत और पाकिस्तान द्वारा किए गए आणविक परीक्षण पाकिस्तान द्वारा गोरी मिसाइल छोड़ने के जवाब में किया गया प्रतिक्रियात्मक कदम था। पाकिस्तान समय-समय पर भारत पर आक्रमण का दुस्साहस करता रहा है तथा उसके नेता भारत पर आणविक प्रहार की बात भी करते रहे हैं। पाकिस्तान के निवर्तमान प्रधान मंत्री श्री नवाज़ शरीफ ने अपने एक भाषण में 24 अगस्त 1994 को (जब कि वे विपक्ष के नेता थे) भारत पर ऐसे आक्रमण की इच्छा प्रकट की थी (के. सुब्रह्मण्यम, *टाइम्स ऑफ इण्डिया,* मई 30, 1998)। अतः भारत की चिन्ता और उसकी प्रतिक्रिया को आसानी से समझा जा सकता है।

दोनों पक्षों के पास एक दूसरे को क्षति पहुंचाने की आणविक क्षमता स्पष्ट तौर पर स्थापित हो जाने के बाद अब दोनों देशों के बीच परस्पर अपभीति का वातावरण पूरी तरह स्थापित हो गया है। इसके साथ ही 1998 में दक्षिण एशिया में एक नए शीतयुद्ध की नींव पड़ गई। अतः भारत और पाकिस्तान के बीच तनाव बने रहने के बावजूद उनके बीच निकट भविष्य में किसी बड़े युद्ध (विशेषकर आणविक शस्त्रों के प्रयोग) की सम्भावना समाप्त हो गई है। दोनों देशों के बीच किसी प्रकार के शस्त्र संचयन की व्यापक होड़ की आशंका भी निराधार है। जब तक बाहरी देशों को यह प्रतीत होता रहा कि राजीव गांधी के बाद बनी भारत की केन्द्रीय सरकारें बाहरी दबाव तथा आन्तरिक शिथिलता के मिलेजुले प्रभाव के कारण आणविक शक्ति का विकास नहीं कर सकती पाकिस्तान के लिए यह सर्वथा स्वाभाविक था कि वह अमरीका तथा चीन की चोरी छिपे सहायता से आणविक शक्ति संचय कर भारत को डराता रहे और कश्मीर में आतंकवादी गतिविधियों को निरन्तर बढ़ावा देता रहे। 11 मई 1998 और उसके बाद के पोखरन विस्फोटों के पश्चात् भारत के शस्त्रुओं का इस प्रकार का भ्रम दूर हो गया है। बची-खुची कसर कारगिल युद्ध के अनुभव ने पूरी कर दी है। पाकिस्तानी शासकों को ज्ञात हो गया है कि अब भारत ईंट का जवाब पत्थर से देने की स्थिति में है। इन परीक्षणों के बाद अन्तरराष्ट्रीय स्तर पर भारत की स्थिति में गुणात्मक परिवर्तन आया है। अब विश्व के सभी देशों को ज्ञात हो गया है कि भारत अपनी सुरक्षा के प्रति पूरी तरह सजग और सुरक्षा की दृष्टि से आत्मनिर्भर है। वह पहले की तरह ही स्वतंत्र निर्णय लेने तथा बड़ी शक्तियों की ओर से किसी प्रकार का दबाव न मानने में सक्षम है। इन विस्फोटों के बाद से देश का साधारण व्यक्ति अपने आप को पहले से ऊंचा अनुभव करने लगा है।

भारत और पाकिस्तान के बीच शस्त्रों की व्यापक होड़ की सम्भावना इसलिए भी नहीं है कि पाकिस्तान अपेक्षाकृत एक छोटा तथा आर्थिक दृष्टि से दुर्बल राष्ट्र है। उसकी वर्तमान आणविक शक्ति भारत की तरह आत्मनिर्भरता से विकसित न होकर चीन और उत्तरी कोरिया की सहायता तथा अमरीकी प्रोत्साहन पर आधारित है। दूसरे शब्दों में पाकिस्तान की आणविक शक्ति बाहर से खरीदी हुई शक्ति है। ऐसा कोई भी सौदा स्वाभाव से ही मंहगा होता है और पाकिस्तान जैसा गरीब राष्ट्र इसे देर तक सहन नहीं कर सकता। मई 1998 की घटनाओं के बाद पाकिस्तान की खस्ता आर्थिक स्थिति से यह अच्छी तरह सिद्ध हो गया है। भारत द्वारा 11 से 13, मई 1998 के बीच शक्ति 1 से 5 नाम से किए गए पांच विस्फोटों के साथ ही भारत एक अणुशक्ति सम्पन्न राष्ट्र बन गया है। इसका तात्पर्य है कि अब उसके पास किसी प्रकार के आणविक आक्रमण का सामना करने की पूर्ण क्षमता आ गई है और वह सुरक्षा की दृष्टि से पूरी तरह आत्मनिर्भर हो गया है। डा. ए.पी.जे. अब्दुल कलाम के शब्दों में, "भारत का आणविक शस्त्रीकरण का काम पूरा हो गया है। आणविक शस्त्रों के निर्माण के लिए सही वातावरण और वांछित संसाधन अब उसके पास उपलब्ध हैं"। डा. कलाम के अनुसार अग्नि तथा पृथ्वी नाम के हमारे "सर्फेस-टु-सर्फेस मिसाइल" अब सरलतापूर्वक आणविक शस्त्रों से सज्जित किए जा सकते हैं। वे सभी प्रकार के मारक शस्त्र ढोने में सक्षम हैं। इन विस्फोटों के फलस्वरूप भारत को प्राप्त हुए आंकड़ों के आधार पर देश अब इस स्थिति में आ गया है कि वह विभिन्न प्रकार और विभिन्न क्षमता वाले आणविक अस्त्रों तथा उनके वाहनों का उत्पादन कर सके। इन आंकड़ों से भारत अब बिना विस्फोट किए ही "कम्प्यूटर सिमुलेशन" के आधार पर नए अस्त्रों आदि के माडल बनाने की स्थिति में पहुंच गया है (डा. अब्दुल कलाम, *टाइम्स ऑफ इण्डिया,* 30 मई, 1998)। भारत का आणविक शक्ति

विकास का कार्यक्रम देश की सीमाओं की सुरक्षा के लिए सक्षम अस्त्रों के विकास तक ही सीमित है जिससे कि देश की सुरक्षा के प्रति बची खुची आशंकाएं भी समाप्त हो जाएं।

नया शीतयुद्धः सम्भावना और स्वरूप

शीतयुद्ध के लम्बे दौर में दक्षिण एशिया की अन्तरराष्ट्रीय राजनीति में जहां एक ओर भारत और रूस के बीच परस्पर सुरक्षा की सन्धि स्थापित थी वहीं दूसरी ओर संयुक्त राज्य अमरीका लगातार पाकिस्तान को सैनिक साज सामान से सज्जित करना रहा था। साठ के दशक में सोवियत-चीन सम्बन्धों में आई गिरावट के साथ ही संयुक्त राज्य अमरीका चीन से चोरी छिपे सम्बन्ध बढ़ाता रहा था। 1970-71 के बांग्लादेश मुक्ति संघर्ष के समय से संयुक्त राज्य, चीन, और पाकिस्तान के बीच की मैत्री विश्वविदित है। परन्तु दोनों शक्ति ध्रुवों के बीच शात्रवपूर्ण सम्बन्धों में ठहराव आने के फलस्वरूप अन्तरराष्ट्रीय समुदाय का ध्यान इस ओर आकर्षित नहीं हुआ। विशेषकर इसलिए और भी कि 1990 तक दोनों शक्ति ध्रुवों के बीच शक्ति संतुलन और उससे उत्पन्न अपभीति का वातावरण यथावत् बना रहा था। फलस्वरूप विश्व के किसी भी भाग में किसी प्रकार के व्यापक क्षेत्रीय सैन्य संघर्ष की सम्भावना नहीं थी। सोवियत संघ के विघटन के बाद स्थिति एकदम बदल गई है। चीन के हौंसले और बुलन्द हो गए हैं। वह यूरोप और अमरीका के बाहर सर्वत्र अपना राजनीतिक प्रभाव बढ़ाने में सतत् प्रयासशील है। उसके इस उद्देश्य की प्राप्ति के रास्ते में भारत की अन्तरराष्ट्रीय प्रतिष्ठा मुख्य अवरोध है। पिछले चार दशकों से भारत को अफ्रीका और एशिया के विकासशील देशों का नेतृत्व करता रहा है और वइ पिछले पचास वर्षों से विश्व के सबसे बड़े लोकतांत्रिक तथा शांतिप्रिय राष्ट्र के रूप में प्रतिष्ठित रहा है। अतः चीन तथा संयुक्त राज्य पाकिस्तान को सैन्य उपकरणों से पूरी तरह सम्पन्न करके उसके माध्यम से भारत को क्षेत्रीय सीमा विवादों में फंसाए रखना चाहते थे। पाकिस्तान के आणविक शक्ति परीक्षणों में चीन और संयुक्त राज्य द्वारा दी गई प्रत्यक्ष तथा परोक्ष सहायता का यही उद्देश्य रहा है। 1998 में भारत द्वारा विकसित आणविक शस्त्रीकरण की क्षमता सिद्ध हो जाने के बाद अमरीका, चीन और पाकिस्तान की इस दीर्घकालिक योजना को बहुत धक्का लगा है। भारत के आत्मनिर्भर आणविक शस्त्रीकरण के पश्चात् अब पाकिस्तान के माध्यम से भारत को क्षेत्रीय झगड़ों में फंसाए रखने में अधिक सफलता नहीं मिल सकती क्योंकि अपभीति का वातावरण पूरी तरह स्थापित हो जाने के पश्चात् पाकिस्तान द्वारा अब किसी उच्छृंखल व्यवहार की सम्भावना नहीं रही। इन परीक्षणों के साथ ही भारत एक आणविक शक्ति सम्पन्न विश्व शक्ति बन गया है। इसके परिणामस्वरूप चीन तथा संयुक्त राज्य अमरीका द्वारा भरत को मात्र एक क्षेत्रीय शक्ति के रूप में सीमित रखने के सुनियोजित प्रयास को बहुत ठेस पहुंची है। इस छटपटाहट की प्रतिक्रिया स्वरूप चीन तथा संयुक्त राज्य अमरीका भविष्य में भी पाकिस्तान के माध्यम से भारत पर सुरक्षा दबाव बनाए रखना चाहते हैं। अमरीका तथा उसके मित्र देशों द्वारा भारत पर लगाए गए आर्थिक प्रतिबन्धों के पीछे इसी प्रकार का उद्देश्य निहित है। परन्तु भारत द्वारा किसी बाहरी शक्ति के दबाव की परवाह किए बिना स्वतंत्र निर्णय के आधार पर आगे बढ़ते रहने के इरादे की घोषणा से स्थिति तनावपूर्ण बन गई है अनेक विचारकों के अनुसार इससे दक्षिण एशिया में एक नए शीतयुद्ध की सम्भावना बढ़ गई है।

भारत पर आर्थिक प्रतिबन्धों के मामले में अमरीका को आन्तरिक और बाह्य दोनों ही स्तरों पर कठिनाइयों का सामना करना पड़ा है। अमरीकी कम्पनियां भारतीय बाजार छोड़ने के पक्ष में नहीं है परिणामस्वरूप अमरीकी सरकार पर आर्थिक प्रतिबन्धों को हटाने के लिए दबाव निरन्तर बढ़ता जा रहा था। दूसरी ओर अमरीका भारत पर लगाए गए आर्थिक प्रतिबन्धों के प्रश्न पर रूस तथा फ्रांस का समर्थन पाने में विफल रहा है। साथ ही यूरोपीय संगठन के देश भारत में अपनी व्यापारिक भागीदारी बढ़ाने की ताक में हैं। परिणामस्वरूप अमरीकी कम्पनियों की चिन्ता और बढ़ गई। अतः जहां तक अन्तरराष्ट्रीय आर्थिक सम्बन्धों का प्रश्न है इस बात की पूरी सम्भावना है कि भारत को भविष्य में विशेष कठिनाईयों का सामना नहीं करना पड़ेगा। विश्व के इतने बड़े लोकतांत्रिक व्यवस्था वाले बाजार को अनेक विकसित देश ललचाई आंखों से देख रहे हैं। भारत और रूस के बीच वैज्ञानिक और तकनीकी सहायता तथा आदान-प्रदान यथावत् जारी है तथा फ्रांस तथा अन्य यूरोपीय देश भी भविष्य में इस क्षेत्र में भारत का सहयोग करने के लिए प्रस्तुत हैं।

जहां तक चीन, पाकिस्तान, तथा अमरीका की धुरी पर केन्द्रित शीतयुद्ध का प्रश्न है, इस दिशा में भारत अकेला नहीं है। भारत के विरोध में किए जाने वाले ऐसे किसी प्रयास से रूस अप्रभावित नहीं रह सकता। इस मुद्दे पर भारत को रूस का समर्थन और सहयोग निश्चित ही मिलता रहेगा। पाकिस्तान और ईरान के साथ चीन तथा अमरीका के सहयोग से पश्चिम एशिया में तनाव की सम्भावना बढ़ेगी तथा अरब-इज़रायली सम्बन्धों में और तनाव आएगा। इससे अमरीका और इज़रायल के सम्बन्धों में भी तनाव आना स्वाभाविक है। इस घटनाक्रम से रूस की चिन्ता बढ़ेगी। अमरीका द्वारा "नाटो" के प्रभाव क्षेत्र को पूर्वी यूरोप तक बढ़ाने के प्रयास से रूस को अमरीका के नापाक इरादों का अनुमान हो गया है। ऐसी स्थिति में रूस तथा भारत के बीच सुरक्षा सहयोग बढ़ेगा। परिणामस्वरूप दक्षिण एशिया का यह सम्भावित शीतयुद्ध विश्व स्तरीय हो जाएगा। चीन और संयुक्त राज्य अमरीका के बीच बढ़ती हुई मैत्री तथा चीन के बढ़ते राजनीतिक प्रभाव से पूर्वी एशिया के देशों, विशेषकर जापान, को चिन्ता होना स्वाभाविक है। अतः वहां भी स्थिति सम्भावनापूर्ण बनी रहेगी। यदि भविष्य में ऐसा कोई शीतयुद्ध दक्षिण एशिया तक सीमित न रहकर यूरोप तथा एशिया के अन्य देशों को भी समेट लेता है, जिसकी कि पूरी सम्भावना है, तो इस प्रकार उत्पन्न भय का वातावरण दक्षिण एशिया के सुरक्षा वातावरण को और भी आन्दोलित कर देगा। संक्षेप में, बीसवीं सदी के अन्तिम वर्षों में भारत अन्तरराष्ट्रीय दबाव में अवश्व था परन्तु मई 1998 के आणविक परीक्षणों से प्राप्त हुई आत्म निर्भरता से हमारे सुरक्षा वातावरण में गुणात्मक सुधार आया है। देश की अन्तरराष्ट्रीय प्रतिष्ठा में वृद्धि हुई है, तथा भारत विश्व की गिनी चुनी महान शक्तियों की श्रेणी में आ गया है। इस परिवर्तित वातावरण ने भारत और रूस की पुरानी मैत्री को नई प्रासंगिकता प्रदान की है। परिणामस्वरूप अब अन्तरराष्ट्रीय स्तर पर भारत को अलग-थलग करने के प्रयास सफल नहीं हो सकते।

Bibliography

Agnew, J.A. (1987), *Place and Politics: The Geographic Mediation of State and Society,* Boston, Allen & Unwin.

Agnew, J.A. (1990), "From Political Methodology to Geographical Social Theory? A Critical Review of Electoral Geography, 1960–87", in *Developments in Electoral Geography,* R.J. Johnston, F.M. Shelley, and P.J. Taylor (Eds.), London, Routledge, pp. 15–22.

Agnew, J.A. (1993), "The United States and American Hegemony" in *Political Geography of the Twentieth Century: A Global Analysis,* P.J. Taylor (Ed.), London, Belhaven Press.

Agnew, J.A. (Ed.) (1997), *Political Geography: A Reader,* London, Arnold.

Agnew, J.A. and Corbridge, S. (1989), "The New Geopolitics: The Dynamics Geopolitical Disorder", R.J. Johnston and P.J. Taylor (Eds.), *A World in Crisis? Geographical Perspectives,* 2nd ed., pp. 266–288.

Anderson, B. (1983), *Imagined Communities,* London, Verso.

Anderson, J. (1986), "Nationalism and Geography", Anderson, J. (Ed.), *The Rise of the Modern State,* Brifgton (U.K.), Wheatsheaf.

Anderson, W. (1946), *Federalism and Intergivental Relations: A Budget of Suggestions,* Chicago, Public Administration Service.

Arora, R.K. and Goyal R. (1995), *Indian Public Administration: Institutions and Issues,* New Delhi, Wishwa Prakashan.

Baran, P.A. (1957), *The Political Economy of Growth,* New York, Monthly Review Press.

Barratt, B.M. (1974), *The Economics of Imperialism,* Harnmondsworth (U.K.) Penguin.

Barrett, M. (1991), *The Politics of Truth: From Marx to Foucault,* Cambridge, Polity Press.

Basu, D.D. (1994), *Introduction to the Constitution of India,* New Delhi, Prentice–Hall of India.

Berry, B.J.L. (1969), Review of B.M. Russett, *International Regions and International System: A Study in Political Ecology, Geographical Review,* vol. 59, pp. 450–452.

Billington, J.H. (1980), *Fire in the Minds of Men,* London, Temple Smith.

Birch, A.H. (1955), *Federalism, Finance and Social Legislation in Canada, Australia and the United States,* London, Oxford University Press.

Birch, A.H. (1966), "Approaches to the Study of Federalism", *Political Studies;* vol. 14, pp. 15–33.

Blaut, J.M. (1975), "Imperialism: The Marxist Theory and its Evolution", *Antipode,* vol. 7 (1), pp. 1–19.

Blondel, J. (1978), *Political Parties,* London, Wildwood House.

Blouet, B.W. (1987), "The Political Career of Sir Halford Mackinder", *Political Geography Quarterly,* vol. 6, pp. 355–368.

Boggs, S.W. (1932), "Boundary Functions and the Principles of Boundary Making", *Annals of the Association of American Geographers,* vol. 22, pp. 48–49.

Boggs, S.W. (1940), *International Boundaries: A Study of Functions and Problems,* New York, Columbia University Press.

Boggs, S.W. (1941), "Mapping the Changing World: Suggested Developments in Maps", *Annals, Association of American Geographers;* vol. 31, pp. 119–128.

Bolin, R. (1969), English translation of Ratzel's "Laws of Spatial Growth of States" (1896), Kasperson and Minghi (Eds:), *Systematic Political Geography,* Chicago, Aldine Publishing Co., pp. 17–28.

Bowman, I. (1921), *The New World, Problems in Political Geography,* New York, World Book Co.

Bowman, I. (1934), *Geography in Relation to the Social Sciences,* New York, Charles Scribner's Sons.

Bowman, I. (1948), ''The Geographical Situation of the United States in Relation to World Politics", *Geographical Journal,* vol. 112, pp. 129–142.

Brandt, W. (1980), *North–South: A Programme for Survival,* London, Pan.

Brown, M.B. (1974), *The Economies of Imperialism,* Hammondsworth, Penguin.

Bryce, J. (1888), *American Commonwealth,* vol. 1, New York, Macmillan.

Bunge, W. (1966), *Theoretical Geography,* Lund (Sweden), Gleerup.

Burghardt, A.F. (1969), "The Core Concept in Political Geography: A Definition of Terms", *Canadian Geographer,* vol. 63, pp. 349–353.

Burnett, A. and Taylor, P.J. (Eds.) (1981), *Political Studies from Spatial Perspectives,* Chichester (U.K.), John Wiley.

Burrows, R. and Loader, B. (Eds.) (1994), *Towards a Post-Fordist Welfare State,* London, Routledge.

Burton, I. (1963), "The Quantitative Revolution and Theoretical Geography", *Canadian Geographer,* vol. 7, pp. 151–162.

Busteed, M.A. (1983), "The Developing Nature of Political Geography" in, Busteed, M.A. (Ed.), *Developments in Political Geography,* London, Academic Press, pp. 1–67.

Castells, M. (1983), *The City and the Grassroots,* London, Edward Arnold.

Castells, M (1989), *The Informational City,* Oxford, Blackwell.

Cheshey, G. (1976), *Indian Polity,* Delhi, Concept Publishing House.

Chhibber, P.K. and Petrocik, R. (1989), "The Puzzle of Indian Politics: Social Cleavages and the Indian Party System", *British Journal of Political Science,* vol. 19, pp. 191–210.

Clark, G.L. (1984), "A Theory of Local Autonomy", *Annals of the Association of American Geographers,* vol. 74, pp. 195–208.

Clark, G.L. and Dear, M. (1984), *The State Apparatus,* Boston, Allen & Unwin.

Claval, P. (1984), "The Coherence of Political Geography: Perspectives of its Past Evolution and Future Relevance", in P.J. Taylor and J.W. House, (Eds.), *Political Geography: Recent Advances and Future Directions,* London, Croom Helm.

Coatman, J. (1941), *India, The Road to Self-government, 1908–1941,* London, George Allen & Unwin.

Cohen, S.B. (1964), *Geography and Politics in a World Divided,* 1st ed., New York, Random House.

Cohen, S.B. (1966), "Toward a Geography of Policy" Guest Editorial, *Economic Geography,* vol. 42.

Cohen, S.B. (1973), *Geography and Politics in a World Divided,* 2nd ed., New York, Oxford University Press.

Cohen, S.B. (1991), "Global Geopolitical Change in Post–Cold War Era", *Annals of the Association of American Geographers,* vol. 81, pp. 531–580.

Cohen, S.B. and Rosenthal, L.D. (1971), "A Geographical Model for Political Systems Analysis", *Geographical Review,* vol. 61, pp. 5–31.

Corbridge, S. (1997), "Uneven Development, New Geopolitical Orders and the Internationalization of Capital", in Dikshit, R.D. (Ed.), *Developments in Political Geography: A Century of Progress,* New Delhi/Thousand Oaks/London, Sage Publications, pp. 289–317.

Corbridge, S., Martin, R. and Thrist, N. (Eds.) (1994), *Money, Power and Space,* Oxford, Blackwell.

Cornish, V. (1923), *The Great Capitals: An Historical Geography,* London, Methuen Co.

Cox, K.R. (1968), "A Spatial Interactional Model for Political Geography", *East Lakes Geographer,* vol. 4, pp. 58–76.

Cox, K.R. (1969), "The Voting Decision in a Spatial Context", *Progress in Geography,* vol. 1, pp. 81–117.

Cox, K.R. (1973), *Conflict, Power and Politics in the City: A Geographic View,* New York, McGraw–Hill.

Cox, K.R. (1979), *Location and Public Problems: A Political Geography of the Contemporary World,* Chicago, Maaroofa Press.

Cox, R. (1981), "Social Forces, States and World Orders: Beyond International Theory", *Millennium,* vol. 10, pp. 126–155.

Cox, K.R. and Reynolds, D.R. (Eds.) (1974), *Locational Approaches to Power and Conflict,* New York, Halsted Press, pp. 19–42.

Curtis, S. (1989), *The Geography of Public Welfare Provision,* London, Routledge.

Curzon, Lord (1908), *Frontiers,* London, Oxford University Press.

Dalby, S. (1990a), *Creating the Second World War: The Discourse of Politics,* London, Pinter.

Dalby, S. (1990b), "American Security Discourse: The Persistance of Geopolitics", *Political Geography Quarterly,* vol. 9, pp. 171–188.

Dalby, S. (1991), "Critical Geopolitics: Discourse, Difference and Dissent", *Environment and Planning D: Society and Space,* vol. 9, pp. 261–283.

Das Gupta, B. and Morris–Jones, W.H. (1975), *Trends and Patterns in Indian Politics: An Ecological Analysis of Aggregate Data on Society and Elections,* New Delhi, Manohar Book Co.

De Seversky, A. (1950), *Air Power: Key to Survival,* New York, Simon and Schuster.

Dear, M. (1988), "The Post–Modern Challenge: Reconstructing Human Geography", *Transactions of the Institute of British Geographers,* vol. 13, pp. 262–274.

Dear, M. and Clark, G.L. (1978), "The State and Geographic Process: A Critical Reivew", *Environment and Planning,* A, vol. 10, 173–183.

Deutsch, K.W. (1953a), "Growth of Nations: Some Recurrent Patterns of Political Integration", *World Politics,* vol. 5, 168–195.

Deutsch, K.W. (1953b), *Nationalism and Social Communication,* Cambridge, Ma., M.I.T. Press.

Dicey, A.V. (1939), Introduction to the Study of the Law of the Constitution, 9th ed., London, Macmillan.

Dickinson, R. (1969), *Making of Modern Geography,* London, Routledge and Kegan Paul.

Dikshit, R.D. (1970), "Toward a Generic Approach in Political Geography", *Tijdschrift voor Economische en Sociale Geographie,* vol. 61, pp. 242–245.

Dikshit, R.D. (1971a), "Geography and Federalism", *Annals of the Association of American Geographers,* vol. 61, pp. 97–115.

Dikshit, R.D. (1971b), "Influences of Governmental Systems on the Location of Economic Activities (With Special Reference to India)", in G.J.R. Linge and P. Rimmer (Eds.), *Government Influence and the Location of Economic Activities,* Canberra: A.N.U. Press, pp. 97–113.

Dikshit, R.D. (1971c), "Failure of Federalism in Central Africa: A Politico-geographic Postmortem", *The Professional Geographer,* vol. 23, pp. 27–31.

Dikshit, R.D. (1971d), "Military Interpretation of Federal Constitutions: A Critique", *The Journal of Politics,* vol. 33, pp. 180–189.

Dikshit, R.D. (1975), *The Political Geography of Federalism: An Inquiry into Origins and Stability,* New Delhi and London, Macmillan; John Wiley, New York.

Dikshit, R.D. (1976), "Geographical Perspectives on State Formation and Nation–building", *Golden Jubilee Volume,* Indian Geographical Society, Madras, pp. 235–243.

Dikshit, R.D. (1977), "The Retreat from Political Geography", *Area,* vol. 9, pp. 234–239.

Dikshit, R.D. (1979a), "The Time–lag in Political Geography", *Area,* vol. 11, pp. 92–93.

Dikshit, R.D. (1979b), "On the Geography of Colonialism: A Third World Perspective", *Transactions, Institute of Indian Geographers,* vol. 1, pp. 1–16.

Dikshit, R.D. (1980), "On the Place of Electoral Studies in Political Geography", *Transactions, Institute of Indian Geographers,* vol. 2, pp. 23–28.

Dikshit, R.D. (1981), "The Nature of Revolutionary Nationalism in India: A Historical Geographical Perspective", in L.R. Singh (Ed.), *New Perspectives in India* (P. Dayal Felicitation volume), Allahabad, Thinkers' Library.

Dikshit, R.D. (1987), "Further Notes on Boundary Concepts in Space and Time", in *Explorations in the Tropics* (K.R. Dikshit Felicitation Volume), Department of Geography, University of Poona, Pune, pp. 231–247.

Dikshit, R.D. (1992a), "Another False Dawn?", *Political Geography,* vol. 11, pp. 523–525.

Dikshit, R.D. (1992b), "On the Crisis of Identity in Political Geography", *Transactions, Institute of Indian Geographers,* vol. 14, pp. 103–112.

Dikshit, R.D. (1993), 'The Source of Controversy in Political Geography", *Area,* vol. 25, pp. 316–318.

Dikshit, R.D. (1994a), *Political Geography: The Discipline and Its Dimensions,* New Delhi, Tata McGraw–Hill.

Dikshit, R.D. (Ed.) (1994b), *The Art and Science of Geography,* New Delhi, Prentice–Hall of India.

Dikshit, R.D. (Ed.), (1995), *Geography of Elections: The Indian Context,* Jaipur, Rawat Publications.

Dikshit, R.D. (1996), "India's Policy of Non–Alignment: A Geographical Analysis", *Asian Profile,* vol. 24, pp. 313–320.

Dikshit, R.D. (Ed.) (1997a), *Developments in Political Geography: A Century of Progress,* New Delhi/Thousand Oaks/London, Sage Publications.

Dikshit, R.D. (1997b), *Geographical Thought: A Contextual History of Ideas,* New Delhi, Prentice–Hall of India.

Dikshit, R.D. and J.C. Sharma (1982), "Electoral Performance of the Congress Party in Punjab, 1952–1977", *Transactions, Institute of Indian Geographers,* vol. 4, pp. 1–15 (reprinted in Dikshit (1995), *Geography of Elections).*

Dikshit, R.D. and Vinod Sharma (1993), "Voting Preferences in State vis–a–vis National Elections Under a Federal System: A Case Study of Haryana", *Transactions, Institute of Indian Geographers,* vol. 15, 1–15 (reprinted in Dikshit, 1995, *Geography of Elections).*

Dikshit, R.D. and S. Singh (1993), "Friends and Neighbours Influence in Indian Elections: A Case Study of Rural Opting in Sonipat (Haryana)", *Asian Profile,* vol. 21, pp. 483–493 (reprinted in Dikshit, 1995, *op. cit.*).

Dodds, Klaus John (1994), "Geopolitics and Foreign Policy: Recent Developments in Anglo–American Political Geography and International Relations", *Progress in Human Geography,* vol. 18, pp. 186–208.

Douglas, Neville (1997), "State–formation and National Building and Plural Societies", in R.D. Dikshit (Ed.) *Developments in Political Geography: A Century of Progress,* pp. 105–131.

Driver, F. (1991), "Political Geography and State Formation: A Disputed Territory", *Progress in Human Geography,* vol. 15, pp. 268–280.

Duncan, S. and Goodwin, M. (1988), *Local State and Uneven Development,* Cambridge, Polity Press.

Dunleavy, P. and O'Leary, B. (1937), *Theories of the State; The Politics of Liberal Democracy,* London, Macmillan.

East, G.G. (1937), "The Nature of Political Geography", *Politica,* pp. 259– 286.

East, W.G. and O.H.K. Spate (Eds.) (1950), *The Changing Map of Asia,* London, Methuen.

East, W.G. and Moodie, A.E. (Eds.) (1956), *The Changing World,* New York, World Book Co.

Easton, D. (1953), *The Political System,* New York, Knopf.

Easton, D. (1965), *System Analysis of Political Life,* New York, Wiley.

Elazar, D.J. (1962), *American Partnership in the Nineteenth Century,* Chicago, Chicago University Press.

Elazar, D.J. (1966), *American Federalism: A view from the States,* New York, Thomas Y. Crowell.

Elazar, D.J. et al. (1994), *Federal Systems of the World: A Handbook of Federal, Confederal and Autonomy Arrangements,* Harlow (U.K.), Longman.

Esping–Anderson, G. (1990), *The Three Worlds of Welfare Capitalism,* Cambridge, Polity Press.

Fairgrieve, J. (1915), *The Geography of World Power,* London, University of London Press.

Foucault, M. (1979), "Governmentality", *Ideology and Consciousness,* vol. 6, pp. 5–21.

Foucault, M. (1981), "The Order of Discourse", in Robert Young, (Ed.), *Untying the Text: Post–structuralist Reader,* London, Routledge and Kegan Paul, pp. 48–78.

Frank, A.G. (1969), *Capitalism and Underdevelopment in Latin America,* New York, Monthly Review Press.

Fukuyama, Francis (1992), *The End of History and the Last Man,* New York, Free Press.

Gaddis, J.L. (1982), *The Strategies of Containment,* New York, Oxford University Press.

Gamble, A. (1981), *An Introduction to Modern Social and Political Thought,* London, Macmillan.

Gellner, E. (1983), *Nations and Nationalism,* Oxford, Blackwell.

Giddens, A. (1981), *A Contemporary Critique of Historical Materialism,* vol. 1, *Power, Property and the State,* London, Macmillan.

Giddens, A. (1984), *The Constitution of Society, Outline of Theory of Structuration,* Cambridge, Polity Press.

Giddens, A. (1985), *The Nation State and Violence,* Cambridge, Polity Press.

Ginsburg, Norton (1968), "Tasks of Geography", *Geography,* vor. 54, pp. 401–409, Reprinted in Dikshit, R.D. (1994), *The Art and Science of Geography.*

Gould, P. and White, R. (1964), *Mental Maps,* Hammondsworth (UK), Penguin.

Gregory, D. (1989), "The Crisis of Modernity? Human Geography and Critical Social Theory", in Peet, R. and Thrift, N. (Eds.), *New Models in Geography,* vol. 2, Unwin Hyman, pp. 348–385.

Gregory, D. (1991), "Interventions in the Historical Geography of Modernity: Social Theory, Spatiality and the Politics of Representation", *Geografiska Annaler,* vol. 73B, pp. 17–44.

Gurr, T.R. (1994), "People Against States: Ethnopolitical Conflict and the Changing World System", *International Studies Quarterly,* vol. 38, pp. 347–377.

Habermas, J. (1976), *Legitimation Crisis,* London, Heinemann.

Hailey, Lord, M. (1938), *An African Survey: A Study of Problems Arising in Africa South of the Sahara,* London, Oxford University Press.

Hamilton, A., Madison, J. and Jay, J., *The Federalist Papers,* reissued with an introduction, table of contents and index ideas by C. Rossiter, 1961, New York, New American Library.

Hartshorne, R. (1935), "Recent Developments in Political Geography", *American Political Science Review,* vol. 29, pp. 753–804 and 943–966.

Hartshorne, R. (1936), "Suggestions on the Terminology of Political Geography", vol. 26, pp. 56–57.

Hartshorne, R. (1950), "The Functional Approach in Political Geography", *Annals of the Association of American Geographers,* vol. 40, pp. 95–131.

Hartshorne, R. (1954), "Political Geography", in P.E. James and C.F. Jones (Eds.), *American Geography: Inventory and Prospect,* Syracuse, Syracuse University Press, pp. 167–226.

Hartshorne, R. (1960), "Political Geography in the Modem World", *Journal of Conflict Resolution,* vol. 4, pp. 52–67.

Hartshorne, R. (1968), "Morphology of the State Area; Significance for the State", in C.A. Fisher (Ed.), *Essays in Political Geography,* London, Methuen, pp. 27–32.

Harvey, D. (1970), "Social Processes versus Spatial Form: An Analysis of Conceptual Problems in Urban Planning", *Papers of the Regional Science Association,* vol. 25, pp. 47–69. (Excepted as "Geographical versus Sociological Imagination" in Dikshit, R.D. (Ed.), *The Art and Science of Geography,* pp. 27–40.

Harvey, D. (1980), *The Limits of Capital,* Oxford, Blackwell.

Henrikson, A.K. (1980), "The Geographical Mental Maps of American Foreign Policy Makers", *International Political Science Review,* vol. 1, pp. 495–530.

Herz, J.H. (1957), "Rise and Demise of the Territorial State", *World Political,* vol. 9, pp. 473–493.

Heske, H. (1987), "Karl Haushorer: His Role in German Geopolitics and Nazi Politics", *Political Geography Quarterly,* vol. 6, pp. 135–144.

Hobswam, E.J. (1987), *The Age of Empire, 1857–1914,* London, Guild.

Hobswam, E.J. (1990), *Nations and Nationalism Since 1780,* Cambridge, Cambridge University Press.

Holdich, Sir T.H. (1916), *Political Frontiers and Boundary Making,* London, Macmillan.

Hull, Cordel (1944), Statement before the US Congress Hearing, 78th Congress, 1st Session, Washington, D.C.

Hyter, T. (1971), *Aid as Imperialism,* Harnmondsworth, Penguin.

Ilbert, C. (1915), Government of India, London, Oxford University Press.

Jackson, W.A.D. (1958), "Whither Political Geography?", *Annals of the Association of American Geographers,* vol. 48, pp. 178–183.

Jackson, W.A.D. (Ed.) (1964), *Politics and Geographic Relationships,* Englewood Cliffs, N.J., Prentice-Hall.

James, P.E. (1968), "Some Fundamental Elements in the Viability of States", in C.A. Fisher (Ed.), *Essays in Political Geography,* London, Methuen, pp. 33–38.

Jefferson, M. (1939), "The Law of the Primate City", *Geographical Review,* vol. 20, pp. 226–232.

Johnston, R.J. (1981), "British Political Geography Since Mackinder: A Critical Review", in A.D. Burnett and P.J. Taylor (Eds.), *Political Studies from Spatial Perspectives,* Chichester, Wiley, pp. 11–32.

Johnston, R.J. (1990), "Lipset and Rokkan Revisited: Electoral Geography and Electoral Strategy is Great Britain", pp. 121–141 in Johnston et al. (Ed.) *Developments in Electoral Geography*, London, Routledge.

Johnston, R.J. (1991), *A Question of Place: Exploring the Practice of Human Geography,* London, Belhaven Press.

Johnston, R.J. (1993a), "'Real' Political Geography: Some Comments Engineered by a Review of Andrew Sayer's *Method in Social Science* (1992)", *Political Geography,* vol. 12, pp. 473–480.

Johnston, R.J. (1993b), "The Rise and Decline of the Corporate Welfare State: A Comparative Analysis in Global Context", in P.J. Taylor (Ed.), *Political Geography of the Twentieth Century: A Global Analysis,* London, Belhaven Press, pp. 115–170.

Johnston, R.J. (1994), "Electoral Geography", in Johnston et al. (Eds.), *The Dictionary of Human Geography,* pp. 157–158.

Johnston, R.J. (1997), "Political Economy and Political Geography", in Dikshit, R.D. (Ed.), *Developments in Political Geography: A Century of Progress,* pp. 242–263.

Johnston, R.J., Shelley, F. and Taylor, P.J., (Eds.) (1990), *Developments in Electoral Geography,* London, Routledge.

Johnston, R.J., Taylor, P.J. and Watts, M. (Eds.) (1995), *Geographies of Global Change: Remapping the World in Late Twentieth Century,* Oxford, Blackwell.

Kasperson, R. and Minghi, J. (Eds.) (1969), *Systematic Political Geography,* Chicago, Aldine Publishing Co.

Kearns, G. (1993), "*Fin de Siacle* Geopolitics: Mackinder, Hobson and Theories of Global Closure", in P.J. Taylor (Ed.), *Geography of the Twentieth Century: A Global Analysis,* pp. 9–30.

Kegley, C.W. and Raymond, G. (1994), *A Multipolar Peace: Great Power Politics in the Twenty-first Century,* New York, St. Martin's Press.

Kennan, G.F. (Mr. 'X') (1947), "The Sources of Soviet Conduct", *Foreign Affairs,* vol. 25, pp. 566–588.

Kennedy, P. (1988), *The Rise and Fall of the Great Powers,* New York, Random House.

Keohane, R. (1984), *After Hegemony: Cooperation and Discord in World Political Economy,* Princeton, Princeton University Press.

Key, V.O. (1949), *Southern Politics in State and Nation,* New York, Knoph.

Knight, D.B. (1982), "Identity and Territory: Geographical Perspectives on Nationalism and Regionalism", *Annals of the Association of American Geographers,* vol. 72, pp. 514–531.

Kost, K. (1989), "Conception of Politics in Political Geography and Geopolitics in Germany until 1945", *Political Geography Quarterly,* vol. 8, pp. 369–386.

Kothari, R. (1964), "The Congress System in India", *Asian Survey,* vol. 4, pp. 1161–1173.

Krehbeil, E. (1916), "Geographical Influences in British Elections", *Geographical Review,* vol. 11, pp. 419–432.

Kristof, L.D. (1959), "The Nature of Frontiers and Boundaries", *Annals of the Association of American Geographers,* vol. 49, pp. 269–282.

Laski, H.J. (1935), *The State in Theory,* London, Allen & Unwin.

Lasswell, H. (1936), *Politics: The Study of Who Gets What,* New York, Hartcourt & Brace.

Lefebvre, H. (1976), *The Survival of Capitalism,* London, Allison and Busby.

Lewis, P.F. (1965), "Impact of Negro Migration on the Electoral Geography of Flint, Michigan,– 1932–1962: A Cartographic Analysis", *Annals of the Association of American Geographers,* vol. 55, pp. 1–26.

Lijphart, A. (1982), "The Relative Salience of the Socio–economic and Religious Issue Dimensions: Coalition Formation in Ten Western Democracies, 1919–1979?, *European Journal of Political Research,* vol. 10, pp. 201–211.

Lipset, S.M. and Rokkan, S. (1967), "Cleavage Structures, Party Systems, and Voter Alignments: An Introduction", in Lipset, S.M. and Rokkan, S. (Eds.), *Party Systems and Voter Alignment,* New York, Free Press.

Livingston, W.S. (1952), "A Note on the Nature of Federalism", *Political Science Quarterly,* vol. 67, pp. 81–95.

Livingston, W.S. (1968), "Canada, Australia and the United States: Variations on a Theme", in Earle, V. (Ed.), *Federalism: Infinite Variety in Theory and Practice,* Itasca, Ill., F.E. Peacock.

Loewentein, K. (1951), "Reflections on the Value of Constitutions in Our Revolutionary Age", in Zurcher, A. (Ed.), *Constitutions and Constitutional Change Since World War II,* New York, New York University Press.

Mackay, J.R. (1958), 'The Interactance Hypothesis and Boundaries in Canada", *Canadian Geographer,* vol. 11, pp. 1–8.

Mackinder, H.J. (1904), "The Geographical Pivot of History", *Geographical Journal,* vol. 23, pp. 321–437.

Mackinder, H.J. (1919), *Democratic Ideals and Reality,* London, Constable and Co.

Mackinder, H.J. (1943), "The Round World and the Winning of the Peace", *Foreign Affairs,* vol. 21, pp. 595–605.

Mahan, A.T. (1890), *The Influence of Sea Power upon History, 1660–1783,* Reprinted by Methuen Co., London, 1965.

Mahan, A.T. (1892), *Influence of Sea Power upon French Revolution and Empire, 1793–1812,* Boston, Little, Brown and Co.

Mahan, A.T. (1905), *Sea Power in Relation to the War of 1812,* Boston, Little, Brown and Co.

Mallory, J.R. (1965), "Five Faces of Federalism", in Crepeau, P.A. and Macpherson, C.B. (Eds.), *Future of Canadian Federalism,* Toronto, Toronto University Press, pp. 3–15.

McNeely, C.L. (1995), *Constructing the Nation-State: International Organization and Prescriptive Action,* Contributions in Sociology, No. 113, Westport (Connecticut), Greenwood Press.

Mellor, R. (1989), *Nation, State and Territory: A Political Geography,* London, Routledge.

Miliband, R. (1969), *State in Capitalist Society,* London, Weidenfeld and Niicolcon.

Mill, J.S. (1861), *Considerations on Representative Government,* New York, Liberal Arts Press, reissued in 1958.

Minghi, J.V. (1963), "Boundary Studies in Political Geography", *Annals of the Association of American Geographers,* vol. 53, pp. 128–154.

Moodie, A.E. (1963), *Geography Behind Politics,* London, Hutchinson.

Morrill, R. (1997), "Progress in Political Geography", in Dikshit, R.D. (Ed.), *Developments in Political Geography: A Century of Progress,* pp. 355–373.

Morris-Jones, W.H. (1964), "Parliament and the Dominant Party", *Parliamentary Affairs,* vol. 17, pp. 296–307.

Morris-Jones, W.H. (1966), "Dominance and Dissent: Their Interpretations in Indian Parliamentary System", *Government and Opposition,* vol. 1, pp. 451–466.

Nairn, T. (1977), *The Break-up of Britain,* London, New Left Books.

Nielsson, G.P. (1985), "States and 'nation-groups': A Global Taxonomy", in Tiryakian E.A. and Rogowski, R. (Eds.), *New Nations of the Developed West,* London, Allen & Unwin.

Nijman, J. (Ed.) (1992), "The Political Geography of the Post-Cold War World", *Professional Geographer,* vol. 44, pp. 1–29.

O'Brien, R. (1992), *Global Financial Integration: The End of Geography,* London, Pinter.

O'Conner, J. (1973), *The Fiscal Crisis of the State,* New York, St. Martin's Press.

O'Conner, J. (1987), *The Meaning of Crisis,* Oxford, Blackwell.

O'Loughlin, J. (1986), Spatial Models of International Conflicts: Extending Current Theories of War Behaviour", *Annals of the Association of American Geographers,* vol. 76, pp. 63–80.

O'Loughlin, J. (1991), "Political Geography Returning to Basic Concepts", *Progress in Human Geography,* vol. 15, pp. 322–339.

O'Loughlin, J. (1992), "Ten Scenarios of a 'New World Order'", *Professional Geographer,* vol. 44, pp. 22–28.

O'Tuathel, G. (1992), "Putting Mackinder in His Place", *Political Geography,* vol. 11, pp. 100–118.

O'Tuathel, G. (1994), "(Dis)placing Geopolitics: Writing on the Maps of Global Politics", *Environment and Planning D: Society and Space,* vol. 12, pp. 525–546.

O'Tuathel, G. (1994), "Problematizing Geopolitics: Survey, Statesmanship and Strategy", *Transactions of the Institute of British Geographers,* vol. 19, pp. 259–272.

O'Tuathel, G. and Luke, T. (1994), "Present, (Dis)integration, Deterritorialization and Reterritorialization in the New World Order", *Annals of the Association of American Geographers,* vol. 84, pp. 381–398.

Overacker, L. (1952), *The Australian Party System,* New Haven, Yale University Press.

Paddison, R. (1983), *The Fragmented State: The Political Geography of Power,* Oxford, Basil Blackwell.

Paddison, R. (1997), "Political Geography at the Subnational Scale: Spatial Implications of Local and Regional Government", in Dikshit, R.D. (Ed.), *Developments in Political Geography: A Century of Progress,* pp. 148–169.

Painter, J. (1995), *Politics, Geography and Political Geography: A Critical Perspective,* London, Arnold.

Parker, G. (1985), *Western Geopolitical Thought in the Twentieth Century,* London, Croom Helm.

Parker, G. and Dikshit, R.D. (1997), "Boundary Studies in Political Geography: Focus on the Changing Boundaries of Europe", in Dikshit, R.D. (Ed.), *Developments in Political Geography: A Century of Progress,* pp. 170–191.

Parker, W.H. (1982), *Mackinder: Geography as Aid to Statecraft,* Oxford, Clarendon Press.

Paterson, J.H. (1987), "German Geopolitics Reassessed", *Political Geography Quarterly,* vol. 6, pp. 107–114.

Payer, C. (1974), "IMF and the Third World", in Weissmann S. (Ed.), *The Trojan Horse: A Radical Look at Foreign Aid,* San Fransisco, Radical Press.

Poulantzas, N. (1978), *State, Power, Socialism,* London, New Left Books.

Pounds, N.G.J. (1951), "The Origin of the Idea of Natural Frontiers in France", *Annals of the Association of American Geographers,* vol. 41, pp. 146–157.

Pounds, N.G.J. (1954), "France and 'Le Limits Naturelle' from Seventeenth Century to Twentieth Century", *Annals of the Association of American Geographers,* vol. 44, pp. 51–62.

Pounds, N.G.J. (1963/1972), *Political Geography,* New York, McGraw-Hill (1st ed. 1963; 2nd ed. 1972).

Pounds, N.G.J. and Ball, S.S. (1964), "Core Areas and the Development of the European State System", *Annals of the Association of American Geographers,* vol. 54, pp. 24–40.

Prasad, B. (1941), *The Origins of State Autonomy,* 1861–1920, Allahabad, Kitabistan.

Prescott, J.R.V. 1968), *The Geography of State Policies,* London, Hutchinson.

Ratzel, F. (1896), "The Laws of Spatial Growth of States", originally published in German in *Petermann's Meitteulungen,* translated in English by R. Bolin, in Kasperson and Minghi (Eds.), *Systematic Political Geography,* pp. 17–28.

Reynolds, D.R. (1990), "Whither Electoral Geography? A Critique", in Johnston, Shelley and Taylor (Eds.), *Developments in Electoral Geography,* pp. 22–35.

Reynolds, D.R. and Knight, D.B. (1889), "Political Geography", in Gale, G.L. and Willmot, C.L. (Eds.), *Geography in America,* Columbus (OH) Merrill Publishing Co., pp. 582–618.

Reynolds, D.R. and McNulty, M.I. (1968), "On the Analysis of Political Boundaries as Barriers: A Perceptual Approach", *East Lakes Geographer,* vol. 4 (December), pp. 21–38.

Riker, W.H. (1964), *Federalism: Origin, Operation and Significance,* Boston, Little, Brown & Co.

Riker, W.H. (1982), *Liberalism against Populism: A Confrontation between the Theory of Democracy and the Theory of Social Choice,* Illinois, Waveland Press.

Robinson, K.W. (1961), "Sixty Years of Federation in Australia", *Geographical Review,* vol. 51, pp. 1–15.

Robinson, W.S. (1950), "Ecological Correlation and the Behaviour of Individuals", *American Sociological Review,* vol. 15, pp. 351–357.

Roepke, H.G. (1970), Review of J.R.V. Prescott, *Geography of State Policies, Professional Geographer,* vol. 22, pp. 304–305.

Rose, R. (1976), *The Problem of Party Government,* Hammondsworth, Penguin.

Ruthnaswamy, M. (1946), "The Ark of the Federal Covenant", *New Review,* December.

Sawer, G. (1969), *Federalism,* London, C.A. Watts.

Shapiro, M.J. (1994), "Moral Geographies and the Ethic of Post-Sovereignty", *Public Culture,* vol. 6, pp. 479–502.

Shelley, F.M. and Archer, J.C. (1997), "Political Sociology and Political Geography: A Quarter Century of Progress in Electoral Geography", in Dikshit, R.D. (Ed.), *Developments in Political Geography: A Century of Progress,* pp. 205–225.

Short, J.R. (1993), *An Introduction to Political Geography,* 2nd ed., London, Routledge.

Siegfried, A. (1913), *Tableau Politique de Ia France de l'Ouste,* Paris, A. Colin.

Siegried, A. (1949), *Geographie Electorale de l–Ardeche Ia IIIe Republique Paris,* A. Colin.

Skinner, Q. (1978), *Foundations of Modern Political Thought,* vol. 2, Cambridge, Cambridge University Press.

Slowe, P.M. (1992), "Controversy in Political Geography", *Area,* vol. 24, pp. 321–322.

Smith, A.D. (1991), *National Identity,* Hammondsworth, Penguin.

Smith, D.M. (1977), *Human Geography: A Welfare Approach,* London, Edward Arnold.

Smith, D.M. (1981), "Welfare Geography", Johnston, R.J. et al. (Eds.), *The Dictionary of Human Geography,* 1st ed., pp. 370–372.

Smith, D.M. (1994a), "Welfare Geography", Johnston, R.J. et al., *The Dictionary of Human Geography,* 3rd ed., pp. 374–376.

Smith, D.M. (1994b), *Geography and Social Justice,* Oxford, Blackwell.

Smith, G. (1994), "Political Theory and Human Geography", in Gregory, D., Martin, R. and Smith, G. (Eds.), *Society, Space and Social Science,* Basingstoke (UK), Macmillan, pp. 54–77.

Spate, O.H.K. (1942), "Factors in the Development of Capital Cities", *Geographical Review,* vol. 32, pp. 622–631.

Spate, O.H.K. (1960), "Lord Kelvin Rides Again", Guest editorial, *Economic Geography,* vol. 36.

Spear, P. (1968), *History of India,* vol. 2, Hamondsworth, Penguin.

Spykman, N.J. (1944) *The Geography of the Peace,* New York, Harcourt, Brace. Stefansson, V. (1943), "The Logic of the Air", *Fortune.*

Stoddart, D.R. (1966), "Darwin's Impact on Geography", *Annals of the Association of American Geographers,* vol. 56, pp. 683–698.

Taylor, P.J. (1986), "An Exploration into World Systems Analysis of Political Parties", *Political Geography Quarterly,* vol. 15, pp. 5–20 (Supplement).

Taylor, P.J. (1985/1989/1993a), *Political Geography: World-Economy, Nation-State and Locality,* 1st ed., 1985, 2nd ed., 1989, 3rd ed., 1993, Harlow (UK), Longman.

Taylor, P.J. (1992), "Political Geographies", *Area,* vol. 24, p. 322.

Taylor, P.J. (Ed.) (1993b), *Political Geography of the Twentieth Century,* London, Balhaven Press.

Tiebout, C.M. (1956), "A Pure Theory of Local Expenditures", *Journal of Political Economy,* vol. 64, pp. 416–424.

Wallerstein, I. (1976), "A World System Perspective on the Social Sciences", *British Journal of Sociology,* vol. 27, pp. 345–354.

Wallerstein, I. (1979), *The Capitalist World-Economy,* Cambridge, Cambridge University Press.

Wallerstein, I. (1984), *The Politics of the World-Economy,* Cambridge, Cambridge University Press.

Walters, R.E. (1974), *The Nuclear Trap: An Escape Route,* Hammondsworth, Penguin.

Watson, J.W. (1955), "Geography: A Discipline in Distance", *Scottish Geographical Magazine,* vol. 71, pp. 1–13.

Watts, R. (1994), "Contemporary Views on Federalism", in De Villiers, B. (Ed.), *Evaluating Federal Systems,* Dordrecht, Martinus Nijhoff.

Weigert, H.W. and Stephens, V. (Eds.) (1943), *Compass of the World*, New York, Macmillan.

Weigert, H.W. et al. (Eds.) (1949) *New Compass of the World*, New York, Macmillan.

Weigert, H.W. et al. (1957), *Principles of Political Geography,* New York, Appleton-Century Crofts.

Wheare, K.C. (1963), *Federal Government,* London, Oxford University Press.

Whittlesey, D. (1935), "Political Geography: A Complex Aspect of Geography", *Education,* vol. 50, pp. 293–298.

Whittlesey, D. (1939), *The Earm and the State: A Study* in *Political Geography,* New York, Henry Holt & Co.

Williams, C. and Koffman, E. (Eds.) (1989), *Community Conflict, Partition and Nationalism,* London, Routledge.

Wrigley, E.A. (1965), "Changes in the Philosophy of Geography", in Chorley, R.J. and Haggett, P. (Eds.), *Frontiers* in *Geographical Teaching,* London, Methuen.

Wutsen, Herman van der (1997), "Political Geography of International Relations: The World Stage, Regional Arenas, the Search for a Play", in Dikshit, R.D. (Ed.), *Developments in Political Geography: A Century of Progress,* pp. 318–352.